U0249163

现代数学基础丛书·典藏版 7

多元统计分析引论

张尧庭　方开泰　著

科学出版社

北　京

内 容 简 介

本书系统论述多元统计分析的基本理论和方法，力求理论与实际应用并重. 只要具有一元统计的知识就可阅读本书.

本书主要内容是：多元正态分布、方差分析、回归分析、因子分析与线性模型、聚类分析和统计量的分布. 附录中列出了常用的多元分布表.

读者对象是高等学校数学系教师、高年级学生，应用多元统计的科技工作者.

图书在版编目(CIP)数据

多元统计分析引论/张尧庭，方开泰著. —北京：科学出版社，1982.6（2016.6 重印）

（现代数学基础丛书·典藏版；7）

ISBN 978-7-03-005988-8

I.①多… II.①张… ②方… III.①多元分析—统计分析 IV.①O212.4

中国版本图书馆 CIP 数据核字（2016）第 112495 号

责任编辑：张　扬／责任校对：林青梅
责任印制：徐晓晨／封面设计：王　浩

科　学　出　版　社 出版

北京东黄城根北街 16 号
邮政编码：100717
http://www.sciencep.com

北京厚诚则铭印刷科技有限公司印刷

科学出版社发行　　各地新华书店经销

*

1982 年 6 月第 一 版　　开本：B5（720×1000）
2016 年 6 月印　　刷　　印张：30 1/2
字数：487 000

定价：198.00 元

（如有印装质量问题，我社负责调换）

序　言

多元统计分析是数理统计学中近二十多年来迅速发展的一个分支.由于电子计算机使用日益广泛,多元分析的方法也很快地应用到各个领域.在国外,从自然科学到社会科学的许多方面,都已证实了多元分析方法是一种很有用的数据处理方法;在我国,多元分析对于地质、气象、水文、国家标准和误差分析等许多方面的研究工作都取得了很大的成绩,引起了广泛的注意.

但是,目前非常缺少系统介绍多元分析的书,现有的书或者过于偏重理论,或者过于偏重单纯地介绍方法.而迫切需要的则是这样一本书,它使得搞数学的人可以从中看到多元分析方法的实际应用,使得搞实际工作的人可以从中看到相应的一些理论.我们正是朝着这个目标来努力的,并希望本书能作为高等学校高年级学生和研究生的入门书,也可以作为实际工作者的参考书.我们假定读者已具备一元统计分析的知识.

全书共分九章,第一章系统介绍多元分析中常用的矩阵知识.本章内容大多只阐述结论,而不给出证明.第二章到第五章,介绍多元正态分布以及常用的方差分析、回归分析和判别分析等方法.第六章、第七章采用比较一般的形式来介绍因子分析和线性模型的内容,读者在熟悉第二章到第五章内容的基础上能更好地理解第六、七两章比较概括抽象的结果.第八章介绍聚类分析的各种典型的方法.第九章专门讨论统计量的分布.最后,为了实际工作的需要,我们在附录里选了六个重要的多元统计表.

本书收集了我国数学工作者的成果,特别是许宝騄先生在多元分析方面的奠基性的成果.

最后,我们感谢参加多元分析讨论班的同志们,他们在讨论中给了我们许多帮助,特别要感谢陈希孺同志,他对本书初稿提出了许多宝贵的意见.

由于水平有限,书中肯定有很多缺点和错误,请读者批评指正.

武汉大学　张尧庭

应用数学研究所　方开泰

1979 年 3 月

目　　录

第一章 矩 阵

在这章中我们把矩阵和向量空间中有关多元分析的一些结果介绍给读者,凡是一般教材中有的材料,我们只是罗列一下大都不给出证明.熟悉这些内容的人可以从第二章看起,想看第一章的读者最好把正文中未给证明的结果作为练习,这将为以后各章的阅读带来很多方便.

§1. 线 性 空 间

今后我们限定在实数域 R 上讨论.用 R_n 表示实数域 R 上的全部 n 维向量,R_n 中的一个向量(有时称为元素)a 有 n 个坐标,写成

$$a = \begin{bmatrix} a_1 \\ \vdots \\ a_n \end{bmatrix} \text{或} a = (a_1, \cdots, a_n)'.$$

1.1 向量的运算 对 R_n 中的向量定义了两种运算:

(i) 加法 设 $a = (a_1, \cdots, a_n)', b = (b_1, \cdots, b_n)'$,则

$$a + b \triangleq^{①} (a_1 + b_1, \cdots, a_n + b_n)'.$$

(ii) 数乘 设 c 是一个数,$a = (a_1, \cdots, a_n)'$,则

$$ca \triangleq (ca_1, \cdots, ca_n)'.$$

为了方便,我们用 0 表示坐标全为 0 的向量,这不会引起混淆,从上下文可以判断它是向量还是数.容易证明,对上述定义的加法和数乘,下列关系成立:

(A) 当 a, b, c 均 $\in R_n$ 时,则

$$a + b = b + a, (a + b) + c = a + (b + c),$$
$$a + 0 = a, \quad a + (-a) = 0.$$

(B) 当 a, b 均 $\in R_n, c, c_1, c_2$ 均为实数时,则

$$c(a + b) = ca + cb, (c_1 + c_2)a = c_1 a + c_2 a,$$
$$c_1(c_2 a) = c_1 c_2 a, \quad 1 \cdot a = a.$$

我们称 R_n 是实数域 R 上的线性空间或向量空间.如果 R_n 中的子集 L,对加法和

---

① 表示该符号左边的内容由右边的符号表示,也可以理解为定义.

数乘这两种运算是封闭的(即运算的结果仍在 L 中),且 L 不是空集,则称 L 是 R_n 中的一个子空间.例如

$$L = \{(a, \underbrace{0, \cdots, 0}_{n-1个})' : a \in R\}$$

就是 R_n 的一个子空间.

1.2 线性相关   线性空间最重要的概念就是线性相关与线性无关.

如有不全为 0 的一组数 $c_1, \cdots, c_k$ 使 $c_1 a_1 + \cdots + c_k a_k = 0$,则称向量 $a_1, \cdots, a_k$ 是线性相关的;否则,就称 $a_1, \cdots, a_k$ 是线性无关的.从这个定义可以看出:

(i) 任何含有 0 向量的向量集总是线性相关的;

(ii) $a_1, \cdots, a_k$ 线性无关的充要条件是:如果一组数 $c_1, \cdots, c_k$ 使 $c_1 a_1 + \cdots + c_k a_k = 0$,则 $c_1 = \cdots = c_k = 0$;

(iii) 设 $a_1, \cdots, a_k$ 是非零向量,它们线性相关的充要条件是:存在 i 使 $a_i = b_1 a_1 + b_2 a_2 + \cdots + b_{i-1} a_{i-1} + b_{i+1} a_{i+1} + \cdots + b_k a_k$,其中 $b_1, \cdots, b_k$ 是一组实数.也即存在 i 使 a_i 是其他向量 $a_1, \cdots, a_{i-1}, a_{i+1}, \cdots, a_k$ 的线性组合.

给定了 R_n 中某些向量 $a_1, \cdots, a_k$,考虑由这些向量所有可能的线性组合 $\sum_{i=1}^{k} c_i a_i$ 组成的集合:

$$\mathscr{L}(a_1, \cdots, a_k) = \left\{ \sum_{i=1}^{k} c_i a_i : c_1, \cdots, c_k \text{ 均为实数} \right\},$$

它显然对加法和数乘这两种运算是封闭的,它是一个子空间,称它是由向量 $a_1, \cdots, a_k$ 生成的子空间.

1.3 基   设 $\mathscr{L}$ 是 R_n 中的一个子空间,如果存在 $a_1, \cdots, a_k$ 使 $\mathscr{L} = \mathscr{L}(a_1, \cdots, a_k)$,且 $a_1, \cdots, a_k$ 线性无关,则称 $a_1, \cdots, a_k$ 是 $\mathscr{L}$ 的一组基.

可以证明子空间 $\mathscr{L}$ 中如有两组基,那么这两组基中向量的个数一定相同,因此我们把子空间 $\mathscr{L}$ 中一组基所含的向量的个数称为 $\mathscr{L}$ 的维数.例如

$$e_i = (\underbrace{0, 0, \cdots, 0}_{i-1个}, 1, \underbrace{0, \cdots, 0}_{n-i个})', \quad i = 1, 2, \cdots, n$$

显然是线性无关的,并且 $R_n = \mathscr{L}(e_1, \cdots, e_n)$,因此线性空间 R_n 的维数是 n.有时就称 R_n 为 n 维线性空间.很显然,$\mathscr{L}(e_1), \cdots, \mathscr{L}(e_n)$ 都是一维的子空间;$\mathscr{L}(e_1, e_2), \cdots,$ $\mathscr{L}(e_{n-1}, e_n)$ 等都是二维的子空间;$\cdots$.

从基的定义立即可知,如果 $a_1, \cdots, a_k$ 是子空间 $\mathscr{L}$ 的一组基,那么 $\mathscr{L}$ 中任一向量 a 都可被 $a_1, \cdots, a_k$ 的线性组合来表示,而且这种表示法是唯一的.

1.4 直接和   设 $\mathscr{L}$ 是一个子空间,如果有 k 个子空间 $\mathscr{L}_1, \cdots, \mathscr{L}_k$ 使得对每一 $a \in \mathscr{L}$,能唯一地表示为 $a_1 + a_2 + \cdots + a_k$,其中 $a_i \in \mathscr{L}_i, i = 1, \cdots, k$,则称 $\mathscr{L}$ 是 $\mathscr{L}_1, \cdots,$ $\mathscr{L}_k$ 的直接和,记为 $\mathscr{L} = \mathscr{L}_1 + \cdots + \mathscr{L}_k$.沿用 1.3 中 e_i 的定义,可以看出

$$R_n = \mathscr{L}(e_1) + \cdots + \mathscr{L}(e_n).$$

§2. 内积和投影

R_n 中任给两个向量 $a = (a_1, \cdots, a_n)'$，$b = (b_1, \cdots, b_n)'$，定义 a，b 的内积 $(a, b) \triangleq \sum\limits_{i=1}^{n} a_i b_i$. 易见内积 (a, b) 满足下列性质：

(i) $(a, b) = (b, a)$；

(ii) $(a, a) \geqslant 0$；$(a, a) = 0 \Leftrightarrow a = 0$；

(iii) $(ca, b) = (a, cb) = c(a, b)$ 对一切 $c \in R$ 成立；

(iv) $(a, h + g) = (a, h) + (a, g)$,
$$(h + g, b) = (h, b) + (g, b).$$

我们把 (a, a) 的算术平方根称为 a 的长度，记作 $\| a \|$. 容易验证

$$| (a, b) |^2 \leqslant \| a \|^2 \| b \|^2 \quad \text{(Schwarz 不等式)}, \tag{2.1}$$

$$\| a + b \| \leqslant \| a \| + \| b \| \quad \text{(三角不等式)}. \tag{2.2}$$

2.1 标准正交基 如果 R_n 中的子空间 $\mathscr{L}$ 的基 $a_1, \cdots, a_k$ 具有性质：

$$(a_i, a_i) = 1, i = 1, 2, \cdots, k,$$

$$(a_i, a_j) = 0, i \neq j, i, j = 1, 2, \cdots, k,$$

则称 $a_1, \cdots, a_k$ 是 $\mathscr{L}$ 的一组标准正交基，因为我们把 $\| a \| = 1$ 的向量称为标准化的向量，有时也称为单位向量(指它的长度是 1，以它作单位). 当 $(a, b) = 0$ 时，我们就称 a 与 b 正交，$(a_i, a_j) = 0$ 表示 a_i 与 a_j 正交. 引入克劳涅克尔的 δ 符号：

$$\delta_{ij} = \begin{cases} 1, & \text{当 } i = j, \\ 0, & \text{当 } i \neq j, \end{cases}$$

则 $a_1, \cdots, a_k$ 是 $\mathscr{L}$ 的一组标准正交基 $\Leftrightarrow a_1, \cdots, a_k$ 均属于 $\mathscr{L}$，且 $(a_i, a_j) = \delta_{ij}, i, j = 1, 2, \cdots, k$.

2.2 投影 在 R_n 中，给定一个向量 a 及子空间 $\mathscr{L}$，就可考虑 a 在 $\mathscr{L}$ 中的投影. 如果在 $\mathscr{L}$ 中存在 b 使 $\| a - b \| = \inf\limits_{x \in \mathscr{L}} \| a - x \|$，则称 b 是 a 在 $\mathscr{L}$ 中的投影. 可以证明投影是存在而且唯一的. 下面先证明一条关于投影的重要性质：

b 是 a 在 $\mathscr{L}$ 中的投影 $\Leftrightarrow (a - b, x) = 0$ 对一切 $x \in \mathscr{L}$ 成立.

证明 "$\Rightarrow$"，若有 $x \in \mathscr{L}$ 使 $(a - b, x) \neq 0$，由于对一切 λ 有

$$(a - b, a - b) \leqslant (a - b + \lambda x, a - b + \lambda x)$$

$$= (a - b, a - b) + 2\lambda(a - b, x) + \lambda^2(x, x),$$

只要选 $\lambda = -\varepsilon(a - b, x)$，$\varepsilon > 0$，上式就可写成

$$(a - b, x)^2 (\varepsilon^2 \| x \|^2 - 2\varepsilon) \geqslant 0$$

对一切 $\varepsilon>0$ 成立,而这是不可能的,因而 $(a-b,x)=0$.

"⇐",由于 $(a-x,a-x)=(a-b+b-x,a-b+b-x)$
$$=(a-b,a-b)+2(a-b,b-x)+(b-x,b-x),$$
注意 $b\in\mathscr{L},x\in\mathscr{L}$,就有 $b-x\in\mathscr{L}$,因而 $(a-b,b-x)=0$,于是由
$$(a-x,a-x)=(a-b,a-b)+(b-x,b-x)$$
看出 $x=b$ 时使 $\parallel a-x\parallel$ 达到最小值.

从这个证明就可看出投影存在时,只有一个,投影的存在性在 2.4 中给出.

2.3 格兰姆-施密特正交化方法   一组向量 $a_1,\cdots,a_k$ 是线性无关的,则可依照下述方法求出子空间 $\mathscr{L}(a_1,\cdots,a_k)$ 的一组标准正交基.

先取 $b_1=a_1$,因为 $a_1,\cdots,a_k$ 线性无关,因此 $a_1\neq0$,即 $(a_1,a_1)\neq0$;然后选 $b_2=a_2-h_{21}b_1$ 使 $(b_2,b_1)=0$,即选 h_{21} 使 $(a_2-h_{21}b_1,b_1)=0$,即 $h_{21}=\dfrac{(a_2,b_1)}{(b_1,b_1)}=\dfrac{(a_2,a_1)}{(a_1,a_1)}$;再选 $b_3=a_3-h_{32}b_2-h_{31}b_1$ 使 $(b_3,b_2)=(b_3,b_1)=0$,定出系数 h_{32},h_{31};$\cdots$;一般地,选
$$b_i=a_i-h_{ii-1}b_{i-1}-\cdots-h_{i1}b_1$$
使 $(b_i,b_{i-1})=(b_i,b_{i-2})=\cdots=(b_i,b_1)=0$,定出系数 $h_{ii-1},\cdots,h_{i1}$;$\cdots$,这样就求出一组向量 $b_1,\cdots,b_k$.容易看出,如此求得的 $b_1,\cdots,b_k$ 是两两正交的,令
$$\beta_i=\frac{1}{\parallel b_i\parallel}b_i,i=1,2,\cdots,k,$$
则 $\beta_1,\cdots,\beta_k$ 就是标准正交的向量组.只要证明一组不含零向量的两两正交的向量一定是线性无关的,那么由 $\beta_1,\cdots,\beta_k$ 是标准正交的就可知它们确实是一组基.若不然,$\beta_1,\cdots,\beta_k$ 线性相关,存在 $c_1,\cdots,c_k$ 不全为 0,使 $\sum\limits_{i=1}^{k}c_i\beta_i=0$,因此
$$0=\Big(\sum_i c_i\beta_i,\sum_i c_i\beta_i\Big)=\sum_i\sum_j c_ic_j(\beta_i,\beta_j)=\sum_{i=1}^{k}c_i^2,$$
这就导出 $c_1=\cdots=c_k=0$,矛盾.

格兰姆-施密特正交化方法是一种典型的方法,今后我们将不止一次地引用它.

2.4 正交和   设 $\mathscr{L}$ 是一个子空间,$\mathscr{L}_1,\cdots,\mathscr{L}_k$ 也是一些子空间,$\mathscr{L}$ 是 $\mathscr{L}_1,\cdots,\mathscr{L}_k$ 的直接和,并且当 $i\neq j$ 时,只要 $a_i\in\mathscr{L}_i,a_j\in\mathscr{L}_j$,则 $(a_i,a_j)=0$,那么我们就说 $\mathscr{L}$ 是 $\mathscr{L}_1,\cdots,\mathscr{L}_k$ 的正交和,记为
$$\mathscr{L}=\mathscr{L}_1\dotplus\mathscr{L}_2\dotplus\cdots\dotplus\mathscr{L}_k.$$
一般说来,如果 $\beta_1,\cdots,\beta_n$ 是 R_n 中的一组基,那就一定有 $R_n=\mathscr{L}(\beta_1)+\cdots+\mathscr{L}(\beta_n)$,但是 $\beta_1,\cdots,\beta_n$ 不一定是彼此正交的,因此 R_n 不一定是 $\mathscr{L}(\beta_1),\cdots,\mathscr{L}(\beta_n)$ 的正交

和,只有当 $\beta_1,\cdots,\beta_n$ 是正交基时,$R_n=\mathscr{L}(\beta_1)\dotplus\cdots\dotplus\mathscr{L}(\beta_n)$.取 $e_i=(\underbrace{0,0,\cdots,0}_{i-1个},1,$
$\underbrace{0,\cdots,0}_{n-i个})',i=1,2,\cdots,n$ 后,显然有

$$R_n=\mathscr{L}(e_1)\dotplus\mathscr{L}(e_2)\dotplus\cdots\dotplus\mathscr{L}(e_n).$$

特别地,如果 $R_n=\mathscr{L}_1\dotplus\mathscr{L}_2$,则称 $\mathscr{L}_1$ 是 $\mathscr{L}_2$ 的正交补空间,或者称 $\mathscr{L}_2$ 是 $\mathscr{L}_1$ 的正交补空间.子空间 $\mathscr{L}$ 的正交补空间用 $\mathscr{L}^\perp$ 表示,因此总有

$$\mathscr{L}\dotplus\mathscr{L}^\perp=R_n.$$

正交补空间和投影有密切的关系.因为 $R=\mathscr{L}\dotplus\mathscr{L}^\perp$,因此每一个 R 中的向量 x 总可以写成 u_x+v_x,其 $u_x\in\mathscr{L},v_x\in\mathscr{L}^\perp$.由于 $x-a=x-u_x+u_x-a$,因而就有

$$(x-a,x-a)=(x-u_x,x-u_x)+(u_x-a,u_x-a)$$
$$+2(x-u_x,u_x-a).$$

注意到 $x-u_x=v_x\in\mathscr{L}^\perp$,如果 $a\in\mathscr{L}$ 时,就有 $u_x-a\in\mathscr{L}$,因此 $(x-u_x,u_x-a)=0$.这就告诉我们

$$(x-a,x-a)\geqslant(x-u_x,x-u_x)$$

对一切 $a\in\mathscr{L}$ 成立,且等号成立的充要条件是 $u_x-a=0$,也即 $a=u_x$.这就告诉我们对给定的子空间 $\mathscr{L},R_n$ 中任一向量 x 在 $\mathscr{L}$ 中的投影是存在的.

§3. 矩阵的基本性质

将 mn 个实数按一定顺序排成的阵

$$\begin{bmatrix} a_{11} & \cdots & a_{1n} \\ a_{21} & \cdots & a_{2n} \\ \vdots & & \vdots \\ a_{m1} & \cdots & a_{mn} \end{bmatrix}$$

称为大小是 $m\times n$ 的矩阵,它有 m 行、n 列.当 $m=n$ 时就称为方阵.今后用大写的拉丁字母表示矩阵,相应的小写字母附有双重足标的就表示矩阵中的元素,例如 a_{ij} 就是矩阵 A 中第 i 行第 j 列的元素,因此有时也写成 $\underset{m\times n}{A}=(a_{ij})_{m\times n}$,或简写为 $A=(a_{ij})$.

3.1 代数运算 对矩阵定义如下的运算:

加法 设 A,B 都是 $m\times n$ 的阵,则

$$A+B\triangleq(a_{ij}+b_{ij}),称为 A,B 的和.$$

数乘 $cA\triangleq(ca_{ij})$.

乘法 设 A 是 $m\times n$ 的阵,B 是 $n\times p$ 的阵,则

$$AB \triangleq \left(\sum_{\alpha=1}^{n} a_{i\alpha} b_{\alpha j} \right) \text{ 是 } m \times p \text{ 的阵,称为 } A, B \text{ 的乘积.}$$

容易证明这些运算具有下列性质:

$$A + B = B + A, \qquad (A+B)+C = A+(B+C),$$
$$(c+d)A = cA + dA, \quad c(A+B) = cA + cB,$$
$$(AB)C = A(BC), \qquad A(B+C) = AB + AC,$$
$$(A+B)C = AC + BC.$$

注意,矩阵相加时,大小一定要相同;矩阵 A, B 相乘时,A 的列数必须和 B 的行数相同,即 A 是 $m \times n$ 阵时,B 一定是 $n \times p$ 的阵才可相乘. AB 有意义时,BA 不一定有意义,即使 AB 与 BA 都有意义,但大小还不相同,即使大小相同,也不一定有等式 $AB = BA$,这些都是需要注意的.

向量可以看成只有一列的矩阵,矩阵 $\underset{n \times m}{A}$ 也可看成是 m 个 n 维的向量按一定顺序排成的阵,记 $\underset{n \times m}{A} = (a_1 \cdots a_m)$,则 a_i 就是 A 中第 i 列组成的向量.这一种向量和矩阵的联系今后是经常要用的.今后把 A' 中的列向量称为 A 的行向量.

元素全为 0 的矩阵记作 O,元素全为 1 的矩阵记作 J,元素全为 1 的向量记作 1,它们的大小视上下文而定.矩阵

$$\begin{bmatrix} 1 & & & \\ & 1 & & O \\ & & \ddots & \\ O & & & 1 \end{bmatrix}_{n \times n}$$

是 $n \times n$ 的阵,它的主对角元素全为 1,其余全为 0,称它为单位阵,记作 I.实际上 $I = (\delta_{ij})$. I 的大小不标明时由上下文来定.易见

$$A + 0 = A, \underset{n \times m}{A} I_m = I_n \underset{n \times m}{A} = A.$$

3.2 转置和逆 在矩阵运算中还有两种运算是常见的:

转置:把 A 的行改成列,列改成行后得到的矩阵,记作 A'.例如 $a = \begin{bmatrix} a_1 \\ \vdots \\ a_n \end{bmatrix}$,则 $a' = (a_1 \cdots a_n)$.如果

$$\underset{m \times n}{A} = \begin{bmatrix} a_{11} & a_{12} & \cdots & a_{1n} \\ a_{21} & a_{22} & \cdots & a_{2n} \\ \vdots & \vdots & & \vdots \\ a_{m1} & a_{m2} & \cdots & a_{mn} \end{bmatrix},$$

则

$$\underset{n\times m}{A'} = \begin{pmatrix} a_{11} & a_{21} & \cdots & a_{m1} \\ a_{12} & a_{22} & \cdots & a_{m2} \\ \vdots & \vdots & & \vdots \\ a_{1n} & a_{2n} & \cdots & a_{mn} \end{pmatrix}.$$

注意到向量 $a = \begin{pmatrix} a_1 \\ \vdots \\ a_n \end{pmatrix}$ 是 $n\times 1$ 的阵,则向量 $b = \begin{pmatrix} b_1 \\ \vdots \\ b_n \end{pmatrix}$ 也是 $n\times 1$ 的阵,于是按

矩阵乘法的定义就得:

$$\underset{1\times n\; n\times 1}{a'b} = (a_1 \cdots a_n) \begin{pmatrix} b_1 \\ \vdots \\ b_n \end{pmatrix} = \sum_{i=1}^{n} a_i b_i, (\text{就是 } a, b \text{ 的内积}) \tag{3.1}$$

$$\underset{n\times 1\; 1\times n}{ab'} = \begin{pmatrix} a_1 \\ \vdots \\ a_n \end{pmatrix} (b_1 \cdots b_n) = \begin{pmatrix} a_1b_1 & a_1b_2 & \cdots & a_1b_n \\ a_2b_1 & a_2b_2 & \cdots & a_2b_n \\ \vdots & \vdots & & \vdots \\ a_nb_1 & a_nb_2 & \cdots & a_nb_n \end{pmatrix} \tag{3.2}$$

它是一个 $n\times n$ 的矩阵.

如果 A 是 $m\times n$ 的阵,将 A 写成 $\begin{pmatrix} a'_1 \\ \vdots \\ a'_m \end{pmatrix}$,则 $a_1, \cdots, a_m$ 是 m 个 n 维的向量,

$a'_i = (a_{i1} a_{i2} \cdots a_{in})$;如果 B 是 $n\times p$ 的阵,将 B 写成 $(b_1 \cdots b_p)$,则 b_i 都是 n 维向

量,$b_i = \begin{pmatrix} b_{1i} \\ \vdots \\ b_{ni} \end{pmatrix}$.于是

$$AB = \begin{pmatrix} a'_1 \\ \vdots \\ a'_m \end{pmatrix} (b_1 \cdots b_p) = \begin{pmatrix} a'_1b_1 & \cdots & a'_1b_p \\ \vdots & \ddots & \vdots \\ a'_mb_1 & \cdots & a'_mb_p \end{pmatrix},$$

也即乘积矩阵 AB 中 (i,j) 位置的元素 $\sum_{\alpha=1}^{n} a_{i\alpha}b_{\alpha j}$ 是 A 中第 i 行向量 a_i 与 B 中第 j

列向量 b_j 的内积.

逆:如果 A 是方阵,且有 B 使

$$AB = BA = I,$$

则称 B 是 A 的逆,记作 A^{-1}.给定了方阵 A,A^{-1} 可能不存在,但它存在时一定唯

一.我们称存在逆阵的 A 为非奇异阵,不存在逆阵的 A 是奇异阵.易见有公式:

$$\begin{cases} (A')' = A, (AB)' = B'A', \\ (A^{-1})^{-1} = A, (A')^{-1} = (A^{-1})', (AB)^{-1} = B^{-1}A^{-1}. \end{cases} \tag{3.3}$$

3.3 秩 为了方便,今后规定,不加声明时矩阵 A 的元素用 a_{ij} 表示,A 的列向量用 a_i 表示,A 的行向量用 $a_{(i)}$ 表示,即

$$A = \begin{bmatrix} a_{11} & a_{12} & \cdots & a_{1m} \\ a_{21} & a_{22} & \cdots & a_{2m} \\ \vdots & \vdots & & \vdots \\ a_{n1} & a_{n2} & \cdots & a_{nm} \end{bmatrix} = (a_1 \cdots a_m) = \begin{bmatrix} a'_{(1)} \\ \vdots \\ a'_{(n)} \end{bmatrix},$$

$$a_i = (a_{1i}a_{2i}\cdots a_{ni})', a_{(i)} = (a_{i1}a_{i2}\cdots a_{im})'.$$

对给定的矩阵 $\underset{n \times m}{A}$,$\mathscr{L}(a_1, \cdots, a_m)$ 的维数称为矩阵 A 的秩,记作 $\mathrm{rk}A$ 或 $\mathrm{rk}(A)$. 即 A 的秩就是 A 的列所生成的子空间的维数. 可以证明对给定的 $\underset{n \times m}{A}$,$\mathscr{L}(a_1, \cdots, a_m)$ 与 $\mathscr{L}(a_{(1)}, \cdots, a_{(n)})$ 的维数相同,因此就有 $\mathrm{rk}(A) = \mathrm{rk}(A')$. 今后用 $\mathscr{L}(A)$ 表示 $\mathscr{L}(a_1, \cdots, a_m)$,自然 $\mathscr{L}(a_{(1)}, \cdots, a_{(n)})$ 也就是 $\mathscr{L}(A')$. 实际上

$$\underset{n \times m}{\mathscr{L}(A)} = \{\underset{n \times m}{A} \underset{m \times 1}{x} : x \in R_m\}.$$

由于 $\underset{n \times m}{\mathscr{L}(AB)} = \{ABu : u \in R_l\} \subset \mathscr{L}(A)$,因此就有

$$\mathrm{rk}(AB) \leqslant \mathrm{rk}(A).$$

又由于 $\mathrm{rk}(AB) = \mathrm{rk}((AB)') = \mathrm{rk}(B'A') \leqslant \mathrm{rk}(B') = \mathrm{rk}(B)$,这样就证明了

$$\mathrm{rk}(AB) \leqslant \min(\mathrm{rk}(A), \mathrm{rk}(B)).$$

这就告诉我们矩阵乘积的秩不超过因子的秩.

如果 $B = PAQ$,且 P^{-1}, Q^{-1} 存在,于是 $A = P^{-1}BQ^{-1}$,这就可导出 $\mathrm{rk}(A) = \mathrm{rk}(B)$,也即 A 左乘或右乘非奇异阵时,不会改变 A 的秩.

一般说来 $\mathscr{L}(A)$ 与 $\mathscr{L}(AB)$ 是不等的,$\mathscr{L}(AB) \subset \mathscr{L}(A)$. 但当 $\mathrm{rk}(AB) = \mathrm{rk}(A)$ 时,这两个子空间的维数相同,一个又在另一个之内,它们就一定相等,也即 $\mathscr{L}(AB) = \mathscr{L}(A)$,也即存在 C 使 $A = ABC$. 于是 $x'A = 0 \Rightarrow x'AB = 0 \Rightarrow x'ABC = 0 \Rightarrow x'A = 0$. 即有

$$x'A = 0 \Leftrightarrow x'AB = 0.$$

这就告诉我们:如果 $\mathrm{rk}(A) = \mathrm{rk}(AB)$,则由 $C_1AB = C_2AB$ 可导出 $C_1A = C_2A$(即两边可以"消去"矩阵 B). 这是因为 $C_1AB = C_2AB \Leftrightarrow (C_1 - C_2)AB = 0 \Leftrightarrow (C_1 - C_2)A = 0 \Leftrightarrow C_1A = C_2A$. 同理,如果 $\mathrm{rk}(AB) = \mathrm{rk}(B)$,则由 $ABC_1 = ABC_2$ 可导出 $BC_1 = BC_2$,即可"消去"A.

3.4 行列式 给定一个 $n \times n$ 的方阵 A,定义 A 的行列式 $|A|$ 如下:

$$|A| = \sum_\sigma (-1)^{\sigma(i_1, i_2, \cdots, i_n)} a_{1i_1} a_{2i_2} \cdots a_{ni_n},$$

其中

$$\sigma(i_1,\cdots,i_n) = \begin{cases} 1,\text{当}(i_1,\cdots,i_n)\text{是奇排列}, \\ 0,\text{当}(i_1,\cdots,i_n)\text{是偶排列}, \end{cases}$$

$\sum\limits_{\sigma}$ 是对一切排列 $(i_1,\cdots,i_n)$ 求和.

关于行列式的性质和有关的证明,这里不逐一罗列了,这些内容在一般代数书中都有,下面只列出几条常用的.

将方阵 A 中删去第 i 行、第 j 列的元素后所留下的子阵相应的行列式,称为 A 中元素 a_{ij} 的余子式.将 a_{ij} 的余子式乘以 $(-1)^{i+j}$ 后就称为 a_{ij} 的代数余子式,记作 A_{ij}. 可以证明:

$$\begin{cases} \text{(i) } |A'| = |A| = \sum_{i=1}^{n} a_{ij}A_{ij} = \sum_{j=1}^{n} a_{ij}A_{ij}, i,j = 1,\cdots,n; \\[2mm] \text{(ii) } \sum_{i=1}^{n} a_{ij}A_{il} = 0,\text{当 } j \neq l, j,l = 1,\cdots,n; \\[2mm] \text{(iii) 当 } |A| \neq 0 \text{ 时}, \\ \qquad |A|A^{-1} = (A_{ij})'; \\[2mm] \text{(iv) } |AB| = |A||B|; \\[2mm] \text{(v) } \underset{n\times n}{|A|} \neq 0 \Leftrightarrow \underset{n\times n}{A} \text{ 非奇异} \Leftrightarrow \mathrm{rk}A = n; \\[2mm] \text{(vi) } |A^{-1}| = |A|^{-1}. \end{cases} \qquad (3.4)$$

3.5 线性方程组 设有 m 个未知数 $x_1,\cdots,x_m$ 及 n 个方程:

$$\begin{cases} a_{11}x_1 + a_{12}x_2 + \cdots + a_{1m}x_m = b_1, \\ a_{21}x_1 + a_{22}x_2 + \cdots + a_{2m}x_m = b_2, \\ \qquad\qquad \cdots\cdots\cdots\cdots\cdots \\ a_{n1}x_1 + a_{n2}x_2 + \cdots + a_{nm}x_m = b_n, \end{cases}$$

用矩阵的形式来写,记

$$A = \begin{bmatrix} a_{11} & a_{12} & \cdots & a_{1m} \\ a_{21} & a_{22} & \cdots & a_{2m} \\ \vdots & \vdots & & \vdots \\ a_{n1} & a_{n2} & \cdots & a_{nm} \end{bmatrix}, \quad x = \begin{bmatrix} x_1 \\ x_2 \\ \vdots \\ x_m \end{bmatrix}, \quad b = \begin{bmatrix} b_1 \\ b_2 \\ \vdots \\ b_n \end{bmatrix}.$$

那么,上述线性方程组可写为

$$Ax = b.$$

考虑 A 的列向量生成的线性空间 $\mathscr{L}(A)$,易见 $Ax = b$ 有解的充要条件是 $b \in \mathscr{L}(A)$,即 $\mathscr{L}(A) = \mathscr{L}(A,b)$. 通常把矩阵 (Ab) 称为线性方程组 $Ax = b$ 的增广矩阵,A 称为系数矩阵.于是就有:

$$Ax = b \text{ 有解} \Leftrightarrow \text{系数矩阵的秩等于增广矩阵的秩}$$

$$\Leftrightarrow \text{rk}(A) = \text{rk}(Ab).$$

如果 $b = 0$，线性方程组 $Ax = 0$ 称为齐次方程，很明显，如果 A 的列向量 $a_1, \cdots, a_m$ 是线性无关的，则 $Ax = 0$ 只有 $x = 0$ 这一个解；反之也真，$Ax = 0$ 只有 $x = 0$ 这个解，$a_1, \cdots, a_m$ 就是线性无关的向量。因此，就得

$$\underset{n \times m}{A}x = 0 \text{ 有非零解(即存在 } x \neq 0 \text{ 使 } Ax = 0)$$

$$\Leftrightarrow a_1, \cdots, a_m \text{ 线性相关} \Leftrightarrow \mathscr{L}(A) \text{ 的维数小于 } m$$

$$\Leftrightarrow \text{rk}(\underset{n \times m}{A}) < m.$$

如果 A 是一个 $n \times n$ 方阵，则 $Ax = b$ 有解的充分条件是 A^{-1} 存在，并且 $x = A^{-1}b$ 就是解。注意到 A^{-1} 存在时，

$$A^{-1} = \frac{1}{|A|}(A_{ij})' = \frac{1}{|A|}\begin{pmatrix} A_{11} & \cdots & A_{n1} \\ A_{12} & \cdots & A_{n2} \\ \vdots & & \vdots \\ A_{1n} & \cdots & A_{nn} \end{pmatrix}, \tag{3.5}$$

其中 A_{ij} 是元素 a_{ij} 的代数余子式，那么 $Ax = b$ 的解 x 可以用 A 的行列式及代数余子式 A_{ij} 和 b 表出，很明显，此时解存在而且唯一。但是 A^{-1} 不存在时，$Ax = b$ 仍然可能有解，只要 b 属于 $\mathscr{L}(A)$，也即 b 能由 A 的列向量 $a_1, \cdots, a_n$ (此时有 n 列) 线性表示。设 $b = \sum_{i=1}^{n} c_i a_i$，则 $(c_1, c_2, \cdots, c_n)'$ 就是方程 $Ax = b$ 的解。如果 $b = 0, A^{-1}$ 存在时，$Ax = 0$ 只有 $x = 0$ 的解；反之，如果 $Ax = 0$ 只有 $x = 0$ 的解，则 $a_1, \cdots, a_n$ 线性无关，因此 $\text{rk}(A) = n$，于是 A^{-1} 存在。这就告诉我们：当 A 是方阵时，$Ax = 0$ 有非零解的充要条件是 $|A| = 0$。

今后为了方便，线性方程组 $Ax = b$ 有解时，就说 $Ax = b$ 是相容的，$Ax = b$ 无解时，就说 $Ax = b$ 是不相容的，或矛盾的。

3.6 初等变换   在矩阵运算中，常常会用到初等变换，设 A 是 $n \times m$ 的矩阵，按 A 的列写出，$A = (a_1 \cdots a_m)$，考虑下列变换：

（i）将指定的某二列互换，例如第 1, 2 列互换，即将 $A \rightarrow (a_2 \quad a_1 \quad a_3 \cdots a_m)$；

（ii）将指定某一列均乘以实数 c，例如第 1 列乘以实数 c，即将 $A \rightarrow (ca_1 \ a_2 \ a_3 \cdots a_m)$；

（iii）将第 i 列的元素逐个加上第 j 列相应元素的 c 倍，即将 $A \rightarrow (a_1 \quad a_2 \cdots a_i + ca_j \quad a_{i+1} \cdots a_m)$。这些变换称为对 A 施行"列初等变换"，这些变换都是对 A 的列向量进行的，由矩阵的乘法知道，上述变换相当于对 A 阵右乘某些矩阵。将第 i 列与第 j 列互换，相当于右乘

$$
\underset{m\times m}{P_{ij}} =
\begin{pmatrix}
1 & & & & & & & & & & \\
& \ddots & & & & & & & & & \\
& & 1 & & & & & & & & \\
& & & 0 & \cdots & & 1 & & & & \\
& & & \vdots & 1 & & \vdots & & & & \\
& & & \vdots & & \ddots & \vdots & & & & \\
& & & \vdots & & 1 & \vdots & & & & \\
& & & 1 & \cdots & & 0 & & & & \\
& & & & & & & 1 & & & \\
& & & & & & & & \ddots & & \\
& & & & & & & & & 1 &
\end{pmatrix}
\begin{matrix} \\ \\ \\ i \\ \\ \\ \\ \\ j \\ \\ \\ \end{matrix}
.
$$

P_{ij} 的元素

$$
p_{\alpha\beta} =
\begin{cases}
1, & \text{当 } \alpha = \beta, \alpha \neq i,j; \text{或 } \alpha = i, \beta = j; \text{或 } \alpha = j, \beta = i; \\
0, & \text{其他情况}, i,j = 1,2,\cdots,m.
\end{cases}
$$

形如 P_{ij} 的矩阵称为置换阵,它是对单位阵 I 作第 i 列与第 j 列的置换得来的. 将第 i 列乘以 c,相当于右乘

$$
\begin{pmatrix}
1 & & & & & & \\
& \ddots & & & O & & \\
& & 1 & & & & \\
& & & c & & & \\
& & & & 1 & & \\
& O & & & & \ddots & \\
& & & & & & 1
\end{pmatrix}
\begin{matrix} \\ \\ \\ i \\ \\ \\ \end{matrix}
,
$$

它是对单位阵第 i 列乘以 c 所得的阵. 变换(iii)相当于右乘

$$
\begin{pmatrix}
1 & & & & & & \\
& \ddots & & & & & \\
& & 1 & \cdots & c & & \\
& & & \ddots & & & \\
& & O & & 1 & & \\
& & & & & \ddots & \\
& & & & & & 1
\end{pmatrix}
\begin{matrix} \\ \\ j \\ \\ i \\ \\ \end{matrix}
, \quad j < i,
$$

或

$$\begin{bmatrix} 1 & & & & & & & \\ & \ddots & & & & & & \\ & & 1 & O & & & & \\ & & \vdots & \ddots & & & & \\ & & c & \cdots & 1 & & & \\ & & & & & \ddots & & \\ & & & & & & 1 \end{bmatrix} \begin{matrix} \\ \\ i \\ \\ j \\ \\ \\ \end{matrix}, \quad i < j,$$

$$\quad\quad\quad\quad i \quad\quad\quad j$$

它们也是对单位阵 I 作相应的变换得来的. 显然, 这些矩阵都是非奇异的, 如果对 A 的行施行相当于 (i), (ii), (iii) 的变换, 则就等于对 A 左乘上述这一类矩阵 (注意大小不同). 这些矩阵就称为初等矩阵; 对 A 左乘或右乘初等矩阵, 就称对 A 进行初等变换. 下面要考察经过初等变换后, 矩阵 A 会变成什么形状. 讨论这些问题时, 用分块矩阵的运算比较方便, 因此放在 §4. 在 §9 介绍一些算法时, 还要考虑初等变换, 希望读者注意这一点.

§4. 分块矩阵的代数运算

在矩阵运算时, 往往需要将矩阵分块, 我们引入一些分块的记号. 设

$$\underset{n \times m}{A} = (a_{ij}), i = 1, \cdots, n, j = 1, \cdots, m.$$

记

$$A_{11} = (a_{ij}), i = 1, \cdots, r, j = 1, \cdots, s,$$
$$A_{12} = (a_{ij}), i = 1, \cdots, r, j = s+1, \cdots, m,$$
$$A_{21} = (a_{ij}), i = r+1, \cdots, n, j = 1, \cdots, s,$$
$$A_{22} = (a_{ij}), i = r+1, \cdots, n, j = s+1, \cdots, m.$$

则 A 可写成

$$A = \begin{bmatrix} A_{11} & A_{12} \\ A_{21} & A_{22} \end{bmatrix} \begin{matrix} r \\ n-r \end{matrix}.$$
$$\quad\quad\quad s \quad\quad m-s$$

我们约定, 如果 $r, s, n-r, m-s$ 中有一个是 0, 则相应的子块就不出现. 有时为了使分块和乘积不致发生混淆, 我们用

$$A = \begin{bmatrix} A_{11} & \vdots & A_{12} \\ \cdots\cdots & \cdots\cdots\cdots & \cdots\cdots \\ A_{21} & \vdots & A_{22} \end{bmatrix}$$

表示, 希望读者注意.

4.1 分块的运算　设 A, B 是大小相同的两个矩阵, 并且分块的大小也一致, 即

$$A = \begin{pmatrix} A_{11} & A_{12} \\ A_{21} & A_{22} \end{pmatrix}_{n-r}^{r}, \quad B = \begin{pmatrix} B_{11} & B_{12} \\ B_{21} & B_{22} \end{pmatrix}_{n-r}^{r},$$

则有

(i) $A + B = \begin{pmatrix} A_{11} + B_{11} & A_{12} + B_{12} \\ A_{21} + B_{21} & A_{22} + B_{22} \end{pmatrix}$;

(ii) $cA = \begin{pmatrix} cA_{11} & cA_{12} \\ cA_{21} & cA_{22} \end{pmatrix}$ 对一切实数 c 成立;

(iii) $A' = \begin{pmatrix} A'_{11} & A'_{21} \\ A'_{12} & A'_{22} \end{pmatrix}$.

4.2 分块的逆 分块求逆是矩阵运算中很有用的一种方法,由它可以演变出一些矩阵求逆的公式,这一小节第一次介绍这个内容,以后还会多次重复出现,请读者注意这一方法.

设 A, B 是可乘的两个阵,将 A, B 相应地分块,使得分块相应的乘积有意义. 即若

$$\underset{n \times m}{A} = \begin{pmatrix} A_{11} & A_{12} \\ A_{21} & A_{22} \end{pmatrix}_{n-r}^{r}, \quad \underset{m \times l}{B} = \begin{pmatrix} B_{11} & B_{12} \\ B_{21} & B_{22} \end{pmatrix}_{m-s}^{s},$$

则有

$$\underset{n \times m}{A} \underset{m \times l}{B} = \begin{pmatrix} A_{11}B_{11} + A_{12}B_{21} & A_{11}B_{12} + A_{12}B_{22} \\ A_{21}B_{11} + A_{22}B_{21} & A_{21}B_{12} + A_{22}B_{22} \end{pmatrix}.$$

这就告诉我们矩阵分块相乘时,可以把每一子块看成"元素",和不分块的乘法一样进行,唯一要注意的只是乘法的顺序不能随便颠倒.

利用分块乘法的性质,容易导出下面一系列的公式:

(i) 设 $A = \begin{pmatrix} A_{11} & A_{12} \\ A_{21} & A_{22} \end{pmatrix}_{n-r}^{r}$,且 $|A_{11}| \neq 0$,则

$$\begin{pmatrix} I & 0 \\ -A_{21}A_{11}^{-1} & I \end{pmatrix} \begin{pmatrix} A_{11} & A_{12} \\ A_{21} & A_{22} \end{pmatrix} \begin{pmatrix} I & -A_{11}^{-1}A_{12} \\ 0 & I \end{pmatrix}$$

$$= \begin{pmatrix} A_{11} & 0 \\ 0 & A_{22} - A_{21}A_{11}^{-1}A_{12} \end{pmatrix}. \tag{4.1}$$

这只需直接验证就可以了. 对上式两边求逆(假定 A^{-1} 存在),就得

(ii) 设同(i),A^{-1} 存在时,就有

$$\begin{pmatrix} A_{11} & A_{12} \\ A_{21} & A_{22} \end{pmatrix}^{-1} = \begin{pmatrix} A_{11}^{-1} + A_{11}^{-1}A_{12}B^{-1}A_{21}A_{11}^{-1} & -A_{11}^{-1}A_{12}B^{-1} \\ -B^{-1}A_{21}A_{11}^{-1} & B^{-1} \end{pmatrix}$$

$$= \begin{pmatrix} A_{11}^{-1} & 0 \\ 0 & 0 \end{pmatrix} + \begin{pmatrix} A_{11}^{-1}A_{12} \\ -I \end{pmatrix} B^{-1} (A_{21}A_{11}^{-1} \quad -I), \tag{4.2}$$

其中 $B = A_{22} - A_{21}A_{11}^{-1}A_{12}$.

类似地,设 $|A_{22}| \neq 0, A^{-1}$ 存在,则有

$$\begin{pmatrix} A_{11} & A_{12} \\ A_{21} & A_{22} \end{pmatrix}^{-1} = \begin{pmatrix} 0 & 0 \\ 0 & A_{22}^{-1} \end{pmatrix} + \begin{pmatrix} -I \\ A_{22}^{-1}A_{21} \end{pmatrix} D^{-1} (-I \quad A_{12}A_{22}^{-1}), \tag{4.3}$$

其中 $D = A_{11} - A_{12}A_{22}^{-1}A_{21}$.

(iii) 比较(4.2)与(4.3)式中右端两表达式左上角的子块,将 $A_{11}, A_{22}, A_{12}, A_{21}$ 分别写 F, G, H, K,于是有:

如 F^{-1}, G^{-1} 存在,则当 $(F - HG^{-1}K)^{-1}$ 存在时,就有

$$(F - HG^{-1}K)^{-1} = F^{-1} + F^{-1}H(G - KF^{-1}H)^{-1}KF^{-1}. \tag{4.4}$$

如 $G = I$,就有

$$(F - HK)^{-1} = F^{-1} + F^{-1}H(I - KF^{-1}H)^{-1}KF^{-1}; \tag{4.5}$$

如 $H = u, K = v'$,则有

$$(F - uv')^{-1} = F^{-1} + \frac{1}{1 + v'F^{-1}u}(F^{-1}uv'F^{-1}). \tag{4.6}$$

利用这些分块求逆的公式,可以得到一些行列式的公式,对(i)中等式两边取行列式,就得

(iv) $\begin{vmatrix} A_{11} & A_{12} \\ A_{21} & A_{22} \end{vmatrix} = |A_{11}||A_{22} - A_{21}A_{11}^{-1}A_{12}| \quad (|A_{11}| \neq 0)$,自然也有

$$\begin{vmatrix} A_{11} & A_{12} \\ A_{21} & A_{22} \end{vmatrix} = |A_{22}||A_{11} - A_{12}A_{22}^{-1}A_{21}| \quad (|A_{22}| \neq 0),$$

因此,当 $|A_{11}| \neq 0, |A_{22}| \neq 0$ 时,就有

$$|A_{11}||A_{22} - A_{21}A_{11}^{-1}A_{12}| = |A_{22}||A_{11} - A_{12}A_{22}^{-1}A_{21}|$$
$$= \begin{vmatrix} A_{11} & A_{12} \\ A_{21} & A_{22} \end{vmatrix}. \tag{4.7}$$

取 $A = \begin{pmatrix} I_n & -M \\ N & I_m \end{pmatrix}$,就有

$$\begin{vmatrix} I_n & -M \\ N & I_m \end{vmatrix} = |I_m + NM| = |I_n + MN|, \tag{4.8}$$

当 $n = 1$ 时,记 $M = x', N = y$,上式即

$$\begin{vmatrix} 1 & -x' \\ y & I_m \end{vmatrix} = |I_m + yx'| = (1 + x'y). \tag{4.9}$$

类似地可以证得当 F^{-1} 存在时,

$$- x'F^{-1}y = 1 - |F|^{-1} |F + yx'|. \tag{4.10}$$

4.3 初等变换下的标准型 考虑对矩阵 $\underset{n\times m}{A}$ 左乘一个非奇异阵 P,右乘一个非奇异阵 Q,即将 $A \to \underset{n\times n}{P} \underset{n\times m}{A} \underset{m\times m}{Q}$ $(P^{-1},Q^{-1}$ 都存在),讨论在这种变换下 A 可以化简到什么形式.

将 A 的列进行置换,可以把

$$A \to (\underset{r}{A_1} \quad \underset{m-r}{A_2})\text{使 } \mathrm{rk}(A_1) = r = \mathrm{rk}(A),$$

即存在 Q_1,使 $AQ_1 = (A_1 \quad A_2)$,于是 $A_2 = A_1B_1$(因为 A_2 中的每一列均可被 A_1 中的列线性表示),取 $Q_2 = \begin{bmatrix} I_r & -B_1 \\ O & I_{m-r} \end{bmatrix}$,则 $AQ_1Q_2 = (A_1 \quad A_2) \begin{bmatrix} I & -B_1 \\ 0 & I_{m-r} \end{bmatrix} = (A_1 \quad 0)$.类似地,对 $(A_1 \quad 0)$ 进行"行置换",即存在 P_1 使

$$P_1(A_1 \quad 0) = \begin{bmatrix} A_{11} & 0 \\ A_{21} & 0 \end{bmatrix}\begin{matrix} r \\ n-r \end{matrix},\text{且 } \mathrm{rk}(A_{11}) = r = \mathrm{rk}A_1,\text{因此,存在 } B_2 \text{ 使}$$

$$A_{21} = B_2A_{11},$$

取 $P_2 = \begin{bmatrix} I_r & O \\ -B_2 & I_{n-r} \end{bmatrix}$,于是

$$P_2P_1(A_1 \quad 0) = \begin{bmatrix} I_r & 0 \\ -B_2 & I_{n-r} \end{bmatrix}\begin{bmatrix} A_{11} & 0 \\ A_{21} & 0 \end{bmatrix} = \begin{bmatrix} A_{11} & 0 \\ 0 & 0 \end{bmatrix}.$$

注意到 P_1,P_2,Q_1,Q_2 实际上都是一些初等变换的乘积,因此取 $P = P_2P_1$,$Q = Q_1Q_2$,则有

$$PAQ = \begin{bmatrix} A_{11} & 0 \\ 0 & 0 \end{bmatrix}\begin{matrix} r \\ n-r \end{matrix},\ |A_{11}| \neq 0.$$

回忆一下,通常用消去法解线性方程组的过程,就可以理解:对 $n\times n$ 的方阵 A,$|A| \neq 0$,可以用一系列的初等变换把它变为单位阵 I_n. 对 A_{11} 应用这一结论,就知道,对任给的 $\underset{n\times m}{A}$,存在 P 和 Q,$|P|\neq 0$,$|Q|\neq 0$,使

$$PAQ = \begin{bmatrix} I_r & 0 \\ 0 & 0 \end{bmatrix},\text{其中 } r = \mathrm{rk}(A). \tag{4.11}$$

$\begin{bmatrix} I_r & 0 \\ 0 & 0 \end{bmatrix}$ 这一类型的矩阵就是在初等变换下的标准型. 注意到 P,Q 有逆,上式即

$$A = P^{-1}\begin{bmatrix} I_r & 0 \\ 0 & 0 \end{bmatrix}Q^{-1},$$

也即 A 是由标准型经过一系列的初等变换变来的.

§5. 特征根及特征向量

给定一个 $n \times n$ 的方阵 A，$|\lambda I - A|$ 是 λ 的 n 次多项式，称它为 A 的特征多项式，$|\lambda I - A| = 0$ 称为 A 的特征方程.特征方程的解，也就是特征多项式的根，称为 A 的特征根.设 λ 是 A 的特征根，此时 $|\lambda I - A| = 0$，因而方程

$$(\lambda I - A)x = 0$$

一定有非零解，λ 所相应的非 0 解向量称为 λ 相应的特征向量，有时也称它为矩阵 A 的特征向量.要注意的是特征多项式 $|\lambda I - A|$ 虽然是实系数的多项式，但它的根不一定是实数，这样涉及到矩阵的特征根时，有时会越出我们一开始所规定的实数域的范围.

5.1 迹　对任一给定的 $n \times n$ 方阵，A 的迹 $\mathrm{tr}(A)$ 是 A 的全部特征根之和.对特征多项式利用根与系数的关系式，就知道 $\mathrm{tr}(A) = \sum_{i=1}^{n} a_{ii}$.容易验证 $\mathrm{tr}(A)$ 具有下列性质：

(i) $\mathrm{tr}(A + B) = \mathrm{tr}(A) + \mathrm{tr}(B)$；

(ii) $\mathrm{tr}(cA) = c\,\mathrm{tr}(A)$.

如果 A, B 是两个大小相同的 $n \times m$ 的矩阵，于是 AB' 与 $A'B$ 分别为 $n \times n$ 与 $m \times m$ 的方阵.

今　　$|\lambda I_m - A'B| = |I_n|\,|\lambda I_m - A'B| = \begin{vmatrix} \lambda I_m & A' \\ B & I_n \end{vmatrix}$

$$= |\lambda I_m|\left| I_n - \frac{1}{\lambda}BA' \right| = \lambda^{m-n}|\lambda I_n - BA'|, \lambda \neq 0,$$

由此可见 AB' 与 $A'B$ 的特征多项式只差 λ^{m-n} 这个因式，因而它们的非 0 特征根全部相同，于是就得一重要的结论：

当 AB 与 BA 这两个乘积有意义时，它们的非 0 特征根全部相同.

要注意的是：如果 λ_0 是 AB 的非 0 特征根，λ_0 可以是多项式 $|\lambda I - AB|$ 的 l 重根，上述结论告诉我们 λ_0 一定也是多项式 $|\lambda I - BA|$ 的 l 重根.由此立即得到：当 AB 和 BA 均为方阵(但大小不要相同)时，就有

$$\mathrm{tr}(AB) = \mathrm{tr}(BA). \tag{5.1}$$

这一等式是常常用到的，例如 $\mathrm{tr}(AA') = \mathrm{tr}(A'A)$，$\mathrm{tr}(ab') = \mathrm{tr}(b'a) = b'a$(因为向量 a, b 的内积 $b'a$ 是一个数).

5.2 海密尔顿-凯莱定理　设 $\underset{n \times n}{A}$ 的特征多项式是 $\varphi_A(\lambda)$，则 $\varphi_A(\lambda)$ 在复域中可分解为 n 个一次因式的乘积，即

$$\varphi_A(\lambda) = (\lambda - \lambda_1)(\lambda - \lambda_2)\cdots(\lambda - \lambda_n),$$

这些 λ_i 就是 A 的特征根. 形式地, 可以定义

$$\varphi_A(X) = (X - \lambda_1 I)(X - \lambda_2 I)\cdots(X - \lambda_n I).$$

设 A_{ij} 是 A 的元素 a_{ij} 的代数余子式, 记

$$\widetilde{A} = \begin{pmatrix} A_{11} & A_{21} & \cdots & A_{n1} \\ A_{12} & A_{22} & \cdots & A_{n2} \\ \vdots & \vdots & & \vdots \\ A_{1n} & A_{2n} & \cdots & A_{nn} \end{pmatrix},$$

$\widetilde{A}$ 称为 A 的伴随矩阵, 于是有

$$A\widetilde{A} = \begin{pmatrix} |A| & 0 & \cdots & 0 \\ 0 & |A| & \cdots & 0 \\ \vdots & \vdots & & \vdots \\ 0 & 0 & \cdots & |A| \end{pmatrix} = |A| \cdot I_n.$$

记 $\lambda I - A$ 的代数余子式构成的伴随矩阵为 B, 于是有 $(\lambda I - A)B = |\lambda I - A| \cdot I_n$. 显然, B 是 λ 的 $n-1$ 次多项式形成的矩阵, 因此可写成 $B_0 + \lambda B_1 + \cdots + \lambda^{n-1}B_{n-1}$, 代入上式, 得

$$(\lambda I - A)(B_0 + \lambda B_1 + \cdots + \lambda^{n-1}B_{n-1}) = |\lambda I - A| \cdot I_n$$
$$= \varphi_A(\lambda) \cdot I_n = \alpha_0 I + \alpha_1 \lambda I + \cdots + \alpha_{n-1}\lambda^{n-1}I + \lambda^n I.$$

比较 λ 的系数矩阵, 得等式:

$$\begin{aligned} -AB_0 &= \alpha_0 I, \\ -AB_1 + B_0 &= \alpha_1 I, \\ &\vdots \\ -AB_{n-1} + B_{n-2} &= \alpha_{n-1} I, \\ B_{n-1} &= I, \end{aligned}$$

上列各式依次左乘 $I, A, A^2, \cdots, A^{n-1}$, 然后相加, 得 $0 = \varphi_A(A)$, 这就是要证明的海密尔顿-凯莱定理. 定理断言如果 $\varphi_A(\lambda)$ 是 A 的特征多项式, 则一定有 $\varphi_A(A) = 0$.

于是立刻可知 $\varphi_A(A)x = 0$, 对一切 x 成立. 这也就告诉我们, 如果 $\lambda_1, \cdots, \lambda_n$ 是 A 的特征根, 则

$$(A - \lambda_1 I)(A - \lambda_2 I)\cdots(A - \lambda_n I)x = \varphi_A(A)x = 0,$$

取 $u = (A - \lambda_2 I)(A - \lambda_3 I)\cdots(A - \lambda_n I)x$, 则 $(A - \lambda_1 I)u = 0$. 很明显 $u \in \mathscr{L}(x, Ax, A^2 x, \cdots)$. 这就告诉我们, 对任一 $x \neq 0$, 一定有 A 的一个特征向量属于 $\mathscr{L}(x, Ax, \cdots)$.

5.3 谱分解 设 $\underset{n \times n}{A}$ 的特征根是 λ, 相应的特征向量是 u, 于是

$$Au = \lambda u.$$

然而，A' 的特征多项式与 A 的特征多项式是相同的，因为 $|\lambda I - A| = |\lambda I - A'|$，于是 λ 也是 A' 的特征根，因此，存在 v 使

$$A'v = \lambda v.$$

这就告诉我们，对 A 的每一个特征根 λ_i，存在 u_i 及 v_i 使 $Au_i = \lambda_i u_i$，$A'v_i = \lambda_i v_i$.

　　A 的特征根如果全不相同，设为 $\lambda_1, \cdots, \lambda_n$，于是就有 $2n$ 个向量 $u_i, v_i, i = 1, 2, \cdots, n$，使

$$Au_i = \lambda_i u_i, A'v_i = \lambda v_i, i = 1, 2, \cdots, n.$$

记 $U = (u_1 \cdots u_n)$，$V = (v_1 \cdots v_n)$，容易看出，

$$AU = U\Lambda, A'V = V\Lambda,$$

其中 $A = \begin{bmatrix} \lambda_1 & & 0 \\ & \ddots & \\ 0 & & \lambda_n \end{bmatrix}$. 现在证明 U^{-1}, V^{-1} 是存在的，也即要证 $u_1, \cdots, u_n$ 是线性无关的，$v_1, \cdots, v_n$ 是线性无关的. 若不然，存在 $c_1, \cdots, c_n$ 不全为 0 使

$$\sum_{i=1}^n c_i u_i = 0,$$

于是 $0 = A0 = A\left(\sum_{i=1}^n c_i u_i\right) = \sum_{i=1}^n c_i \lambda_i u_i$. 由 $\sum_{i=1}^n c_i u_i = 0$ 及 $\sum_{i=1}^n c_i \lambda_i u_i = 0$，可以消去某一个 u_i，无妨设消去 u_1，于是有 d_i 不全为 0 使 $\sum_{i=2}^n d_i u_i = 0$，再重复刚才的做法，$\cdots\cdots$，最后逐一消去，得 $u_n = 0$，这是不可能的，因此 U 一定有逆. 同理 V 也有逆. 又因为

$$\lambda_i v_i' u_j = v_i' A u_j = \lambda_j v_i' u_j,$$

于是，当 $i \neq j$ 时 $v_i' u_j = 0$ 对一切 $i, j = 1, 2, \cdots, n$ 成立，也即

$$V'U = \begin{bmatrix} d_1 & & 0 \\ & \ddots & \\ 0 & & d_n \end{bmatrix} \triangleq D.$$

易见 D^{-1} 存在，而且 $D^{-1} = U^{-1}(V')^{-1}$，即 $U^{-1} = D^{-1}V'$. 利用 $AU = U\Lambda$，U^{-1} 存在，且 $U^{-1} = D^{-1}V'$，就有

$$A = U\Lambda U^{-1} = U\Lambda D^{-1}V' = U(\Lambda D^{-1})V' = \sum_{i=1}^n \frac{\lambda_i}{d_i} u_i v_i'.$$

设 u_i 是 A 的特征向量，则 cu_i 一定也还是 A 的特征向量，适当选取 u_i 及 v_i 使 $v_i' u_i = 1, i = 1, 2, \cdots, n$，于是 $d_i \equiv 1$，因此

$$A = \sum_{i=1}^n \lambda_i u_i v_i'. \tag{5.2}$$

这就是矩阵 A 的谱分解,特征根 $\lambda_1,\cdots,\lambda_n$ 也称为 A 的谱.

如果 A 的特征根有重根,例如 λ_i 是 A 的 l_i 重根,如果相应于 λ_i 有 l_i 个线性无关的特征向量,那么类似的讨论仍可进行.实际上,由于 A 的特征根的重数与它线性无关的特征向量的个数不一定是相同的,因此谱分解式在一般情况下并不成立.很明显,矩阵

$$A = \begin{bmatrix} 1 & 0 & 0 \\ 1 & 1 & 0 \\ 0 & 1 & 1 \end{bmatrix}$$

的三个特征根是 $1,1,1$,然而 1 相应的特征向量 $x=(x_1,x_2,x_3)'$ 是

$$\begin{bmatrix} 1 & 0 & 0 \\ 1 & 1 & 0 \\ 0 & 1 & 1 \end{bmatrix} \begin{bmatrix} x_1 \\ x_2 \\ x_3 \end{bmatrix} = \begin{bmatrix} x_1 \\ x_2 \\ x_3 \end{bmatrix}$$

$$\Leftrightarrow x_1 = x_1, x_1 + x_2 = x_2, x_2 + x_3 = x_3$$

$$\Leftrightarrow x_1 = x_2 = 0, x_3 \text{ 任意},$$

它只有一个非 0 特征向量.

5.4 特征根与行列式的关系 从矩阵 $\underset{n \times n}{A}$ 的特征多项式 $|\lambda I - A|$ 可以看出,它的常数项就是行列式 $|A|$ 乘以 $(-1)^n$;另一方面,从根与系数的关系又知道,常数项是全部特征根的乘积乘以 $(-1)^n$.设 A 的全部特征根为 $\lambda_1,\cdots,\lambda_n$,于是有

$$(-1)^n |A| = (-1)^n \prod_{i=1}^{n} \lambda_i,$$

因此 $|A| = \prod_{i=1}^{n} \lambda_i$,于是就可以推出

A 非奇异 $\Leftrightarrow A$ 的特征根均不为 0,

A 奇异 $\Leftrightarrow A$ 至少有一个特征根是 0.

5.5 等幂阵 如果方阵 $\underset{n \times n}{A}$ 具有性质 $A^2 = A$,则称 A 是等幂阵.由于等幂阵和投影有密切的关系,这里先概述一些等幂阵的性质.

(i) 如果 $A^2 = A$,则 A 的特征根非 0 即 1.这是因为当 λ 是 A 的特征根时,就有 $u \neq 0$ 使 $Au = \lambda u$.于是 $A^2 u = A(\lambda u) = \lambda^2 u$,也即 $Au = \lambda^2 u$,因此得 $\lambda^2 = \lambda$,也即 λ 非 0 即 1.

(ii) 如果 $A^2 = A$,则 $\mathrm{rk}(A) = \mathrm{tr}(A)$.利用初等变换可以将矩阵 A 写成 $A = P \begin{bmatrix} I_r & 0 \\ 0 & 0 \end{bmatrix} Q, |P| \neq 0, |Q| \neq 0, r = \mathrm{rk}(A)$,由 $A^2 = A$,得

$$P \begin{bmatrix} I_r & 0 \\ 0 & 0 \end{bmatrix} QP \begin{bmatrix} I_r & 0 \\ 0 & 0 \end{bmatrix} Q = P \begin{bmatrix} I_r & 0 \\ 0 & 0 \end{bmatrix} Q,$$

因此

$$\begin{bmatrix} I_r & 0 \\ 0 & 0 \end{bmatrix} QP \begin{bmatrix} I_r & 0 \\ 0 & 0 \end{bmatrix} = \begin{bmatrix} I_r & 0 \\ 0 & 0 \end{bmatrix},$$

把 Q,P 分块,记 $P = (\underset{r}{P_1} \ \underset{n-r}{P_2})$, $Q = \begin{matrix} \begin{bmatrix} Q_1' \\ Q_2' \end{bmatrix} & \begin{matrix} r \\ n-r \end{matrix} \end{matrix}$,于是

$$\begin{bmatrix} I_r & 0 \\ 0 & 0 \end{bmatrix} \begin{bmatrix} Q_1'P_1 & Q_1'P_2 \\ Q_2'P_1 & Q_2'P_2 \end{bmatrix} \begin{bmatrix} I_r & 0 \\ 0 & 0 \end{bmatrix} = \begin{bmatrix} I_r & 0 \\ 0 & 0 \end{bmatrix},$$

也即 $Q_1'P_1 = I_r$. 记 $P_1 = (p_1 \ p_2 \cdots p_r)$, $Q_1 = (q_1 \ q_2 \cdots q_r)$,则有 $p_i'q_j = q_j'p_i = \delta_{ij}$, i, $j = 1,\cdots,r$,而

$$A = P \begin{bmatrix} I_r & 0 \\ 0 & 0 \end{bmatrix} Q = (P_1 \quad P_2) \begin{bmatrix} I_r & 0 \\ 0 & 0 \end{bmatrix} \begin{bmatrix} Q_1' \\ Q_2' \end{bmatrix} = P_1 Q_1',$$

即

$$A = \sum_{i=1}^{r} p_i q_i',$$

而 $\mathrm{tr}A = \sum_{i=1}^{r} \mathrm{tr}\, p_i q_i' = \sum_{i=1}^{r} \mathrm{tr}\, q_i' p_i = r = \mathrm{rk}(A)$. 这也就顺便得出了

(iii) $A^2 = A \Leftrightarrow A = \sum_{i=1}^{r} p_i q_i'$, $p_i' q_j = \delta_{ij}, i,j = 1,2,\cdots,r$. 容易看出 $A^2 = A$ 时,$(I-A)^2 = I - A$,于是有

$$\begin{aligned} n = \mathrm{rk} I_n &= \mathrm{tr}(I_n - A + A) = \mathrm{tr}(I - A) + \mathrm{tr}A \\ &= \mathrm{rk}(I - A) + \mathrm{rk}(A), \end{aligned}$$

而 $\mathscr{L}(A')$ 的维数是 $\mathrm{rk}(A)$,$\mathscr{L}(I-A)$ 的维数是 $\mathrm{rk}(I-A)$. 设 $x \in \mathscr{L}(A')$, $y \in \mathscr{L}(I-A)$,则 $x = A'u$, $y = (I-A)v$,于是

$$x'y = u'A(I-A)v = 0,$$

即 $\mathscr{L}(A')$ 中的向量与 $\mathscr{L}(I-A)$ 中的向量正交,即 R_n 是 $\mathscr{L}(A')$ 与 $\mathscr{L}(I-A)$ 的正交和,因此有

(iv) $R_n = \mathscr{L}(A') \dotplus \mathscr{L}(I-A) = \mathscr{L}(A) \dotplus \mathscr{L}(I-A') \Leftrightarrow A^2 = A$.

§6. 对　称　阵

　　方阵 A 称为对称的,如果 $A' = A$. 对每一个对称阵 A,任给一个向量 x, $x'Ax$ 就是 x 的一个齐次二次函数,它称为 A 所相应的二次型. 如果 A 的二次型 $x'Ax$ 恒不取负值,即 $x'Ax \geqslant 0$ 对一切 x 成立,则称 A 是非负定阵. 如果 A 是非负定的,且 $x'Ax = 0$ 的充要条件是 $x = 0$,则称 A 是正定的. 非负定阵和正定阵都是对称阵,这一节着重介绍有关特征根,特征向量的一些结果.

6.1 对称阵的谱分解 首先可以证明对称阵的特征根均取实值. 如果 $\lambda, \mu,$ x, y 分别为实数及实数向量, $A' = A$, 且

$$A(x + iy) = (\lambda + i\mu)(x + iy), \text{其中 } i \text{ 为虚数}.$$

比较等式两边的实部及虚部, 得

$$Ax = \lambda x - \mu y, \quad Ay = \mu x + \lambda y,$$

所以

$$\lambda y'x - \mu y'y = y'Ax = x'Ay = \mu x'x + \lambda x'y,$$

因此

$$\mu(x'x + y'y) = 0,$$

即

$$\mu = 0.$$

这就证明了特征根一定是实的, 同时特征向量也可取为实值向量.

其次 $\underset{n \times n}{A'} = A$ 时, 存在 A 的 n 个特征向量 $\gamma_1, \cdots, \gamma_n$ 使 $\gamma_i'\gamma_j = \delta_{ij}, i, j = 1, 2, \cdots,$ n. 设 A 的 k 个单位正交特征向量为 $\gamma_1, \cdots, \gamma_k$(显然, 对 A 至少可以找到一个单位长度的特征向量, 因此 $k \geqslant 1$), 相应的特征根是 $\lambda_1, \cdots, \lambda_k (\lambda_1, \cdots, \lambda_k$ 可以有相同的). 于是当 $k < n$ 时, 总有 $x \neq 0$, 使 x 与 $\mathscr{L}(\gamma_1, \cdots, \gamma_k)$ 中的向量都正交, 而 $(Ax)'\gamma_i = x'A\gamma_i = \lambda_i x'\gamma_i = 0, i = 1, 2, \cdots, k$, 即 $x, Ax, \cdots$, 均与 $\mathscr{L}(\gamma_1, \cdots, \gamma_k)$ 正交. 由 §5 的 5.2 知道 $\mathscr{L}(x, Ax, \cdots)$ 中一定有 A 的特征向量, 因此就找到了与 $\gamma_1, \cdots,$ γ_k 都正交的 A 的单位特征向量 γ_{k+1}. 用这个方法直到 $k = n$ 为止, 就找到了 A 的 n 个特征向量 $\gamma_1, \cdots, \gamma_n$, 它们是 R_n 中的一组标准正交基, 即 $\delta_{ij} = \gamma_i'\gamma_j, i, j = 1, \cdots, n$, 记

$$\Gamma = (\gamma_1 \cdots \gamma_n),$$

则有 $A\Gamma = \Gamma\Lambda$, 其中 $\Lambda = \begin{pmatrix} \lambda_1 & & 0 \\ & \ddots & \\ 0 & & \lambda_n \end{pmatrix}$, 且 $\Gamma'\Gamma = I_n$. 利用逆阵的唯一性, 就知道 $\Gamma' = \Gamma^{-1}, \Gamma\Gamma' = I_n$. 于是

$$A = \Gamma\Lambda\Gamma^{-1} = \Gamma\Lambda\Gamma' = (\gamma_1 \cdots \gamma_n) \begin{pmatrix} \lambda_1 & & 0 \\ & \ddots & \\ 0 & & \lambda_n \end{pmatrix} \begin{pmatrix} \gamma_1' \\ \vdots \\ \gamma_n' \end{pmatrix}$$

$$= \sum_{i=1}^{n} \lambda_i \gamma_i \gamma_i'.$$

这就证得了 A 的谱分解式.

A 的谱分解也可以用另一种方式来叙述. 设 Γ 是 $n \times n$ 的阵, 如果 $\Gamma'\Gamma = \Gamma\Gamma'$ $= I_n$, 则称 Γ 是正交阵. A 的谱分解也可以叙述为:

对任给的一个对称阵 $\underset{n \times n}{A}$, 一定存在一个正交阵 Γ, 使

$$\Gamma'A\Gamma = \begin{pmatrix} \lambda_1 & & 0 \\ & \ddots & \\ 0 & & \lambda_n \end{pmatrix}, \tag{6.1}$$

其中 $\lambda_1, \cdots, \lambda_n$ 是 A 的特征根, $\Gamma = (\gamma_1 \cdots \gamma_n)$ 是相应的特征向量组成的正交阵. 这也称为对称阵的对角化定理.

对给定的对称阵 A, 任给一个正交阵 Γ, 则 $\Gamma' A \Gamma$ 仍然是对称阵. 上述结果告诉我们, 对 $A \rightarrow \Gamma' A \Gamma$ 这种变换, 总可以使 A 变成对角形的阵, 因此对角阵称为对称矩阵在正交变换下的标准型.

6.2 同时对角化 设 A, B 都是 $n \times n$ 的对称阵. 对于 A, 存在正交阵 Γ_1 使 $\Gamma_1' A \Gamma_1$ 是对角阵; 对于 B, 存在正交阵 Γ_2 使 $\Gamma_2' B \Gamma_2$ 也是对角阵. 一般说来 Γ_1 与 Γ_2 是不同的. 下面证明, $\Gamma_1 = \Gamma_2$ 的充要条件是 $AB = BA$. 这一结果通常称为同时对角化定理.

先证必要性. 若 $\Gamma_1 = \Gamma_2$, 则 $AB = BA$. 此时

$$\Gamma_1' A \Gamma_1 = \begin{pmatrix} \lambda_1 & & 0 \\ & \ddots & \\ 0 & & \lambda_n \end{pmatrix}, \quad \Gamma_2' B \Gamma_2 = \begin{pmatrix} \mu_1 & & 0 \\ & \ddots & \\ 0 & & \mu_n \end{pmatrix},$$

由于 $\Gamma_1 = \Gamma_2$, 记 $\Gamma_1 = \Gamma_2 = \Gamma$, 则

$$A = \Gamma \begin{pmatrix} \lambda_1 & & 0 \\ & \ddots & \\ 0 & & \lambda_n \end{pmatrix} \Gamma', \quad B = \Gamma \begin{pmatrix} \mu_1 & & 0 \\ & \ddots & \\ 0 & & \mu_n \end{pmatrix} \Gamma',$$

因此

$$AB = \Gamma \begin{pmatrix} \lambda_1 & & 0 \\ & \ddots & \\ 0 & & \lambda_n \end{pmatrix} \Gamma' \Gamma \begin{pmatrix} \mu_1 & & 0 \\ & \ddots & \\ 0 & & \mu_n \end{pmatrix} \Gamma' = \Gamma \begin{pmatrix} \lambda_1 \mu_1 & & 0 \\ & \ddots & \\ 0 & & \lambda_n \mu_n \end{pmatrix} \Gamma'$$

$$= \Gamma \begin{pmatrix} \mu_1 & & 0 \\ & \ddots & \\ 0 & & \mu_n \end{pmatrix} \Gamma' \Gamma \begin{pmatrix} \lambda_1 & & 0 \\ & \ddots & \\ 0 & & \lambda_n \end{pmatrix} \Gamma' = BA.$$

再证充分性. 若 λ_1, u_1 使 $A u_1 = \lambda_1 u_1$, 则 $A B^k u_1 = B^k A u_1 = \lambda_1 B^k u_1$. 可见当 u_1 是 λ_1 相应的 A 的特征向量时, $B u_1, B^2 u_1, \cdots, B^k u_1, \cdots$ 都在 λ_1 相应的特征向量生成的子空间内. 由 5.2 知道一定有一个 B 的特征向量属于 $\mathscr{L}(u_1, B u_1, B^2 u_1, \cdots)$, 于是就找到了 A, B 第一个公共的特征向量, 记为 γ_1. 考虑与 γ_1 正交的子空间, 存在 u_2 是 A 的特征向量, 与刚才的方法相仿, 可以找到 A, B 第二个公共特征向量 γ_2, 且 $\gamma_2' \gamma_1 = 0$. 如此下去, 一直找到 n 个公共的特征向量为止, 这就证明了所要的结论.

因此, 当 $A_1, \cdots, A_m$ 均为 $n \times n$ 的对称阵时, $A_1, \cdots, A_m$ 可以同时对角化的充要条件是 $A_i A_j = A_j A_i$ 对一切 $i, j = 1, 2, \cdots, m$ 成立. 特别地, 对称阵 A 与 $A^2, A^3, \cdots$, $A^{-1}, A^{-2}, \cdots$ 都是可交换的, 因此 A 与 A 的多项式矩阵, 或 A^{-1} 的多项式矩阵都

可以同时对角化. 用谱分解的形式来表示, 如果 A 的特征根是 $\lambda_1, \cdots, \lambda_n, \gamma_1, \cdots, \gamma_n$ 是相应的特征向量(标准正交基). 当 $\lambda_i = 0$ 时, 规定 $\lambda_i^{-1} = 0$, 于是有

$$\begin{cases} A = \sum_{i=1}^{n} \lambda_i \gamma_i \gamma_i'; \\ A^k = \sum_{i=1}^{n} \lambda_i^k \gamma_i \gamma_i', k = 0, \pm 1, \pm 2, \cdots. \end{cases} \tag{6.2}$$

如果 $f(\lambda)$ 是 λ 的多项式, 则有

$$\begin{cases} f(A) = \sum_{i=1}^{n} f(\lambda_i) \gamma_i \gamma_i', \\ f(A^{-1}) = \sum_{i=1}^{n} f(\lambda_i^{-1}) \gamma_i \gamma_i'. \end{cases} \tag{6.3}$$

6.3 特征根的极值性质 设 $A' = A$, 将 A 的特征根 $\lambda_1, \cdots, \lambda_n$ 依大小顺序排列, 无妨设 $\lambda_1 \geqslant \lambda_2 \geqslant \cdots \geqslant \lambda_n$. 从谱分解式 ($\gamma_1, \cdots, \gamma_n$ 是 A 的标准化特征向量):

$$A = \sum_{i=1}^{n} \lambda_i \gamma_i \gamma_i',$$

$$I = \sum_{i=1}^{n} \gamma_i \gamma_i',$$

就可以知道, 对任给 x, $x = \sum_{i=1}^{n} a_i \gamma_i$ 就有

$$\frac{x'Ax}{x'x} = \frac{\sum_{i=1}^{n} \lambda_i a_i^2}{\sum_{i=1}^{n} a_i^2},$$

很明显, 利用上面的等式就可以得到

$$\begin{cases} \sup_{x \neq 0} \dfrac{x'Ax}{x'x} = \sup_{a \neq 0} \dfrac{\sum\limits_{i=1}^{n} \lambda_i a_i^2}{a'a} = \lambda_1, \\ \inf_{x \neq 0} \dfrac{x'Ax}{x'x} = \inf_{a \neq 0} \dfrac{\sum\limits_{i=1}^{n} \lambda_i a_i^2}{a'a} = \lambda_n. \end{cases} \tag{6.4}$$

仿照上面的方法, 不难证明下述结论:

设 $\underset{n \times n}{A'} = A$, A 的谱分解式是 $\sum_{i=1}^{n} \lambda_i \gamma_i \gamma_i'$, 且 $\lambda_1 \geqslant \lambda_2 \geqslant \cdots \geqslant \lambda_n$, 于是有:

(i) $\displaystyle\sup_{\substack{x'\gamma_i = 0 \\ i=1,\cdots,k \\ x \neq 0}} \dfrac{x'Ax}{x'x} = \lambda_{k+1}, \quad \inf_{\substack{x'\gamma_i = 0 \\ i=1,\cdots,k \\ x \neq 0}} \dfrac{x'Ax}{x'x} = \lambda_n;$ \hfill (6.5)

(ii) $\displaystyle\sup_{\substack{x'\gamma_i=0\\i=k+1,\cdots,n\\x\neq 0}}\frac{x'Ax}{x'x}=\lambda_1,\quad \inf_{\substack{x'\gamma_i=0\\i=k+1,\cdots,n\\x\neq 0}}\frac{x'Ax}{x'x}=\lambda_k;$ (6.6)

(iii) 记 $\Gamma_k=(\gamma_1\cdots\gamma_k),\Gamma_k=(\gamma_{k+1}\cdots\gamma_n)$ 后,

$$\begin{cases}\displaystyle\inf_{\substack{B\\n\times k}}\sup_{\substack{B'x=0\\x\neq 0}}\frac{x'Ax}{x'x}=\sup_{\substack{\Gamma_k'x=0\\x\neq 0}}\frac{x'Ax}{x'x}=\lambda_{k+1},\\[4mm]\displaystyle\sup_{\substack{B\\n\times(n-k)}}\inf_{\substack{B'x=0\\x\neq 0}}\frac{x'Ax}{x'x}=\inf_{\substack{\Gamma_k'x=0\\x\neq 0}}\frac{x'Ax}{x'x}=\lambda_{k+1},\end{cases}\qquad k=0,1,\cdots,n-1. \quad(6.7)$$

§7. 非 负 定 阵

从 §6 对称阵的结果可以知道,当 $\underset{n\times n}{A}$ 是非负定阵时,存在正交阵 Γ,使

$\Gamma'A\Gamma=\begin{bmatrix}\lambda_1&&0\\&\ddots&\\0&&\lambda_n\end{bmatrix}$,对任给的 x,取 $y=\Gamma'x$,则 $x'Ax=x'\Gamma\Gamma'A\Gamma\Gamma'x=y'$

$\begin{bmatrix}\lambda_1&&0\\&\ddots&\\0&&\lambda_n\end{bmatrix}y=\displaystyle\sum_{i=1}^n\lambda_iy_i^2$,因此 $\lambda_i\geqslant 0$,反之亦真. 为了方便,今后用 $A\geqslant 0$ 表示 A

是非负定阵,$A>0$ 表示 A 是正定阵,$A\geqslant B$ 表示 $A-B\geqslant 0$,$A>B$ 表示 $A-B$ >0.于是有:

(i) $A\geqslant 0\Leftrightarrow A$ 的特征根非负,$A'=A$;

(ii) $A>0\Leftrightarrow A$ 的特征根均为正数,$A'=A$;

(iii) $A>0\Leftrightarrow A\geqslant 0$,且 $|A|\neq 0$;

(iv) $\underset{n\times n}{A}\geqslant 0\Leftrightarrow B'AB\geqslant 0$ 对一切 $\underset{n\times m}{B}$ 成立;

(v) $A\geqslant 0,B\geqslant 0\Rightarrow A+B\geqslant 0$;

(vi) $A\geqslant 0$,实数 $c>0\Rightarrow cA\geqslant 0$;

(vii) $A\geqslant 0\Leftrightarrow$ 存在 L 使 $A=L'L$.

上述性质(i)—(vii)都是比较明显的.我们对(vii)给出一个证明,其余就不证明了.由于 $A\geqslant 0$,则

$$A=\Gamma\begin{bmatrix}\lambda_1&&&0\\&\ddots&&\\&&\lambda_r&\\0&&&0\end{bmatrix}\Gamma'=\Gamma\begin{bmatrix}\sqrt{\lambda_1}&&&0\\&\ddots&&\\&&\sqrt{\lambda_r}&\\0&&&0\end{bmatrix}\begin{bmatrix}\sqrt{\lambda_1}&&&0\\&\ddots&&\\&&\sqrt{\lambda_r}&\\0&&&0\end{bmatrix}\Gamma',$$

其中 $r = \mathrm{rk}(A)$, 且 $\lambda_i > 0$, $i = 1, \cdots, r$. 因此取 $L = \begin{bmatrix} \sqrt{\lambda_1} & & & 0 \\ & \ddots & & \\ & & \sqrt{\lambda_r} & \\ 0 & & & 0 \end{bmatrix} \Gamma'$, 就

有 $A = L'L$, 这就证明了必要性. 对任给的 x, 由于 $A = L'L$, 则 $x'Ax = x'L'Lx \geqslant 0$, 因此 $A \geqslant 0$. 值得注意的是 L 可以有不同的选法. 如取

$$L = \begin{bmatrix} \sqrt{\lambda_1} & & 0 \\ & \ddots & \\ 0 & & \sqrt{\lambda_r} \end{bmatrix} \bigcup \Gamma'',$$

则 $\mathrm{rk}L = \mathrm{rk}A$; 如取 $L = \Gamma \begin{bmatrix} \sqrt{\lambda_1} & & & 0 \\ & \ddots & & \\ & & \sqrt{\lambda_r} & \\ 0 & & & 0 \end{bmatrix} \Gamma'$, 则 $L' = L$, $A = L'L = L^2$. 对

于 $A \geqslant 0$, 常常取最后这一种 L, 并且用 $A^{\frac{1}{2}}$ 来代表它, 很明显 $A^{\frac{1}{2}}$ 也是非负定阵. 类似地, 可以定义 A^α, $\alpha \geqslant 0$, 即

$$A^\alpha = \Gamma \begin{bmatrix} \lambda_1^\alpha & & & 0 \\ & \ddots & & \\ & & \lambda_r^\alpha & \\ 0 & & & 0 \end{bmatrix} \Gamma' = \sum_{i=1}^n \lambda_i^\alpha \gamma_i \gamma_i'. \tag{7.1}$$

很明显, 当 $A > 0$ 时, $A^\alpha > 0$ 对一切 $\alpha > 0$ 成立.

7.1 同时对角化与相对特征根 设 $\underset{n \times n}{A'} = A$, $\underset{n \times n}{B} > 0$, 则存在非奇异阵 P 使得

$$P'AP = \begin{bmatrix} \mu_1 & & 0 \\ & \ddots & \\ 0 & & \mu_n \end{bmatrix}, \quad P'BP = I,$$

其中 $\mu_1, \cdots, \mu_n$ 是方程 $|\mu B - A| = 0$ 的根, 也称为 A 相对于 B 的特征根. 这一结论是用非奇异阵使两个对称阵(其中一个必须是正定的)同时对角化. 现证明如下: 令 $B = L'L$, $|L| \neq 0$, (因为 $B > 0$)于是对 $(L')^{-1}AL^{-1}$ 用对称阵对角化定理, 就有正

交阵 Γ 使 $\Gamma'(L')^{-1}AL^{-1}\Gamma = \begin{bmatrix} \mu_1 & & 0 \\ & \ddots & \\ 0 & & \mu_n \end{bmatrix}$. 取 $P = L^{-1}\Gamma$, 则

$$P'AP = \begin{bmatrix} \mu_1 & & 0 \\ & \ddots & \\ 0 & & \mu_n \end{bmatrix}, \quad P'BP = I,$$

且有

$$|P|^2|\lambda B - A| = |\lambda P'BP - P'AP| = \left|\lambda I - \begin{pmatrix} \mu_1 & & 0 \\ & \ddots & \\ 0 & & \mu_n \end{pmatrix}\right|,$$

这就证明了 $\mu_1, \cdots, \mu_n$ 是方程 $|\lambda B - A| = 0$ 的根.

很明显,当 $B = I$ 时,A 相对于 I 的特征根就是 A 的特征根.另一方面,由于

$$0 = |\mu B - A| = |B||\mu I - B^{-1}A| = |\mu I - AB^{-1}||B|,$$

可见 A 相对于 B 的特征根,也就是 $B^{-1}A$ 的特征根,也是 AB^{-1} 的特征根.注意到 $B > 0$,因此 $B^{-\frac{1}{2}}$ 是有意义的,AB^{-1} 与 $B^{-\frac{1}{2}}AB^{-\frac{1}{2}}$ 有相同的特征根,$B^{-\frac{1}{2}}AB^{-\frac{1}{2}}$ 是对称的.当 $A \geqslant 0$ 时,$B^{-\frac{1}{2}}AB^{-\frac{1}{2}} \geqslant 0$,因此可以断定 A 相对于 B 的特征根都是非负的.

7.2 相对特征根的极值性质　　设 $\underset{n \times n}{A'} = A$, $\underset{n \times n}{B} > 0$,$A$ 相对于 B 的特征根是 $\mu_1, \cdots, \mu_n$,无妨假定 μ_i 是依大小顺序排列的,即 $\mu_1 \geqslant \mu_2 \geqslant \cdots \geqslant \mu_n$.注意到

$$\frac{x'Ax}{x'Bx} = \frac{x'P^{-1}P'APP^{-1}x}{x'P^{-1}P'BPP^{-1}x} \xrightarrow{y = p^{-1}x} \frac{y'\begin{pmatrix} \mu_1 & & 0 \\ & \ddots & \\ 0 & & \mu_n \end{pmatrix}y}{y'y},$$

式中 P 是 7.1 中的 P,从 6.3 的结论就可以得到相应的一系列的结论.例如

$$\sup_{x \neq 0} \frac{x'Ax}{x'Bx} = \mu_1, \inf_{x \neq 0} \frac{x'Ax}{x'Bx} = \mu_n.$$

注意到 $B^{\frac{1}{2}} > 0$,且令 $y = B^{\frac{1}{2}}x$ 后,$x = 0 \Leftrightarrow y = 0$,因此,

$$\frac{x'Ax}{x'Bx} = \frac{y'B^{-\frac{1}{2}}AB^{-\frac{1}{2}}y}{y'y}.$$

由此可见,若以 β_i 记 $B^{-\frac{1}{2}}AB^{-\frac{1}{2}}$ 的相应于 μ_i 的特征向量,则对 $i = 1, 2, \cdots, n$,均有

$$\mu_i = \beta_i' B^{-\frac{1}{2}}AB^{-\frac{1}{2}}\beta_i.$$

于是可以把 6.3 中其他结论写成相对特征根的形式,这些就不一一列举了,请读者自己去写一遍.

7.3 $A'A$ 与 A, A' 的关系　　任给一个矩阵 $\underset{n \times m}{A}$,则 $A'A$ 与 AA' 均为非负定阵.很明显 A, A' 与 $A'A, AA'$ 之间有许多重要的关系式,它们都是下述结果的推论.

由于 $Ax = 0 \Rightarrow A'Ax = 0 \Rightarrow x'A'Ax = 0 \Rightarrow Ax = 0$,因此 $Ax = 0 \Leftrightarrow A'Ax = 0$,即 $\mathscr{L}(A') = \mathscr{L}(A'A)$.由此可得:

(i) $\mathscr{L}(A) = \mathscr{L}(AA')$;

(ii) $\mathrm{rk}(A) = \mathrm{rk}(AA') = \mathrm{rk}(A'A) = \mathrm{rk}(A')$;

(iii) $A = 0 \Leftrightarrow A'A = 0$;

(iv) $AA'X_1 = AA'Y_1 \Leftrightarrow A'X_1 = A'Y_1$,

$\qquad A'AX_2 = A'AY_2 \Leftrightarrow AX_2 = AY_2$;

(v) $\underset{m \times n}{|A'} \underset{n \times m}{A|} \neq 0 \Leftrightarrow \mathrm{rk}(A) = m$,

$\qquad \underset{n \times m}{|A} \underset{m \times n}{A'|} \neq 0 \Leftrightarrow \mathrm{rk}(A) = n$;

(vi) 设 $\underset{n \times n}{A} > 0$,则有

$$\underset{m \times n}{B'} \underset{n \times m}{A} \underset{}{B} > 0 \Leftrightarrow \mathrm{rk}(B) = m.$$

7.4 投影阵 非负定阵中一类重要的矩阵是投影矩阵,我们先从投影的观点导出这一类矩阵,然后再讨论它的性质.

设 $\mathscr{L}$ 是 R_n 中任意给定的一个非 0 维子空间,$\mathscr{L}$ 中任取一组基 $a_1, \cdots, a_r$,于是相应的矩阵 $A = (a_1 \cdots a_r)$ 就有性质 $\mathscr{L}(A) = \mathscr{L}$.任给 R_n 中的一个向量 x,由于 $\mathscr{L} \dotplus \mathscr{L}^\perp = R_n, x$ 一定可以写成 $u + v, u \in \mathscr{L}, v \in \mathscr{L}^\perp, u$ 就是 x 在 $\mathscr{L}$ 中的投影.现在用矩阵来刻划投影,由于 $a_1, \cdots, a_r$ 线性无关,因此 $\underset{r \times n}{A'} \underset{n \times r}{A}$ 有逆,于是 $A(A'A)^{-1}A'$ 是一个 $n \times n$ 的矩阵.如果 $x \in \mathscr{L}(A)$,则 x 可写成 Ab 的形式,因此 $A(A'A)^{-1}A'x = A(A'A)^{-1}A'Ab = Ab = x$;如果 $x \perp \mathscr{L}(A)$,即 $x \in \mathscr{L}^\perp(A)$,则 $A'x = 0$,因此 $A(A'A)^{-1}A'x = 0$.所以对 $x = u + v, u \in \mathscr{L}, v \in \mathscr{L}^\perp$,总有 $A(A'A)^{-1}A'x = u$,矩阵 $A(A'A)^{-1}A'$ 完全刻划了在 $\mathscr{L}$(即 $\mathscr{L}(A)$)上的投影,我们把矩阵 $A(A'A)^{-1}A'$ 称为空间 $\mathscr{L}$(即 $\mathscr{L}(A)$)上的投影矩阵,简称为投影阵,记作 P_A.

容易看出 $P'_A = P_A, P^2_A = P_A$.反之,如果一个矩阵 P 满足 $P^2 = P, P' = P$,则由等幂阵的性质知道 $R_n = \mathscr{L}(P') \dotplus \mathscr{L}(I - P) = \mathscr{L}(P) \dotplus \mathscr{L}(I - P)$,因此 P 就是 $\mathscr{L}(P)$ 上的投影阵.由此可见,投影阵完全被 $P^2 = P, P' = P$(等幂、对称)这两个特性所刻划.由等幂阵、对称阵的性质,我们知道对投影阵 P 下列各式成立:

(i) $(I - P)^2 = I - P, (I - P)' = I - P$(即 $I - P$ 也是一个投影阵,且它是 $\mathscr{L}^\perp(P)$ 上的投影阵).

(ii) $\mathrm{tr}P = \mathrm{rk}P$.

(iii) 由于 P 的特征根非 0 即 1,于是 P 的谱分解式是 $P = \sum\limits_{i=1}^{r} \gamma_i \gamma'_i$,$\gamma_1, \cdots, \gamma_r$ 是 P 相应于特征根 1 的全部标准正交特征向量.

(iv) 设 P_A, P_B 为相应于 $\mathscr{L}(A), \mathscr{L}(B)$ 的投影阵.则 $P_A = P_B \Leftrightarrow \mathscr{L}(A) = \mathscr{L}(B)$.

这是因为 $P_A = P_B$ 时,$\mathscr{L}(A) = \mathscr{L}(P_A) = \mathscr{L}(P_B) = \mathscr{L}(B)$.反之,若 $\mathscr{L}(A) = \mathscr{L}(B)$,于是 $\mathscr{L}(P_A) = \mathscr{L}(A) = \mathscr{L}(B) = \mathscr{L}(P_B)$,因此 $P_A P_B = P_B, P_B P_A = P_A$,但由于 $P_A(I - P_B) = ((I - P_B)P_A)' = O = (I - P_B)P_A$,因此 $P_A P_B = P_B P_A$,就推出 $P_B = P_A$.

(v) $P = P^2 = P'P \geqslant 0$.

在上面的讨论中,我们考虑子空间 $\mathscr{L}$ 中的一组基 $a_1,\cdots,a_r$ 组成的矩阵 A 和在 $\mathscr{L}$ 上的投影矩阵有什么关系,如果 $a_1,\cdots,a_m$ 是 $\mathscr{L}$ 中的向量,使得 $\mathscr{L}=\mathscr{L}(a_1,\cdots,a_m)$,此时相应的 $A=(a_1\cdots a_m)$,$a_1,\cdots,a_m$ 不一定线性无关,$(A'A)^{-1}$ 可能不存在,在 $\mathscr{L}(A)$ 上的投影阵就无法用 $A(A'A)^{-1}A'$ 来表示了.如果引进了广义逆,还可以用 $A(A'A)^{-1}A'$ 的形式来表示,不过对 $(A'A)^{-1}$ 的理解要作一些修正,这些将在§8详细讨论.如果考虑在子空间 $\mathscr{L}$ 上的投影时,我们选的基是一组标准正交基,即 $\mathscr{L}=\mathscr{L}(\gamma_1,\cdots,\gamma_r)$,且 $\gamma_i'\gamma_j=\delta_{ij}$,$i,j=1,2,\cdots,r$,于是 $A=(\gamma_1\cdots\gamma_r)$,$A'A=I_r$,因此 $A(A'A)^{-1}A'=AA'=\sum_{i=1}^r\gamma_i\gamma_i'$,它就是 P_A 的谱分解式.

§8. 广　义　逆

矩阵的广义逆有各种不同的定义,这里着重介绍常用的 A^-,A^+ 的一些基本性质,关于 A^-,A^+ 的进一步的讨论在以后各章用到时会逐步展开.

8.1 A^- 对给定的矩阵 $\underset{n\times m}{A}$,如有矩阵 X 满足

$$AXA=A,$$

则称 X 是 A 的一个"减号逆",记为 A^-.

8.1.1 A^- 的存在性　如果 A 是 $n\times m$ 的阵,从初等变换知道有 $\underset{n\times n}{P}$　$\underset{m\times m}{Q}$ 均为非奇异阵,使得

$$A=P\begin{bmatrix}I_r&0\\0&0\end{bmatrix}Q,\quad r=\mathrm{rk}(A).$$

于是有

$$AXA=A\Leftrightarrow P\begin{bmatrix}I_r&0\\0&0\end{bmatrix}QXP\begin{bmatrix}I_r&0\\0&0\end{bmatrix}Q=P\begin{bmatrix}I_r&0\\0&0\end{bmatrix}Q$$

$$\Leftrightarrow\begin{bmatrix}I_r&0\\0&0\end{bmatrix}QXP\begin{bmatrix}I_r&0\\0&0\end{bmatrix}=\begin{bmatrix}I_r&0\\0&0\end{bmatrix}.$$

记 $QXP=\begin{bmatrix}T_{11}&T_{12}\\T_{21}&T_{22}\end{bmatrix}\begin{smallmatrix}r\\m-r\end{smallmatrix}$,代入上式于是就得
$\underset{r}{}\ \underset{n-r}{}$

$$AXA=A\Leftrightarrow T_{11}=I_r.$$

因此得到 $AXA=A\Leftrightarrow X=Q^{-1}\begin{bmatrix}I_r&*\\ *&*\end{bmatrix}P^{-1}$,其中 $*$ 部分可以任意.这样就给出了 A^- 的表达式,一般说来,A 的减号逆 A^- 不一定只有一个,粗糙地说,A 的秩越小,A^- 就越多.从 A^- 的表达式就可导出 A^- 的一些性质:

(i) 对任给的 A,A^- 是存在的;

(ii) $\text{rk}(A^-) \geqslant \text{rk}(A)$;

(iii) A^- 唯一 $\Leftrightarrow A^{-1}$ 存在,且 $A^- = A^{-1}$;

(iv) $\text{rk}(A) = \text{rk}(AA^-) = \text{rk}(A^-A) = \text{tr}(AA^-) = \text{tr}(A^-A)$;这是因为

$$AA^- = P\begin{bmatrix} I_r & * \\ O & O \end{bmatrix}P^{-1}, A^-A = Q^{-1}\begin{bmatrix} I_r & O \\ * & O \end{bmatrix}Q;$$

(v) 如果 $\text{rk}(\underset{n \times m}{A}) = m$ 则 $A^-A = I_m$;如果 $\text{rk}(A) = n$,则 $AA^- = I_n$;

(vi) $AA^-AA^- = AA^-, A^-AA^- = A^-$;即 AA^- 与 A^-A 均为等幂阵.

要注意的是如果 A 是对称阵,则 A^- 不一定是对称,但是在所有的 A^- 中至少有一个是对称的.利用 3.3 中的消因子公式(或用 7.3 的 (iv)),从 $A'A(A'A)^-A'A = A'A$,立即可知

$$A'A(A'A)^-A' = A', A(A'A)^-A'A = A. \tag{8.1}$$

8.1.2 投影阵 $A(A'A)^-A'$ 首先可以看出 $A(A'A)^-A'$ 与 $(A'A)^-$ 的选法无关.因为如果有两个 $A'A$ 的减号逆,设为 $(A'A)_1^-$ 与 $(A'A)_2^-$,于是

$$A'A(A'A)_1^-A'A = A'A = A'A(A'A)_2^-A'A,$$

利用 $\text{rk}(A'A) = \text{rk}(A) = \text{rk}(A')$,上式两边均消去 A' 与 A,就得 $A(A'A)_1^-A' = A(A'A)_2^-A'$,这就证明了 $A(A'A)^-A'$ 与 $(A'A)^-$ 的选法无关、由此可以知道 $A(A'A)^-A'$ 是对称的,即不论 $(A'A)^-$ 是否对称,$A(A'A)^-A'$ 总是对称的.其次可以看出

$$(A(A'A)^-A')^2 = A(A'A)^- \underline{A'A(A'A)^-A'} = A(A'A)^-A',$$

因此,$A(A'A)^-A'$ 确实是一个投影阵.并且它有:

(i) $A(A'A)^-A'A = A$;

(ii) 当 $A'x = 0$ 时,有 $A(A'A)^-A'x = 0$.

因此 $A(A'A)^-A'$ 就是 $\mathscr{L}(A)$ 的投影阵.同理 $A'(AA')^-A$ 就是 $\mathscr{L}(A')$ 的投影阵.

8.1.3 分块矩阵的求逆公式 今后也需要求分块矩阵的广义逆,这里给出四块求逆的两个公式,它们的证明和 §4 相似,它还需用到下面这两个事实:

$$\begin{cases} 1. \text{ 若 } |P| \neq 0, |Q| \neq 0, \text{则 } A^- = Q(PAQ)^-P. \\ 2. \begin{bmatrix} A_{11} & O \\ O & A_{22} \end{bmatrix}^- = \begin{bmatrix} A_{11}^- & X_{12} \\ X_{21} & A_{22}^- \end{bmatrix}, \text{其中 } X_{12}, X_{21} \text{ 分别满足} \\ \qquad\qquad\qquad A_{11}X_{12}A_{22} = 0, A_{22}X_{21}A_{11} = 0. \end{cases} \tag{8.2}$$

下面分两种情况给出分块求逆公式:

(i) A_{11}^{-1} 存在.此时

$$\begin{bmatrix} A_{11} & A_{12} \\ A_{21} & A_{22} \end{bmatrix}^- = \begin{bmatrix} A_{11}^{-1} - A_{11}^{-1}A_{12}X_{21} - X_{12}A_{21}A_{11}^{-1} & X_{12} \\ X_{21} & O \end{bmatrix}$$

$$+ \begin{bmatrix} A_{11}^{-1} A_{12} \\ - I \end{bmatrix} B^- (A_{21}A_{11}^{-1} \quad - I), \tag{8.3}$$

其中 $B = A_{22} - A_{21}A_{11}^{-1}A_{12}$, X_{12}, X_{21} 满足 $X_{12}B = 0$, $BX_{21} = 0$. 利用等式 (4.1), 即

$$\begin{bmatrix} I & O \\ - A_{21}A_{11}^{-1} & I \end{bmatrix} \begin{bmatrix} A_{11} & A_{12} \\ A_{21} & A_{22} \end{bmatrix} \begin{bmatrix} I & - A_{11}^{-1}A_{12} \\ 0 & I \end{bmatrix}$$

$$= \begin{bmatrix} A_{11} & 0 \\ 0 & A_{22} - A_{21}A_{11}^{-1}A_{12} \end{bmatrix} = \begin{bmatrix} A_{11} & 0 \\ 0 & B \end{bmatrix},$$

两边取广义逆, 分别用 (8.2) 中的两个等式, 就得到 (8.3). 类似地可证当 A_{22}^{-1} 存在时, 就有

$$\begin{bmatrix} A_{11} & A_{12} \\ A_{21} & A_{22} \end{bmatrix}^- = \begin{bmatrix} 0 & Y_{12} \\ Y_{21} & A_{22}^{-1} - A_{22}^{-1}A_{21}Y_{12} - Y_{21}A_{12}A_{22}^{-1} \end{bmatrix}$$

$$+ \begin{bmatrix} - I \\ A_{22}^{-1}A_{21} \end{bmatrix} D^- (- I \quad A_{12}A_{22}^{-1}), \tag{8.4}$$

其中 $D = A_{11} - A_{12}A_{22}^{-1}A_{21}$, Y_{12}, Y_{21} 满足 $Y_{21}D = 0$, $DY_{12} = 0$. 当 $X_{12} = 0$, $X_{21} = 0$, $Y_{12} = 0$, $Y_{21} = 0$ 时, (8.3), (8.4) 式右端都是 A^- 的一部分, 但它们不一定相同, 这是要注意的.

(ii) 当 $A \geqslant 0$ 时, 由于 $A = L'L$, 分块后就得

$$\begin{bmatrix} A_{11} & A_{12} \\ A_{21} & A_{22} \end{bmatrix} = A = L'L = \begin{bmatrix} L_1'L_1 & L_1'L_2 \\ L_2'L_1 & L_2'L_2 \end{bmatrix},$$

利用

$$A_{11}A_{11}^- A_{12} = L_1'L_1(L_1'L_1)^- L_1'L_2 = L_1'L_2' = A_{12},$$

$$A_{21}A_{11}^- A_{11} = L_2'L_1(L_1'L_1)^- L_1'L_1 = L_2'L_1 = A_{21},$$

类似地有

$$A_{22}A_{22}^- A_{21} = A_{21}, \quad A_{12}A_{22}^- A_{22} = A_{12}.$$

因此

$$\begin{bmatrix} I & O \\ - A_{21}A_{11}^- & I \end{bmatrix} \begin{bmatrix} A_{11} & A_{12} \\ A_{21} & A_{22} \end{bmatrix} \begin{bmatrix} I & - A_{11}^- A_{12} \\ 0 & I \end{bmatrix}$$

$$= \begin{bmatrix} A_{11} & 0 \\ 0 & A_{22} - A_{21}A_{11}^- A_{12} \end{bmatrix},$$

于是用与 (i) 相同的方法, 得到

$$\begin{bmatrix} A_{11} & A_{12} \\ A_{21} & A_{22} \end{bmatrix}^- = \begin{bmatrix} A_{11}^- - A_{11}^- A_{12}X_{21} - X_{12}A_{21}A_{11}^- & X_{12} \\ X_{21} & 0 \end{bmatrix}$$

$$+ \begin{bmatrix} A_{11}^- A_{12} \\ -I \end{bmatrix} B^- \left(A_{21}A_{11}^- \quad -I \right),$$

其中 $B = A_{22} - A_{21}A_{11}^- A_{12}$，$X_{12}, X_{21}$ 只要满足 $A_{11}X_{12}B = O$，$BX_{21}A_{11} = O$. 类似地有

$$\begin{bmatrix} A_{11} & A_{12} \\ A_{21} & A_{22} \end{bmatrix}^- = \begin{bmatrix} 0 & Y_{12} \\ Y_{21} & A_{22}^- - A_{22}^- A_{21} Y_{12} - Y_{21} A_{12} A_{22}^- \end{bmatrix}$$
$$+ \begin{bmatrix} -I \\ A_{22}^- A_{21} \end{bmatrix} D^- \left(-I \quad A_{12}A_{22}^- \right),$$

其中 $D = A_{11} - A_{12}A_{22}^- A_{21}$，$Y_{12}, Y_{21}$ 只要满足 $A_{22}Y_{21}D = O$，$DY_{12}A_{22} = O$.

比较这两个不同表达式的左上角子块，就得

$$(A_{11} - A_{12}A_{22}^- A_{21})^- = A_{11}^- + A_{11}^- A_{12}(A_{22} - A_{21}A_{11}^- A_{12})^- A_{21}A_{11}^-$$
$$- A_{11}^- A_{12}X_{21} - X_{12}A_{21}A_{11}^-,$$

只要 X_{21}, X_{12} 满足 $A_{11}X_{12}(A_{22} - A_{21}A_{11}^- A_{12}) = 0$，

$$(A_{22} - A_{21}A_{11}^- A_{12})X_{21}A_{11} = 0.$$

很明显，取 $X_{21} = 0$，$X_{12} = 0$ 是可以的，将 A_{ij} 用 $L_i' L_j$ 来代替，得到

$$(L_1'L_1)^- + (L_1'L_1)^- L_1'L_2(L_2'L_2 - L_2'L_1(L_1'L_1)^- L_1'L_2)^- L_2'L_1(L_1'L_1)^-$$

是 $L_1'L_1 - L_1'L_2(L_2'L_2)^- L_2'L_1$ 的减号逆. 从 8.1.2 知道，矩阵 $L_i(L_i'L_i)^- L_i'$ 是投影阵 P_{L_i}，于是上式告诉我们

$$(L_1'L_1)^- + (L_1'L_1)^- L_1'L_2(L_2'(I - P_{L_1})L_2)^- L_2'L_1(L_1'L_1)^-$$

是 $L_1'(I - P_{L_2})L_1$ 的减号逆. 注意，它虽然并不是 $L_1'(I - P_{L_2})L_1$ 的减号逆的全体，但它是 $L_1'(I - P_{L_2})L_1$ 的减号逆，当我们只需要 $L_1'(I - P_{L_2})L_1$ 的一个任意的减号逆时，这个表达式就很方便了. 例如当 $\mathscr{L}(L_2) \subset \mathscr{L}(L_1)$ 时，$(I - P_{L_1})L_2 = O$，因此可以将 $(L_2'(I - P_{L_1})L_2)^-$ 取为 O，于是 $(L_1'L_1)^-$ 就是 $L_1'(I - P_{L_2})L_1$ 的减号逆，这一事实在考虑一些投影问题时是会用到的.

8.2 A^+ 给定一个矩阵 $\underset{n \times m}{A}$，如果有 X 满足

$$\begin{cases} AXA = A, & XAX = X, \\ (AX)' = AX, & (XA)' = XA, \end{cases}$$

则称 X 是 A 的加号逆，记作 A^+.

8.2.1 A^+ 的存在性和唯一性 由初等变换知道，任给一个 $\underset{n \times m}{A}$，$r = \text{rk}(A) \neq 0$，总存在 $\underset{n \times r}{P}$，$\underset{m \times r}{Q}$，使 $r = \text{rk}(P) = \text{rk}(Q)$，且 $A = PQ'$. 此时 $P'P$ 与 $Q'Q$ 均有逆，因此 $(P'P)^{-1}$，$(Q'Q)^{-1}$ 都存在. 我们证明 $X = Q(Q'Q)^{-1}(P'P)^{-1}P'$ 就是 A^+. 要说

明一点,当 $r=0$ 时,此时 $A=0$,我们就规定 $A^+=0$,因此,下面只考虑 $r\neq0$ 的情形.易见

$$AXA = PQ'Q(Q'Q)^{-1}(P'P)^{-1}P'PQ' = PQ' = A,$$

$$XAX = Q(Q'Q)^{-1}\underline{(P'P)^{-1}P'PQ'Q(Q'Q)^{-1}}(P'P)^{-1}P' = X,$$

$$AX = P(P'P)^{-1}P' \qquad \text{是对称的},$$

$$XA = Q(Q'Q)^{-1}Q' \qquad \text{是对称的}.$$

可见 X 确实是 A^+,这就证明了 A^+ 的存在性.下面证唯一性,如果 A_1^+ 和 A_2^+ 是两个不同的 A^+,则

$$A_1^+ = A_1^+AA_1^+ = A_1^+A_1^{+'}A' = A_1^+A_1^{+'}A'A_2^{+'}A'$$
$$= A_1^+(AA_1^+)'(AA_2^+)' = A_1^+AA_1^+AA_2^+ = A_1^+AA_2^+,$$

又

$$A_2^+ = A_2^+AA_2^+ = A'A_2^{+'}A_2^+ = A'A_1^{+'}A'A_2^{\downarrow'}A_2^{\downarrow}$$
$$= (A_1^+A)'(A_2^+A)'A_2^+ = A_1^+AA_2^+AA_2^+ = A_1^+AA_2^+ = A_1^+.$$

这就证明了唯一性.

从 A^+ 的表达式,可以看出:当 $\underset{n\times m}{\mathrm{rk}(A)}=n$ 时,$A^+=A'(AA')^{-1}$;当$\underset{n\times m}{\mathrm{rk}(A)}=m$ 时,$A^+=(A'A)^{-1}A'$;当 A^{-1} 存在时,$A^+=A^{-1}$.

很明显,A^+ 本身也就是 A 的一个减号逆,因此,凡是对任一 A^- 都成立的公式,对 A^+ 自然也就成立.反之,A^+ 所具有的性质,并不是每一个 A 的减号逆都能有的.这些,我们在使用 A^- 和 A^+ 时是需要注意的.

8.2.2 A^+ 的基本性质　下面列举一些 A^+ 的性质,我们只给一些简单的说明,读者不难自己验证.

(i) $(A^+)^+=A$;$(A')^+=(A^+)'$;

(ii) $A^+=(A'A)^+A'=A'(AA')^+$;

这可利用$(A'A)^+$ 也是一个$(A'A)^-$,从

$$A(A'A)^+A'A = A, AA'(AA')^+A = A,$$

以及其他一些等式直接验证;

(iii) $(A'A)^+=A^+(A^+)'$;

(iv) 若 $\underset{n\times m}{A}=\underset{n\times r}{P}\underset{r\times m}{Q}$,$\mathrm{rk}(A)=\mathrm{rk}(P)=\mathrm{rk}(Q)=r$,则

$$A^+ = Q^+P^+;$$

(v) 若 $H'=H,H^2=H$,则 $H^+=H$;

(vi) 若 $H^+=H$,则 $H^2=P_H$;

(vii) 若 $\underset{n\times n}{A'}=A$,$\Gamma$ 是正交阵,且

$$A = \Gamma \begin{bmatrix} \lambda_1 & & 0 \\ & \ddots & \\ 0 & & \lambda_n \end{bmatrix} \Gamma',$$

并约定

$$\lambda^+ = \begin{cases} \lambda^{-1} & \text{当 } \lambda \neq 0 \\ 0 & \text{当 } \lambda = 0, \end{cases}$$

则有

$$A^+ = \Gamma \begin{bmatrix} \lambda_1^+ & & 0 \\ & \ddots & \\ 0 & & \lambda_n^+ \end{bmatrix} \Gamma';$$

也即当对称阵 A 的谱分解为 $\sum_{i=1}^{n} \lambda_i \gamma_i \gamma_i'$ 时, A^+ 的谱分解为 $\sum_{i=1}^{n} \lambda_i^+ \gamma_i \gamma_i'$;

(viii) 若 $\underset{n \times n}{\Gamma_1}$, $\underset{m \times m}{\Gamma_2}$ 是正交阵, A 是任一给定的 $n \times m$ 阵,则有

$$(\Gamma_1 A \Gamma_2)^+ = \Gamma_2' A^+ \Gamma_1';$$

(ix) $AA^+ \geqslant 0, A^+A \geqslant 0$.

由于 $AA^+ = AA'(AA')^+$,若 $AA' = \Gamma \begin{bmatrix} \lambda_1 & & 0 \\ & \ddots & \\ 0 & & \lambda_n \end{bmatrix} \Gamma', \Gamma = (\gamma_1 \cdots \gamma_n)$,则

$AA^+ = \sum_{\lambda_i \neq 0} \gamma_i \gamma_i' \geqslant 0$. 因此 AA^+ 的特征根非 0 即 1, AA^+ 是一投影阵,同理 A^+A,

$I - A^+A, I - AA^+$ 均为投影阵.

8.3 线性方程组的解　线性方程组 $Ax = b$ 可能是相容的,也可能是不相容的,相容时要求它的全部解,不相容时要求它的全部最小二乘解,这些问题的解决都与 A^-, A^+ 有关.对于矩阵方程 $AX = B$ 的解也是相仿的,因为求 $\underset{n \times m}{A} \underset{m \times p}{X} = \underset{n \times p}{B}$ 的解 X,只要将 X 和 B 依列写出, $X = (x_1 \cdots x_p), B = (b_1 \cdots b_p)$,则 $AX = B \Leftrightarrow Ax_i = b_i i = 1, 2, \cdots, p$.这样就把 $AX = B$ 的求解问题化成了 $Ax = b$ 的求解问题.下面逐个讨论这些问题的解.

8.3.1 相容方程 $Ax = b$ 的全部解　首先可以看出如果 $Ax = b$ 是相容的,则 $Ax = b$ 有解,也即存在 u 使 $b = Au$,于是 $x = A^- b (= A^- Au)$ 就是解,因为

$$AA^- b = AA^- Au = Au = b.$$

其次, $Ax = 0$ 的全部解是 $x = (I - A^- A)u, u$ 任意.我们来证明这一点.设 x 是 $Ax = 0$ 的解,则 $x = A^- Ax + (I - A^- A)x$,由于 $Ax = 0$,于是 $x = (I - A^- A)x$,可见 x 是 $(I - A^- A)u$ 的形式;反之,若 $x = (I - A^- A)u$,则 $Ax = A(I - A^- A)u = Au - Au = 0, x$ 就是 $Ax = 0$ 的解.因此,我们知道:当 $Ax = b$ 相

容时,它的通解为
$$x = A^- b + (I - A^- A)u, u \text{ 任意};$$
或
$$x = A^+ b + (I - A^+ A)u, u \text{ 任意}.$$
从通解表达式就可以看出:

(i) 相容方程 $Ax = b$ 有唯一解的充要条件是 $I - A^- A = 0$,若 A 有逆,此时解为 $A^{-1}b$.

(ii) 齐次方程 $Ax = 0$ 有非 0 解的充要条件是 $I - A^- A \neq 0$,即 A^{-1} 不存在.

(iii) 方程 $Ax = b$ 相容时,它的解 x 中使 $x'x$ 达到最小的是 $x = A^+ b$.

这是因为 $Ax = b$ 的通解为 $x = A^+ b + (I - A^+ A)u$,于是 $x'x = b'A^{+'}A^+ b + 2b'A^{+'}(I - A^+ A)u + u'(I - A^+ A)u$,而
$$A^{+'}(I - A^+ A) = A^{+'}(I - (A^+ A)') = A^{+'}(I - A'A^{+'}) = 0,$$
因此 $x'x = b'A^{+'}A^+ b + u'(I - A^+ A)u \geqslant b'A^{+'}A^+ b$,$x'x$ 达到最小值 $\|A^+ b\|^2$ 的充要条件是 $u'(I - A^+ A)u = 0$,也即 $(I - A^+ A)u = 0$,也即 $x = A^+ b$.

8.3.2 不相容方程 $Ax = b$ 的全部最小二乘解　当 $Ax = b$ 不相容时,使 $\|Ax - b\|$ 达到最小值的 x 称为方程 $Ax = b$ 的最小二乘解.实际上,当 $Ax = b$ 相容时,$\|Ax - b\|$ 的最小值就是 0,使 $\|Ax - b\| = 0$ 的 x 也就是 $Ax = b$ 的解.因此,不论 $Ax = b$ 是否相容,方程 $Ax = b$ 的最小二乘解总是有意义的.下面我们将证明 $Ax = b$ 的全部最小二乘解是
$$x = A^- A(A'A)^- A'b + (I - A^- A)u, u \text{ 任意},$$
或
$$x = A^+ b + (I - A^+ A)u, u \text{ 任意}.$$
很明显,$Ax - b = Ax - P_A b + (P_A - I)b$,因此
$$\|Ax - b\|^2 = \|Ax - P_A b\|^2 + \|(P_A - I)b\|^2$$
$$+ 2((P_A - I)b)'(Ax - P_A b).$$
实际上,由于 $b'(P_A - I)(Ax - P_A b) = b'\underline{(P_A - I)A}(x - (A'A)^- A'b) = 0$,因此
$$\|Ax - b\|^2 = \|Ax - P_A b\|^2 + \|(I - P_A)b\|^2 \geqslant \|(I - P_A)b\|^2,$$
$\|Ax - b\|^2$ 达到最小值 $\|(I - P_A)b\|^2$ 的充要条件是
$$Ax = P_A b, \text{即 } Ax = A(A'A)^- A'b.$$
而 $Ax = P_A b$ 是相容的,它的全部解是
$$x = A^- P_A b + (I - A^- A)u, u \text{ 任意}.$$
注意到 $A^- P_A b = A^- A(A'A)^- A'b$ 当 $-$ 号用 $+$ 号代替时,有 $A^+ P_A b = A^+ A(A'A)^+ A'b = A^+ AA^+ b = A^+ b$.因此最小二乘解的通解用 A^+ 表示就很方便,它和 8.3.1 中的结论完全一样,即 $Ax = b$ 的全部最小二乘解是

$$x = A^+ b + (I - A^+ A)u, u \text{ 任意}.$$

并且 $x = A^+ b$ 是最小二乘解中使 $x'x$ 达到最小的唯一解.

8.3.3 $AX = B$ 的极小迹解 对矩阵方程 $\underset{n \times m}{A}\underset{m \times p}{X} = \underset{n \times p}{B}$,考虑 $\mathrm{tr}(AX - B)'(AX - B)$,$X$ 使 $\mathrm{tr}(AX - B)'(AX - B)$ 达到最小的就称为方程 $AX = B$ 的极小迹解. 由于将 X 和 B 依列写出时,$X = (x_1 \cdots x_p)$,$B = (b_1 \cdots b_p)$,

$$\mathrm{tr}(AX - B)'(AX - B) = \sum_{i=1}^{p}(Ax_i - b_i)'(Ax_i - b_i),$$

因此使 $(Ax_i - b_i)'(Ax_i - b_i)$ 达到最小值的 x_i 所组成的 X 一定使 $\mathrm{tr}(AX - B)'(AX - B)$ 达到最小,因此

$$X = A^+ B + (I - A^+ A)U, U \text{ 任意}$$

确实是 $AX = B$ 的极小迹解.

这样可以明显地看出:$Ax = b$ 相容时的解,$Ax = b$ 的最小二乘解,$AX = B$ 的极小迹解都可由相同的形式给出它们的通解.

8.4 投影 如果 R_n 是子空间 $\mathscr{L}_1$ 和 $\mathscr{L}_2$ 的直接和,即 $R_n = \mathscr{L}_1 + \mathscr{L}_2$,则对任一给定的 $x \in R_n$,x 可以唯一地表示成 $u_1 + u_2, u_i \in \mathscr{L}_i, i = 1,2$. 当 $R_n = \mathscr{L}_1 \dotplus \mathscr{L}_2$ 时,我们称 u_1 是 x 在 $\mathscr{L}_1$ 中的投影. 从广义逆的性质知道,任给一个 A,A 的列向量不一定线性无关,则 $A(A'A)^- A'$ 就是 $\mathscr{L}(A)$ 上的投影阵,因为记 $P = A(A'A)^- A'$ 后,知道 $P' = P, P^2 = P, PA = A$. 我们在 §7 中讨论过,当 A 的列向量是线性无关向量组时,$A(A'A)^{-1}A'$ 就是 $\mathscr{L}(A)$ 上的投影阵,现在有了广义逆就可以将它推广到一般情形. 实际上还可以引入斜投影的概念,当 $R_n = \mathscr{L}_1 \dotplus \mathscr{L}_2$ 时,任一 $x \in R_n$,均可唯一分解为 $u_1 + u_2, u_i \in \mathscr{L}_i, i = 1,2$,此时称 u_1 是 x 沿 $\mathscr{L}_2$ 方向在 $\mathscr{L}_1$ 中的投影,由于 u_1, u_2 不一定正交,于是就称为斜投影. 利用广义逆也可以求出斜投影阵的表达式,这里不进一步讨论了. 我们着重介绍投影(正投影、垂直投影)阵 $A(A'A)^- A'$ 的一些性质.

(i) 我们知道当 $\mathrm{rk}(A) = \mathrm{rk}(AB)$ 时,$\mathscr{L}(A) = \mathscr{L}(AB)$,因此,$A$ 的列向量均可由 AB 列向量的线性组合来表示,也即存在矩阵 C 使 $A = ABC$. 利用投影阵可以给出 C 的表达式. 由于 $\mathscr{L}(AB) = \mathscr{L}(A)$,因此矩阵 $AB(B'A'AB)^- B'A'$ 也是 $\mathscr{L}(A)$ 的投影阵,因而就有

$$AB(B'A'AB)^- B'A'A = P_A A = A,$$

也即可取 $C = (B'A'AB)^- B'A'A$.

(ii) 由于 $\underset{n \times m}{A}(A'A)^- \underset{m \times n}{A'}$ 是投影阵,因此 $I - A(A'A)^- A'$ 也是投影阵,也即 $I_n - A(A'A)^- A' \geqslant 0$. 很明显,要使 $I_n - A(A'A)^- A' = 0$ 成立的充要条件是 $\mathrm{rk}(A) = n$. 从非负定矩阵的性质,立即推出

$$B'B - B'A(A'A)^- A'B \geqslant 0,$$

并且等号成立的充要条件是 $B = A(A'A)^- A'B$,也即 B 的列向量均属于 $\mathscr{L}(A)$,也即存在 C 使 $B = AC$. 特别地,取 $A = \underset{n \times 1}{a}, a'a \neq 0, B = \underset{n \times 1}{b}$,上述不等式就是通常的 Schwarz 不等式

$$(a'b)^2 \leqslant (a'a)(b'b).$$

§9. 计 算 方 法

多元分析在实际使用时,离不开矩阵的数值计算,主要涉及两个内容:与解线性方程组有关的,在逐步回归、逐步判别中常用的 (i, j) 消去变换以及用雅可比方法求矩阵的特征根和特征向量.下面扼要地说明一下这两个方法,其他的内容请读者参阅有关线性代数计算方法的著作.

9.1 (i, j) 消去变换　(i, j) 消去变换是对矩阵 A 施行一些初等变换来达到解方程,求回归系数等目的.我们先考察一下,对 A 施行初等变换后,A 阵是如何发生变化的.为了书写方便,每次变换后,在这一次变换中不变的部分用 $*$ 表示,只写出在这一次变换中变动的部分,因此,在整个变换过程中,$*$ 部分实际上可能是会改变的.这一点请读者注意.

如果 A 是 $n \times m$ 的阵,第 (i, j) 位置的元素是 a_{ij},且 $a_{ij} \neq 0$,对 A 阵的第 i 行除以 a_{ij},于是就将

$$\underset{n \times m}{A} = (a_{ij}) \text{ 变成了 } A_1,$$

写出来是:

$$A \to A_1 = \begin{pmatrix} & & * & & \\ a_{i1}/a_{ij} & a_{i2}/a_{ij} \cdots a_{ij-1}/a_{ij} & 1 & a_{ij+1}/a_{ij} \cdots a_{im}/a_{ij} \\ & & * & & \end{pmatrix}$$

$$\underbrace{\qquad\qquad\qquad}_{j-1列} \quad \underset{第j列}{} \quad \underbrace{\qquad\qquad}_{m-j列}$$

对 A_1,将第 1 行减去第 i 行的 a_{1j} 倍,就将

$$A_1 \to A_2 = \begin{pmatrix} a_{11} - \dfrac{a_{i1}a_{1j}}{a_{ij}} & a_{12} - \dfrac{a_{i2}a_{1j}}{a_{ij}} \cdots a_{1j-1} - \dfrac{a_{ij-1}a_{1j}}{a_{ij}} \\ & * \end{pmatrix}$$

$$\underbrace{\qquad\qquad\qquad\qquad}_{j-1列}$$

$$\begin{matrix} 0 & a_{1j+1} - \dfrac{a_{ij+1}a_{1j}}{a_{ij}} \cdots a_{1m} - \dfrac{a_{im}a_{1j}}{a_{ij}} \end{matrix},$$

$$\underset{第j列}{} \quad \underbrace{\qquad\qquad\qquad}_{m-j列}$$

然后对第 2 行、第 3 行,…逐行仿第 1 行的方式进行变换,(第 i 行除外,第 i 行一直保留不动),最后就把 A 变成了

$$
\widetilde{A} = \begin{pmatrix} & & & 0 & & & \\ & * \ * & & \vdots & & * \ * & \\ & & & 0 & & & \\ a_{i1}/a_{ij}\cdots a_{ij-1}/a_{ij} & & 1 & & a_{ij+1}/a_{ij}\cdots a_{im}/a_{ij} \\ & & & 0 & & & \\ & * \ * & & \vdots & & * \ * & \\ & & & 0 & & & \end{pmatrix},
$$

其中 $*\ *$ 部分第 (α,β) 位置元素是 $a_{\alpha\beta} - a_{i\beta}a_{\alpha j}/a_{ij}$. 在整个变换过程中,对矩阵 A 只是进行了如下的两种行的初等变换:

(i) 第 i 行除以 a_{ij},也即乘以 a_{ij}^{-1}(因为 $a_{ij} \neq 0$);

(ii) 对 $\alpha \neq i, \alpha = 1, \cdots, n$,从第 α 行中减去经 (i) 变换过的第 i 行的 $a_{\alpha j}$ 倍.

从最后的矩阵 $\widetilde{A}$ 来看,它的第 j 列一定是向量 $e_i = (\underset{i-1}{\underbrace{0\cdots 0}}\ \ 1\ \ \underset{n-i}{\underbrace{0\cdots 0}})'$. 如果把 $\widetilde{A}$ 中第 j 列的

$$
e_i \xrightarrow{\text{换成}} \begin{pmatrix} -a_{1j}/a_{ij} \\ -a_{2j}/a_{ij} \\ \vdots \\ 1/a_{ij} \\ -a_{i+1j}/a_{ij} \\ \vdots \\ -a_{nj}/a_{ij} \end{pmatrix} \begin{matrix} \left.\vphantom{\begin{matrix}a\\a\\a\end{matrix}}\right\} i-1 \ \text{行} \\ -\text{第} \ i \ \text{行} \\ \left.\vphantom{\begin{matrix}a\\a\\a\end{matrix}}\right\} n-i \ \text{行} \end{matrix}
$$

则记录了整个的运算过程所涉及的一些数值,并且放在相应的位置上. 于是,就引入一种 (i,j) 消去变换,它的定义如下:

设 $\underset{n\times m}{A} = (a_{ij})$,如果 $a_{ij} \neq 0$,于是

(i) 当 $\alpha \neq i, \beta \neq j$ 时,把 $a_{\alpha\beta}$ 换成 $a_{\alpha\beta} - a_{i\beta}a_{\alpha j}/a_{ij}$;

(ii) 当 $\alpha \neq i$ 时,把 $a_{\alpha j}$ 换成 $-a_{\alpha j}/a_{ij}$;

(iii) 当 $\beta \neq j$ 时,把 $a_{i\beta}$ 换成 $a_{i\beta}/a_{ij}$;

(iv) 把 a_{ij} 换成 $1/a_{ij}$.

这一变换,将矩阵 A 变成了

$$\begin{pmatrix} * * & \begin{matrix} -a_{1j}/a_{ij} \\ \vdots \\ -a_{i-1j}/a_{ij} \end{matrix} & * * \\ a_{i1}/a_{ij}\cdots a_{ij-1}/a_{ij} & 1/a_{ij} & a_{ij+1}/a_{ij}\cdots a_{im}/a_{ij} \\ * * & \begin{matrix} -a_{i+1j}/a_{ij} \\ \vdots \\ -a_{nj}/a_{ij} \end{matrix} & * * \end{pmatrix}$$

其中 $**$ 部分第 (α,β) 位置的元素是 $a_{\alpha\beta}-a_{\alpha j}a_{i\beta}/a_{ij}$, 记为 $T_{ij}(A)$, 称为对矩阵 A 施行了 (i,j) 消去变换, 或简记为对 A 进行了 T_{ij} 变换.

不难证明, (i,j) 消去变换具有下列两条性质:

(i) $T_{ij}(T_{ij}(A))=A$. 即对 A 连续施行两次 (i,j) 消去变换, 其结果是 A 不变, 这很容易直接验证.

(ii) 若 $i\neq k, j\neq l$, 则 $T_{ij}(T_{kl}(A))=T_{kl}(T_{ij}(A))$. 这也可以直接验证, 它表明 T_{ij} 的某种意义下的可交换性.

这两条性质是很重要的, 有了它, 我们可以得到一些很有用的结论. 例如对 T_{ii} 这一类变换, 就有 $T_{ii}(T_{ii}(A))=A, T_{ii}(T_{jj}(A))=T_{jj}(T_{ii}(A)), i, j$ 相等不相等都成立, 因此, 对 A 施行了系列的 T_{ii} 后, 其最后的结果只与这一系列变换中出现奇数次的 T_{ii} 有关. 这些性质, 在逐步回归的计算和逐步判别的计算中都是很起作用的. 现在来看 (i,j) 消去变换的一些应用.

9.1.1 变量调换   设 $\underset{n\times m}{A}$ 是给定的一个矩阵, x 与 y 满足方程 $\underset{n\times 1}{y}+\underset{n\times m}{A}\ \underset{m\times 1}{x}=0$, 这一方程可以理解为用 x 来表示 y, $x=(x_1,\cdots,x_m)'$, $y=(y_1,\cdots,y_n)'$. 如果想用 $(y_1,x_2,\cdots,x_m)'$ 来表示 $(x_1,y_2,\cdots,y_n)'$, 就是想把 x_1,y_1 这两个变量的位置调换一下. 由于方程 $y+Ax=0$ 的第一式是

$$y_1+a_{11}x_1+a_{12}x_2+\cdots+a_{1m}x_m=0,$$

当 $a_{11}\neq 0$ 时, 这一方程式也就是

$$x_1+a_{11}^{-1}y_1+a_{11}^{-1}a_{12}x_2+\cdots+a_{11}^{-1}a_{1m}x_m=0,$$

将这一表达式 (x_1 用 $y_1,x_2,\cdots,x_m$ 来表示的表达式) 代入 $y+Ax=0$ 的第 i 式, 就得

$$y_i-a_{i1}a_{11}^{-1}y_1+(a_{i2}-a_{i1}a_{12}/a_{11})x_2+\cdots=0.$$

如果把 $y+Ax=0$ 写成表的格式:

	x_1	x_2	$\cdots$	x_m
y_1	a_{11}	a_{12}	$\cdots$	a_{1m}
y_2	a_{21}	a_{22}	$\cdots$	a_{2m}
$\vdots$	$\vdots$	$\vdots$		$\vdots$
y_n	a_{n1}	a_{n2}	$\cdots$	a_{nm}

变量 x_1 与 y_1 调换后就是：

	y_1	x_2	$\cdots$	x_m
x_1	$1/a_{11}$	a_{12}/a_{11}	$\cdots$	a_{1m}/a_{11}
y_2	$-a_{21}/a_{11}$	$a_{22}-\dfrac{a_{21}a_{12}}{a_{11}}$	$\cdots$	$a_{2m}-\dfrac{a_{21}a_{1m}}{a_{11}}$
$\vdots$	$\vdots$	$\vdots$		$\vdots$
y_n	$-a_{n1}/a_{11}$	$a_{n2}-\dfrac{a_{n1}a_{12}}{a_{11}}$	$\cdots$	$a_{nm}-\dfrac{a_{n1}a_{1m}}{a_{11}}$

 它就是把 A 进行 (i,j) 消去变换中的 T_{11}，即 $T_{11}(A)$ 就是我们所要的 x_1 与 y_1 调换后的表示式. 很清楚，如果我们要把 y_i 与 x_j 调换，只要 A 中 $a_{ij}\neq 0$，施行 T_{ij} 后，$T_{ij}(A)$ 就是所要的矩阵.

 9.1.2 部分消元 如果希望对 $y+Ax=0$ 的表示式中调换几个变量，此时可以将 x,y 相应地分块，A 阵也相应分块，写成

$$\begin{array}{c} r \\ n-r \end{array}\begin{bmatrix} y_{(1)} \\ y_{(2)} \end{bmatrix} + \begin{array}{c} \\ r \end{array}\begin{bmatrix} A_{11} & A_{12} \\ A_{21} & A_{22} \end{bmatrix}\begin{array}{c} \\ m-r \end{array}\begin{bmatrix} x_{(1)} \\ x_{(2)} \end{bmatrix} = 0,$$

设 $|A_{11}|\neq 0$，则可解出前面 r 个方程，将 $x_{(1)}$ 表示成 $y_{(1)}$ 和 $x_{(2)}$，然后再代入后面 $n-r$ 个方程，得到

$$\begin{cases} x_{(1)} + (A_{11})^{-1}y_{(1)} + A_{11}^{-1}A_{12}x_{(2)} = 0, \\ y_{(2)} - A_{21}A_{11}^{-1}y_{(1)} + (A_{22} - A_{21}A_{11}^{-1}A_{12})x_{(2)} = 0, \end{cases}$$

这样也就达到了调换变量的目的，也即将 $x_{(1)},y_{(2)}$ 用 $y_{(1)},x_{(2)}$ 来表示. 用表的方式来写，就是将下面左边的表变成了右边的表.

	$x'_{(1)}$	$x'_{(2)}$
$y_{(1)}$	A_{11}	A_{12}
$y_{(2)}$	A_{21}	A_{22}

$\longrightarrow$

	$y'_{(1)}$	$x'_{(2)}$
$x_{(1)}$	A_{11}^{-1}	$A_{11}^{-1}A_{12}$
$y_{(2)}$	$-A_{21}A_{11}^{-1}$	$A_{22}-A_{21}A_{11}^{-1}A_{12}$

然而从 9.1.1 知道,将 $y_{(1)}$ 与 $x_{(1)}$ 调换,也可以通过对矩阵 A 连续施行变换 T_{11}, $T_{22}, \cdots, T_{rr}$ 来达到,这就证明了对 A 连续施行 $T_{11}, T_{22}, \cdots, T_{rr}$(注意与施行的次序无关)就把

$$A = \begin{bmatrix} A_{11} & A_{12} \\ A_{21} & A_{22} \end{bmatrix} \rightarrow \begin{bmatrix} A_{11}^{-1} & A_{11}^{-1}A_{12} \\ -A_{21}A_{11}^{-1} & A_{22}-A_{21}A_{11}^{-1}A_{12} \end{bmatrix}.$$

9.1.3 方阵求逆　如果 A 是方阵,从 $y+\underset{n\times n}{A}x=0$ 出发,逐次对 A 施行 $T_{11}, \cdots, T_{nn}$,则可求出 A^{-1}.但这要求在逐次施行 T_{ii} 时,主对角元不出现 0,要避免这一点,只须略加修改,就得通常的主元素消去法(注意对正定阵 A,施行 T_{ii} 后主对角元决不会出现 0).现将有关步骤写在下面:

(i) 列出矩阵 A,A 中元素 a_{ij} 都是实数,A 的上面和左面写上相应的变量,即 $x_1, \cdots, x_n$ 与 $y_1, \cdots, y_n$;

(ii) 如果上面的变量都已调换成 $y_1, \cdots, y_n$,就转入(v),否则就看上面变量是 $\{x_j\}$ 的那些列,左面变量是 $\{y_i\}$ 的那些行(也即考察变量尚未调换的那些元素相应的子块)中的元素,寻找绝对值最大的,记为 a_{ij},然后进入(iii);

(iii) 如果 $a_{ij}=0$,表明 A 是退化的,无法求逆,应停止演算;如果 $a_{ij}\neq0$,就转入(iv);

(iv) 施行 T_{ij},将 y_i 与 x_j 调换,然后再返回(ii);

(v) 重排行和列,使得表的上面的顺序为 $y_1, \cdots, y_n$,表的左面的顺序为 $x_1, \cdots, x_n$,于是表中的矩阵就是 A^{-1}.

9.1.4 解线性方程组　考虑方程 $\underset{n\times n}{B}\underset{n\times 1}{x}=\underset{n\times 1}{d}$,它可能相容也可能不相容.我们取 $\underset{n\times(n+1)}{A}=(B\vdots d)$,若按 9.1.3 的方法能进行到底,所得的最后的矩阵就是 $(B^{-1}$ $B^{-1}d)$,因此就求出了解.但是方程 $Bx=d$ 可能是不相容的,也可能有无穷多组解,这些情况如何在求解的过程中反映出来呢?

实际上,当 $|B|=0$ 时,则进行了若干次 (i,j) 消去变换后,就会出现 O 块,写成表的形式就是

	$y'_{(1)}$	$x_{(2)}$	
$x_{(1)}$	C_{11}	C_{12}	$c_{(1)}$
$y_{(2)}$	C_{21}	O	$c_{(2)}$

最初的表无妨可假定为:

	$x'_{(1)}$	$x_{(2)}$	
$y_{(1)}$	B_{11}	B_{12}	$d_{(1)}$
$y_{(2)}$	B_{21}	B_{22}	$d_{(2)}$

因此,就得:

$$C_{11} = B_{11}^{-1}, \qquad C_{12} = B_{11}^{-1}B_{12},$$
$$C_{21} = -B_{21}B_{11}^{-1}, \quad O = B_{22} - B_{21}B_{11}^{-1}B_{12},$$
$$c_{(1)} = B_{11}^{-1}d_{(1)}, \qquad c_{(2)} = d_{(2)} - B_{21}B_{11}^{-1}d_{(1)}.$$

此时只有两种可能, $c_{(2)} \neq 0$ 或 $c_{(2)} = 0$. 分别考虑:

$c_{(2)} \neq 0$: 方程组是矛盾的,无解;

$c_{(2)} = 0$: 方程组有无穷多组解,通解的表达式是

$$\begin{bmatrix} x_{(1)} \\ x_{(2)} \end{bmatrix} = \begin{pmatrix} C_{(1)} - C_{12}x_{(2)} \\ x_{(2)} \end{pmatrix} = \begin{pmatrix} B_{11}^{-1}d_{(1)} - B_{11}^{-1}B_{12}x_{(2)} \\ x_{(2)} \end{pmatrix},$$

其中 $x_{(2)}$ 任意.

实际上,上面的方法也就可以用来求矩阵 A 的秩,因为只要进行 (i,j) 消去变换,到某一步出现

	$y'_{(1)}$	$x'_{(2)}$
$x_{(1)}$	C_{11}	C_{12}
$y_{(2)}$	C_{21}	O

就知道把 A 对应分块后

$$A = \begin{bmatrix} A_{11} & A_{12} \\ A_{21} & A_{22} \end{bmatrix},$$

就得 $C_{11} = A_{11}^{-1}, C_{12} = A_{11}^{-1}A_{12}, C_{21} = -A_{21}A_{11}^{-1}, O = A_{22} - A_{21}A_{11}^{-1}A_{12}$, 因此 $\mathrm{rk}A = \mathrm{rk}A_{11}$, A_{11} 的阶数就是 A 的秩.

(i,j) 消去变换在逐步回归、逐步判别中都会用到,这里不作进一步的说明了, 放在以后有关的章节中再来说明.

9.2 求对称阵的特征值、特征向量的雅可比法 从 §6 对称阵化标准型的讨 论可以知道:如果对称阵 A 经过一系列的正交变换,变成了对角型,则对角阵中主 对角元素就是 A 的特征值,这些正交变换矩阵的乘积就是 A 的特征向量. 我们知 道,转轴相应的正交阵具有下面的形式:

$$R_{ij}(\theta) = \begin{pmatrix} 1 & & & & & & & & & \\ & \ddots & & & & & & & & \\ & & 1 & & & & & & & \\ & & & \cos\theta & & & & \sin\theta & & \\ & & & & 1 & & & & & \\ & & & & & \ddots & & & & \\ & & & & & & 1 & & & \\ & & & -\sin\theta & & & & \cos\theta & & \\ & & & & & & & & 1 & \\ & & & & & & & & & \ddots & 1 \end{pmatrix} \begin{matrix} \\ \\ \\ i \\ \\ \\ \\ j \\ \\ \end{matrix} \quad i < j,$$

$$\qquad\qquad\qquad\qquad i \qquad\qquad\qquad\quad j$$

雅可比法就是通过一系列的旋转使对称阵变成对角阵.

设 $A_{n\times n} = (a_{ij})$ 是一对称阵,考察 A 的非对角元素中绝对值不为 0 的最大者. 如果没有,此时 A 已是对角形,因此无妨设 a_{ij} 是绝对值最大者.

令

$$\begin{cases} \theta = \dfrac{\pi}{4}, & \text{若 } a_{ii} = a_{jj}, \\ \tan2\theta = 2a_{ij}/(a_{jj} - a_{ii}), & \text{若 } a_{ii} \neq a_{jj}. \end{cases}$$

于是将 A 左乘 $R'_{ij}(\theta)$,右乘 $R_{ij}(\theta)$,即将

$$A \to R'_{ij}(\theta)AR_{ij}(\theta) \triangleq A_1.$$

对 A_1 继续上面的做法,找 A_1 的非对角元素中绝对值不为 0 的最大者,如果没有,则 A_1 已化成对角形,如果有,就可再决定转角 θ,继续进行,……. 这样一直到将 A 化成对角形为止.

现在来说明,为什么这样旋转就一定能达到我们的目的. 我们知道 $\mathrm{tr}A'A$ 是 A 的全部元素的平方和. 在对 A 乘以正交阵 $R_{ij}(\theta)$ 及 $R'_{ij}(\theta)$ 后,A 就变成了 $A_1 = R'_{ij}(\theta)AR_{ij}(\theta)$,而 $\mathrm{tr}A'_1A_1 = \mathrm{tr}R'_{ij}(\theta)AR_{ij}(\theta)R'_{ij}(\theta)AR_{ij}(\theta) = \mathrm{tr}A'A$,也即 A_1 的全部元素的平方和与 A 的全部元素的平方和是相等的. 然而 A 的主对角元素的平方和是 $\sum\limits_{i=1}^{n} a_{ii}^2$,注意到 A 变成 A_1 时,只是第 i 行、第 j 行、第 i 列、第 j 列的元素可能会改变,其他的元素均不变,因此,主对角元素中只有 a_{ii} 与 a_{jj} 可能发生变化. 考察 A 中的子阵

$$\begin{pmatrix} a_{ii} & a_{ij} \\ a_{ji} & a_{jj} \end{pmatrix},$$

很明显,当取 $\tan2\theta = 2a_{ij}/(a_{jj} - a_{ii})$ 后,就有

$$\begin{pmatrix} \cos\theta & -\sin\theta \\ \sin\theta & \cos\theta \end{pmatrix} \begin{pmatrix} a_{ii} & a_{ij} \\ a_{ji} & a_{jj} \end{pmatrix} \begin{pmatrix} \cos\theta & \sin\theta \\ -\sin\theta & \cos\theta \end{pmatrix} = \begin{pmatrix} a_{ii}^* & 0 \\ 0 & a_{jj}^* \end{pmatrix},$$

因此 $(a_{ii}^*)^2 + (a_{jj}^*)^2 = a_{ii}^2 + a_{jj}^2 + 2a_{ij}^2$. 也即经过旋转后, 主对角元素的平方和是增加的. 因此, 每一次旋转后, 非对角元素的平方和就减少, 主对角元素的平方和就增加, 只要非对角元素中还有非 0 项, 总可以通过旋转来降低非对角元素的平方和. 因此, 问题就在于是否经过有限次旋转后, 一定可以将非对角元素全部化为 0, 这一点我们就不给证明了, 请读者自己考虑.

如果经过 h 次旋转后, A 变成了对角阵, 于是 A 的特征根就是对角阵中的对角元素, A 的特征向量就是 h 次旋转矩阵的乘积. 这是因为每旋转一次, 相应的旋转矩阵是 $R_{ij}(\theta)$, 无妨设 h 次旋转的角度依次为 $\theta_1, \cdots, \theta_h$, 相应的旋转矩阵为 $R_1(\theta_1), R_2(\theta_2), \cdots, R_h(\theta_h)$. 令

$$R = \prod_{i=1}^{h} R_i(\theta_i).$$

则 R 本身也是一个正交阵 (它是一些正交阵的乘积), 并且

$$\mathop{R'AR}_{p\times p} = \begin{pmatrix} \mu_1 & & 0 \\ & \ddots & \\ 0 & & \mu_p \end{pmatrix},$$

则有

$$A = R \begin{pmatrix} \mu_1 & & 0 \\ & \ddots & \\ 0 & & \mu_p \end{pmatrix} R',$$

可见 R 中的列向量均为 A 的特征向量. 在实际计算时, 只要达到非对角线的元素的绝对值充分地小 (即达到要求的相对精度或绝对精度) 就行了, 并不要达到绝对的零, 熟悉计算的同志对此是更清楚的.

§10. 矩 阵 微 商

这一节介绍数、向量、矩阵对变量求导数的表达式. 与多元分析中求统计量分布有关的一些公式将在第九章中另行介绍, 这里只给出常用的一般的公式.

下面用列表的形式给出各种微商的符号及其含意:

1. 设 x 是 $n\times 1$ 的变量, a 是 $n\times 1$ 的常数向量. 于是 $\dfrac{\partial(a'x)}{\partial x_i} = \dfrac{\partial}{\partial x_i}\left(\sum_{j=1}^{n} a_j x_j\right) = a_i$, 即有 $\dfrac{\partial(a'x)}{\partial x} = \dfrac{\partial}{\partial x}(x'a) = a$.

符　　号	性　　质	内　　容
ξ	数	
a	向　　量	$\begin{pmatrix} a_1 \\ a_2 \\ \vdots \\ a_n \end{pmatrix}$
A	矩　　阵	(a_{ij})
$\dfrac{\partial \xi}{\partial a}$	向　　量	$\begin{pmatrix} \dfrac{\partial \xi}{\partial a_1} \\ \vdots \\ \dfrac{\partial \xi}{\partial a_n} \end{pmatrix}$
$\dfrac{\partial \xi}{\partial A}$	矩　　阵	$\left(\dfrac{\partial \xi}{\partial a_{ij}} \right)$
$\dfrac{\partial a}{\partial \xi}$	向　　量	$\begin{pmatrix} \dfrac{\partial a_1}{\partial \xi} \\ \vdots \\ \dfrac{\partial a_n}{\partial \xi} \end{pmatrix}$
$\dfrac{\partial a'}{\partial b}$ $\underset{n\times 1}{a} , \underset{m\times 1}{b}$	矩阵$(m\times n)$	$\left(\dfrac{\partial a_j}{\partial b_i} \right)$
$\dfrac{\partial A}{\partial \xi}$	矩　　阵	$\left(\dfrac{\partial a_{ij}}{\partial \xi} \right)$

2. 设 x 是 $n\times 1$ 的变量，A 是 $n\times n$ 的常数矩阵(不要求 A 对称!)，则

$$\frac{\partial}{\partial x_i}(x'Ax) = \frac{\partial}{\partial x_i}\Big(\sum_{\alpha=1}^{n} \sum_{\beta=1}^{n} a_{\alpha\beta} x_\alpha x_\beta \Big) = 2a_{ii}x_i + \sum_{j\neq i}(a_{ij} + a_{ji})x_j,$$

因此就有

$$\frac{\partial}{\partial x}(x'Ax) = (A + A')x.$$

特别，当 $A = A'$ 时，$\dfrac{\partial}{\partial x}(x'Ax) = 2Ax$.

3. 设 X 是 $n\times n$ 的矩阵变量，X_{ij} 表示 X 中元素 x_{ij} 的代数余子式. 则 X 的行列式 $|X|$ 对 x_{ij} 的微商可以用代数余子式(或逆矩阵)表示. 这是因为

$$|X| = \sum_{i=1}^{n} x_{ij}X_{ij}, \quad j = 1,2,\cdots,n,$$

并且 X_{ij} 中不再有元素 x_{ij}，于是

$$\frac{\partial \mid X \mid}{\partial x_{ij}} = X_{ij},$$

因此

$$\frac{\partial \mid X \mid}{\partial X} = \begin{pmatrix} X_{11} & X_{12} & \cdots & X_{1n} \\ \vdots & \vdots & & \vdots \\ X_{n1} & X_{n2} & \cdots & X_{nn} \end{pmatrix}.$$

注意到

$$X^{-1} = \frac{1}{\mid X \mid} \begin{pmatrix} X_{11} & X_{21} & \cdots & X_{n1} \\ \vdots & \vdots & & \vdots \\ X_{1n} & X_{2n} & \cdots & X_{nn} \end{pmatrix},$$

就得

$$\frac{\partial \mid X \mid}{\partial X} = \mid X \mid (X^{-1})' = \mid X \mid (X')^{-1}.$$

如果 $X' = X$，则因 $x_{ij} = x_{ji}$，独立变量只有 $\frac{n(n+1)}{2}$ 个，此时可直接看出

$$\frac{\partial \mid X \mid}{\partial x_{ij}} = \begin{cases} X_{ii}, & \text{当 } i = j, i = 1,2,\cdots,n, \\ 2X_{ij}, & \text{当 } i \neq j, 1 \leqslant i < j \leqslant n. \end{cases}$$

因此，得公式(注意 $X' = X$)

$$\frac{\partial \mid X \mid}{\partial X} = 2 \mid X \mid X^{-1} - \begin{pmatrix} X_{11} & & 0 \\ & \ddots & \\ 0 & & X_{nn} \end{pmatrix}.$$

要注意，对 $X' = X$ 的矩阵变量，$\frac{\partial \mid X \mid}{\partial X}$ 是一个形式的写法，因为 $\frac{\partial \mid X \mid}{\partial x_{ij}} = \frac{\partial \mid X \mid}{\partial x_{ji}}$．但是，为了形式上统一，并且公式比较明确，还是用 $\frac{\partial \mid X \mid}{\partial X}$ 这个符号．

4. 设 $X = (x_{ij})$ 是 $n \times n$ 的矩阵变量，考虑 X 的逆阵 X^{-1}，求 $\frac{\partial}{\partial x_{ij}}(X^{-1})$．

用 $E_{\alpha\beta}$ 表示矩阵 $e_\alpha e'_\beta$，即 $E_{\alpha\beta}$ 中除了 (α,β) 元素是 1 以外，其余均为 0．为了方便，用符号 $[A]_{ij}$ 表示矩阵 A 中第 (i,j) 位置的元素．于是根据定义就得到

$$\frac{\partial [X^{-1}]_{\alpha\beta}}{\partial x_{ij}} = \lim_{\varepsilon \to 0} \frac{1}{\varepsilon} [(X + \varepsilon E_{ij})^{-1} - X^{-1}]_{\alpha\beta}.$$

今

$$\begin{aligned} (X + \varepsilon E_{ij})^{-1} &= (X + \varepsilon e_i e'_j)^{-1} \\ &= X^{-1} - \varepsilon X^{-1} e_i e'_j X^{-1} / (1 + \varepsilon e'_j X^{-1} e_i), \end{aligned}$$

因此

$$\frac{1}{\varepsilon} [(X + \varepsilon E_{ij})^{-1} - X^{-1}]_{\alpha\beta}$$

$$= - \frac{1}{\varepsilon} \left[\frac{\varepsilon X^{-1} e_i e_j' X^{-1}}{1 + \varepsilon [X^{-1}]_{ji}} \right]_{\alpha\beta} = - \frac{[X^{-1}]_{\alpha i}[X^{-1}]_{j\beta}}{1 + \varepsilon[X^{-1}]_{ji}},$$

所以

$$\lim_{\varepsilon \to 0} \frac{1}{\varepsilon} \left[(X + \varepsilon E_{ij})^{-1} - X^{-1} \right]_{\alpha\beta} = - [X^{-1}]_{\alpha i}[X^{-1}]_{j\beta}.$$

因此,就有公式

$$\frac{\partial X^{-1}}{\partial x_{ij}} = - X^{-1} e_i e_j' X^{-1}.$$

从这个公式就可推得,作变换 $\underset{n \times n}{Y} = \underset{n \times n}{X^{-1}}$ 时,相应的雅可比行列式是 $|X|^{-2n}$.
这是由于

$$\frac{\partial y_{\alpha\beta}}{\partial x_{ij}} = - y_{\alpha i} y_{j\beta} \qquad \alpha, \beta, i, j = 1, 2, \cdots, n,$$

因而

$$\left(\frac{\partial y_{\alpha\beta}}{\partial x_{ij}} \right) = \begin{pmatrix} y_{11}Y & \cdots & y_{1n}Y \\ \vdots & & \vdots \\ y_{n1}Y & \cdots & y_{nn}Y \end{pmatrix} = \begin{pmatrix} y_{11}I & \cdots & y_{1n}I \\ \vdots & & \vdots \\ y_{n1}I & \cdots & y_{nn}I \end{pmatrix} \begin{pmatrix} Y & & 0 \\ & \ddots & \\ 0 & & Y \end{pmatrix},$$

注意到

$$\begin{vmatrix} y_{11}I & \cdots & y_{1n}I \\ \vdots & & \vdots \\ y_{n1}I & \cdots & y_{nn}I \end{vmatrix} = \begin{vmatrix} y_{11} & \cdots & y_{1n} \\ \vdots & & \vdots \\ y_{n1} & \cdots & y_{nn} \end{vmatrix}^n = |Y|^n,$$

即得

$$\left| \frac{\partial y_{\alpha\beta}}{\partial x_{ij}} \right| = |Y|^{2n} = |X|^{-2n}.$$

§11. 矩阵的标准型

在某些变换群之下,矩阵可以化到比较简单的形式. 例如在初等变换下(对行、列都施行初等变换),任一矩阵 A 均可化为 $\begin{pmatrix} I_r & 0 \\ 0 & 0 \end{pmatrix}$ 的形式,其中 r 是 A 的秩;又如在正交变换下,对称矩阵 A 均可化为对角阵. 下面我们再介绍一些常见的标准型.

11.1 Hermite 标准型   设矩阵 H 是 $n \times n$ 的方阵,如果 H 具有下列性质:

(i) 主对角元素非 0 即 1;

(ii) 主对角元素为 0 时,相应的行全为 0;主对角元素为 1 时,相应的列中其他元素均为 0;

(iii) 主对角线以下均为 0;

则称 H 是一个 Hermite 标准型. 很明显, 当 H 是 Hermite 标准型时, 经过相应的行列置换, 一定可以把 H 变成 $\begin{pmatrix} I_r & B \\ O & O \end{pmatrix}$ 的形式, 即存在置换阵 (正交阵中的一部分) P, 使 $PHP' = \begin{pmatrix} I_r & B \\ O & O \end{pmatrix}$. 由于 $(PHP')^2 = PHP'$, 因此 $H^2 = H$, 也即 Hermite 标准型一定是等幂的.

任给一个 $n \times n$ 的方阵 A, 一定存在非奇异阵 C, 使 $A = CH, H$ 是一个 Hermite 标准型. 这实际上是对方阵 A 施行 "行的初等变换", 相当于高斯消去法, 就不再证明了.

11.2 正交、三角分解　任给一个非奇异的方阵 $\underset{n \times n}{A}$, 则 A 的列向量一定线性无关, 于是用施密特正交化方法, 可以将 A 的各列用一组标准正交基的线性组合来表示, 并且表示的系数构成一个上三角阵, 即存在正交阵 Γ 及上三角阵 T 使

$$\underset{n \times n}{A} = \underset{n \times n}{\Gamma} \underset{n \times n}{T}, T \text{ 中的元素 } t_{ii} > 0, i = 1, 2, \cdots, n,$$

而且这种表示是唯一的, 因为当 Γ_1, Γ_2 均为正交阵, T_1, T_2 均为上三角阵时, 只要 $\Gamma_1 T_1 = \Gamma_2 T_2$, 则矩阵 $T_1 T_2^{-1}$ 又是上三角阵. 又是正交阵 (因为 $T_1 T_2^{-1} = \Gamma'_1 \Gamma_2$), 于是 $T_1 T_2^{-1} = I$, 则得到 $T_1 = T_2, \Gamma_1 = \Gamma_2$.

对任给的 $\underset{n \times m}{A}, n \geq m$, 一定可用行初等变换, 将 A 化成 $\begin{pmatrix} T \\ O \end{pmatrix}$, 其中 T 是一个上三角阵, 即存在非奇异阵 P 使 $A = P \begin{pmatrix} T \\ O \end{pmatrix}$. 对 P, 可以应用刚才证明的结果, 存在唯一的正交阵 Γ_1 及上三角阵 T_1 使 $P = \Gamma_1 T_1$. 于是 $A = \Gamma_1 T_1 \begin{pmatrix} T \\ O \end{pmatrix}$, 注意到 $T_1 \begin{pmatrix} T \\ O \end{pmatrix}$ 仍是上三角阵, 这就证明了当 $n \geq m$ 时, $A = \Gamma \begin{pmatrix} T \\ O \end{pmatrix}, \Gamma$ 正交, T 是上三角阵. 将 Γ 分块分成 $(\underset{m}{\Gamma_1} \quad \underset{n-m}{\Gamma_2})$, 于是 $A = (\Gamma_1, \Gamma_2) \begin{pmatrix} T \\ O \end{pmatrix} = \underset{n \times m}{\Gamma_1} \underset{m \times m}{T}, \Gamma'_1 \Gamma_1 = I_m, T$ 上三角. 通常用 Q 表示 Γ_1, 用 R 表示 T, 则 $\underset{n \times m}{A} = \underset{n \times m}{Q} \underset{m \times m}{R}, Q'Q = I_m, R$ 是上三角, 这就称为 QR 分解, 也即正交, 三角分解.

11.3 左正交分解　任给一个矩阵 $\underset{n \times m}{A}$, A 的秩设为 r, 于是可右乘一个置换阵 P_1 使

$$AP_1 = (\underset{r}{A_1} \quad \underset{m-r}{A_2}), \text{rk} A_1 = r, A_2 = A_1 C.$$

取 $\mathscr{L}(A_1)$ 中的一组标准正交基 $\gamma_1, \cdots, \gamma_r$, 取 $\mathscr{L}^{\perp}(A_1)$ 中的一组标准正交基 $\gamma_{r+1}, \cdots,$ γ_n, 于是 $\Gamma = (\gamma_1 \cdots \gamma_r \gamma_{r+1} \cdots \gamma_n) = (\underset{r}{\Gamma_1} \quad \underset{n-r}{\Gamma_2})$ 是一个正交阵, 因而 $\Gamma' = \begin{pmatrix} \Gamma'_1 \\ \Gamma'_2 \end{pmatrix}$ 也是

正交阵. 今

$$\Gamma' A P_1 = \begin{bmatrix} \Gamma'_1 \\ \Gamma'_2 \end{bmatrix} (A_1, A_2) = \begin{bmatrix} \Gamma'_1 A_1 & \Gamma'_1 A_1 C \\ 0 & 0 \end{bmatrix}.$$

取 $P_2 = \begin{bmatrix} I_r & -C \\ 0 & I \end{bmatrix}$, 则

$$\Gamma' A P_1 P_2 = \begin{bmatrix} \Gamma'_1 A_1 & \Gamma'_1 A_1 C \\ 0 & 0 \end{bmatrix} \begin{bmatrix} I & -C \\ 0 & I \end{bmatrix} = \begin{bmatrix} \Gamma'_1 A_1 & 0 \\ 0 & 0 \end{bmatrix}.$$

注意到 $|\Gamma'_1 A_1| \neq 0$, 取 $P_3 = \begin{bmatrix} (\Gamma'_1 A_1)^{-1} & 0 \\ 0 & I \end{bmatrix}$, 则

$$\Gamma' A P_1 P_2 P_3 = \begin{bmatrix} I_r & 0 \\ 0 & 0 \end{bmatrix}.$$

这就证明了对任给的矩阵 $\underset{n \times m}{A}$, 它的秩为 r 时, 总存在非奇异阵 P 及正交阵 Γ 使

$$A = \Gamma \begin{bmatrix} I_r & 0 \\ 0 & 0 \end{bmatrix} P.$$

11.4 Cholesky 分解　设 $A > 0$, 则存在非奇异阵 L 使 $A = LL'$. 对 L' 用 11.2 的结果, 就有唯一的正交阵及主对角元素大于 0 的上三角阵使 $L' = \Gamma T$, 因此 $L = T'\Gamma'$, $A = T'\Gamma'\Gamma T = T'T$, 由于 T 是上三角阵, T' 就是下三角阵. 正定阵 A 分解为上三角阵 T 与下三角阵 T' 的乘积, $A = T'T$.

这种分解在解线性方程组 $Ax = b$ 时是很方便的. 只要 $A > 0$, 则 $A = T'T$. 考虑到

$$\begin{aligned} Ax = b \quad &\Leftrightarrow T'Tx = b \\ &\Leftrightarrow Tx = (T')^{-1} b \\ &\Leftrightarrow T'y = b, \ Tx = y, \end{aligned}$$

由于 T' 及 T 都是三角阵, 方程 $T'y = b$, $Tx = y$ 用逐次代入就可求得解, 而 T 中的元素均可由 $A = T'T$, T 是上三角阵直接定出, 这样就给 $Ax = b$ 提供了一种解法, 通常称它为直接解法.

还可注意的是, 当规定 T 中的主对角元素均大于 0 时, 如此的分解是唯一的. 现在来证明唯一性. 若有不同的分解 $A = T'_1 T_1 = T'_2 T_2$, 则有 $T'^{-1}_2 T'_1 T_1 T^{-1}_2 = I$. 令 $T = T_1 T^{-1}_2$, 则 $T' = (T^{-1}_2)' T'_1$, 于是有 $T'T = I$, 即 T 是正交阵. 而 T 是两个上三角阵的乘积, 还是一个上三角阵, 因此

$$T = \begin{bmatrix} \pm 1 & & & \\ & \pm 1 & & 0 \\ & 0 & \ddots & \\ & & & \pm 1 \end{bmatrix},$$

但限定 T 的主对角元素均大于 0,于是 $T=I$.

§12. 矩阵内积空间

在这一节我们考察全体 $\underset{n\times m}{n\times m}$ 的矩阵,把 $\underset{n\times m}{A}$ 看成是 nm 维的向量.实际上,

对每一个 $\underset{n\times m}{A}=(a_1a_2\cdots a_m)$,记 $\overrightarrow{A}=\begin{pmatrix} a_1 \\ \vdots \\ a_m \end{pmatrix}$,则 $\overrightarrow{A}$ 确实是 nm 维向量.很明显,对矩

阵的加法和数乘矩阵的乘法,全部 $n\times m$ 矩阵构成 nm 维线性空间,它的一组基是
$E_{ij}\triangleq e_i\widetilde{e}{\,}'_j,i=1,2,\cdots,n,j=1,2,\cdots,m$,其中

$$\underset{n\times 1}{e_i}=\begin{pmatrix} 0 \\ \vdots \\ 0 \\ 1 \\ 0 \\ \vdots \\ 0 \end{pmatrix}\begin{matrix} \\ \rbrace i-1 \\ \\ \\ \rbrace n-i \\ \end{matrix}\quad,\quad \underset{m\times 1}{\widetilde{e}_j}=\begin{pmatrix} 0 \\ \vdots \\ 0 \\ 1 \\ 0 \\ \vdots \\ 0 \end{pmatrix}\begin{matrix} \\ \rbrace j-1 \\ \\ \\ \rbrace m-j \\ \end{matrix}\quad.$$

任一 $n\times m$ 的矩阵 $A=(a_{ij})$,均可写成 $\sum\limits_{i=1}^{n}\sum\limits_{j=1}^{m}a_{ij}e_i\widetilde{e}{\,}'_j$. 而且可以定义 A,B 的内
积,它就是 $\mathrm{tr}A'B(=\mathrm{tr}AB')$,实际上,因为
$$\mathrm{tr}A'B=\mathrm{tr}B'A=\overrightarrow{A}{\,}'\overrightarrow{B}=\overrightarrow{B}{\,}'\overrightarrow{A},$$
它确实是内积.因此,当 $\mathrm{tr}A'B=0$ 时,我们说 A 与 B 垂直(这里不用正交,以免与
A,B 是正交矩阵相混淆);$(\mathrm{tr}A'A)^{1/2}=(\sum\limits_{i,j}a_{ij}^2)^{1/2}$ 就称为矩阵 A 的模,记为
$\|A\|$.利用 A 和 $\overrightarrow{A}$ 向量的对应关系,我们很容易看出相应的 Schwarz 不等式是
$$(\mathrm{tr}A'B)^2\leqslant(\mathrm{tr}A'A)(\mathrm{tr}B'B),$$
等号成立的充要条件是存在常数 λ 使 $A=\lambda B$.

如果我们把 A 变成 $\overrightarrow{A}$,也看成是一种运算,那么这种运算与矩阵的叉积有很
密切的关系,因此,我们先介绍叉积,然后再进一步讨论矩阵内积空间的种种性质.

12.1 叉积(Kronecker 积) 设 A 是 $n\times m$ 的阵,B 是 $p\times q$ 的阵,$\underset{n\times m}{A}=(a_{ij})$,
$\underset{p\times q}{B}=(b_{ij})$,则 A,B 的叉积用 $A\otimes B$ 表示,它是 $np\times mq$ 的矩阵,

$$A\otimes B\triangleq(a_{ij}B)=\begin{pmatrix} a_{11}B & a_{12}B & \cdots & a_{1m}B \\ a_{21}B & a_{22}B & \cdots & a_{2m}B \\ \vdots & \vdots & & \vdots \\ a_{n1}B & a_{n2}B & \cdots & a_{nm}B \end{pmatrix}.$$

容易直接验证,叉积和矩阵其他的运算有下列这些关系式:

(1) $O \otimes A = A \otimes O = O$.

(2) $(A_1 + A_2) \otimes B = (A_1 \otimes B) + (A_2 \otimes B)$.

(3) $A \otimes (B_1 + B_2) = (A \otimes B_1) + (A \otimes B_2)$.

(4) $(\alpha A) \otimes (\beta B) = \alpha\beta(A \otimes B)$.

(5) $(A_1 \otimes B_1)(A_2 \otimes B_2) = (A_1 A_2) \otimes (B_1 B_2)$.

(6) $(A \otimes B)' = A' \otimes B'$.

(7) 如果 A^{-1}, B^{-1} 存在,则 $(A \otimes B)^{-1} = A^{-1} \otimes B^{-1}$;一般地有 $(A \otimes B)^+ = A^+ \otimes B^+$;但是 $A^- \otimes B^-$ 是 $(A \otimes B)^-$ 的一部分,而不一定是全部.

(8) $\mathrm{tr}(A \otimes B) = (\mathrm{tr}A)(\mathrm{tr}B)$.

下面的这些性质比较不明显的,我们就给出证明.

(9) 设 A 是 $p \times p$ 的方阵,B 是 $q \times q$ 的方阵,A 的特征根是 λ,相应的特征向量是 u,B 的特征根是 μ,相应的特征向量是 v,则 $A \otimes B$ 有特征根 $\lambda\mu$,相应的特征向量是 $u \otimes v$.

因为 $(A \otimes B)(u \otimes v) = (Au) \otimes (Bv) = (\lambda u) \otimes (\mu v) = \lambda\mu(u \otimes v)$,这就证明了所要的结论.

(10) 设同 9,则有 $|A \otimes B| = |A|^q |B|^p$. 如果 A, B 的特征根均不相同,设 A 的特征根为 $\lambda_1, \cdots, \lambda_p$,$B$ 的特征根为 $\mu_1, \cdots, \mu_q$,于是 $A \otimes B$ 的特征根是 $\prod_{i=1}^{p} \prod_{j=1}^{q} \lambda_i \mu_j = \left(\prod_{i=1}^{p} \lambda_i\right)^q \left(\prod_{j=1}^{q} \mu_j\right)^p = |A|^q |B|^p$. 如果 λ_i 中有相同的,或 μ_i 中有相同的,请读者自己证明这个结论.

(11) 设 $A \geqslant 0, B \geqslant 0$,则 $A \otimes B \geqslant 0$. 由 6 知道 $A \otimes B$ 是对称阵. 再由 9,利用 A, B 的特征根与特征向量是成对相应的,就知道 $A \otimes B$ 的特征根均为非负,因此 $A \otimes B \geqslant 0$.特别地,当 $A > 0, B > 0$ 时,就可推得 $A \otimes B > 0$.

(12) 叉积与"→"运算的主要关系式是
$$\overrightarrow{xy'} = y \otimes x.$$
这是因为 $xy' = \begin{bmatrix} x_1 \\ \vdots \\ x_n \end{bmatrix} (y_1 \cdots y_m) = \begin{bmatrix} x_1 y_1 & x_1 y_2 & \cdots & x_1 y_m \\ \vdots & \vdots & & \vdots \\ x_n y_1 & x_n y_2 & \cdots & x_n y_m \end{bmatrix}$,于是按列写出,就是 $y \otimes x$.

(13) $\overrightarrow{\underset{n \times m}{A} \underset{m \times l}{B} \underset{l \times s}{C'}} = (C \otimes A)\overrightarrow{B}$.

这是因为 $\overrightarrow{A_1 + A_2} = \overrightarrow{A_1} + \overrightarrow{A_2}$,$\overrightarrow{\alpha A} = \alpha(\overrightarrow{A})$,于是注意到 $B = \sum_{ij} b_{ij} e_i \widetilde{e}'_j$,就有
$$\overrightarrow{ABC'} = \overrightarrow{A\left(\sum_{i,j} b_{ij} e_i \widetilde{e}'_j\right)C'} = \sum_{ij} b_{ij} \overrightarrow{A e_i \widetilde{e}'_j C'}.$$
记 $\underset{n \times m}{A} = (a_1 \cdots a_m)$,$\underset{m \times l}{B} = (b_{ij})$,$\underset{s \times l}{C} = (c_1 \cdots c_l)$,则有

$$\overrightarrow{Ae_i\widetilde{e}'_jC} = \overrightarrow{a_ic_j} = c_j \otimes a_i,$$

因此 $\sum\limits_{i,j} b_{ij}\overrightarrow{Ae_i\widetilde{e}'_jC} = \sum\limits_{i,j}(c_j \otimes a_i)b_{ij} = (C \otimes A)\overrightarrow{B}.$

特别地,就有

$$\overrightarrow{\underset{m\times l}{B}\ \underset{l\times s}{C'}} = (\underset{s\times l}{C} \otimes I_m)\overrightarrow{\underset{ml\times1}{B}} = (\underset{s\times l}{C} \otimes \underset{m\times l}{B})\overrightarrow{I_l},$$

$$\overrightarrow{\underset{n\times m}{A}\ \underset{m\times l}{B}} = (I_l \otimes A)\overrightarrow{B} = (\underset{l\times m}{B'} \otimes A)\overrightarrow{I_m}.$$

利用这些可以导出一些矩阵变量的微商公式.

12.2 微商公式 现在利用对向量求微商的公式来导出对矩阵变量求微商的公式.下面用 $\underset{n\times m}{X}$ 表示矩阵变量,A,B,C 表示常数矩阵.

1. $\dfrac{\partial}{\partial X}(\mathrm{tr}\ \underset{m\times n}{X'}\ \underset{n\times m}{A}) = A.$

这是因为 $\mathrm{tr}X'A = \overrightarrow{X}'\overrightarrow{A}$,用向量微商公式就知道 $\dfrac{\partial}{\partial \overrightarrow{X}}(\overrightarrow{X}'\overrightarrow{A}) = \overrightarrow{A}$,再写成矩阵的形式,就得上述等式.当然,这也可以直接验证.

注意到 $\mathrm{tr}X'A = \mathrm{tr}A'X$,因此 $\dfrac{\partial}{\partial X}(\mathrm{tr}A'X) = A.$

2. 如果 AXB 是一方阵,则有

$$\dfrac{\partial}{\partial X}(\mathrm{tr}AXB) = A'B'.$$

这是因为 $\mathrm{tr}AXB = \mathrm{tr}BAX$,由 1 就得公式.

在多元分析的理论部分,涉及推导统计量的分布时,需要对矩阵变量作积分的变数替换,相应的雅可比行列式的计算是一项主要的计算,如果把矩阵看成是向量,即引入运算 $A \to \overrightarrow{A}$,那么雅可比行列式的计算就比较方便.我们看几个明显的例子,其余部分在第九章中进行讨论.

我们用 $J(\underset{n\times1}{x};\underset{n\times1}{y})$ 表示向量 x 是向量 y 的函数所相应的雅可比行列式

$$\dfrac{\partial(x_1,\cdots,x_n)}{\partial(y_1,\cdots,y_n)}.$$

如果 x,y 分别代以矩阵 X,Y,则 $J(X;Y)$ 表示 $J(\overrightarrow{X};\overrightarrow{Y})$,只是形式上简便一些.

当 $\underset{n\times p}{Y} = \underset{n\times n}{A}\ \underset{n\times p}{X}$ 时,则有

$$\overrightarrow{Y} = \overrightarrow{AX} = (I_p \otimes A)\overrightarrow{X}.$$

因此,$J(Y;X) = \begin{vmatrix} A & & & O \\ & A & & \\ & & \ddots & \\ O & & & A \end{vmatrix} = |A|^p.$

更一般些,如 $\underset{n\times p}{Y} = \underset{n\times n}{A}\ \underset{n\times p}{X}\ \underset{p\times p}{B}$,则有

$$\overrightarrow{Y} = \overrightarrow{AXB} = (B' \otimes A)\overrightarrow{X},$$

于是
$$J(Y;X) = \mid B' \otimes A \mid = \mid A \mid^p \mid B \mid^n.$$

由此可见,利用"→"运算,把矩阵看成向量是会带来不少方便的.

第二章　多元正态分布

众所周知,一元正态分布在数理统计的理论方面和实际应用方面都有重要的地位,这是因为:

1. 许多随机变量确实是遵从正态分布的;

2. 当样本量很大时,许多统计量的极限分布往往与正态分布有关,而且在实用中遇到的随机变量常常近似地遵从正态分布.

在多元分析中,多元正态分布也是这样的.本章介绍多元正态分布的定义、基本性质、特征函数、分布函数、矩以及参数估计等内容.

§1. 定　　义

遵从标准正态分布 $N(0,1)$ 的随机变量今后简称为标准正态变量.

定义 1.1　独立标准正态变量 $x_1,\cdots,x_n$ 的有限个线性函数

$$y = \begin{bmatrix} y_1 \\ \vdots \\ y_m \end{bmatrix} = \underset{m\times n}{A} \begin{bmatrix} x_1 \\ \vdots \\ x_n \end{bmatrix} + \underset{m\times 1}{\mu} \tag{1.1}$$

称为 m 维正态随机向量,y 的分布密度或分布函数都简称为 m 元(或 m 维)正态分布,有时简记为

$$y \sim N_m(\mu, AA'),$$

当 m 不言自明(即从上下文可看出)时,写成

$$y \sim N(\mu, AA').$$

由定义立即可知,独立标准正态随机变量 $x_1,\cdots,x_n$ 组成的随机向量 x 可写成

$$x = (x_1,\cdots,x_n)' \sim N(0, I_n).$$

从定义 1.1 可知多元正态分布具有下述性质:

(1) 设 $y \sim N_m(\mu, AA')$,$\underset{l\times m}{z = By} + \underset{l\times 1}{d}$,

则

$$z \sim N_l(B\mu + d, BAA'B').$$

即正态随机向量的线性函数还是正态的.

(2) 设 $y \sim N_m(\mu, AA')$,记

$$y = \begin{bmatrix} y_{(1)} \\ y_{(2)} \end{bmatrix}_{m-r}^{r}, \mu = \begin{bmatrix} \mu_{(1)} \\ \mu_{(2)} \end{bmatrix}_{m-r}^{r}, AA' = \begin{bmatrix} V_{11} & V_{12} \\ V_{21} & V_{22} \end{bmatrix}_{m-r}^{r}.$$

则

$$y_{(1)} \sim N_r(\mu_{(1)}, V_{11}), y_{(2)} \sim N_{m-r}(\mu_{(2)}, V_{22}).$$

(1) 的证明是不困难的, 留给读者, (2) 是从 (1) 推出的, 只须分别取 $B = (I_r \quad O_{m-r})$, $d = 0$ 以及 $B = (O_r \quad I_{m-r})$, $d = 0$ 就得.

下面我们证明, 正态随机向量 $y \sim N_m(\mu, AA')$ 时, 它的特征函数由 μ 和 AA' 完全确定.

定理 1.1　若 $y \sim N_m(\mu, AA')$, 则 y 的特征函数 $\varphi_y(t) =$ $\exp\left\{ it'\mu - \frac{1}{2}t'AA't \right\}$.　(1.2)

证明　对标准正态变量 x_i, 它的特征函数 $\varphi_{x_i}(t) = e^{-\frac{t^2}{2}}$, 因此由独立性知道, $x = (x_1, \cdots, x_n)'$ 的特征函数

$$\varphi_x(t) = E(e^{it'x}) = E\left(\exp i \sum_{\alpha=1}^{n} t_\alpha x_\alpha \right)$$

$$= \prod_{\alpha=1}^{n} E(e^{it_\alpha x_\alpha}) = \prod_{\alpha=1}^{n} e^{-\frac{1}{2}t_\alpha^2}$$

$$= \exp\left\{ -\frac{1}{2} \sum_{\alpha=1}^{n} t_\alpha^2 \right\} = e^{-\frac{1}{2}t't}.$$

由定义,　　$\varphi_y(t) = E(e^{it'y}) = E(e^{it'(Ax+\mu)}) = E(e^{it'\mu} \cdot e^{it'Ax})$

$$= e^{it'\mu} \varphi_x(A't) = e^{it'\mu - \frac{1}{2}t'AA't} \qquad \#$$

这就告诉我们多元正态分布完全由 μ 和 AA' 所确定. 为了方便, 记 $V = AA'$. 这里我们要注意一点, 给定了 V, $V = AA'$ 的分解一般是不唯一的, 在 §6 将利用这一点进一步刻画正态分布的性质.

下面来求出多维正态分布的密度, 分 $|V| \neq 0$ 和 $|V| = 0$ 这两种情况进行讨论.

定理 1.2　若 $y \sim N_m(\mu, V)$, 且 $|V| \neq 0$, 则 y 的分布密度是

$$f_m(y) = \frac{1}{(\sqrt{2\pi})^m |V|^{\frac{1}{2}}} \exp\left\{ -\frac{1}{2}(y-\mu)'V^{-1}(y-\mu) \right\}.　(1.3)$$

证明　因为 $V = AA'$, 由 $|V| \neq 0$, 得 $\mathrm{rk}\, A = m$, A 是满秩的阵, 从定义 1.1 知道

$$P(y_i < a_i, i = 1, 2, \cdots, m)$$

$$= \int\cdots\int_{Ax+\mu<a} \left(\frac{1}{\sqrt{2\pi}}\right)^n e^{-\frac{1}{2}\sum_{i=1}^n x_i^2} dx_1\cdots dx_n,$$

记号 $Ax+\mu<a$ 表示左边向量中每一个分量都比右边相应的分量小.

容易看出,存在矩阵 $\underset{(n-m)\times n}{B}$,使 $BB'=I_{n-m}$,且 $AB'=0$,即选 $n-m$ 个与 A 的行向量正交的一组向量,它们自己是彼此正交且单位化的,以这组向量作为 B 的行向量. 令 $T=\begin{pmatrix}A\\B\end{pmatrix}$,作变换

$$\begin{bmatrix}u_{(1)}\\u_{(2)}\end{bmatrix}=u=Tx=\begin{pmatrix}A\\B\end{pmatrix}x=\begin{pmatrix}Ax\\Bx\end{pmatrix}\begin{matrix}\scriptstyle m\\\scriptstyle n-m\end{matrix},$$

于是 $x=T^{-1}u$,$x'x=u'T^{-1'}T^{-1}u=u'(TT')^{-1}u$,雅可比行列式是 $|T|^{-1}=|TT'|^{-\frac{1}{2}}$. 今

$$TT'=\begin{pmatrix}A\\B\end{pmatrix}(A'B')=\begin{pmatrix}AA'&O\\O&I\end{pmatrix},$$

因此,得 $x'x=u'_{(1)}V^{-1}u_{(1)}+u'_{(2)}u_{(2)}$,$|T|^{-1}=|V|^{-\frac{1}{2}}$,以及

$$P(y_i<a_i,i=1,2,\cdots,m)$$

$$=\int\cdots\int_{u_{(1)}+\mu<a}\left(\frac{1}{\sqrt{2\pi}}\right)^n e^{-\frac{1}{2}(u'_{(1)}V^{-1}u_{(1)}+u'_{(2)}u_{(2)})}|V|^{-\frac{1}{2}}du_{(1)}du_{(2)}$$

$$=\int\cdots\int_{u_{(1)}+\mu<a}|V|^{-\frac{1}{2}}\left(\frac{1}{\sqrt{2\pi}}\right)^m e^{-\frac{1}{2}u'_{(1)}V^{-1}u_{(1)}}du_{(1)},$$

再作变换 $w=u_{(1)}+\mu$,就得

$$P(y_i<a_i,i=1,2,\cdots,m)$$

$$=\int\cdots\int_{w<a}\left(\frac{1}{\sqrt{2\pi}}\right)^m|V|^{-\frac{1}{2}}e^{-\frac{1}{2}(w-\mu)'V^{-1}(w-\mu)}dw \quad \#$$

若 $|V|=0$,此时不存在通常意义下的密度,然而可以形式地给出一个表达式,使得有些问题可以利用这一形式对 $|V|\neq0$ 及 $|V|=0$ 的情况给出一个统一的处理,关于这一形式上的表达式的真正含义在本章下面的讨论中会进一步给予说明. 这个表达式和(1.3)相仿:

$$f_{m(r)}(y)=\frac{(2\pi)^{-\frac{m}{2}}}{\sqrt{\lambda_1\cdots\lambda_r}}\exp\left\{-\frac{1}{2}(y-\mu)'V^{-1}(y-\mu)\right\}, \qquad (1.3)'$$

其中 $r=\mathrm{rk}V,\lambda_1,\cdots,\lambda_r$ 是 V 的非 0 特征根.

例1.1 求二元正态分布的特征函数与分布函数. 记

$$\mu=\begin{bmatrix}\mu_1\\\mu_2\end{bmatrix},y=\begin{bmatrix}y_1\\y_2\end{bmatrix},t=\begin{bmatrix}t_1\\t_2\end{bmatrix},$$

$$V = \begin{bmatrix} v_{11} & v_{12} \\ v_{21} & v_{22} \end{bmatrix} \triangleq \begin{bmatrix} \sigma_1^2 & \sigma_1\sigma_2\rho \\ \sigma_1\sigma_2\rho & \sigma_2^2 \end{bmatrix}.$$

则由(1.2)得 y 的特征函数

$$\varphi_y(t) = \exp\left\{ i(t_1\mu_1 + t_2\mu_2) - \frac{1}{2}(t_1^2\sigma_1^2 + 2t_1t_2\sigma_1\sigma_2\rho + t_2^2\sigma_2^2 \right\}.$$

今 $|V| = \sigma_1^2\sigma_2^2(1 - \rho^2)$，如 $|\rho| < 1$，则 $|V| > 0$. 这时

$$V^{-1} = \frac{1}{\sigma_1^2\sigma_2^2(1 - \rho^2)} \begin{bmatrix} \sigma_2^2 & -\sigma_1\sigma_2\rho \\ -\sigma_1\sigma_2\rho & \sigma_1^2 \end{bmatrix}.$$

由(1.3)式，二维正态分布密度为

$$\begin{aligned} f(y_1, y_2) &= \frac{1}{2\pi\sigma_1\sigma_2\sqrt{1 - \rho^2}}\exp\left\{ -\frac{1}{2\sigma_1^2\sigma_2^2(1 - \rho^2)}\left[(y_1 - \mu_1)^2\sigma_2^2 \right.\right. \\ &\quad \left.\left. - 2\sigma_1\sigma_2\rho(y_1 - \mu_1)(y_2 - \mu_2) + \sigma_1^2(y_2 - \mu_2)^2 \right]\right\} \\ &= \frac{1}{2\pi\sigma_1\sigma_2\sqrt{1 - \rho^2}}\exp\left\{ -\frac{1}{2(1 - \rho^2)}\left[\left(\frac{y_1 - \mu_1}{\sigma_1}\right)^2 \right.\right. \\ &\quad \left.\left. - 2\rho\left(\frac{y_1 - \mu_1}{\sigma_1}\right)\left(\frac{y_2 - \mu_2}{\sigma_2}\right) + \left(\frac{y_2 - \mu_2}{\sigma_2}\right)^2 \right]\right\}. \end{aligned} \tag{1.4}$$

如果 $y \sim N_m(\mu, V)$，$|V| \neq 0$，则它的分布密度的等高面是一族椭球. 由 (1.3)，$f_m(y) = c$ 的曲面为如下形式：

$$(y - \mu)'V^{-1}(y - \mu) = d. \tag{1.5}$$

由 V^{-1} 的正定性，故上式当 d 固定时是一椭球面，当 d 变化时得到一族椭球面. 例如 $m = 2$ 时，由(1.4)式等高线的方程是

$$\frac{1}{1 - \rho^2}\left[\left(\frac{y_1 - \mu_1}{\sigma_1}\right)^2 - 2\rho\left(\frac{y_1 - \mu_1}{\sigma_1}\right)\left(\frac{y_2 - \mu_2}{\sigma_2}\right) + \left(\frac{y_2 - \mu_2}{\sigma_2}\right)^2 \right] = d. \tag{1.6}$$

如令 $z_1 = (y_1 - \mu_1)/\sigma_1$，$z_2 = (y_2 - \mu_2)/\sigma_2$，则方程(1.6)为

$$z_1^2 - 2\rho z_1 z_2 + z_2^2 = d(1 - \rho^2).$$

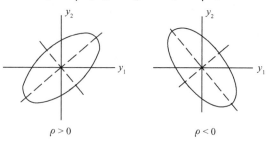

图 1.1

这显然是一个椭圆的方程,当 $\rho > 0$,椭圆的长轴在过原点的 45° 线上,长轴长 $2\sqrt{d(1+\rho)}$,短轴长 $2\sqrt{d(1-\rho)}$. 当 $\rho < 0$ 时,椭圆的长轴在过原点的 135° 线上,长轴长 $2\sqrt{d(1-\rho)}$,短轴长 $2\sqrt{d(1+\rho)}$. 详见图 1.1.

§2. 正态分布的矩

设 $x = (x_1, \cdots, x_n)'$, $y = (y_1, \cdots, y_m)'$ 是两个随机向量,引进如下的记号

$$E(x) = (E(x_1), \cdots, E(x_n))' \tag{2.1}$$

$$V(x) = E(x - E(x))(x - E(x))'$$

$$= \begin{pmatrix} V(x_1) & \operatorname{cov}(x_1, x_2) & \cdots & \operatorname{cov}(x_1, x_n) \\ \operatorname{cov}(x_2, x_1) & V(x_2) & \cdots & \operatorname{cov}(x_2, x_n) \\ \vdots & & & \\ \operatorname{cov}(x_n, x_1) & \operatorname{cov}(x_n, x_2) & \cdots & V(x_n) \end{pmatrix}, \tag{2.2}$$

其中 $V(x_i)$ 表示 x_i 的方差,$\operatorname{cov}(x_i, x_j)$ 表示 x_i 和 x_j 的协方差.

$$\operatorname{cov}(x, y) = [\operatorname{cov}(y, x)]' = E(x - E(x))(y - E(y))'$$

$$= \begin{pmatrix} \operatorname{cov}(x_1, y_1) \cdots \operatorname{cov}(x_1, y_m) \\ \vdots \\ \operatorname{cov}(x_n, y_1) \cdots \operatorname{cov}(x_n, y_m) \end{pmatrix}. \tag{2.3}$$

$E(x)$ 称为 x 的均值,$V(x)$ 称为协差阵,$\operatorname{cov}(x, y)$ 称为 x 和 y 的协差阵. 再定义

$$r_{ij} = \frac{\operatorname{cov}(x_i, x_j)}{\sqrt{V(x_i) V(x_j)}}, \quad i, j = 1, \cdots, n. \tag{2.4}$$

由它组成的矩阵 $R = (r_{ij})$ 称为 x 的相关阵,而 r_{ij} 称为 x_i 与 x_j 的相关系数.

如果 $X = (x_{ij})$ 是 $n \times m$ 阵,每个元素均是随机变量,X 就叫做随机矩阵,定义 $E(X) = (E(x_{ij}))$.

引理 2.1　设 A, B 为常数阵,X 为随机矩阵,x 为随机向量,则

(1) $E(AX) = AE(X)$, $\qquad\qquad\qquad\qquad\qquad\qquad\qquad$ (2.5)

(2) $E(AXB) = AE(X)B$, $\qquad\qquad\qquad\qquad\qquad\qquad$ (2.6)

(3) $V(Ax) = AV(x)A'$, $\qquad\qquad\qquad\qquad\qquad\qquad\quad$ (2.7)

(4) $\operatorname{cov}(Ax, By) = A\operatorname{cov}(x, y)B'$. $\qquad\qquad\qquad\qquad\quad$ (2.8)

证明　(i) 和 (ii) 由定义即得,

$$V(Ax) = E(Ax - E(Ax))(Ax - E(Ax))'$$

$$= E(A(x - E(x))(x - E(x))'A')$$

$$= AV(x)A',$$

其中倒数第二步利用了 (2.6),(4) 的证明类似 (3)　♯

定理 2.1　设 $y \sim N(\mu, V)$ 则
$$E(y) = \mu, \quad V(y) = V. \tag{2.9}$$

证明　$y = \Lambda x + \mu$，由(2.5)，注意 $E(x) = 0$，有
$$E(y) = E(Ax) + \mu = AE(x) + \mu = \mu,$$

再由(2.7)及 $V(x) = I$ 有
$$V(y) = AV(x)A' = AA' = V \quad \sharp$$

这个定理解决了多元正态分布的一阶矩和二阶矩的求法，为了求得更高阶的矩，可利用特征函数，如 $\varphi(t)$ 是某一元特征函数，且相应的分布 k 阶矩存在，则 k 阶原点矩 ν_k 可由下式求出：
$$\nu_k = \frac{1}{i^k} \frac{d^k \varphi(t)}{(dt)^k} \bigg|_{t=0}$$

例如一元标准正态的特征函数是 $e^{-\frac{t^2}{2}}$，利用上述公式可以求得
$$\nu_k = \begin{cases} 0, & k \text{ 为奇数}, \\ (k-1)!!, & k \text{ 为偶数}. \end{cases}$$

在多元分布的情况，同样也可利用特征函数来求矩. 如 $y \sim N_m(\mu, V)$，$V = (v_{ij})$，它的特征函数 $\varphi_y(t)$ 由(1.2)表示，由矩阵微商的定义及公式(见第一章 §10)
$$E(y) = \frac{1}{i} \frac{\partial \varphi_y(t)}{\partial t} \bigg|_{t=0} = \frac{1}{i} [i\mu - Vt] \varphi_y(t)|_{t=0} = \mu, \tag{2.10}$$

$$E(yy') = \frac{1}{i^2} \frac{\partial^2 \varphi_y(t)}{\partial t (\partial t)'} \bigg|_{t=0} = \frac{1}{i^2} \varphi_y(t) \{(i\mu - Vt)$$
$$(i\mu - Vt)' - V\}|_{t=0} = \mu\mu' + V, \tag{2.11}$$

从而
$$V(y) = E(y - E(y))(y - E(y))' = E(yy') - E(y)E'(y)$$
$$= \mu\mu' + V - \mu\mu' = V.$$

这是用特征函数的方法得到定理 2.1 的结论. 以上各式如用分量表示，则为
$$E(y_j) = \mu_j, \tag{2.12}$$
$$E(y_j y_k) = \mu_j \mu_k + v_{jk}, \tag{2.13}$$
$$\text{cov}(y_j, y_k) = v_{jk}. \tag{2.14}$$

同类的手法可得
$$E(y_i - \mu_i)(y_j - \mu_j)(y_k - \mu_k) = 0, \tag{2.15}$$
$$E(y_i - \mu_i)(y_j - \mu_j)(y_k - \mu_k)(y_l - \mu_l)$$
$$= v_{ij}v_{kl} + v_{ik}v_{jl} + v_{il}v_{jk}. \tag{2.16}$$

定义 2.1　如果一个分布的各阶矩都存在，且它的特征函数 $\phi(t)$ 可表成

$$\log \phi(t) = \sum_{s_1, \cdots, s_p = 0}^{\infty} \mathscr{H}_{s_1, \cdots, s_p} \frac{(it_1)s_1 \cdots (it_p)s_p}{s_1! \cdots s_p!} \tag{2.17}$$

其系数 $\mathscr{H}_{s_1, \cdots, s_p}$ 称为半不变量.

在多元正态分布的情况,容易证明 $\mathscr{H}_{1,0,\cdots,0} = \mu_1, \cdots, \mathscr{H}_{0,\cdots,0,1} = \mu_p; \mathscr{H}_{2,0,\cdots,0} = v_{11}, \cdots, \mathscr{H}_{0,\cdots,0,2} = v_{pp}; \mathscr{H}_{1,1,0,0} = v_{12}, \cdots$ 当 $\sum_{i=1}^{p} s_i > 2$ 时一切半不变量均为 0.

§3. 条件分布和独立性

设 $y \sim N_m(\mu, V)$,将其剖分

$$y = \begin{bmatrix} y^{(1)} \\ y^{(2)} \end{bmatrix} \begin{matrix} p \\ q \end{matrix}, \mu = \begin{bmatrix} \mu^{(1)} \\ \mu^{(2)} \end{bmatrix}, V = \begin{bmatrix} V_{11} & V_{12} \\ V_{21} & V_{22} \end{bmatrix}, p + q = m. \tag{3.1}$$

§1 我们已指出 $y^{(1)} \sim N_p(\mu^{(1)}, V_{11})$,$y^{(2)} \sim N_q(\mu^{(2)}, V_{22})$. 在许多问题中要求给定 $y^{(2)}$ 时 $y^{(1)}$ 的条件分布,这不仅是理论推导的需要,也是许多实际问题的需要,例如我国服装标准[7]就是运用条件分布的理论制定的.

定理 3.1 设 $y \sim N_m(\mu, V)$,$V > 0$,y 作了(3.1)的剖分,则给定 $y^{(2)}$ 时 $y^{(1)}$ 的条件分布为 p 维正态,且条件均值和方差为

$$E(y^{(1)} \mid y^{(2)}) = \mu^{(1)} + V_{12} V_{22}^{-1}(y^{(2)} - \mu^{(2)}), \tag{3.2}$$

$$V(y^{(1)} \mid y^{(2)}) \triangleq V_{11.2} = V_{11} - V_{12} V_{22}^{-1} V_{21}. \tag{3.3}$$

证明 因为 $V > 0$,从而 $V_{11} > 0$,$V_{22} > 0$,令

$$z = \begin{bmatrix} z^{(1)} \\ z^{(2)} \end{bmatrix} = \begin{bmatrix} I_p & -V_{12} V_{22}^{-1} \\ 0 & I_q \end{bmatrix} \begin{bmatrix} y^{(1)} \\ y^{(2)} \end{bmatrix} \triangleq By$$

$$= \begin{bmatrix} y^{(1)} - V_{12} V_{22}^{-1} y^{(2)} \\ y^{(2)} \end{bmatrix}. \tag{3.4}$$

由本章 §1,z 遵从正态分布,其均值与协方差阵为(利用(2.5)和(2.7))

$$E(z) = BE(y) = \begin{bmatrix} \mu^{(1)} - V_{12} V_{22}^{-1} \mu^{(2)} \\ \mu^{(2)} \end{bmatrix},$$

$$V(z) = BV(y)B' = \begin{bmatrix} V_{11} - V_{12} V_{22}^{-1} V_{21} & 0 \\ 0 & V_{22} \end{bmatrix}$$

$$= \begin{bmatrix} V_{11.2} & 0 \\ 0 & V_{22} \end{bmatrix}.$$

由第一章 §4 分块矩阵求逆的公式知 $V_{11.2} = V_{11} - V_{12} V_{22}^{-1} V_{21}$ 是 V^{-1} 作同样剖分的第一主子块的逆,因 $V > 0$,故 $V^{-1} > 0$,而一个正定阵的任意主子块都是正定

的,故 $V_{11.2}>0$,当然有逆存在. $\left|\dfrac{\partial z}{\partial y}\right|=|B|=1$,由(1.3)易见 z 的分布密度为两个正态分布密度的乘积,即

$$N(\mu^{(1)}-V_{12}V_{22}^{-1}\mu^{(2)},V_{11.2})N(\mu^{(2)},V_{22}).$$

具体表达式为

$$\frac{1}{(2\pi)^{p/2}\mid V_{11.2}\mid^{1/2}}\exp\Big\{-\frac{1}{2}(z^{(1)}-\mu^{(1)}+V_{12}V_{22}^{-1}\mu^{(2)})'V_{11.2}^{-1}(z^{(1)}$$
$$-\mu^{(1)}+V_{12}V_{22}^{-1}\mu^{(2)})\Big\}\times\frac{1}{(2\pi)^{q/2}\mid V_{22}\mid^{1/2}}\exp$$
$$\Big\{-\frac{1}{2}(z^{(2)}-\mu^{(2)})'V_{22}^{-1}(z^{(2)}-\mu^{(2)})\Big\}.$$

将(3.4)式代入上式,得 y 的分布密度为

$$f(y)=f(y^{(1)},y^{(2)})=\frac{1}{(2\pi)^{p/2}\mid V_{11.2}\mid^{1/2}}\exp\Big\{-\frac{1}{2}(y^{(1)}$$
$$-\mu^{(1)}-V_{12}V_{22}^{-1}(y^{(2)}-\mu^{(2)}))'$$
$$\times V_{11.2}^{-1}(y^{(1)}-\mu^{(1)}-V_{12}V_{22}^{-1}(y^{(2)}-\mu^{(2)}))\Big\}\times\frac{1}{(2\pi)^{q/2}\mid V_{22}\mid^{1/2}}$$
$$\times\exp\Big\{-\frac{1}{2}(y^{(2)}-\mu^{(2)})'V_{22}^{-1}(y^{(2)}-\mu^{(2)})\Big\}. \tag{3.5}$$

我们注意到上式最后一部分正好是 $f(y^{(2)})$,由条件密度的公式

$$f(y^{(1)}\mid y^{(2)})=\frac{f(y^{(1)},y^{(2)})}{\int f(y^{(1)},y^{(2)})dy^{(1)}},$$

易见 $f(y^{(1)}|y^{(2)})$ 正好是(3.5)式中除去 $f(y^{(2)})$ 的部分,从而便得定理的结论　＃

由于 $V_{12}V_{22}^{-1}V_{21}\geqslant0$,故 $V_{11}\geqslant V_{11}-V_{12}V_{22}^{-1}V_{21}\triangleq V_{11.2}$.这说明条件协差阵比无条件协差阵缩小了,这在直观上是很显然的.取等号的充要条件是 $V_{12}V_{22}^{-1}$ $V_{21}=0\Leftrightarrow V_{12}=0\Leftrightarrow y^{(1)}$ 和 $y^{(2)}$ 独立(这将在下面解释).

定义 3.1　矩阵 $V_{12}V_{22}^{-1}$ 称做 $y^{(1)}$ 对 $y^{(2)}$ 的回归系数阵,它的元素用 $\beta_{ij\cdot p+1,\cdots,j-1,j+1,\cdots,m}$ 表示.矩阵 $V_{11.2}$ 称做条件协差阵,它的元素用 $v_{ij\cdot p+1,\cdots,m}$ 表示.

定义 3.2

$$r_{ij\cdot p+1,\cdots,m}=\frac{v_{ij\cdot p+1,\cdots,m}}{\sqrt{v_{ii\cdot p+1,\cdots,m}v_{jj\cdot p+1,\cdots,m}}} \tag{3.6}$$

称做 y_i 和 y_j 当 $y_{p+1},\cdots,y_m$ 已知时的偏相关系数.

例 3.1　当 $p=q=1$ 时,由本章(1.4)式 $\mu^{(1)}=\mu_1,\mu^{(2)}=\mu_2,V_{11}=\sigma_1^2,V_{12}=\sigma_1\sigma_2\rho,V_{22}=\sigma_2^2$,这时

回归系数

$$\beta_{1.2} = V_{12} V_{22}^{-1} = \sigma_1 \sigma_2 \rho \frac{1}{\sigma_2^2} = \frac{\sigma_1}{\sigma_2} \rho ,$$

条件协方差

$$v_{1.2} = V_{11.2} = V_{11} - V_{12} V_{22}^{-1} V_{21}$$
$$= \sigma_1^2 - \sigma_1^2 \sigma_2^2 \rho^2 / \sigma_2^2 = \sigma_1^2 (1 - \rho^2) ,$$

条件分布密度

$$f(y_1 \mid y_2) = \frac{1}{\sqrt{2\pi}\sigma_1 \sqrt{1 - \rho^2}} \exp \left\{ - \frac{1}{2\sigma_1^2(1 - \rho^2)} \right.$$
$$\times \left. \left(y_1 - \mu_1 - \frac{\sigma_1}{\sigma_2} \rho (y_2 - \mu_2) \right)^2 \right\}$$
$$= \frac{1}{\sqrt{2\pi(1 - \rho^2)}\sigma_1} \exp \left\{ - \frac{1}{2(1 - \rho^2)} \right.$$
$$\times \left. \left(\frac{y_1 - \mu_1}{\sigma_1} - \rho \frac{y_2 - \mu_2}{\sigma_2} \right)^2 \right\} . \tag{3.7}$$

当 $y^{(2)}$ 中不只一个元素时,直接用(3.2)和(3.3)来计算条件均值和条件协差阵有时并不方便,为此我们来推导条件协差阵的递推公式.

$$\text{令 } y = \begin{bmatrix} y^{(1)} \\ y^{(2)} \\ y^{(3)} \end{bmatrix} \begin{matrix} p \\ q \\ r \end{matrix}, V = \begin{bmatrix} V_{11} & V_{12} & V_{13} \\ V_{21} & V_{22} & V_{23} \\ V_{31} & V_{32} & V_{33} \end{bmatrix}, \mu = \begin{bmatrix} \mu^{(1)} \\ \mu^{(2)} \\ \mu^{(3)} \end{bmatrix} .$$

由(3.2)和(3.3)有

$$E \left\{ \begin{bmatrix} y^{(1)} \\ y^{(2)} \end{bmatrix} \mid y^{(3)} \right\} = \begin{bmatrix} \mu^{(1)} \\ \mu^{(2)} \end{bmatrix} + \begin{bmatrix} V_{13} \\ V_{23} \end{bmatrix} V_{33}^{-1} (y^{(3)} - \mu^{(3)}) ; \tag{3.8}$$

$$V \left\{ \begin{bmatrix} y^{(1)} \\ y^{(2)} \end{bmatrix} \mid y^{(3)} \right\} = \begin{bmatrix} V_{11} & V_{12} \\ V_{21} & V_{22} \end{bmatrix} - \begin{bmatrix} V_{13} \\ V_{23} \end{bmatrix} V_{33}^{-1} (V_{31} \ V_{32})$$

$$= \begin{bmatrix} V_{11.3} & V_{12.3} \\ V_{21.3} & V_{22.3} \end{bmatrix} . \tag{3.9}$$

类似地

$$E \left\{ y^{(1)} \mid \begin{bmatrix} y^{(2)} \\ y^{(3)} \end{bmatrix} \right\} = \mu^{(1)} + (V_{12} \ V_{13}) \begin{bmatrix} V_{22} & V_{23} \\ V_{32} & V_{33} \end{bmatrix}^{-1} \begin{bmatrix} y^{(2)} - \mu^{(2)} \\ y^{(3)} - \mu^{(3)} \end{bmatrix} , \tag{3.10}$$

$$V \left\{ y^{(1)} \mid \begin{bmatrix} y^{(2)} \\ y^{(3)} \end{bmatrix} \right\} = V_{11} - (V_{12} \ V_{13}) \begin{bmatrix} V_{22} & V_{23} \\ V_{32} & V_{33} \end{bmatrix}^{-1} \begin{bmatrix} V_{21} \\ V_{31} \end{bmatrix} \triangleq V_{11.2,3} . \tag{3.11}$$

由第一章 §4 分块矩阵求逆的公式有

$$\begin{pmatrix} V_{22} & V_{23} \\ V_{32} & V_{33} \end{pmatrix}^{-1} = \left(\begin{array}{c} (V_{22} - V_{23}V_{33}^{-1}V_{32})^{-1} \\ -V_{33}^{-1}V_{32}(V_{22} - V_{23}V_{33}^{-1}V_{32})^{-1} \end{array} \right.$$

$$\left. \begin{array}{c} -(V_{22} - V_{23}V_{33}^{-1}V_{32})^{-1}V_{23}V_{33}^{-1} \\ V_{33}^{-1} + V_{33}^{-1}V_{32}(V_{22} - V_{23}V_{33}^{-1}V_{32})^{-1}V_{23}V_{33}^{-1} \end{array} \right)$$

$$= \begin{pmatrix} V_{22\cdot3}^{-1} & -V_{22\cdot3}^{-1}V_{23}V_{33}^{-1} \\ -V_{33}^{-1}V_{32}V_{22\cdot3}^{-1} & V_{33}^{-1} + V_{33}^{-1}V_{32}V_{22\cdot3}^{-1}V_{23}V_{33}^{-1} \end{pmatrix}. \quad (3.12)$$

代入到(3.10)和(3.11)中得

$$E[y^{(1)} \mid y^{(2)}, y^{(3)}] = \mu^{(1)} + (V_{12}\ V_{13})$$

$$\times \begin{pmatrix} V_{22\cdot3}^{-1} & -V_{22\cdot3}^{-1}V_{23}V_{33}^{-1} \\ -V_{33}^{-1}V_{32}V_{22\cdot3}^{-1} & V_{33}^{-1} + V_{33}^{-1}V_{32}V_{22\cdot3}^{-1}V_{23}V_{33}^{-1} \end{pmatrix}$$

$$\times \begin{pmatrix} y^{(2)} - \mu^{(2)} \\ y^{(3)} - \mu^{(3)} \end{pmatrix}$$

$$= E(y^{(1)} \mid y^{(3)}) + V_{12\cdot3}V_{22\cdot3}^{-1}(y^{(2)} - E(y^{(2)} \mid y^{(3)})), \quad (3.13)$$

$$V(y^{(1)} \mid y^{(2)}, y^{(3)}) = V_{11} - (V_{12}\ V_{13})$$

$$\times \begin{pmatrix} V_{22\cdot3}^{-1} & -V_{22\cdot3}^{-1}V_{23}V_{33}^{-1} \\ -V_{33}^{-1}V_{32}V_{22\cdot3}^{-1} & V_{33}^{-1} + V_{33}^{-1}V_{32}V_{22\cdot3}^{-1}V_{23}V_{33}^{-1} \end{pmatrix} \times \begin{pmatrix} V_{21} \\ V_{31} \end{pmatrix}$$

$$= V_{11\cdot3} - V_{12\cdot3}V_{22\cdot3}^{-1}V_{21\cdot3}. \quad (3.14)$$

由(3.13)和(3.14)便可得到计算条件均值和条件协差阵的递推公式. 例如, 起初在 (3.3)式中取 $y^{(2)} = y_m$, 于是

$$v_{ij\cdot m} = v_{ij} - v_{im}v_{mj}/v_{mm}, i, j = 1, \cdots, m-1. \quad (3.15)$$

再在(3.14)中令 $y^{(2)} = y_{m-1}, y^{(3)} = y_m$, 得

$$v_{ij\cdot m-1, m} = v_{ij\cdot m} - v_{i, m-1\cdot m}v_{m-1, j\cdot m}/v_{m-1, m-1\cdot m},$$

$$i, j = 1, 2, \cdots, m-2. \quad (3.16)$$

类似地在(3.14)中取 $q = 1, r = m - p - 1$ 有

$$v_{ij\cdot p+1, \cdots, m} = v_{ij\cdot p+2, \cdots, m} - \frac{v_{i, p+1\cdot p+2, \cdots, m}v_{p+1, j\cdot p+2, \cdots, m}}{v_{p+1, p+1\cdot p+2, \cdots, m}},$$

$$i, j = 1, \cdots, p. \quad (3.17)$$

通过这些递推公式可以方便地求得条件协差阵. 有了条件协差阵, 利用(3.6)可以算出偏相关系数, 当只要算偏相关系数而不需要算条件协差阵时, 可建立偏相关系数的递推公式, 由(3.6)和(3.17)及

$$v_{ii\cdot p+1, \cdots, m} = v_{ii\cdot p+2, \cdots, m}(1 - r_{i, p+1\cdot p+2, \cdots, m}^2) \quad (3.18)$$

得递推公式

$$r_{ij \cdot p+1, \cdots, m} = \frac{r_{ij \cdot p+2, \cdots, m} - r_{i, p+1 \cdot p+2, \cdots, m} r_{p+1, j \cdot p+2, \cdots, m}}{\sqrt{1 - r_{i, p+1 \cdot p+2, \cdots, m}^2} \sqrt{1 - r_{p+1, j \cdot p+2, \cdots, m}^2}}. \tag{3.19}$$

现在转入独立性的讨论.

定义 3.3   随机向量 $x = (x_1, \cdots, x_n)', y = (y_1, \cdots, y_m)'$ 称作相互独立,如果

$$p(x \leqslant a, y \leqslant b) = p(x \leqslant a) p(y \leqslant b) \text{ 对任意 } a \in R_n,$$
$$b \in R_m \text{ 成立}. \tag{3.20}$$

在正态分布的情况下,随机向量之间的独立性有其特殊的内容.

引理 3.1   设 $x \sim N_n(0, I)$,

$$y = \underset{p \times n}{A} x + \underset{p \times 1}{\mu}, z = \underset{q \times n}{B} x + \underset{q \times 1}{\nu}, AA' > 0, BB' > 0,$$

则 y 和 z 相互独立的充要条件是 $AB' = 0$.

证明   令

$$w = \begin{pmatrix} y \\ z \end{pmatrix} = \begin{pmatrix} A \\ B \end{pmatrix} x + \begin{pmatrix} \mu \\ \nu \end{pmatrix}.$$

则

$$w \sim N_{p+q} \left(\begin{pmatrix} \mu \\ \nu \end{pmatrix}, \begin{pmatrix} AA' & AB' \\ BA' & BB' \end{pmatrix} \right).$$

如果 y 和 z 相互独立,则 $\operatorname{cov}(y, z) = 0$,由本章引理 2.1

$$0 = \operatorname{cov}(Ax + \mu, Bx + \nu) = \operatorname{cov}(Ax, Bx) = AB'.$$

反之,如 $AB' = O$,则

$$w \sim N_{p+q} \left(\begin{pmatrix} \mu \\ \nu \end{pmatrix}, \begin{pmatrix} AA' & 0 \\ 0 & BB' \end{pmatrix} \right) = N_p(\mu, AA') N_q(\nu, BB').$$

即 y 与 z 独立 $\sharp$

引理 3.2   设 $y \sim N_m(\mu, V)$,

$$\underset{p \times 1}{z} = \underset{p \times m}{B} y + \underset{p \times 1}{d}, \quad \underset{q \times 1}{w} = \underset{q \times m}{C} y + e,$$

则 z 与 w 独立的充要条件是 $BVC' = O$.

证明   由定义存在 $x \sim N_n(O, I)$ 使 $y = Ax + \mu$,且 $AA' = V$. 从而

$$z = (BA) x + (B\mu + d), w = (CA) x + (C\mu + e).$$

由引理 3.1, z 和 w 独立的充要条件是

$$BA(CA)' = BAA'C' = BVC' = O \quad \sharp$$

引理 3.3   设 $y \sim N(\mu, V)$,它的剖分

$$y = \begin{bmatrix} y^{(1)} \\ \vdots \\ y^{(k)} \end{bmatrix}, \quad V = \begin{bmatrix} V_{11} & \cdots & V_{1k} \\ \vdots & & \vdots \\ V_{k1} & \cdots & V_{kk} \end{bmatrix}.$$

则 $y^{(1)}, \cdots, y^{(k)}$ 相互独立的充要条件是 $V_{ij} = O, i \neq j, i, j = 1, \cdots, k$.

这个引理的证明与引理 3.2 是同样的. 它说明对于正态总体, 独立性和不相关性是等价的, 而一般说来两者是不等价的, 由独立性可推出不相关, 反之不然.

定理 3.2　设 $y \sim N_m(\mu, V)$, 将其剖分为两部分 (见定理 3.1), 则 $y^{(1)} - V_{12} V_{22}^{-1} y^{(2)}$ 与 $y^{(2)}$ 独立, $y^{(1)}$ 与 $y^{(2)} - V_{21} V_{11}^{-1} y^{(1)}$ 独立.

由定理 3.1 的证明及引理 3.3 即得. 这个定理是很有用的, 它说明从 $y^{(1)}$ 中扣除与 $y^{(2)}$ 线性相关的部分后便与 $y^{(2)}$ 独立.

§4. 多元正态分布的参数估计

多元正态有两组参数, 均值 μ 和协差阵 V. 在许多问题中它们是未知的, 需要通过样本来估计. 设 $y_{(1)}, \cdots, y_{(n)}$ 是来自总体 $N_m(\mu, V)$ 的一个样本, 每个 $y_{(i)}$ 称做一个样品, 这意味着 $y_{(1)}, \cdots, y_{(n)}$ 相互独立, 均遵从 $N_m(\mu, V)$, 因为每个 $y_{(i)}$ 是一个 m 维向量, 则样本数据矩阵为

$$
Y = \begin{bmatrix} y_{11} & y_{12} & \cdots & y_{1m} \\ y_{21} & y_{22} & \cdots & y_{2m} \\ \cdots & \cdots & \cdots & \cdots \\ y_{n1} & y_{n2} & \cdots & y_{nm} \end{bmatrix} \triangleq (y_1 y_2 \cdots y_m) \triangleq \begin{bmatrix} y'_{(1)} \\ y'_{(2)} \\ \vdots \\ y'_{(n)} \end{bmatrix}. \tag{4.1}
$$

$y_1, \cdots, y_m$ 表示 Y 的列向量, $y_{(1)}, \cdots, y_{(n)}$ 为行向量的转置. 显然有如下的性质:

引理 4.1

$$
E(y_i) = \mu_i \mathbf{1}_n, i = 1, \cdots, m, \tag{4.2}
$$

$$
E(y_{(i)}) = \mu, i = 1, \cdots, n, \tag{4.3}
$$

$$
E[(y_i - E(y_i))(y_j - E(y_j))'] = v_{ij} I_n, \tag{4.4}
$$

$$
E[(y_{(i)} - E(y_{(i)}))(y_{(j)} - E(y_{(j)}))'] = \delta_{ij} V. \tag{4.5}
$$

由定义直接验证即得.

通过样本来估计总体的参数叫做参数估计, 参数估计的原则和方法是很多的, 衡量参数估计好坏的标准也是多种多样的, 我们首先用极大似然法来估计 μ 和 V, 然后再用别的方法, 并且对估计的好坏作一些讨论.

本节我们假定 $n \geq m, V > 0$, 则 n 个样品的联合分布密度为

$$
L(\mu, V) \triangleq \frac{1}{(2\pi)^{mn/2} |V|^{n/2}}
$$

$$
\times \exp\left\{-\frac{1}{2} \sum_{a=1}^{n} (y_{(a)} - \mu)' V^{-1} (y_{(a)} - \mu)\right\}, \tag{4.6}
$$

$L(\mu, V)$ 称为似然函数, 所谓 μ 和 V 的极大似然估计为 $\hat{\mu}, \hat{V}$, 就是指 $\hat{\mu}, \hat{V}$ 满足

条件

$$L(\hat{\mu}, \hat{V}) = \max_{\mu, V} L(\mu, V). \tag{4.7}$$

由于 $L(\mu, V)$ 中的 V 以 V^{-1} 出现,为了书写方便,暂令 $\Psi = V^{-1}$,将 $L(\mu, V)$ 改记为 $L(\mu, \Psi)$,将它取对数,得

$$\ln L(\mu, \Psi) = -\frac{1}{2} mn \ln(2\pi) + \frac{n}{2} \ln |\Psi|$$

$$-\frac{1}{2} \sum_{\alpha=1}^{n} (y_{(\alpha)} - \mu)' \Psi (y_{(\alpha)} - \mu). \tag{4.8}$$

因为 $\ln x$ 是个严格单调函数,求 $L(\mu, \Psi)$ 的极大值等价于求 $\ln L(\mu, \Psi)$ 的极大值.(4.8)式右端第一项与 μ, Ψ 无关,第二项与 μ 无关,第三项与 μ, Ψ 均有关,故我们先从第三项研究起.令

$$\bar{y} = \frac{1}{n} \sum_{\alpha=1}^{n} y_{(\alpha)}, S = \sum_{\alpha=1}^{n} (y_{(\alpha)} - \bar{y})(y_{(\alpha)} - \bar{y})', \tag{4.9}$$

$$A = \sum_{\alpha=1}^{n} (y_{(\alpha)} - \mu)(y_{(\alpha)} - \mu)', \tag{4.10}$$

那么

$$A = \sum_{\alpha=1}^{n} (y_{(\alpha)} - \bar{y})(y_{(\alpha)} - \bar{y})' + n(\bar{y} - \mu)(\bar{y} - \mu)' + \sum_{\alpha=1}^{n} (\bar{y} - \mu)$$

$$\times (y_{(\alpha)} - \bar{y})' + \sum_{\alpha=1}^{n} (y_{(\alpha)} - \bar{y})(\bar{y} - \mu)' = S + n(\bar{y} - \mu)(\bar{y} - \mu)'. \tag{4.11}$$

因为 $A > 0, S > 0, n(\bar{y} - \mu)(\bar{y} - \mu)' \geqslant 0$,故 $A \geqslant S$,且取等号的充要条件为 $\bar{y} = \mu$.将这一性质用到(4.8)右端的第三项得

$$\sum_{\alpha=1}^{n} (y_{(\alpha)} - \mu)' \Psi (y_{(\alpha)} - \mu) = \text{tr} \left\{ \sum_{\alpha=1}^{n} (y_{(\alpha)} - \mu)' \Psi (y_{(\alpha)} - \mu) \right\}$$

$$= \text{tr} \left\{ \Psi \sum_{\alpha=1}^{n} (y_{(\alpha)} - \mu)(y_{(\alpha)} - \mu)' \right\} = \text{tr}(\Psi A)$$

$$= \text{tr} \{ \Psi S \} + \text{tr} \{ \Psi_n (\bar{y} - \mu)(\bar{y} - \mu)' \}$$

$$= \text{tr} \{ \Psi S \} + n(\bar{y} - \mu)' \Psi (\bar{y} - \mu). \tag{4.12}$$

当 μ 变化时,欲使 $\ln L(\mu, \Psi)$ 达极大 $\Leftrightarrow$ 上式达极小 $\Leftrightarrow \bar{y} = \mu$,这一性质且与 Ψ 的取法无关,只要 $\Psi > 0$.将以上结果归纳一下,得

引理 4.2 对一切 $\psi > 0$,

$$L(\bar{y}, \Psi) = \max_{\mu} L(\mu, \Psi) = \frac{|\Psi|^{n/2}}{(2\pi)^{mn/2}} \exp \left\{ -\frac{1}{2} \text{tr}(\Psi S) \right\}. \tag{4.13}$$

这就解决了 μ 的估计,为了求得 V 的估计,需要下面的引理.

引理 4.3　设 A 是任一 m 阶正定阵,

$$f(A) = c \mid A \mid^{n/2}\exp\left\{-\frac{1}{2}\mathrm{tr}A\right\}, \tag{4.14}$$

c 为常数,则 $f(A)$ 对一切正定阵的极大值在 $A = nI_m$ 时达到,即

$$f(nI) = \max_{A>0} f(A) = c(n)^{mn/2}e^{-\frac{1}{2}mn}. \tag{4.15}$$

证明　令 $\theta_1,\cdots,\theta_m$ 为 A 的特征根,显然它们均大于 0,这时

$$f(A) = c\prod_{i=1}^{m}\left[\theta_i^{n/2}\exp\left\{-\frac{\theta_i}{2}\right\}\right].$$

注意函数

$$g(x) = x^{n/2}e^{-\frac{x}{2}}, \quad x > 0,$$

在 $(0,\infty)$ 只有一个极大值点,且当 $x\to 0$ 或 $x\to\infty$ 时 $g(x)\to 0$,故容易验证,当 $x = n$ 时 $g(x)$ 达极大,故 $f(A)$ 当 $\theta_1 = \cdots = \theta_m = n$ 时达到唯一的极大值,这时 $A = nI_m$　#

为了能够应用引理 4.3,我们还需要证明 S 概率为 1 地是正定阵.这个问题多年来为人们所疏忽,直到 1970 年 Dykstra([1])才给出了较简单的证明.

引理 4.4　在本节记号的意义下,$\bar{y},S$ 由(4.9)表示,则

(i) $\bar{y}$ 和 S 独立;$\bar{y}\sim N_m\left(\mu,\frac{1}{n}V\right)$;$S = \sum_{\alpha=1}^{n-1}z_{(\alpha)}z'_{(\alpha)}$,其中 $z_{(1)},\cdots,z_{(n-1)}$ 相互独立,都遵从 $N_m(0,V)$.

(ii) S 概率为 1 地为正定阵的充要条件是 $n > m$.

证明　(i)设 Γ 为一 n 阶正交阵,有如下形式

$$\Gamma = \begin{pmatrix} * & \cdots & * \\ \vdots & & \vdots \\ * & \cdots & * \\ 1/\sqrt{n} & \cdots & 1/\sqrt{n} \end{pmatrix} = (\gamma_{ij}),$$

其中"$*$"表示任意,只要使 Γ 为正交阵就行.令

$$z_{(\alpha)} = \sum_{\beta=1}^{n}\gamma_{\alpha\beta}\ y_{(\beta)}, \quad \alpha = 1,\cdots,n.$$

因为 $y_{(1)},\cdots,y_{(n)}$ 独立同分布,Γ 为正交阵,则易见

$$E(z_{(n)}) = \sum_{\beta=1}^{n}\frac{1}{\sqrt{n}}E(y_{(\beta)}) = \sqrt{n}\ \mu,$$

$$E(z_{(\alpha)}) = \sum_{\beta=1}^{n}\gamma_{\alpha\beta}E(y_{(\beta)}) = \sqrt{n}\mu\sum_{\beta=1}^{n}\left(\gamma_{\alpha\beta}\cdot\frac{1}{\sqrt{n}}\right) = 0,\text{当}\ \alpha < n,$$

$$\mathrm{cov}(z_{(i)},z_{(j)}) = \sum_{\beta=1}^{n}\gamma_{i\beta}\gamma_{j\beta}E(y_{(\beta)}-\mu)(y_{(\beta)}-\mu)' = \delta_{ij}V,$$

$$i,j = 1,2,\cdots,n.$$

因此 $\dfrac{1}{\sqrt{n}}z_{(n)} \sim N_m\left(\mu, \dfrac{1}{n}V\right)$，$z_{(1)},\cdots,z_{(n-1)}$ 均遵从 $N_m(0,V)$，且 $z_{(1)},\cdots,z_{(n)}$ 相互独立. 今

$$\bar{y} = z_{(n)}/\sqrt{n},\ (z_{(1)}\cdots z_{(n)}) = (y_{(1)}\cdots y_{(n)})\Gamma',$$

所以

$$(y_{(1)}\cdots y_{(n)}) = (z_{(1)}\cdots z_{(n)})\Gamma \triangleq z'(\gamma_1\cdots\gamma_n),$$

即

$$y_{(i)} = z'\gamma_i,\quad i = 1,2,\cdots,n.$$

因此

$$\begin{aligned}
S &= \sum_{\alpha=1}^{n} y_{(\alpha)}y'_{(\alpha)} - n\bar{y}\,\bar{y}' = \sum_{\alpha=1}^{n} Z'\gamma_i\gamma_i'Z - z_{(n)}z'_{(n)}\\
&= Z'\Big(\sum_{\alpha=1}^{n}\gamma_i\gamma_i'\Big)Z - z_{(n)}z'_{(n)} = Z'Z - z_{(n)}z'_{(n)}\\
&= \sum_{\alpha=1}^{n} z_{(\alpha)}z'_{(\alpha)} - z_{(n)}z'_{(n)} = \sum_{\alpha=1}^{n-1} z_{(\alpha)}z'_{(\alpha)},
\end{aligned}$$

这就证明了(i).

记 $\underset{m\times(n-1)}{B} = (z_{(1)}\cdots z_{(n-1)})$，则 $S = BB'$，且 rk$B$ 和 rk$S$ 相同. 因此，只要证出 $p\{\mathrm{rk}(B) = m\} = 1$ 的充要条件是 $n > m$，就可导出(ii). 注意到 B 是 $m\times(n-1)$ 的阵，当 rk$(B) = m$ 时，$n-1 \geqslant m$，即 $n > m$，证明了必要性. 反之当 $n > m$ 时，$n-1 \geqslant m$. 此时只需考虑 $n-1 = m$ 的情形，因为增加 B 的列时不会减少 B 的秩，对任一非零常数向量 α，$\alpha'z_{(i)} \sim N(0, \alpha'V\alpha)$，$i = 1,2,\cdots,n-1$，因 $V > 0$，故 $\alpha'V\alpha > 0$，$p(\alpha'z_{(i)} = 0) = 0$，$i = 1,2,\cdots,n-1$. 于是$(n-1 = m)$.

$$\begin{aligned}
&p\{z_{(1)},\cdots,z_{(m)}\ \text{线性相关}\}\\
&\leqslant \sum_{i=1}^{m} p\{z_{(i)} \in \mathscr{L}(z_{(1)},\cdots,z_{(i-1)},z_{(i+1)},\cdots,z_{(m)})\}\\
&= mp\{z_{(1)} \in \mathscr{L}(z_{(2)},\cdots,z_{(m)})\}\\
&= mE(p\{z_{(1)} \in \mathscr{L}(z_{(2)},\cdots,z_{(m)}) \mid z_{(2)} = \alpha_2,\cdots,z_{(m)} = \alpha_m\})\\
&= mE(p\{\exists\,\alpha \neq 0\ \text{使}\ \alpha'z_{(1)} = 0 \mid z_{(2)} = \alpha_2,\cdots,z_{(m)} = \alpha_m\})\\
&= mE(0)\\
&= 0 \quad \sharp
\end{aligned}$$

为了从 μ,V 的最大似然估计引出其他参数的最大似然估计，还需要下面的引理.

引理 4.5　设参数 θ 的变化范围 Ω 是 R_k 中的一个区间，似然函数 $L(\theta)$ 是 Ω

到实轴 R 的映象.设 $\hat{\theta}$ 是 θ 的最大似然估计,且 $\hat{\theta}$ 的值域是 Ω, $f(\theta)$ 是 Ω 到 Ω^* 上的一个变换, Ω^* 是 $R_l(l \leqslant k)$ 中的一个区间,则 $f(\theta)$ 的最大似然估计是 $f(\hat{\theta})$.

证明 对 Ω^* 中的任一元素 ω^*,考虑集合

$$F(\omega^*) = \{\theta : \theta \in \Omega, f(\theta) = \omega^*\}.$$

令 $M(\omega^*) = \sup\limits_{\theta \in F(\omega^*)} L(\theta)$,显然, $M(\omega^*)$ 在 Ω^* 上有定义,它是由 $f(\theta)$ 导出的似然函数.对 Ω^* 中的 ω_1^* 与 ω_2^*,只要 $\omega_1^* \neq \omega_2^*$,集合 $F(\omega_1^*)$ 与 $F(\omega_2^*)$ 没有共同的点,因此 $\{F(\omega^*): \omega^* \in \Omega^*\}$ 就是 Ω 的一个划分, $\hat{\theta}$ 一定属于一个 $F(\omega^*)$,而且也只能属于某一个 $F(\omega^*)$,无妨设 $\hat{\theta} \in F(\hat{\omega})$, $\hat{\omega} \in \Omega^*$ 是一个确定的元素.于是

$$L(\hat{\theta}) = \sup\limits_{\theta \in F(\hat{\omega})} L(\theta) = M(\hat{\omega}) \geqslant L(\theta), \text{一切 } \theta \in \Omega,$$

因此

$$M(\hat{\omega}) \geqslant \sup\limits_{\theta \in F(\omega^*)} L(\theta) = M(\omega^*), \text{一切 } \omega^* \in \Omega^* \quad \#$$

这里值得注意的是,什么是由 $f(\theta)$ 导出的似然函数,下面讨论对相关系数的最大似然估计时,就可以具体了解这一点.

系 设 $\underset{k \times 1}{\theta}$ 的最大似然估计是 $\hat{\theta}$,而且变换 $\theta \to f(\theta)$ 是 $1-1$ 的,则 $f(\theta)$ 的最大似然估计就是 $f(\hat{\theta})$.系的证明可以仿引理进行,就不重复了.

定理 4.1 如果 $n > m$,则 μ 和 V 的最大似然估计是

$$\hat{\mu} = \bar{y}, \hat{V} = \begin{cases} \dfrac{1}{n}A & (\text{当 } \mu \text{ 已知}), \\ \dfrac{1}{n}S & (\text{当 } \mu \text{ 未知}), \end{cases} \tag{4.16}$$

其中 A 和 S 分别由(4.10)和(4.9)式确定.

证明 由引理 4.2 知道 $\hat{\mu} = \bar{y}$.对 $\hat{V}$ 只证 μ 未知的情形, μ 已知时留给读者自己补证.由于 $n > m$, $p\{S>0\}=1$,由(4.13)式及引理 4.4, $S = BB'$,就得

$$L(\hat{\mu}, \Psi) = (2\pi)^{-nm/2} |\Psi|^{n/2} \exp\left\{-\frac{1}{2}\text{tr}(\Psi S)\right\}$$

$$= (2\pi)^{-nm/2} |S|^{-n/2} |B'\Psi B|^{n/2} \exp\left\{-\frac{1}{2}\text{tr}(B'\Psi B)\right\}.$$

由引理 4.3 知道,当 $B'\Psi B = nI$ 时 $L(\hat{\mu}, \Psi)$ 达到最大值,此时 $\Psi = nS^{-1}$,因为 $p\{S>0\}=1$,于是 $\hat{V} = \dfrac{1}{n}S$ $\#$

系 1 $L(\hat{\mu}, \hat{V}) = (2\pi)^{-nm/2} |S|^{-n/2} n^{nm/2} e^{-nm/2}.$ $\tag{4.17}$

系 2 在定理的条件成立时,相关系数 r_{ij} 的最大似然估计是

$$\hat{r}_{ij} = \frac{S_{ij}}{\sqrt{S_{ii}S_{jj}}}. \tag{4.18}$$

证明 因为 $\hat{r}_{ij} = \hat{v}_{ij}/\sqrt{\hat{v}_{ii}\hat{v}_{jj}}$ ($\hat{v}_{ij}$ 是 $\hat{V}$ 的元素),再由引理 4.5 即得.

系 3 在定理的假定下,回归系数 $\beta_{1.2}$ 的极大似然估计是 $\hat{\beta}_{1.2} = S_{12} S_{22}^{-1}$,条件协差阵 $V_{11.2}$ 的极大似然估计是 $\hat{V}_{11.2} = \frac{1}{n} (S_{11} - S_{12} S_{22}^{-1} S_{21})$. 其中 S_{11}, S_{12}, S_{22} 为 S 阵相应剖分的子块.

定义 4.1 如 $y \sim N_m(\mu, V)$, $y = \begin{pmatrix} y^{(1)} \\ y^{(2)} \end{pmatrix}$, $y^{(2)} = y_m$, 则称

$$R = \left(\frac{V_{21} V_{11}^{-1} V_{12}}{V_{22}} \right)^{1/2} \qquad (4.19)$$

为 y_m 和 $(y_1, \cdots, y_{m-1})$ 的全相关系数. 显见,全相关系数的极大似然估计为

$$\hat{R} = \left(\frac{S_{21} S_{11}^{-1} S_{12}}{S_{22}} \right)^{1/2} \qquad (4.20)$$

§5. μ 和 V 的极大似然估计的性质

本节沿用上节的记号,并设 $n > m$,上节已得到 μ 和 V 的极大似然估计 $\hat{\mu}$ 和 $\hat{V}$,在参数估计中有许多标准,如无偏性、充分性、相容性、完全性和有效性等,μ 和 V 的极大似然估计是否具有这些好的性质呢? 这是本节要解决的主要问题.另外从统计判决函数的观点来观察 $\bar{y}$ 和 $\hat{V}$ 是否是贝叶斯估计、极小极大估计和允许估计等.本节主要叙述结果,详细证明可参考[4].

5.1 无偏性 参数 θ 的某个估计 $\hat{\theta}$,如果 $E(\hat{\theta}) = \theta$,则称 $\hat{\theta}$ 是无偏的. $\hat{\mu}$ 和 $\hat{V}$ 是不是 μ 和 V 的无偏估计呢? 上节引理 4.4 已经证明了 $\hat{\mu} = \bar{y}$ 是 μ 的无偏估计,再由该引理的证明

$$S = \sum_{\alpha=1}^{n} (y_{(\alpha)} - \bar{y})(y_{(\alpha)} - \bar{y})' = \sum_{\alpha=1}^{n-1} z_{(\alpha)} z'_{(\alpha)},$$

$z_{(1)}, \cdots, z_{(n-1)}$ 相互独立且都遵从 $N_m(0, V)$,那么

$$E(S) = E\left(\sum_{\alpha=1}^{n-1} z_{(\alpha)} z'_{(\alpha)} \right) = (n-1)V,$$

从而

$$E(\hat{V}) = E\left(\frac{1}{n} S \right) = \frac{n-1}{n} V,$$

即 $\hat{V}$ 不是 V 的无偏估计,而 $\frac{1}{n-1} S$ 才是 V 的无偏估计,在实用中,当 n 不是很大时,人们常用 $\frac{1}{n-1} S$ 来估计 V 而不用 $\hat{V}$.

5.2 充分性 在参数估计中,充分统计量是个很重要的概念,所谓充分统计量,顾名思义,就是包含了样品中对欲估计参数全部信息的统计量.我们对参数作估计和检验时,以充分统计量为基础就行了,比使用全部样品进行讨论要简单得

多. 充分统计量的严格定义要用到测度论的知识, 读者可参看[2], 在实用中只要掌握下述很方便的 Neyman-Fisher 因子判别法则就够了.

Neyman-Fisher 因子判别法则: 设从分布密度为 $f(y, \theta)$ 的母体中抽出样品 $y_{(1)}, \cdots, y_{(n)}$, θ 为待估参数(一般为向量), t 为一统计量. 若样本的分布密度可以分解为

$$\prod_{\alpha=1}^{n} f(y_{(\alpha)}, \theta) = g(t, \theta) h(y_{(1)}, \cdots, y_{(n)}), \tag{5.1}$$

其中 $h(y_{(1)}, \cdots, y_{(n)})$ 与 θ 无关; $g(t, \theta)$ 可能与 θ 有关, 但与样本有关是通过 t 而发生关系, 则 t 是 θ 的充分统计量.

利用因子判别法则就有如下的定理.

定理 5.1 i. 当 V 已知时 $\bar{y}$ 是 μ 的充分统计量.

ii. 当 μ 已知时, $\frac{1}{n}A = \frac{1}{n}\sum_{\alpha=1}^{n}(y_{(\alpha)} - \mu)(y_{(\alpha)} - \mu)'$ 是 V 的充分统计量; 当 μ 未知时, $(\bar{y}, \hat{V})$ 是 (μ, V) 的充分统计量.

证明 样本的联合密度为

$$\prod_{\alpha=1}^{n} f(y_{(\alpha)}, \mu, V)$$

$$= \frac{1}{(2\pi)^{n/2} |V|^{n/2}} \times \exp\left\{-\frac{1}{2}\sum_{\alpha=1}^{n}(y_{(\alpha)} - \mu)'V^{-1}(y_{(\alpha)} - \mu)\right\}$$

$$= \frac{1}{(2\pi)^{n/2} |V|^{n/2}} \times \exp\left\{-\frac{1}{2}\operatorname{tr}\left(V^{-1}\sum_{\alpha=1}^{n}(y_{(\alpha)} - \mu)'(y_{(\alpha)} - \mu)\right)\right\}$$

$$= c_1 \exp\left\{-\frac{1}{2}n(\bar{y} - \mu)'V^{-1}(\bar{y} - \mu)\right\}$$

$$\times c_2 \exp\left\{-\frac{1}{2}n\operatorname{tr}V^{-1}\hat{V}\right\}. \tag{5.2}$$

由因子判别法则便得定理的结论.

定理 5.1 告诉我们, (μ, V) 的一切"好的"估计都是 $(\bar{y}, \hat{V})$ 的函数.

5.3 相容性(或称相合性, 一致性) 设从分布密度为 $f(y, \theta)$ 的母体中抽出样品 $y_{(1)}, \cdots, y_{(n)}$, θ 为待估参数(一般为向量), θ 的变化范围为 Ω, $g(\theta)$ 为 θ 的函数, $T_n = T_n(y_{(1)}, \cdots, y_{(n)})$ 是 $y_{(1)}, \cdots, y_{(n)}$ 的统计量. 如果对任一 $\varepsilon > 0$,

$$\lim_{n\to\infty} p\{|T_n - g(\theta)| < \varepsilon\} = 1,$$

则称 $\{T_n\}$ 是弱相容的. 如果

$$p\{\lim_{n\to\infty} T_n = g(\theta)\} = 1,$$

则称 $\{T_n\}$ 为强相容的.

如果 $g(\theta) = (g_{ij}(\theta))$, $T_n = (T_{ij}(n))$, 对每个 i, j, $T_{ij}(n)$ 对 g_{ij} 是弱(强)相容

的,称 T_n 对 $g(\theta)$ 是弱(强)相容的.

因为

$$\bar{y} = \frac{1}{n} \sum_{\alpha=1}^{n} y_{(\alpha)},$$

$$\hat{V} = \frac{1}{n} S = \frac{1}{n} \sum_{\alpha=1}^{n-1} z_{(\alpha)} z'_{(\alpha)},$$

由 Kolmogorov 强大数律(如 $\{X_n\}$ 是相互独立同分布的随机变量,则 $\frac{1}{n} \sum_{1}^{n} X_i \xrightarrow{\text{a.s}}$ 有限数 $c \Leftrightarrow E \mid X_1 \mid < \infty$,且 $c = EX_1$) $\bar{y}$ 既是弱相容也是强相容的. 又

$$\hat{V} = \frac{1}{n} S = \left(\frac{1}{n} S_{ij} \right),$$

$$\frac{1}{n} S_{ij} = \frac{1}{n} \sum_{k=1}^{n} (y_{ki} - \bar{y}_i)(y_{kj} - \bar{y}_j)$$

$$= \frac{1}{n} \sum_{k=1}^{n} y_{ki} y_{kj} - \left(\frac{1}{n} \sum_{k=1}^{n} y_{ki} \right) \left(\frac{1}{n} \sum_{k=1}^{n} y_{kj} \right),$$

易见 $E | y_{ki} | < \infty$,故 $\frac{1}{n} \sum_{k=1}^{n} y_{ki} \xrightarrow{\text{a.s}} \mu_i, \frac{1}{n} \sum_{k=1}^{n} y_{kj} \to \mu_j$,

$$E(y_{ki} y_{kj}) = E(y_{ki} - \mu_i)(y_{kj} - \mu_j) - \mu_i \mu_j = v_{ij} - \mu_i \mu_j,$$

$$E \mid y_{ki} y_{kj} \mid \leqslant [Ey_{ki}^2 Ey_{kj}^2]^{1/2} = [(v_{ii} + \mu_i^2)(v_{ji} + \mu_j^2)]^{1/2} < \infty.$$

故再由 Kolmogorov 强大数律

$$\frac{1}{n} S_{ij} \to v_{ij}.$$

故 $\hat{V}$ 是强相容的,当然也是弱相容的.

5.4 完全性 设 T 是一个连续的随机变量,其分布密度为 $f_T(t,\theta),\theta \in \Omega,\Omega$ 为参数 θ 变化的范围.分布密度族 $\{f_T(t,\theta):\theta \in \Omega\}$ 称作完全的,如果对任意的实函数 $g(T)$,当

$$E_\theta(g(T)) = \int g(t) f_T(t,\theta) dt = 0 \tag{5.3}$$

对每个 $\theta \in \Omega$ 成立时,就能推出 $g(T)$ 几乎处处为 0,或写成 $P_\theta(g(T)=0)=1$ 对任何 $\theta \in \Omega$.如果一个充分统计量的分布密度族是完全的,我们称它为完全充分统计量.

前面我们已经证明了 $(\bar{y},\hat{V})$ 是 (μ,V) 的充分统计量,也可以证明它是完全的.

5.5 有效性 设母体的分布密度是 $\{f_y(y,\theta),\theta \in \Omega\}$,从该母体抽出样本 $y_{(1)},\cdots,y_{(n)}$,而 $g(\theta)$ 是待估参数的函数,设 T 是 $g(\theta)$ 的一个无偏估计,如果对 $g(\theta)$ 的任一无偏估计 U 都有

$$E(T - g(\theta))^2 \leqslant E(U - g(\theta))^2, \text{任 } \theta \in \Omega, \tag{5.4}$$

则称 T 为 $g(\theta)$ 的有效估计.

估计的无偏性只保证了估计在平均意义下与被估函数吻合,但是如果某个无偏估计的方差很大,在实际中也是没有什么价值的,而有效估计是在无偏估计中选择一个方差最小的,因此有效估计是比较有实用价值的.

当被估函数 $g(\theta)$ 是一个向量时,即

$$g(\theta) = (g_1(\theta), \cdots, g_r(\theta))',$$

设它的某个无偏估计

$$T = (T_1, \cdots, T_r)'$$

有协差阵,如果对任一个具有协差阵的无偏估计 U 有

$$\mathrm{cov}(T) \leqslant \mathrm{cov}(U), \quad \theta \in \Omega, \tag{5.5}$$

即 $\mathrm{cov}(U) - \mathrm{cov}(T)$ 为非负定阵,则称 T 为 $g(\theta)$ 的有效估计.

可以证明 $\left(\bar{y}, \dfrac{1}{n-1}S\right)$ 是 (μ, V) 的有效估计. 由于证明用到的知识,超出本书范围,故从略.

特别需要指出的是有效估计是在无偏估计中方差最小的(或在(5.5)的意义下),如果去掉无偏估计的要求,有效估计不一定是最好的,这在下面关于允许估计的讨论中将有进一步的说明.

5.6 贝叶斯(Bayes)估计　也可从统计判决函数的观点来研究参数估计.贝叶斯估计、极小极大估计和允许估计等都属于这个范畴.这一部分我们只叙述基本概念和一些有关的结果,而不加以证明.

设 y 是样本空间,$\mathscr{A}$ 是 y 子集的某个 σ 代数,Ω 是 R_m 中的一个区间,$P_\theta, \theta \in \Omega$ 是 $(y, \mathscr{A})$ 上的一族概率测度.D 是 θ 估计的集合,在 $\Omega \times D$ 上定义一个函数 $L(\theta, d), \theta \in \Omega, d \in D$,它表示用 d 来估计 θ 的损失.经常采用二次损失函数如

$$L(\theta, d) = (\theta - d)'(\theta - d) \tag{5.6}$$

或

$$L(\theta, d) = (\theta - d)'V^{-1}(\theta - d), \tag{5.7}$$

其中 $V > 0$.用 $f(y|\theta)$ 表示 P_θ 对勒贝格测度的尼古丁导数,令

$$R(\theta, d) = E_\theta(L(\theta, d)) = \int L(\theta, d(y))f_Y(y \mid \theta)dy, \tag{5.8}$$

它称做用 d 来估计 θ 的风险函数.用 $h(\theta)(\theta \in \Omega)$ 表示在 Ω 上的验前概率,相应于它的验前风险是

$$R(h, d) = \int R(\theta, d)h(\theta)d\theta. \tag{5.9}$$

当 $Y = y$ 时 θ 的验后分布密度为

$$h(\theta \mid y) = \frac{f_Y(y \mid \theta)h(\theta)}{\int f_Y(y \mid \theta)h(\theta)d\theta}, \tag{5.10}$$

将(5.8)代入到(5.9)中交换积分次序,得

$$R(h,d) = \int \left\{ \int L(\theta,d(y))f_Y(y \mid \theta)dy \right\} h(\theta)d\theta$$

$$= \int g(y) \left\{ \int L(\theta,d(y))h(\theta \mid y)d\theta \right\} dy, \tag{5.11}$$

其中

$$g(y) = \int f_Y(y \mid \theta)h(\theta)d\theta. \tag{5.12}$$

量

$$W(d \mid y) = \int L(\theta,d(y))h(\theta \mid y)d\theta \tag{5.13}$$

称作当 $Y = y$ 时用 $d(y)$ 来估计 θ 的验后风险.

当给定验前概率 $h(\theta)$ 后,如 $d_0 \in D$ 是 θ 的某个估计,且使验后风险达到极小,即

$$W(d_0(y)) = \inf_{d \in D} W(d(y)), \text{每个} y \in y, \tag{5.14}$$

则称 d_0 为 θ 的贝叶斯估计.

θ 的贝叶斯估计不一定唯一,但如果对每个 $\theta \in \Omega$, $L(\theta,d)$ 是 d 的严格凸函数,则贝叶斯估计 d_0 是唯一的.

关于多维正态中 μ 和 V 的贝叶斯估计有许多研究,下面是其中的一个结果.

我们取验前概率为

$$h(\theta) = h(\mu,V) = K \mid V \mid^{-(\mu+1)/2}$$

$$\times \exp\left\{ -\frac{1}{2}\left[(\mu-a)'V^{-1}(\mu-a)b + \mathrm{tr}V^{-1}H \right] \right\}, \tag{5.15}$$

其中 $b>0, \nu>2m, H$ 是正定阵, K 为正则化常数,这时可以证明 μ 的贝叶斯估计是

$$d_0 = \frac{n\bar{y} + ab}{n+b}. \tag{5.16}$$

为了得到 V 的贝叶斯估计,取损失函数为

$$L(\theta,d) = \mathrm{tr}(V-d)(V-d), \tag{5.17}$$

验前概率仍取(5.15),可以推得 V 的贝叶斯估计是

$$d_0 = \frac{S + H + [nb/(n+b)](\bar{y}-a)(\bar{y}-a)'}{n+\nu-2m-2}. \tag{5.18}$$

我们看到对于验前概率(5.15), $\bar{y}$ 和 $\hat{V}$ 并不是贝叶斯估计,当 $b \to 0$, H 阵趋于 0, $\nu = 2m+1$,这时 $\bar{y}$ 和 $S/(n-1)$ 可以看作为广义的贝叶斯估计.

5.7 极小极大估计　用 d 来估计 θ 的风险函数是 $R(\theta,d)$（见(5.8)式），对一切 θ 的最大风险是 $\sup\limits_{\theta\in\Omega}R(\theta,d)$，如果某个估计 $d^*\in D$，它使最大风险达到极小，即

$$\sup_{\theta\in\Omega}R(\theta,d^*)=\inf_{d\in D}\sup_{\theta\in\Omega}R(\theta,d),\qquad(5.19)$$

则称 d^* 为极小极大估计.

当取损失函数为(5.7)时（其中 V 为正态分布的协差阵），可以证明 $\bar{y}$ 是 μ 的极小极大估计.关于 V 的极小极大估计至今尚未解决.

5.8 允许估计　二个估计 $d_1\in\widetilde{D}$，$d_2\in D$，如果

$$R(\theta,d_1)\leqslant R(\theta,d_2),$$

对一切 $\theta\in\Omega$ 成立，则称 d_1 不比 d_2 差，如果至少对一个 θ 还使不等式成立，称 d_1 比 d_2 好.一个估计 $d^*\in D$，如果不存在比它好的估计，则称它是允许的.显然一个好的估计必须是允许的，反之，允许的估计不一定好，还必须加上其它的标准才行.

过去一直认为对于正态分布而言 $\bar{y}$ 是 μ 的最好的估计，直到斯泰因(Stein)在 1956 年指出对于损失函数(5.6)，$V=I$，当 $m\leqslant 2$ 时 $\bar{y}$ 是 μ 的允许估计，当 $m\geqslant 3$ 时，$\bar{y}$ 就不是 μ 的允许估计了，这是很出人意料的结果.他指出，对于损失函数(5.6)当 $m\geqslant 3$ 时，对一切 μ 比 $\bar{y}$ 都要好的估计是

$$\hat{\mu}=\left(1-\frac{m-2}{\bar{y}'\bar{y}}\right)\bar{y}.\qquad(5.20)$$

有关这方面的讨论仍在进行之中.

在结束这一节以前，还要顺便介绍三个内容.一是从其他方法来给出 μ 的估计，其结论都与 $\bar{y}$ 一样；二是给出 $\hat{\mu}$ 与 $\hat{V}$ 的矩阵表示式，用它来推导一些性质；三是给出递推的计算公式.现分别介绍如下：

从上面的讨论我们知道：对 $\hat{\mu}$ 而言，欲使似然函数达到最大值，关键的一项是

$$\sum_{\alpha=1}^{n}(y_{(\alpha)}-\mu)'V^{-1}(y_{(\alpha)}-\mu),$$

它就是 $\mathrm{tr}V^{-1}A$，其中

$$A=\sum_{\alpha=1}^{n}(y_{(\alpha)}-\mu)(y_{(\alpha)}-\mu)'=(Y-\mathbf{1}\,\mu')'(Y-\mathbf{1}\,\mu').\qquad(5.21)$$

于是可以从对 A 提出种种要求以作为估计 $\hat{\mu}$ 的依据，常见的有：

(i) 使 $\mathrm{tr}(A)$ 达到最小；

(ii) 使 $|A|$ 达到最小；

(iii) 使 A 的最大特征根达到最小.

现分别进行讨论.

(i) 今　　　　　　　$$A=S+n(\bar{y}-\mu)(\bar{y}-\mu)',\qquad(5.22)$$

因此 $\mathrm{tr}A = \mathrm{tr}S + n\,\mathrm{tr}(\bar{y} - \mu)(\bar{y} - \mu)' = \mathrm{tr}S + n(\bar{y} - \mu)'(\bar{y} - \mu)$，欲使 $\mathrm{tr}A$ 达到最小，充要条件是 $\bar{y} - \mu = 0$，即 $\hat{\mu} = \bar{y}$.

(ii) 今由(5.22)可知：

$$
\begin{aligned}
|A| &= |S + n(\bar{y} - \mu)(\bar{y} - \mu)'| \\
&= \begin{vmatrix} 1 & -(\bar{y} - \mu)' \\ n(\bar{y} - \mu) & S \end{vmatrix} \\
&= (1 + n(\bar{y} - \mu)'S^{-1}(\bar{y} - \mu))|S|,
\end{aligned}
$$

由于 $S^{-1} > 0$，可见 $|A|$ 达到最小值的充要条件是

$$(\bar{y} - \mu)'S^{-1}(\bar{y} - \mu) = 0,$$

也即 $\hat{\mu} = \bar{y}$.

(iii) 由于 $A = S + n(\bar{y} - \mu)(\bar{y} - \mu)' = S + B$，易见 $S > 0$，$B \geqslant 0$，因此 $A \geqslant S$，A 的最大特征根记为 λ_1，S 的最大特征根记为 ν_1，于是 $\lambda_1 \geqslant \nu_1$，即

$$
\begin{aligned}
\nu_1 &= \max_{x \neq 0} \frac{x'Sx}{x'x} \leqslant \max_{x \neq 0} \frac{x'Ax}{x'x} \\
&= \max_{x \neq 0} \left(\frac{x'Sx}{x'x} + \frac{x'Bx}{x'x} \right) = \lambda_1,
\end{aligned}
$$

注意到 $x'Bx = nx'(\bar{y} - \mu)(\bar{y} - \mu)'x = n(x'(\bar{y} - \mu))^2$，因此就有 $\nu_1 \leqslant \lambda_1 \leqslant \nu_1 + \max_{x \neq 0} \dfrac{n(x'(\bar{y} - \mu))^2}{x'x}$，易见当 $\bar{y} = \mu$ 时，$\lambda_1 = \nu_1$，它就达到了最小值.

下面我们用矩阵表示 $\hat{\mu}$ 和 $\hat{V}$，顺便导出它们的一些简单性质.

设 $y_{(1)}, \cdots, y_{(n)}$ 是来自母体 $N_m(\mu, V)$ 的 n 个样品，于是矩阵

$$
\underset{n \times m}{Y} = \begin{bmatrix} y'_{(1)} \\ \vdots \\ y'_{(n)} \end{bmatrix} \triangleq (y_1 \cdots y_m)
$$

是样品资料组成的样本矩阵. 我们用 J 表示元素全为 1 的矩阵，$\mathbf{1}$ 表示元素全为 1 的向量，它们的大小视上下文而定，于是有

引理 5.1

$$\hat{\mu} = \bar{y} = \frac{1}{n}Y'\mathbf{1}, \tag{5.23}$$

$$\hat{V} = \frac{1}{n}S = \frac{1}{n}Y'\left(I - \frac{1}{n}J\right)Y. \tag{5.24}$$

证明 (5.23)式是显然的，将它代入 S，得

$$
\begin{aligned}
S &= \sum_{\alpha=1}^{n} (y_{(\alpha)} - \bar{y})(y_{(\alpha)} - \bar{y})' \\
&= (Y - \mathbf{1}\bar{y}')'(Y - \mathbf{1}\bar{y}') \\
&= \left[\left(I - \frac{1}{n}J\right)Y \right]' \left[\left(I - \frac{1}{n}J\right)Y \right]
\end{aligned}
$$

$$= Y'\left(I - \frac{1}{n}J\right)Y.$$

最后一步是因为$\left(I - \frac{1}{n}J\right)$是等幂、对称的　♯

引理 5.2　设$\underset{m \times 1}{y}$是一随机向量，$E(y) = \mu$，$V(y) = V$，C是m阶实方阵，则

$$E(y'Cy) = \mu'C\mu + \mathrm{tr}(CV). \tag{5.25}$$

证明

$$\begin{aligned}
E(y'Cy) &= E(\mathrm{tr}\, y'Cy) = \mathrm{tr}\, E(Cyy')\\
&= \mathrm{tr}\, CE(yy') = \mathrm{tr}\, C(V + \mu\mu')\\
&= \mathrm{tr}\, CV + \mu'C\mu \quad ♯
\end{aligned}$$

用类似的方法可以证明：当$\underset{m \times 1}{y}$，$\underset{m \times 1}{z}$均为随机向量，$E(y) = \mu$，$E(z) = \nu$，$\mathrm{cov}(y, z) = U$时，则有

$$E(y'Cz) = \mu'C\nu + \mathrm{tr}(CU'). \tag{5.26}$$

为了说明公式的用处，我们用它来证明$E(S) = (n-1)V$. 由于

$$\begin{aligned}
E(S) &= E\left(Y'\left(I - \frac{1}{n}J\right)Y\right)\\
&= E\left[\left(y'\left(I - \frac{1}{n}J\right)y_j\right)i, j = 1, \cdots, m\right],
\end{aligned}$$

再用引理 4.1，$E(y_i) = \mu_i\, \mathbf{1}_n$，$i = 1, 2, \cdots, m$，$\mathrm{cov}(y_i, y_j) = v_{ij}I_n$，对$E\left(y_i'\left(I - \frac{1}{n}J\right)y_j\right)$用(5.26)就得

$$\begin{aligned}
E\left(y_i'\left(I - \frac{1}{n}J\right)y_j\right) &= \mu_i\mu_j \mathbf{1}'\left(I - \frac{1}{n}J\right)\mathbf{1}\\
&+ \mathrm{tr}\left(\left(I - \frac{1}{n}J\right)(v_{ij}I_n)\right) = v_{ij}(n-1),
\end{aligned}$$

因此$E(S) = (n-1)V$.

在这里还要介绍两种有用的运算：一是把矩阵$\underset{n \times m}{A}$的列向量依次一个接一个组成一个长的nm维向量，记它为$\vec{A}$，也即当

$$\underset{n \times m}{A} = (a_1\, a_2 \cdots a_m)$$

时

$$\vec{A} = \begin{pmatrix} a_1 \\ a_2 \\ \vdots \\ a_m \end{pmatrix};$$

另一个是矩阵的叉积(kronecker 积). 有关这两种运算的一些基本公式参看第一章 §12.

设

$$Y_{n/m} = \begin{bmatrix} y'_{(1)} \\ \vdots \\ y'_{(n)} \end{bmatrix} = (y_1 \cdots y_m)$$

是来自 $N_m(\mu, V)$ 的样本矩阵,于是有

$$E(\vec{Y}) = \mu \otimes \mathbf{1}_n, \tag{5.27}$$

$$V(\vec{Y}) = V \otimes I_n, \tag{5.28}$$

并且 $\vec{Y}$ 仍然是正态分布.

引理 5.3 设 $Z_1 = B_1 Y, Z_2 = B_2 Y$,则有

$$\mathrm{cov}(\vec{Z}_1, \vec{Z}_2) = V \otimes B_1 B'_2. \tag{5.29}$$

证明 因为 $\vec{Z}_i = \overrightarrow{B_i Y} = (I_m \otimes B_i)\vec{Y}, i = 1, 2$,因此就有

$$\begin{aligned} \mathrm{cov}(\vec{Z}_1, \vec{Z}_2) &= (I \otimes B_1) V(\vec{Y})(I \otimes B_2)' \\ &= (I \otimes B_1)(V \otimes I_n)(I \otimes B'_2) \\ &= V \otimes B_1 B'_2 \quad \# \end{aligned}$$

由此可得一些有用的系:

系 1 $V(\overrightarrow{BY}) = V \otimes BB'$.

系 2 $\overrightarrow{B_1 Y}$ 与 $\overrightarrow{B_2 Y}$ 不相关的充要条件是 $B_1 B'_2 = O$(当 $V > 0$). 实际上随机矩阵 $B_1 Y$ 与 $B_2 Y$ 的不相关就是指的 $\overrightarrow{B_1 Y}$ 与 $\overrightarrow{B_2 Y}$ 的不相关,所以今后我们就不再区别这两种说法.

系 3 正态分布中的参数 μ 与 V 的最大似然估计量 $\bar{y}$ 与 S 是相互独立的.

证明 今 $\bar{y} = \dfrac{1}{n} Y' \mathbf{1}, S = Y'\left(I - \dfrac{1}{n}J\right)Y$. 令

$$Z_1 = \mathbf{1}'Y, \quad Z_2 = \left(I - \frac{1}{n}J\right)Y,$$

由于 $\mathbf{1}'\left(I - \dfrac{1}{n}J\right)' = \mathbf{1}'\left(I - \dfrac{1}{n}J\right) = 0$,用引理 5.3 就知道 $\vec{Z}_1$ 与 $\vec{Z}_2$ 相互独立(正态变量不相关与独立是等价的),因而 $\vec{Z}_1, \vec{Z}_2$ 的 Borel 函数也一定相互独立,而 $\bar{y} = \dfrac{1}{n}Z'_1, S = Z'_2 Z_2$,因此 $\bar{y}$ 与 S 独立 $\quad \#$

我们转入讨论 S 和 S^{-1} 的递推公式,这在实际问题中是经常需要的. 设 $y_{(1)}, \cdots, y_{(n)}$ 是从正态母体 $N_m(\mu, V)$ 中抽得的样品,得到最大似然估计 $\hat{V}_n = \dfrac{1}{n-1} S_n$. 后来又得到一个新样品 $y_{(n+1)}$,此时应加上它带来的信息来修正 V 的估计,得到 $\hat{V}_{n+1} = \dfrac{1}{n} S_{n+1}$. 由(4.9)式知道

$$\bar{y}_n = \frac{1}{n} \sum_{\alpha=1}^{n} y_{(\alpha)}, \quad \bar{y}_{n+1} = \frac{1}{n+1} \sum_{\alpha=1}^{n+1} y_{(\alpha)}, \tag{5.30}$$

$$S_n = \sum_{\alpha=1}^{n}(y_{(\alpha)} - \bar{y}_n)(y_{(\alpha)} - \bar{y}_n)',$$

$$S_{n+1} = \sum_{\alpha=1}^{n+1}(y_{(\alpha)} - \bar{y}_{n+1})(y_{(\alpha)} - \bar{y}_{n+1})'. \tag{5.31}$$

如果直接计算 S_{n+1}，计算量较大，如能建立 S_{n+1} 与 S_n 之间的关系，则可大大节省计算.

定理 5.2 有如下的递推公式：

$$S_{n+1} = S_n + \frac{n}{n+1}(y_{(n+1)} - \bar{y}_n)(y_{(n+1)} - \bar{y}_n)'$$

$$= S_n + \frac{n+1}{n}(y_{(n+1)} - \bar{y}_{n+1})(y_{(n+1)} - \bar{y}_{n+1})'. \tag{5.32}$$

证明

$$S_{n+1} = \sum_{\alpha=1}^{n+1}(y_{(\alpha)} - \bar{y}_{n+1})(y_{(\alpha)} - \bar{y}_{n+1})'$$

$$= \sum_{\alpha=1}^{n+1}(y_{(\alpha)} - \bar{y}_n + \bar{y}_n - \bar{y}_{n+1})(y_{(\alpha)} - \bar{y}_n + \bar{y}_n - \bar{y}_{n+1})'$$

$$= S_n + (y_{(n+1)} - \bar{y}_n)(y_{(n+1)} - \bar{y}_n)'$$

$$+ \sum_{\alpha=1}^{n+1}(y_{(\alpha)} - \bar{y}_n)(\bar{y}_n - \bar{y}_{n+1})'$$

$$+ \sum_{\alpha=1}^{n+1}(\bar{y}_n - \bar{y}_{n+1})(y_{(\alpha)} - \bar{y}_n)'$$

$$+ (n+1)(\bar{y}_n - \bar{y}_{n+1})(\bar{y}_n - \bar{y}_{n+1})'$$

$$= S_n + (y_{(n+1)} - \bar{y}_n)(y_{(n+1)} - \bar{y}_n)'$$

$$+ (y_{(n+1)} - \bar{y}_n)(\bar{y}_n - \bar{y}_{n+1})'$$

$$+ (\bar{y}_n - \bar{y}_{n+1})(y_{(n+1)} - \bar{y}_n)'$$

$$+ (n+1)(\bar{y}_n - \bar{y}_{n+1})(\bar{y}_n - \bar{y}_{n+1})'.$$

易见

$$\bar{y}_n - \bar{y}_{n+1} = \frac{1}{n+1}(\bar{y}_n - y_{(n+1)}), \tag{5.33}$$

代入上式得

$$S_{n+1} = S_n + (y_{(n+1)} - \bar{y}_n)(y_{(n+1)} - \bar{y}_n)'$$

$$- \frac{1}{n+1}(y_{(n+1)} - \bar{y}_n)(y_{(n+1)} - \bar{y}_n)'$$

$$= S_n + \frac{n}{n+1}(y_{(n+1)} - \bar{y}_n)(y_{(n+1)} - \bar{y}_n)'.$$

另一式是类似的   ♯

系 如令

$$h_n = \sqrt{\frac{n}{n+1}}(y_{(n+1)} - \bar{y}_n),$$

则

$$S_{n+1}^{-1} = S_n^{-1} - \frac{S_n^{-1}h_n h_n' S_n^{-1}}{1 + h_n' S_n^{-1} h_n}. \tag{5.34}$$

这由本定理及第一章§4公式(4.6)即得.

§6. 多维正态分布的特征

多维正态分布有许多种不同的定义方法,我们采用的定义 1.1 只是其中之一,下面给出一些等价的定义,并证明一些多维正态的特征性质.

定理 6.1(特征一) 设 y 是 m 维随机向量,则 y 是正态分布的充要条件是它的任一线性函数 $a'y$ 都是一维正态分布.

证明 从定义 1.1 及多维正态的性质知道必要性是成立的,现证充分性.任给常数向量 a,则 $a'y$ 是一维正态分布.设 $E(y) = \mu$, $V(y) = V$,于是 $a'y \sim N(a'\mu, a'Va)$,因此 $a'y$ 的特征函数

$$\varphi_{a'y}(t) = \exp\left\{ita'\mu - \frac{t^2}{2}a'Va\right\},$$

取 $t = 1$,则 y 的特征函数就是

$$\varphi_y(\theta) = Ee^{i\theta'y} = \varphi_{\theta'y}(1) = \exp\left\{i\theta'\mu - \frac{1}{2}\theta'V\theta\right\}.$$

设 $x = (x_1, \cdots, x_m)$, x_i 是 $N(0,1)$ 分布,并且 $x_1, \cdots, x_m$ 相互独立.由 $V \geq 0$ 知道 $V^{\frac{1}{2}}$ 是有意义的,此时

$$V^{\frac{1}{2}}x + \mu$$

的特征函数也是 $\exp\left\{i\theta'\mu - \frac{1}{2}\theta'V\theta\right\}$,这就证明了 y 的分布函数是多维正态分布 ♯

定理 6.2(特征二) 设 y_1, y_2 是两个相互独立的 m 维随机变量,如 $y = y_1 + y_2$ 遵从 m 维正态分布,则 y_1 和 y_2 都遵从 m 维正态分布.

证明 因对任给的 m 维常数向量 a, $a'y = a'y_1 + a'y_2$ 遵从一元正态分布,且 $a'y_1$ 与 $a'y_2$ 独立.由克拉美尔(参看[5])定理, $a'y_1$ 和 $a'y_2$ 都遵从一元正态,再由定理 6.1, y_1 和 y_2 都遵从 m 维正态分布 ♯

为了得到正态分布的第三个特征,需要如下的引理.

引理 6.1 设 $x_1, \cdots, x_n$ 为独立的随机变量, $a_1, \cdots, a_n; b_1, \cdots, b_n$ 为常数,如

$\sum_{i=1}^{n} a_i x_i$ 与 $\sum_{i=1}^{n} b_i x_i$ 独立,则当 $a_i b_i \neq 0^-$ 时,x_i 一定遵从正态分布.

证明见[6].

定理 6.3(特征三) 设 $y_1, \cdots, y_n$ 是 n 个相互独立的 m 维随机向量,$a_1, \cdots, a_n; b_1, \cdots, b_n$ 是两组常数,令

$$z_1 = \sum_{i=1}^{n} a_i y_i, \qquad z_2 = \sum_{i=1}^{n} b_i y_i.$$

则(a)如 $y_1, \cdots, y_n$ 都遵从正态 $N_m(\mu, V)$ 且 $\sum_{i=1}^{n} a_i b_i = 0$,则 z_1 和 z_2 独立.(b)如果 z_1 和 z_2 独立,则当 $a_i b_i \neq 0$ 时 y_i 遵从 m 维正态分布.

证明 (a) 由定义 6.1,(z_1, z_2) 的联合分布是 $2m$ 维正态分布,要证明 z_1, z_2 独立只要证明 $\mathrm{cov}(z_1, z_2) = 0$.今

$$\mathrm{cov}(z_1, z_2) = \mathrm{cov}(a_1 y_1 + \cdots + a_n y_n, b_1 y_1 + \cdots + b_n y_n)$$

$$= \sum_{i=1}^{n} a_i b_i V(y_i) = V \sum_{i=1}^{n} a_i b_i = 0.$$

(b) 任取 m 维向量 l

$$l' z_1 = l' \sum_{i=1}^{n} a_i y_i = \sum_{i=1}^{n} a_i (l' y_i) = \sum_{i=1}^{n} a_i x_i,$$

$$l' z_2 = l' \sum_{i=1}^{n} b_i y_i = \sum_{i=1}^{n} b_i (l' y_i) = \sum_{i=1}^{n} b_i x_i,$$

其中 $x_i = l' y_i$, $i = 1, \cdots, n$.则 $x_1, \cdots, x_n$ 是相互独立的一维随机变量,并且 $l' z_1$ 与 $l' z_2$ 独立,由引理 6.1,当 $a_i b_i \neq 0$ 时,$l' y_i$ 遵从一元正态分布.因 l' 是任意的,由定理 6.1 知 y_i 遵从 m 维正态 ♯

多维正态分布的定义 1.1 中的 A 是不唯一的,在 §1 已经说明,可以利用这种表达的不唯一性来刻画多维正态分布.

定理 6.4(特征四) 设 y 是 m 维的随机变量,它可表成

$$y = \underset{m \times n}{A_1} \underset{n \times 1}{x_1} + \underset{m \times 1}{\mu_1} \quad \text{及} \quad y = \underset{m \times n}{A_2} \underset{n \times 1}{x_2} + \underset{m \times 1}{\mu_2},$$

其中 x_1 和 x_2 为 n 维随机向量,其分量由非退化的相互独立的随机变量组成(不必是一元正态),$\mathrm{rk}(A_1) = \mathrm{rk}(A_2) = n$,且 A_1 的所有列均不是 A_2 某一列的倍数,则 y 遵从 m 维正态分布.

证明 如 $n < m$,取一 m 维向量 l 使它正交于 A_1 的所有列,则

$$l' \mu_1 = l'(A_1 x_1 + \mu_1) = l' y = l'(A_2 x_2 + \mu_2) = l' A_2 x_2 + l' \mu_2,$$

因此 $l' A_2 x_2$ 为一退化的随机变量.由假设 x_2 的分量相互独立均不退化推知必有 $l' A_2 = 0$,这说明 A_1 和 A_2 的列组成相同的线性空间,即 $\mathscr{L}(A_1) = \mathscr{L}(A_2)$.那么存在 n 阶非奇异阵 H 使 $A_1 = A_2 H$.如 $n = m$,$A_1 = A_2 H$ 是自动满足的.此时由

$$y - \mu_2 = A_2 x_2 \text{ 推出 } x_2 = (A_2' A_2)^{-1} A_2' (y - \mu_2),$$

由

$$y - \mu_1 = A_1 x_1 = A_2 H x_1 \text{ 推出 } H x_1 = (A_2' A_2)^{-1} A_2' (y - \mu_1),$$

从而

$$H x_1 = x_2 + (A_2' A_2)^{-1} A_2' (\mu_2 - \mu_1).$$

因 x_2 的分量相互独立,故上式中 $H x_1$ 的分量也相互独立.

今已知 A_1 所有的列均不是 A_2 某一列的倍数,那么 H 每个列中 0 的个数不能多于 $n-2$ 个.因此,对任意 j,至少存在两个元素,不妨记为 $h_{i_1 j}$ 和 $h_{i_2 j}$,不为零. 取 i_1, i_2 两行,用引理 6.1,即知 x_1 的第 j 个元素为正态.由 j 的任意性,知 x_1 的每个元都为一维正态,而这些元是相互独立的,故 x_1 为 n 维正态,从而 y 为 m 维正态分布   #

熵是信息论中最重要的概念之一,在多元分析中也有不少应用,用熵也可描述正态分布的特性.

设 $p(x)$ 为一分布密度,则对应于它的熵为

$$E_p = -\int p(x) \log p(x) dx, \tag{6.1}$$

积分范围是在 $p(x) > 0$ 的地方.

引理 6.2 对任两个分布密度 $p(x), q(x)$,且 $\{x : p(x) > 0\} = \{x : q(x) > 0\}$,则

$$\int p(x) \log \frac{p(x)}{q(x)} dx \geqslant 0. \tag{6.2}$$

上式中等号成立的充要条件是 $p(x) = q(x) \text{a.e} [P]$,其中 $[P]$ 是指由 $p(x)$ 产生的概率测度.

证明 利用 $-\log y$ 的凸性可以得到

$$\log y \leqslant y - 1, \tag{6.3}$$

等号只有当 $y = 1$ 时成立.利用(6.3)式有

$$\log \frac{q(x)}{p(x)} \leqslant \frac{q(x)}{p(x)} - 1.$$

对上式两边积分

$$\int p(x) \log \frac{q(x)}{p(x)} dx \leqslant \int p(x) \left(\frac{q(x)}{p(x)} - 1 \right) dx = 0.$$

将上式 $\log \frac{q(x)}{p(x)}$ 变为 $\log \frac{p(x)}{q(x)}$ 时不等号改向,即得(6.2)式.由于(6.3)式中等号成立的充要条件是 $y = 1$,故(6.2)中等号成立的充要条件是 $p(x) = q(x) \text{a.e} [P]$,即在测度 $\int_R p(x) dx$ 下 $p(x)$ 与 $q(x)$ 几乎处处相等   #

在一元统计中已经知道,对给定的常数 μ, σ^2,一切满足

$$\int xp(x)dx = \mu, \int (x - \mu)^2 p(x)dx = \sigma^2 \tag{6.4}$$

的分布密度中使 E_p 达到极大的 $p(x)$ 是 $N_1(\mu, \sigma^2)$. 这一结论可以类似地推广到多元.

定理 6.5(特征五) 考虑定义于 R_m 中的概率密度 $p(y)$,若满足

$$\int p(y)dy = 1, \quad \int yp(y)dy = \mu,$$

$$\int (y - \mu)(y - \mu)'p(y)dy = V, \tag{6.5}$$

其中 μ 为给定的 m 维向量,V 为给定的正定阵. 则在满足上述条件的分布密度中当 $p(y)$ 为 $N_m(\mu, V)$ 时 E_p 达到极大.

证明 由引理 6.2,对两个分布密度 $p(y)$ 和 $q(y)$ 有

$$-\int p(y)\log p(y)dy \leqslant -\int p(y)\log q(y)dy. \tag{6.6}$$

取

$$q(y) = (2\pi)^{-m/2} \mid V \mid^{-\frac{1}{2}} \exp\left\{-\frac{1}{2}(y - \mu)'V^{-1}(y - \mu)\right\}, \tag{6.7}$$

代入(6.6)中

$$\begin{aligned}
E_p &\leqslant -\int p(y)\left[-\frac{m}{2}\log 2\pi - \frac{1}{2}\log \mid V \mid - \frac{1}{2}(y - \mu)'V^{-1}(y - \mu)\right]dy \\
&= \frac{m}{2}\log(2\pi) + \frac{1}{2}\log \mid V \mid + \frac{1}{2}\text{tr}\left\{V^{-1}\int (y - \mu)(y - \mu)'p(y)dy\right\} \\
&= \frac{m}{2}\log(2\pi) + \frac{1}{2}\log \mid V \mid + \frac{1}{2}\text{tr}(V^{-1}V) \\
&= \frac{m}{2}(1 + \log(2\pi)) + \frac{1}{2}\log \mid V \mid.
\end{aligned}$$

上式右边不依赖于 p,故当 p 取 q 时达到上界,而 q 正是 $V_m(\mu, V)$ ♯

§7. 多维正态分布函数的计算

在许多实际问题中需要计算多维正态分布函数,例如我国的服装标准[7]中需要计算二维正态分布,在合金结构钢的标准修定[8]中要计算五维分布函数. 因此研究多维正态分布的计算方法不仅有理论价值也是实际应用的需要.

一元正态分布函数已有相当多的计算方法,例如下面的方法就是其中之一:计算

$$P(x) = \frac{1}{2}(1 + a_1 x + a_2 x^2 + a_3 x^3 + a_4 x^4 + a_5 x^5 + a_6 x^6)^{-16}, \tag{7.1}$$

这里

$$a_1 = 0.049867347, a_2 = 0.0211410061, a_3 = 0.0032776263,$$
$$a_4 = 0.0000380036, a_5 = 0.0000488906, a_6 = 0.000005383.$$

则分布函数

$$\Phi(x) = \frac{1}{\sqrt{2\pi}}\int_{-\infty}^{x} e^{-\frac{t^2}{2}}dt = \begin{cases} P(-x), & \text{当 } x \leqslant 0, \\ 1 - P(x), & \text{当 } x > 0. \end{cases} \quad (7.2)$$

这个方法计算量小,且可精确到小数点后七位,是值得推荐的好方法.

至于多维正态分布函数,由于牵涉到重积分,问题比较复杂,至今尚未彻底解决.当维数较低,或协差阵为某种特定形式,或积分区域不太大时已有一些有效的方法,本节对这些方法作一个梗概的介绍.

由公式(1.3),以 μ 为均值,V 为协差阵的正态分布函数为

$$\int_{-\infty}^{x_1}\cdots\int_{-\infty}^{x_m} \frac{1}{(2\pi)^{m/2}|V|^{1/2}}\exp\left\{-\frac{1}{2}(t-\mu)'V^{-1}(t-\mu)\right\}dt, \quad (7.3)$$

如令 $y = (t_i - \mu_i)/\sqrt{v_{ii}}, i = 1,\cdots,m.$ 则上式成为

$$\Phi_m(y_1,\cdots,y_m \mid R) \triangleq \frac{1}{(2\pi)^{m/2}|R|^{1/2}}\int_{-\infty}^{y_1}\cdots\int_{-\infty}^{y_m}\exp\left\{-\frac{1}{2}t'R^{-1}t\right\}dt, (7.4)$$

R 为分布的相关阵,它由(2.4)所定义.$\Phi_m(y_1,\cdots,y_m \mid R)$ 类似于一维的标准正态 $N(0,1)$,我们也称它为多维正态的标准形,显然我们只要研究标准形的计算即可.

二维正态分布已有专表可查[9],三维以上的正态分布由于参数太多,列表也很困难.即使对二维,由于查表时经常要插值,使用不便,精度也大受影响,在计算机日益普及的时代还是直接计算为好.

在一些特殊情况,有的已彻底解决,有的已解决了很大一部分,如:

(i) 相关阵 R 中除对角线元素为 1 外其余全为 r,这种情况已彻底解决,[10]已列出了专表.

(ii) 求第一象限的概率

$$P_m \triangleq \int_0^\infty\cdots\int_0^\infty \frac{1}{(2\pi)^{m/2}|R|^{1/2}}\exp\left\{-\frac{1}{2}t'R^{-1}t\right\}dt, \quad (7.5)$$

[11]给出了 P_m 的表达形式,例如

$$P_1 = \frac{1}{2}, P_2 = \frac{1}{4} + \frac{1}{2\pi}\sin^{-1}r_{12},$$
$$P_3 = \frac{1}{8}\left\{1 + \frac{2}{\pi}[\sin^{-1}r_{12} + \sin^{-1}r_{13} + \sin^{-1}r_{23}]\right\},$$
$$\cdots\cdots$$

特别当相关阵中对角线以外的元素全为 1/2 时,

$$P_1 = \frac{1}{2}, P_2 = \frac{1}{3}, P_3 = \frac{5}{24}, P_4 = \frac{2}{15}, P_5 = \frac{61}{720},$$

$$P_6 = \frac{17}{315}, P_7 = \frac{277}{8064}, P_8 = \frac{62}{2835}, P_9 = \frac{50521}{10!}, \cdots$$

当相关阵任意时,二、三维已有较好的方法;对更高维数,如积分区域不大时也已解决.下面就分别介绍这些方法.

7.1 级数法   二维正态分布由(1.4)式定义,它的标准形为

$$\Phi_2(y_1, y_2 \mid r) = \frac{1}{2\pi\sqrt{1-r^2}}$$

$$\times \int_{-\infty}^{y_1} \int_{-\infty}^{y_2} \exp\left\{-\frac{1}{2(1-r^2)}(t_1^2 + t_2^2 - 2rt_1t_2)\right\} dt_1 dt_2. \tag{7.6}$$

定理 7.1   有如下的计算公式:

$$\Phi_2(y_1, y_2 \mid r) = \sum_{j=0}^{\infty} \Phi^{(j)}(y_1)\Phi^{(j)}(y_2) r^j / j!, \tag{7.7}$$

其中 $\Phi^{(j)}(y)$ 为一元正态分布 $\Phi(y)$ 的 j 阶微商.

证明   由定理 1.1, $N_2(0, R)$ 的特征函数

$$\varphi(t_1, t_2) = \exp\left\{-\frac{1}{2}(t_1^2 + t_2^2 + 2rt_1t_2)\right\}$$

$$= e^{-\frac{t_1^2}{2} - \frac{t_2^2}{2}} \sum_{j=0}^{\infty} \frac{(-r)^j}{j!}(t_1 t_2)^j, \tag{7.8}$$

利用由特征函数到分布函数的反演公式,有

$$\Phi_2(y_1, y_2 \mid r)$$

$$= \int_{-\infty}^{y_1} \int_{-\infty}^{y_2} \frac{1}{(2\pi)^2} \left(\int_{-\infty}^{+\infty} \int_{-\infty}^{+\infty} \varphi(t_1, t_2) e^{it_1 x_1 + it_2 x_2} dt_1 dt_2 \right) \times dx_1 dx_2$$

$$= \sum_{j=0}^{\infty} \frac{(-r)^j}{j!} \left[\frac{1}{2\pi} \int_{-\infty}^{y_1} \left(\int_{-\infty}^{\infty} e^{-\frac{t_1^2}{2}} t_1^j e^{-it_1 x_1} dt_1 \right) dx_1 \right]$$

$$\times \left[\frac{1}{2\pi} \int_{-\infty}^{y_2} \left(\int_{-\infty}^{\infty} e^{-\frac{t_2^2}{2}} t_2^j e^{-it_2 x_2} dt_2 \right) dx_2 \right] \tag{7.9}$$

而

$$\int_{-\infty}^{\infty} e^{-\frac{t^2}{2}} t^j e^{-itx} dt = \frac{\partial^j}{\partial(-ix)^j} \int_{-\infty}^{\infty} e^{-\frac{t^2}{2}} e^{-itx} dt$$

$$= 2\pi(-i)^j \frac{\partial^j}{\partial x^j} \left(\frac{1}{\sqrt{2\pi}} e^{-\frac{x^2}{2}} \right),$$

代入(7.9)即得(7.7)   ♯.

当 $r = 0$ 时,(7.7)式为

$$\Phi_2(y_1, y_2 \mid 0) = \Phi(y_1)\Phi(y_2),$$

这是独立随机变量的情形.当 $|r|$ 较小时,级数(7.7)收敛很快,且 $\Phi(y_1)\Phi(y_2)$ 是

$\Phi_2(y_1,y_2\,|\,r)$ 的近似值. 当 $|r|$ 较大时, 级数收敛慢, 此法不宜采用.

级数法也可推广至多维, 如三维时, 记相关阵为

$$R_3 = \begin{bmatrix} 1 & r_{12} & r_{12} \\ r_{12} & 1 & r_{23} \\ r_{13} & r_{23} & 1 \end{bmatrix}, \tag{7.10}$$

则

$$\Phi_3(y_1,y_2,y_3\,|\,R_3)$$
$$= \sum_{j,k,l=0}^{\infty} \frac{r_{12}^j r_{13}^k r_{23}^l}{j!\,k!\,l!} \Phi^{(j+k)}(y_1)\Phi^{(j+l)}(y_2)\Phi^{(k+l)}(y_3). \tag{7.11}$$

7.2 辅助函数法 这种方法是设法将多重积分的重数降低, 如二维正态化为若干个一重积分, 而一重积分是便于计算的.

定理 7.2 二维正态分布有如下的计算公式:

$$\Phi_2(y_1,y_2\,|\,r) = \frac{1}{2}\big[\Phi(y_1)+\Phi(y_2)-\delta_{y_1 y_2}\big]$$
$$- T(y_1,x_1) - T(y_2,x_2), \tag{7.12}$$

其中

$$x_1 = \frac{y_2 - ry_1}{y_1\sqrt{1-r^2}}, \quad x_2 = \frac{y_1 - ry_2}{y_2\sqrt{1-r^2}}, \tag{7.13}$$

$$T(y,x) = \frac{1}{2\pi}\int_0^x \frac{1}{1+t^2}\exp\left\{-\frac{y^2}{2}(1+t^2)\right\}dt, \tag{7.14}$$

$$\delta_{xy} = \begin{cases} 0, & \text{当 } xy \geqslant 0, \\ 1, & \text{当 } xy < 0. \end{cases} \tag{7.15}$$

证明 记 $\Phi_2(y_1,y_2\,|\,r)$ 相应的随机向量为 $\begin{pmatrix} u \\ v \end{pmatrix}$, 则当 y_1 和 y_2 同号时,

$\Phi_2(y_1,y_2\,|\,r) = P(u\leqslant y_1, v\leqslant y_2 u/y_1) + P(v\leqslant y_2, u\leqslant y_1 v/y_2) = \mathrm{I} + \mathrm{II}$.

(见图 7.1) 今

$$\mathrm{I} = \int_{-\infty}^{y_1}\int_{-\infty}^{y_2 t_1/y_1} \frac{1}{2\pi\sqrt{1-r^2}}$$
$$\times \exp\left\{-\frac{1}{2(1-r^2)}(t_1^2+t_2^2-2t_1 t_2 r)\right\}dt_1 dt_2$$
$$= \int_{-\infty}^{y_1}\varphi(t_1)dt_1\int_{-\infty}^{\frac{y_2-y_1 r}{y_1\sqrt{1-r^2}}}\varphi(t_2)dt_2$$
$$= \frac{1}{2}\Phi(y_1) + \int_{-\infty}^{y_1}\varphi(t_1)\int_0^{x_1 t_1}\varphi(t_2)dt_2 dt_1,$$

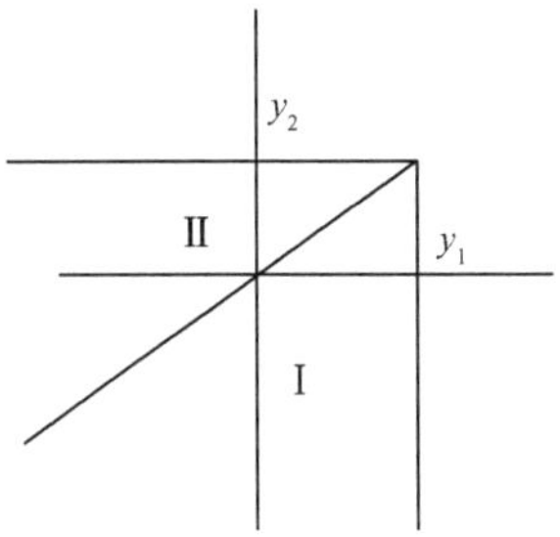

图 7.1

式中 $\varphi(t)$ 为标准正态的分布密度. 对 $T(y_1\,x_1)$ 求偏导数得 $\dfrac{\partial}{\partial y}T(y,x_1)=$ $-\varphi(y)\displaystyle\int_0^{yx_1}\varphi(t)dt$, 两边对 y 在 $(-\infty,y_1)$ 积分得

$$T(y_1,x_1)=-\int_{-\infty}^{y_1}\varphi(t_1)\times\int_0^{x_1t_1}\varphi(t_2)dt_2dt_1.$$

对 II 用类似的方法即得(7.12). 当 y_1,y_2 异号时, 利用

$$\begin{aligned}
\Phi(y_1,y_2\mid\rho)&=P(u\leqslant y_1)-P(u\leqslant y_1,v\geqslant y_2)\\
&=P(u\leqslant y_1)-P(u\leqslant y_1,-v\leqslant-y_2)\\
&=\Phi(y_1)-\Phi_2(y_1,-y_2\mid-\rho),
\end{aligned}$$

化为同号的情形, 于是综合起来即得(7.12)   ♯

由这个定理, 二元正态分布的计算就化为一元正态分布和 T 函数的计算, 一元正态分布有(7.2)可方便得到, 关于 T 函数的计算有如下的近似公式, 这里不作证明, 读者可参看[12].

(i) 当 $x>1$ 时利用下式, T 函数可化为 $0\leqslant x\leqslant1$ 的情形

$$T(y,x)=\frac{1}{2}\Phi(y)+\frac{1}{2}\Phi(xy)-\Phi(y)\Phi(xy)-T(xy,1/x).\quad(7.16)$$

(ii) 当 $0\leqslant x\leqslant1$ 时, T 函数有如下的近似公式

$$T(y,x)\doteq\frac{1}{2\pi}\mathrm{tg}^{-1}x\cdot\exp\left\{-\frac{y^2}{2}\frac{x}{\mathrm{tg}^{-1}x}\right\}.\quad(7.17)$$

这个公式当 y,x 之中有一个较小时近似程度较好, 当 y,x 都较大时可用下面的近似公式:

$$T(y,x)=\Phi(-\mid y\mid)\left\{\Phi\left[\frac{u(y)x}{\sqrt{1+v(y)x^2}}\right]-\frac{1}{2}\right\},0\leqslant x\leqslant1,\quad(7.18)$$

其中

$$u(y)=\varphi(y)/\Phi(-\mid y\mid),\quad(7.19)$$

$$v(y)=\frac{1}{3}(y^2+2-u^2(y)).\quad(7.20)$$

对于三维正态分布, 也可用辅助函数法, 当 y_1,y_2,y_3 同号时有

$$\begin{aligned}
\Phi_3(y_1,y_2,y_3\mid R_3)=&\frac{1}{2}[(1-\delta_{a_1c_1})\Phi(y_1)\\
&+(1-\delta_{a_2c_2})\Phi(y_2)+(1-\delta_{a_3c_3})\Phi(y_3)]\\
&-\frac{1}{2}[T(y_1,a_1)+T(y_1,c_1)+T(y_2,a_2)\\
&+T(y_2,c_2)+T(y_3,a_3)+T(y_3,c_3)]\\
&-[S(y_1,a_1,b_1)+S(y_1,c_1,d_1)]
\end{aligned}$$

$$+ S(y_2, a_2, b_2) + S(y_2, c_2, d_2)$$
$$+ S(y_3, a_3, b_3) + S(y_3, c_3, d_3)],　　　　　　(7.21)$$

其中

$$\Delta = 1 - r_{12}^2 - r_{13}^2 - r_{23}^2 + 2r_{12}r_{13}r_{23} = |R_3|,　　　(7.22)$$

$$a_1 = \frac{y_2 - y_1 r_{12}}{y_1 \sqrt{1 - r_{12}^2}}, a_2 = \frac{y_3 - y_2 r_{23}}{y_2 \sqrt{1 - r_{23}^2}}, a_3 = \frac{y_1 - y_3 r_{13}}{y_3 \sqrt{1 - r_{13}^2}},　　(7.23)$$

$$c_1 = \frac{y_3 - y_1 r_{13}}{y_1 \sqrt{1 - r_{13}^2}}, c_2 = \frac{y_1 - y_2 r_{12}}{y_2 \sqrt{1 - r_{12}^2}}, c_3 = \frac{y_2 - y_3 r_{23}}{y_3 \sqrt{1 - r_{23}^2}},　　(7.24)$$

$$\left. \begin{aligned} b_1 &= \frac{(1 - r_{12}^2)(y_3 - y_1 r_{13}) - (r_{23} - r_{12}r_{13})(y_2 - y_1 r_{12})}{(y_2 - y_1 r_{12})\sqrt{\Delta}}, \\ b_2 &= \frac{(1 - r_{23}^2)(y_1 - y_2 r_{12}) - (r_{13} - r_{12}r_{23})(y_3 - y_2 r_{23})}{(y_3 - y_2 r_{23})\sqrt{\Delta}}, \\ b_3 &= \frac{(1 - r_{13}^2)(y_2 - y_3 r_{23}) - (r_{12} - r_{13}r_{23})(y_1 - y_3 r_{13})}{(y_1 - y_3 r_{13})\sqrt{\Delta}}, \end{aligned} \right\} (7.25)$$

$$\left. \begin{aligned} d_1 &= \frac{(1 - r_{13}^2)(y_2 - y_1 r_{12}) - (r_{23} - r_{12}r_{13})(y_3 - y_1 r_{13})}{(y_3 - y_1 r_{13})\sqrt{\Delta}}, \\ d_2 &= \frac{(1 - r_{12}^2)(y_3 - y_2 r_{23}) - (r_{13} - r_{12}r_{23})(y_1 - y_2 r_{12})}{(y_1 - y_2 r_{12})\sqrt{\Delta}}, \\ d_3 &= \frac{(1 - r_{23}^2)(y_1 - y_3 r_{13}) - (r_{12} - r_{13}r_{23})(y_2 - y_3 r_{23})}{(y_2 - y_3 r_{23})\sqrt{\Delta}}, \end{aligned} \right\} (7.26)$$

$$S(x, y, z) = \int_{-\infty}^{x} \varphi(t) T(yt, z) dt,　　　　　(7.27)$$

当 y_1, y_2, y_3 有异号(不妨设 y_1, y_2 同号与 y_3 异号)则

$$\Phi_3(y_1, y_2, y_3 \mid R_3) = \Phi_2(y_1, y_2 \mid r_{12}) - \Phi_3(y_1, y_2, -y_3 \mid R_3'),　(7.28)$$

其中

$$R_3' = \begin{bmatrix} 1 & r_{12} & -r_{13} \\ r_{12} & 1 & -r_{23} \\ -r_{13} & -r_{23} & 1 \end{bmatrix}.$$

在公式(7.21)中出现了新的辅助函数 $S(x, y, z)$,它的计算都可以化为 $0 \leqslant z \leqslant 1$ 的情形,这是因为,当 $y > 1, z > 1$ 时有

$$S(x, y, z) = \left[\Phi(x) - \frac{1}{2} \right] T(xy, z)$$

$$- \left[\Phi(xyz) - \frac{1}{2} \right] T(xy, 1/y) + S(xyz, 1/z, 1/y),　(7.29)$$

当 $0 \leqslant y \leqslant 1, z > 1$ 时有

$$S(x, y, z) = \frac{1}{4} \Phi(x) + \left[\Phi(xyz) - \frac{1}{2} \right] T(x, y)$$
$$- S(xyz, 1/yz, y) - S(x, yz, 1/z), \qquad (7.30)$$

总能化成 $0 \leqslant z \leqslant 1$ 的情形, 而当 $0 \leqslant z \leqslant 1$ 时有近似公式

$$S(x, y, z) = \frac{1}{2\pi} \mathrm{tg}^{-1} \frac{1}{\sqrt{1 + y^2 + y^2 z^2}}$$
$$\times \Phi\left(x \, \mathrm{tg}^{-1} z / \mathrm{tg}^{-1} \frac{z}{\sqrt{1 + z^2 + y^2 z^2}} \right). \qquad (7.31)$$

7.3 数论方法　　无论是级数法还是辅助函数法一般来说对二、三维正态分布适合一些, 当维数更高时公式愈加复杂, 使用起来并不方便. 我们知道, 对高维积分, 数论方法是比较好的, 具体用到正态分布方法如下. 记

$$\Phi_m(a, b \mid R) = \frac{1}{(2\pi)^{m/2} \mid R \mid^{1/2}}$$
$$\times \int_{a_1}^{b} \cdots \int_{a_m}^{b_m} \exp\left\{ -\frac{1}{2} t' R^{-1} t \right\} dt, \qquad (7.32)$$

其中

$$a = (a_1, \cdots, a_m)', \quad b = (b_1, \cdots, b_m)'.$$

令

$$f(t) = \exp\left\{ -\frac{1}{2} t' R^{-1} t \right\},$$

$$y_i = \frac{t_i - a_i}{b_i - a_i}, i = 1, \cdots, m,$$

则

$$\Phi_m(a, b \mid R) = \frac{1}{(2\pi)^{m/2} \mid R \mid^{1/2}} \prod_{i=1}^{m} (b_i - a_i)$$
$$\times \int_0^1 \cdots \int_0^1 f(d) dy, \qquad (7.33)$$

其中

$$d = (d_1, \cdots, d_m)', d_i = a_i + (b_i - a_i) y_i, i = 1, \cdots, m.$$

文献[13]对形如

$$\int_0^1 \cdots \int_0^1 f(t) dt$$

的积分列出许多表格, 表 7.1 是其中的一个, 供使用时选择. n 表示计算积分所用的点数, q_1, q_2, q_3, q_4, q_5 用来产生 n 个点, 产生的办法是: 由表查出 n 及其对应的 $q_1 \sim q_5$, 令

表 7.1 五重积分计算表($q_1 \equiv 1$)

n	q_2	q_3	q_4	q_5
1069	63	762	970	177
1543	58	278	694	134
2129	618	833	1705	1964
3001	408	1409	1681	1620
4001	15314	568	3095	2544
5003	840	177	3593	1311
6007	509	780	558	1693
8191	1386	4302	7715	3735
10007	198	9183	6967	8507
15019	10641	2640	6710	784
20039	11327	11251	12076	18677
33139	32133	17866	21281	32247
51097	44672	45346	7044	14242
71053	33755	65170	12740	6878
100063	90036	77477	27253	6222

$$y_i^{(k)} \equiv kq_i/n$$
$$d_i^{(k)} = a_i + (b_i - a_i)y_i^{(k)}, \quad i = 1,\cdots,m; \quad k = 1,\cdots,n \tag{7.34}$$
$$d^{(k)} = (d_1^{(k)},\cdots,d_m^{(k)})', \quad k = 1,\cdots,n,$$

则

$$\Phi_m(a,b \mid R) = \frac{1}{(2\pi)^{m/2}\mid R\mid^{1/2}} \prod_{i=1}^{m}(b_i - a_i) \times \frac{1}{n}\sum_{k=1}^{n} f(d^{(k)}). \tag{7.35}$$

例如,取 $n = 1069$ 时,$q_1 = 1, q_2 = 63, q_3 = 762, q_4 = 970, q_5 = 177$,这时

$$y^{(1)} = (1/1069, 63/1069, 762/1069, 970/1069, 177/1069)',$$
$$y^{(2)} = (2/1069, 126/1069, 455/1069, 871/1069, 354/1069)',$$
$$y^{(3)} = (3/1069, 189/1069, 148/1069, 772/1069, 531/1069)',$$
$$\cdots\cdots$$
$$y^{(1069)} = (0,0,0,0,0)'.$$

我们看一个例子,取 $R = I_5$, $m = 5$, $a = (-1,-1,-1,-1,-1)'$, $b = (1,1,1,1,1)'$,当 n 取 1069, 2129, 5003, 8191 时计算情形见表 7.2,当 $n = 1069$ 时有效位数已精确到五位.当然一般情况效果没有这么好,那时可取 n 适当大一些.当积分范

围不很大时,积分效果较好,当积分范围较大时,可采用两个办法来提高精度.

表 7.2

n	积 分 值
1069	0.148299406
2129	0.148295351
5003	0.148291410
8191	0.148291358
真值	0.148291343

(i) 函数对称化   例如要求积分

$$\int_0^1 \int_0^1 f(x_1, x_2) dx_1 dx_2,$$

可改为求积分

$$\frac{1}{4}\int_0^1\int_0^1 [f(x_1, x_2) + f(1 - x_1, x_2) + f(x_1, 1 - x_2)$$
$$+ f(1 - x_1, 1 - x_2)] dx_1 dx_2.$$

对维数更多时道理类似.

(ii) 作非线性变换

令

$$y_i = 3u_i^2 - 2u_i^3, \quad \text{或 } y_i = 10u_i^3 - 15u_i^4 + 6u_i^5,$$

或

$$y_i = 35u_i^4 - 84u_i^5 + 70u_i^6 - 20u_i^7$$

等,有关这方面的讨论可参看[14].

有一点要说明一下. 如果母体的参数未知,此时可通过样本来估计. 设 $\hat{R}$ 为相关阵的估计值,用以上的方法来计算时可用 $\hat{R}$ 代 R,但是所得到的值一般并不是所求概率的无偏估计. 例如 $x_1, \cdots, x_n$ 为从母体 $N_1(\mu, \sigma^2)$ 中抽得的样本,则 μ 和 σ^2 的无偏估计是

$$\hat{\mu} = \bar{x} = \frac{1}{n}\sum_1^n x_i,$$

$$\hat{\sigma}^2 = \frac{1}{n-1}\sum_{i=1}^n (x_i - \bar{x})^2 \triangleq \frac{1}{n-1}Q.$$

要计算

$$\Phi\left(\frac{u - \mu}{\sigma}\right) = \frac{1}{\sqrt{2\pi}}\int_0^{\frac{u-\mu}{\sigma}} e^{-\frac{t^2}{2}} dt.$$

如用

$$\Phi\left(\frac{u-\bar{x}}{\hat{\sigma}}\right) = \frac{1}{\sqrt{2\pi}}\int_0^{\frac{u-\bar{x}}{\hat{\sigma}}} e^{-\frac{t^2}{2}}dt,$$

它并不是 $\Phi\left(\dfrac{u-\mu}{\sigma}\right)$ 的无偏估计,可以证明[15]它的无偏估计之一是

$$\hat{\Phi}\left(\frac{u-\mu}{\sigma}\right) = \int_0^{Z(\bar{x},Q)} \frac{\Gamma(n-2)}{\Gamma\left(\frac{n-2}{2}\right)^2}\beta^{\frac{n-4}{2}}(1-\beta)^{\frac{n-4}{2}}d\beta, \qquad (7.36)$$

其中

$$Z(\bar{x},Q) = \min\left[1,\frac{1}{2}\left[1-\sqrt{\frac{n}{n-1}}\,\frac{\bar{x}-u}{\sqrt{Q}}\right]\right]. \qquad (7.37)$$

但是当 n 稍大时 $\Phi\left(\dfrac{u-\bar{x}}{\hat{\sigma}}\right)$ 与 $\hat{\Phi}\left(\dfrac{u-\mu}{\sigma}\right)$ 的差别是很小的. 对于多维正态概率的无偏估计,公式就更复杂,这里就不介绍了.

§8. 例

多维正态分布在实际应用中是常见的,这里举的是我国制定服装标准时作的人体测量的例子. 对成年女子测了 14 个部位,它们是上体长、手臂长、胸围、颈围、总肩宽、前胸围、后背宽、前腰节高、后腰节高、总体高、身高、下体长、腰围和臀围. 今用了 3454 人的数据,它们遵从 14 维正态分布,如用 $y_1,\cdots,y_{14}$ 代表人体这 14 个部位,则算得均值为

$$\bar{y}_1 = 61.32, \qquad \bar{y}_2 = 49.62, \qquad \bar{y}_3 = 83.39,$$
$$\bar{y}_4 = 32.59, \qquad \bar{y}_5 = 39.55, \qquad \bar{y}_6 = 33.61,$$
$$\bar{y}_7 = 34.30, \qquad \bar{y}_8 = 39.59, \qquad \bar{y}_9 = 39.52,$$
$$\bar{y}_{10} = 154.98, \quad \bar{y}_{11} = 131.59, \quad \bar{y}_{12} = 93.39,$$
$$\bar{y}_{13} = 70.26, \quad \bar{y}_{14} = 91.52.$$

协差阵的无偏估计列于表 8.1,其相关阵的估计列于表 8.2. 这些计算对于标准的制定都是必需的.

在制定上衣标准时只用到前十一个变量,$m = 11$. 如以胸围和总体高(即人的高度)为服装标准的依据,其他变量对它们的条件协差阵和条件均值可由(3.3)和(3.2)计算. 或用(3.17)来计算条件协差阵,先算对胸围的,然后再算对总体高的. 条件协差阵主对角线元素的开方称做条件标准差,它的作用与通常标准差是类似的,这里是用来估计标准的精度,对上体各部位的标准差与条件标准差列于表 8.3.在 §3 我们说过,条件协差阵比无条件协差阵在正定的意义上缩小了,特别,

表 8.1　样 本 协 差 阵

部位 / 协方差代号		y_1 上体长	y_2 手臂长	y_3 胸围	y_4 颈围	y_5 总肩宽	y_6 前胸宽	y_7 后背宽	y_8 前腰节高	y_9 后腰节高	y_{10} 总体高	y_{11} 身高	y_{12} 下体长	y_{13} 腰围	y_{14} 臀围
上体长	y_1	7.033													
手臂长	y_2	2.168	4.981												
胸围	y_3	3.540	2.874	30.530											
颈围	y_4	1.213	0.709	5.336	2.678										
总肩宽	y_5	1.681	1.276	4.638	1.254	3.107									
前胸宽	y_6	1.498	1.178	5.359	1.543	1.600	4.028								
后背宽	y_7	1.276	1.161	5.864	1.538	1.851	2.614	3.860							
前腰节高	y_8	2.718	1.765	5.713	1.512	1.740	1.479	1.197	5.241						
后腰节高	y_9	2.827	1.799	4.423	1.282	1.659	1.246	1.239	4.123	4.818					
总体高	y_{10}	9.358	8.043	6.514	2.814	4.115	3.094	2.814	6.572	6.536	29.660				
身高	y_{11}	8.889	7.511	6.639	2.533	3.745	2.994	2.857	5.878	6.045	25.747	24.400			
下体长	y_{12}	5.154	5.680	3.855	1.589	2.643	2.324	2.002	3.690	3.658	18.659	16.822	15.993		
腰围	y_{13}	2.227	2.155	25.536	4.928	3.778	4.966	5.534	3.850	3.333	1.847	3.087	1.388	39.859	
臀围	y_{14}	5.213	2.939	19.532	4.974	4.069	4.692	4.525	5.074	4.271	10.336	9.710	6.717	20.703	27.363

表 8.2 样本相关阵

相关系数部位代号 \ 部位代号	y_1 上体长	y_2 手臂长	y_3 胸围	y_4 颈围	y_5 总肩宽	y_6 前胸宽	y_7 后背宽	y_8 前腰节高	y_9 后腰节高	y_{10} 总体高	y_{11} 身高	y_{12} 下体长	y_{13} 腰围	y_{14} 臀围
y_1 上体长	1													
y_2 手臂长	0.366	1												
y_3 胸围	0.242	0.233	1											
y_4 颈围	0.280	0.194	0.590	1										
y_5 总肩宽	0.360	0.324	0.476	0.435	1									
y_6 前胸宽	0.282	0.263	0.483	0.470	0.452	1								
y_7 后背宽	0.245	0.265	0.540	0.478	0.535	0.663	1							
y_8 前腰节高	0.448	0.345	0.452	0.404	0.431	0.322	0.266	1						
y_9 后腰节高	0.486	0.367	0.365	0.357	0.429	0.283	0.287	0.820	1					
y_{10} 总体高	0.648	0.662	0.216	0.316	0.429	0.283	0.263	0.527	0.547	1				
y_{11} 身高	0.679	0.681	0.243	0.313	0.430	0.302	0.294	0.520	0.558	0.957	1			
y_{12} 下体长	0.486	0.636	0.174	0.243	0.375	0.290	0.255	0.403	0.417	0.857	0.852	1		
y_{13} 腰围	0.133	0.153	0.732	0.477	0.339	0.392	0.446	0.266	0.241	0.054	0.099	0.055	1	
y_{14} 臀围	0.376	0.252	0.676	0.581	0.441	0.447	0.440	0.424	0.327	0.363	0.376	0.321	0.627	1

对主对角线上的元素来说,它是在普通的意义下缩小了.表8.3用数值明确地显示了这一点.如身高的无条件标准差是4.94,而条件标准差只有1.42,缩小得很多.

如记 $y^{(1)} = (y_1, y_2, y_4, \cdots, y_9, y_{11})'$, $y^{(2)} = (y_3, y_{10})'$, 则由定义 3.1, $y^{(1)}$ 对 $y^{(2)}$ 的回归系数为 $V_{12}V_{22}^{-1}$, 经计算

表8.3　条件标准差

部　　位	标准差	对胸围的 条件标准差	对胸围、总体高的 条件标准差
上 体 长	2.65	2.57	2.03
手 臂 长	2.23	2.17	1.66
颈　　围	1.64	1.32	1.28
总 肩 宽	1.76	1.55	1.43
前 胸 宽	2.01	1.76	1.72
后 背 宽	1.97	1.65	1.63
前腰节高	2.29	2.04	1.78
后腰节高	2.20	2.04	1.75
身　　高	4.94	4.79	1.42

表8.4　各种体型人所占的比例

总体高 ＼ 胸围 %	68	72	76	80	84	88	92	96	100
140	0.0250	0.0965	0.2203	0.2978	0.2384	0.1130	0.0317	0.0052	0.0005
145	0.1158	0.5123	1.3396	2.0740	1.9020	1.0330	0.3320	0.0631	0.0071
150	0.2355	1.1921	3.5669	6.3176	6.6285	4.1200	1.5161	0.3299	0.0424
155	0.2108	1.2210	4.1786	8.4630	10.1526	7.2160	3.0373	0.7563	0.1112
160	0.0830	0.5505	2.1557	4.9936	6.8498	5.5666	2.6794	0.7631	0.1284
165	0.0143	0.1088	0.4880	1.2942	2.0314	1.8887	1.0401	0.3390	0.0653
170	0.0011	0.0094	0.0482	0.1464	0.2633	0.2804	0.1768	0.0660	0.0146
175	0.0000	0.0003	0.0021	0.0072	0.0148	0.0181	0.0131	0.0056	0.0014

$$(V_{12}V_{22}^{-1})' = \begin{pmatrix} 0.05 & 0.04 & 0.16 & 0.13 & 0.16 & 0.18 & 0.15 & 0.10 & 0.03 \\ 0.80 & 0.26 & 0.06 & 0.11 & 0.07 & 0.06 & 0.19 & 0.20 & 0.86 \end{pmatrix}.$$

这些回归系数在服装标准的制定中起了很重要的作用,由它可导出规格的系列数.

为了估计各种体型人所占的比例,以胸围(y_3)和总体高(y_{10})来分档,分档数

见表 8.4. 例如我们要知道胸围 84 cm, 总体高 155 cm 的人占多少比例, 由分档情况这等价于求落在区域 $\left\{(y_3, y_{10}) \middle| \begin{array}{l} 82 \leqslant y_3 \leqslant 86 \\ 152.5 \leqslant y_{10} \leqslant 157.5 \end{array} \right\}$ 的概率, 运用上节的辅助函数法算得概率为 0.102, 计算结果列于表 8.4. 有兴趣的读者可以划一个等高线图, 它大致呈椭圆.

第三章 样本分布的性质和均值
与协差阵的检验

在一元正态总体中,经常要比较两个或多个总体的均值、标准差.比较两总体的均值有 u 检验,t 检验,比较多个总体的均值有方差分析中的 F 检验,比较两总体和多总体的标准差有 F 检验,巴特莱特检验,这些有效的方法能否推广到多维正态总体呢? 这就是本章需要解决的问题.为了引出有关的统计量,首先要导出多维正态的一些基本的样本分布以及这些分布的性质,分布的详细推导放在第九章,这并不妨碍对它性质的研究.由于多变量的情况与单变量有许多类似之处,首先我们对单变量的样本分布及其性质作一个回顾.

§1. 二次型分布

以下总假定 $x_1,\cdots,x_n$ 为相互独立的一维正态随机变量,$E(x_i)=\mu_i$,$i=1,\cdots,n$,$V(x_1)=\cdots=V(x_n)=1$,或者记 $x=(x_1,\cdots,x_n)'$,则 $x\sim N_n(\mu,I_n)$,其中 $\mu=(\mu_1,\cdots,\mu_n)'$.

定义 1.1 随机变量 $x'x$ 的分布称为 χ^2 分布,记作 $x'x\sim\chi_n^2(\lambda)$,n 是分布的自由度,λ 是非中心参数,且 $\lambda=\mu'\mu$.当 $\lambda=0$ 时 $x'x$ 的分布称为中心 χ^2 分布,记作 $x'x\sim\chi_n^2$,$\lambda>0$ 时的分布称做非中心 χ^2 分布.

$\chi_n^2(\lambda)$ 的分布密度将在第九章给出,由定义立即有如下的性质:

(i) 设 $y_1,\cdots,y_k$ 相互独立,$y_i\sim\chi_{ni}^2(\lambda_i)$,$i=1,\cdots,k$,则 $\sum_{i=1}^{k}y_i\sim\chi_{n_1+\cdots+n_k}^2(\lambda_1+\cdots+\lambda_k)$.

(ii) 设 $x\sim N_n(\mu,I)$,$x=\begin{bmatrix}x^{(1)}\\x^{(2)}\end{bmatrix}\begin{matrix}n_1\\n_2\end{matrix}$,$\mu=\begin{bmatrix}\mu^{(1)}\\\mu^{(2)}\end{bmatrix}$.则

$$x^{(i)'}x^{(i)}\sim\chi_{ni}^2(\mu^{(i)'}\mu^{(i)}),\quad i=1,2.$$

(iii) $$E(\chi_n^2(\lambda))=n+\lambda,\tag{1.1}$$

$$V(\chi_n^2(\lambda))=2n+4\lambda.\tag{1.2}$$

定义 1.2 设 $x\sim\chi_m^2(\lambda)$,$y\sim\chi_n^2$,x 与 y 独立,则

$$F=\frac{n}{m}\frac{x}{y}\tag{1.3}$$

的分布称为非中心 F 分布,记作 $F(m,n,\lambda)$,当 $\lambda=0$ 时就化为常见的 F 分布,记作 $F(m,n)$.

设 $x \sim N_n(\mu, I)$,由定义 1.1,$x'x$ 遵从 χ^2 分布.若 C 为一对称阵,$x'Cx$ 的分布是什么? 它何时遵从 χ^2 分布? 如 $C_1, \cdots, C_k$ 为对称阵,$\{x'C_ix\}$ 相互独立的充要条件是什么? 进一步当 $x \sim N_n(\mu, V)$ 时也有类似的问题,这是一元统计中方差分析的核心问题,由于这些结果可以类似地推广到多元情形,我们认为还是有必要将一些主要结果作一个回顾,其中有些证明粗略一些.

先讨论 $x \sim N_n(\mu, I)$ 的二次型.

引理 1.1 设 $C'-C$,C 的谱分解是 $\sum\limits_{j=1}^{n} \alpha_j \gamma_j \gamma_j'$,记 $\Gamma = (\gamma_1 \cdots \gamma_n)$,于是就有

$$E(e^{itx'Cx}) = \prod_{j=1}^{n} (1 - 2it\alpha_j)^{-\frac{1}{2}} \exp\left\{\frac{it\alpha_j \lambda_j^2}{1 - 2it\alpha_j}\right\}, \qquad (1.4)$$

其中

$$\lambda = \begin{pmatrix} \lambda_1 \\ \vdots \\ \lambda_n \end{pmatrix} = \Gamma'\mu.$$

证明   令 $y = \Gamma'x$,则 $y \sim N_n(\Gamma'\mu, I) = N_n(\lambda, I)$,于是

$$E(e^{itx'Cx}) = E(e^{ity'\Gamma'C\Gamma y}) = \prod_{j=1}^{n} E(e^{it\alpha_j y_j^2}).$$

今

$$E(e^{it\alpha_j y_j^2}) = (1 - 2it\alpha_j)^{-\frac{1}{2}} \exp\left\{\frac{it\alpha_j \lambda_j^2}{1 - 2it\alpha_j}\right\},$$

$$j = 1, 2, \cdots, n,$$

于是就得公式(1.4).

为了使(1.4)式使用起来更加方便,我们将(1.4)用其他的形式来表示.首先可以看出,如果 C 的特征根 $\alpha_j = 0$,于是(1.4)式右端相应的乘积中的项

$$(1 - 2it\alpha_j)^{-\frac{1}{2}} \exp\left\{\frac{it\alpha_j \lambda_j^2}{1 - 2it\alpha_j}\right\} = 1,$$

也即对乘积没有影响,因此(1.4)式只与 C 的非 0 特征根有关,因而可得:

系 1 设同引理 1.1,C 的全部非 0 特征根为 $\alpha_1, \cdots, \alpha_\Gamma$,则(1.4)式就是

$$E(e^{itx'Cx}) = \prod_{j=1}^{\Gamma} (1 - 2it\alpha_j)^{-\frac{1}{2}} \exp\left\{\frac{it\alpha_j \lambda_j^2}{1 - 2it\alpha_j}\right\}. \qquad (1.4)$$

有时使用矩阵的形式是更方便的,因此,还需将(1.4)式用矩阵的形式来表示.

今

$$| I - 2itC | = \left| I - 2it\Gamma \begin{pmatrix} \alpha_1 & & O \\ & \ddots & \\ O & & \alpha_n \end{pmatrix} \Gamma' \right|$$

$$= \left| I - 2it \begin{pmatrix} \alpha_1 & & O \\ & \ddots & \\ O & & \alpha_n \end{pmatrix} \right| = \prod_{j=1}^{n} (1 - 2it\alpha_j),$$

因此

$$\prod_{j=1}^{n} (1 - 2it\alpha_j)^{-\frac{1}{2}} = | I - 2itC |^{-\frac{1}{2}}.$$

又由于

$$\prod_{j=1}^{n} t\alpha_j \lambda_j^2 (1 - 2it\alpha_j)^{-1}$$

$$= \lambda' \begin{pmatrix} t\alpha_1(1 - 2it\alpha_1)^{-1} & & O \\ & \ddots & \\ O & & t\alpha_n(1 - 2it\alpha_n)^{-1} \end{pmatrix} \lambda$$

$$= \lambda' \begin{pmatrix} t\alpha_1 & & O \\ & \ddots & \\ O & & t\alpha_n \end{pmatrix} \Gamma'\Gamma \begin{pmatrix} (1 - 2it\alpha_1)^{-1} & & O \\ & \ddots & \\ O & & (1 - 2it\alpha_n)^{-1} \end{pmatrix} \lambda$$

$$= \mu' \Gamma \begin{pmatrix} t\alpha_1 & & O \\ & \ddots & \\ O & & t\alpha_n \end{pmatrix} \Gamma'\Gamma \begin{pmatrix} (1 - 2it\alpha_1)^{-1} & & O \\ & \ddots & \\ O & & (1 - 2it\alpha_n)^{-1} \end{pmatrix} \Gamma' \mu$$

$$= \mu'(tC(I - 2itC)^{-1})\mu = t\mu'C(I - 2itC)^{-1}\mu$$

$$= t\mu'(I - 2itC)^{-1}C\mu.$$

代入(1.4)式,就得到(1.4)的另一表达式:

系 2　$E(e^{itx'C_x}) = | I - 2itC |^{-\frac{1}{2}} \exp\{it\mu'(I - 2itC)^{-1}C\mu\}$

$$= | I - 2itC |^{-\frac{1}{2}} \exp\{it\mu'C(I - 2itC)^{-1}\mu\}. \tag{1.4}'$$

从系 1 立即可得:

系 3　如果 $C' = C, C^2 = C, \mathrm{rk}C = p$,则有

$$E(e^{itx'C_x}) = (1 - 2it)^{-\frac{p}{2}} \exp\left\{\frac{it\lambda}{1 - 2it}\right\}, \tag{1.5}$$

其中 $\lambda = \mu'C\mu$. (1.5)式就是非中心 χ^2 分布的特征函数,将(1.5)右端 $\exp\left\{\dfrac{it\lambda}{1 - 2it}\right\}$ 展开,就得非中心 χ^2 分布用中心 χ^2 分布来表示的表达式.

定理 1.1 设 $C' = C$,则
$$x'Cx \sim \chi_p^2(\mu'C\mu) \Leftrightarrow C^2 = C, \mathrm{rk}\,C = p.$$

证明 "⇐"今有正交阵 Γ 使 $\Gamma'C\Gamma = \begin{pmatrix} I_p & O \\ O & O \end{pmatrix}$,令 $y = \Gamma'x$,则 $y \sim N_n(\Gamma'\mu, I)$,

且 $x = \Gamma y, x'Cx = y'\Gamma'C\Gamma y = \sum\limits_{i=1}^{p} y_i^2$,由定义 1.1 即得 $x'Cx \sim \chi_p^2(\mu'C\mu)$.

"⇒"设 $x'Cx \sim \chi_p^2(\mu'C\mu)$,记 C 的非零特征根为 $\alpha_1, \cdots, \alpha_q, \lambda = \mu'C\mu$,由引理 1.1 及系可知

$$(1 - 2it)^{-\frac{p}{2}} \exp\left\{\frac{it\lambda}{1 - 2it}\right\} = \prod_{j=1}^{q} (1 - 2i\alpha_j t)^{-\frac{1}{2}} \exp\left\{\frac{i\alpha_j \lambda_j^2 t}{1 - 2i\alpha_j t}\right\},$$

其中 $(\lambda_1, \cdots, \lambda_n)' = (\Gamma'\mu)'$,$\Gamma$ 是 C 的标准正交特征向量组成的矩阵. 比较等式两边的奇点,就可证得 $\alpha_1 = \cdots = \alpha_q = 1$,且 $p = q$,因此 $C' = C, C^2 = C, \mathrm{rk}(C) = p$
♯

系 设 $C' = C$,则
$$x'Cx \sim \chi_p^2 \Leftrightarrow C^2 = C, \mathrm{rk}\,C = p, C\mu = 0.$$

证明 只要注意非中心参数是 $\mu'C\mu$,由 $\mu'C\mu = 0, C^2 = C, C' = C'$ 可导出 $C\mu = 0$.反之则是显然的 ♯

定理 1.2 设 $C_i' = C_i, i = 1, 2, \cdots, k$,则 $\{x'C_i x, i = 1, 2, \cdots, k\}$ 相互独立 $\Leftrightarrow$ $C_i C_j = 0$,一切 $i \ne j$.这个定理最早是由 Craig 提出的,先后有五、六个证明,但往往有错,其中关键的一步是下面的引理 1.2,下面引理 1.2 的证明是 1962 年许宝■教授在讨论班上给出的.

引理 1.2 设 A, B 为 n 阶对称阵,它们的非零特征根为 $\{\lambda_1, \cdots, \lambda_r\}, \{\mu_1, \cdots, \mu_s\}$,如 $A + B$ 的非零特征根正好为 $\{\lambda_1, \cdots, \lambda_r, \mu_1, \cdots, \mu_s\}$,则 $AB = BA = O$.

证明 i. 先假定 $r + s = n$,即 $A + B$ 是满秩的. 不失一般性可以假定

$$A = \begin{pmatrix} D_\lambda & O \\ O & O \end{pmatrix}, D_\lambda = \begin{pmatrix} \lambda_1 & & O \\ & \ddots & \\ O & & \lambda_r \end{pmatrix},$$ 否则可以作一正交变换,把 A 变成这样.

取正交阵 Γ 使 $\Gamma'B\Gamma = \begin{pmatrix} O & O \\ O & D_\mu \end{pmatrix}, D_\mu = \begin{pmatrix} \mu_1 & & \\ & \ddots & \\ & & \mu_s \end{pmatrix}$,由于 $r + s = n$,故 A 与 $\Gamma'B\Gamma$ 有同样的分块法,按这种分法把 Γ 写成

$$\Gamma = \begin{pmatrix} C & F \\ D & G \end{pmatrix}.$$

于是

$$B = \begin{pmatrix} C & F \\ D & G \end{pmatrix} \begin{pmatrix} O & O \\ O & D_\mu \end{pmatrix} \begin{pmatrix} C' & D' \\ F' & G' \end{pmatrix}$$

$$= \begin{pmatrix} I & F \\ O & G \end{pmatrix} \begin{pmatrix} O & O \\ O & D_\mu \end{pmatrix} \begin{pmatrix} I & O \\ F' & G' \end{pmatrix},$$

易见

$$A = \begin{pmatrix} I & F \\ O & G \end{pmatrix} \begin{pmatrix} D_\lambda & O \\ O & O \end{pmatrix} \begin{pmatrix} I & O \\ F' & G' \end{pmatrix},$$

$$A + B = \begin{pmatrix} I & F \\ O & G \end{pmatrix} \begin{pmatrix} D_\lambda & O \\ O & D_\mu \end{pmatrix} \begin{pmatrix} I & O \\ F' & G' \end{pmatrix}.$$

由第一章 §5, AB 与 BA 有相同的非零特征根, 故 $A + B$ 与矩阵

$$E = \begin{pmatrix} D_\lambda & O \\ O & D_\mu \end{pmatrix} \begin{pmatrix} I & O \\ F' & G' \end{pmatrix} \begin{pmatrix} I & F \\ O & G \end{pmatrix} = \begin{pmatrix} D_\lambda & O \\ O & D_\mu \end{pmatrix} \begin{pmatrix} I & F \\ F' & F'F + G'G \end{pmatrix}$$

有相同的非零特征根, 因为 $\Gamma'\Gamma = I$, 故有

$$F'F + G'G = I, \tag{1.6}$$

$$E = \begin{pmatrix} D_\lambda & O \\ O & D_\mu \end{pmatrix} \begin{pmatrix} I & F \\ F' & I \end{pmatrix}.$$

由第一章 §4

$$\begin{vmatrix} I & F \\ F' & I \end{vmatrix} = | I - F'F |.$$

由此

$$\prod_{i=1}^{r} \lambda_i \prod_{j=1}^{s} \mu_j = | A + B | = | E | = \begin{vmatrix} D_\lambda & O \\ O & D_\mu \end{vmatrix} \begin{vmatrix} I & F \\ F' & I \end{vmatrix}$$

$$= \prod_{i=1}^{r} \lambda_i \prod_{j=1}^{s} \mu_j | I - F'F |$$

推得

$$| I - F'F | = 1.$$

由 (1.6) 式, $| G'G | = 1$, 且 $F'F, G'G$ 均为非负定阵, 由此不难推出 $G'G$ 的特征根全是 1, 从而 $F'F = O$, 故 $F = O$, 于是

$$B = \begin{pmatrix} I & O \\ O & G \end{pmatrix} \begin{pmatrix} O & O \\ O & D_\mu \end{pmatrix} \begin{pmatrix} I & O \\ O & G' \end{pmatrix} = \begin{pmatrix} O & O \\ O & GD_\mu G' \end{pmatrix},$$

显然 $AB = BA = O$.

ii. 如果 $r + s < n$, 不失一般性可设 $A = \begin{pmatrix} D_\lambda & O \\ O & O \end{pmatrix}$, 这时可以证明, 存在正交变换 Q 使

$$Q'BQ = \begin{bmatrix} O & O & O \\ O & D_\mu & O \\ O & O & O \end{bmatrix} \begin{matrix} r \\ s \\ n-r-s \end{matrix}.$$

对前 $r+s$ 阶主子式用上面的推导即得 $AB = BA = O$ 　　#

定理 1.2 的证明　 $\Leftarrow$ 如 $C_iC_j = O$，一切 $i \neq j$，这条件蕴含了 $C_iC_j = C_jC_i$，一切 $i \neq j$，由第一章 §6.2 存在正交阵 Γ 可将 $C_1, \cdots, C_k$ 同时化为对角形，即

$$\Gamma C_i \Gamma' = \Lambda_i, \Lambda_i = \begin{bmatrix} \lambda_1^{(i)} & & \\ & \ddots & \\ & & \lambda_n^{(i)} \end{bmatrix}, i = 1, \cdots, k. \tag{1.7}$$

记　 $G_i = \{l : \lambda_l^{(i)} \neq 0, l = 1, \cdots, n\}$，则因

$$\Lambda_i \Lambda_j = \Gamma C_i \Gamma' \Gamma C_j \Gamma = \Gamma C_i C_j \Gamma' = O,$$

故 $G_i \bigcap G_j = \varnothing$，一切 $i \neq j$，令 $y = \Gamma x, y \sim N_n(\Gamma\mu, I)$，

$$x'C_i x = y'\Lambda_i y = \sum_{l \in G_i} y_l^2 \lambda_l^{(i)}.$$

因 $\{y_i\}$ 相互独立，$G_1, \cdots, G_k$ 互不交，故 $x'C_1 x, \cdots, x'C_k x$ 互相独立.

$\Rightarrow$ 我们只要证明任一对 $C_iC_j = O$，令 $A = C_i, B = C_j$，记 $\mathrm{rk}(A) = r, \mathrm{rk}(B) = s, \mathrm{rk}(A+B) = q$，它们的特征根分别为 $\lambda_1, \cdots, \lambda_r; \mu_1, \cdots, \mu_s; \nu_1, \cdots, \nu_q$，由引理 1.1

$$E(e^{tx'Ax}) = \prod_{i=1}^{r} (1 - 2t\lambda_i)^{-\frac{1}{2}} \exp\left\{\frac{t\lambda_i a_i}{1 - 2\lambda_i t}\right\}, \quad a_i \geqslant 0, \tag{1.8}$$

$$E(e^{tx'Bx}) = \prod_{j=1}^{s} (1 - 2t\mu_j)^{-\frac{1}{2}} \exp\left\{\frac{t\mu_j b_j}{1 - 2\mu_j t}\right\}, \quad b_j \geqslant 0, \tag{1.9}$$

$$E(e^{tx'(A+B)x}) = \prod_{k=1}^{q} (1 - 2t\nu_k)^{-\frac{1}{2}} \exp\left\{\frac{t\nu_k c_k}{1 - 2\nu_k t}\right\}, \quad c_k \geqslant 0. \tag{1.10}$$

由 $x'Ax$ 与 $x'Bx$ 独立，$(1.8) \times (1.9) = (1.10)$，由此可以推出 $\{\nu_1, \cdots, \nu_q\} = \{\lambda_1, \cdots, \lambda_r, \mu_1, \cdots, \mu_s\}$，用引理 1.2，$AB = BA = O$　　#

系　如 $C_1, \cdots, C_k$ 非负定，则 $\{x'C_i x, i = 1, \cdots, k\}$ 相互独立 $\Leftrightarrow \mathrm{tr}(C_iC_j) = 0$，一切 $i \neq j$.

证明　只要证明 $C_iC_j = O$，一切 $i \neq j \Leftrightarrow \mathrm{tr}(C_iC_j) = 0$，一切 $i \neq j$，$\Rightarrow$ 显然. 仅需证 $\Leftarrow$. 令 $\mathrm{tr}(C_iC_j) = 0, i \neq j$，

$$\mathrm{tr}(C_iC_j) = \mathrm{tr}(C_i^{\frac{1}{2}} C_i^{\frac{1}{2}} C_j^{\frac{1}{2}} C_j^{\frac{1}{2}}) = \mathrm{tr}\left[(C_i^{\frac{1}{2}} C_j^{\frac{1}{2}})'(C_i^{\frac{1}{2}} C_j^{\frac{1}{2}})\right] = 0$$

因 $(C_i^{\frac{1}{2}} C_j^{\frac{1}{2}})'(C_i^{\frac{1}{2}} C_j^{\frac{1}{2}}) \geqslant 0$，其迹为 0 必有

$$(C_i^{\frac{1}{2}} C_j^{\frac{1}{2}})'(C_i^{\frac{1}{2}} C_j^{\frac{1}{2}}) = 0，从而 C_i^{\frac{1}{2}} C_j^{\frac{1}{2}} = O，得 C_iC_j = 0 　　#$$

引理 1.3　设 $C_1, \cdots, C_k$ 为 n 阶对称阵,秩分别为 $r_1, \cdots, r_k$, $C = \sum\limits_{i=1}^{k} C_i$, $\mathrm{rk}(C) = p(\leqslant n)$,考虑下面四个条件:

（Ⅰ）$\{C_i\}$ 都是投影阵;

（Ⅱ）$C_i C_j = O$,一切 $i \neq j$;

（Ⅲ）C 是投影阵;

（Ⅳ）$p = \sum\limits_{i=1}^{k} r_i$;

则(a)（Ⅰ）,（Ⅱ）,（Ⅲ）中任意两个可推出其余一个,且可推出（Ⅳ）.

(b)（Ⅲ）和（Ⅳ）可推出（Ⅰ）（Ⅱ）.

证明　(1)（Ⅰ）和（Ⅱ）$\Rightarrow$（Ⅲ）.

$$C^2 = (C_1 + \cdots + C_k)^2 = C_1^2 + \cdots + C_k^2 + \sum_{i \neq j} C_i C_j$$
$$= C_1 + \cdots + C_k = C.$$

(2)（Ⅰ）和（Ⅲ）$\Rightarrow$（Ⅱ）.

取正交阵 Γ 使

$$\Gamma C \Gamma' = \begin{bmatrix} I_p & O \\ O & O \end{bmatrix},$$

从而

$$\begin{bmatrix} I_p & O \\ O & O \end{bmatrix} = \sum_{i=1}^{k} \Gamma' C_i \Gamma \triangleq \sum_{i=1}^{k} \begin{bmatrix} D_i & F_i' \\ F_i & G_i \end{bmatrix}, \tag{1.11}$$

故 $\sum\limits_{i=1}^{k} G_i = O$. 由于 $G_i \geqslant 0$,从而 $G_i = O, F_i = O, i = 1, \cdots, k$,代入上式得

$$I_p = \sum_{i=1}^{k} D_i, D_i \text{ 为投影阵}.$$

由于 D_i 的特征根非 0 即 1,易证 $D_i D_j = O$,一切 $i \neq j$,从而得（Ⅱ）.

(3)（Ⅱ）和（Ⅲ）$\Rightarrow$（Ⅰ）.

由（Ⅱ）存在正交阵 Γ 可将 $C_1, \cdots, C_k$ 同时化为对角形,有(1.7)式成立,即

$$\Gamma C \Gamma' = \sum_{i=1}^{k} \Lambda_i = \sum_{i=1}^{k} \mathrm{diag}(\lambda_1^{(i)}, \cdots, \lambda_n^{(i)}),$$

再用 $C_i C_j = O$,知对角元 $\lambda_l^{(1)}, \cdots, \lambda_l^{(k)}$ 中至多只有一个非 0,它应为 C 的特征根,故必等于 1,这就证明了每个 C_i 的特征根非零即 1, C_i 为投影阵.

(4)（Ⅲ）和（Ⅳ）$\Rightarrow$（Ⅰ）,（Ⅱ）.

仿(1)作正交变换得(1.11), $I_p = \sum\limits_{i=1}^{k} D_i$,

$$p = \mathrm{rk}(I_p) \leqslant \sum_{i=1}^{k} \mathrm{rk}(D_i) \leqslant \sum_{i=1}^{k} \mathrm{rk}(C_i) = \sum_{i=1}^{k} r_i = p.$$

此时必有 $\mathrm{rk}(D_i) = \mathrm{rk}(C_i) = r_i$. 我们首先证明 D_i 为投影阵. 记 D_1 的特征根为 $\lambda_1, \cdots, \lambda_{r_1}$, 作正交变换得

$$I_p = \begin{bmatrix} \lambda_1 & & & O \\ & \ddots & & \\ & & \lambda_{r_1} & \\ O & & & O \end{bmatrix} + \sum_{i=2}^{k} \begin{bmatrix} H_i & J'_i \\ J_i & L_i \end{bmatrix}. \tag{1.12}$$

则

$$I_{r_1} = \begin{bmatrix} \lambda_1 & & \\ & \ddots & \\ & & \lambda_{r_1} \end{bmatrix} + \sum_{i=2}^{k} H_i, \quad I_{p-r_1} = \sum_{i=2}^{k} L_i,$$

及

$$p - r_1 \leqslant \sum_{i=2}^{k} \mathrm{rk}(L_i) \leqslant \sum_{i=2}^{k} \mathrm{rk}(D_i) = p - r_1.$$

此时必有 $\mathrm{rk}(L_i) = \mathrm{rk}(D_i), i = 2, \cdots, k$, 所以由(1.12)有

$$\mathrm{rk} \begin{bmatrix} 1 - \lambda_1 & & & & & O \\ & \ddots & & & & \\ & & 1 - \lambda_{r_1} & & & \\ & & & 1 & & \\ O & & & & \ddots & \\ & & & & & 1 \end{bmatrix} \leqslant \sum_{i=2}^{k} \mathrm{rk} \begin{bmatrix} H_i & J'_i \\ J_i & L_i \end{bmatrix} = p - r_1,$$

必有 $\lambda_1 = \cdots = \lambda_{r_1} = 1$, 于是 D_1 是投影阵. 类似地 $D_2, \cdots, D_k$ 也是. 因此只要证明 $G_i = O, F_i = O$ 就行了.

因 $\mathrm{rk} \begin{bmatrix} D_i & F'_i \\ F_i & G_i \end{bmatrix} = \mathrm{rk}(D_i)$, 存在 T 使 $(F_i, G_i) = T(D_i, F'_i)$

所以 $G_i = TF'_i = TD'_iT'$, 因 D_i 为投影阵, $G_i \geqslant 0$, 再由 $\sum_{i=1}^{k} G_i = O$, 推得 $G_i = O$, 又因

$$O = G_i = TD_iT' = (TD_i)(TD_i)' \Rightarrow TD_i = O, \text{即 } F_i = O \quad \sharp$$

由这个引理及上面的定理, 就得到方差分析中最重要的平方和分解的 Cochran 定理.

定理 1.3　设 $x \sim N_n(\mu, I)$，$C_1, \cdots, C_k$ 为对称阵，$C = \sum_{i=1}^{k} C_i$，$\mathrm{rk}(C_i) = r_i$，$i = 1, \cdots, k$，$\mathrm{rk}(C) = p$，考虑如下条件：

(A1) $C_i, i = 1, \cdots, k$ 为投影阵；

(A2) $C_i C_j = 0$，一切 $i \neq j$；

(A3) C 为投影阵；

(B1) $x'C_i x \sim \chi_{r_i}^2(\mu'C_i\mu), i = 1, \cdots, k$；

(B2) $\{x'C_i x, i = 1, \cdots, k\}$ 相互独立；

(B3) $x'Cx \sim \chi_p^2(\mu'C\mu)$；

(D) $\sum_{i=1}^{k} r_i = p$.

则　(a)(Ai)$\Leftrightarrow$(Bi)，$i = 1, 2, 3$.

(b)(Ai)(Bj)中任两个($i \neq j$)可推出其余.

(c)(A3)或(B3)加上(D)可推出其余.

系 1　如 $x \sim N_n(O, I)$，$x'x = Q_1 + Q_2$，Q_1 和 Q_2 为 x 的二次型，若 $Q_1 \sim \chi_a^2$，则 $Q_2 \sim \chi_{n-a}^2$.

证明　记 $Q_1 = x'C_1 x$，$Q_2 = x'C_2 x$，由定理，$Q_1 \sim x_a^2 \Rightarrow C_1$ 为投影阵，且秩为 a，从而 $C_2 = I - C_1$ 也为投影阵，秩为 $n - a$，故 $Q_2 \sim x_{n-a}^2$　#

系 2　如 $x \sim N_n(\mu, I)$，$x'Cx = x'C_1 x + x'C_2 x$，若 $x'Cx \sim \chi_a^2$，$x'C_1 x \sim \chi_b^2$，$C_2 \geqslant 0$，则 $x'C_2 x \sim \chi_{a-b}^2$.

证明　由设 $C = C_1 + C_2$，C_1, C 为投影阵，$C_2 \geqslant 0$，要推出 C_2 也为投影阵. 存在正交阵 Γ 使得

$$\Gamma C \Gamma' = \begin{bmatrix} I_a & O \\ O & O \end{bmatrix} = \Gamma C_1 \Gamma' + \Gamma C_2 \Gamma' \triangleq \sum_{i=1}^{2} \begin{bmatrix} D_i & F_i' \\ F_i & G_i \end{bmatrix},$$

由设易见有 $G_i = 0$，$F_i = 0 (i = 1, 2)$，以及

$$I_a = D_1 + D_2.$$

显见 D_1 为投影阵，由系 1，D_2 也为投影阵，从而 C_2 也为投影阵　#

以上的结果可以全部推广到 $y \sim N_n(\mu, V)$，$V > 0$ 的场合，令 $x = V^{-\frac{1}{2}} y$，则 $x \sim N_n(V^{-\frac{1}{2}}\mu, I)$ 就化为上面已讨论过的情形.

定理 1.4　设 C 为对称阵，$y \sim N_n(\mu, V)$，$V > 0$，则

$$y'Cy \sim \chi_p^2(\mu'C\mu) \Leftrightarrow CV \text{ 为幂等阵，且 } \mathrm{rk}(C) = p.$$

系　设同定理 1.4，则

$$y'Cy \sim \chi_p^2 \Leftrightarrow CV \text{ 为幂等阵，} \mathrm{rk}(C) = p, \text{ 且 } C\mu = 0,$$

定理 1.5 设 $C_1, \cdots, C_k$ 为对称阵, $y \sim N_n(\mu, V), V > 0$, 则
$$\{y'C_iy, i = 1, \cdots, k\} \text{ 相互独立} \Leftrightarrow C_iVC_j = O, \text{一切 } i \neq j.$$

系 设同定理 1.5, 且 L 为 $l \times n$ 阵, $\mathrm{rk}(L) = l \leqslant n$, 则 Ly 与 $y'Cy$ 相互独立 $\Leftrightarrow$ $LVC = O$.

定理 1.6 设 $C_1, \cdots, C_k$ 为 n 阶对称阵, $C = \sum\limits_{i=1}^{k} C_i, \mathrm{rk}(C_i) = r_i, i = 1, \cdots,$ $k, \mathrm{rk}(C) = p, y \sim N_n(\mu, V), V > 0$, 考虑下面的条件:

(A1) $C_iV, i = 1, \cdots, k$ 为幂等阵;

(Λ2) $C_iVC_j = O$, 一切 $i \neq j$;

(A3) AV 为幂等阵;

(B1) $y'C_iy \sim \chi^2_{r_i}(\mu'C_i\mu), i = 1, \cdots, k$;

(B2) $\{y'C_iy, i = 1, \cdots, k\}$ 相互独立;

(B3) $y'Cy \sim \chi^2_p(\mu'C\mu)$;

(D) $p = \sum\limits_{i=1}^{k} r_i$.

则 (a) $(\mathrm{A}i) \Leftrightarrow (\mathrm{B}i) \quad i = 1, 2, 3.$

(b) $(\mathrm{A}i)(\mathrm{B}j)$ 中任两个 $(i \neq j)$ 可推出其余.

(c) $(\mathrm{A}3)$ 或 $(\mathrm{B}3)$ 加上 (D) 可推出其余.

作为本节的应用, 我们介绍在最小二乘理论中很重要的三个定理, 这些定理有的在§3是需要的, 通过这些定理的证明, 对二次型分布的理论会了解得更加深刻.

定理 1.7 若 $y \sim N_n(X\beta, \sigma^2 I_n)$, 其中 X 为已知的 $n \times m$ 阵, β 为未知的 $m \times 1$ 向量, 且 $\mathrm{rk}(X) = r$, 则
$$R_0^2 = \min_{\beta}(y - X\beta)'(y - X\beta) \sim \sigma^2\chi^2_{n-r}. \tag{1.13}$$

证明 由第一章§2, 选择 β 使得 $(y - X\beta)'(y - X\beta)$ 达极小, 等价于使 $X\beta$ 等于 y 在 $\mathscr{L}(X)$ 上的投影, 令 P 为到 $\mathscr{L}(X)$ 上的投影阵使得 $X\hat{\beta} = Py$, $\hat{\beta}$ 为上述达到极小值的 β. 于是
$$R_0^2 = (y - Py)'(y - Py) = y'(I - P)(I - P)y$$
$$= y'(I - P)y,$$
$(I - P)$ 为投影阵, 且秩为 $n - r$, 由定理 1.1, R_0^2 遵从 $\sigma^2\chi^2_{n-r}(\lambda)$, 而 (因为 $PX = X$)
$$\lambda = (X\beta)'(I - P)(X\beta) = \beta'X'(I - P)X\beta = 0,$$
故 $R_0^2 \sim \sigma^2\chi^2_{n-r}$ #

这个定理也可直接证明, 不用二次型分布的理论, 证法如下: 记 $\underset{n \times k}{F}$ 的列是

$\mathscr{L}(X)$ 的标准正交基,将 F 通过 G 增广成 R^n 中的标准正交基 H,即 $H=(F\ G)$,H 为正交阵,由 $H'H=I$,易知

$$F'G = O, X'G = O, G'X = O.$$

令

$$z = \begin{bmatrix} z_1 \\ z_2 \end{bmatrix} = H'y = \begin{pmatrix} F' & y \\ G' & y \end{pmatrix} \begin{matrix} r \\ n-r \end{matrix}.$$

则

$$E(z) = \begin{pmatrix} F'X\beta \\ G'X\beta \end{pmatrix} = \begin{pmatrix} F'X\beta \\ O \end{pmatrix} \triangleq \begin{bmatrix} \zeta_1 \\ O \end{bmatrix},$$

$$V(z) = H'V(y)H = \sigma^2 I_n,$$

这表明 z_1 和 z_2 独立,各自遵从 $N_r(\zeta_1, \sigma^2 I_r)$ 和 $N_{n-r}(0, \sigma^2 I_{n-r})$.

$$\begin{aligned} R_0^2 &= \min_{\beta}(y - X\beta)'(y - X\beta) \\ &= \min_{\beta}(y - X\beta)HH'(y - X\beta) \\ &= \min_{\beta}(z - H'X\beta)'(z - H'H\beta) \\ &= \min_{\beta}[(z_1 - F'X\beta)'(z_1 - F'X\beta) + z_2'z_2] \\ &= \min_{\beta}(z_1 - F'X\beta)'(z_1 - F'X\beta) + z_2'z_2. \end{aligned}$$

上式 $z_2'z_2$ 与 β 无关,而第一项极小值为 0,即可取 β 使得 $z_1 - F'X\beta = 0$,这是能取到的,因为

$$\begin{aligned} r = \mathrm{rk}(X') &= \mathrm{rk}[X'(F\ G)] = \mathrm{rk}(X'F\ X'G) \\ &= \mathrm{rk}(X'F\ O) = \mathrm{rk}(X'F). \end{aligned}$$

故 $R_0^2 = z_2'z_2$,由定义 1.1,$R_0^2 \sim \sigma^2 \chi^2_{n-r}$ #

    定理 1.7 解决了回归分析中的残差平方和的分布,为了解决回归分析中的假设检验,我们有下面的定理.

    定理 1.8 在定理 1.7 的假定下,令 H 是秩为 k 的 $m \times k$ 阵,且 $\mathscr{L}(H) \subset \mathscr{L}(X')$,令

$$R_1^2 = \min_{H'\beta = \xi}(y - X\beta)'(y - X\beta), \tag{1.14}$$

ξ 已知,则

(a) R_0^2 和 $R_1^2 - R_0^2$ 相互独立;

(b) $R_0^2 \sim \sigma^2 \chi^2_{n-r}$,$R_1^2 - R_0^2 \sim \sigma^2 \chi^2_k(\lambda)$;

(c) 如果 $H'\beta = \xi$ 为真,则 $R_1^2 - R_0^2 \sim \sigma^2 \chi^2_k$,从而

$$\frac{R_1^2 - R_0^2}{k} \bigg/ \frac{R_0^2}{n-r} \sim F(k, n-r).$$

证明　如果 β 是 $H'\beta = \xi$ 的解,则 $\beta = \beta_0 + r$,其中 β_0 是 $H'\beta = \xi$ 的特解,r 是 $H'\beta = 0$ 的通解.因此

$$\min_{H'\beta=\xi}(y - X\beta)'(y - X\beta) = \min_{H'r=0}(y - X\beta_0 - Xr)'(y - X\beta_0 - Xr).$$

(1.15)

令

$\mathscr{S} = \{Xr : H'r = 0\}$,显然 $\mathscr{S} \subset \mathscr{L}(X)$,令

$$s = \mathscr{S}\text{ 的维数} = \mathrm{rk}(X') - \mathrm{rk}(H).$$

上式不论 $\mathscr{L}(H) \subset \mathscr{L}(X')$ 是否成立都是对的.令 P 是到 $\mathscr{L}(X)$ 上的投影阵,U 是到 $\mathscr{S}$ 上的投影阵,显然 $\mathrm{rk}P = r$,$\mathrm{rk}U = s$.类似上定理的证明有

$$R_1^2 = (y - X\beta_0)'(I - U)(y - X\beta_0),$$

$$R_0^2 = y'(I - P)y = (y - X\beta_0)(I - P)(y - X\beta_0),$$

因为 $I - U$ 是投影阵,且秩为 $n - s$,故

$$R_1^2 \sim \sigma^2 \chi_{n-s}^2(\lambda),$$

其中

$$\sigma^2\lambda = (X\beta - X\beta_0)'(I - U)(X\beta - X\beta_0),$$

(1.16)

由上定理 $R_0^2 \sim \sigma^2 \chi_{n-r}^2$.显见 $R_1^2 - R_0^2 \geqslant 0$,由定理 1.3 的系 2,$R_1^2 - R_0^2 \sim \sigma^2 \chi_{r-s}^2(\lambda)$ 且与 R_0^2 独立.

如果 $H'\beta = \xi$ 为真,$\beta = \beta_0 + r$,$H'r = 0$,故

$$\sigma^2\lambda = (Xr)'(I - U)(Xr) = (Xr)'(Xr) - (Xr)'(Xr) = 0,$$

因为 $UXr = Xr$.故 $R_1^2 - R_0^2 \sim \sigma^2 \chi_{r-s}^2$.又因 $\mathscr{L}(H) \subset \mathscr{L}(X')$,

$$s = \mathrm{rk}(H'X) - \mathrm{rk}(H) = r - k,\text{ 故 } r - s = k, R_1^2 - R_0^2 \sim \sigma^2 \chi_k^2 \quad \#$$

这个定理也可以用类似上定理的第二个证明,其证法如下:由设 $\mathscr{L}(H) \subset \mathscr{L}(X') = \mathscr{L}(X'X)$,故存在 $m \times k$ 阵 C 使得 $H = X'XC$,$\mathrm{rk}(XC) = k$.令

$$z = \begin{bmatrix} z_1 \\ z_2 \\ z_3 \end{bmatrix} \begin{matrix} r-k \\ n-r \\ k \end{matrix} = \begin{bmatrix} D'y \\ G' \\ C'X' \end{bmatrix} y \triangleq \Gamma'y,$$

其中 G 同上定理之证明,取 D 直交于 G 和 XC(显然这是可能的),且 $D'D = I$.注意

$$E(z) = \begin{bmatrix} D'X\beta \\ G'X\beta \\ C'X'X\beta \end{bmatrix} = \begin{bmatrix} D'X\beta \\ O \\ H'\beta \end{bmatrix},$$

$$V(z) = \Gamma'V(y)\Gamma = \sigma^2 \begin{bmatrix} I_{r-k} & & \\ & I_{n-r} & \\ & & C'X'XC \end{bmatrix},$$

易见 z_1, z_2, z_3 相互独立,且分别遵从 $N_{r-k}(D'X\beta, \sigma^2 I)$, $N_{n-r}(0, \sigma^2 I)$ 和 $N_k(H'\beta, C'X'XC)$. 利用 D, G, C 的定义,有

$$(y - X\beta)'(y - X\beta) = (z_1 - D'X\beta)'(z_1 - D'X\beta)$$
$$+ z_2'z_2 + (z_3 - H'\beta)'(C'X'XC)^{-1}(z_3 - H'\beta). \tag{1.17}$$

由定理 1.4

$$Q \triangleq (z_3 - \xi)'(C'X'XC)^{-1}(z_3 - \xi) \sim \sigma^2 \chi_k^2(\lambda),$$

其中

$$\lambda = \frac{1}{\sigma^2}(H'\beta - \xi)'(C'X'XC)^{-1}(H'\beta - \xi),$$

当 $H\beta = \xi$ 为真时 $\lambda = 0, Q \sim \sigma^2 \chi_k^2$. 由上定理的证明 $R_0^2 = z_2'z_2 \sim \tau^2 \chi_{n-r}^2$ 且与 Q 独立. 如果我们能证明 $Q = R_1^2 - R_0^2$,定理的三个结论都证明了. 由(1.17)

$$R_1^2 = \min_{H'\beta = \xi}(y - X\beta)'(y - X\beta)$$
$$= \left[\min_{H'\beta = \xi}(z_1 - D'X\beta)'(z_1 - D'X\beta)\right] + R_0^2 + Q$$
$$= R_0^2 + Q,$$

上式最后一步是说明存在 β,满足 $z_1 = D'X\beta$ 和 $H'\beta = \xi$,两组方程共 r 个方程,而

$$r = \text{rk}X' = \text{rk}X'(DGXC) = \text{rk}(X'DOH) = \text{rk}(X'DH),$$

故这种 β 是存在的　♯

定理 1.9　在定理 1.7 假定下,将 y 剖分 q 与 $n - q$ 两部分,即 $y' = (y_1', y_2')$, X 作相应的剖分,$\beta'X' = \beta'(X_1'X_2') = (\beta'X_1'\beta'X_2')$,则统计量

$$U = \frac{\min_\beta(y_1 - X_1\beta)'(y_1 - X_1\beta)}{\min_\beta(y - X\beta)'(y - X\beta)} \sim B\left(\frac{q - r_1}{2}, \frac{n - q - r + r_1}{2}\right),$$
$$\tag{1.18}$$

其中 $r = \text{rk}X, r_1 = \text{rk}X_1, B(p_1, p_2)$ 为 β 分布,其定义见下面定义 3.2.

这个定理的证明可类似于定理 1.8 的第二个证明,这时 U 能表成

$$\chi_{q-r_1}^2 \Big/ (\chi_{q-r_1}^2 + \chi_{n-r-q+r_1}^2)$$

且两个 χ^2 变量是独立的,由下面定义 3.2 便得所求之结论.

§2. 维希特(Wishart)分布

在一元统计中,χ^2 分布起着重要的作用,在多元统计中就是维希特分布,这个分布是维希特在 1928 年推导出来的,有人就用这个时间作为多元分析诞生的时间,可见维希特分布的重要性.

定义 2.1　一个矩阵 $X_{n \times m} = (x_{ij})$,它的每个元素都是随机变量,$X$ 的分布是

指将其列向量一个接一个地组成一个长向量的分布,即向量 $\vec{X}$ 的分布.当 X 是 n 阶对称阵时,由于 $x_{ij}=x_{ji}$,故只要取其上三角部分组成一个长向量即可,这时
$$x=(x_{11},\cdots,x_{1n},x_{22},\cdots,x_{2n},\cdots,x_{n-1,n-1},x_{n-1,n},x_{nn})'$$

在本节中总假定 $y_{(1)},\cdots,y_{(n)}$,相互独立,$y_{(i)}\sim N_m(\mu_i,V)$,$i=1,\cdots,n$,记

$$Y=\begin{bmatrix} y_{11} & \cdots & y_{1m} \\ \vdots & & \vdots \\ y_{n1} & \cdots & y_{nm} \end{bmatrix}=\begin{bmatrix} y'_{(1)} \\ \vdots \\ y'_{(n)} \end{bmatrix}=(y_1\cdots y_m), \tag{2.1}$$

$$M=E(Y)=\begin{bmatrix} \mu_{11} & \cdots & \mu_{1m} \\ \vdots & & \vdots \\ \mu_{n1} & \cdots & \mu_{nm} \end{bmatrix}=\begin{bmatrix} \mu'_{(1)} \\ \vdots \\ \mu'_{(n)} \end{bmatrix}=(\mu_1\cdots\mu_m). \tag{2.2}$$

定义 2.2 $A=\sum_{i=1}^{n}y_{(i)}y'_{(i)}=Y'Y$ 的分布称做非中心维希特分布,记作 $A\sim W_m(n,V,\tau)$,其非中心参数 $\tau=M'M$,当 $\tau=0$ 时称做中心维希特分布,记作 $A\sim W_m(n,V)$.

当 $m=1$ 时,维希特分布化为 χ^2 分布,在第九章我们将证明当 $n>m$ 时 $W_m(n,V)$ 的分布密度

$$f(A)=\begin{cases} \dfrac{|A|^{\frac{1}{2}(n-m-1)}\exp\left\{-\dfrac{1}{2}\operatorname{tr}V^{-1}A\right\}}{2^{nm/2}\pi^{m(m-1)/4}|V|^{n/2}\prod_{i=1}^{m}\Gamma\left(\dfrac{n-i+1}{2}\right)}, & \text{当 } A \text{ 为正定阵,} \\ 0, & \text{其余.} \end{cases} \tag{2.3}$$

读者可以验证,当 $m=1$,$V=\sigma^2$ 时,上式正好是 $\sigma^2\chi_n^2$ 的分布密度.既然维希特分布是 χ^2 分布的推广,可以猜想它们之间有一些类似的性质,下面就来讨论维希特分布的性质.

定理 2.1 设 $A\sim W_m(n,V,\tau)$,B 为任一 $p\times m$ 阵,则
$$BAB'\sim W_p(n,BVB',B\tau B'). \tag{2.4}$$

证明 由于 $A=\sum_{i=1}^{n}y_{(i)}y'_{(i)}$,所以 $BAB'=\sum_{i=1}^{n}(By_{(i)})(By_{(i)})'$.因为 $y_{(1)},\cdots,y_{(n)}$ 相互独立,故 $By_{(1)},\cdots,By_{(n)}$ 也相互独立,且 $By_{(i)}\sim N_p(B\mu_{(i)},BVB')$,$i=1,\cdots,n$.由定义 1.2,$BAB'\sim W_p(n,BVB',\lambda)$,其非中心参数
$$\lambda=(MB')'MB'=BM'MB'=B\tau B' \qquad \#$$

系 如 $A\sim W_m(n,V)$,则 $BAB'\sim W_p(n,BVB')$.

定理 2.2 设 $A\sim W_m(n,V,\tau)$,则 A 的任何二次型 $l'Al\sim\sigma_l^2\chi_n^2(\lambda)$,其中

$\sigma_l^2 = l'Vl, \lambda = l'\tau l / \sigma_l^2.$ 当 $A \sim W_m(n, V)$,则 $l'Al \sim \sigma_l^2 \chi_n^2.$

证明　由于 $A = \sum_{i=1}^n y_{(i)} y'_{(i)} = Y'Y$,所以 $l'Al = (Yl)'(Yl)$. 由正态分布的性质可知 $Yl \sim N_n(Ml, \sigma_l^2 I_n)$,根据定义 1.1 $(Yl)'(Yl) \sim \sigma_l^2 \chi_n^2(\lambda)$,其中

$$\lambda = E(Yl)'E(Yl)/\sigma_l^2 = l'M'Ml/\sigma_l^2 = l'\tau l/\sigma_l^2.$$

因 $\tau = M'M$ 非负定,故 $\lambda = 0 \Leftrightarrow \tau = 0$,得定理第二个结论　　#

这个定理把维希特分布与 χ^2 分布的关系建立起来了,定理的逆命题是否成立呢? 即如果一个矩阵 A 的一切二次型都是 χ^2 分布,A 是否一定是维希特分布呢? 结论是对的,为此我们证明一个更广的命题.

定理 2.3　设 C 为 n 阶对称阵,则 $Y'CY \sim W_m(r, V, \delta)$ 的充要条件是:对任意的 l 有

$$l'Y'CYl \sim \sigma_l^2 \chi_r^2(\lambda),$$

此时

$$r = \mathrm{rk}(C) = \mathrm{tr}(C), \delta = M'CM, \sigma_l^2 = l'Vl, \lambda = l'\delta l/\sigma_l^2. \qquad (2.5)$$

证明　"$\Rightarrow$"由定理 2.2,对任意的 l,有

$$l'Y'CYl \sim \sigma_l^2 \chi_r^2(\lambda),$$

又因 $Yl \sim N_n(Ml, \sigma_l^2 I_n)$,由定理 1.1,$C$ 为投影阵,从而可得(2.5)式.

"$\Leftarrow$"设对任何 $l, l'Y'CYl \sim \sigma_l^2 \chi_r^2(\lambda)$. 由定理 1.1,$C$ 为投影阵,$\mathrm{rk}(C) = r$,由第一章,存在 r 个 n 维互相正交的单位向量 $h_1, \cdots, h_r$ 使

$$C = \sum_{i=1}^r h_i h'_i,$$

$$Y'CY = \sum_{i=1}^r Y'h_i h'_i Y \triangleq \sum_{i=1}^r z_i z'_i,$$

其中 $z_i = Y'h_i \sim N_m(M'h_i, V)$. 由上章引理 5.3,

$$\mathrm{cov}(z_i, z_j) = V \otimes h'_i h_j = 0 \quad i \neq j,$$

故 $\{z_i\}$ 相互独立. 由定义 $Y'CY \sim W_m(r, V, \delta)$,其中

$$\delta = \sum_{i=1}^r E(z_i) E(z'_i) = \sum_{i=1}^r M'h_i h'_i M = M'CM \quad \#$$

系 1　设 C 为 n 阶对称阵,则 $Y'CY \sim W_m(r, V)$ 的充要条件是对任意的 l 有 $l'Y'CYl \sim \sigma_l^2 \chi_r^2$,此时 $r = \mathrm{rk}(C) = \mathrm{tr}(C)$.

系 2　设 C 为 n 阶对称阵,则

(i) $Y'CY \sim W_m(r, V, \delta) \Leftrightarrow C$ 为投影阵,$\mathrm{rk}(C) = r$,这时 $\delta = M'CM$;

(ii) $Y'CY \sim W_m(r, V) \Leftrightarrow C$ 为投影阵,$\mathrm{rk}(C) = r$ 且 $CM = O$.

系 3　(i) $A = Y'Y \sim W_m(n, V, \tau) \Leftrightarrow A$ 的任何二次型 $l'Al \sim \sigma_l^2 \chi_n^2(\lambda)$,其中

$\sigma_l^2 = l'Vl$, $\lambda = l'\tau l / \sigma_l^2$.

(ii) $A = Y'Y \sim W_m(n, V) \Leftrightarrow A$ 的任何二次型 $l'Al \sim \chi_n^2 \sigma_l^2$.

这三个系的证明都是容易的,故略.

定理 2.4 如 $A_1 \sim W_m(n_1, V, \tau_1)$, $A_2 \sim W_m(n_2, V, \tau_2)$, A_1 和 A_2 独立,则 $A_1 + A_2 \sim W_m(n_1 + n_2, V, \tau_1 + \tau_2)$.

证明 对任意的 l,由定理 2.2 $l'A_1l \sim \sigma_l^2 \chi_{n_1}^2(\lambda_1)$, $l'A_2l \sim \sigma_l^2 \chi_{n_2}^2(\lambda_2)$,且两者独立,其中 $\lambda_1 = l'\tau_1 l / \sigma^2 l$, $\lambda_2 = l'\tau_2 l / \sigma^2 l$,由上节 χ^2 分布的性质(i)得

$$l'A_1l + l'A_2l = l'(A_1 + A_2)l \sim \sigma_l^2 \chi_{n_1+n_2}^2(\lambda_1 + \lambda_2),$$

用定理 2.4 系 3,$A_1 + A_2 \sim W_m(n_1 + n_2, V, \tau_1 + \tau_2)$ ♯

定理 2.5 设 $A \sim W_m(n, V, \tau)$,如将下列矩阵剖分

$$A = \begin{bmatrix} A_{11} & A_{12} \\ A_{21} & A_{22} \end{bmatrix} \begin{matrix} r \\ m-r \end{matrix}, V = \begin{bmatrix} V_{11} & V_{12} \\ V_{21} & V_{22} \end{bmatrix}, \tau = \begin{bmatrix} \tau_{11} & \tau_{12} \\ \tau_{21} & \tau_{22} \end{bmatrix},$$

则

$$A_{11} \sim W_r(n, V_{11}, \tau_{11}),$$
$$A_{22} \sim W_{m-r}(n, V_{22}, \tau_{22}),$$

若 $V_{12} = 0$,则 A_{11} 与 A_{22} 独立.

证明 由定义 2.2, $A = \sum_{i=1}^{n} y_{(i)} y'_{(i)}$, $y_{(i)} \sim N_m(\mu, V)$, $\{y_{(i)}\}$ 互相独立,将

$y_{(i)}$ 剖分 $y_{(i)} = \begin{bmatrix} y_{(i1)} \\ y_{(i2)} \end{bmatrix}$,则

$$A = \sum_{i=1}^{n} \begin{bmatrix} y_{(i1)} y'_{(i1)} & y_{(i1)} y'_{(i2)} \\ y_{(i2)} y'_{(i1)} & y_{(i2)} y'_{(i2)} \end{bmatrix} = \begin{bmatrix} A_{11} & A_{12} \\ A_{21} & A_{22} \end{bmatrix}.$$

所以 $A_{11} = \sum_{i=1}^{n} y_{(i1)} y'_{(i1)}$, $A_{22} = \sum_{i=1}^{n} y_{(i2)} y'_{(i2)}$. 由定义 2.2 知,$A_{11}$ 和 A_{22} 均为维希特分布.若 $V_{12} = O$,则 $\{y_{(i1)}\}$ 与 $\{y_{(i2)}\}$ 独立,从而 A_{11} 与 A_{22} 独立 ♯

定理 2.6 设 C_1, C_2 为两 n 阶投影阵,则

$Y'C_1Y$ 与 $Y'C_2Y$ 独立 $\Leftrightarrow C_1C_2 = 0$.

证明 $\Rightarrow$ 任取 l, $Yl \sim N_n(Ml, \sigma_l^2 I_n)$,由 $Y'C_1Y$ 与 $Y'C_2Y$ 独立 $\Rightarrow$ $(Yl)'C_1(Yl)$ 与 $(Yl)'C_2(Yl)$ 独立,由定理 1.2, $C_1C_2 = O$.

"$\Leftarrow$"如 $C_1C_2 = O$,由上章引理 5.3 系 2,C_1Y 与 C_2Y 独立,从而它们的 Borel 函数也相互独立,特别 $(C_1Y)'(C_1Y)$ 与 $(C_2Y)'(C_2Y)$ 独立,利用 C_1 和 C_2 是投影阵,知 $Y'C_1Y$ 与 $Y'C_2Y$ 独立 ♯

注 定理中 C_1, C_2 的条件可改为非负定阵.

上章我们已导出样本均值 $\bar{y}$ 的分布,样本协差阵的分布还没有解决,现在可

以回答这个问题了.

定理 2.7　设 $y_{(i)}, i = 1, \cdots, n$ 是来自母体 $N_m(\mu, V)$ 的样本，$\bar{y}$ 与 S 由上章 (4.9)式定义，则 $\bar{y}$ 与 S 独立且分别具有分布 $N_m\left(\mu, \dfrac{1}{n}V\right)$ 和 $W_m(n-1, V)$.

证明　由上章引理 5.1 $S = Y'\left(I - \dfrac{1}{n}J\right)Y$，而矩阵 $\left(I - \dfrac{1}{n}J\right)$ 为投影阵，故 S 遵从维希特分布. 这时

$$M = (\mu_1 \mathbf{1}_n \cdots \mu_m \mathbf{1}_n),$$

$$CM = (I - \frac{1}{n}\mathbf{1}_n\mathbf{1}_n')(\mu_1\mathbf{1}_n\cdots\mu_m\mathbf{1}_n) = O$$

由定理 2.3 系 2，S 遵从中心维希特分布. 又 $\operatorname{tr}(C) = n-1$，故 $S \sim W_m(n-1, V)$. 定理中其余结论过去已证，就不重复　♯

定理 2.8　设 $C_1, \cdots, C_k$ 为 n 阶对称阵，$C = \sum\limits_{i=1}^{k} C_i$，$\operatorname{rk}(C_i) = r_i, i = 1, \cdots, k$，$\operatorname{rk}(C) = p$，考虑下面四个条件：

(i) $\{C_i\}$ 都是投影阵；

(ii) $C_i C_j = O$，一切 $i \neq j$；

(iii) C 是投影阵；

(iv) $p = \sum\limits_{i=1}^{k} r_i$.

则当(i),(ii),(iii)中有两个成立或(iii),(iv)成立时都有如下结论：

(A) $Y'C_iY \sim W_m(r_i, V, \delta_i)$，其中 $\delta_i = M'C_iM, i = 1, \cdots, k$；

(B) $\{Y'C_iY, i = 1, \cdots, k\}$ 相互独立；

(C) $YCY \sim W_m(p, V, \delta)$，其中 $\delta = M'CM$.

证明　由引理 1.3，知在定理的假定下这四个条件总是成立的，于是由定理 2.3 系 2 得(A),(C)，由定理 2.6 得(B)　♯

§3. 与样本协差阵有关的统计量；T^2 和 Λ 统计量

本节沿用前面的记号，讨论与矩阵 $A = Y'Y$ 有关的一些统计量的分布，特别是 T^2 与 Λ 这两个统计量. T^2 是一元统计分析中统计量 t 的直接推广，Λ 统计量类似于一元统计分析中的 F. 在多元分析中，这两个统计量是极为重要的，以后还要一再地遇到它们.

设 $N_m(\mu, V)$ 的 n 个样品为 $y_{(1)}, \cdots, y_{(n)}$，样本资料矩阵

$$Y = \begin{bmatrix} y'_{(1)} \\ \vdots \\ y'_{(n)} \end{bmatrix} = (y_1 \cdots y_m) = \underset{n \times m}{(y_{ij})},$$

记

$$A = Y'Y = (a_{ij}), A^{-1} = (a^{ij}), V = (v_{ij}), V^{-1} = (v^{ij}), \qquad (3.1)$$

$$A_r = (I, O) A \begin{bmatrix} I_r \\ O \end{bmatrix} = (a_{ij}), i, j = 1, 2, \cdots, r,$$

$$r = 1, 2, \cdots, m - 1. \qquad (3.2)$$

定理 3.1 如果 $n > m, A \sim W_m(n, V)$，则

(i) $v^{mm}/a^{mm} \sim \chi^2_{n-m+1}$，且它与 A_{m-1} 独立；

(ii) 对任给的 $\underset{m \times 1}{l} \neq 0, l'V^{-1}l/l'A^{-1}l \sim \chi^2_{n-m+1}$．

证明 (i) 将 $y_{(i)}$ 及 V 进行剖分：

$$y_{(i)} = \begin{bmatrix} y_{(i1)} \\ y_{im} \end{bmatrix} \begin{matrix} m-1 \\ 1 \end{matrix}, V = \begin{bmatrix} V_{11} & V_{12} \\ \underset{m-1}{V_{21}} & \underset{1}{v_{mm}} \end{bmatrix} \begin{matrix} m-1 \\ 1 \end{matrix},$$

因 $A \sim W_m(n, V)$，故 $M = O$，无妨设 $y_{(i)} \sim N_m(0, V), i = 1, 2, \cdots, n$．由上一章定理 3.1，给定了 $y_{(i1)}$ 之后，y_{im} 的条件分布是 $N_1(V_{21}V_{11}^{-1}y_{(i1)}, v_{mm} - V_{21}V_{11}^{-1}V_{12})$，并且 $y_{(i1)}$ 与 $y_{im} - V_{21}V_{11}^{-1}y_{(i1)}$ 独立．又

$$Y = \begin{bmatrix} y'_{(1)} \\ \vdots \\ y'_{(n)} \end{bmatrix} = \begin{bmatrix} y'_{(11)} & y_{1m} \\ \vdots & \vdots \\ y'_{(n1)} & y_{nm} \end{bmatrix} \triangleq (Y_1 y_m), \text{其中 } Y_1 = \begin{bmatrix} y'_{(11)} \\ \vdots \\ y'_{(n1)} \end{bmatrix}.$$

于是当给定了 Y_1 之后，$y_m \sim N_n(Y_1 V_{11}^{-1} V_{12}, (v_{mm} - V_{21} V_{11}^{-1} V_{12}) I_n)$．令 $C = (I - Y_1(Y_1'Y_1)^{-1}Y_1')$ 容易验证 C 为投影阵(因 $n > m$，由上章引理 4.4，$Y_1'Y_1$ 以概率为 1 地为正定阵，故 C 以概率为 1 地有定义，以下均在几乎处处意义下理解)．记 $Q = y_m' C y_m$，由定理 1.1

$$Q \sim (v_{mm} - V_{21} V_{11}^{-1} V_{12}) \chi^2_p(\lambda),$$

其中 $p = \text{rk}(C) = n - \text{rk}(Y_1) = n - m + 1,$

$$\lambda = \frac{1}{v_{mm} - V_{21} V_{11}^{-1} V_{12}} V_{21} V_{11}^{-1} Y_1'(I - Y_1(Y_1'Y_1)^{-1}Y_1') Y_1 V_{11}^{-1} V_{12}$$

$$= 0.$$

再利用

$$v^{mm} = \frac{|V_{11}|}{|V|} = \frac{|V_{11}|}{|V_{11}||v_{mn} - V_{21} V_{11}^{-1} V_{12}|}$$

$$= \frac{1}{v_{mm} - V_{21} V_{11}^{-1} V_{12}},$$

得 $v^{mm}Q \sim \chi^2_{n-m+1}$．类似地

$$a^{mm} = \frac{|Y_1'Y_1|}{|A|} = \frac{1}{Q},$$

从而在给定了 Y_1 时 $v^{mm}/a^{mm} \sim \chi^2_{n-m+1}$,它与 Y_1 无关,因而它也是无条件分布,且与 Y_1 独立.由此 A_{m-1} 只与 Y_1 有关,因而与 v^{mm}/a^{mm} 独立.

(ii) 任取 m 维向量 l, $l \neq 0$, $l'l = 1$,作一 m 阶正交阵 Γ,且第 m 行为 l',由定理 2.1

$$\Gamma A \Gamma' \sim W_m(n, \Gamma V \Gamma').$$

用 $\Gamma A \Gamma'$ 代 A, $\Gamma V \Gamma'$ 代 V 用 (i) 的结果,注意 $(\Gamma A \Gamma')^{-1} = \Gamma A^{-1} \Gamma'$, $(\Gamma V \Gamma')^{-1} = \Gamma V^{-1} \Gamma'$,这两矩阵的 (m, m) 元正好是 $l'A^{-1}l$ 和 $l'V^{-1}l$,由此便得欲证之结论   ♯

定理 3.2 设 $A \sim W_m(n, V)$,对 A, V 作剖分

$$A = \begin{bmatrix} A_{11} & A_{12} \\ A_{21} & A_{22} \end{bmatrix} \begin{matrix} r \\ m-r \end{matrix}, \quad V = \begin{bmatrix} V_{11} & V_{12} \\ V_{21} & V_{22} \end{bmatrix} \begin{matrix} r \\ m-r \end{matrix},$$

由 $A_{22\cdot1} = A_{22} - A_{21} A_{11}^{-1} A_{12} \sim W_{m-r}(n-r, V_{22\cdot1})$, $A_{22\cdot1}$ 与 A_{11} 独立,其中 $V_{22\cdot1} = V_{22} - V_{21} V_{11}^{-1} V_{12}$.

证明 令

$$y_{(i)} = \begin{bmatrix} y_{(i1)} \\ y_{(i2)} \end{bmatrix} \begin{matrix} r \\ m-r \end{matrix}, i = 1, \cdots, n, \quad Y_1' = (y_{(i1)} \cdots y_{(in)}),$$

$$Y_2' = (y_{(i2)} \cdots y_{(in)}).$$

l 为任一 $m-r$ 维向量,考虑 $r+1$ 维向量

$$z(i) = \begin{bmatrix} y_{(i1)} \\ l'y_{(i2)} \end{bmatrix}, i = 1, \cdots, n,$$

$$Z \triangleq \begin{bmatrix} z'_{(1)} \\ \vdots \\ z'_{(n)} \end{bmatrix} = (Y_1 \quad Y_2 l) = Y \begin{bmatrix} I_r & O \\ O & l \end{bmatrix},$$

记 $B' = \begin{bmatrix} I_r & O \\ O & l \end{bmatrix}$,则由定理 2.1

$$Z'Z = BAB' = \begin{bmatrix} Y_1'Y_1 & Y_1'Y_2 l \\ l'Y_2'Y_1 & l'Y_2'Y_2 l \end{bmatrix}$$

$$= \begin{bmatrix} A_{11} & A_{12} l \\ l'A_{21} & l'A_{22} l \end{bmatrix} \sim W_{r+1}(n, BVB'),$$

而

$$BVB' = \begin{bmatrix} V_{11} & V_{12} l \\ l'V_{21} & l'V_{22} l \end{bmatrix}.$$

用定理 3.1 的 (i),此时 $r+1$ 代 m, $\dfrac{1}{a^{mm}}$ 代之以

$$\frac{|BAB'|}{|A_{11}|} = l'(A_{22} - A_{21}A_{11}^{-1}A_{12})l = l'A_{22 \cdot 1}l,$$

$\dfrac{1}{v^{mm}}$ 代之以 $l'A_{22 \cdot 1}l$，即得 $l'A_{22 \cdot 1}l \sim (l'V_{22 \cdot 1}l)\chi_{n-r}^2$. 由 l 的任意性依定理 2.3 有 $A_{22 \cdot 1} \sim W_{m-r}(n-r, V_{22 \cdot 1})$. 再利用上定理(i)的第二个结论有 $A_{22 \cdot 1}$ 与 A_{11} 独立   ♯

注　定理的结论可以加强为 $A_{22 \cdot 1}$ 与 (A_{21}, A_{11}) 独立.

系　在定理的假定下，

$$\frac{|A|}{|V|} \sim \prod_{j=1}^m \chi_{n-m+j}^2. \tag{3.3}$$

证明　用(3.2)的记号有

$$\frac{|A|}{|V|} = \left(\frac{|A_m|}{|A_{m-1}|} \quad \frac{|V_{m-1}|}{|V_m|}\right)\left(\frac{|A_{m-1}|}{|A_{m-2}|} \quad \frac{|V_{m-2}|}{|V_{m-1}|}\right)\cdots\left(\frac{|A_1|}{|V_1|}\right),$$

由定理 3.1(i)，上式右端各因子互相独立，均遵从 χ^2 分布，且自由度分别为 $n-m-1, n-m-2, \cdots, n$ ♯

在定理 3.1 中我们讨论了 A^{-1} 二次型 $l'A^{-1}l$ 的分布，如 l 不是一个常向量，而是一个正态随机向量 u，这时 $u'A^{-1}u$ 的分布是什么呢？回想在一元统计中，如 u 遵从正态分布，v 遵从 χ^2 分布，两者独立，则 $c\dfrac{u}{v}$ 遵从 t 分布（c 为正则化常数），其平方遵从 F 分布. 而多元统计中 $u'A^{-1}u$ 可以看成是一元统计中上述统计量的推广，由此就导出了 T^2 统计量，这个统计量在多元分析中占有重要的地位.

定理 3.3　设 $A \sim W_m(n, V), u \sim N_m(\mu, cV), c$ 为一正常数，A 与 u 独立，令

$$T^2(m, n, \mu) = nu'(cA)^{-1}u, \tag{3.4}$$

则

$$\frac{n-m+1}{mn}T^2(m, n, \mu) \sim F(m, n-m+1, \lambda), \tag{3.5}$$

其非中心参数 $\lambda = \mu'(cV)^{-1}\mu$. 当 $\mu = 0$ 时简记为 $T^2(m, n)$，这时相应的是中心 F 分布 $F(m, n-m+1)$.

证明　因

$$T^2(m, n, \mu) = n\left[\frac{u'A^{-1}u}{u'V^{-1}u}\right]\left[u'(cV)^{-1}u\right] \triangleq nT_1T_2,$$

$$\frac{n-m+1}{mn}T^2(m, n, \mu) = \frac{n-m+1}{m}\frac{T_2}{\frac{1}{T_1}}, \tag{3.6}$$

当给定了 u 之后，由定理 3.1(ii)，$\dfrac{1}{T_1}$ 的条件分布为 χ_{n-m+1}^2，由于此条件分布与 u

无关,故也是 $1/T_1$ 的无条件分布,且可知 $1/T_1$ 与 u 独立,从而也与 T_2 独立.再由定理 1.4,得 $T_2 \sim \chi_m^2(\lambda)$, $\lambda = u'(cV)^{-1}u$. 由定义 1.2,(3.6)式的统计量遵从 $F(m,n,\lambda)$　#

在多元分析中经常要用 T^2 统计量,一般的情况是用(3.5)式化为 F 统计量,为了使用方便,本书末附录有 $T^2(m,n)$ 的表.

T^2 统计量是 t 统计量的推广,在一元统计中由两个方差之比构成的 F 统计量能否推广到多元呢? 由于方差推广到多元变为协差阵,如何用一个量来代表一个矩阵呢? 这就产生许多办法,有的用行列式,有的用迹,还有用别的方法(详见 §5). 目前使用最多的是用行列式,协差阵的行列式称为广义方差,两个广义方差之比的统计量称为(Wilks)Λ 统计量,关于它有如下的定理.

定理 3.4　设 $y_{(i)} \sim N_m(0,V)$, $V > 0$, $i = 1,\cdots,n$, $n = n_1 + n_2$, $n_1 > m$, $\{y_{(i)}\}$ 相互独立,那么

$$A_1 = \sum_{i=1}^{n_1} y_{(i)} y'_{(i)} \sim W_m(n_1, V),$$

$$A_2 = \sum_{i=n_1+1}^{n} y_{(i)} y'_{(i)} \sim W_m(n_2, V),$$

则

$$\Lambda(m,n_1,n_2) = \frac{|A_1|}{|A_1 + A_2|} \tag{3.7}$$

是 m 个独立的具 β 分布的随机变量的乘积,分别具有自由度

$$\left(\frac{n_1 - m + 1}{2}, \frac{n_2}{2}\right), \left(\frac{n_1 - m + 2}{2}, \frac{n_2}{2}\right), \cdots, \left(\frac{n_1}{2}, \frac{n_2}{2}\right). \tag{3.8}$$

在证明定理之前我们先回顾一下 Γ 分布和 β 分布的定义.

定义 3.1　一个随机变量 x 的分布密度函数为

$$G(x,\alpha,p) = \begin{cases} \dfrac{\alpha^p}{\Gamma(p)} e^{-\alpha x} x^{p-1}, & \text{当 } x \geqslant 0; \\ 0, & \text{当 } x < 0; \end{cases} \quad \alpha > 0, p > 0, \tag{3.9}$$

则称它遵从 Γ 分布,记作 $x \sim G(\alpha, p)$.

定义 3.2　如 $x \sim G(\alpha, p_1)$, $y \sim G(\alpha, p_2)$, x 和 y 独立,则随机变量 $g = x/(x+y)$ 的分布叫做 β 分布,记作 $g \sim B(p_1, p_2)$,它的分布密度为

$$\frac{\Gamma(p_1 + p_2)}{\Gamma(p_1)\Gamma(p_2)} x^{p_1-1}(1-x)^{p_2-1}, 0 < x < 1. \tag{3.10}$$

在其余处为 0.

现在回到定理 3.4 的证明,将 $y_{(i)}$ 分成两部分

$$y_{(i)} = \begin{bmatrix} y_{(i1)} \\ y_{im} \end{bmatrix} \begin{matrix} \}m-1 \\ \}1 \end{matrix} \quad i = 1,\cdots,n_1+n_2, \quad V = \begin{bmatrix} V_{11} & V_{12} \\ V_{21} & v_{mm} \end{bmatrix}.$$

由第二章§3，当给定 $y_{(i1)}$ 时 y_{im} 的条件分布为 $N_1(\beta'y_{(i1)}, 1/v^{mm})$，其中 v^{mm} 为 V^{-1} 的 (m, m) 元，$\beta = V_{21}V_{11}^{-1}$．利用定理 1.9，似然比统计量

$$\beta_m = \frac{\min\limits_{\alpha}\sum\limits_{i=1}^{n_1}(y_{im} - \alpha'y_{(i1)})^2}{\min\limits_{\alpha}\sum\limits_{i=1}^{n_1+n_2}(y_{im} - \alpha'y_{(i1)})^2} \sim B\left(\frac{n_1 - m + 1}{2}, \frac{n_2}{2}\right),$$

（将 $(y_{1m}, y_{2m}, \cdots, y_{n_1+n_2, m})'$ 看成 y，$(y_{(i1)}, \cdots, y_{(n_1+n_2, 1)})$ 看成 X，从而 $q = n_1, r_1 = m - 1, n = n_1 + n_2, r = m - 1$），它与 $\{y_{(i1)}\}$ 无关，故也是无条件分布，且与 $\{y_{(i1)}\}$ 独立．由最小二乘常用的手法（利用定理 3.2 的记号，取 $r = m - 1$）

$$\begin{aligned}\min_{\alpha}\sum_{i=1}^{n_1}(y_{im} - \alpha'y_{(i1)}) &= Y_2'[I - Y_1(Y_1'Y_1)^{-1}Y_1']Y_2 \\ &= Y_2'Y_2 - (Y_2'Y_1)(Y_1'Y_1)^{-1}(Y_1'Y_2) \\ &= A_{22}^{(1)} - A_{21}^{(1)}A_{11}^{(1)-1}A_{12}^{(1)} = |A_1|_m / |A_1|_{m-1},\end{aligned}$$

其中

$$A_1 = \begin{bmatrix} A_{11}^{(1)} & A_{12}^{(1)} \\ A_{21}^{(1)} & A_{22}^{(1)} \end{bmatrix},$$

$|A_1|_r$ 表示 A_1 的前 r 阶主子式的行列式 $(1 \leqslant r \leqslant m)$．故有

$$\beta_m = \frac{|A_1|_m}{|A_1|_{m-1}} \Big/ \frac{|A_1 + A_2|_m}{|A_1 + A_2|_{m-1}},$$

其中 $|A_1 + A_2|_r$ 也有类似的含意．因此

$$\frac{|A_1|}{|A_1 + A_2|} = \left[\frac{|A_1|_m}{|A_1|_{m-1}} \Big/ \frac{|A_1 + A_2|_m}{|A_1 + A_2|_{m-1}}\right] \times \left[\frac{|A_1|_{m-1}}{|A_1|_{m-2}} \Big/ \frac{|A_1 + A_2|_{m-1}}{|A_1 + A_2|_{m-2}}\right] \cdots$$

$$[|A_1|_1 / |A_1 + A_2|_1]. \tag{3.11}$$

右式第一个方括弧内是 β_m，类似地后面的括弧记成 $\beta_{m-1}, \cdots, \beta_1$，用证 β_m 一样的方法可以证明 $\beta_{m-1}, \cdots, \beta_1$ 分别遵从 β 分布，具有自由度 $\left(\dfrac{n_1 - m + 2}{2}, \dfrac{n_2}{2}\right), \cdots,$ $\left(\dfrac{n_1}{2}, \dfrac{n_2}{2}\right)$ 且互相独立　　#

第九章§5将用计算矩的办法，给这个定理另一个证明．

系 1　T^2 统计量与 Λ 统计量有如下的关系 $(n > m$ 时$)$

$$\Lambda(m, n, 1) = \frac{1}{1 + \dfrac{1}{n}T^2(m, n)},$$

$$T^2(m, n) = n\frac{1 - \Lambda(m, n, 1)}{\Lambda(m, n, 1)}. \tag{3.12}$$

证明　在定理中取 $n_1 = n$，$n_2 = 1$，于是 $A_2 = y_{(n+1)} y'_{(n+1)}$，由第一章分块矩阵的知识，当 A_1 非奇异时，

$$|A_1 + A_2| = |A_1 + y_{(n+1)} y'_{(n+1)}| = |A_1|(1 + y'_{(n+1)} A_1^{-1} y_{(n+1)}).$$

因 $n > m$，由第二章引理 4.4，以概率为 1 地 A_1 非奇异，故上式以概率为 1 地成立. 在定理 3.3 中取 $c = 1$，$u = y_{(n+1)}$

$$T^2(m, n) = n y'_{(n+1)} A_1^{-1} y_{(n+1)}.$$

故　$|A_1 + A_2| = |A_1|\left(1 + \dfrac{1}{n} T^2(m, n)\right)$，从而

$$\Lambda(m, n, 1) = \frac{|A_1|}{|A_1 + A_2|} = \frac{1}{1 + \dfrac{1}{n} T^2(m, n)}.$$

由此得另一式是显然的　♯

系 2　$\dfrac{n - m + 1}{m} \dfrac{1 - \Lambda(m, n, 1)}{\Lambda(m, n, 1)} \sim F(m, n - m + 1).$　　　　　(3.13)

鉴于 Λ 统计量的重要性，关于它的近似分布和精确分布不断有人在研究，当 m 和 n_2 之一比较小时，Λ 分布可化为 F 分布，表 3.1 列举了常见的情况.

当 m，n_2 不属于表 3.1 情况时，Bartlett 指出可用 χ^2 分布来近似，记

$$V = -\left(n_1 + n_2 - \frac{m + n_2 + 1}{2}\right) \ln \Lambda(m, n_1, n_2),　　　　(3.14)$$

则 V 近似于 $\chi^2_{mn_2}$. Rao 后来又研究用 F 分布来近似，取

$$R = \frac{1 - \Lambda^{1/s}}{\Lambda^{1/s}} \frac{ts - 2\lambda}{mn_2},　　　　　(3.15)$$

它近似于 $F(mn_2, ts - 2\lambda)$，其中

表 3.1　$\Lambda(m, n_1, n_2)$ 与 F 的关系（$n_1 > m$）

m	n_2	统计量 F	自由度
任　意	1	$\dfrac{1 - \Lambda}{\Lambda} \dfrac{n_1 - m + 1}{m}$	$m, n_1 - m + 1$
任　意	2	$\dfrac{1 - \sqrt{\Lambda}}{\sqrt{\Lambda}} \dfrac{n_1 - m}{m}$	$2m, 2(n_1 - m)$
1	任　意	$\dfrac{1 - \Lambda}{\Lambda} \dfrac{n_1}{n_2}$	n_2, n_1
2	任　意	$\dfrac{1 - \sqrt{\Lambda}}{\sqrt{\Lambda}} \dfrac{n_1 - 1}{n_2}$	$2n_2, 2(n_1 - 1)$

$$t = n_1 + n_2 - \frac{m + n_2 + 1}{2},　　　　　(3.16)$$

$$s = \sqrt{\frac{m^2 n_2^2 - 4}{m^2 + n_2^2 - 5}}, \lambda = \frac{mn_2 - 2}{4}. \tag{3.17}$$

$ts - 2\lambda$ 不一定为整数,用与它最近的整数来作为 F 的自由度.

Λ 的精确分布已由 Schatzoff(1966)获得,后来又有人在他的基础上作了推进,使得表达式更简洁,计算更方便.他们使用的方法主要利用下述几条性质:

1. 若 $n_2 < m$,有 $\Lambda(m, n_1, n_2) = \Lambda(n_2, m, n_1 + n_2 - m)$.(这说明不失一般性可考虑 $n_2 > m$.)

2. 设 $x_1, \cdots, x_m$ 相互独立,$x_i \sim B\left(\frac{1}{2}(n_1 - i + 1), \frac{1}{2} n_2\right), i = 1, \cdots, m$,则 $\prod_{i=1}^{m} x_i \sim \Lambda(m, n_1, n_2)$(此即定理3.4).

3. 设 $y_1, \cdots, y_r$ 相互独立,$y_i \sim B(n_1 + 1 - 2i, n_2), i = 1, \cdots, r$,则 $\prod_{i=1}^{r} y_i \sim \Lambda(2r, n_1, n_2)$.

4. 设 $z_1, \cdots, z_{r+1}$ 相互独立,$z_i \sim B(n_1 + 1 - 2i, n_2), i = 1, \cdots, r, z_{r+1} \sim B\left(\frac{1}{2}(n_1 + 1 - m), \frac{1}{2} n_2\right)$,则 $z_{r+1} \prod_{i=1}^{r} z_i^2 \sim \Lambda(2r + 1, n_1, n_2)$.

利用这些性质,Λ 分布就化为一些 β 分布的卷积,在某些场合下就可以得到明显的表达式.如 $\Lambda(3, n_1, n_2)$ 的分布密度为

$$\frac{1}{\left[2B(n_1 - 1, n_2) B\left(\frac{1}{2}(n_1 - 2), \frac{1}{2} n_2\right)\right]^{-\frac{1}{2} n_2 + 1}}$$

$$\times \sum_{\alpha=1}^{n_2-1} (-1)^{\alpha-1} \binom{n_2 - 1}{2\alpha - 1} \binom{\frac{1}{2} n_2 - 1}{\alpha} (-\log x) x^{\frac{1}{2}(n_1 + 2\alpha - 4)}$$

$$+ 2 \sum_{\substack{l=0 \\ l \neq 2\alpha-1}}^{n_2-1} \sum_{\alpha=0}^{\frac{n_2}{2}-1} \frac{(-1)^{l+\alpha}}{2\alpha - l - 1} \binom{n_2 - 1}{l} \binom{\frac{1}{2} n_2 - 1}{\alpha}$$

$$\times (x^{\frac{1}{2}(n_1 + l - 3)} - x^{\frac{1}{2}(n_1 + 2\alpha - 4)}), 0 \leqslant x \leqslant 1.$$

在第九章将用其他方法来导出 Λ 的分布.

§4. 均值的检验

在一元统计中,经常要检验总体的均值,例如当总体是正态分布 $N(\mu, \sigma^2)$ 时要检验(参看[17])

$$H_0: \mu = \mu_0. \tag{4.1}$$

当 σ^2 已知时,用统计量

$$\mu = \frac{\bar{x} - \mu_0}{\sigma} \sqrt{n}, \tag{4.2}$$

其中 $\bar{x}$ 为样本 $x_1, \cdots, x_n$ 的均值,这时 $\mu \sim N(0,1)$. 当 σ 未知时,用统计量

$$t = \frac{\bar{x} - \mu_0}{s} \sqrt{n}, \tag{4.3}$$

其中 s 为样本标准差,这时 t 遵从自由度为 $n-1$ 的 t 分布. 有时要检验的是两个等方差的正态总体的均值是否相等,即检验

$$H: \mu_1 = \mu_2. \tag{4.4}$$

这时用统计量

$$t = \frac{\bar{x}_1 - \bar{x}_2}{\sqrt{\frac{1}{n_1 + n_2 - 2}[(n_1-1)s_1^2 + (n_2-1)s_2^2]}} \sqrt{\frac{n_1 n_2}{n_1 + n_2}}, \tag{4.5}$$

其中 $\bar{x}_1, s_1, n_1$ 和 $\bar{x}_2, s_2, n_2$ 分别表示两总体的样本均值,标准差和样本量. 这时 t 遵从自由度为 $n_1 + n_2 - 2$ 个自由度的 t 分布.

对于多元正态总体,均值的检验同样是经常需要的,能否构造出类似于一元统计时的各种统计量呢? 我们就来讨论这个问题.

设 $y_{(1)}, \cdots, y_{(n)}$ 为来自多维正态总体 $N_m(\mu, V)$ 的样本,现在,我们要检验 $\mu = \mu_0$ 和一元统计时一样,分成两种情况来讨论.

(a) V 已知.

统计量(4.2)可以改写成

$$u^2 = n(\bar{x} - \mu_0)(\sigma^2)^{-1}(\bar{x} - \mu_0),$$

当假设成立时 u^2 遵从 χ_1^2 分布. 在多元的情况可以类似地构造统计量

$$T_0^2 = n(\bar{y} - \mu_0)' V^{-1}(\bar{y} - \mu_0), \tag{4.6}$$

当假设成立时 $\bar{y} - \mu_0 \sim N_m\left(0, \frac{1}{n}V\right)$,由定理 1.4

$$T_0^2 = (\bar{y} - \mu_0)'\left(\frac{1}{n}V\right)^{-1}(y - \mu_0) \sim \chi_m^2,$$

显然 $m=1$ 时 T_0^2 就等于 u^2.

(b) V 未知.

这时 V 的无偏估计 $\hat{V} = \frac{1}{n-1}S = \frac{1}{n-1}\sum_{i=1}^{n}(y_{(i)} - \bar{y})(y_{(i)} - \bar{y})'$,在(4.6)中用 $\hat{V}$ 代 V 得

$$T^2 = n(\bar{y} - \mu_0)'\hat{V}^{-1}(\bar{y} - \mu_0) = n(n-1)(\bar{y} - \mu_0)'S^{-1}(\bar{y} - \mu_0), \tag{4.7}$$

由定理 2.7 和定理 3.3,当 H_0 成立时 $T^2 \sim T^2(m, n-1)$,可用它来作检验.

(4.7)定义的 T^2 统计量,还可从其他的角度推导出来,下面列举几种.

(i) 极大似然比法.

这是导出统计量的最常用的方法,如用 $L(y, \theta)$ 表示样本的联合分布的密度函数,称为似然函数,θ 表示参数,它的变化范围是 Ω,如果零假设限定参数变化的范围是 ω,这时似然比统计量为

$$\frac{\max\limits_{\theta \in \omega} L(y, \theta)}{\max\limits_{\theta \in \Omega} L(y, \theta)}. \tag{4.8}$$

运用极大似然比法,似然函数为

$$L(y_{(1)}, \cdots, y_{(n)}; \mu, V) = (2\pi)^{-nm/2} |V|^{-n/2}$$

$$\times \exp\left\{-\frac{1}{2} \mathrm{tr} V^{-1} \sum_{\alpha=1}^{n} (y_{(\alpha)} - \mu)(y_{(\alpha)} - \mu)'\right\}, \tag{4.9}$$

似然比统计量为

$$\lambda = \frac{\max\limits_{V>0} L(y_{(1)}, \cdots, y_{(n)}; \mu_0, V)}{\max\limits_{\mu, V>0} L(y_{(1)}, \cdots, y_{(n)}; \mu, V)}. \tag{4.10}$$

由上章定理 4.1 系 1

$$\max\limits_{\mu, V>0} L(y_{(1)}, \cdots, y_{(n)}; \mu, V) = (2\pi)^{-nm/2} |S|^{-n/2} n^{nm/2} e^{-nm/2}, \tag{4.11}$$

运用上章引理 4.3,易得

$$\max\limits_{V} L(y_{(1)}, \cdots, y_{(n)}; \mu_0, V) = (2\pi)^{-nm/2} |B|^{-n/2} n^{nm/2} e^{-nm/2}, \tag{4.12}$$

其中

$$B = \sum_{\alpha=1}^{n} (y_{(\alpha)} - \mu_0)(y_{(\alpha)} - \mu_0)'. \tag{4.13}$$

易见(类似上章 §5 中使 $|A|$ 达到极小的方法)

$$B = S + n(\bar{y} - \mu_0)(\bar{y} - \mu_0)', \tag{4.14}$$

代入到(4.10)式得

$$\lambda = \frac{|S|^{n/2}}{|S + n(\bar{y} - \mu_0)(\bar{y} - \mu_0)'|^{n/2}}$$

$$= (1 + n(\bar{y} - \mu_0)'S^{-1}(\bar{y} - \mu_0))^{-n/2}. \tag{4.15}$$

因为 $\frac{1}{1+x}$ 是 x 的严格单调下降的函数,故 λ 是 $n(\bar{y} - \mu_0)'S^{-1} \cdot (\bar{y} - \mu_0)$ 的严格单调的函数,否定域 $\lambda \leqslant \lambda_0$ 可化为 $n(\bar{y} - \mu_0)'S^{-1} \cdot (\bar{y} - \mu_0) \geqslant C_0$ 或为

$$T^2 = n(n-1)(\bar{y} - \mu_0)'S^{-1}(\bar{y} - \mu_0) \geqslant T_0.$$

这就是(4.7)的统计量.

(ii) 平方和分解法.

运用上章 §5 的手法,可得

$$(Y - \mathbf{1}\mu')'(Y - \mathbf{1}\mu') = S + n(\bar{y} - \mu)(\bar{y} - \mu)'. \qquad (4.16)$$

$$\underset{\text{“总离差”}}{\parallel} \quad \underset{\text{“组内差”}}{\parallel} \quad \underset{\text{“组间差”}}{\parallel}$$

上式类似于方差分析中的平方和分解公式,但上式各项都是矩阵而不是数,要类似于一元统计中构造 F 统计量的方法

$$\frac{\text{“组间差”}/\text{自由度}}{\text{“组内差”自由度}}$$

简单搬用是不行的,我们在行列式的意义下来搬用,将(4.16)两边取行列式,运用上章 §5 的手法得

$$|(Y - \mathbf{1}\mu')(Y - \mathbf{1}\mu')| = |S|[1 + n(\bar{y} - \mu)'S^{-1}(\bar{y} - \mu)], \qquad (4.17)$$

这时将 $|S|$ 看成“组内差”,

$$|S|n(\bar{y} - \mu)'S^{-1}(\bar{y} - \mu) \text{ 看成“组间差”},$$

两式之比为 $n(\bar{y} - \mu)'S^{-1}(\bar{y} - \mu)$,加上适当的常数便得到 T^2 统计量.

上节我们讲到 T^2 也可化为 F 分布,这个检验可化为

$$F = \frac{n - m}{(n - 1)m}T^2 = \frac{n}{m}(n - m)(\bar{y} - \mu_0)'S^{-1}(\bar{y} - \mu_0), \qquad (4.18)$$

此时 $F \sim F(m, n - m)$.

在叙述第三种推导 T^2 统计量的方法之前,我们先讨论检验两个母体的均值,即检验 $\mu^{(1)} = \mu^{(2)}$.

设从母体 $N_m(\mu^{(1)}, V)$ 和 $N_m(\mu^{(2)}, V)$ 中分别抽了样本 $y_{(1)}^{(1)}, \cdots, y_{(n_1)}^{(1)}$ 和 $y_{(1)}^{(2)}, \cdots, y_{(n_2)}^{(2)}, n = n_1 + n_2, n_1 > m, n_2 > m$,要检验 $\mu^{(1)} = \mu^{(2)}$.仿照(4.5)式,用 t^2 代 t 可以猜想所用的统计量为

$$T^2 = (n_1 + n_2 - 2)\frac{n_1 n_2}{n_1 + n_2}(\bar{y}^{(1)} - \bar{y}^{(2)})'E^{-1}(\bar{y}^{(1)} - \bar{y}^{(2)}), \qquad (4.19)$$

其中

$$E = \sum_{\alpha=1}^{2}\sum_{i=1}^{n_\alpha}(y_{(i)}^{(\alpha)} - \bar{y}^{(\alpha)})(y_{(i)}^{(\alpha)} - \bar{y}^{(\alpha)})', \qquad (4.20)$$

$$\bar{y}^{(\alpha)} = \frac{1}{n_\alpha}\sum_{i=1}^{n_\alpha}y_{(i)}^{(\alpha)}, i = 1, 2, \quad \bar{y} = \frac{1}{n}\sum_{\alpha=1}^{2}\sum_{i=1}^{n_\alpha}y_{(i)}^{(\alpha)}.$$

我们用平方和分解的方法来导出这个统计量.二个母体混合在一起的总离差阵 W 可以进行分解,

$$W = \sum_{\alpha=1}^{2}\sum_{i=1}^{n_\alpha}(y_{(i)}^{(\alpha)} - \bar{y})(y_{(i)}^{(\alpha)} - \bar{y})'$$

$$= \sum_{\alpha=1}^{2} \sum_{i=1}^{n_\alpha} \big(y_{(i)}^{(\alpha)} - \bar{y}^{(\alpha)} \big) \big(y_{(i)}^{(\alpha)} - \bar{y}^{(\alpha)} \big)' + \sum_{\alpha=1}^{2} \sum_{i=1}^{n_\alpha} \big(\bar{y}^{(\alpha)} - \bar{y} \big) \big(\bar{y}^{(\alpha)} - \bar{y} \big)'$$
$$+ n_1 \big(\bar{y}^{(1)} - \bar{y} \big) \big(\bar{y}^{(1)} - \bar{y} \big)' + n_2 \big(\bar{y}^{(2)} - \bar{y} \big) \big(\bar{y}^{(2)} - \bar{y} \big)'.$$

因为

$$\bar{y} = \frac{n_1 \bar{y}^{(1)} + n_2 \bar{y}^{(2)}}{n_1 + n_2},$$

所以

$$\bar{y}^{(1)} - \bar{y} = \frac{n_2 \big(\bar{y}^{(1)} - \bar{y}^{(2)} \big)}{n_1 + n_2}, \bar{y}^{(2)} - \bar{y} = \frac{n_1 \big(\bar{y}^{(2)} - \bar{y}^{(1)} \big)}{n_1 + n_2},$$

代入上式得

$$W = \sum_{\alpha=1}^{2} \sum_{i=1}^{n_\alpha} \big(y_{(i)}^{(\alpha)} - \bar{y}^{(\alpha)} \big) \big(y_{(i)}^{(\alpha)} - \bar{y}^{(\alpha)} \big)'$$
$$+ \frac{n_1 n_2}{n_1 + n_2} \big(\bar{y}^{(1)} - \bar{y}^{(2)} \big) \big(\bar{y}^{(1)} - \bar{y}^{(2)} \big)'.$$

记

$$B = \frac{n_1 n_2}{n_1 + n_2} \big(\bar{y}^{(1)} - \bar{y}^{(2)} \big) \big(\bar{y}^{(1)} - \bar{y}^{(2)} \big)', \tag{4.21}$$

得

$$W = E + B, \tag{4.22}$$

E 相当于"组内差",B 相当于"组间差",如果 E 的逆存在,用(4.17)的方法可以证明

$$|W| = |E| \left[1 + \frac{n_1 n_2}{n_1 + n_2} \big(\bar{y}^{(1)} - \bar{y}^{(2)} \big)' E^{-1} \big(\bar{y}^{(1)} - \bar{y}^{(2)} \big) \right], \tag{4.23}$$

(因 $n_1, n_2 > m$,E^{-1} 以概率为 1 存在)用 $|E|/|B|$ 反映"组间差"/"组内差",乘以适当的常数就得到(4.19)的统计量,当 $\mu^{(1)} = \mu^{(2)}$ 的假定成立时,易见 $T^2 \sim T^2(m, n_1 + n_2 - 2)$,如用 F 分布来检验,统计量为

$$F = \frac{n_1 + n_2 - m - 1}{(n_1 + n_2) m} n_1 n_2 \big(\bar{y}^{(1)} - \bar{y}^{(2)} \big)' E^{-1} \big(\bar{y}^{(1)} - \bar{y}^{(2)} \big), \tag{4.24}$$

此时 $F \sim F(m, n_1 + n_2 - m - 1)$.

现在我们继续介绍推导 T^2 统计量的第三个方法.

(iii) 广义距离.

距离是最直观的一个概念,多元分析中许多方法都可用距离的观点来推导,其中最著名的一个距离是马哈拉诺比斯(Mahalanobis)在 1936 年引进的,故习惯上又称做马氏距离.

定义 4.1   设 x, y 是从均值为 μ，协差阵为 V 的母体 G 中抽的样本，定义它们之间的距离为

$$D^2(x, y) = (x - y)'V^{-1}(x - y). \tag{4.25}$$

定义 x 与母体 G 的距离为 x 与均值 μ 的距离，即

$$D^2(x, G) = (x - \mu)'V^{-1}(x - \mu). \tag{4.26}$$

易见马氏距离有如下的性质：设 x, y, z 均为 $N(\mu, V)$ 的样品，则

(a) $D(y, G) \geqslant 0$, $D(y, G) = 0 \Leftrightarrow y = \mu$；

    $D(x, y) \geqslant 0$, $D(x, y) = 0 \Leftrightarrow x = y$；

(b) $D(x, y) = D(y, x)$；

(c) 满足三角不等式：

$$D(x, z) \leqslant D(x, y) + D(y, z).$$

证明   因为 (a),(b) 是明显的，只证 (c). 令

$$u \triangleq V^{-\frac{1}{2}}(x - z) = V^{-\frac{1}{2}}(x - y) + V^{-\frac{1}{2}}(y - z) \triangleq v + w,$$

则由明考夫斯基不等式，得

$$D(x, z) = \sqrt{u'u} \leqslant \sqrt{v'v} + \sqrt{w'w} = D(x, y) + D(y, z) \qquad \#$$

这三条性质说明 D 满足距离公理，当 $V = I$ 时，就化为通常的欧氏距离. 如母体是正态分布，由第二章正态分布的性质可知，在分布密度的等高面上的任一点与母体的距离都是一样的. 除此以外马氏距离还有一些好的性质，如对线性变换它具有不变性，关于不变性下节将进行详细讨论，这里可从马氏距离的角度来看它的不变性. 由马氏距离来看 T^2 统计量是很直观的，要检验 $\mu = \mu_0$，那么 $\bar{y}$ 与 μ_0 的距离不应很大，因 $\bar{y} \sim N_m\left(\mu, \dfrac{1}{n}V\right)$

$$D^2(\bar{y}, G) = (\bar{y} - \mu_0)'\left(\frac{1}{n}V\right)^{-1}(\bar{y} - \mu_0)$$

$$= n(\bar{y} - \mu_0)'V^{-1}(\bar{y} - \mu_0) = T_0^2 (\text{参}(4.6)\text{式}). \tag{4.27}$$

当 V 未知时推导是类似的. 由于 D^2 对线性变换群不变，那么 T^2 对线性变换群也不变.

值得注意的是距离可以有各种不同的定义法，例如下面是常见的一种：设两母体 G_1, G_2 的分布密度为 $p_1(x)$ 和 $p_2(x)$，定义两母体间的距离为

$$D^2(G_1, G_2) = \int_{R_m} \left[\sqrt{p_1(x)} - \sqrt{p_2(x)}\right]^2 dx. \tag{4.28}$$

可以验证这个定义法也符合距离的几个条件，当 $p_1(x), p_2(x)$ 为正态分布时也可以导出 T^2 统计量，读者可参考 [18]. 又如还可以用信息函数来定义距离

$$D^2(G_1, G_2) = -\int_{R_m} p_1(x)\log\frac{p_2(x)}{p_1(x)}dx. \tag{4.29}$$

当 $p_1(x)$，$p_2(x)$ 为同协差阵的正态分布时，可以证明这个距离与马氏距离是等价的.

例4.1 为了检验某化验员的化学分析是否有系统的误差，今取了四个等级的铁矿石标样，$\mu_0 = (22.75, 32.75, 51.50, 61.50)'$，让他进行分析，每次从低到高，重复化验了 21 次，数据如下：

No. 标样	1	2	3	4	5	6	7	8	9	10	11
μ_{01}	22.88	22.74	22.60	22.93	22.74	22.53	22.67	22.74	22.62	22.67	22.82
μ_{02}	32.81	32.56	32.74	32.95	32.74	32.53	32.58	32.67	32.57	32.67	32.80
μ_{03}	51.51	51.49	51.50	51.17	51.45	51.36	51.44	51.44	51.23	51.64	51.32
μ_{04}	61.51	61.39	61.22	60.91	61.56	61.22	61.30	61.30	61.39	61.50	60.97

No. 标样	12	13	14	15	16	17	18	19	20	21	
μ_{01}	22.67	22.81	22.67	22.81	23.02	23.02	23.15	22.88	23.16	23.13	
μ_{02}	32.67	32.67	32.60	33.02	33.05	32.95	33.15	33.06	32.78	32.95	
μ_{03}	51.21	51.43	51.30	51.70	51.48	51.55	51.58	51.54	51.48	51.58	
μ_{04}	61.49	61.15	61.27	61.49	61.44	61.62	61.65	61.54	61.41	61.58	

这是一个检验 $\mu = \mu_0$ 的问题. 经计算

$$\bar{y} = \begin{pmatrix} 22.82 \\ 32.79 \\ 51.45 \\ 61.38 \end{pmatrix}, \bar{y} - \mu_0 = \begin{pmatrix} 0.07 \\ 0.04 \\ -0.05 \\ -0.12 \end{pmatrix},$$

$$S = \begin{pmatrix} 0.702 \\ 0.541 & 0.712 \\ 0.184 & 0.228 & 0.392 \\ 0.253 & 0.258 & 0.346 & 0.806 \end{pmatrix}.$$

由于 S 是对称阵，只写出下三角部分. 为了计算

$$(\bar{y} - \mu_0)'S^{-1}(\bar{y} - \mu_0),$$

令 $z = S^{-1}(\bar{y} - \mu_0)$，则 $Sz = (\bar{y} - \mu_0)$，于是得到如下的方程组：

$$\begin{cases} 0.702z_1 + 0.541z_2 + 0.184z_3 + 0.253z_4 = 0.07, \\ 0.541z_1 + 0.712z_2 + 0.228z_3 + 0.258z_4 = 0.04, \\ 0.184z_1 + 0.228z_2 + 0.393z_3 + 0.346z_4 = -0.05, \\ 0.253z_1 + 0.258z_2 + 0.346z_3 + 0.806z_4 = -0.12. \end{cases}$$

解得 $z_1 = 0.174, z_2 = 0.0069, z_3 = -0.051, z_4 = -0.184.$
由于

$$(\bar{y} - \mu_0)'S^{-1}(\bar{y} - \mu_0) = (\bar{y} - \mu_0)'z = 0.0371.$$

代入(4.7)式,得

$$T^2 = 21 \times 20 \times 0.0371 = 15.576.$$

当 α 取 0.05 和 0.01 时,查 T^2 表,$T_{0.05}^2(4,20) = 13.952, T_{0.01}^2(4,20) = 21.972$,因此在显著性水平 $\alpha = 0.05$ 时化验员有系统误差. 如果用 F 统计量,由(4.18)式

$$F = \frac{21 \times 17}{4}0.0371 = 3.31,$$

而 $F_{0.05}(4,17) = 2.96, F_{0.01}(4,17) = 4.67$,也是在 0.05 的显著性水平下断定该化验员有系统误差.

此例对每个标样如分别用一元的 t 检验,则算得

$$t_1 = 1.71, \quad t_2 = 0.97, \quad t_3 = 1.64, \quad t_4 = 2.74.$$

它们遵从 20 个自由度的 t 分布,当 $\alpha = 0.05$ 时,t 表的临界值为 2.09,故化验员的系统误差主要来于第四个标样. 如果仅对前三个标样用 T^2 检验,算得 $T^2 = 6.3$,不显著,说明该化验员的系统误差确实来于第四个标样.

这个例子告诉我们多元的检验与一元的检验在使用时是相辅相成的,多元的检验具有概括和全面考察的特点,而一元的检验容易发现各指标之间的关系和差异,两者结合起来所得的结论会更加可靠.

§5. T^2 统计量的优良性

假设检验的优良性一直是统计推断的重要的理论课题. 一种检验方法如果不具有任何优良性,这种检验方法就无法在理论上占有地位或在实际中被广泛使用. 在某种意义上说,数理统计的理论就是研究讨论估计方法和检验方法优良性的理论.

关于 T^2 这个统计量,和一元统计中的 t 一样,它具有各种各样的优良性. 在多元分析的理论中,不变性具有很重要的地位,因此,我们在这一节中着重介绍不变性的一些基本概念和 T^2 有关的一些结果,更详细的讨论可以参看[4].

在一个实际问题中,统计工作者手上掌握的实测资料往往是一个具有"量纲"的量,使用的单位不同,所得的资料也就会发生改变. 例如测量一个物体的长度,使用的是市尺,测了 n 次,得到的数据是 $x_1, \cdots, x_n$(尺). 如果使用的是公尺,得到的数据是 $y_1, \cdots, y_n$(米). 很明显,y_i 与 x_i 是同一次测量的结果,只是用不同的单位来度量,它们之间只差一个比例常数,即有

$$y_i = \frac{1}{3}x_i, i = 1, 2, \cdots, n.$$

如果一个人手头上的数据是 $x_1,\cdots,x_n$,另一个人手头上的数据是 $y_1,\cdots,y_n$,他们两人使用同一个统计量去估计物体的长度,那么应该获得完全相同的结论.比如说用平均值来估计,那么分别获得的估计值是 $\bar{x}$ 与 $\bar{y}$,它们数值并不相等,但经过单位换算后是一样的,因为

$$\bar{y} = \frac{1}{n}\sum_{i=1}^{n}y_i = \frac{1}{n}\sum_{i=1}^{n}\frac{1}{3}x_i = \frac{1}{3}\left(\frac{1}{n}\sum_{i=1}^{n}x_i\right) = \frac{1}{3}\bar{x}.$$

然而,如果我们不使用平均值来估计,而是使用测量值的最大值的自然对数来估计,那么分别获得的估计值是

$$\ln\left(\max_{1\leqslant i\leqslant n}x_i,\right) \quad \ln\left(\max_{1\leqslant i\leqslant n}y_i\right),$$

但经过单位换算后,这两者是不一样的,因为

$$\ln\left(\max_{1\leqslant i\leqslant n}y_i\right) = \ln\left(\max_{1\leqslant i\leqslant n}\frac{1}{3}x_i\right) = \ln\left(\max_{1\leqslant i\leqslant n}x_i\right) - \ln 3.$$

这样,就很不合适了,同样的资料,同样的统计方法,仅仅由于资料使用的单位不同,而导致不同的结论,这种统计方法就不可取.事实上,确实也没有人使用 $\ln\left(\max_{1\leqslant i\leqslant n}x_i\right)$ 去估计长度的,其原因之一就是它不具有与单位选取无关的性质.将这一种性质用抽象的数学语言来描述,就得到不变性的概念.实际上,数据 y_i 可以认为是数据 x_i 经过变换 $y_i = \frac{1}{3}x_i$ 变来的,当数据作这样的变换时,相应的物体长度的真值 θ(尺)也应变为 $\frac{1}{3}\theta$(米).也即在样本空间的随机变量作一变换时,相应的参数空间也产生了一种变换,一个"好的"统计量就应该使这两者引起的变换结果是一致的.下面我们就来给出数学的定义.

我们设 $(R_n,\mathscr{B}_n)$ 是 n 维欧氏空间及相应的 Borel 集合系,它们构成了通常的样本空间,P_θ 是 $(R_n,\mathscr{B}_n)$ 上的概率测度,其中参数 θ 在 k 维欧氏空间 R_k 的一个子集 Ω 内变化,Ω 就称为参数空间.考虑 $(R_n,\mathscr{B}_n)\rightarrow(R_n,\mathscr{B}_n)$ 上的 $1-1$ 的双方可测的变换所组成的一个变换群 G,于是对每一个 $x\in R_n$,$g\in G$,gx 仍属于 R_n.因此,当 x 是随机向量时,gx 仍然是随机向量.由于随机向量 x 的分布是依赖于参数 θ 的,用 $F_x(y;\theta)$ 来表示时,就有

$$P_\theta(x\in B) = \int_B F_x(dy;\theta),\text{对一切 } B\in\mathscr{B}_n.$$

由于 gx 也是随机向量,它的分布函数用 $F_{gx}(y;\theta)$ 来表示,则有两种表示式:

$$P_\theta(gx\in B) = P_\theta(x\in g^{-1}(B)) = \int_{g^{-1}(B)}F_x(dy;\theta),$$

$$P_\theta(gx\in B) = \int_B F_{gx}(dy;\theta),$$

这两者应该相等,就得

$$\int_B F_{gx}(dy;\theta) = \int_{g^{-1}(B)} F_x(dy;\theta).$$

如果对每一个 $g \in G$，在参数空间 Ω 上对应地有一个 $1-1$ 变换 $\bar{g}$（$\bar{g}$ 的全体构成 Ω 上的一个变换群，记为 $\bar{G}$），使得

$$\int_{g^{-1}(B)} F_x(dy;\theta) = \int_B F_x(dy;\bar{g}\theta),$$

即对积分的集合作变换相当于对参数作变换. 于是就有

$$\int_B F_{gx}(dy;\theta) = \int_B F_x(dy;\bar{g}\theta),$$

也即对随机变量 x 作变换 g，相当于在参数空间 Ω 作变换 $\bar{g}$.

现在来看一个统计量 $t(x)$，如果我们是用 $t(x)$ 估计参数 θ 的，且 $t(x)$ 的值域在 Ω 之内. 于是 $t(x)$ 可以经受两种变换：一是样本空间的变换

$$t(x) \rightarrow t(gx);$$

另一个是参数空间的变换

$$t(x) \rightarrow \bar{g}t(x).$$

定义 5.1　如果统计量 $t(x)$ 对变换群 G 与 $\bar{G}$ 具有下述性质，对每一 $g \in G$ 及相应的 $\bar{g} \in \bar{G}$，成立等式：

$$t(gx) = \bar{g}t(x),$$

则称统计量 $t(x)$ 对群 G 和 $\bar{G}$ 是不变的.

例如，考虑正态总体 $N(\mu,1)$ 的一个样本 $x_1,x_2,\cdots,x_n$，此时 $x=(x_1,\cdots,x_n)' \in R_n$, $\Omega=\{\mu|\mu \in R_1\}=R_1$，考虑 $G=\{g_c|c>0\}$，g_c 为 $(R_n,\mathcal{B}_n)$ 中的如下的变换：

$$g_c x = cx \quad \left(即 g_c \begin{bmatrix} x_1 \\ \vdots \\ x_n \end{bmatrix} = \begin{bmatrix} cx_1 \\ \vdots \\ cx_n \end{bmatrix}\right),$$

显然 G 是一个群. G 所相应的 $\bar{G}=\{\bar{g}_c|c>0\}$，其中 $\bar{g}_c$ 为 $(R_1,\mathcal{B}_1)$ 上的如下变换：

$$\bar{g}_c \mu = c\mu,$$

显然 $\bar{G}$ 也是群. 要注意的是 G 和 $\bar{G}$ 是分别作用于 R_n 及 $\Omega(=R_1)$ 上的群，形式上似乎是一样的，实际上是不一样的. 现在来考察 $t_1(x)=\bar{x}=\dfrac{1}{n}\sum_{i=1}^{n}x_i$ 和 $t_2(x)=\ln(\max\limits_{1\leqslant i\leqslant n}x_i)$ 对 G 和 $\bar{G}$ 的不变性. 今

$$t_1(g_c x) = t_1(cx) = c\bar{x},$$
$$\bar{g}_c t_1(x) = \bar{g}_c(\bar{x}) = c\bar{x},$$

因此，对每一个 $c>0$，有 $t_1(g_c x)=\bar{g}_c t_1(x)$，$t_1(x)$ 对群 G 与 $\bar{G}$ 是不变的. 但是

$$t_2(g_c x) = t_2(cx) = \ln(\max\limits_{1\leqslant i\leqslant n}cx_i) = \ln(\max\limits_{1\leqslant i\leqslant n}x_i)+\ln c,$$

$$\bar{g}_c t_2(x) = \bar{g}_c(\ln \max_{1 \leqslant i \leqslant n} x_i) = c \ln(\max_{1 \leqslant i \leqslant n} x_i),$$

因此，$t_2(g_c x) \neq \bar{g}_c t_2(x)$，$t_2(x)$ 并不具有不变性.

下面我们进一步说明什么是假设检验问题的不变性，什么是不变的检验方法. 对参数问题的假设检验，总可以提成如下的形式. 如果 Ω 是参数 θ 的变化范围，它就是参数空间，要检验的假设 H_0 往往是断定参数 θ 属于 Ω 的一个子集 Ω_0，即 $H_0: \theta \in \Omega_0$.

定义 5.2 假设检验问题 $H_0: \theta \in \Omega_0$ 称为对群 $\bar{G}$ 是不变的，如果有

$$\bar{g}\Omega_0 = \Omega_0, \quad \bar{g}(\Omega \setminus \Omega_0) = \Omega \setminus \Omega_0,$$

对一切 $\bar{g} \in \bar{G}$ 都成立.

这就是要求零假设 H_0，对立假设 $H_1: \theta \in \Omega \setminus \Omega_0$ 都相应于 $\bar{G}$ 中变换 $\bar{g}$ 的不变集. 在我们上面所举的例中，考虑 $H_0: \mu = 0$，则它是对 $\bar{G}$ 不变的，此时 $\Omega_0 = \{0\}$，$\Omega \setminus \Omega_0 = \{\mu \mid \mu \neq 0\}$，很明显，对每一个 $c > 0$，$\bar{g}_c \Omega_0 = \{\bar{g}_c(0)\} = \{0\} = \Omega_0$，$\bar{g}_c(\Omega \setminus \Omega_0) = \{\mu \mid \mu \neq 0\} = \Omega \setminus \Omega_0$，因此 H_0 对群 $\bar{G}$ 是不变的.

一种检验方法实质上相应于一个集合的特性函数. 要检验 $H_0: \theta \in \Omega_0$ 是否成立. 当我们观测到样本值 $\underset{n \times 1}{X}$ 后，就要下判断 H_0 成立或者不成立，一种检验方法就是指定了样本空间中的一个集合 D，当 $x \in D$ 时就判断 H_0 不成立，当 $x \overline{\in} D$ 时，就判断 H_0 成立，D 就称为这种检验法就相应的否定域. 如果用 $t_D(x)$ 表示 D 相应的集合特性函数，也即

$$t_D(x) = \begin{cases} 1, & x \in D, \\ 0, & x \overline{\in} D, \end{cases}$$

则 $E_\theta t_D(x) = \int_D P_\theta(dx) = P_\theta(D)$. 当 $\theta \in \Omega_0$ 时，它表示拒绝 H_0 的概率，也即犯第一类错误的概率；当 $\theta \overline{\in} \Omega_0$ 时，它也表示拒绝 H_0 的概率，也是检验 $t_D(x)$ 相应的势函数的值.

定义 5.3 一种检验法（对 H_0 而言）相应的 $t_D(x)$ 如果对 G 是不变的，即

$$t_D(gx) = t_D(x), \quad 一切 g \in G,$$

则称 $t_D(x)$ 相应的检验是不变检验.

因此，对假设检验问题 $H_0: \theta \in \Omega_0$，$H_1: \theta \in \Omega \setminus \Omega_0$，如果有群 G 及 $\bar{G}$ 使得这个问题对 $\bar{G}$ 是不变的，我们自然要所考虑的检验方法也应是对 G 不变的，要寻求在全体不变检验中的最优者，这就是最优不变检验所考虑的问题. 现在我们来讨论 T^2 的优良性.

设 $y_{(1)}, \cdots, y_{(n)}$ 是来自 $N_m(\mu, V)$ 的一个样本，记 $Y = (y_{(1)}, \cdots, y_{(n)})'$，于是 Y 是在 $(R_{nm}, \mathscr{B}_{nm})$ 空间内变化的，样本空间是 $(R_{nm}, \mathscr{B}_{nm})$. 考虑样本空间 R_{nm} 上的变换群

$$G = \{g_A \mid |A| \neq 0\},$$

其中 $\qquad g_A(Y) = (A_{y_{(1)}}, A_{y_{(2)}}, \cdots, A_{y_{(n)}})' = YA'.$

很明显，G 是 R_{nm} 上的一个变换群，此时参数空间 $\Omega = \{(\mu, V) \mid \mu \in R_m, \underset{m \times m}{V} > 0\}$，很容易看出 g_A 在参数空间相应的变换是 $\bar{g}_A$：

$$\bar{g}_A(\mu, V) = (A\mu, AVA'),$$

因此，全部的 $\bar{g}_A$ 组成的 $\bar{G} = \{\bar{g}_A \mid |A| \neq 0\}$.

考虑假设检验问题 $H_0: \mu = 0, H_1: \mu \neq 0$，很明显，这个问题对 $\bar{G}$ 是不变的，现在来证明 T^2 对 G 是不变的. 令

$$\bar{y} = \frac{1}{n} Y'\mathbf{1}, S = \sum_{\alpha=1}^{n}(y_{(\alpha)} - \bar{y})(y_{(\alpha)} - \bar{y})',$$

$$T^2 = n(n-1)\bar{y}'S^{-1}\bar{y}.$$

由于 $S = Y'\left(I_n - \frac{1}{n}\mathbf{11}'\right)Y$，于是记

$$T^2 = T^2(Y) = n(n-1)\left(\frac{1}{n}Y'\mathbf{1}\right)' \times \left(Y'\left(I_n - \frac{1}{n}\mathbf{11}'\right)Y\right)^{-1}\left(\frac{1}{n}Y'\mathbf{1}\right)$$

$$= \frac{n-1}{n}\mathbf{1}'Y\left(Y'\left(I_n - \frac{1}{n}\mathbf{11}'\right)Y\right)^{-1}Y'\mathbf{1},$$

而

$$T^2(g_AY) = \frac{n-1}{n}\mathbf{1}'YA'\left[AY'\left(I_n - \frac{1}{n}\mathbf{11}'\right)YA'\right]^{-1}AY'\mathbf{1}$$

$$= \frac{n-1}{n}\mathbf{1}'Y\left[Y'\left(I_n - \frac{1}{n}\mathbf{11}'\right)Y\right]^{-1}Y'\mathbf{1}$$

$$= T^2(Y),$$

因此 T^2 对 G 是不变的，T^2 相应的否定域的特性函数也是不变的，因此 T^2 相应的检验是一个不变检验.

考察全体对 $G, \bar{G}$ 不变的水平为 α 的检验. 如果能找到一个不变检验，它的势函数在 $H_1: \mu \neq 0$ 成立时，对 (μ, V) 的每一对值，都达到最大值，也即它犯第二类错误的概率在每一对 (μ, V)（只要 $\mu \neq 0$）上都达到最小，这样的不变检验就称为一致最强的不变检验. 可以证明 T^2 就是一致最强的不变检验. 有关的证明可以参看[4].

在统计的理论中，允许性与极小化极大风险的性质都是比较重要的优良性准则，一种统计方法如果是不允许的，那就存在着另一种统计方法确实比它好. T^2 检验它也是具有这两种优良性的，我们限于篇幅，不能过于详细的一一介绍了，有兴趣的读者可参看[4].

§6. 多母体均值的检验

设有 k 个母体 $G_1, \cdots, G_k$，它们的分布分别是 $N_m(\mu^{(1)}, V), \cdots, N_m(\mu^{(k)}, V)$，今从它们分别抽了样本如下：

$$y_{(1)}^{(1)}, \cdots, y_{(n_1)}^{(1)} \sim N_m(\mu^{(1)}, V),$$

$$\cdots\cdots\cdots,$$

$$y_{(1)}^{(k)}, \cdots, y_{(n_k)}^{(k)} \sim N_m(\mu^{(k)}, V),$$

$\{y_{(i)}^{(\alpha)}, i = 1, \cdots, n_\alpha; \alpha = 1, \cdots, k\}$ 全体独立，要检验

$$H_0: \mu^{(1)} = \mu^{(2)} = \cdots = \mu^{(k)}. \tag{6.1}$$

令

$$n = \sum_{\alpha=1}^{k} n_\alpha, \quad Y_\alpha = \left(y_{(1)}^{(\alpha)}, \cdots, y_{(n_\alpha)}^{(\alpha)}\right)', \quad \alpha = 1, \cdots, k, \tag{6.2}$$

$$Y = (Y_1', \cdots, Y_k')', \quad \bar{y} = \frac{1}{n} \sum_{i=1}^{k} \sum_{\alpha=1}^{n_i} y_{(\alpha)}^{(i)}, \quad M = EY, \tag{6.3}$$

$$\bar{y}^{(\alpha)} = \frac{1}{n_\alpha} \sum_{i=1}^{n_\alpha} y_{(i)}^{(\alpha)}, \quad \alpha = 1, \cdots, k, \tag{6.4}$$

$$M_\alpha = \left(\mu^{(\alpha)}, \mu^{(\alpha)}, \cdots, \mu^{(\alpha)}\right)'_{n_\alpha \times m}, \quad \alpha = 1, 2, \cdots, k,$$

$$M = (M_1', \cdots, M_k')'.$$

我们将用几种不同的方法导出检验 H_0 的统计量.

6.1 平方和分解法　将总离差阵进行平方和分解，今

$$W = \sum_{\alpha=1}^{k} \sum_{i=1}^{n_\alpha} \left(y_{(i)}^{(\alpha)} - \bar{y}\right)\left(y_{(i)}^{(\alpha)} - \bar{y}\right)' = Y'\left(I_n - \frac{1}{n}J\right)Y$$

$$= \sum_{\alpha=1}^{k} \sum_{i=1}^{n_\alpha} \left(y_{(i)}^{(\alpha)} - \bar{y}^{(\alpha)}\right)\left(y_{(i)}^{(\alpha)} - \bar{y}^{(\alpha)}\right)'$$

$$+ \sum_{\alpha=1}^{k} n_\alpha \left(\bar{y}^{(\alpha)} - \bar{y}\right)\left(\bar{y}^{(\alpha)} - \bar{y}\right)'$$

$$= \sum_{\alpha=1}^{k} Y_\alpha'\left(I - \frac{1}{n_\alpha}J\right)Y_\alpha + \sum_{\alpha=1}^{k} n_\alpha \left(\bar{y}^{(\alpha)} - \bar{y}\right)\left(\bar{y}^{(\alpha)} - \bar{y}\right)'. \tag{6.5}$$

令

$$E = \sum_{\alpha=1}^{k} Y_\alpha'\left(I - \frac{1}{n_\alpha}J\right)Y_\alpha, \quad B = \sum_{\alpha=1}^{k} n_\alpha \left(\bar{y}^{(\alpha)} - \bar{y}\right)\left(\bar{y}^{(\alpha)} - \bar{y}\right)'. \tag{6.6}$$

则

$$W = E + B. \tag{6.7}$$

我们现在希望能导出 W, B, E 的分布.

定理 6.1　在本节假定下, 当 H_0 成立时

$$W \sim W_m(n-1, V), \quad E \sim W_m(n-k, V),$$
$$B \sim W_m(k-1, V), \tag{6.8}$$

且 E 和 B 独立.

证明　因为

$$W = Y'\left(I_n - \frac{J}{n}\right)Y \triangleq Y'CY,$$

显然 C 为投影阵, 当 H_0 成立时 $CM = O$, $\mathrm{rk}(C) = n-1$, 故 $W \sim W_m(n-1, V)$. 又因

$$E = \sum_{\alpha=1}^{k} Y'_\alpha \left(I - \frac{1}{n_u}J\right)Y_\alpha$$

$$= Y' \begin{bmatrix} I_{n_1} - \frac{1}{n_1}J & & & O \\ & I_{n_2} - \frac{1}{n_2}J & & \\ & & \ddots & \\ O & & & I_{n_k} - \frac{1}{n_k}J \end{bmatrix} Y$$

$$\triangleq Y'C_1 Y,$$

显见 C_1 为投影阵, 且 $C_1 M = O$, $\mathrm{rk}(C_1) = (n_1 - 1) + \cdots + (n_k - 1) = n - k$, 故 $E \sim W_m(n-k, V)$. 易见 B 也可表为

$$B = Y'C_2 Y,$$

故

$$C_2 = C - C_1$$
$$= \begin{bmatrix} \left(\frac{1}{n_1} - \frac{1}{n}\right)\mathbf{1}_{n_1}\mathbf{1}'_{n_1} & -\frac{1}{n}\mathbf{1}_{n_1}\mathbf{1}'_{n_2} & \cdots & -\frac{1}{n}\mathbf{1}_{n_1}\mathbf{1}'_{n_k} \\ -\frac{1}{n}\mathbf{1}_{n_2}\mathbf{1}'_{n_1} & \left(\frac{1}{n_2} - \frac{1}{n}\right)\mathbf{1}_{n_2}\mathbf{1}'_{n_2} & \cdots & -\frac{1}{n}\mathbf{1}_{n_2}\mathbf{1}'_{n_k} \\ \vdots & \vdots & & \vdots \\ -\frac{1}{n}\mathbf{1}_{n_k}\mathbf{1}'_{n_1} & -\frac{1}{n}\mathbf{1}_{n_k}\mathbf{1}'_{n_2} & \cdots & \left(\frac{1}{n_k} - \frac{1}{n}\right)\mathbf{1}_{n_k}\mathbf{1}'_{n_k} \end{bmatrix}.$$

可以直接验证 C_2 也为投影阵, 且 $C_1 C_2 = O$, 故 $B \sim W_m(k-1, V)$, B 和 E 独立　♯

系　统计量

$$\Lambda = \frac{|E|}{|B+E|} = \frac{|E|}{|W|} \tag{6.9}$$

遵从 $\Lambda(m, n-k, k-1)$ 分布. 这就是在多元方差分析中著名的维尔克斯(Wilks)统计量, 它还可以用别的方法导出.

6.2 似然比法 这时似然函数是

$$L(\mu^{(1)}, \cdots, \mu^{(k)}, V) = (2\pi)^{-mn/2} |V|^{-n/2}$$
$$\times \exp\left\{-\frac{1}{2} \sum_{a=1}^{k} \sum_{i=1}^{n_a} (y_{(i)}^{(a)} - \mu^{(a)})\right.$$
$$\left. \times (y_{(i)}^{(a)} - \mu^{(a)})' \right\}. \tag{6.10}$$

那么似然比统计量是

$$\lambda = \frac{\max\limits_{\mu, V>0} L(\mu, \mu, \cdots, \mu, V)}{\max\limits_{\mu^{(1)}, \cdots, \mu^{(k)}, V>0} L(\mu^{(1)}, \cdots, \mu^{(k)}, V)}. \tag{6.11}$$

运用第二章求 μ 和 V 的极大似然估计的办法, 可以求得

$$\max_{\mu, V>0} L(\mu, \cdots, \mu, V) = (2\pi)^{-mn/2} \left|\frac{1}{n} W\right|^{-n/2} e^{-m_u/2}, \tag{6.12}$$

$$\max_{\mu^{(1)}, \cdots, \mu^{(k)}, V>0} L(\mu^{(1)}, \cdots, \mu^{(k)}, V) = (2\pi)^{-mn/2} \left|\frac{1}{n} E\right|^{-n/2} e^{-mn/2}, \tag{6.13}$$

于是

$$\lambda = \frac{|E|^{n/2}}{|W|^{n/2}},$$

这与 Λ 是一致的.

6.3 人工一元法 这个方法是 Roy 1957 年提出来的, 他是设法将多元的问题化成一元去处理. 任取一 m 维向量 a, 则

$$a'y_{(1)}^{(1)}, \cdots, a'y_{(n_1)}^{(1)} \sim N_1(a'\mu^{(1)}, a'Va),$$
$$\cdots\cdots \qquad\qquad \cdots\cdots$$
$$a'y_{(1)}^{(k)}, \cdots, a'y_{(n_k)}^{(k)} \sim N_1(a'\mu^{(k)}, a'Va).$$

检验(6.1)化为检验

$$H_0: a'\mu^{(1)} = \cdots = a'\mu^{(k)}. \tag{6.14}$$

由(6.7)式得

$$a'Wa = a'Ea + a'Ba. \tag{6.15}$$

由定理 2.3 及定理 6.1, 上式中三个量均遵从 χ^2 分布, 且右边两项独立. (6.15)式是一元的平方和分解公式, 故可用 F 统计量来检验, 相应的

$$F = \frac{a'Ba/(k-1)}{a'Ea/(n-k)}. \tag{6.16}$$

由于 a 是任意的,必须对一切 a 作检验才能代替原来的检验,在实用中当然是行不通的,一个直观的想法是取使(6.16)达到极大的 a 来代替一切 a,因常数 $(k-1),(n-k)$ 并不影响求极值,将其去掉,考虑

$$\lambda_{\max} = \max_{a \neq 0} \frac{a'Ba}{a'Ea}. \tag{6.17}$$

由第一章 §6,$\lambda_{\max}$ 是 B 相对于 E 的最大特征根,即

$$|B - \lambda E| = 0 \tag{6.18}$$

的最大特征根,$\lambda_{\max}$ 是有实用价值的统计量.

我们看到,无论是 Λ 统计量,还是 $\lambda_{\max}$ 与一元的 F 统计量并不完全相似,于是促进人们去找其他的统计量以及它们之间的关系,现将有关情况介绍如下.

设 $\{\lambda_i\}$ 为(6.18)的特征根,$\{\theta_i\}$ 为

$$|B - \theta W| = |B - \theta(B + E)| = 0 \tag{6.19}$$

的特征根,$\{\mu_i\}$ 表示

$$|E - \mu W| = |E - \mu(E + B)| = 0 \tag{6.20}$$

的特征根. 显然这些特征根之间有关系

$$\lambda_i = \frac{\theta_i}{1 - \theta_i} = \frac{1 - \mu_{m-i+1}}{\mu_{m-i+1}}, \quad i = 1, \cdots, m, \tag{6.21}$$

$$\theta_i = \frac{\lambda_i}{1 + \lambda_i} = 1 - \mu_{m-i+1}, \quad i = 1, \cdots, m, \tag{6.22}$$

$$\mu_{m-i+1} = \frac{1}{1 + \lambda_i} = 1 - \theta_i, \quad i = 1, \cdots, m. \tag{6.23}$$

上述诸特征根的编号假定由大到小(或由小到大)的次序.前人所讨论的有关统计量如下,它们均可表成上述特征根的函数,从而可以建立相互之间的关系.

1. Wilks 最大似然比统计量 Λ(Wilks(1932),许宝騄(1940))

$$\Lambda = \frac{|E|}{|E + B|} = \frac{1}{|I + E^{-1}B|} = \prod_{i=1}^{m} \frac{1}{1 + \lambda_i}$$

$$= \prod_{i=1}^{m}(1 - \theta_i) = \prod_{i=1}^{m} \mu_i. \tag{6.24}$$

2. Wilks U 统计量

$$U = \frac{|B|}{|E + B|} = \prod_{i=1}^{m}(1 + \lambda_i) = \prod_{i=1}^{m} \frac{1}{1 - \theta_i} = \prod_{i=1}^{m} \frac{1}{\mu_i}. \tag{6.25}$$

3. Hotelling(1951)和 Lawley(1938)的 T_0^2 和 V 统计量及 Kullback 信息统计量

$$V = \text{tr}(BE^{-1}) = \sum_{i=1}^{m} \lambda_i = \sum_{i=1}^{m} \frac{\theta_i}{1 - \theta_i} = \sum_{i=1}^{m} \frac{1 - \mu_i}{\mu_i} = T_0^2/(n - k). \tag{6.26}$$

4. Hotelling (1951), Lawley (1938), Pillal(1955), Bartlett(1939)的 $V^{(s)}$ 统计量

$$V^{(s)} = \operatorname{tr}(BW^{-1}) = \sum_{i=1}^{m} \theta_i = \sum_{i=1}^{m} \frac{\lambda_i}{1 + \lambda_i} = \sum_{i=1}^{m}(1 - \mu_i). \qquad (6.27)$$

5. Roy(1957)$\lambda_{\max}$ 统计量

$$\lambda_{\max} = \frac{\theta_{\max}}{1 - \theta_{\max}} = \frac{1 - \mu_{\min}}{\mu_{\min}} \qquad (6.28)$$

6. Pillal(1960), Roy(1957)的 $\theta_{\max}$ 统计量及 Rao 的 $\mu_{\min}$ 统计量

$$\theta_{\max} = \frac{\lambda_{\max}}{1 + \lambda_{\max}} = 1 - \mu_{\min}. \qquad (6.29)$$

7. Anderson(1958)的 $\lambda_{\min}$ 统计量

$$\lambda_{\min} = \frac{\theta_{\min}}{1 - \theta_{\min}} = \frac{1 - \mu_{\max}}{\mu_{\max}}. \qquad (6.30)$$

8. Pillal(1955)的 $M^{(s)}, R^{(s)}, T^{(s)}$ 统计量

$$M^{(s)} = m\left\{ \sum_{i=1}^{m}(1 - \theta_i)^{-1} \right\}^{-1}, \qquad (6.31)$$

$$R^{(s)} = m\left\{ \sum_{i=1}^{m} \frac{1}{\theta_i} \right\}^{-1}, \qquad (6.32)$$

$$T^{(s)} = m\left\{ \sum_{i=1}^{m} \frac{1}{\lambda_i} \right\}^{-1}. \qquad (6.33)$$

9. Gnanadesikan(1965)和 Roy(1971)的 U 统计量

$$U = \prod_{i=1}^{m} \theta_i = \prod_{i=1}^{m} \frac{\lambda_i}{1 + \lambda_i}. \qquad (6.34)$$

10. Olson(1974)s 统计量

$$s = \prod_{i=1}^{m} \lambda_i = \prod_{i=1}^{m} \frac{\theta_i}{1 - \theta_i}. \qquad (6.35)$$

11. 张尧庭(1977)提出的广义相关系数统计量

$$\rho = \operatorname{tr}(W^{-1}E) = \sum_{i=1}^{m} \mu_i = \sum_{i=1}^{m} \frac{1}{1 + \lambda_i} = \sum_{i=1}^{m}(1 - \theta_i). \qquad (6.36)$$

这些统计量虽然名目繁多,其中许多是很相近的,为了使用的方便,本书末列出了 Λ 和 $\theta_{\max}$ 两种表.

例6.1 为了某种疾病的研究,对一批人同时测了四个指标:y_1(β 脂蛋白),y_2(甘油三酯),y_3(α 脂蛋白),y_4(前 β 脂蛋白),今对不同性别,不同的年龄分成三组测量,数据见表 6.1,Ⅰ 组是 20—35 岁女性,Ⅱ 组是 20—25 岁男性,Ⅲ 组是

35—50岁男性,问三组之间有没有显著差异?(该项目原来共测了六个指标,分成四组,此处为了节省篇幅删去二个指标和一个组).

经计算结果如下:

表 6.1　四 指 标 数 据

No	β 脂蛋白(y_1)			甘油三酯(y_2)			α 脂蛋白(y_3)			前 β 脂蛋白(y_4)		
	I	II	III	I	II	III	I	II	III	I	II	III
1	260	310	320	75	122	64	40	30	39	18	21	17
2	200	310	260	72	60	59	34	35	37	17	18	11
3	240	190	360	87	40	88	45	27	28	18	15	26
4	170	225	295	65	65	100	39	34	36	17	16	12
5	270	170	270	110	65	65	39	37	32	24	16	21
6	205	210	380	130	82	114	34	31	36	23	17	21
7	190	280	240	69	67	55	27	37	42	15	18	10
8	200	210	260	46	38	55	45	36	34	15	17	20
9	250	280	260	117	65	110	21	30	29	20	23	20
10	200	200	295	107	76	73	28	40	33	20	17	21
11	225	200	240	130	76	114	36	39	38	11	20	18
12	210	280	310	125	94	103	26	26	32	17	11	18
13	170	190	330	64	60	112	31	33	21	14	17	11
14	270	295	345	76	55	127	33	30	24	13	16	20
15	190	270	250	60	125	62	34	24	22	16	21	16
16	280	280	260	81	120	59	20	32	21	18	18	19
17	310	240	225	119	62	100	25	32	34	15	20	30
18	270	280	345	57	69	120	31	29	36	8	20	18
19	250	370	360	67	70	107	31	30	25	14	20	23
20	260	280	250	135	40	117	39	37	36	29	17	16

$$\bar{y}^{(1)} = \begin{pmatrix} 231.0 \\ 89.6 \\ 32.9 \\ 17.1 \end{pmatrix}, \quad \bar{y}^{(2)} = \begin{pmatrix} 253.5 \\ 72.55 \\ 32.45 \\ 17.9 \end{pmatrix}, \quad \bar{y}^{(3)} = \begin{pmatrix} 292.75 \\ 90.2 \\ 31.75 \\ 18.4 \end{pmatrix},$$

$$S_1 = \begin{pmatrix} 30530 & & & \\ 6298 & 15736.8 & & \\ -1078 & -796.8 & 955 & \\ 198 & 1387.8 & 90.2 & 413.8 \end{pmatrix},$$

$$S_2 = \begin{bmatrix} 51705 & & & \\ 7021.5 & 12288.95 & & \\ -1571.5 & -807.95 & 364.95 & \\ 827 & 321.1 & -5.1 & 133.8 \end{bmatrix},$$

$$S_3 = \begin{bmatrix} 43173.75 & & & \\ 9959 & 12441.2 & & \\ -1301.25 & -333 & 761.5 & \\ 723 & 457.4 & -112 & 476.8 \end{bmatrix},$$

$$E = S_1 + S_2 + S_3 = \begin{bmatrix} 125408.75 & & & \\ 23278.50 & 40466.95 & & \\ -3950.75 & -1937.75 & 2082.5 & \\ 1748.00 & 2166.3 & -26.9 & 1024.2 \end{bmatrix},$$

$$B = \begin{bmatrix} 39065.83 & & & \\ 2307.92 & 4017.23 & & \\ -724.08 & -35.82 & 13.43 & \\ 786.00 & -26.90 & -14.7 & 17.2 \end{bmatrix},$$

$$W = \begin{bmatrix} 164474.58 & & & \\ 25586.42 & 44484.18 & & \\ -4674.83 & -1973.57 & 2095.93 & \\ 2534.00 & 2139.40 & -41.60 & 1041.4 \end{bmatrix},$$

$$\Lambda = \frac{|E|}{|W|} = \frac{7.840 \times 10^{15}}{1.184 \times 10^{15}} = 0.6621,$$

它遵从 $\Lambda(4,57,2)$，查表 $\Lambda_{0.01}(4,57,2) = 0.709$，$\Lambda < \Lambda_{0.01}$，高度显著，故三组的指标有十分明显的差异.

如果手头没有 Λ 分布表，在 §3 已经讲过，可用 χ^2 分布或 F 分布近似，对此例 $n=60, m=4, k=3, \Lambda=0.6621$ 代入到(3.14)中

$$V = -\left(57 + 2 - \frac{4+2+1}{2}\right)\log 0.6621 = 22.88,$$

它遵从 χ_8^2，查表 $\chi_8^2(0.01) = 20.1$，故三组的指标有明显的差异，与用 Λ 表的结论一致. 如用 F 分布近似，由表 3.1 用 $n_2 = 2$ 的一行

$$F = \frac{1 - \sqrt{0.6621}}{\sqrt{0.6621}} \frac{57-4}{4} = 3.09,$$

它遵从 $F(8,106)$，查表 $F_{0.01}=2.68$，显著，结论与上面完全一致.

此例如果对四个指标分别用一元的方差分析，由 E 阵和 B 阵对角线上的元素有

$$F_1 = \frac{39065.83/2}{125408.75/57} = 8.88, \quad F_2 = \frac{4017.23/2}{40466.95/57} = 2.83,$$

$$F_3 = \frac{13.43/2}{2082.5/57} = 0.18, \quad F_4 = \frac{17.2/2}{1024.2/57} = 0.48,$$

其自由度均为 $f_1=2, f_2=57, F_{0.05}=3.16, F_{0.01}=5.01$，只有第一个指标特别显著，如果删去第一个指标，对后三个指标用 T^2 检验，这时

$$\Lambda = \frac{7.289 \times 10^{10}}{8.372 \times 10^{10}} = 0.8706,$$

它遵从 $\Lambda(3,57.2)$，查表 $\Lambda_{0.05}=0.807<0.8706$，不显著，说明三者之间确实只有第一个指标有显著差异.

§7. 协方差不等时均值的检验

以上讨论的均值检验都是母体间等协方差阵的情况. 当协方差阵不相等时，即使在一元统计中也没有很好解决，这是著名的 Behrens-Fisher 问题，这里介绍一种检验的方法，这种方法是可行的，但并不是很理想的方法.

在上节的记号之下，先讨论 $k=2$ 的情况. 这时分两种情况：

(i) $n_1 = n_2 = n$.

令 $z_{(i)} = y_{(i)}^{(1)} - y_{(i)}^{(2)}, i = 1, \cdots, n$. 则 $z_{(i)} \sim N_m(\mu^{(1)} - \mu^{(2)}, V^{(1)} + V^{(2)})$，$\{z_{(i)}, i=1, \cdots, n\}$ 互相独立，记

$$\bar{z} = \frac{1}{n} \sum_{i=1}^{n} z_{(i)} = \bar{y}^{(1)} - \bar{y}^{(2)},$$

$$S = \sum_{i=1}^{n} (z_{(i)} - \bar{z})(z_{(i)} - \bar{z})'$$

$$= \sum_{i=1}^{n} (y_{(i)}^{(1)} - y_{(i)}^{(2)} - \bar{y}^{(1)} + \bar{y}^{(2)})(y_{(i)}^{(1)} - y_{(i)}^{(2)} - \bar{y}^{(1)} + \bar{y}^{(2)})'.$$

作统计量

$$T^2 = n(n-1)\bar{z}'S\bar{z}, \tag{7.1}$$

则 $T^2 \sim T^2(m, n-1)$，它可以检验 $\mu^{(1)} - \mu^{(2)} = 0$. 如果 $V^{(1)} = V^{(2)}$，在 §4 中构造的统计量(4.17)有 $2n-2$ 个自由度，而这里丧失了 $n-1$ 个自由度.

(ii) $n_1 \neq n_2$，不妨设 $n_1 < n_2$，令

$$z_{(i)} = y_{(i)}^{(1)} - \sqrt{\frac{n_1}{n_2}} y_{(i)}^{(2)} + \frac{1}{\sqrt{n_1 n_2}} \sum_{j=1}^{n_1} y_{(j)}^{(2)} - \frac{1}{\sqrt{n_2}} \sum_{k=1}^{n_2} y_{(k)}^{(2)}, i = 1, \cdots, n_1.$$

$$\tag{7.2}$$

则

$$E(z_{(i)}) = \mu^{(1)} - \sqrt{\frac{n_1}{n_2}} \mu^{(2)} + \frac{n_1}{\sqrt{n_1 n_2}} \mu^{(2)} - \frac{n_1}{n_2} \mu^{(2)} = \mu^{(1)} - \mu^{(2)},$$

$z_{(i)}$ 与 $z_{(j)}$ 的协方差为

$$E\big[z_{(i)} - E(z_{(i)})\big]\big[z_{(j)} - E(z_{(j)})\big]'$$

$$= E\bigg\{ \big(y_{(i)}^{(1)} - \mu^{(1)}\big) - \sqrt{\frac{n_1}{n_2}}\big(y_{(i)}^{(2)} - \mu^{(2)}\big)$$

$$+ \frac{1}{\sqrt{n_1 n_2}}\sum_{k=1}^{n_2}\big(y_{(k)}^{(2)} - \mu^{(2)}\big) - \frac{1}{n_2}\sum_{k=1}^{n_2}\big(y_{(k)}^{(2)} - \mu^{(2)}\big)\bigg\}\bigg\{\big(y_{(j)}^{(1)} - \mu^{(1)}\big)'$$

$$- \sqrt{\frac{n_1}{n_2}}\big(y_{(j)}^{(2)} - \mu^{(2)}\big)' + \frac{1}{\sqrt{n_1 n_2}}\sum_{k=1}^{n_1}\big(y_{(k)}^{(2)} - \mu^{(2)}\big)'$$

$$- \frac{1}{n_2}\sum_{k=1}^{n_2}\big(y_{(k)}^{(2)} - \mu^{(2)}\big)'\bigg\}$$

$$= \delta_{ij}V^{(1)} + \frac{n_1}{n_2}\delta_{ij}V^{(2)} + V^{(2)}\bigg(-2\frac{1}{n_2} + \frac{2}{n_2}\sqrt{\frac{n_1}{n_2}} + \frac{n_1}{n_1 n_2}$$

$$- 2\frac{n_1}{\sqrt{n_1 n_2} n_2} + \frac{n_2}{n_2^2}\bigg) = \delta_{ij}\bigg(V^{(1)} + \frac{n_1}{n_2}V^{(2)}\bigg). \tag{7.3}$$

这说明 $\{z_{(i)}, i = 1, \cdots, n_1\}$ 互相独立, 有均值 $\mu^{(1)} - \mu^{(2)}$ 和协差阵 $V^{(1)} + \frac{n_1}{n_2}V^{(2)}$, 自然可以用统计量

$$T^2 = n_1(n_1 - 1)\bar{z}'S^{-1}\bar{z} \tag{7.4}$$

来检验, 此时 $T^2 \sim T^2(m, n_1 - 1)$, 其中

$$\bar{z} = \frac{1}{n_1}\sum_{i=1}^{n_1} z_{(i)} = \bar{y}^{(1)} - \bar{y}^{(2)}, \tag{7.5}$$

$$S = \sum_{i=1}^{n_1}(z_{(i)} - \bar{z})(z_{(i)} - \bar{z})'$$

$$= \sum_{i=1}^{n_1}\bigg[y_{(i)}^{(1)} - \bar{y}^{(1)} - \sqrt{\frac{n_1}{n_2}}\bigg(y_{(i)}^{(2)} - \frac{1}{n_1}\sum_{j=1}^{n_1} y_{(j)}^{(2)}\bigg)\bigg]$$

$$\times \bigg[y_{(i)}^{(1)} - \bar{y}^{(1)} - \sqrt{\frac{n_1}{n_2}}\bigg(y_{(j)}^{(2)} - \frac{1}{n_1}\sum_{j=1}^{n_1} y_{(j)}^{(2)}\bigg)\bigg]'. \tag{7.6}$$

为了计算的方便, 令

$$u_{(i)} = y_{(i)}^{(1)} - \sqrt{\frac{n_1}{n_2}}y_{(i)}^{(2)}, \ i = 1, \cdots, n_1, \tag{7.7}$$

则

$$S = \sum_{i=1}^{n_1} (u_{(i)} - \bar{u})(u_{(i)} - \bar{u})',$$

这里

$$\bar{u} = \frac{1}{n_1} \sum_{i=1}^{n_1} u_{(i)}.$$

这种思想也可设法推广到多个母体的情况,这里就不详细介绍了.

§8. 协差阵的检验

多维正态分布有两组参数,均值 μ 和协差阵 V,前者的检验已经讨论了很多,现在着手解决协差阵的检验.根据具体要求分如下几个情况来讨论.

8.1 检验 $V = V_0$ 设样本 $y_{(1)}, \cdots, y_{(n)}$ 来自总体 $N_m(\mu, V)$,要检验

$$H_0 : V = V_0. \tag{8.1}$$

V_0 为已知的正定阵.首先我们假定 $V_0 = I_m$,然后再化到一般的情形.我们用极大似然比法,似然函数是

$$L(\mu, V) = (2\pi)^{-mn/2} |V|^{-n/2} \times \exp\left\{ -\frac{1}{2} \sum_{\alpha=1}^{n} (y_{(\alpha)} - \mu)' V^{-1} (y_{(\alpha)} - \mu) \right\}. \tag{8.2}$$

似然比统计量是

$$\lambda_1 = \frac{\max\limits_{\mu} L(\mu, I_m)}{\max\limits_{\mu, V<0} L(\mu, V)}. \tag{8.3}$$

运用我们多次用过的方法,易见

$$\max\limits_{\mu} L(\mu, I_m) = (2\pi)^{-mn/2} e^{-\mathrm{tr}S/2}, \tag{8.4}$$

$$\max\limits_{\mu, V<0} L(\mu, V) = (2\pi)^{-mn/2} \left| \frac{1}{n} S \right|^{-n/2} e^{-mn/2}, \tag{8.5}$$

其中

$$S = \sum_{\alpha=1}^{n} (y_{(\alpha)} - \bar{y})(y_{(\alpha)} - \bar{y})'.$$

代到(8.3)中,

$$\lambda_1 = \left(\frac{e}{n} \right)^{mn/2} |S|^{n/2} e^{-1/2\mathrm{tr}S}. \tag{8.6}$$

当 V_0 不一定是 I_m 时,令 $z_{(i)} = V_0^{-1/2} y_{(i)}$, $i = 1, \cdots, n$. 于是 $z_{(i)} \sim N_m(V_0^{-1/2}\mu, V_0^{-1/2} V V_0^{-1/2})$,检验 $V = V_0$ 就等价于检验 $V_0^{-\frac{1}{2}} V V_0^{-\frac{1}{2}} = I$,这时

$$B = \sum_{\alpha} (z_{(\alpha)} - \bar{z})(z_{(\alpha)} - \bar{z})'$$

$$= V_0^{-\frac{1}{2}} \sum_\alpha (y_{(\alpha)} - \bar{y})(y_{(\alpha)} - \bar{y})' V_0^{-\frac{1}{2}}$$

$$= V_0^{-\frac{1}{2}} S V_0^{-\frac{1}{2}},$$

B 相当于上面的 S，用它代入(8.6)式，注意

$$|B| = |SV_0^{-1}|, \quad \mathrm{tr}(B) = \mathrm{tr}(SV_0^{-1}),$$

似然比统计量为

$$\lambda_1 = \left(\frac{e}{n}\right)^{mn/2} |SV_0^{-1}|^{n/2} e^{-\frac{1}{2}\mathrm{tr}(SV_0^{-1})}. \tag{8.7}$$

于是就得

定理 8.1　检验(8.1)的似然比统计量是 λ_1，它由(8.7)定义，其否定域为 $\lambda_1 \leqslant c_{1\alpha}$。

为了定出 $c_{1\alpha}$ 的值就需要知道 λ_1 的分布。当 n 较小时，下面给出求近似分布的办法；当 n 较大时，其极限分布是 χ^2 分布。

定理 8.2　当 H_0 成立时，$-2\ln\lambda_1$ 的极限分布是 $\chi^2_{m(m+1)/2}$。

证明见[19]265—267。

为了导出近似分布，由(8.7)式，注意 $\hat{V} = \dfrac{1}{n-1}S$，则

$$-2\ln\lambda_1 = -mn + mn\ln n - n\ln|\hat{V}| - mn\ln(n-1)$$
$$\qquad + n\ln|V_0| + (n-1)\mathrm{tr}(\hat{V}V_0)$$
$$= (n-1)[\ln|V_0| - m - \ln|\hat{V}| + \mathrm{tr}(\hat{V}V_0^{-1})].$$

令

$$L = (n-1)[\ln|V_0| - m - \ln|\hat{V}| + \mathrm{tr}(\hat{V}V_0^{-1})]. \tag{8.8}$$

柯云(Korin, 1968)[20] 已导出 L 的极限分布和近似分布，并对小的 n 算出了表，本书末附了这个表，供使用的方便。当 n 较大时，由定理 8.2，L 近似为 χ^2 分布，柯云导出：

$$L \text{ 近似于 } \chi^2_{m(m+1)/2}(1-D_1), \tag{8.9}$$

其中

$$D_1 = \left(2m + 1 - \frac{2}{m+1}\right)\bigg/6(n-1). \tag{8.10}$$

L 也可以用 F 分布来近似，其关系是

$$L \text{ 近似于 } bF(f_1, f_2), \tag{8.11}$$

其中

$$f_1 = m(m+1)/2, \quad f_2 = (f_1 + 2)/(D_2 - D_1^2), \tag{8.12}$$

$$D_2 = (m-1)(m+2)/6(n-1)^2, \tag{8.13}$$

$$b = \frac{f_1}{1 - D_1 - f_1/f_2},\tag{8.14}$$

D_1 由(8.10)确定.统计量 λ_1 有许多好的性质,我们仅仅叙述而不加以证明.

(i) 对于检验 $H_0: V = V_0, H_1: V \neq V_0$,统计量 λ_1 在变换群 $G = (\Gamma(m), R_m)$ 下不变,其中 $\Gamma(m)$ 表示 m 阶正交变换,R_m 表示位移变换,即对变换群:

$$y_{(\alpha)} \to \Gamma y_{(\alpha)} + a, \quad \Gamma \in \Gamma(m), \ a \in R_m,$$

λ_1 不变.

(ii) 对于检验 $H_0: V = V_0, H_1: V \neq V_0$,参数 μ 未知,统计量 λ_1 以 $\lambda_1 \leqslant c_{1\alpha}$ 为否定域的检验是无偏的.所谓无偏的含意是,令

$$\omega = \left\{ S \mid S > 0, \left(\frac{e}{n}\right)^{mn/2} |V_0^{-1}S|^{(n-1)/2} \times \exp\left[-\frac{1}{2}\mathrm{tr}(V_0^{-1}S)\right] > c_{1\alpha} \right\}.$$

它表示接受域,则 $P(\omega|H_0) - P(\omega|H_1) \geqslant 0$.

(iii) 上述检验的势函数 $\beta(\theta)$ 随着 $|\theta_i - 1|$(对每个 i)上升而增加,其中 θ_i 为 V_0 的特征根.

有关这些性质的论述参看[4].

检验(8.1)的 H_0 还有别的方法.例如可用特征根的方法,如果假设 H_0 成立,VV_0^{-1} 应为单位阵 I_m,SV_0^{-1} 应近似为 $(n-1)I_m$,SV_0^{-1} 的特征根不应当离开 $n-1$ 太远,令 $\lambda_1 \geqslant \lambda_2 \geqslant \cdots \geqslant \lambda_m$ 为

$$|SV_0^{-1} - \lambda I_m| = 0$$

的特征根,则 λ_1 不应比$(n-1)$大得太多,λ_m 不应比 $n-1$ 小得太多,用 λ_1 和 λ_m 作为检验的统计量,称为最大最小特征根法,关于这种检验已有专门的表(参看[33]),我们就不详细介绍了.

8.2 检验

$$H_0: V = \sigma^2 V_0, \quad H_1: V \neq \sigma^2 V_0.\tag{8.15}$$

V_0 为已知的正定阵,σ^2, μ 未知.这个检验通常称为球性检验,为了导出检验这个假设的似然比统计量,仿以上的方法,先假定 $V_0 = I_m$,这时似然比统计量

$$\lambda_2 = \frac{\max\limits_{\mu, \sigma^2} L(\mu, \sigma^2 I_m)}{\max\limits_{\mu, V} L(\mu, V)},\tag{8.16}$$

因为

$$L(\mu, \sigma^2 I_m) = (2\pi)^{-mn/2}(\sigma^2)^{-mn/2}\exp\left\{-\frac{1}{2\sigma^2} A\right\},$$

A 为上章(4.10)所定义.易见

$$\max\limits_{\mu, \sigma^2} L(\mu, \sigma^2 I_m) = (2\pi)^{-mn/2}(\mathrm{tr}(S)/nm)^{-nm/2}\exp\left(-\frac{nm}{2}\right).\tag{8.17}$$

将它和(8.5)式代入到(8.16)式,得

$$\lambda_2 = \frac{|S|^{n/2}}{(\mathrm{tr}(S)/m)^{nm/2}}. \tag{8.18}$$

当 V_0 不一定为 I_m 时,用推导 λ_1 时同样的手法得

$$\lambda_2 = \frac{|V_0^{-1}S|^{n/2}}{(\mathrm{tr}(V_0^{-1}S)/m)^{mn/2}}. \tag{8.19}$$

因此得

定理 8.3 检验假设(8.15)的似然比统计量是(8.19),其否定域为 $\lambda_2 \leqslant c_{2\alpha}$.

这个统计量有人将 n 改为 $n-1$(与 $-2\ln\lambda_1$ 近似为 L 的做法相似)称为修改的似然比统计量. 令

$$W = (\lambda_2)^{2/n} = \frac{m^m |V_0^{-1}S|}{[\mathrm{tr}(V_0^{-1}S)]^m}. \tag{8.20}$$

为了定出 $c_{2\alpha}$,摩斯李(Mauchly)[22]在 1940 年导出了 W 的各阶矩,Khatri 和 Srivastava[23]在 1971 年导出了 W 的精确分布,Davis 在 1971 年[24]获得了修改 λ_2 的近似分布,并证明对修改的 λ_2(即 n 代之以 $n-1$)有

$$-2\frac{6m(n-1)-(2m^2+m+2)}{6m(n-1)}\ln\lambda_2$$

$$= \frac{6m(n-1)-(2m^2+m+2)}{6m}\ln W$$

$$= \left[(n-1)-\frac{2m^2+m+2}{6m}\right]\ln W \text{ 渐近 } \chi^2_{m(m+1)/2-1},$$

本书末附录了 W 的分布表.

和 λ_1 一样,λ_2 也具有 λ_1 的前两个性质,即在群 G 下的不变性和对于接受域的无偏性,我们就不详细讨论了.

8.3 多个协差阵相等的检验 设 k 个总体的分布分别为 $N_m \cdot (\mu^{(1)}, V^{(1)}), \cdots, N_m(\mu^{(k)}, V^{(k)})$. 今分别抽了 $n_1, \cdots, n_k$ 个样品:

$$y_{(1)}^{(1)}, \cdots, y_{(n_1)}^{(1)}; \cdots; y_{(1)}^{(k)}, \cdots, y_{(n_k)}^{(k)}; n = \sum_{i=1}^{k} n_i,$$

记

$$\overline{y}^{(i)} = \frac{1}{n_i}\sum_{j=1}^{n_i} y_{(j)}^{(i)}, \quad i = 1, \cdots, k,$$

$$S_i = \sum_{j=1}^{n_i}(y_{(j)}^{(i)} - \overline{y}^{(i)})(y_{(j)}^{(i)} - \overline{y}^{(i)})', \quad i = 1, \cdots, k, \tag{8.21}$$

$$S = \sum_{i=1}^{k} S_i, \tag{8.22}$$

要检验

$$H_0: V^{(1)} = \cdots = V^{(k)}. \tag{8.23}$$

这时似然函数为

$$L(\mu^{(1)}, \cdots, \mu^{(k)}; V^{(1)}, \cdots, V^{(k)}) = (2\pi)^{-mn/2} \sum_{i=1}^{k} |V^{(i)}|^{-n_i/2}$$

$$\times \exp\left\{ -\frac{1}{2} \mathrm{tr}\left[\sum_{i=1}^{k} V^{(i)-1} \left(\sum_{j=1}^{n_i} (y^{(i)}_{(j)} - \mu^{(i)})(y^{(i)}_{(j)} - \mu^{(i)})' \right) \right] \right\}. \tag{8.24}$$

用我们多次采用的方法,可以求得

$$\max_{\mu^{(1)}, \cdots, \mu^{(k)}, V^{(1)}, \cdots, V^{(k)} > 0} L(\mu^{(1)}, \cdots, \mu^{(k)}; V^{(1)}, \cdots, V^{(k)})$$

$$= (2\pi)^{-mn/2} \exp\{-mn/2\} \prod_{i=1}^{k} \left| \frac{1}{n_i} S_i \right|^{-n_i/2}. \tag{8.25}$$

又因

$$L(\mu^{(1)}, \cdots, \mu^{(k)}; V, \cdots, V) = (2\pi)^{-mn/2} |V|^{-n/2}$$

$$\times \exp\left\{ -\frac{1}{2} \mathrm{tr}\left[V^{-1} \sum_{i=1}^{k} \sum_{j=1}^{n_i} (y^{(i)}_{(j)} - \mu^{(i)})(y^{(i)}_{(j)} - \mu^{(i)})' \right] \right\},$$

可求得

$$\max_{\mu^{(1)}, \cdots, \mu^{(k)}, V} L(\mu^{(1)}, \cdots, \mu^{(k)}; V, \cdots, V) = (2\pi)^{-mn/2} \left| \frac{S}{n} \right|^{-n/2} \times \exp\left\{ -\frac{1}{2} mn \right\}. \tag{8.26}$$

从而检验(8.23)的似然比统计量为

$$\lambda_3 = \frac{\displaystyle\max_{\mu^{(1)}, \cdots, \mu^{(k)}, V > 0} L(\mu^{(1)}, \cdots, \mu^{(k)}; V, \cdots, V)}{\displaystyle\max_{\substack{\mu^{(1)}, \cdots, \mu^{(k)} \\ V^{(1)}, \cdots, V^{(k)} > 0}} L(\mu^{(1)}, \cdots, \mu^{(k)}; V^{(1)}, \cdots, V^{(k)})}$$

$$= \frac{\left| \dfrac{1}{n} S \right|^{-n/2}}{\displaystyle\prod_{i=1}^{k} \left| \dfrac{1}{n_i} S_i \right|^{-n_i/2}} = \frac{n^{mn/2} \displaystyle\prod_{i=1}^{k} |S_i|^{n_i/2}}{\displaystyle\prod_{i=1}^{k} n_i^{mn_i/2} |S|^{n/2}} \tag{8.27}$$

因此得

定理 8.4　检验(8.23)的似然比统计量是 λ_3,它由(8.27)所定义,其后定域为 $\lambda_3 \leqslant c_{3\alpha}$.

巴特莱特(Bartlett)建议将 λ_3 中 n_i 变成 $n_i - 1$,从而 n 变为 $n - k$,变化后的 λ_3 记为 λ_3',称为修改的似然比统计量,当 $\{n_i\}$ 相等时,柯云(Korin)算出了表,本书末附了这个表,而一般情况勃克斯(Box)给出了 $-2\ln\lambda_3'$ 的近似分布. 令

$$M = -2\ln\lambda'_3 = (n-k)\ln|S/(n-k)| - \sum_{i=1}^{k}(n_i-1)\ln|S_i/(n_i-1)|.$$

$$(8.28)$$

勃克斯指出 M 近似遵从 $\chi^2_{f_1}/(1-d_1)$，其中

$$f_1 = \frac{1}{2}m(m+1)(k-1),$$

$$(8.29)$$

$$d_1 = \begin{cases} \dfrac{2m^2+3m-1}{6(m+1)(k-1)}\left\{\sum_{i=1}^{k}\dfrac{1}{n_i-1}-\dfrac{1}{n-k}\right\}, & \{n_i\}\ \text{不必相等}, \\ \dfrac{(2m^2+3m-1)(k+1)}{6(m+1)k(n-1)}, & \{n_i\}\ \text{相等}. \end{cases}$$

$$(8.30)$$

M 也可用 F 分布来近似，M 近似遵从 $bF(f_1,f_2)$，其中

$$b = \frac{f_1}{1-d_1-f_1/f_2},$$

$$(8.31)$$

$$f_2 = \frac{f_1+2}{d_2-d_1^2},$$

$$(8.32)$$

$$d_2 = \begin{cases} \dfrac{(m-1)(m+2)}{6(k-1)}\left\{\sum_{i=1}^{k}\dfrac{1}{(n_i-1)^2}-\dfrac{1}{(n-k)^2}\right\}, & \{n_i\}\ \text{不必相等}, \\ \dfrac{(m-1)(m+2)(k^2+k+1)}{6k^2(n-1)^2}, & \{n_i\}\ \text{相等}. \end{cases}$$

$$(8.33)$$

当 $k=2$ 时，Khatri 和 Srivastava[23] 导出了 λ'_3 的精确分布. 如用 $\theta_1 \geqslant \cdots \geqslant \theta_m$ 表示 $V^{(1)}V^{(2)-1}$ 的特征根，则检验 $V^{(1)}=V^{(2)}$ 等价于检验

$$H_0: \theta_1 = \cdots = \theta_m = 1,$$

$$(8.34)$$

而 $\theta_1,\cdots,\theta_m$ 对于变换群 $G=(GL(m),T)$ 不变，$GL(m)$ 表示全部 m 阶非奇异矩阵，T 为位移变换，这时 $g\in G$，相应的变换是 $y_{(j)}^{(i)}\to c_g y_{(j)}^{(i)}+b_g\ c_g\in GL(m)$，$b_g$ 为一 m 维向量.

可以导出建立在 $\theta_1,\cdots,\theta_m$ 的基础上许多不变检验，例如

(a) 建立在 $|S_1 S_2^{-1}|$ 基础上的检验；

(b) 建立在 $\mathrm{tr}(S_1 S_2^{-1})$ 基础上的检验；

(c) 建立在 $S_1 S_2^{-1}$ 最大最小特征根（即 θ_1 和 θ_m）基础上的检验；

(d) 建立在 $|(S_1+S_2)S_2^{-1}|$ 基础上的检验.

这些统计量具有一些很好的性质，这里我们就不详细讨论了.

8.4 多个协差阵和均值的同时检验 前面讨论的检验是均值和协差阵分别进行的，当两者都需要检验时能否同时进行呢？即检验

$$H_0: V^{(1)}=\cdots=V^{(k)}, \mu^{(1)}=\cdots=\mu^{(k)}.$$

$$(8.35)$$

用 λ_4 表示这个检验的似然比统计量,容易推出

$$\lambda_4 = \lambda\lambda_3, \tag{8.36}$$

其中 λ 为(6.11)定义,λ_3 由(8.27)确定,于是

$$\lambda_4 = \frac{n^{mn/2}\prod\limits_{i=1}^{k}|S_i|^{n_i/2}}{|W|\prod\limits_{i=1}^{k}n_i^{mn_i/2}}, \tag{8.37}$$

W 为(6.5)式定义. 因此得

定理 8.5　检验(8.35)的似然比统计量为 λ_4,它由(8.37)定义,其否定域为 $\lambda_4 \leqslant c_{4\alpha}$.

和 $\lambda_1, \lambda_2, \lambda_3$ 一样,λ_4 也有其修改的似然比统计量,将其中的 n_i 变成 $n_i - 1$,n 变成 $n - k$,修改后的记作 λ_4',勃克斯(Box)证明了当假设 H_0 成立时

$$P(-2\rho\log\lambda_4' \leqslant u) = P(\chi_f^2 \leqslant u) + \omega_2[P(\chi_{f+4}^2 \leqslant u) \\ - P(\chi_f^2 \leqslant u)] + o(n^{-3}), \tag{8.38}$$

其中

$$f = \frac{1}{2}(k-1)m(m+1), \tag{8.39}$$

$$\rho = 1 - \left(\sum_{i=1}^{k}\frac{1}{n_i-1} - \frac{1}{n-k}\right)\left(\frac{2m^2+3m-1}{6(k-1)(m+3)}\right) \\ + \frac{m-k+2}{(m-k)(m+3)},$$

$$\begin{aligned} \omega_2 = \frac{m}{288\rho^2}\Big[&6\left(\sum_{i=1}^{k}\frac{1}{(n_i-1)^2} - \frac{1}{(n-k)^2}\right) \\ &\times (m+1)(m+2)(m-1) \\ &- \sum_{i=1}^{k}\left(\frac{1}{n_i-1} - \frac{1}{n-k}\right)^2\frac{(2m^2+3m-1)^2}{(k-1)(m+3)} \\ &- 12\left(\sum_{i=1}^{k}\frac{1}{n_i-1} - \frac{1}{n-k}\right)\times\frac{(2m^2+3m-1)(m-k+2)}{(n-k)(m+3)} \\ &- 36\frac{(k-1)(m-k+2)^2}{(n-k)^2(m+3)} \\ &- \frac{12(k-1)}{(n-k)^2}(-2k^2+7k+3mk-2m^2-6m-4)\Big], \end{aligned} \tag{8.40}$$

从而当假设 H_0 成立时,对大样本情形,就有

$$-2\rho\log\lambda_4' \text{ 渐近 } \chi_{(k-1)m(m+1)/2}^2.$$

例8.1 在第二章§8的服装标准制定中,协差阵是很重要的参数.从大量的调查中已知北京市成年女子三个基本部位(总体高,胸围,腰围)的协差阵是

$$V_0 = \begin{bmatrix} 29.57 & & \\ 3.92 & 39.05 & \\ 1.76 & 39.19 & 63.07 \end{bmatrix},$$

为了验证标准,在北京市又抽查了100位成年女子,经计算,这三个部位的协差阵是

$$\hat{V} = \begin{bmatrix} 22.12 & & \\ 2.98 & 32.72 & \\ 0.46 & 30.39 & 50.98 \end{bmatrix}.$$

我们自然要检验后来抽的这100人是否与原来的总体一致,当然首先要检验 $V = V_0$,然后再去检验均值.用统计量(8.8)算得

$$|V_0| = 21319.216, \quad \ln|V_0| = 9.967,$$
$$|\hat{V}| = 16092.310, \quad \ln|\hat{V}| = 9.686,$$
$$V_0^{-1} = \begin{bmatrix} 0.0435 & & \\ -0.00836 & 0.0696 & \\ 0.00398 & -0.0430 & 0.0425 \end{bmatrix},$$
$$\mathrm{tr}(\hat{V}V_0^{-1}) = 2.746,$$

代入到(8.8)式

$$L = (100-1)[9.967 - 3 - 9.686 + 2.746] = 2.673.$$

如用 χ^2 近似

$$D_1 = \frac{1}{6 \times (100-1)}\left(2 \times 3 + 1 - \frac{2}{3+1}\right) = 0.0109,$$
$$m(m+1)/2 = 6,$$

于是

$$L/(1-D_1) = 2.673/(1-0.0109) = 2.702,$$

它遵从 χ^2_6,取 $\alpha = 0.05$ 时,χ^2 表的临界值为12.59,故不能否定假设,可以认为后抽的100人与原母体同协差阵.如果用 F 检验来近似,结论也是相同的.

例8.2 为了对比两个矿的某些特性,将两矿的超基性岩体中 $MgO(y_1)$,NiO (y_2),$Cr_2O_3(y_3)$,$K_2O(y_4)$ 和 $FeO(y_5)$ 的含量测出,每矿各测10个岩体,将它们取对数(岩体化合物含量通常是对数正态)后的协差阵分别为

$$\hat{V}^{(1)} = \begin{pmatrix} 10.816 \\ -0.358 & 0.030 \\ 0.182 & -0.009 & 0.025 \\ -0.049 & 0.000 & 0.000 & 0.006 \\ 0.383 & -0.057 & -0.007 & -0.001 & 1.192 \end{pmatrix},$$

$$\hat{V}^{(2)} = \begin{pmatrix} 7.694 \\ -0.350 & 0.037 \\ 0.002 & -0.005 & 0.226 \\ -0.028 & -0.001 & 0.004 & 0.008 \\ 0.623 & -0.023 & -0.006 & 0.000 & 1.682 \end{pmatrix},$$

问能否将两个矿的协差阵看成是相等的?

这个问题是要检验 $H_0: V^{(1)} = V^{(2)}$. 这时 $m=5, k=2, n_1 = n_2 = 10$,可以利用 (8.28)定义的 M 统计量进行检验. 因为

$$S/(n-k) = \begin{pmatrix} 9.255 \\ -0.354 & 0.034 \\ 0.092 & -0.007 & 0.126 \\ -0.039 & -0.001 & 0.002 & 0.007 \\ 0.503 & -0.040 & -0.006 & -0.001 & 1.437 \end{pmatrix},$$

$$|S/(n-k)| = 0.000209911,$$
$$\ln|S/(n-k)| = -8.4698,$$
$$|S_1/(n_1-1)| = |\hat{V}^{(1)}| = 0.0000248164,$$
$$\ln|S_1/(n_1-1)| = -10.604,$$
$$|S_2/(n_2-1)| = |\hat{V}^{(2)}| = 0.0004514085,$$
$$\ln|S_2/(n_2-1)| = -7.703.$$

代入到(8.28)式
$$M = 18 \times (-8.4698) - 9 \times (-10.604 - 7.703) = 12.325.$$
如用 χ^2 来近似,由(8.29),(8.30)式有
$$f_1 = \frac{1}{2} \times 5 \times 6 = 15,$$
$$d_1 = \frac{(50+15-1)(2+1)}{6 \times 6 \times 2 \times 19} = 0.14,$$
$$M \times (1 - d_1) = 12.325 \times 0.86 = 10.60,$$
它遵从 χ^2_{15} 分布,取 $\alpha = 0.05$,χ^2 表上临界值为 24.996,故不能认为两矿超基性岩体中 $MgO, NiO, Cr_2O_3, K_2O, FeO$ 的散布有明显的差异.

§9. 独立性检验

一个随机向量 $y = \begin{bmatrix} y_1 \\ \vdots \\ y_m \end{bmatrix} = \begin{bmatrix} y^{(1)} \\ y^{(2)} \end{bmatrix}$，如果 $y^{(1)}$ 和 $y^{(2)}$ 独立，在处理多元分析中的许多问题时会有极大的便利，一个高维的问题就化为一个低维的问题. 在第二章我们讲过 $y^{(1)}$ 和 $y^{(2)}$ 独立等价于 $\mathrm{cov}(y^{(1)}, y^{(2)}) = 0$，因此检验独立性就等价于检验协差阵中某一块为 0. 更一般的问题是将 y 分成 k 部分，要检验这 k 个部分互相之间是否独立.

设 m 个指标分成 k 组，即

$$y = \begin{bmatrix} y_1 \\ \vdots \\ y_m \end{bmatrix} = \begin{bmatrix} y^{(1)} \\ \vdots \\ y^{(k)} \end{bmatrix} \begin{matrix} m_1 \\ \vdots \\ m_k \end{matrix} \sim N_m(\mu, V), \tag{9.1}$$

相应的均值和协差阵也进行分块：

$$\mu = \begin{bmatrix} \mu^{(1)} \\ \vdots \\ \mu^{(k)} \end{bmatrix}, \ V = \begin{bmatrix} V_{11} & \cdots & V_{1k} \\ \vdots & & \vdots \\ V_{k1} & \cdots & V_{kk} \end{bmatrix}, \tag{9.2}$$

这个母体抽了 n 个样 $y_{(1)}, \cdots, y_{(n)}$，相应的样本均值 $\bar{y}$ 和离差阵 S 也进行分块：

$$\bar{y} = \begin{bmatrix} \bar{y}^{(1)} \\ \vdots \\ \bar{y}^{(k)} \end{bmatrix}, \ S = \begin{bmatrix} S_{11} & \cdots & S_{1k} \\ \vdots & & \vdots \\ S_{k1} & \cdots & S_{kk} \end{bmatrix}. \tag{9.3}$$

要检验 $\{y^{(1)}, \cdots, y^{(k)}\}$ 相互独立等价于检验

$$H_0: V_{ij} = O, \text{一切 } i \neq j, i, j = 1, 2, \cdots, k. \tag{9.4}$$

这个检验的似然比统计量是

$$\lambda_5 = \frac{\max\limits_{\omega} L(\mu, V)}{\max\limits_{\mu, V>0} L(\mu, V)}, \tag{9.5}$$

其中 $\omega = \{(\mu, V): V_{ij} = O, \text{一切 } i \neq j\}$. 分母过去已经求得

$$\max_{\mu, V>0} L(\mu, V) = (2\pi)^{-mn/2} \left| \frac{1}{n} S \right|^{-n/2} \exp\left\{ -\frac{1}{2} mn \right\}. \tag{9.6}$$

当 H_0 成立时，

$$L(\mu, V) = \prod_{i=1}^{k} (2\pi)^{-m_i n/2} |V_{ii}|^{-n/2}$$

$$\times \exp\left\{ -\frac{1}{2} \mathrm{tr}\left[V_{ii}^{-1} \sum_{a=1}^{n} (y_{(a)}^{(i)} - \mu^{(i)}) \times (y_{(a)}^{(i)} - \mu^{(i)})' \right] \right\}.$$

$$\tag{9.7}$$

为求 $L(\mu, V)$ 的极大值, 等价于对每个 i 求极大值后再相乘, 由过去惯用的手法得

$$\max_{\omega} L(\mu, V) = \prod_{i=1}^{k} \max_{\mu^{(i)}, V_{ii}} (2\pi)^{-m_i n/2} |V_{ii}|^{-n/2}$$

$$\times \exp\left\{-\frac{1}{2}\mathrm{tr}\left[V_{ii}^{-1}\sum_{\alpha=1}^{n}(y_{(\alpha)}^{(i)} - \mu^{(i)})\right.\right.$$

$$\left.\left.\times (y_{(\alpha)}^{(i)} - \mu^{(i)})'\right]\right\}$$

$$= \prod_{i=1}^{k}\left\{(2\pi)^{-nm_i/2}\left|\frac{1}{n}S_{ii}\right|^{-n/2}\exp\left\{-\frac{1}{2}nm_i\right\}\right\}. \qquad (9.8)$$

将 (9.6), (9.8) 代入到 (9.5) 中得

$$\lambda_5 = \left\{|S|\Big/\prod_{i=1}^{k}|S_{ii}|\right\}^{n/2} \triangleq v^{n/2}. \qquad (9.9)$$

因此有

定理 9.1　检验假设 (9.4) 的似然比统计量 λ_5 如 (9.9) 所定义, 其否定域为 $\lambda_5 \leqslant c_{5\alpha}$.

统计量 λ_5 也可用 y 的相关阵 R 来表达, 记 $R = (r_{ij})$,

$$r_{ij} = \frac{S_{ij}}{\sqrt{S_{ii}S_{jj}}}, \qquad (9.10)$$

将 R 和 S 作同样的剖分:

$$R = \begin{bmatrix} R_{11} & \cdots & R_{1k} \\ \vdots & & \vdots \\ R_{k1} & \cdots & R_{kk} \end{bmatrix}. \qquad (9.11)$$

则有

系 1　　　　$v = (\lambda_5)^{2/n} = |R|\Big/\prod_{i=1}^{k}|R_{ii}|. \qquad (9.12)$

证明　因为

$$|S| = |R|\prod_{i=1}^{m}s_{ii},$$

$$|S_{ii}| = |R_{ii}|\prod_{i=m_1+\cdots+m_{i-1}+1}^{m_1+\cdots+m_i}s_{ii},$$

s_{ii} 为 S 阵的对角元素, 将它们代入 (9.10) 式即得　　♯

λ_5 统计量在一些变换下是不变的, 它是一不变统计量. 考虑全部形如下式的矩阵:

$$C = \begin{bmatrix} C_1 & & & O \\ & C_2 & & \\ & & \ddots & \\ O & & & C_k \end{bmatrix},$$

$C_1, \cdots, C_k$ 分别为 $m_1, \cdots, m_k$ 阶非奇异方阵. (9.13)

系 2 λ_5 对形如(9.13)的线性变换群不变.

证明 令 $z_{(\alpha)} = C y_{(\alpha)}, \alpha = 1, \cdots, n$, 用 B 记 $\{z_{(\alpha)}\}$ 的离差阵,则

$$B = \sum_{\alpha=1}^{n} (z_{(\alpha)} - \bar{z})(z_{(\alpha)} - \bar{z})' = CSC'.$$

类似地将 B 剖分后,于是

$$B_{ij} = C_i S_{ij} C_j',$$

从而对 $\{z_{(\alpha)}\}$ 的 v 统计量 v^*

$$v^* = \frac{|B|}{\prod_{i=1}^{k} |B_{ii}|} = \frac{|CSC'|}{\prod_{i=1}^{k} |C_i S_{ii} C_j'|} = \frac{|C||C'||S|}{\prod_{i=1}^{k} |C_i||C_j'||S_{ii}|}$$

$$= \frac{|S|}{\prod_{i=1}^{k} |S_{ii}|} = v.$$

Narain(1950)指出这个统计量对其否定域是严格无偏的.

为了定出 $c_{5\alpha}$, 需要求 λ_5 或 v 的分布,安德生书[19]中234页至240页求出了

$$E(v^h) = \frac{\prod_{i=1}^{m} \Gamma\left(\frac{1}{2}(n-i)+h\right) \prod_{i=1}^{k} \prod_{j=1}^{m_i} \Gamma\left(\frac{1}{2}(n-j)\right)}{\prod_{i=1}^{m} \Gamma\left(\frac{1}{2}(n-i)\right) \prod_{i=1}^{k} \left\{\prod_{j=1}^{m_i} \Gamma\left(\frac{1}{2}(n-j)+h\right)\right\}}, h = 0, 1, \cdots$$

(9.14)

因为 $0 \leqslant v \leqslant 1$, 这些矩将 v 的分布唯一确定. 当假设成立时, 安德生书[19]中 §9.4 指出 v 的分布与 $\sum_{i=2}^{k} \sum_{j=1}^{m_i} x_{ij}$ 相同, $\{x_{ij}\}$ 相互独立, x_{ij} 遵从参数为

$$\left(\frac{1}{2}(n - \delta_{i-1} - j), \frac{1}{2}\delta_{i-1}\right), \delta_j = \sum_{i=1}^{j} m_i, \delta_0 = 0$$

的中心 β 分布. 如果所有的 m_i 是偶数, $m_i = 2r_i$, 当假设成立时, v 的分布与 $\prod_{i=2}^{k} \prod_{j=1}^{r_i} y_{ij}^2$ 相同, $\{y_{ij}\}$ 相互独立, y_{ij} 遵从参数为 $(n - \delta_{i-1} - 2j, \delta_{i-1})$ 的中心 β 分布.

在实用时一般用它的近似分布,令

$$f = \frac{1}{2}\Big[m(m+1) - \sum_{i=1}^{k} m_i(m_i+1) \Big], \tag{9.15}$$

$$\rho = 1 - \frac{2\big(m^3 - \sum\limits_{i=1}^{k} m_i^3\big) + 9\big(m^2 - \sum\limits_{i=1}^{k} m_i^2\big)}{6n\big(m^2 - \sum\limits_{i=1}^{k} m_i^2\big)}, \tag{9.16}$$

$$r_2 = \frac{m^4 - \sum\limits_{i=1}^{k} m_i^4}{48} - \frac{5\big(m^2 - \sum\limits_{i=1}^{k} m_i^2\big)}{96} - \frac{\big(m^3 - \sum\limits_{i=1}^{k} m_i^3\big)^2}{72\big(m^2 - \sum\limits_{i=1}^{k} m_i^2\big)}, \tag{9.17}$$

$$a = \rho n = n - \frac{3}{2} - \frac{m^3 - \sum\limits_{i=1}^{k} m_i^3}{3\big(m^2 - \sum m_i^2\big)}, \tag{9.18}$$

勃克斯(Box)(1949)指出

$$P(-a\ln v \leqslant u) = P(\chi_f^2 \leqslant u) + \frac{r_2}{a^2}\big[P(\chi_{f+4}^2 \leqslant u)$$
$$- P(\chi_f^2 \leqslant u) \big] + O(a^{-3}). \tag{9.19}$$

因此当 n 充分大时,

$$P(-a\ln v \leqslant u) \approx P(\chi_f^2 \leqslant u), \tag{9.20}$$

即可用 χ^2 分布来近似.

对一些特殊情况还可以推出进一步的结果.

(i) $k = 2$.

如上所述,再用安德生书中 §9.4 的结论,这时 v 与 $\sum\limits_{j=1}^{m_2} x_{2j}$ 的分布相同, $\{x_{ij}\}$ 相互独立,遵从参数为

$$\Big(\frac{1}{2}(n-m_1-1),\frac{1}{2}m_1\Big),\Big(\frac{1}{2}(n-m_1-2),\frac{1}{2}m_1\Big),\cdots,$$
$$\Big(\frac{1}{2}(n-m_1-m_2),\frac{1}{2}m_1\Big)$$

的中心 β 分布,由定理 3.4,它正好是 $\Lambda(m_2, n-m_1-1, m_1)$,即 $v \sim \Lambda(m_2, n-m_1-1, m_1)$.考虑到 m_1 与 m_2 的对称性,也有 $v \sim \Lambda(m_1, n-m_2-1, m_2)$.

利用 $k=2$ 的结论,我们还可以将一般情况下的 v 表成 $k-1$ 个独立的 Λ 分布的乘积.

系 3 $v = \prod\limits_{i=1}^{k-1} v_i,\{v_i\}$ 独立, $v_i \sim \Lambda\Big(m_i, n - \sum\limits_{j=1}^{i} m_j - 1, \sum\limits_{j=1}^{i} m_j\Big).$

证明 当 $k=2$ 时

$$v = \frac{|S|}{|S_{11}||S_{22}|} = \frac{|S_{11} - S_{12}S_{22}^{-1}S_{21}|}{|S_{11}|}. \tag{9.21}$$

由定理 3.2,$S_{11} - S_{12}S_{22}^{-1}S_{21}$ 与 S_{11}, S_{22} 独立,由上式就证明 $v \sim \Lambda(m_1, n - m_2 - 1, m_2)$. 当 $k > 2$ 时,利用下式的分解,

$$v = \frac{|S|}{|S_{11}|\begin{vmatrix} S_{22} & \cdots & S_{2k} \\ \vdots & & \vdots \\ S_{k2} & \cdots & S_{kk} \end{vmatrix}} \cdot \frac{\begin{vmatrix} S_{22} & \cdots & S_{2k} \\ \vdots & & \vdots \\ S_{k2} & \cdots & S_{kk} \end{vmatrix}}{|S_{22}|\begin{vmatrix} S_{33} & \cdots & S_{3k} \\ \vdots & & \vdots \\ S_{k3} & \cdots & S_{kk} \end{vmatrix}} \cdots \frac{\begin{vmatrix} S_{k-1,k-1} & S_{k-1,k} \\ S_{k,k-1} & S_{k,k} \end{vmatrix}}{|S_{h-1,h-1}||S_{hh}|}$$

$$\triangleq v_1 v_2 \cdots v_{k-1}. \tag{9.22}$$

因为 v_1 与 $\begin{vmatrix} S_{22} & \cdots & S_{2k} \\ \vdots & & \vdots \\ S_{k2} & \cdots & S_{kk} \end{vmatrix}$ 独立,从而与 $v_2, \cdots, v_{k-1}$ 独立,类似地 v_2 与 $v_3, \cdots,$ v_{k-1} 独立,$\cdots$,这表明 $v_1, \cdots, v_k$ 相互独立,而每个均为 Λ 分布具有所述的参数.

(ii) $k = m$. 这时相当于检验所有的相关系数为 0. 由安德生书中 §9.4 的结论,这时 v 与 $\prod_{i=1}^{m-1} \{x_i\}$ 的分布同 $\{x_i\}$ 独立,x_i 遵从参数为 $\left(\frac{1}{2}(n-i), \frac{1}{2}i\right)$ 的中心 β 分布. 如用近似分布(9.19),相应的参数为

$$f = \frac{1}{2}m(m-1), \rho = 1 - \frac{2m+11}{6n},$$

$$a = n - \frac{2m+11}{6}, r_2 = \frac{1}{288}m(m-1)(2m^2 - 2m - 13).$$

当所有的 $m_i = 2(m = 2k)$ 时,上述参数变为

$$f = 2k(k-1), \qquad \rho = 1 - \frac{4k+13}{6n},$$

$$a = n - \frac{4k+13}{6n}, r_2 = \frac{1}{72}k(k-1)(8k^2 - 8k - 7).$$

(iii) 全相关系数的检验 全相关系数的定义见第二章 §4,取 $k=2, m_1=1,$ $m_2 = m-1$,这时由(9.21)

$$v = \frac{S_{11} - S_{12}S_{22}^{-1}S_{21}}{S_{11}} = 1 - R^2, \tag{9.23}$$

其中

$$R^2 = \frac{S_{12} S_{22}^{-1} S_{21}}{S_{11}}$$

是 y_1 和 $(y_2, \cdots, y_m)$ 的样本全相关系数. 这时检验 $V_{12} = 0$ 等价于检验总体的 $R^2 = 0$, 由 $\langle i \rangle v \sim \Lambda(1, n-m, m-1)$, 由表 3.1, 这个检验可化为 F 检验

$$F = \frac{R^2}{1-R^2} \frac{n-m}{m-1} \sim F(m-1, n-m). \tag{9.24}$$

这就得到了检验全相关系数为 0 的统计量.

特别可以用 (9.24) 来检验任两个变量的 (单) 相关系数是否为 0, 用 r_{ij} 表示 y_i 与 y_j 的相关系数, 要检验 $r_{ij} = 0$. 这时相当于 $m = 2, k = 2$, 只取 y_i 与 y_j 两个变量组成新的 y, 用 $\hat{r}_{ij}$ 表示样本相关系数, 于是检验的统计量为

$$F = \frac{\hat{r}_{ij}^2}{1-\hat{r}_{ij}^2} \frac{n-2}{1} \sim F(1, n-2), \tag{9.25}$$

或

$$t = \sqrt{n-2} \frac{\hat{r}_{ij}}{\sqrt{1-\hat{r}_{ij}^2}} \sim t(n-2). \tag{9.26}$$

$\hat{r}_{ij}$ 的近似分布在许多问题中是很有用的, 令

$$z_{ij} = \frac{1}{2} \ln \frac{1+\hat{r}_{ij}}{1-\hat{r}_{ij}}, \quad \zeta_{ij} = \frac{1}{2} \ln \frac{1+r_{ij}}{1-r_{ij}}, \tag{9.27}$$

则

$$u = \sqrt{n-3} \left(z_{ij} - \zeta_{ij} - \frac{r_{ij}}{2(n-1)} \right) \tag{9.28}$$

近似一元标准正态.

第四章 判别分析

前三章我们叙述了多元正态的基本性质、参数估计和假设检验等基本理论问题,这些理论对解决多变量的实际问题有指导意义.本章讨论的判别分析是应用性较强的一种方法,对此,召开过专门的国际会议,出版过专集[25].

在生产、科研和日常生活中经常遇到需要判别的问题.例如一个人发烧了,医生根据他体温的高低,白血球的数目及其他症状来判断他是感冒、肺炎还是其他的病.这里感冒病人,肺炎病人等组成不同的母体,病人可能来源于这些母体之一,判别分析的目的是通过病人的指标(体温、白血球等)来判别他应该属于哪个总体(即判断他生的什么病).又如在地质勘探中,需要从岩石标本的多种特征来判断地层的地质年代,是有矿还是无矿,是富矿还是贫矿.在天气预报中,根据已有的资料(气温、气压等)来判断明天是晴天还是阴天,是有雨还是无雨.

判别问题用数学的语言来说就是,有 k 个总体 $G_1, \cdots, G_k$,它们的分布函数分别是 $F_1(y), \cdots, F_k(y)$,每个 $F_i(y)$ 均是 m 维分布函数.对给定的一个样品 y,我们要判断它来自哪个母体.解决这个问题可以有多种途径,有关这方面的内容十分丰富,本章仅仅介绍最基本的几种方法:距离判别,贝叶斯判别,费歇判别,逐步判别等方法.

§1. 距 离 判 别

先考虑两个总体的情况,设有两个协差阵相同的正态总体 G_1 和 G_2,它们的分布分别是 $N_m(\mu^{(1)}, V)$ 和 $N_m(\mu^{(2)}, V)$,对给定的一个样品 y,要判断它来自哪个总体.

一个最直观的想法是计算 y 到两个总体的距离 $d(y, G_1), d(y, G_2)$,按下述规则判断:

$$\begin{cases} y \in G_1, & \text{如 } d(y, G_1) \leqslant d(y, G_2), \\ y \in G_2, & \text{如 } d(y, G_1) > d(y, G_2). \end{cases} \tag{1.1}$$

上章讨论 T^2 统计量时我们曾讨论了马氏距离,并且说明从别的距离定义,在正态等协差阵情况下都与马氏距离等价,故我们可用马氏距离来制定判别规则.这时

$$d^2(y, G_1) = (y - \mu^{(1)})' V^{-1} (y - \mu^{(1)}),$$

$$d^2(y, G_2) = (y - \mu^{(2)})'V^{-1}(y - \mu^{(2)}), \tag{1.2}$$

考察它们的差,就有

$$
\begin{aligned}
d^2(y_1, G_1) - d^2(y_1, G_2) &= y'V^{-1}y - 2y'V^{-1}\mu^{(1)} + \mu^{(1)'}V^{-1}\mu^{(1)} \\
&\quad - \left[y'V^{-1}y - 2y'V^{-1}\mu^{(2)} + \mu^{(2)'}V^{-1}\mu^{(2)} \right] \\
&= 2y'V^{-1}(\mu^{(2)} - \mu^{(1)}) \\
&\quad + \mu^{(1)'}V^{-1}\mu^{(1)} - \mu^{(2)'}V^{-1}\mu^{(2)} \\
&= 2y'V^{-1}(\mu^{(2)} - \mu^{(1)}) + (\mu^{(1)} + \mu^{(2)})'V^{-1}\mu^{(1)} \\
&\quad - (\mu^{(1)} + \mu^{(2)})'V^{-1}\mu^{(2)} \\
&= 2y'V^{-1}(\mu^{(2)} - \mu^{(1)}) + (\mu^{(1)} \\
&\quad + \mu^{(2)})'V^{-1}(\mu^{(1)} - \mu^{(2)}) \\
&= -2\left(y - \frac{(\mu^{(1)} + \mu^{(2)})}{2} \right)'V^{-1}(\mu^{(1)} - \mu^{(2)}).
\end{aligned}
$$
$$\tag{1.3}$$

令

$$\bar{\mu} = (\mu^{(1)} + \mu^{(2)})/2, \tag{1.4}$$

$$W(y) = (y - \bar{\mu})'V^{-1}(\mu^{(1)} - \mu^{(2)}), \tag{1.5}$$

则由(1.3)式确定的判别规则可写成

$$
\begin{cases}
y \in G_1, & \text{如 } W(y) \geqslant 0, \\
y \in G_2, & \text{如 } W(y) < 0.
\end{cases}
\tag{1.6}
$$

当 $\mu^{(1)}, \mu^{(2)}, V$ 已知时,令

$$a = V^{-1}(\mu^{(1)} - \mu^{(2)}), \tag{1.7}$$

则 a 为一已知的 m 维向量,这时

$$W(y) = (y - \bar{\mu})'a \tag{1.8}$$

$W(y)$ 就表成 y 的一个线性函数,它称为线性判别函数, a 称为判别系数. 线性判别函数使用起来最方便,在实际中应用也最广泛,本章的大部分内容都是讨论线性判别函数.

定义 1.1　令 $D_1, \cdots, D_k$ 是 R_m 空间的子集,如果它们互不相交,且它们之和为 R_m,则称 $D_1, \cdots, D_k$ 为 R_m 的一个划分.

利用 $W(y)$ 可以得到空间 R_m 的一个划分

$$
\begin{cases}
D_1 = \{ y : W(y) \geqslant 0 \}, \\
D_2 = \{ y : W(y) < 0 \},
\end{cases}
\tag{1.9}
$$

样品 y 落入 D_1 推断 $y \in G_1$,落入 D_2 推断 $y \in G_2$.

当 $m = 1$ 时,两母体的分布是 $N(\mu^{(1)}, \sigma^2), N(\mu^{(2)}, \sigma^2)$,这时 $V^{-1} = \dfrac{1}{\sigma^2}$,

$$W(y) = \left(y - \frac{\mu^{(1)} + \mu^{(2)}}{2}\right)\frac{1}{\sigma^2}(\mu^{(1)} - \mu^{(2)}).$$

不失一般性可设 $\mu^{(1)} < \mu^{(2)}$, 这时 $W(y)$ 的符号取决于 $y > \bar{\mu}$ 还是 $y \leqslant \bar{\mu}$. $y \leqslant \bar{\mu}$ 时判定 $y \in G_1$, 否则 $y \in G_2$. 详见图 1.1. 从图上我们立即会有如下的印象:

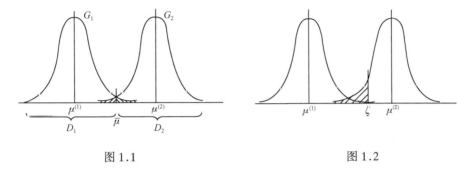

图 1.1   图 1.2

(i) 这种判别规则是符合习惯的;

(ii) 用这种判别方法是会发生误判的, 如 y 来自 G_1, 但却在 $\bar{\mu}$ 的右边, 这时我们却判断它来自 G_2, 误判的概率为图中阴影部分的面积. 如果不以 $\bar{\mu}$ 为阈值点, 例如以其他一点 ζ 来分界(见图 1.2), 这时将 G_1 误判为 G_2 的概率是减小了, 但将 G_2 误判为 G_1 的概率却大大增大了, 可见阈值点的选择是极端重要的.

(iii) 如果两个母体靠得很近, 则无论用何种办法, 误判的概率都很大, 这时勉强用判别分析意义是不大的. 因此只有当两个母体的均值有显著性差异时(可用上一章讲的 T^2 检验)作判别分析才有意义.

(iv) 落在 $\bar{\mu}$ 附近的样品按上述判别规则虽可进行判断, 但误判的可能性较大, 有时可划定一个待判区域, 例如在此例中可定一个 c 和 d, 使得 $c < d$(见图 1.3), 这时判别规则改为

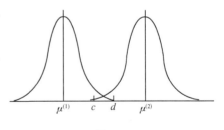

图 1.3

$$\begin{cases} y \in G_1, & \text{如 } y \leqslant c, \\ y \in G_2, & \text{如 } y \geqslant d, \\ \text{待判}, & \text{如 } c < y < d. \end{cases}$$

(v) 以上的判别函数和规则并未牵涉到分布的类型, 只要二阶矩存在就行了, 故以下我们暂不假定总体为正态分布.

综合上述, 我们有如下的定理.

定理 1.1 设两母体 G_1, G_2 的均值和协差阵分别为 $\mu^{(1)}, \mu^{(2)}; V^{(1)}, V^{(2)}$ ($V^{(1)} = V^{(2)} = V$), 则建立在马氏距离基础上的距离判别函数为(1.5), 相应的判别规则为(1.6).

系 如 $\mu^{(1)}, \mu^{(2)}, V$ 未知，今从两个总体各抽了 n_1 和 n_2 个样品 $y^{(1)}_{(1)}, \cdots,$ $y^{(1)}_{(n_1)}; y^{(2)}_{(1)}, \cdots, y^{(2)}_{(n_2)}$，则判别函数中 $\mu^{(1)}, \mu^{(2)}, V$ 可用其估计值代替，得

$$W(y) = \left(y - \frac{\bar{y}^{(1)} + \bar{y}^{(2)}}{2}\right)' \hat{V}^{-1}(\bar{y}^{(1)} - \bar{y}^{(2)}), \tag{1.10}$$

其中

$$\bar{y}^{(1)} = \frac{1}{n_1}\sum_{i=1}^{n_1} y^{(1)}_{(i)}, \quad \bar{y}^{(2)} = \frac{1}{n_2}\sum_{i=1}^{n_2} y^{(2)}_{(i)}, \tag{1.11}$$

$$\hat{V} = \frac{1}{n_1 + n_2 - 2}\Big[\sum_{i=1}^{n_1}(y^{(1)}_{(i)} - \bar{y}^{(1)})(y^{(1)}_{(i)} - \bar{y}^{(1)})'$$
$$+ \sum_{i=1}^{n_2}(y^{(2)}_{(i)} - \bar{y}^{(2)})(y^{(2)}_{(i)} - \bar{y}^{(2)})'\Big]$$
$$= \frac{1}{n_1 + n_2 - 2}[S_1 + S_2], \tag{1.12}$$

S_1 和 S_2 由上章(8.21)定义.

距离判别也可用于多母体的情况.

定理 1.2 设有 K 个母体 $G_1, \cdots, G_k$，它们的均值和协差阵分别是 $\mu^{(1)}, \cdots,$ $\mu^{(k)}; V^{(1)} = \cdots = V^{(k)} = V$，这时判别函数为

$$W_{ij}(y) = \left(y - \frac{\mu^{(i)} + \mu^{(j)}}{2}\right)' V^{-1}(\mu^{(i)} - \mu^{(j)}), \tag{1.13}$$

其判别规则为

$$y \in G_i, \text{如 } y \text{ 落在} D_i \text{ 内}, i = 1, 2, \cdots, k,$$

其中

$$D_i = \{y: W_{ij}(y) > 0 \quad \text{对一切} j \neq i\}, i = 1, \cdots, k. \tag{1.14}$$

如 y 使得 $w_{ij_1}(y) = w_{ij_2}(y) = \cdots = w_{ij_r}(y) = 0 (1 \leqslant r \leqslant k)$，则 $y \in G_i$ 或 $y \in G_{j_1}$ 或$\cdots, y \in G_{j_r}$. 即在边界上的点可判断为相邻区域的任一个.

系 如果参数 $\mu^{(i)}, 1 \leqslant i \leqslant k, V$ 未知，今从 k 个母体分别抽了 $y^{(1)}_{(1)}, \cdots,$ $y^{(1)}_{(n_1)}; \cdots; y^{(k)}_{(1)}, \cdots, y^{(k)}_{(n_k)}$ 这些样品，$n = \sum_{i=1}^{k} n_i$，则 $W_{ij}(y)$ 中的参数可用其估计值代替. 其中

$$\hat{\mu}^{(i)} = \bar{y}^{(i)} = \frac{1}{n_i}\sum_{j=1}^{n_i} y^{(i)}_{(j)}, i = 1, \cdots, k,$$

$$\hat{V} = \frac{1}{n - k}\sum_{i=1}^{k} S_i,$$

$S_1, \cdots, S_k$ 为上章(8.21)定义.

　　以上讨论的是母体间等协差阵的情况,如果协差阵不同,判别规则该如何决定呢?

　　定理 1.3　设有 k 个母体 $G_1,\cdots,G_k$,它们的均值和协差阵分别是 $\mu^{(1)},\cdots,\mu^{(k)};V^{(1)},\cdots,V^{(k)}$,令

$$D_i = \{y:d^2(y,G_i) \leqslant \min_{j\neq i}d^2(y,G_i)\}, i = 1,2,\cdots,k, \qquad (1.15)$$

则判别规则为

$$y \in G_i, \text{如 } y \text{ 落在 } D_i \text{ 内}, i = 1,2,\cdots,k. \qquad (1.16)$$

　　这个定理就是说明按样品至各母体的最近距离归类.我们来讨论一些特殊情况.

　　(i) $m=1,k=2$

　　这时记两个母体的均值为 $\mu^{(1)},\mu^{(2)}$,标准差为 $\sigma^{(1)},\sigma^{(2)}$,不妨设 $\mu^{(1)}<\mu^{(2)}$,这时

$$d(y,G_i) = \frac{|y-\mu^{(i)}|}{\sigma^{(i)}}, i = 1,2. \qquad (1.17)$$

当 $y\leqslant\mu^{(1)}$ 或 $y\geqslant\mu^{(2)}$ 时,判断是容易的;当 $\mu^{(1)}<y<\mu^{(2)}$ 时,

$$\begin{aligned}
d(y,G_1) - d(y,G_2) &= \frac{y-\mu^{(1)}}{\sigma^{(1)}} - \frac{\mu^{(2)}-y}{\sigma^{(2)}} \\
&= \frac{1}{\sigma^{(1)}\sigma^{(2)}}\left[(\sigma^{(1)}+\sigma^{(2)})y - (\mu^{(1)}\sigma^{(2)}+\mu^{(2)}\sigma^{(1)})\right] \\
&= \frac{\sigma^{(1)}+\sigma^{(2)}}{\sigma^{(1)}\sigma^{(2)}}\left[y - \frac{\mu^{(1)}\sigma^{(2)}+\mu^{(2)}\sigma^{(1)}}{\sigma^{(1)}+\sigma^{(2)}}\right],
\end{aligned}$$

令

$$\mu^* = \frac{\mu^{(1)}\sigma^{(2)}+\mu^{(2)}\sigma^{(1)}}{\sigma^{(1)}+\sigma^{(2)}}, \qquad (1.18)$$

于是判别规则为

$$\begin{cases} y \in G_1, & \text{如 } y \leqslant \mu^*, \\ y \in G_2, & \text{如 } y > \mu^*. \end{cases} \qquad (1.19)$$

这时阈值点 μ^* 不在 $\mu^{(1)},\mu^{(2)}$ 的中点上,而是用 $\sigma^{(1)},\sigma^{(2)}$ 来加权平均,参看图 1.4.

　　(ii) $m=2,k=2$.

　　为了减少一些上标,记

$$\mu^{(1)} = \begin{bmatrix} g_1 \\ g_2 \end{bmatrix} \triangleq g, \quad \mu^{(2)} = \begin{bmatrix} h_1 \\ h_2 \end{bmatrix} \triangleq h,$$

$$V^{(1)} = \begin{bmatrix} v_{11} & v_{12} \\ v_{21} & v_{22} \end{bmatrix}, \quad V^{(2)} = \begin{bmatrix} u_{11} & u_{12} \\ u_{21} & u_{22} \end{bmatrix}, \quad y = \begin{bmatrix} y_1 \\ y_2 \end{bmatrix},$$

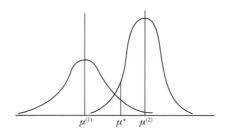

$$\mu^{(1)} \qquad \mu^* \quad \mu^{(2)}$$

图 1.4

$$V^{(1)^{-1}} = \begin{bmatrix} a_{11} & a_{12} \\ a_{21} & a_{22} \end{bmatrix} \triangleq A, \quad V^{(2)^{-1}} = \begin{bmatrix} b_{11} & b_{12} \\ b_{21} & b_{22} \end{bmatrix} \triangleq B.$$

于是

$$d^2(y, G_1) = (y - g)'A(y - g),$$
$$d^2(y, G_2) = (y - h)'B(y - h).$$

我们来求

$$d^2(y, G_1) = d^2(y, G_2) \tag{1.20}$$

的轨迹,从而便于制定判别规则.

$$\begin{aligned}
0 = d^2(y, G_1) - d^2(y, G_2) &= y_1^2(a_{11} - b_{11}) \\
&\quad + 2y_1 y_2(a_{12} - b_{12}) + y_2^2(a_{22} - b_{22}) \\
&\quad + 2y_1(- a_{11}g_1 - a_{12}g_2 + b_{11}h_1 + b_{12}h_2) \\
&\quad + 2y_2(- a_{22}g_2 - a_{12}g_1 + b_{22}h_2 + b_{12}h_1) \\
&\quad + (a_{11}g_1^2 + 2a_{12}g_1 g_2 + a_{22}g_2^2 - b_{11}h_1^2 - 2b_{12}h_1 h_2 - b_{22}h_2^2) \\
&\triangleq ay_1^2 + 2by_1 y_2 + cy_2^2 + 2dy_1 + 2ey_2 + f.
\end{aligned} \tag{1.21}$$

其中,a,b,c,d,e,f 由上式定义已很明确.这是一个二次曲线的方程.令

$$G = \begin{vmatrix} a & b & d \\ b & c & e \\ d & e & f \end{vmatrix}, \quad H = \begin{vmatrix} a & b \\ b & c \end{vmatrix}.$$

由解析几何中关于二次曲线分类的理论知:

　(i) 若 $G \neq 0$, 当 $H > 0$, 曲线为椭圆;

　　　　　　　当 $H < 0$, 曲线为双曲线;

　　　　　　　当 $H = 0$, 曲线为抛物线.

　(ii) 若 $G = 0$,是可分解的二次曲线(实际上已蜕化为直线). 当 $H > 0$ 为椭圆类型,当 $H < 0$ 为双曲类型,当 $H = 0$ 为抛物类型.

　由(1.21)

$$H = \begin{vmatrix} a_{11} - b_{11} & a_{12} - b_{12} \\ a_{12} - b_{12} & a_{22} - b_{22} \end{vmatrix} = (a_{11} - b_{11})(a_{22} - b_{22}) - (a_{12} - b_{12})^2$$

$$= (a_{11}a_{22} - a_{12}^2) + (b_{11}b_{22} - b_{12}^2) + (-a_{11}b_{22} + 2a_{12}b_{12} - a_{22}b_{11})$$

$$= |A| + |B| - |B| \operatorname{tr}(AB^{-1})$$

$$= |B|(1 + |AB^{-1}| - \operatorname{tr}(AB^{-1})) \triangleq |B| \triangle. \tag{1.22}$$

因为 $|B| > 0$，故只要考察 $\triangle$ 的符号即可.

记 λ_1, λ_2 为 AB^{-1} 的特征根，则

(i) $H > 0 \Leftrightarrow (\lambda_1 - 1)(\lambda_2 - 1) > 0$;

(ii) $H < 0 \Leftrightarrow (\lambda_1 - 1)(\lambda_2 - 1) < 0$;

(iii) $H = 0 \Leftrightarrow (\lambda_1 - 1)(\lambda_2 - 1) = 0$.

此因

$$\triangle = 1 + |AB^{-1}| - \operatorname{tr}(AB^{-1})$$

$$= 1 + \lambda_1\lambda_2 - \lambda_1 - \lambda_2$$

$$= (\lambda_1 - 1)(\lambda_2 - 1),$$

故上述结论显然. 由此我们可以得到如下的几种有趣的情况:

(A) 当 $V^{(1)} = V^{(2)}$ 时，曲线 (1.21) 为直线. 此时容易验证 $G = H = O$.

(B) 如果 $V^{(1)}, V^{(2)}$ 对角元素相等，仅相关系数不等，这时 $H < 0$，曲线为双曲类型. 根据 $G \neq 0$ 或 $G = 0$ 来决定它是否退化.

我们记

$$V^{(1)} = \begin{bmatrix} \sigma_1^2 & \sigma_1\sigma_2 r_1 \\ \sigma_1\sigma_2 r_1 & \sigma_2^2 \end{bmatrix}, \quad V^{(2)} = \begin{bmatrix} \sigma_1^2 & \sigma_1\sigma_2 r_2 \\ \sigma_1\sigma_2 r_2 & \sigma_2^2 \end{bmatrix}, \quad r_1 \neq r_2,$$

$$A = V^{(1)-1} = \frac{1}{\sigma_1^2\sigma_2^2(1 - r_1^2)} \begin{bmatrix} \sigma_2^2 & -\sigma_1\sigma_2 r_1 \\ -\sigma_1\sigma_2 r_1 & \sigma_1^2 \end{bmatrix},$$

$$AB^{-1} = \frac{1}{\sigma_1^2\sigma_2^2(1 - r_1^2)} \begin{bmatrix} \sigma_1^2\sigma_2^2(1 - r_1 r_2) & \sigma_1\sigma_2^3(r_2 - r_1) \\ \sigma_1^3\sigma_2(r_2 - r_1) & \sigma_1^2\sigma_2^2(1 - r_1 r_2) \end{bmatrix},$$

容易求出它的特征根为

$$\lambda_1 = \frac{1 + r_2}{1 + r_1}, \quad \lambda_2 = \frac{1 - r_2}{1 - r_1},$$

$$(\lambda_1 - 1)(\lambda_2 - 1) = -\frac{(r_2 - r_1)^2}{1 - r_1^2} < 0,$$

故它为双曲类型. 图 1.5 反映了这种情况，双曲线把 R_2 划分为三块，两条双曲线间的为 D_2，另二块为 D_1.

(C) 如 $a_{11} > b_{11}, a_{22} > b_{22}, a_{12} = b_{12}$ 则曲线 (1.21) 为椭圆类型，根据 $G \neq 0$ 或

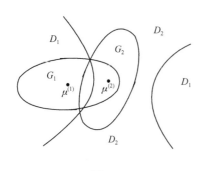

图 1.5

$G = 0$ 来决定它是否退化.

这由(1.22)的第一式得出. 特别当 $a_{12} = b_{12} = 0$ 时,

$$V^{(1)} = \begin{bmatrix} \sigma_1^2 & 0 \\ 0 & \sigma_2^2 \end{bmatrix},$$

$$V^{(2)} = \begin{bmatrix} \sigma_3^2 & 0 \\ 0 & \sigma_4^2 \end{bmatrix},$$

$$\sigma_1 < \sigma_3, \ \sigma_2 < \sigma_4,$$

这时

$$A = \begin{bmatrix} \dfrac{1}{\sigma_1^2} & 0 \\ 0 & \dfrac{1}{\sigma_2^2} \end{bmatrix}, \ B = \begin{bmatrix} \dfrac{1}{\sigma_3^2} & 0 \\ 0 & \dfrac{1}{\sigma_4^2} \end{bmatrix},$$

符合上述条件, 不难求得其椭圆方程为

$$\frac{(y_1 - y_{10})^2}{t^2} + \frac{(y_2 - y_{20})^2}{u^2} = 1,$$

其中

$$y_{10} = \frac{a_{11}g_1 - b_{11}h_1}{a_{11} - b_{11}}, \qquad y_{20} = \frac{a_{22}g_2 - b_{22}h_2}{a_{22} - b_{22}},$$

$$t^2 = \frac{b_{11}a_{11}(h_1 - g_1)^2}{(a_{11} - b_{11})^2} + \frac{b_{22}a_{22}(h_2 - g_2)^2}{(a_{22} - b_{22})(a_{11} - b_{11})},$$

$$u^2 = \frac{b_{11}a_{11}(h_1 - g_1)^2}{(a_{11} - b_{11})(a_{22} - b_{22})} + \frac{a_{22}b_{22}(h_2 - g_2)^2}{(a_{22} - b_{22})^2},$$

其情况如图 1.6, 这时椭圆内为 D_1, 其余为 D_2.

从以上的讨论我们看到, 在不等协差阵的情况下, 判别区域 $D_1, \cdots, D_k$ 是比较复杂的. 因此在实际应用中不要追求确定 $D_1, \cdots, D_k$, 而是直接计算 $d^2(y, G_i)$, $i = 1, \cdots, k$, 将 y 判为距离最小的那一类. 因 $V^{(i)} > 0$, 故其逆 $V^{(i)-1} > 0$, 由第一章存在三角阵 L_i 使 $V^{(i)-1} = L_i'L_i$, 令 $z_i = L_i(y - \mu^{(i)})$, $i = 1, \cdots, k$, 则

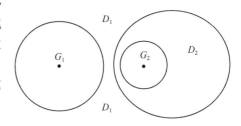

图 1.6

$$d^2(y, G_i) = (y - \mu^{(i)})'L_i'L_i(y - \mu^{(i)}) = z_i'z_i, \ i = 1, \cdots, k.$$

L_i 可以预先算好, 应用起来就比较方便了.

例 1.1 在研究砂基液化的问题中,选择了有关的九个因素:震级 x_1,震中距 x_2(公里),土的类型(砾土为 0,否则为 1)x_3,砂的类型(粉砂为 0,否则为 1)x_4,水深 (米)x_5,土深(米)x_6,贯入值 x_7,最大地面加速度$(g)x_8$,地震持续时间(秒)x_9,今从已 液化和未液化的地层中分别抽了 12 与 23 个样,欲建立它们的判别函数.数据见表 1.1,Ⅰ组表示液化的,Ⅱ组表示未液化的.为了使 $\hat{V}^{(1)},\hat{V}^{(2)}$ 不退化,指标 x_3,x_4 暂不采用,经计算

$$
\bar{y}^{(1)} = \begin{pmatrix} 7.358 \\ 73.667 \\ 1.458 \\ 6.000 \\ 15.250 \\ 0.172 \\ 49.500 \end{pmatrix}, \quad \bar{y}^{(2)} = \begin{pmatrix} 7.687 \\ 69.609 \\ 2.043 \\ 5.239 \\ 6.348 \\ 0.216 \\ 70.348 \end{pmatrix},
$$

表 1.1 砂基液化数据

编号	组别	x_1	x_2	x_3	x_4	x_5	x_6	x_7	x_8	x_9
1	Ⅰ	6.6	39	0	0	1.0	6.0	6	0.12	20
2	Ⅰ	6.6	39	0	0	1.0	6.0	12	0.12	20
3	Ⅰ	6.1	47	0	0	1.0	6.0	6	0.08	12
4	Ⅰ	6.1	47	0	0	1.0	6.0	12	0.08	12
5	Ⅰ	8.4	32	1	0	2.0	7.5	19	0.35	75
6	Ⅰ	7.2	6	0	0	1.0	7.0	28	0.30	30
7	Ⅰ	8.4	113	0	0	3.5	6.0	18	0.15	75
8	Ⅰ	7.5	52	0	0	1.0	6.0	12	0.16	40
9	Ⅰ	7.5	52	0	0	3.5	7.5	6	0.16	40
10	Ⅰ	8.3	113	1	0	0.0	7.5	35	0.12	180
11	Ⅰ	7.8	172	0	0	1.0	3.5	14	0.21	45
12	Ⅰ	7.8	172	0	0	1.5	3.0	15	0.21	45
13	Ⅱ	8.4	32	0	0	1.0	5.0	4	0.35	75
14	Ⅱ	8.4	32	0	0	2.0	9.0	10	0.35	75
15	Ⅱ	8.4	32	0	0	2.5	4.0	10	0.35	75
16	Ⅱ	6.3	11	0	0	4.5	7.5	3	0.20	15
17	Ⅱ	7.0	8	0	0	4.5	4.5	9	0.25	30
18	Ⅱ	7.0	8	0	0	6.0	7.5	4	0.25	30
19	Ⅱ	7.0	8	0	0	1.5	6.0	1	0.25	30

编号	组别	x_1	x_2	x_3	x_4	x_5	x_6	x_7	x_8	x_9
20	II	8.3	161	0	0	1.5	4.0	4	0.08	70
21	II	8.3	161	0	1	0.5	2.5	1	0.08	70
22	II	7.2	6	0	0	3.5	4.0	12	0.30	30
23	II	7.2	6	0	0	1.0	3.0	3	0.30	30
24	II	7.2	6	0	1	1.0	6.0	5	0.30	30
25	II	5.5	6	0	0	2.5	3.0	7	0.18	18
26	II	8.4	113	0	0	3.5	4.5	6	0.15	75
27	II	8.4	113	0	0	3.5	4.5	8	0.15	75
28	II	7.5	52	0	0	1.0	6.0	6	0.16	40
29	II	7.5	52	0	0	1.0	7.5	8	0.16	40
30	II	8.3	97	0	0	0.0	6.0	5	0.15	180
31	II	8.3	97	0	0	2.5	6.0	5	0.15	180
32	II	8.3	89	0	0	0.0	6.0	10	0.16	180
33	II	8.3	56	0	0	1.5	6.0	13	0.25	180
34	II	7.8	17.2	0	0	1.0	3.5	6	0.21	45
35	II	7.8	283	0	0	1.0	4.5	6	0.18	45

$$S_1 = \begin{pmatrix} 7.829 \\ 245.733 & 33512.667 \\ 3.279 & 12.333 & 12.229 \\ 0.600 & -644.500 & 2.250 & 23.000 \\ 46.125 & 756.000 & -32.075 & 38.000 & 864.250 \\ 0.434 & -2.483 & 0.166 & 0.090 & 3.105 & 0.077 \\ 311.550 & 9965.000 & -67.250 & 225.000 & 3457.500 & 4.550 & 23485.000 \end{pmatrix},$$

$$S_2 = \begin{pmatrix} 13.726 \\ 613.183 & 114421.478 \\ -10.187 & -903.609 & 53.957 \\ 0.672 & -814.348 & 9.511 & 60.935 \\ 10.304 & -654.870 & 11.153 & 15.587 & 231.217 \\ -0.144 & -76.279 & 0.459 & 0.589 & 1.705 & 0.146 \\ 624.004 & 21251.130 & -701.348 & 319.587 & 1160.217 & -22.585 & 66901.217 \end{pmatrix},$$

$$\hat{V}^{(1)} = \frac{1}{11}S_1, \quad \hat{V}^{(2)} = \frac{1}{22}S_2.$$

它们的逆阵分别是

$$\hat{V}_{(1)}^{-1} = \begin{pmatrix} 38.775 \\ 0.2824 & 0.01437 \\ -15.102 & -0.2638 & 9.1355 \\ 16.8119 & 0.5785 & -12.4452 & 24.7396 \\ 0.4783 & 0.0076 & -0.0992 & 0.3309 & 0.06132 \\ -164.44 & -0.5283 & 48.2485 & -45.5067 & -3.8509 & 961.2119 \\ -0.8771 & -0.0172 & 0.4629 & -0.7810 & -0.02129 & 3.3604 & 0.03067 \end{pmatrix},$$

$$\hat{V}_{(2)}^{-1} = \begin{pmatrix} 4.3102 \\ -0.0268 & 0.0005 \\ 0.0224 & 0.0037 & 0.5714 \\ -0.0730 & 0.0032 & -0.0820 & 0.4401 \\ 0.0369 & -0.0007 & -0.0640 & 0.0093 & 0.1302 \\ -15.6200 & 0.2591 & 2.2899 & -0.5793 & -2.2714 & 328.6400 \\ -0.0370 & 0.0002 & 0.0069 & -0.0037 & -0.0039 & 0.2405 & 0.0008 \end{pmatrix}.$$

它们的三角分解是

$$L_1 = \begin{pmatrix} 6.2270 \\ 0.0454 & 0.1110 \\ -2.4253 & -1.3861 & 1.1542 \\ 2.6999 & 4.1099 & -0.1737 & 0.7271 \\ 0.0768 & 0.0367 & 0.1195 & -0.0089 & 0.1993 \\ -26.4078 & 6.0318 & -6.4426 & -0.1635 & -6.3995 & 12.0404 \\ -0.1409 & -0.0970 & -0.01139 & -0.0056 & -0.0281 & -0.0024 & 0.0216 \end{pmatrix},$$

$$L_2 = \begin{pmatrix} 2.0761 \\ -0.0129 & 0.0188 \\ 0.0108 & 0.2042 & 0.7277 \\ -0.0351 & 0.1477 & -0.1535 & 0.6273 \\ 0.0178 & -0.0245 & -0.0813 & 0.0017 & 0.3502 \\ -7.5237 & 8.6429 & 0.8332 & -3.1758 & -5.2902 & 12.5924 \\ -0.0178 & -0.0012 & 0.0101 & -0.0041 & -0.0079 & 0.0043 & 0.0181 \end{pmatrix}.$$

表 1.2　距　离　判　别

编　号	$d(y,G_1)$	$d(y,G_2)$	编　号	$d(y,G_1)$	$d(y,G_2)$	编　号	$d(y,G_1)$	$d(y,G_2)$
1	3.32	8.63	13	168.03	6.65	25	817.60	11.94
2	1.70	18.37	14	57.14	8.93	26	86.70	4.26
3	3.26	13.37	15	412.74	5.89	27	83.22	4.71
4	3.39	24.29	16	105.07	7.13	28	9.81	4.53
5	7.75	20.31	17	522.46	3.85	29	67.53	8.76
6	8.54	68.60	18	201.52	8.95	30	197.19	5.90
7	8.06	22.89	19	75.83	4.65	31	387.68	7.34
8	7.57	12.55	20	20.31	4.42	32	198.80	5.93
9*	7.28	4.82	21	61.91	7.30	33	484.41	6.95
10	9.91	110.69	22	498.67	5.91	34	11.77	4.09
11	8.55	13.22	23	466.28	6.32	35	405.69	16.29
12	7.64	15.20	24	53.79	3.31			

表 1.3　判　别　情　况

实　际 ＼ 预　报	I	II
I	11	1
II	0	23

用它们对原 35 个样品进行回报,情况列于表 1.2.编号上打"*"的表示误判,表中只有一个误判,为了醒目,一般将回报情况综合为表 1.3.计算表明拟合的程度是满意的.

§2. 贝叶斯(Bayes)判别

上节我们从距离的观点讨论了判别问题,而判别问题可以有许多不同的方法来解决,贝叶斯方法是目前使用得最多的方法之一.

设有 k 个母体 $G_1,\cdots,G_k$ 分别具有 m 维分布密度 $p_1(y),\cdots,p_k(y)$(不一定是正态),$D_1,\cdots,D_k$ 是 R_m 的一个划分,判别规采用

$$y \in G_i, \text{如 } y \text{ 落入 } D_i, i = 1,2,\cdots,k. \tag{2.1}$$

用 $L(i,j)$ 表示样品来自 G_i 而误判为 G_j 的损失,这一误判的概率为

$$P(j|i;D_1,\cdots,D_k) = \int_{D_j} p_i(y)dy, j \neq i, j = 1,\cdots,k. \tag{2.2}$$

假定这 k 个母体出现的事前概率为 $q_1,\cdots,q_k$,则通过划分 $D_1,\cdots,D_k$ 来判别的平均损失为

$$g(D_1,\cdots,D_k) = \sum_{i=1}^{k} q_i \sum_{j\neq i1}^{k} L(i,j)P(j\,|\,i,D_1,\cdots,D_k). \qquad (2.3)$$

所谓贝叶斯判别法则就是选择 $D_1,\cdots,D_k$ 使 $g(D_1,\cdots,D_k)$ 达到极小.下面就来找求解 $D_1,\cdots,D_k$ 的方法.

在实际问题中,当 y 落到 $\{D_i\}$ 之间的边界时,判别往往不是唯一的,可以判别为落到相邻区域的任一个(参见上一节),如果对混合分布 $p(x) = \sum_{i=1}^{k} q_i p_i(x)$ 来说 $\{D_i\}$ 之间的边界测度为零,我们所求的 $\{D_i\}$ 往往都不包含边界,这时 $\{D_i\}$ 并不组成空间的划分,但在几乎处处的意义下(对概率测度 $p(x)$)组成空间的划分,即 $R_m \backslash \bigcup_{i=1}^{k} D_i$ 的测度为零,这时仍称 $\{D_i\}$ 为贝叶斯判别的解.甚至当 $R_m \backslash \bigcup_{i=1}^{m} D_i$ 的测度大于零时,落到边界上的点允许随机地划分到相邻的任一区域,这时为了方便也称 $\{D_i\}$ 为贝叶斯判别的解.以下均在这个意义下来理解.

定理 2.1　当事前概率 $\{q_i\}$、母体分布密度 $\{p_i(y)\}$ 和损失函数 $\{L(i,j)\}$ 给定时,贝叶斯判别的解 $D_1,\cdots,D_k$ 为

$$D_l = \{y:h_l(y) < h_j(y), j \neq l, j = 1,\cdots,k\}, l = 1,\cdots,k, \qquad (2.4)$$

其中

$$h_l(y) = \sum_{\substack{i=1 \\ i\neq l}}^{k} q_i p_i(y) L(i,l), l = 1,2,\cdots,k. \qquad (2.5)$$

如果

$$\sum_{l=1}^{k} \sum_{\substack{j=1 \\ j\neq l}}^{k} \int_{\{h_l(y)=h_j(y)\}} p(x)dy = 0, \qquad (2.6)$$

则 $R_m \backslash \bigcup_{i=1}^{k} D_i$ 的概率测度为 0(对 $p(x)$).

证明　由 (2.3) 和 (2.5) 式,平均损失为

$$\begin{aligned}
g(D_1,\cdots,D_k) &= \sum_{i=1}^{k} q_i \sum_{j\neq i} L(i,j)P(j\,|\,i,D_1,\cdots,D_k)\\
&= \sum_{i=1}^{k} q_i \sum_{j\neq i} L(i,j)\int_{D_j} p_i(y)dy\\
&= \sum_{j=1}^{k} \int_{D_j} h_j(y)dy.
\end{aligned}$$

如果空间 R_m 有另一种划分 $D_1^*,\cdots,D_k^*$,则它的平均损失

$$g(D_1^*,\cdots,D_k^*) = \sum_{j=1}^{k} \int_{D_j^*} h_j(y)dy.$$

$$g(D_1,\cdots,D_k) - g(D_1^*,\cdots,D_k^*)$$

$$= \sum_{i=1}^{k} \sum_{j=1}^{k} \int_{D_i \cap D_j^*} [h_i(y) - h_j(y)] dy.$$

由 D_i 之定义,在 D_i 上 $h_i(y) \leqslant h_j(y)$ 对一切 j 成立,故上式 $\leqslant 0$,这说明 $D_1, \cdots, D_k$ 确能使平均损失达到极小,它是贝叶斯判别的解.关于 $R_m \setminus \bigcup_{i=1}^{k} D_i$ 的概率测度为零 的证明,留给读者　♯

函数 $h_l(y)$ 有明显的概率意义,它表示来自母体 G_i 的样品错分为其他类的平 均损失,这个定理说明使总的平均损失 $g(D_1, \cdots, D_k)$ 最小与使 $h_l(x)$ 达到最小是 等价的.

系　如果 $L(i, j) = 1 - \delta_{ij}$,则贝叶斯解为:对 $l = 1, \cdots, k$,

$$D_l = \{y : q_l p_l(y) > q_j p_j(y), j \neq l, j = 1, \cdots, k\}. \tag{2.7}$$

证明　由设可知

$$h_l(y) = \sum_{\substack{i=1 \\ i \neq l}}^{k} q_i p_i(y) = 1 - q_l p_l(y),$$

由定理立即可得(2.7)式　♯

下面转入讨论贝叶斯解的允许性.令

$$r(l; D_1, \cdots, D_k) = \sum_{\substack{j=1 \\ j \neq l}}^{k} L(l, j) P(j | l; D_1, \cdots, D_k), \tag{2.8}$$

它表示样品来自 G_l 而将它错分(事前概率等概时)的平均损失.

定义 2.1　设空间有两种划分 $D = (D_1, \cdots, D_k)$,$D^* = (D_1^*, \cdots, D_k^*)$,如果对 每一个 $i, i = 1, 2, \cdots, k$ 成立:

$$r(i; D_1, \cdots, D_k) \leqslant r(i; D_1^*, \cdots, D_k^*),$$

则称 D 不比 D^* 差.如果至少还有一个 i 使上式的不等号成立,则说 D 比 D^* 好. 如果没有一个 D^* 比 D 好,则称 D 是容许的.

任一个划分 D 如果不是容许的,则肯定能找到比它好的解,因此具有容许性 是解的基本要求.

定理 2.2　如果 $q_i > 0, i = 1, \cdots, k$,则贝叶斯解是容许的.

证明　设 D 为贝叶斯解,如果它不是容许的,则存在另一个划分 D^* 使

$$r(i; D^*) \leqslant r(i; D), i = 1, \cdots, k,$$

(这里 $r(i; D)$ 为 $r(i; D_1, \cdots, D_k)$ 的简略表示,对 $r(i; D^*)$ 也类似.且存在 i_0 使

$$r(i_0; D^*) < r(i_0; D),$$

因 $q_i > 0$,从而

$$g(D_1, \cdots, D_k) = \sum_{i=1}^{k} q_i r(i; D) < \sum_{i=1}^{k} q_i r(i; D^*)$$

$$= g(D_1^*, \cdots, D_k^*),$$

这与 D 是贝叶斯解矛盾.故 D 是容许的   ♯

定理 2.2 中 $q_i > 0$ 的条件能否去掉呢？下面的定理回答了这一问题.

定理 2.3   如果 $L(i, j) = 1 - \delta_{ij}$，且

$$P(p_i(y) = 0 \mid G_j) = 0, \text{一切 } i \neq j, i = 1, \cdots, k. \tag{2.9}$$

则贝叶斯解是允许的.

证明   设 $D = (D_1, \cdots, D_k)$ 是贝叶斯解,不妨假定 $q_1 = \cdots = q_t = 0, q_i > 0, i = t+1, \cdots, k$.这时必有 $D_1, \cdots, D_t$ 为空集(除去一个零测集外),若不然,不妨设 D_1 的测度大于 0,由(2.7)式推知 $p_i(y) = 0, i = t+1, \cdots, k$,与假设矛盾.其次

$$r(i; D) = \sum_{j \neq i} P(j \mid i; D_1, \cdots, D_k) = 1 - P(i \mid i; D_1, \cdots, D_k)$$

$$= 1 - \int_{D_i} p_i(y) dy = 1, i = 1, \cdots, t,$$

而别的任何划分 D^* 当 D_i^* 的测度大于零时,由假定(2.9)式

$$r(i; D_1^*, \cdots, D_k^*) = 1 - \int_{D_i^*} p_i(y) dy < 1.$$

故如果 D^* 是容许的,则必有 $D_1^*, \cdots, D_t^*$ 是零测集.因此我们先考虑前 t 个区域为零测集的划分的类 $\mathcal{D}$.而 $(D_{t+1}, \cdots, D_k)$ 是 $q_{t+1}, \cdots, q_k$ 和 $p_{t+1}(y), \cdots, p_k(y)$ 的贝叶斯解,由定理 2.2,它是允许的,再加上前面的说明,$D_1, \cdots, D_k$ 在 $\mathcal{D}_0$ 中是容许的.

最后证明 D 在一切划分中是允许的,如不然,存在 $D^* \Subset \mathcal{D}_0$(不妨设 D_1^* 的测度大于 0),且 D^* 比 D 好,于是

$$P(i \mid i; D_1, \cdots, D_k) = \int_{D_i} p_i(y) dy = 1 - r(i; D)$$

$$\leqslant 1 - r(i; D^*) = \int_{D_i^*} p_i(y) dy$$

$$= P(i \mid i; D_1^*, \cdots, D_k^*), i = 2, \cdots, k.$$

由 D_1^* 的测度大于零及定理的假定推知 $P(1|1; D_1^*, \cdots, D_k^*) > 0$.现在我们定义

$$D_i^{**} = \begin{cases} \text{空集}, & i = 1, \cdots, t, \\ D_i^*, & i = t+1, \cdots, k-1, \\ D_k^* \bigcup D_1^* \bigcup \cdots \bigcup D_t^*, & i = k, \end{cases}$$

于是立即可知:

$$P(i \mid i; D_1^{**}, \cdots, D_k^{**}) = 0, \quad i = 1, \cdots, t,$$

$$P(i \mid i; D_1^{**}, \cdots, D_k^{**}) = P(i \mid i; D_1^*, \cdots, D_k^*)$$

$$\geqslant P(i \mid i; D_1, \cdots, D_k), \quad i = t+1, \cdots, k-1,$$
$$P(k \mid k; D_1^{**}, \cdots, D_k^{**}) \geqslant P(k \mid k; D_1^*, \cdots, D_k^*)$$
$$+ P(1 \mid 1; D_1^*, \cdots, D_k^*) > P(k \mid k; D_1^*, \cdots, D_k^*)$$
$$\geqslant P(k \mid k; D_1, \cdots, D_k),$$

这说明 $(D_{t+1}^{**}, \cdots, D_k^{**})$ 在 $(m-t)$ 维的判别问题中比贝叶斯解 $(D_{t+1}, \cdots, D_k)$ 好,矛盾. 故 D^* 不可能比 D 好,D 是容许的　♯

反过来也是对的,在适当的条件下任何一个容许解都一定是贝叶斯解,有关论述可参看安德生书 145—147 页.

利用上述定理,对一些常见的情况可方便地建立判别函数.

例 2.1　$k = 2$. 此时由 (2.5) 式

$$h_1(y) = q_2 p_2(y) L(2,1),$$
$$h_2(y) = q_1 p_1(y) L(1,2).$$

于是

$$D_1 = \{y: q_2 p_2(y) L(2,1) < q_1 p_1(y) L(1,2)\}, \tag{2.10}$$
$$D_2 = \{y: q_2 p_2(y) L(2,1) > q_1 p_1(y) L(1,2)\}, \tag{2.11}$$

当 $L(i,j) = 1 - \delta_{ij}$ 时,上式化成

$$D_1 = \{y: q_2 p_2(y) < q_1 p_1(y)\}, D_2 = \{y: q_2 p_2(y) > q_1 p_1(y)\}. \tag{2.12}$$

这与定理 2.1 的系是一致的.

例 2.2　$k = 2$, $p_1(y)$, $p_2(y)$ 分别为 $N_m(\mu^{(1)}, V)$, $N_m(\mu^{(2)}, V)$, $q_1 > 0$, $q_2 > 0$. 这时

$$p_1(y) = \frac{1}{(2\pi)^{m/2} |V|^{1/2}} \exp\left\{-\frac{1}{2}(y - \mu^{(1)})' V^{-1}(y - \mu^{(1)})\right\},$$
$$p_2(y) = \frac{1}{(2\pi)^{m/2} |V|^{1/2}} \exp\left\{-\frac{1}{2}(y - \mu^{(2)})' V^{-1}(y - \mu^{(2)})\right\},$$

由上例,D_1 的 y 满足下不等式

$$c \triangleq \frac{q_2 L(2,1)}{q_1 L(1,2)} < \frac{p_1(y)}{p_2(y)} = \exp\left\{-\frac{1}{2}\left[(y - \mu^{(1)})' V^{-1}(y - \mu^{(1)})\right]\right.$$
$$\left. + \frac{1}{2}\left[(y - \mu^{(2)})' V^{-1}(y - \mu^{(2)})\right]\right\},$$

或者

$$-\frac{1}{2}\left\{(y - \mu^{(1)})' V^{-1}(y - \mu^{(1)}) - (y - \mu^{(2)})' V^{-1}(y - \mu^{(2)})\right\} > \log c,$$

由上节的推导可知,上式即

$$\left(y - \frac{\mu^{(1)} + \mu^{(2)}}{2}\right)' V^{-1}(\mu^{(1)} - \mu^{(2)}) > \log c,$$

得到

$$D_1 = \{y:(y - \bar{\mu})'V^{-1}(\mu^{(1)} - \mu^{(2)}) > \log c\},$$

$$D_2 = \{y:(y - \bar{\mu})'V^{-1}(\mu^{(1)} - \mu^{(2)}) \leqslant \log c\}, \tag{2.13}$$

其中 $\bar{\mu} = (\mu^{(1)} + \mu^{(2)})/2$. 利用上节的记号

$$D_1 = \{y:W(y) > \log c\}, D_2 = \{y:W(y) < \log c\}. \tag{2.14}$$

注意, 此时

$$c = \frac{q_2 L(2,1)}{q_1 L(1,2)}, \tag{2.15}$$

当 $q_1 = q_2, L(2,1) = L(1,2)$ 时, $c = 1, \log c = 0$, (2.14)所决定的 D_1, D_2 与(1.9)完全一样. 这说明当两母体事前概率相等, 误判损失恒为常数时距离判别与贝叶斯判别是等价的.

例 2.3 设 $G_1, \cdots, G_k$ 的分布分别为 $N_m(\mu^{(1)}, V^{(1)}), \cdots, N_m(\mu^{(k)}, V^{(k)})$, $L(i,j) = 1 - \delta_{ij}$, 这时由(2.7)式得

$$D_l = \{y:q_l p_l(y) > q_j p_j(y), j \neq l, j = 1, \cdots, k\}, \quad l = 1, \cdots, k,$$

因为

$$q_l p_l(y) = q_l \frac{1}{(2\pi)^{m/2} |V^{(l)}|^{1/2}} \times \exp\left\{-\frac{1}{2}(y - \mu^{(l)})'V^{(l)-1}(y - \mu^{(l)})\right\},$$

$$u_l(y) \triangleq \log((2\pi)^{m/2} q_l p_l(y)) = \log q_l - \frac{1}{2}\log|V^{(l)}|$$

$$-\frac{1}{2}y'V^{(l)-1}y + \mu^{(l)}V^{(l)}y - \frac{1}{2}\mu^{(l)'}V^{(l)-1}\mu^{(l)}. \tag{2.16}$$

当 $V^{(1)} = \cdots = V^{(k)} = V$ 时, 将上式与 l 无关的量去掉并不影响 D_l 的范围, 记

$$b_l(y) = \log q_l + \mu^{(l)'}V^{-1}y - \frac{1}{2}\mu^{(l)'}V^{-1}\mu^{(l)}, \tag{2.17}$$

于是贝叶斯解为

$$D_l = \{y:b_l(y) = \max_j b_j(y)\}, \quad l = 1, \cdots, k. \tag{2.18}$$

定理 2.4 如 k 个母体的分布是 $N_m(\mu^{(1)}, V), \cdots, N_m(\mu^{(k)}, V), L(i,j) = 1 - \delta_{ij}$, 则贝叶斯解为(2.18).

如果这 k 个母体协差阵不等, 由定理 2.1 系及(2.16)式

$$D_l = \{y:u_l(y) = \max_{1 \leqslant j \leqslant k} u_j(y)\}, l = 1, \cdots, k. \tag{2.19}$$

有关计算方法就不详细讨论了.

在贝叶斯判别中经常要计算事后概率, 即当样品 y 已知时, 它落入 G_l 类的概率, 记作 $P(G_l|y)$, 这个概率作为样品归类的尺度, 其概率意义更为直接. 易见

$$P(G_l \mid y) = \frac{q_l p_l(y)}{\sum_{i=1}^{k} q_i p_i(y)}. \tag{2.20}$$

在正态母体时,由(2.16)得

$$P(G_l \mid y) = \frac{e^{u_l(y)}}{\sum_{i=1}^{k} e^{u_i(y)}}. \tag{2.21}$$

由于 $e^{u_l(y)}$ 有时很大,容易使计算机溢出,计算时将分子分母同乘上一个因子 $e^{-\max\limits_i u_i}$ 得

$$P(G_l \mid y) = \frac{e^{u_l(y)-\max\limits_i u_i(y)}}{\sum_{j=1}^{k} e^{u_j(y)-\max\limits_i u_i(y)}}.$$

当总体的参数未知时,可通过样本来估计,这些上节均已说过,不再重复.

§3. 费歇的判别准则

费歇(Fisher)准则是借助于方差分析的思想来导出判别函数,这个判别函数可以是线性函数,也可以是一般 Borel 函数.

3.1 线性判别函数 在距离判别和贝叶斯判别中,在正态母体等协差阵时,可以导出一个线性判别函数,而线性判别函数在实际使用中是最方便的,这启示我们专门来研究线性判别函数.

设有 k 个母体, $G_1, \cdots, G_k$,相应的均值和协差阵分别为 $\mu^{(1)}, \cdots, \mu^{(k)}$; $V^{(1)}, \cdots, V^{(k)}$.任给一样品 y ,考虑它的线性函数 $u(y) = u'y$,则在 y 是来自 G_i 的条件下, $u(y)$ 的均值和方差为

$$e_i = E(u(y) \mid G_i) = u'\mu^{(i)}, \qquad i = 1, \cdots, k, \tag{3.1}$$

$$v_i^2 = V(u(y) \mid G_i) = u'V^{(i)}u, \quad i = 1, \cdots, k. \tag{3.2}$$

令

$$B_0 = \sum_{i=1}^{k} \left(e_i - \frac{1}{k} \sum_{i=1}^{k} e_i \right)^2, \tag{3.3}$$

$$E_0 = \sum_{i=1}^{k} v_i^2 = \sum_{i=1}^{k} u'V^{(i)}u, \tag{3.4}$$

B_0 相当于一元方差分析中的组间差, E_0 相当于组内差,运用方差分析的思想,选择 u 使

$$\Delta(u) = \frac{B_0}{E_0} \tag{3.5}$$

达到极大, $\Delta(u)$ 称为判别效率.如今

$$\mu' = (\mu^{(1)}\cdots\mu^{(k)})_{m\times k}, B = \mu'\left(I_k - \frac{1}{k}J\right)\mu, \tag{3.6}$$

$$E = \sum_{i=1}^{k} V_i^{(i)}, \tag{3.7}$$

则易见

$$\Delta(u) = \frac{B_0}{E_0} = \frac{u'Bu}{u'Eu}. \tag{3.8}$$

显然 B, E 均为非负定阵,由第一章§6,$\Delta(u)$的极大值为方程

$$|B - \lambda E| = 0 \tag{3.9}$$

的最大特征根,记方程的非零特征根为 $\lambda_1 \geqslant \cdots \geqslant \lambda_r$. 取 u 对应于 λ_1 的特征向量就能达到要求. 于是有

定理 3.1 费歇准则下的线性判别函数 $u(y) = u'y$ 的解 u 为方程(3.9)的最大特征根 λ_1 所对应的特征向量 u_1,且相应的判别效率 $\Delta(u_1) = \lambda_1$.

在有些问题中仅用一个线性判别函数不能很好区分各个母体,可取 λ_2 对应的特征向量 u_2,建立第二个线性判别函数 $u'_2 y$. 如还不够,用 λ_3 建立第三个,依此类推.

系 1 如 $k = 2, V^{(1)} + V^{(2)}$ 的逆存在,则费歇准则下的线性判别函数和判别效率为

$$u(y) = y'(V^{(1)} + V^{(2)})^{-1}(\mu^{(1)} - \mu^{(2)}),$$

$$\Delta(u) = \frac{1}{2}(\mu^{(1)} - \mu^{(2)})'(V_1^{(1)} + V^{(2)})^{-1}(\mu^{(1)} - \mu^{(2)}), \tag{3.10}$$

证明 这时易见

$$B = \frac{1}{2}(\mu^{(1)} - \mu^{(2)})(\mu^{(1)} - \mu^{(2)})', \quad E = V^{(1)} + V^{(2)},$$

$$\Delta(u) = \frac{\frac{1}{2}u'(\mu^{(1)} - \mu^{(2)})(\mu^{(1)} - \mu^{(2)})'u}{u'(V^{(1)} + V^{(2)})u}. \tag{3.11}$$

利用第一章矩阵微商的公式,求 $\frac{\partial \Delta(u)}{\partial u} = 0$,经适当整理得

$$(V^{(1)} + V^{(2)})u = \mu^{(1)} - \mu^{(2)}.$$

故

$$u = (V^{(1)} + V^{(2)})^{-1}(\mu^{(1)} - \mu^{(2)}), \tag{3.12}$$

代入到(3.11)式中得 $\Delta(u) = \frac{1}{2}(\mu^{(1)} - \mu^{(2)})'(V_1 + V_2)^{-1}(\mu^{(1)} - \mu^{(2)})$ ♯

当母体参数未知时,需要通过样本来估计,我们仅对 $k = 2$ 时来说明. 设样本分别为 $y_{(1)}^{(1)}, \cdots, y_{(n_1)}^{(1)}; y_{(1)}^{(2)}, \cdots, y_{(n_2)}^{(2)}$,则均值的估计是熟知的. 为了估计 $(V^{(1)} + V^{(2)})$,一种办法是用第一个母体的样本估计 $V^{(1)}$,用第二个母体的样本估计 $V^{(2)}$,然后相加. 用我们熟知的记号 $\hat{V}^{(1)} = \frac{1}{n_1 - 1}S_1, \hat{V}^{(2)} = \frac{1}{n_2 - 1}S_2,$

$$(\hat{V}^{(1)} + \hat{V}^{(2)}) = \frac{1}{n_1 - 1}S_1 + \frac{1}{n_2 - 1}S_2. \tag{3.13}$$

另一种方法是将它们看成等协差阵 V,可将样品混合起来估计

$$\hat{V} = \frac{1}{n_1 + n_2 - 2}(S_1 + S_2), \tag{3.14}$$

于是

$$u(y) = (n_1 + n_2 - 2)y'(S_1 + S_2)^{-1}(\bar{y}^{(1)} - \bar{y}^{(2)}). \tag{3.15}$$

或者(其理由下面将说明)取

$$u(y) = y'(S_1 + S_2)^{-1}(\bar{y}^{(1)} - \bar{y}^{(2)}), \tag{3.16}$$

当 $n_1 = n_2$ 时,两种方法是等价的($u(y)$ 间仅差一个比例常数),当 n_1 与 n_2 相差不大时,两种方法是近似的,当 $n_1 \gg n_2$(或相反)时,两种方法会差得较远.在等协差阵的情况下,显然(3.16)式更合理一些,因此目前采用的方法大多为(3.16).

费歇准则的判别函数并不唯一,如 $u(y)$(不一定是线性函数)是费歇准则的判别函数,则对任何 $\alpha(>0)$,β,$\alpha u(y) + \beta$ 也是它的判别函数,这种不唯一性并不妨碍它的应用,因为这里仅仅给出判别函数而没有给出判别规则.下面我们就来讨论判别规则的制定.

当只有一个判别函数时,这时等于将 m 维空间的点投影到一条直线上,所以制定判别规则等价于讨论一维的随机变量 $u(y) = u'y$.在距离判别中对一维的情况曾有过讨论,那里有两种定法,即(当 $k = 2$ 时)

$$\bar{\mu} = \frac{1}{2}(e_1 + e_2), \tag{3.17}$$

$$\mu^* = \frac{e_1 v_2 + e_2 v_1}{v_1 + v_2}. \tag{3.18}$$

相应的划分分别为

$$D_1 = \{y : u'(y - \bar{\mu}) \geqslant 0\}, \ D_2 = \{y : u'(y - \bar{\mu}) < 0\},$$
$$D_1^* = \{y : u'(y - \mu^*) \geqslant 0\}, \ D_2^* = \{y : u'(y - \mu^*) < 0\}.$$

这两种判别规则在实际中都是经常使用的,当参数未知时,可用估计值来代替.对于多个母体,这两种办法可以类似地进行推广.

如果有 r 个线性判别函数($r > 1$),$u_1(y), \cdots, u_r(y)$,这时相当于把原来的 m 个指标综合成新的 r 个指标,由于特征向量相互无关,这 r 个新指标相互无关.为了便于相互比较,需要将这些判别函数的方差变成相等,这里不妨假定它们的方差已经相等了.对这 r 个新指标可用距离判别法来规定 $D_1, \cdots, D_k$,由于它们相互无关,马氏距离化为通常的欧氏距离,如令 $e_{ij} = E(u_i(y) | G_j)$,则

$$D_l = \left\{ y : \sum_{i=1}^{r}(u_i(y) - e_{il})^2 < \sum_{i=1}^{r}(u_i(y) - e_{ij})^2, \right.$$

$$\left. j \neq l, j = 1, \cdots, k \right\}, l = 1, \cdots, k. \tag{3.19}$$

3.2 费歇准则与其他判别准则的关系

（i）费歇准则对分布类型并无规定，只要求有两阶矩存在，这与距离判别是一致的，而与贝叶斯判别不同.

（ii）当 $k = 2$ 时，如果 $V^{(1)} = V^{(2)} = V$，则由（3.10）和（1.5）容易看出费歇准则与距离判别是等价的. 而当 $V^{(1)} \neq V^{(2)}$ 时，费歇准则用 $V^{(1)} + V^{(2)}$ 作为共同的协差阵，实际看成是等协差阵，这与距离判别和贝叶斯判别是不同的.

（iii）如果费歇准则不限于线性函数，而是任一 Borel 函数 $u(y)$，并假定 G_1，G_2 的分布密度为 $p_1(y)$ 和 $p_2(y)$，这时

$$e_i = E(u(y) \mid G_i) = \int u(y) p_i(y) dy, i = 1, 2, \tag{3.20}$$

$$v_i^2 = V(u(y) \mid G_i) = \int (u(y) - e_i)^2 p_i(y) dy, i = 1, 2. \tag{3.21}$$

选择 $u(y)$ 使

$$\Delta(u) = \frac{(e_1 - e_2)^2}{v_1^2 + v_2^2} \tag{3.22}$$

达到极大，这时我们将证明费歇准则与贝叶斯准则是等价的.

定理 3.2 当 $k = 2$ 时，费歇准则的判别函数（按定理中的判别规则）与贝叶斯判别的解是等价的.

证明 设 $u_0(y)$ 是使（3.22）达到极大的一个 Borel 函数，令

$$u(y) = u_0(y) + \alpha r(y),$$

其中 α 与 y 无关，$r(y)$ 为任一 Borel 函数，将上式代入（3.22）. 由于 $\Delta(u(y))$ 在 $u(y) = u_0(y)$ 时达到极大，必有

$$\left. \frac{\partial \Delta(u(y))}{\partial \alpha} \right|_{\alpha = 0} = 0,$$

从而得（此处 v_1^2, v_2^2 为当 $u(y) = u_0(y)$ 时之值）

$$\int [(v_1^2 + v_2^2)(p_1(y) - p_2(y)) - (e_1 - e_2)(u_0(y) p_1(y) - e_1 p_1(y) + u_0(y) p_2(y) - e_2 p_2(y))] r(y) dy = 0.$$

上式对一切 $r(y)$ 均成立，故必须有

$$(v_1^2 + v_2^2)(p_1(y) - p_2(y)) - (e_1 - e_2)[u_0(y) p_1(y) - e_1 p_1(y) + u_0(y) p_2(y) - e_2 p_2(y)] = 0.$$

解得

$$u_0(y) = [t(p_1(y) - p_2(y)) + e_1 p_1(y) + e_2 p_2(y)] / (p_1(y) + p_2(y))$$
$$= [(t + e_1) p_1(y) - (t - e_2) p_2(y)] / (p_1(y) + p_2(y)),$$

其中

$$t = (v_1^2 + v_2^2)/s, \ s = e_1 - e_2.$$

取

$$\alpha_1 = \frac{1 + \beta}{2t + s}, \ \alpha_2 = -\frac{(\beta - 1)t + e_1\beta + e_2}{2t + s},$$

β 为任意实数,则容易验证

$$u(y) = \alpha_1 u_0(y) + \alpha_2 = \frac{p_1(y) - \beta p_2(y)}{p_1(y) + p_2(y)}. \tag{3.23}$$

因为 $u_0(y)$ 是费歇准则的解,从而 $u(y)$ 也是费歇准则的解. 如果取

$$D_1 = \{y : u(y) > 0\}, \ D_2 = \{y : u(y) < 0\},$$

则由(3.23)得

$$D_1 = \{y : p_1(y) > \beta p_2(y)\}, \ D_2 = \{y : p_1(y) < \beta p_2(y)\}.$$

如取 $\beta = q_1/q_2, q_1, q_2$ 为两母体 G_1, G_2 的事前概率,则 D_1, D_2 为 $L(i, j) = 1 - \delta_{ij}$ 时的贝叶斯解. 所以对费歇准则的解 $u(y)$ 如规定

$$\begin{cases} y \in G_1, & \text{如 } u(y) > 0, \\ y \in G_2, & \text{如 } u(y) < 0, \end{cases}$$

则用这个判别规则与贝叶斯判别是等价的　　♯

(iv) 费歇准则的线性判别函数与回归分析的关系.

设从 G_1 和 G_2 中各抽了 n_1 和 n_2 个样品 $x_{(1)}^{(1)}, \cdots, x_{(n_1)}^{(1)}; x_{(1)}^{(2)}, \cdots, x_{(n_2)}^{(2)}$,定义一个假变量 y:

$$y_{(i)}^{(\alpha)} = \begin{cases} 0, & \alpha = 1, i = 1, \cdots, n_1, \\ 1, & \alpha = 2, i = 1, \cdots, n_2, \end{cases} \tag{3.24}$$

用回归分析来建立 y 与 x 之间的关系. 为了使 $y_{(i)}^{(\alpha)}$ 的均值为 0,便于推导,改用下面的定义更为方便

$$y_{(i)}^{(\alpha)} = \begin{cases} \dfrac{n_2}{n_1 + n_2}, & \alpha = 1, i = 1, \cdots, n_1, \\[3mm] \dfrac{-n_1}{n_1 + n_2}, & \alpha = 2, i = 1, \cdots, n_2. \end{cases} \tag{3.25}$$

这时 $\bar{y} = \dfrac{1}{n_1 + n_2} \sum\limits_{\alpha=1}^{2} \sum\limits_{i=1}^{n_\alpha} y_{(i)}^{(\alpha)} = 0$,我们希望建立回归方程

$$\hat{y} = a + b'x.$$

由回归分析的理论(参见第五章 §1),求 b 的正规方程是

$$\sum_{\alpha=1}^{2} \sum_{i=1}^{n_\alpha} (x_{(i)}^{(\alpha)} - \bar{x})(x_{(i)}^{(\alpha)} - \bar{x})'b = \sum_{\alpha=1}^{2} \sum_{i=1}^{n_\alpha} y_{(i)}^{(\alpha)}(x_{(i)}^{(\alpha)} - \bar{x}), \tag{3.26}$$

其中

$$\bar{x} = \frac{1}{n_1 + n_2} \sum_{\alpha=1}^{2} \sum_{i=1}^{n_\alpha} x_{(i)}^{(\alpha)}.$$

令

$$\bar{x}^{(\alpha)} = \frac{1}{n_\alpha} \sum_{i=1}^{n_\alpha} x_{(i)}^{(\alpha)}, \alpha = 1,2,$$

则由平方和分解的惯用手法

$$\sum_{\alpha=1}^{2} \sum_{i=1}^{n_\alpha} (x_{(i)}^{(\alpha)} - \bar{x})(x_{(i)}^{(\alpha)} - \bar{x})'$$

$$= \sum_{\alpha=1}^{2} \sum_{i=1}^{n_\alpha} (x_{(i)}^{(\alpha)} - \bar{x}^{(\alpha)})(x_{(i)}^{(\alpha)} - \bar{x}^{(\alpha)})' + \frac{n_1 n_2}{n_1 + n_2} (\bar{x}^{(1)} - \bar{x}^{(2)})(\bar{x}^{(1)} - \bar{x}^{(2)})'$$

$$= S_x^{(1)} + S_x^{(2)} + \frac{n_1 n_2}{n_1 + n_2} (\bar{x}^{(1)} - \bar{x}^{(2)})(\bar{x}^{(1)} - \bar{x}^{(2)})',$$

其中

$$S_x^{(\alpha)} = \sum_{i=1}^{n_\alpha} (x_{(i)}^{(\alpha)} - \bar{x}^{(\alpha)})(x_{(i)}^{(\alpha)} - \bar{x}^{(\alpha)})', \alpha = 1,2.$$

利用 $y_{(i)}^{(\alpha)}$ 的定义,(3.26)的右边为

$$\sum_{\alpha=1}^{2} \sum_{i=1}^{n_\alpha} y_{(i)}^{(\alpha)} (x_{(i)}^{(\alpha)} - \bar{x}) = \frac{n_1 n_2}{n_1 + n_2} [(\bar{x}^{(1)} - \bar{x}) - (\bar{x}^{(2)} - \bar{x})]$$

$$= \frac{n_1 n_2}{n_1 + n_2} (\bar{x}^{(1)} - \bar{x}^{(2)}).$$

将以上结果代入到(3.26)式得

$$(S_x^{(1)} + S_x^{(2)})b + \frac{n_1 n_2}{n_1 + n_2} (\bar{x}^{(1)} - \bar{x}^{(2)})(\bar{x}^{(1)} - \bar{x}^{(2)})'b$$

$$= \frac{n_1 n_2}{n_1 + n_2} (\bar{x}^{(1)} - \bar{x}^{(2)}),$$

或者

$$(S_x^{(1)} + S_x^{(2)})b = (\bar{x}^{(1)} - \bar{x}^{(2)})g, \tag{3.27}$$

其中

$$g = \frac{n_1 n_2}{n_1 + n_2} (1 - (\bar{x}^{(1)} - \bar{x}^{(2)})'b),$$

它是一个数. 在线性方程组中,当常数向量同乘一数时则相应的解也为原来的解同乘此数,因此,在(3.27)中删去 g 所得之解,与(3.27)的解只差一个比例常数,若一个是费歇准则的解,则另一个删去 g 后的方程成为

$$(S_x^{(1)} + S_x^{(2)})b = (\bar{x}^{(1)} - \bar{x}^{(2)}),$$

解得

$$b = (S_x^{(1)} + S_r^{(2)})^{-1}(\bar{x}^{(1)} - \bar{x}^{(2)}),$$

与(3.16)比较,说明对于两个母体的判别,费歇线性判别函数与线性回归方程(除常数项 a 以外)在形式上是一样的,如果在回归分析中阈值点按费歇判别函数的办法(差一个 a)来定,两者的判别是完全一致的.对于多个母体的判别,两者是不是还是一致的呢?回答是否定的,但两者有密切的关系,在第六章将进一步讨论它们之间的关系.

例 3.1 对例 1.1 运用费歇准则,为了便于对照,仍将 x_3 和 x_4 除去,用其余七个变量来建立线性判别函数.

利用例 1.1 中的计算,有

$$S_1 + S_2 = \begin{pmatrix} 21.5553 & & & & & & \\ 858.9156 & 147934.144 & & & & & \\ -6.9078 & -891.275 & 66.1857 & & & & \\ 1.2717 & -1458.850 & 11.7609 & 83.935 & & & \\ 56.4293 & 101.130 & 21.2048 & 53.587 & 1095.49 & & \\ 0.2895 & -78.762 & 0.6251 & 0.679 & 4.810 & 0.2231 & \\ 935.5500 & 31216.130 & -768.598 & 544.587 & 4617.700 & -18.0352 & 90386.22 \end{pmatrix}.$$

为了计算 $(S_1 + S_2)^{-1}(\bar{y}^{(1)} - \bar{y}^{(2)})$,等价于解方程 $(S_1 + S_2)z = (\bar{y}^{(1)} - \bar{y}^{(2)})$,解得

$$z = (0.0202, -0.000103, -0.0175, 0.0156, 0.016, -0.733, -0.00161)'.$$

从而线性判别函数为

$$u(y) = 0.0202y_1 - 0.000103y_2 - 0.0175y_5 + 0.0156y_6$$
$$+ 0.016y_7 - 0.0733y_8 - 0.0161y_9,$$

将 $\bar{y}^{(1)}$ 和 $\bar{y}^{(2)}$ 代入

$$u(\bar{y}^{(1)}) = 0.24714, \quad u(\bar{y}^{(2)}) = 0.02378,$$

表 3.1 训练样本的回报

编号	$u(y_{(i)})$	编号	$u(y_{(i)})$	编号	$u(y_{(i)})$	编号	$u(y_{(i)})$	编号	$u(y_{(i)})$
1	0.181	8	0.232	15	-0.033	22	0.069	29*	0.192
2	0.277	9*	0.116	16	0.041	23	-0.046	30	-0.069
3	0.212	10	0.455	17	0.044	24	0.032	31	-0.113
4	0.308	11	0.174	18	-0.016	25	0.064	32	0.004
5	0.175	12	0.174	19	-0.008	26	0.032	33	-0.036
6	0.416	13	-0.087	20	0.079	27	0.064	34	0.046
7	0.247	14	0.054	21	0.026	28*	0.136	35	0.072

阈值点可以取成(参见(3.17))

$$\bar{\mu} = \frac{1}{2}(u(\bar{y}^{(1)}) + u(\bar{y}^{(2)})) = 0.13546.$$

对原样本(经常称为训练样本)进行回报的结果见表3.1.错报的有三个样品,汇总成表3.2.读者试用另一种阈值点((3.18)式定义的 μ^*)来进行判断,并分析其间的关系.

表 3.2　判 别 情 况

实　际 ＼ 预　报	Ⅰ	Ⅱ
Ⅰ	11	1
Ⅱ	2	21

§4. 误 判 概 率

本章第一节我们讲过,用判别分析的方法来判断样品的归属是会犯错误的,衡量这种错误的尺度在贝叶斯方法中用损失函数,另一种是用误判概率.当 $L(i,j) = 1 - \delta_{ij}$ 时,由(2.8)式

$$r(l; D_1, \cdots, D_k) = \sum_{\substack{j=1 \\ j \neq l}}^{k} P(j \mid l; D_1, \cdots, D_k), \tag{4.1}$$

这时样品来自 G_l 而将它误判的平均损失正好等于其误判概率,这说明两种表达方法是有密切关系的.任何一个问题总希望判断得越准确越好,因此计算误判概率对实际问题是十分重要的.

我们先讨论 $k = 2$,正态母体的情况.设 G_1, G_2 两母体的分布分别是 $N_m(\mu^{(1)}, V)$, $N_m(\mu^{(2)}, V)$,我们已经证明,这时距离判别,贝叶斯判别和费歇判别三者是等价的,其用来判别的函数是 $W(y)$,

$$W(y) = \left(y - \frac{\mu^{(1)} + \mu^{(2)}}{2}\right)' V^{-1}(\mu^{(1)} - \mu^{(2)}). \tag{4.2}$$

样品 y 来自 G_1 而误判为 G_2 的概率记作 $P(2|1)$,它来自 G_2 而误为 G_1 的概率记作 $P(1|2)$,于是

$$P(2 \mid 1) = P(W(y) \leqslant d \mid G_1),$$
$$P(1 \mid 2) = P(W(y) > d \mid G_2), \tag{4.3}$$

其中 d 为某个常数,在距离判别中 $d = 0$,在贝叶斯判别中 $d = \log(q_2 L(2,1)/$

$q_1L(1,2)$),在费歇准则下 d 可以取作 0 或别的数. 因此要估计误判概率就首先要寻找 $W(y)$ 的条件分布,我们分两种情况来讨论.

4.1　参数已知

定理 4.1　当 $\mu^{(1)}, \mu^{(2)}, V$ 已知时,在条件 G_1 下 $W(y)$ 的分布是 $N_1\left(\dfrac{\alpha}{2}, \alpha\right)$,
在条件 G_2 下 $W(y)$ 的分布是 $N_1\left(-\dfrac{\alpha}{2}, \alpha\right)$,其中

$$\alpha = (\mu^{(1)} - \mu^{(2)})' V^{-1} (\mu^{(1)} - \mu^{(2)}). \tag{4.4}$$

证明　在 G_1 条件下,$y \sim N_m(\mu^{(1)}, V)$,$W(y)$ 是 y 的线性函数,由第二章它也是正态分布,且

$$E(W(y) \mid G_1) = \left(\mu^{(1)} - \frac{\mu^{(1)} + \mu^{(2)}}{2}\right)' V^{-1} (\mu^{(1)} - \mu^{(2)})$$

$$= \frac{1}{2} (\mu^{(1)} - \mu^{(2)})' V^{-1} (\mu^{(1)} - \mu^{(2)}) = \frac{1}{2}\alpha,$$

$$V(W(y) \mid G_1) = [V^{-1}(\mu^{(1)} - \mu^{(2)})]' V [V^{-1}(\mu^{(1)} - \mu^{(2)})]$$

$$= (\mu^{(1)} - \mu^{(2)})' V^{-1} (\mu^{(1)} - \mu^{(2)}) = \alpha.$$

这说明在 G_1 条件下 $W(y) \sim N_1\left(\dfrac{\alpha}{2}, \alpha\right)$,另一个是类似的　♯

系　在定理的条件下由(4.3)定义的误判概率为

$$P(2 \mid 1) = \Phi\left(\frac{d - \dfrac{\alpha}{2}}{\sqrt{\alpha}}\right),$$

$$P(1 \mid 2) = 1 - \Phi\left(\frac{d + \dfrac{\alpha}{2}}{\sqrt{\alpha}}\right), \tag{4.5}$$

其中 $\Phi(x)$ 为一元标准正态的分布函数.

证明　由(4.3)式及定理,

$$P(2 \mid 1) = \int_{-\infty}^{d} \frac{1}{\sqrt{2\pi\alpha}} e^{-\frac{1}{2\alpha}\left(t - \frac{\alpha}{2}\right)^2} dt = \int_{-\infty}^{\left(d - \frac{\alpha}{2}\right)\big/\sqrt{\alpha}} \frac{1}{\sqrt{2\pi}} e^{-\frac{1}{2}t^2} dt$$

$$= \Phi\left(\frac{d - \alpha/2}{\sqrt{\alpha}}\right) \quad ♯$$

利用误判概率也可以来确定 d,一种自然的想法是使最大的误判概率达到极小,或简称极小极大原则(minimax),由系,d 应满足方程

$$\Phi\left(\frac{d - \dfrac{\alpha}{2}}{\sqrt{\alpha}}\right) = 1 - \Phi\left(\frac{d + \dfrac{\alpha}{2}}{\sqrt{\alpha}}\right). \tag{4.6}$$

易见这时方程的解是 $d = 0$,与距离判别一致. 如果加上贝叶斯判别中的损失函数

的概念,求极小极大原则解 d 的方程就变为

$$L(1,2)\Phi\left[\frac{d - \frac{\alpha}{2}}{\sqrt{\alpha}}\right] = L(2,1)\left[1 - \Phi\left[\frac{d + \frac{\alpha}{2}}{\sqrt{\alpha}}\right]\right], \qquad (4.7)$$

显然这个方程是容易求数值解的.

由(4.5)式可知 α 越大,误判概率越小.而 α 越大,$\mu^{(1)}$ 与 $\mu^{(2)}$ 的马氏距离越大.即两个母体分得越远,误判概率越小.

4.2 参数未知 设从 G_1,G_2 各抽了 n_1 和 n_2 个样品,分别为 $y_{(1)}^{(1)},\cdots,y_{(n_1)}^{(1)}$ 及 $y_{(1)}^{(2)},\cdots,y_{(n_2)}^{(2)}$.则 $\mu^{(1)},\mu^{(2)},V$ 的估计值是

$$\bar{y}^{(1)} = \frac{1}{n_1}\sum_{i=1}^{n_1}y_{(i)}^{(1)}, \quad \bar{y}^{(2)} = \frac{1}{n_2}\sum_{i=1}^{n_2}y_{(i)}^{(2)},$$

$$\hat{V} = \frac{1}{n_1 + n_2 - 2}(S_1 + S_2).$$

将它们代入 $W(y)$ 中,

$$W(y) = \left(y - \frac{\bar{y}^{(1)} + \bar{y}^{(2)}}{2}\right)'\hat{V}^{-1}(\bar{y}^{(1)} - \bar{y}^{(2)}). \qquad (4.8)$$

这时欲求 $W(y)$ 的分布就比较复杂了,但由多维的中心极限定理,可以推知.

定理 4.2 在上述记号下,当 $n_1 \to \infty, n_2 \to \infty$ 时,在 G_1 条件下 $W(y)$ 的极限分布是 $N\left(\frac{\alpha}{2}, \alpha\right)$,在 G_2 条件下 $W(y)$ 的极限分布是 $N\left(-\frac{\alpha}{2}, \alpha\right)$.

这个定理我们就不详细证明了.在参数未知的情况下有如下的解决办法:

(i) 将 $\mu^{(1)}, \mu^{(2)}, V$ 的估计值代入到 α 的公式(4.4)中,然后用这个 α 通过(4.5)来计算 $P(2|1)$ 和 $P(1|2)$,这个方法叫做多重代替的方法,显然这种方法是非常粗糙的.

(ii) 这是上一个方法的修正,用估计值代入(4.4)得 α 的估计 $\hat{\alpha}$,

$$\hat{\alpha} = (\bar{y}^{(1)} - \bar{y}^{(2)})'\hat{V}^{-1}(\bar{y}^{(1)} - \bar{y}^{(2)}). \qquad (4.9)$$

在第三章我们已经证明了 $\bar{y}^{(1)}$ 与 S_1 独立,$\bar{y}^{(2)}$ 与 S_2 独立,且 $\bar{y}^{(1)} \sim N_m\left(\mu^{(1)}, \frac{1}{n_1}V\right), \bar{y}^{(2)} \sim N_m\left(\mu^{(2)}, \frac{1}{n_2}V\right), \hat{V} = \frac{1}{n_1+n_2-2}(S_1+S_2), S_1 \sim W_m(n_1-1, V), S_2 \sim W_m(n_2-1, V)$.由此可得

$$S_1 + S_2 \sim W_m(n_1 + n_2 - 2, V),$$

$$\bar{y}^{(1)} - \bar{y}^{(2)} \sim N_m\left(\mu^{(1)} - \mu^{(2)}, \frac{n_1 + n_2}{n_1 n_2}V\right),$$

且它们独立,由第三章定理 3.3 可知

$$(n_1 + n_2 - 2)(\bar{y}^{(1)} - \bar{y}^{(2)})'\left[\frac{n_1 + n_2}{n_1 n_2}(S_1 + S_2)\right]^{-1}(\bar{y}^{(1)} - \bar{y}^{(2)})$$

$$\sim T^2(m, n_1 + n_2 - 2, \mu^{(1)} - \mu^{(2)})$$

或者

$$\left(\frac{n_1 n_2}{n_1 + n_2}\right)^m \frac{1}{(n_1 + n_2 - 2)^{m-1}} \hat{\alpha} \sim T^2(m, n_1 + n_2 - 2, \mu^{(1)} - \mu^{(2)}).$$

化成 F 分布,就有

$$\left[\frac{n_1 n_2}{(n_1 + n_2)(n_1 + n_2 - 2)}\right]^m \frac{n_1 + n_2 - m - 1}{m} \hat{\alpha}$$

$$\sim F(m, n_1 + n_2 - m - 1, \lambda),$$

其中 $\lambda = (\mu^{(1)} - \mu^{(2)})' \left[\dfrac{n_1 + n_2}{n_1 n_2} V\right]^{-1} (\mu^{(1)} - \mu^{(2)})$,利用非中心 F 分布的性质,可以求得

$$E(\hat{\alpha}) = \frac{n_1 + n_2 - 2}{n_1 + n_2 - m - 1}\left(\alpha + \frac{m n_1 n_2}{n_1 + n_2}\right). \tag{4.10}$$

由此看出采用方法(i)时,当 $d > -\dfrac{\alpha}{2}$ 时,$\Phi\left(\dfrac{d - \alpha/2}{\sqrt{\alpha}}\right)$ 是 α 的单调函数,故一般 $\Phi\left(\dfrac{d - \hat{\alpha}/2}{\sqrt{\hat{\alpha}}}\right)$ 是 $\Phi\left(\dfrac{d - \alpha/2}{\sqrt{\alpha}}\right)$ 的一个不足估计,修改的办法自然是用它的无偏估计 $\tilde{\alpha}$ 来代替,

$$\tilde{\alpha} = \frac{n_1 + n_2 - m - 1}{n_1 + n_2 - 2} \hat{\alpha} - \frac{m n_1 n_2}{n_1 + n_2}, \tag{4.11}$$

用 $\Phi\left(\dfrac{d - \tilde{\alpha}/2}{\sqrt{\tilde{\alpha}}}\right)$ 来估计 $P(2|1)$.

(iii) 建立判别函数和判别规则后对原样本进行判别,用错判的样品数比上全体样品数作为误判概率的估计.但是经验证明这种方法估计的误判概率往往偏低.于是产生了一种改进的办法,用大部分样品(例如 85%)来建立判别函数和判别规则,对其余样品(例如 15%)进行判断,其误判的比例作为误判概率的估计.这种方法比前法估计准确,但由于建立判别函数时未能利用全部样品的信息,在样品量不大时是个很大的缺点.

(iv) 这是一种类似于"刀切"(jacknife)的技术,用增加计算时间来求得较准确的估计,其做法是将 $n_1 + n_2 = n$ 个样品中依次去掉一个样品,用余下的 $n - 1$ 个样品建立判别函数,对去掉的样品进行判断,如此进行 n 次,用误判样品的比例作为误判概率的估计,有人用蒙特卡罗的方法进行比较,证明这种方法比前三种方法要好,在计算机日益发展的时代,增加一定的计算量并不算是严重的缺点.

(v) 用近似分布来求.

定理 4.3 令

$$a = (\bar{y}^{(1)} - \bar{y}^{(2)})' \hat{V}^{-1} (\bar{y}^{(1)} - \bar{y}^{(2)}). \tag{4.12}$$

则(a)当 $n_1/n_2 \to k$, $0 < k < 1$ 时

$$P\left\{\frac{W(y) - a}{\sqrt{a}} \leqslant u \mid G_1\right\} = \Phi(u) + \frac{1}{n}\phi(u)$$

$$\times \left[\frac{(m-1)}{\sqrt{\alpha}}(1+k) - \left(m - \frac{1}{4} + \frac{k}{2}\right)u - \frac{u^3}{4}\right] + o(n^{-2}), \quad (4.13)$$

$$P\left\{\frac{W(y) + a}{\sqrt{a}} \leqslant u \mid G_2\right\} = \Phi(u) - \frac{1}{n}\phi(u)$$

$$\times \left[\frac{m-1}{\sqrt{\alpha}}\left(1 + \frac{1}{k}\right) + \left(m - \frac{1}{4} + \frac{1}{2k}\right)u + \frac{u^3}{4}\right] + o(n^{-2}), \quad (4.14)$$

其中 $n = n_1 + n_2 - 2$, $\phi(u)$ 为标准正态分布密度.

(b) 当 $n_1/n_2 \to 1$ 时,

$$P\left\{\frac{W(y) - a}{a} \leqslant u \mid G_1\right\} = \Phi(u) + \frac{1}{n}\phi(u)$$

$$\times \left[2\frac{m-1}{\sqrt{\alpha}} - \left(m + \frac{1}{4}\right)u - \frac{1}{4}u^3\right] + o(n^{-2}). \quad (4.15)$$

定理的证明可见[27],从(4.13)看到,第一项 $\Phi(u)$ 是极限分布,第二大项是修正项,它有如下的性质:当 $u < 0$ 时它为正,当 $m = 1$ 时它不依赖于 α,当 $m > 1$ 时它随 α 增大而减小.当 $u < 0$ 时它随 m 增大而增大.公式(15)比(13)修正项简单,当 n_1, n_2 相差不大时可用(4.15),为使用时方便,文献[27]将其修正项列成了表.

最后我们介绍以误判概率为目标函数去求使它最小的判别函数.我们在 $k = 2$ 的情况下用贝叶斯准则,这时平均误判概率为(以下总设事前概率 $q_1 > 0$, $q_2 > 0$)

$$P = q_1 P(2 \mid 1) + q_2 P(1 \mid 2). \quad (4.16)$$

再设两母体的分布分别为 $N_m(\mu^{(1)}, V^{(1)})$ 和 $N_m(\mu^{(2)}, V^{(2)})$,我们希望建立线性判别函数

$$u(y) = u'y. \quad (4.17)$$

判别规则采用

$$\begin{cases} y \in G_1, & \text{如 } u(y) \geqslant d, \\ y \in G_2, & \text{如 } u(y) < d. \end{cases} \quad (4.18)$$

取 u, d 使(4.16)达到极小.前面我们说过,当损失函数 $L(i, j) = 1 - \delta_{ij}$ 时,平均损失与平均误判概率是等价的,故这里提出的问题实质上是不等协差阵的贝叶斯判别.

用证明定理 4.1 的方法可得

$$\begin{cases} P(2 \mid 1) = P(u(y) < d \mid G_1) = \Phi\left(\frac{d - e_1}{v_1}\right), \\ P(1 \mid 2) = P(u(y) \geqslant d \mid G_2) = 1 - \Phi\left(\frac{d - e_2}{v_2}\right) = \Phi\left(\frac{e_2 - d}{v_2}\right), \end{cases}$$

$$(4.19)$$

其中 e_1, e_2, v_1, v_2 为(3.1),(3.2)所定义,于是

$$P = q_1 \Phi\left(\frac{d - e_1}{v_1}\right) + q_2 \Phi\left(\frac{e_2 - d}{v_2}\right). \tag{4.20}$$

欲使 P 达到极小,将 P 对 u 和 d 进行微商,注意

$$\frac{\partial v_i^2}{\partial u} = \frac{\partial u' V^{(i)} u}{\partial u} = 2V^{(i)} u, \quad i = 1, 2, \tag{4.21}$$

$$\frac{\partial e_i}{\partial u} = \frac{\partial u' \mu^{(i)}}{\partial u} = \mu^{(i)}, \quad i = 1, 2. \tag{4.22}$$

于是

$$-2\frac{\partial P}{\partial u} = q_1 \phi\left(\frac{d - e_1}{v_1}\right)\frac{\partial}{\partial u}\left(\frac{d - e_1}{v_1}\right)$$
$$+ q_2 \phi\left(\frac{e_2 - d}{v_2}\right)\frac{\partial}{\partial u}\left(\frac{e_2 - d}{v_2}\right) = 0, \tag{4.23}$$

$$-2\frac{\partial P}{\partial u} = q_1 \phi\left(\frac{d - e_1}{v_1}\right)\frac{1}{v_1} - q_2 \phi\left(\frac{e_2 - d}{v_2}\right)\frac{1}{v_2} = 0, \tag{4.24}$$

由(4.24)得

$$q_1 \phi\left(\frac{d - e_1}{v_1}\right) = q_2 \frac{v_1}{v_2}\phi\left(\frac{e_2 - d}{v_2}\right),$$

代入到(4.23)中得

$$v_1 \frac{\partial}{\partial u}\left(\frac{d - e_1}{v_1}\right) + v_2 \frac{\partial}{\partial u}\left(\frac{e_2 - d}{v_2}\right) = 0. \tag{4.25}$$

利用(4.21)和(4.22)得

$$\frac{\partial}{\partial u}\left(\frac{d - e_1}{v_1}\right) = \frac{1}{v_1^2}\left(-\mu^{(1)} v_1 - \frac{d - e_1}{2v_1} \cdot 2V^{(1)} u\right),$$

$$\frac{\partial}{\partial u}\left(\frac{e_2 - d}{v_2}\right) = \frac{1}{v_2^2}\left(\mu^{(2)} v_2 - \frac{e_2 - d}{2v_2} \cdot 2V^{(2)} u\right),$$

代入到(4.25)中得

$$\left(\frac{e_1 - d}{v_1^2} V^{(1)} - \frac{e_2 - d}{v_2^2} V^{(2)}\right) u = \mu^{(1)} - \mu^{(2)}, \tag{4.26}$$

从方程(4.26)和(4.24)可求解 u 和 d. 这个方程已有相当精确的数值解法,读者可参看[28].

§5. 附加信息检验

在一元统计中熟知,变量选择的好坏直接影响回归的效果,而在判别分析中也有类似的问题.如果在某个判别问题中,将其中最主要的指标忽略了,由此建立的

判别函数其效果一定不好.但是在许多问题中,事先并不十分清楚哪些指标是主要的,这时,是否将有关的指标尽量收集加入计算才好呢? 理论和实践证明,指标太多了,不仅带来大量的计算,同时许多对判别无作用的指标反而会干扰了我们的视线.因此适当筛选变量的问题就成为一个很重要的事情.凡具有筛选变量能力的判别方法统称为逐步判别法.和通常的判别分析一样,逐步判别也有许多不同的原则,从而产生各种方法.本节着重讨论指标的附加信息检验,这是一些逐步判别法的理论基础.

设有 k 个母体 $G_1,\cdots,G_k$,它们的分布是 $N_m(\mu^{(1)},V),\cdots,N_m(\mu^{(k)},V)$,今从这 k 个母体分别抽了 $n_1,\cdots,n_k$ 个样品,记为 $y_{(1)}^{(1)},\cdots,y_{(n_1)}^{(1)};\cdots;y_{(1)}^{(k)},\cdots,y_{(n_k)}^{(k)}$.为了对这 k 个母体建立判别函数,需要检验

$$H_0:\mu^{(1)}=\cdots=\mu^{(k)}. \tag{5.1}$$

当 H_0 被接受时,说明区分这 k 个总体是无意义的,在此基础上建立的判别函数效果肯定不好,除非增加新的变量.当假定被否定时,说明这 k 个母体可以区分,建立判别函数是有意义的.这时自然要问,为了区分这 k 个母体,原来选择的这 m 个指标是否可以减少而达到同样的判别效果,也就是说要去掉一些对区分 k 个母体不带附加信息的变量.

今后用草体的 $y_1,\cdots,y_m$ 表示 m 个变量(指标),我们先从直观上来看看这个问题.图 5.1 的情况说明用 y_1 可以区分两个母体,而用 y_2 完全不能区分,说明 y_2 不能提供附加信息.又如图 5.2,这时仅用 y_1 或 y_2 都不能很好区分两个母体,这时 y_1 或 y_2 都不能剔除.图 5.3 的情况与前两种不同,这时仅用 y_1(或 y_2)与同时用 y_1,y_2 的判别效果差不多,这时可将 y_1 或 y_2 中任一个去掉.当指标更多时情况就更加复杂了,为此需要给出一个有效的数学方法.

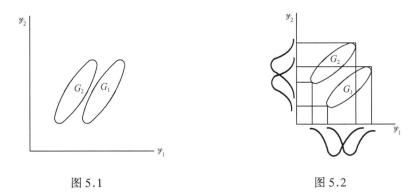

图 5.1   图 5.2

第三章 §6 解决了检验(5.1)的问题,所用的是维尔克斯 Λ 统计量,为了强调这里的均值包括 m 个指标,记作 $\Lambda_{(m)}$.由上章(6.9)得

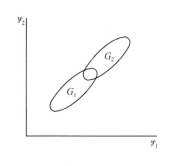

图 5.3

$$\Lambda_{(m)} = \frac{|E|}{|E+B|}, \tag{5.2}$$

其中

$$E = \sum_{\alpha=1}^{k} Y'_\alpha \left(I - \frac{1}{n_\alpha} J\right) Y_\alpha, \tag{5.3}$$

$$B = \sum_{\alpha=1}^{k} n_\alpha (\bar{y}^{(\alpha)} - \bar{y})(\bar{y}^{(\alpha)} - \bar{y})'. \tag{5.4}$$

这时 $E \sim W_m(n-k, V)$，$B \sim W_m(k-1, V)$ 两者独立，$\Lambda_{(m)} \sim \Lambda(m, n-k, k-1)$.

　　如果通过某种步骤已选中了 r 个指标，我们要检验另外 $m-r$ 个指标对区分母体是否提供附加信息，为了书写的方便，不妨设选中的是前 r 个指标，记

$$y_{(i)}^{(\alpha)} = \begin{pmatrix} y_{(i1)}^{(\alpha)} \\ y_{(i2)}^{(\alpha)} \end{pmatrix}_{m-r}^{r}, \quad \begin{aligned} \alpha &= 1, \cdots, k, \\ i &= 1, \cdots, n_\alpha, \end{aligned} \tag{5.5}$$

$$\mu^{(\alpha)} = \begin{pmatrix} \mu_1^{(\alpha)} \\ \mu_2^{(\alpha)} \end{pmatrix}_{m-r}^{r}, \alpha = 1, \cdots, k, V = \begin{pmatrix} V_{11} & V_{12} \\ V_{21} & V_{22} \end{pmatrix}_{m-r}^{r}, \tag{5.6}$$

样本的均值，协差阵等也作相应剖分：

$$\bar{y}^{(\alpha)} = \begin{pmatrix} \bar{y}_1^{(\alpha)} \\ \bar{y}_2^{(\alpha)} \end{pmatrix}, \alpha = 1, \cdots, k, E = \begin{pmatrix} E_{11} & E_{12} \\ E_{21} & E_{22} \end{pmatrix}, \tag{5.7}$$

$$B = \begin{pmatrix} B_{11} & B_{12} \\ B_{21} & B_{22} \end{pmatrix}, W = B + E = \begin{pmatrix} W_{11} & W_{12} \\ W_{21} & W_{22} \end{pmatrix}. \tag{5.8}$$

为了检验后 $m-r$ 个指标是否提供附加信息，是不是简单的检验

$$H_0 : \mu_2^{(1)} = \mu_2^{(2)} = \cdots = \mu_2^{(k)}$$

就行了呢？这么做是将前 r 个指标与后 $m-r$ 个指标完全孤立起来，没有考虑它们之间的相互作用. 比较合理的做法是从后 $m-r$ 个指标中将前 r 个指标与它们的线性相关部分扣掉，检验剩下部分的均值是否相等，也就是说在给定前 r 个指标的条件下，来检验后 $m-r$ 个指标的条件均值是否相等.

　　记 $\mu_{2\cdot1}^{(\alpha)} = E\left(y_{(i_2)}^{(\alpha)} \mid y_{(i_1)}^{(\alpha)}\right) \alpha = 1, \cdots, k, i = 1, \cdots, n_\alpha$，要检验的假设是

$$H_0 : \mu_{2\cdot1}^{(1)} = \mu_{2\cdot1}^{(2)} = \cdots = \mu_{2\cdot1}^{(k)}. \tag{5.9}$$

由第二章 §3 我们知道，正态分布的条件分布仍为正态，因此检验 (5.9) 仍用维尔克斯统计量，再用第二章 §3 关于条件协差阵的公式 (3.3)，不难猜测检验 (5.9) 的统计量应为

$$\Lambda_{(m-r)\cdot(r)} = \frac{|E_{22} - E_{21} E_{11}^{-1} E_{12}|}{|W_{22} - W_{21} W_{11}^{-1} W_{12}|}. \tag{5.10}$$

因为

$$|E| = |E_{11}||E_{22} - E_{21}E_{11}^{-1}E_{12}|,$$
$$|W| = |W_{11}||W_{22} - W_{21}W_{11}^{-1}W_{12}|,$$

故

$$\Lambda_{(m)} = \frac{|E|}{|W|} = \frac{|E_{11}|}{|W_{11}|} \frac{|E_{22} - E_{21}E_{11}^{-1}E_{12}|}{|W_{22} - W_{21}W_{11}^{-1}W_{12}|}.$$

记

$$\Lambda_{(r)} = \frac{|E_{11}|}{|W_{11}|}, \tag{5.11}$$

它是检验假设 $\mu_1^{(1)} = \mu_1^{(2)} = \cdots = \mu_1^{(k)}$ 的维尔克斯统计量,故可写

$$\Lambda_{(m)} = \Lambda_{(r)}\Lambda_{(m-r)\cdot(r)}. \tag{5.12}$$

(这个公式)它很像条件概率的公式,由于 Λ 统计量有这个好的性质,在逐步判别中使用它将是非常方便的.但是我们猜测的 $\Lambda_{(m-r)\cdot(r)}$ 是不是遵从 Λ 分布呢?

由上章定理 3.4,因 $\Lambda_{(m)} \sim \Lambda(m, n-k, k-1)$,故 $\Lambda_{(m)}$ 可表成 m 个独立 β 分布随机变量的乘积,其自由度分别是

$$\left(\frac{n-k-m+1}{2}, \frac{k-1}{2}\right), \left(\frac{n-k+m+2}{2}, \frac{k-1}{2}\right), \cdots, \left(\frac{n-k}{2}, \frac{k-1}{2}\right).$$

同理由定理 2.5 $\Lambda_{(r)} \sim \Lambda(r, n-k, k-1)$,$\Lambda_{(r)}$ 可表成 r 个独立 β 分布随机变量的乘积,其自由度分别是

$$\left(\frac{n-k-r+1}{2}, \frac{k-1}{2}\right), \left(\frac{n-k-r+2}{2}, \frac{k-1}{2}\right), \cdots, \left(\frac{n-k}{2}, \frac{k-1}{2}\right).$$

由(5.12)式,知 $\Lambda_{(m-r)\cdot(r)}$ 为 $m-r$ 个独立 β 分布随机变量的乘积,其自由度分别为

$$\left(\frac{n-m-k+1}{2}, \frac{k-1}{2}\right), \cdots, \left(\frac{n-k-r}{2}, \frac{k-1}{2}\right).$$

再用上章定理 3.4,它正好是 $\Lambda(m-r, n-k-r, k-1)$ 分布.于是可综合成如下的定理.

定理 5.1 维尔克斯统计量 $\Lambda_{(m)}$ 有递推公式(5.12),并且

$$\Lambda_{(m)} \sim \Lambda(m, n-k, k-1),$$
$$\Lambda_{(r)} \sim \Lambda(r, n-k, k-1),$$
$$\Lambda_{(m-r)\cdot(r)} \sim \Lambda(m-r, n-k-r, k-1).$$

记 $\Lambda_{s\cdot1,\cdots,l}$ 为第 s 个变量对前 l 个变量的条件维尔克斯统计量,它的意义类似于 $\Lambda_{(m-r)\cdot(r)}$,其对应关系是

$$\begin{bmatrix} y_1 \\ \vdots \\ y_l \\ y_s \end{bmatrix} 代 \begin{bmatrix} y_1 \\ \vdots \\ y_m \end{bmatrix}, \begin{bmatrix} y_1 \\ \vdots \\ y_l \end{bmatrix} 代 \begin{bmatrix} y_1 \\ \vdots \\ y_r \end{bmatrix}, y_s 代 \begin{bmatrix} y_{r+1} \\ \vdots \\ y_m \end{bmatrix}.$$

系 维尔克斯统计量 $\Lambda_{(m)}$ 有如下的递推公式:

$$\Lambda_{(m)} = \Lambda_1 \Lambda_{2 \cdot 1} \Lambda_{3 \cdot 1,2} \cdots \Lambda_{m \cdot 1, \cdots, (m-1)}. \tag{5.13}$$

我们记 $E = (e_{ij})$, $W = (w_{ij})$,并用第二章 §3 的记号,上式又可以写成

$$\Lambda_{(m)} = \frac{e_{11}}{w_{11}} \frac{e_{22 \cdot 1}}{w_{22 \cdot 1}} \cdots \frac{e_{mm \cdot 1,2,\cdots,(m-1)}}{w_{mm \cdot 1,2,\cdots,(m-1)}}. \tag{5.14}$$

我们将看到,这个公式在逐步判别中使用起来更为方便.

$\Lambda(m, n_1, n_2)$ 分布当 $m = 1$ 或 $n_2 = 1$ 时均与 F 分布等价,上章表 3.1 列出了它们之间的关系.将这一关系用到 $\Lambda_{(m)}$ 和 $\Lambda_{(m-r) \cdot (r)}$ 上,得到在逐步判别中常用的一些统计量.

(i) $k = 2$.这时是二个母体的判别, $n = n_1 + n_2$, Λ, T^2, F 三者之间有如下的关系:

$$\Lambda(m, n-2, 1) = \frac{1}{1 + \dfrac{1}{n-2} T^2(m, n-2)}, \tag{5.15}$$

$$\frac{n-m-1}{m} \frac{1 - \Lambda(m, n-2, 1)}{\Lambda(m, n-2, 1)} = F(m, n-m-1), \tag{5.16}$$

$$T^2(m, n-2) = (n-2) \frac{1 - \Lambda(m, n-2, 1)}{\Lambda(m, n-2, 1)}. \tag{5.17}$$

以上三式适用于 $\Lambda_{(m)}$ 的检验,因为 $\Lambda_{(m)} \sim \Lambda(m, n-2, 1)$.下面三式适用于 $\Lambda_{(m-r) \cdot (r)}$ 的检验,

$$\Lambda(m-r, n-r-1, 1) = \frac{1}{1 + \dfrac{1}{n-r-2} T^2(m-r, n-r-2)}, \tag{5.18}$$

$$\frac{n-m-1}{m-r} \frac{1 - \Lambda(m-r, n-r-1, 1)}{\Lambda(m-r, n-r-1, 1)} = F(m-r, n-m-1),$$
$$\tag{5.19}$$

$$T^2(m-r, n-r-2) = (n-r-2) \times \frac{1 - \Lambda(m-r, n-r-1, 1)}{\Lambda(m-r, n-r-1, 1)}. \tag{5.20}$$

如果记对应 $\Lambda_{(m)}$, $\Lambda_{(r)}$, $\Lambda_{(m-r) \cdot (r)}$ 的 T^2 统计量为 $T_{(m)}^2$, $T_{(r)}^2$, $T_{(m-r) \cdot (r)}^2$,则显见 $T_{(m)}^2 \sim T_{(m, n-2)}^2$, $T_{(r)}^2 \sim T_{(r, n-2)}^2$, $T_{(m-r) \cdot (r)}^2 \sim T^2(m-r, n-r-2)$,由 (5.18) 和 (5.15) 容易推出三者有如下的关系

$$T_{(m-r) \cdot (r)}^2 = (n-r-2) \frac{T_m^2 - T_r^2}{(n-2) + T_r^2}. \tag{5.21}$$

(ii) $r = m-1$,这时就是检验第 m 个指标是否提供附加信息.由定理 5.1, $\Lambda_{(m-r) \cdot (r)} = \Lambda_{m \cdot 1, \cdots, (m-1)} \sim \Lambda(1, n-m-k+1, k-1)$.由上章表 3.1,

$$\frac{1 - \Lambda_{m \cdot 1, \cdots, m-1}}{\Lambda_{m \cdot 1, \cdots, m-1}} \frac{n - m + 1 - k}{k - 1} \sim F(k - 1, n - m - k + 1). \quad (5.22)$$

但因这时

$$\Lambda_{m \cdot 1, \cdots, m-1} = \frac{e_{mm \cdot 1, \cdots, m-1}}{w_{mm \cdot 1, \cdots, m-1}},$$

(5.22)式又可写成

$$\frac{w_{mm \cdot 1, \cdots, m-1} - e_{mm \cdot 1, \cdots, m-1}}{e_{mm \cdot 1, \cdots, m-1}} \frac{n - m - k + 1}{k - 1} \sim F(k - 1, n - m - k + 1).$$

$$(5.23)$$

这个公式也可用来检验第 $l(l > 1)$ 个变量对前 r 个 $(r < l)$ 变量是否提供附加信息, 其检验的公式是

$$\frac{w_{ll \cdot 1, \cdots, r} - e_{ll \cdot 1, \cdots, n}}{e_{ll \cdot 1, \cdots, r}} \frac{n - r - k}{k - 1} \sim F(k - 1, n - r - k). \quad (5.24)$$

以后用 $F_{l \cdot 1, \cdots, r}$ 记上式的统计量.

§6. 逐 步 判 别

本节介绍的是目前用得最多的一种逐步判别法, 文章[29]对它作了详细的介绍并附有程序, 这种方法类似于目前通用的逐步回归的方法, 其理论基础是上节的附加信息检验, 故我们沿用上节的记号.

6.1 逐步判别的原则

(i) 在 $y_1, \cdots, y_m$ 中先选出一个变量, 它使维尔克斯统计量

$$\Lambda_i = \frac{l_{ii}}{w_{ii}}, \quad i = 1, \cdots, m \quad (6.1)$$

达到最小. 为了叙述的方便, 又不失一般性, 假设挑选的变量次序是按自然的次序, 即第 r 步正好选中 y_r, 第一步选中 y_1, 则

$$\Lambda_1 = \min_{1 \leqslant i \leqslant m} \{\Lambda_i\},$$

并考察 Λ_1 是否落入接收域, 如不显著, 则表明一个变量也选不中, 不能用判别分析; 如显著, 则进入下一步.

(ii) 在未选中的变量中, 计算它们与已选中的变量 y_1 配合的 Λ 值:

$$\Lambda_{1i} = \frac{\begin{vmatrix} l_{11} & l_{1i} \\ l_{i1} & l_{ii} \end{vmatrix}}{\begin{vmatrix} w_{11} & w_{1i} \\ w_{i1} & w_{ii} \end{vmatrix}}, \quad 2 \leqslant i \leqslant m, \quad (6.2)$$

选择使 Λ_{1i} 达到极小的作为第二个变量. 又因 $\Lambda_{1i} = \Lambda_1 \Lambda_{i \cdot 1}$, 使 Λ_{1i} 达极小等价于

使 $\Lambda_{i\cdot1}$ 达极小.如果用 F 统计量(5.24),因为函数 $x/(1-x)$ 在(0.1)内为严格单调上升函数,由(5.22)和(5.24)使 $\Lambda_{i\cdot1}$ 达极小等价于使 $F_{i\cdot1}$ 达极大.

仿此,如已选入了 r 个变量,不妨设是 $y_1,\cdots,y_r$,则在未选中的变量中逐次选一个与它们配合,计算

$$\Lambda_{1,2,\cdots,r,l} = \begin{vmatrix} l_{11} & \cdots & l_{1r} & l_{1l} \\ \vdots & & \vdots & \vdots \\ l_{r1} & \cdots & l_{rr} & l_{rl} \\ l_{l1} & \cdots & l_{lr} & l_{ll} \end{vmatrix} \Bigg/ \begin{vmatrix} w_{11} & \cdots & w_{1r} & w_{1l} \\ \vdots & & \vdots & \vdots \\ w_{r1} & \cdots & w_{rr} & w_{rl} \\ w_{l1} & \cdots & w_{lr} & w_{ll} \end{vmatrix}, \quad r < l \leqslant m.$$

(6.3)

选择使上式达到极小的变量作为第 $r+1$ 个变量,由于 $\Lambda_{1,\cdots,r,l} = \Lambda_{(r)}\Lambda_{l\cdot1,\cdots,r}$,等价于选择 l 使 $\Lambda_{l\cdot1,\cdots,r}$ 达极小,或等价于选 l 使 $F_{l\cdot1,\cdots,r}$ 达极大.并检验新选的第 $r+1$ 个变量能否提供附加信息,如不能则转入(iv),否则转入(iii).

(iii) 在已选入的 r 个变量中,要考虑较早选中的变量中其重要性有没有较大的变化,应及时把不能提供附加信息的变量剔除出去.剔除的原则同于引进的原则.例如在已进入的 r 个变量中要考察 $y_l(1\leqslant l\leqslant r)$ 是否需要剔除,就是计算 $\Lambda_{l\cdot1,\cdots,l-1,l+1,\cdots,r}$(或 $F_{l\cdot1,\cdots,l-1,l+1,\cdots,r}$)选择达到极小(大)的 l,看是否显著,如不显著将该变量剔除,仍回到(iii),继续考察余下的变量是否需要剔除.如显著则回到(ii).

(iv) 这时既不能选进新变量,又不能剔除已选进的变量,将已选中的变量建立判别函数.

6.2 逐步判别的计算方法　用上述原则进行计算,因为每步都要计算一些行列式,最后建立判别函数时要用到逆矩阵,需要有一套既经济又方便的计算方法.这里采用的就是第一章讲到的 (i,j) 消去变换的方法.如记

$$E^{(0)} \triangleq E = (l_{ij}) \triangleq (l_{ij}^{(0)}).$$

对它作一次消去变换后的阵记作 $E^{(1)} = (l_{ij}^{(1)})$,再作一次消去变换记作 $E^{(2)} = (l_{ij}^{(2)}),\cdots$,对 W 阵也有类似的记号.由第一章有如下的一些结果.

(i) 如第 $r+1$ 次的消去变换是 T_{kk}(设 $l_{kk}\neq0$,当 E 是正定阵时这条件自然满足)则

$$l_{ij}^{(r+1)} = \begin{cases} l_{kj}^{(r)}/l_{kk}, & j \neq k, \\ -l_{ik}^{(r)}/l_{kk}^{(r)}, & i \neq k, \\ 1/l_{kk}^{(r)}, & i = j = k, \\ l_{ij}^{(r)} - l_{ik}^{(r)}l_{kj}^{(r)}/l_{kk}^{(r)}, & i \neq k, j \neq k. \end{cases}$$

(6.4)

(ii) 记 $E_r = (l_{ij}, i,j = 1,\cdots,r)$,因为 $E^{(1)} = T_{11}E^{(0)}, E^{(2)} = T_{22}E^{(1)},\cdots,E^{(r)} = T_{rr}E^{(r-1)}$,则

$$|E_r| = \prod_{j=1}^{r} l_{jj}^{(j-1)}. \tag{6.5}$$

(iii) 在(ii)的假定下

$$l_{ii}^{(1)} = l_{ii \cdot 1}, \ i = 2, \cdots, m,$$
$$l_{ii}^{(2)} = l_{ii \cdot 1,2}, \ i = 3, \cdots, m, \tag{6.6}$$
$$\cdots \cdots,$$

从而

$$\Lambda_i = l_{ii}^{(0)}/w_{ii}^{(0)} = l_{ii}/w_{ii}, \quad i = 1, \cdots, m,$$
$$\Lambda_{i \cdot 1} = l_{ii}^{(1)}/w_{ii}^{(1)}, \qquad i = 2, \cdots, m,$$
$$\Lambda_{i \cdot 1,2} = l_{ii}^{(2)}/w_{ii}^{(2)}, \qquad i = 3, \cdots, m, \tag{6.7}$$
$$\cdots \cdots,$$

(iv) 记 $E_{\{r\}}^{\{l\}} = (l_{ij}^{(l)}, i,j = 1, \cdots, r)$，则 $E_r^{-1} = E_r^{(r)}$. $\tag{6.8}$

(v) 由于 (i,j) 消去变换对加入变量和剔除变量是同样适用的，故以上结果当剔除时也适用. 并且因 $T_{ij}T_{ij}A = A$，如果一个变量引进作了消去变换，随后又将它剔除时还作同样的消去变换，则矩阵又回到该变量未加入前的情况. 再由性质 $T_{ii}T_{jj}A = T_{jj}T_{ii}A (i \neq j)$，故如果选进了 r 个变量，则 $E^{(r)}$ 与这些变量选进的先后次序是无关的.

(vi) 设经过 l 次消去变换后最后选中了 r 个变量(显然 $r \leqslant l$)，不失一般性假定是前 r 个变量，由本章 §2 的方法，可方便地求得仅用这 r 个变量的贝叶斯判别函数. 我们采用 §2 的记号，则由 (6.8) 式和 (2.17) 式，得

$$b_i(y) = \log q_i + \bar{y}^{(i)'} E_r^{(i)} \left(y - \frac{1}{2} \bar{y}^{(i)} \right), \tag{6.9}$$

贝叶斯解就是

$$D_j = \{y : b_j(y) = \max_{1 \leqslant \alpha \leqslant k} b_\alpha(y)\}, j = 1, \cdots, k. \tag{6.10}$$

为了更加清楚起见，我们将消去法的过程列成表 6.1，其选入变换的步骤假定是按自然顺序的.

6.3 逐步判别法的几点附注

(i) 如果以维尔克斯统计量 Λ 的值作为目标函数，设用逐步判别法选中了 r 个指标，相应的 Λ 统计量的值为 $\Lambda_{(r)}$. 如果考察在 m 个变量中取出 r 个变量的一切情况，并计算它们的 Λ 值，则 $\Lambda_{(r)}$ 不一定在这些 Λ 值中达到极小. 这就是说，这种算法并不能得到真正的最优解，而是局部最优解. 但大量实践证明这个局部最优解在大部分情况下很接近真正的最优解.

表 6.1　消去变换的情况

步数	逆矩阵	行列式值	所含变量
1	$l_{11}^{(1)} = l_{11}$	l_{11}	$\mathscr{Y}_1$
2	$\begin{pmatrix} l_{11}^{(2)} & l_{12}^{(2)} \\ l_{21}^{(2)} & l_{22}^{(2)} \end{pmatrix}$	$l_{11}l_{22}^{(1)}$	$\mathscr{Y}_1\mathscr{Y}_2$
	$\cdots\cdots\cdots$		
l	$\begin{pmatrix} l_{11}^{(l)} & \cdots & l_{1l}^{(l)} \\ \vdots & & \vdots \\ l_{l1}^{(l)} & \cdots & l_{ll}^{(l)} \end{pmatrix}$	$l_{11}l_{22}^{(1)}\cdots l_{ll}^{(l-1)}$	$\mathscr{Y}_1\mathscr{Y}_2\cdots\mathscr{Y}_l$
r	$\begin{pmatrix} l_{11}^{(l+1)} & \cdots & l_{1l}^{(l+1)} & l_{1r}^{(l+1)} \\ \vdots & & \vdots & \vdots \\ l_{l1}^{(l+1)} & \cdots & l_{ll}^{(l+1)} & l_{lr}^{(l+1)} \\ l_{r1}^{(l+1)} & \cdots & l_{rl}^{(l+1)} & l_{rr}^{(l+1)} \end{pmatrix}$	$l_{11}l_{11}^{(1)}\cdots l_{ll}^{(l-1)}l_{rr}^{(l)}$	$\mathscr{Y}_1\cdots\mathscr{Y}_l\mathscr{Y}_r$

(ii) 当出现图 5.2 的情况, 用上述的逐步判别法有时会漏掉重要的变量而使判别效果不佳. 这里抄录一个 [30] 中举的例子.

例 6.1　设有 G_1, G_2 两个母体, 各抽了五个样, 每个样测了两个指标 y_1 和 y_2, 数据如下:

N_0	G_1		G_2	
	y_1	y_2	y_1	y_2
1	10	9.0	9.0	10
2	18	17.0	19.5	20
3	28	27.5	25.0	26
4	38	37.1	35.0	36
5	54	53.0	53.0	54
$\bar{y}$	29.6	28.3	28.72	29.3

经计算

$$\bar{y} = \begin{pmatrix} 28.95 \\ 29.01 \end{pmatrix}, \quad E = \begin{pmatrix} 2303.00 & 2297.79 \\ 2297.79 & 2293.27 \end{pmatrix},$$

$$W = \begin{pmatrix} 2307.225 & 2294.109 \\ 2294.109 & 2295.905 \end{pmatrix}.$$

用上述的逐步判别法,先计算

$$\Lambda_1 = \frac{l_{11}}{w_{11}} = \frac{2303}{2307.225} = 0.9982, \Lambda_2 = \frac{l_{22}}{w_{22}} = \frac{2293.27}{2295.905} = 0.9996,$$

其中以 Λ_1 较小,由定理 5.1,$\Lambda_1 \sim \Lambda(1,8,1)$,取 $\alpha = 5\%$,表上的临界值为 0.6007,它比 Λ_1 小,故不显著. 或用 F 检验,由(5.16),这时取 $m=1$,$n=10$,有

$$F_1 = 10 \cdot \frac{1 - 0.9982}{0.9982},$$

也不显著,故一个变量也选不进. 但是如果两个变量同时检验

$$\Lambda_{(2)} = \frac{|E|}{|W|} = \frac{2303 \times 2293.27 - 2297.79^2}{2307.225 \times 2294.109 - 2295.905^2} = 0.0715,$$

$\Lambda_{(2)} \sim \Lambda(2,8,1)$,查表临界值为 0.268,它大于 0.0715,高度显著. 将样本点图呈图 6.1,两母体可用一直线完全分开,两母体是可区别的,但用上述的逐步判别法却未能如愿,因此对这种方法有必要加以改进. 逐步判别原则的前三条仍保留,

(iv) 改为(iv)′这时已选了 r 个变量,且既不能选入新变量又不能剔除已选入的变量. 对未选入的 $m - r$ 个变量用上节的附加信息检验,如不显著,选变量的过程结束,并对选入的 r 个变量建立判别函数;如显著,说明余下变量中尚能提供附加信息,这时按 $\Lambda_{l \cdot 1, \cdots, r}$ 达到最小的原则选第 $r + 1$ 个变量,再用 $\Lambda_{(m-r-1)\cdot(r-1)}$ 检验余下的变量能否提供附加信息,如能提供再按同样原则选入新变量,直至不能提供为止. 再回到 (iii).

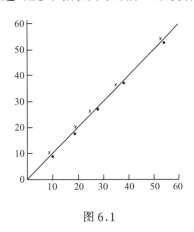

图 6.1

运用改进后的方法,例 6.1 中的两个变量均可选入.

逐步判别还可以通过别的途径来实现,如[31]是利用 Kullback 的信息统计量来定义母体间的分辨率,在母体间不等协差阵的情况下可以实现逐步判别. 另外从距离的观点也可以进行逐步判别,现在我们就来讨论这个问题.

6.4 距离逐步判别 设有 k 个母体 $G_1, \cdots, G_k$,其均值和协差阵分别是 $\mu^{(1)}, \cdots, \mu^{(k)}; V^{(1)}, \cdots, V^{(k)}$,定义这 k 个母体的分辨率为

$$E = \sum_{i=1}^{k} \sum_{j=1}^{k} (\mu^{(i)} - \mu^{(j)})' V^{(i)^{-1}} (\mu^{(i)} - \mu^{(j)}). \tag{6.11}$$

则 E 有如下的性质:

(i) $E \geqslant 0$;且 $E = 0 \Leftrightarrow \mu^{(i)} = \mu^{(j)}$,一切 $i \neq j$.

(ii) 当 $k=2, V^{(1)}=V^{(2)}=V$ 时,

$$E=(\mu^{(1)}-\mu^{(2)})'V^{-1}(\mu^{(1)}-\mu^{(2)})+(\mu^{(2)}-\mu^{(1)})'V^{-1}(\mu^{(2)}-\mu^{(1)})$$
$$=2(\mu^{(1)}-\mu^{(2)})'V^{-1}(\mu^{(1)}-\mu^{(2)}),$$

这时由定理3.1的系1

$$\Delta(u)=\frac{1}{2}(\mu^{(1)}-\mu^{(2)})'(2V)^{-1}(\mu^{(1)}-\mu^{(2)}).$$

两者只差一个倍数,故 E 可以看成是费歇法的一种推广.

(iii) 如将 m 个变量分成两部分

$$y=\begin{bmatrix}y_1\\\vdots\\y_m\end{bmatrix}=\begin{bmatrix}y^{(1)}\\y^{(2)}\end{bmatrix}\begin{matrix}r\\m-r\end{matrix}, V^{(i)}=\begin{bmatrix}V_{11}^{(i)}&V_{12}^{(i)}\\V_{21}^{(i)}&V_{22}^{(i)}\end{bmatrix}\begin{matrix}r\\m-r\end{matrix},$$

$$\mu^{(i)}=\begin{bmatrix}\mu_1^{(i)}\\\mu_2^{(i)}\end{bmatrix}\begin{matrix}r\\m-r\end{matrix},i=1,\cdots,k,\qquad(6.12)$$

令

$$U^{(i)}=V^{(i)^{-1}}=\begin{bmatrix}U_{11}^{(i)}&U_{12}^{(i)}\\U_{21}^{(i)}&U_{22}^{(i)}\end{bmatrix}, \delta^{(ij)}=\mu^{(i)}-\mu^{(j)}=\begin{bmatrix}\delta_1^{(ij)}\\\delta_2^{(ij)}\end{bmatrix},$$
$$ij=1,\cdots,k.$$

由变量 $y^{(1)}$ 定义的分辨率记作 $E_{(r)}$,显然

$$E_{(r)}=\sum_{i=1}^k\sum_{j=1}^k\delta_1^{(ij)'}V_{11}^{(i)^{-1}}\delta_1^{(ij)},1\leqslant r\leqslant m,\qquad(6.13)$$
$$E=E_{(m)}.$$

在上述记号下我们证明

$$E_{(m)}\geqslant E_{(r)}.\qquad(6.14)$$

证明 (a)为了记号简单,先证如下的事实:记

$$V=\begin{bmatrix}V_{11}&V_{12}\\V_{21}&V_{22}\end{bmatrix}\begin{matrix}r\\m-r\end{matrix}, U=V^{-1}=\begin{bmatrix}U_{11}&U_{12}\\U_{21}&U_{22}\end{bmatrix}, \delta=\begin{bmatrix}\delta_1\\\delta_2\end{bmatrix},$$
$$a=U\delta=\begin{bmatrix}a_1\\a_2\end{bmatrix}=\begin{bmatrix}U_{11}\delta_1+U_{12}\delta_2\\U_{21}\delta_1+U_{22}\delta_2\end{bmatrix}.$$
$$D^2=\delta'V^{-1}\delta, D_r^2=\delta_1'V_{11}^{-1}\delta_1.$$

则

$$D^2-D_r^2=a_2'U_{22}^{-1}a_2.\qquad(6.15)$$

由矩阵分块知识 $V_{11}^{-1}=U_{11}-U_{12}U_{22}^{-1}U_{21}$,从而

$$V_{11}^{-1}\delta_1=U_{11}\delta_1-U_{12}U_{22}^{-1}U_{21}\delta_1$$

$$= (U_{11}\delta_1 + U_{12}\delta_2) - U_{12}\delta_2 - U_{12}U_{22}^{-1}U_{21}\delta_1$$
$$= a_1 - U_{12}U_{22}^{-1}(U_{21}\delta_1 + U_{22}\delta_2)$$
$$= a_1 - U_{12}U_{22}^{-1}a_2,$$
$$D_r^2 = \delta_1' V_{11}^{-1}\delta_1 = \delta_1'a_1 - \delta_1'U_{12}U_{22}^{-1}a_2$$
$$= (\delta_1'a_1 + \delta_2'a_2) - \delta_2'a_2 - \delta_1'U_{12}U_{22}^{-1}a_2$$
$$= D^2 - (\delta_2'U_{22} + \delta_1'U_{12})U_{22}^{-1}a_2$$
$$= D^2 - a_2'U_{22}^{-1}a_2,$$

这就证明了(6.15).

(b) 记

$$a^{(ij)} = \begin{bmatrix} a_1^{(ij)} \\ a_2^{(ij)} \end{bmatrix} = U^{(i)}\delta^{(ij)} = \begin{bmatrix} U_{11}^{(i)}\delta_1^{(ij)} + U_{12}^{(i)}\delta_2^{(ij)} \\ U_{21}^{(i)}\delta_1^{(ij)} + U_{22}^{(i)}\delta_2^{(ij)} \end{bmatrix},$$

由(6.15)式立即得到

$$E - E_{(r)} = E_{(m)} - E_{(r)} = \sum_{i=1}^{k}\sum_{j=1}^{k} a_2^{(ij)'}(U_{22}^{(i)})^{-1}a_2^{(ij)} \geqslant 0 \quad \sharp \qquad (6.16)$$

(iv) $E_{(m)} = E_{(r)} \Leftrightarrow a_2^{(ij)} = 0$,一切 $i \neq j$

$$\Leftrightarrow \delta_2^{(ij)} = V_{21}^{(i)}V_{11}^{(i)-1}\delta_1^{(ij)},\text{一切 } i \neq j.$$

证明 由于 $U_{22}^{(i)} > 0$,则 $(U_{22}^{(i)})^{-1} > 0$,故由(6.16)推得 $E_{(m)} = E_{(r)} \Leftrightarrow a_2^{(ij)} = 0$,一切 $i \neq j$. 又因

$$a_2^{(ij)} = U_{21}^{(i)}\delta_1^{(ij)} + U_{22}^{(i)}\delta_2^{(ij)},$$

由分块矩阵求逆的公式有

$$U_{22}^{(i)} = (V_{22}^{(i)} - V_{21}^{(i)}V_{11}^{(i)-1}V_{12}^{(i)})^{-1},$$
$$U_{21}^{(i)} = - U_{22}^{(i)}V_{21}^{(i)}V_{11}^{-1}.$$

代入到 $a_2^{(ij)}$ 的表达式中得

$$a_2^{(ij)} = (V_{22}^{(i)} - V_{21}^{(i)}V_{11}^{(i)-1}V_{12}^{(i)})(\delta_2^{(ij)} - V_{21}^{(i)}V_{11}^{(i)-1}\delta_1^{(ij)}),$$

因 $V_{22}^{(i)} - V_{21}^{(i)}V_{11}^{(i)-1}V_{12}^{(i)} = U_{22}^{(i)} > 0$,故 $a_2^{(ij)} = 0$,一切 $i \neq j \Leftrightarrow$

$$\delta_2^{(ij)} = V_{21}^{(i)}V_{11}^{(i)-1}\delta_1^{(ij)},\text{一切 } i \neq j \quad \sharp \qquad (6.17)$$

(v) 如果 $G_1,\cdots,G_k$ 的分布分别是 $N_m(\mu^{(1)},V^{(1)}),\cdots,N_m(\mu^{(k)},V^{(k)})$,记

$$\mu^{(i)} = \begin{bmatrix} \mu_1^{(i)} \\ \mu_2^{(i)} \end{bmatrix}_{m-r}^{r}, \quad i = 1,\cdots,k.$$

已知前 r 个变量时,后 $m - r$ 个变量的条件均值记作 $\mu_{2|1}^{(i)}$.那么如有

$$\mu_{2|1}^{(i)} = \mu_{2|1}^{(j)}, \quad i,j = 1,\cdots,k, \qquad (6.18)$$

则(6.17)成立.

证明   由第二章 §3,如 $y = \begin{bmatrix} y_{(1)} \\ y_{(2)} \end{bmatrix}$,则 $y_{(2)}$ 对 $y_{(1)}$ 的条件均值为 $\mu_{(2)} +$

$V_{21} V_{11}^{-1}(y_{(1)} - \mu_{(1)})$,将这一性质用到(6.18),得

$$\mu_2^{(i)} + V_{21}^{(i)} V_{11}^{(i)-1}(y_{(1)} - \mu_1^{(i)}) = \mu_2^{(j)} + V_{21}^{(j)} V_{11}^{(j)-1}(y_{(1)} - \mu_1^{(j)}),\text{一切 } i \neq j$$

$$\Leftrightarrow \begin{cases} V_{21}^{(i)} V_{11}^{(i)-1} = V_{21}^{(j)} V_{11}^{(j)-1}, \\ \mu_2^{(i)} - V_{21}^{(i)} V_{11}^{(i)-1} \mu_1^{(i)} = \mu_2^{(j)} - V_{21}^{(j)} V_{11}^{(j)-1} \mu_1^{(j)}, \end{cases} \text{一切 } i \neq j. \quad (6.19)$$

注意 $\delta_2^{(ij)} = \mu_2^{(i)} - \mu_2^{(j)}$,$\delta_1^{(ij)} = \mu_1^{(i)} - \mu_1^{(j)}$,由(6.19)推出(6.17)成立   ‡

但是逆命题是不一定成立的,这说明分辨率比附加信息的考虑粗一些,不增加分辨率的变量还可能提供附加信息,不能提供附加信息的变量一定不会对分辨率有所提高.

如果 $V^{(1)} = V^{(2)} = \cdots = V^{(k)} = V$,容易证明(6.17)与(6.18)是等价的,由上节和本节的介绍,建立在维尔克斯统计量的基础上的逐步判别就是通过检验(6.18)来筛选变量,这说明在正态母体等协差阵的条件下,建立在分辨率 E 的逐步判别与本节开始讲的逐步判别是等价的,从这个意义上来看,距离逐步判别是前者的一种直接推广.

由于不等协差阵的均值检验至今没有很好解决,当协差阵不等时建立在分辨率基础上的逐步判别就没有很漂亮的检验方法.回想起在通常的逐步回归和逐步判别中,并不一定作严格的 F 检验(例如经常可取 F 为 1.5 或 1),F 值只是起了一个阈值的作用,F 统计量起了目标函数的作用.基于这个看法,我们可以设法找一个目标函数,对每个具体问题给一个阈值,就可进行逐步筛选变量的工作.我们就来寻找这样一种目标函数.

在二个母体等协差阵时,令

$$\Delta_m^2 = (\bar{y}^{(1)} - \bar{y}^{(2)})' \hat{V}^{-1} (\bar{y}^{(1)} - \bar{y}^{(2)}). \quad (6.20)$$

对应前 r 个变量(将 $\bar{y}^{(1)}, \bar{y}^{(2)}, \hat{V}$ 作相应剖分)记

$$\Delta_r^2 = (\bar{y}_1^{(1)} - \bar{y}_1^{(2)})' \hat{V}_{11}^{-1} (\bar{y}_1^{(1)} - \bar{y}_1^{(2)}).$$

要检验后 $m - r$ 个变量不提供附加信息,相应的统计量是

$$F = \frac{n - m - 1}{m - r} \frac{n_1 n_2 (\Delta_m^2 - \Delta_r^2)}{n(n - 2) + n_1 n_2 \Delta_r^2}. \quad (6.21)$$

在变量的逐步筛选中 $m = 1, 2, \cdots$,相应 $r = 0, 1, \cdots$,所以 $m - r$ 总为 1,由于已进入的 r 个变量都是显著的,Δ_r^2 一般将大于 10(当 $r \geqslant 2$ 时),且越来越大,当 n_1 与 n_2 之比不是非常接近于 0(或 1)时,(6.21)的量可近似为

$$G = (n - m - 1) \frac{\Delta_m^2 - \Delta_r^2}{\Delta_r^2}.$$

将这一思想推广至 k 个母体不等协差阵的情况,定义目标函数为

$$H = (n - m - 1) \frac{E_m - E_r}{E_r}. \tag{6.22}$$

于是我们可以制定如下的(距离)逐步判别的程序：

步骤(i)：计算各母体的均值 $\bar{y}^{(1)}, \cdots, \bar{y}^{(k)}$ 和协差阵 $V^{(1)}, \cdots, V^{(k)}$，给 H 一个阈值 T.

步骤(ii)：用 $E_{(j_1, j_2, \cdots, j_r)}$ 表示由变量 $x_{j_1}, \cdots, x_{j_r}$ 所定义的这 k 个母体的分辨率. 计算 $E_{(1)}, \cdots, E_{(m)}$，其中最大的记成 $E_{(j_1)}$，第一个选入的变量就是 x_{j_1}.

步骤(iii)：假如已进入 r 个变量 $x_{j_1}, \cdots, x_{j_r}$，则计算

$$H_l = (n - \overline{r + 1} - 1) \frac{E_{(j_1, \cdots, j_r, l)} - E_{(j_1, \cdots, j_r)}}{E_{(j_1, \cdots, j_r)}},$$

$$l = 1, 2, \cdots, m, \ l \neq j_1, \cdots, j_r. \tag{6.23}$$

记达到极大值的为 j_{r+1}，如 $H_{j_{r+1}} > T$，则选入变量 $x_{j_{r+1}}$.

步骤(iv)：设已选入 l 个变量 $x_{j_1}, \cdots, x_{j_l}$，要考察是否由于进入了新的变量而使先进入的变量处于不重要的位置，计算

$$\widetilde{H}_t = (n - l - 1) \frac{E_{(j_1, \cdots, j_l)} - E_{(j_1, \cdots, j_{t-1}, j_{t+1}, \cdots, j_l)}}{E_{(j_1, \cdots, j_{t-1}, j_{t+1}, \cdots, j_l)}}, t = 1, \cdots, l. \tag{6.24}$$

如 $\min\limits_{1 \leqslant t \leqslant l} \widetilde{H}_t \leqslant T$，则将达到极小值相应的那个变量剔除，回到步骤(iv)；如 $\min\limits_{1 \leqslant t \leqslant l} \widetilde{H}_t > T$，则回到步骤(iii).

当变量既不能增加又不能剔除时步骤停止，就以选入的变量建立距离判别函数.

当 n 比较大时，$(n - m - 1)$ 的变化不大，H 可简化为

$$H^* = \frac{E_m - E_r}{E_r}, \tag{6.25}$$

它等价于用目标函数

$$H^{**} = \frac{E_m}{E_r}. \tag{6.26}$$

最后我们对例 1.1 进行逐步判别，采用维尔克斯统计量，九个变量全部参加计算，筛选的结果 x_7, x_8, x_9 选中了，其余变量剔除了. 如果假定 $q_1 = q_2$，这时费歇判别与贝叶斯判别等价，其判别函数为

$$u(y) = 0.0158 y_7 - 0.6321 y_8 - 0.0012 y_9.$$

阈值

$$\bar{\mu} = \frac{1}{2} (u(\bar{y}^{(1)}) + u(\bar{y}^{(2)}))$$

$$= \frac{1}{2} (0.0749 - 0.1179) = -0.03156.$$

对训练样品的回报见表 6.2.我们从回报情况来看,与例 3.1 差不多,而那里用了 t 个变量,这说明筛选变量是有意义的.

表 6.2　判 别 情 况

	I	II
I	12	0
II	2	21

如果采用距离逐步判别,取 $T=10$,首先选入 x_7,随后进入 x_9 和 x_8,此时再也选不进变量也不能剔除变量,变量筛选的结果同上面的方法.回报情况见表6.3,不如例 1.1 中 t 个变量全部采用的情况.这是什么原因呢? 如果我们采用变量逐步增加法(不剔除变量),其分辨率, H_l 值列于表 6.4,我们看到当进入了三个变量之后, H_l 值明显减小,可进入五个变量之后,再进入第六个,第七个变量时 H_l 值又显著增加,这就是三变量不如七变量的原因.

表 6.3　判 别 情 况

	I	II
I	11	1
II	3	20

表 6.4　逐步增加法

变量个数	进入变量	$E_{(1,\cdots,j_l)}$	H_l
1	x_7	8.549	
2	x_9	13.727	19.38
3	x_8	20.301	14.85
4	x_1	24.353	4.99
5	x_6	27.836	4.15
6	x_2	43.696	15.95
7	x_5	91.130	30.40

变量的筛选不仅是实际的需要,也有理论研究的价值,近十几年来,关于这个主题有不少研究结果,但至今还没有一个十分令人满意的方法,需要我们深入进行研究.

§7. 序 贯 判 别

以上介绍的判别分析要求每个样品对于每个指标(m 个)都要测量,这个要求在有些实际问题中是过高的.例如在肿瘤普查中,对每个病人同时测定许多项目,工作量很大,也增加病人的痛苦,通常总是采取逐项指标测定,能作判断时其余指标就不需要测了,这种方法和序贯抽样是类似的.

序贯判别的思想是 Kendall(1975)首先提出来的,方积乾[32]在此基础上又加以发展,下面叙述的是后者的方法,仅讨论两个总体的情况.

7.1 判别规则　从 G_1, G_2 分别抽了样本 $y_{(1)}^{(1)}, \cdots, y_{(n1)}^{(1)}$ 及 $y_{(1)}^{(2)}, \cdots, y_{(n2)}^{(2)}$,用 y_{ijk} 表示 $y_{(j)}^{(i)}$ 的第 k 个分量,事先规定 $\lambda_0 \geqslant 0$ 作为中止程序的阈值.

(i) 第一轮

(a) 确定第一个变量并制定第一次判别规则.用 $S_i^{(1,1)}(i=1,2)$ 既表示样本的足标集又表示样本集,上标 $(1,1)$ 表示供一个变量作第一次判别用.显然 $S_1^{(1,1)}$ 和 $S_2^{(1,1)}$ 为两总体全部样品.

为了选择供第一次判别的变量,计算:$k = 1, \cdots, m$

$$l_{kk}^{(1,1)} = \sum_{i=1}^{2} \sum_{j \in S_i^{(1,1)}} (y_{ijk} - \bar{y}_{ik}^{(1,1)})^2, \tag{7.1}$$

$$b_{kk}^{(1,1)} = (\bar{y}_{1k}^{(1,1)} - \bar{y}_{2k}^{(1,1)})^2, \tag{7.2}$$

其中

$$\bar{y}_{ik}^{(1,1)} = \sum_{j \in S_i^{(1,1)}} y_{ijk} / n_i^{(1,1)}, i = 1, 2; k = 1, \cdots, m, \tag{7.3}$$

$$n_i^{(1,1)} = n_i, i = 1, 2.$$

再计算

$$\lambda_k^{(1,1)} = b_{kk}^{(1,1)} / l_{kk}^{(1,1)}, k = 1, \cdots, m. \tag{7.4}$$

它表示每个指标对两个总体的分辨能力,取 $\lambda_k^{(1,1)}$ 达到极大的一个,设 $k = k_1$ 时达到极大,即

$$\lambda_{k_1}^{(1,1)} = \max_{1 \leqslant k \leqslant m} \lambda_k^{(1,1)}. \tag{7.5}$$

若 $\lambda_{k_1}^{(1,1)} \geqslant \lambda_0$,则取 y_{k_1} 作为第一轮第一次判别的变量.

制定判别规则的指导思想是将两母体样本的重叠部分适当放宽后作待判域,其他作判别域.事先给定 $\varepsilon_i^{(1,1)} \geqslant 0$,对 $i = 1, 2$ 计算

$$\left.\begin{array}{l} a_i^{(1,1)} = \min\limits_{j \in s_i^{(1,1)}} y_{ijk_1}, \quad b_i^{(1,1)} = \max\limits_{j \in s_i^{(1,1)}} y_{ijk_1}, \\[2mm] h_i^{(1,1)} = [a_i^{(1,1)} - \varepsilon_i^{(1,1)}, b_i^{(1,1)} + \varepsilon_i^{(1,1)}], \\[2mm] [\xi, \eta] = h_1^{(1,1)} \bigcap h_2^{(1,1)}, \\[2mm] D_{i_1}^{(1,1)} = \begin{cases} (-\infty, \xi), & \text{若 } a_i^{(1,1)} < \xi, \\ \varnothing(\text{空集}), & \text{否则}. \end{cases} \\[4mm] D_{i_2}^{(1,1)} = \begin{cases} (\eta, \infty), & \text{若 } b_i^{(1,1)} > \eta, \\ \varnothing, & \text{否则}. \end{cases} \\[4mm] D_i^{(1,1)} = \bigcup\limits_{k=1}^{2} D_{ik}^{(1,1)}, \quad D_0 = (-\infty, \infty) - D_1^{(1,1)} - D_2^{(1,1)}. \end{array}\right\} \quad (7.6)$$

第一轮第一次判别规则 $R^{(1,1)}$ 为:若新样本 y 落入 $D_i^{(1,1)}$ 则判断它来自第 i 个母体,否则待判.

(b) 后继判别规则的制定 将样品 $y_{(1)}^{(1)}, \cdots, y_{(n_1)}^{(1)}; y_{(1)}^{(2)}, \cdots, y_{(n_2)}^{(2)}$ 运用判别规则 $R^{(1,1)}$,将能作判别的样品删去,其余留下来的供制定第一轮第二次判别规则用,记为 $S_1^{(1,2)}$ 和 $S_2^{(1,2)}$.

对 $S_i^{(1,2)}, i=1,2$,类似地计算 $l_{k_1k_1}^{(1,2)}, b_{k_1k_1}^{(1,2)}$ 和 $\lambda_{k_1k_1}^{(1,2)}$,若 $\lambda_{k_1k_1}^{(1,2)} < \lambda_0$,则中止,否则继续计算 $a_i^{(1,2)}, b_i^{(1,2)}, \cdots, D_0^{(1,2)}$ 等,算法类似于(7.6).随后类似地制定第一轮第二次判别规则.重复(b),直至对某个 m_1 使 $\lambda_{k_1}^{(1,m_1)} < \lambda_0$,则中止第一轮.

(ii) 第二轮

(a) 引入第二个变量,并制定该轮的第一次判别规则.

第二轮开始的样品为第一轮末的待判样品,记作 $S_1^{(2,1)}$ 和 $S_2^{(2,1)}$.选择第二个变量的原则是将诸变量与 y_{k_1} 的线性组合使其达到最大的方差比,被选中的变量记作 y_{k_2}.将 y_{k_1} 和 y_{k_2} 最佳线性组合作为第二轮第一次判别的判别量,其具体过程如下:

在 $S_i^{(2,1)}$ 中对 $k \neq k_1, k=1,\cdots,m$ 分别计算线性组合 $(\alpha y_{ijk_1} + \beta y_{ijk})$,当 α, β 变动时达到极大的方差比,这个方差比记作 $\lambda_k^{(2,1)}$.若

$$\lambda_{k_2}^{(2,1)} = \max\limits_{\substack{1 \le k \le m \\ k \neq k_1}} \lambda_k^{(2,1)}, \quad (7.7)$$

且 $\lambda_{k_2}^{(2,1)} \ge \lambda_0$,则取 y_{k_2} 作为第二个变量,对应 λ_{k_2} 的线性组合记作

$$y_0^{(2,1)} = \alpha^{(2,1)} y_0 + \beta^{(2,1)} y_{k_2}, \quad (7.8)$$

其中 $y_0 = y_{k_1}$.引进这个记号是为了今后的公式能得到统一的形式.$y_0^{(2,1)}$ 即为第二轮第一次判别所用的判别量.

为了求得 k_2 及 $\alpha_{(2,1)}, \beta^{(2,1)}$,我们化为费歇准则中 $k=2, m=2$ 的情况,其中

一个变量是 y_0,另一个是 y_k,记

$$E_{0k} = \begin{pmatrix} l_{00} & l_{0k} \\ l_{k0} & l_{kk} \end{pmatrix}, B_{0k} = \begin{pmatrix} b_{00} & b_{0k} \\ b_{k0} & b_{kk} \end{pmatrix}. \tag{7.9}$$

欲使 $\alpha y_0 + \beta y_k$ 达到最大方差比,等价于求

$$|B - \lambda E| = 0$$

的最大特征根和相应的特征向量,我们证明,这时只有一个非零特征根.

引理 7.1 当 $m = 2, k = 2$ 时,设 $\bar{y}^{(1)} \neq \bar{y}^{(2)}$,

$$B = \begin{pmatrix} b_{11} & b_{12} \\ b_{21} & b_{22} \end{pmatrix}, E = \begin{pmatrix} e_{11} & e_{12} \\ e_{21} & e_{22} \end{pmatrix},$$

则

$$|B - \lambda E| = 0$$

只有一个非零特征根 λ,且

$$\lambda = \left. \left(\begin{vmatrix} b_{11} & b_{12} \\ e_{21} & e_{22} \end{vmatrix} + \begin{vmatrix} e_{11} & e_{12} \\ b_{21} & b_{22} \end{vmatrix} \right) \middle/ |E| \right., \tag{7.10}$$

相应的特征向量 (l_1, l_2) 满足

$$l_1 / l_2 = \begin{vmatrix} b_{11} & b_{12} \\ e_{21} & e_{22} \end{vmatrix} \middle/ \begin{vmatrix} e_{11} & e_{12} \\ e_{21} & e_{22} \end{vmatrix}. \tag{7.11}$$

证明 因为 $\bar{y} = \dfrac{1}{n_1 + n_2}(n_1 \bar{y}^{(1)} + n_2 \bar{y}^{(2)})$,故

$$B = \sum_{i=1}^{2} n_i (\bar{y}^{(i)} - \bar{y})(\bar{y}^{(i)} - \bar{y})$$

$$= \frac{n_1 n_2}{n_1 + n_2} (\bar{y}^{(1)} - \bar{y}^{(2)})(\bar{y}^{(1)} - \bar{y}^{(2)})',$$

$$r_k(B) = r_k[(\bar{y}^{(1)} - \bar{y}^{(2)})(\bar{y}^{(1)} - \bar{y}^{(2)})']$$

$$= r_k[(\bar{y}^{(1)} - \bar{y}^{(2)})'(\bar{y}^{(1)} - \bar{y}^{(2)})] = 1,$$

这说明 $|B - \lambda E|$ 只有一个非零特征根,这个特征根 $\lambda = \mathrm{tr}(E^{-1}B)$,从而易得 (7.10) 和 (7.11) ♯

利用这个引理,在第二轮第一次判别时

$$\lambda_k^{(2,1)} = \left[\begin{vmatrix} b_{00}^{(2,1)} & b_{0k}^{(2,1)} \\ l_{k0}^{(2,1)} & l_{kk}^{(2,1)} \end{vmatrix} + \begin{vmatrix} l_{00}^{(2,1)} & l_{0k}^{(2,1)} \\ b_{k0}^{(2,1)} & b_{kk}^{(2,1)} \end{vmatrix} \right] \middle/ \begin{vmatrix} l_{00}^{(2,1)} & l_{0k}^{(2,1)} \\ l_{k0}^{(2,1)} & l_{kk}^{(2,1)} \end{vmatrix}, \tag{7.12}$$

$$\lambda_{k_2}^{(2,1)} = \max_{\substack{1 \leqslant k \leqslant m \\ k \neq k_1}} \lambda_k^{(2,1)}, \tag{7.13}$$

而

$$\alpha^{(2,1)} / \beta^{(2,1)} = \begin{vmatrix} b_{00}^{(2,1)} & b_{0k}^{(2,1)} \\ l_{k0}^{(2,1)} & l_{kk}^{(2,1)} \end{vmatrix} \middle/ \begin{vmatrix} l_{00}^{(2,1)} & l_{0k}^{(2,1)} \\ l_{k0}^{(2,1)} & l_{kk}^{(2,1)} \end{vmatrix}, \tag{7.14}$$

从而确定了(7.8)式定义的 $y_0^{(2,1)}$. 仿照第一轮第一次判别的规则对 $y_0^{(2,1)}$ 不难建立第二轮第一次判别的规则 $R^{(2,1)}$. 在 $R^{(2,1)}$ 中不能判别的样品集记作 $S_1^{(2,2)}$ 和 $S_2^{(2,2)}$.

(b) 后继判别规则的制定以 $S_1^{(2,2)}$ 和 $S_2^{(2,2)}$ 为出发点,用公式(7.12)计算 $\lambda_{k_2}^{(2,2)}$,若 $\lambda_{k_2}^{(2,2)} < \lambda_0$,则中止,否则再计算 $\alpha^{(2,2)}/\beta^{(2,2)}$ 建立 $y_0^{(2,2)}$,从而对 $y_0^{(2,2)}$ 制定第二轮第二次判别规则 $R^{(2,2)}$.

重复(b)直至某个 m_2,使 $\lambda_{k_2}^{(2,m_2)} < \lambda_0$ 时中止第二轮,并记 $y_0 = y_{k_2}^{(2,m_2-1)}$ 供第三轮使用.

(iii) 第三轮及后继各轮完全仿照第二轮的方法不难制定各次判别规则. 综上所述,各轮的程序有如下两部分:

(a) 引入新变量,并制定该轮的第一次判别规则;

(b) 制定同一轮内后继各次的判别规则,这时变量不动,只是调整判别系数和判别规则.

和序贯抽样可以节省样品的数目相类似,序贯判别可以节省样品的指标,从而在医学等部门使用更为方便. 但是为了使序贯判别能适应较广的面,建立判别函数和判别规则的样品(通常称为训练样本)必须足够多,这是该法的主要缺点.

第五章　回　归　分　析

多元分析的各种方法以回归分析的应用为最广,本章着重介绍多自变量与多因变量的回归分析,回归系数的参数估计和检验,逐步回归的方法.

本章还介绍多元方差分析,将它化成回归的模型来处理,最后进一步讨论多元回归与判别分析的关系.

§1. 问题及模型

在一元统计分析中,回归分析的用处是很广泛的,回归设计在 60 年代是很受重视的一个主题,许多问题直到现在还没有彻底解决.在一元统计分析中,也有多元回归,它指的是多个自变量(因素)对一个因变量(预报量)的回归问题.这和多元分析中要处理的多元回归问题是不同的.这一章将讨论多个自变量(因素)对多个因变量(预报量)的回归问题,它自然把一元统计分析中的回归作为特例.在下面的讨论中,我们往往只给出多个因变量的结果,请读者自己将它与一元统计分析中的结果进行比较.

在实际工作中,常常需要考察多个自变量(预报因子)对多个因变量(预报量)的关系.例如从今年长江流域的诸气象要素:气温、气压、降水……的情况要判断明年长江流域的梅雨情况,要预报的就不只是一个梅雨的总降水量,还要预报梅雨的持续时间(长度)、梅雨的起始日期、……其他的量,这就是一个多对多(多因素对多指标)的回归问题;又如在地质工作中,通常对某一地区进行普查之后,要画的趋势面往往不止一个,需要对若干种元素作趋势分析,实际上这也是一个多对多的回归问题;又如在工业试验中,各种不同的因素选取各种不同的水平,要考察的指标实际上不止一个,因为反映产品质量的指标往往是好几个,这也要考虑多对多的回归问题.过去,由于多对多的回归分析计算比较复杂,不使用电子计算机,要用手算几乎是不可能的,现在情况大大不同了,因此,这一方面的问题和方法也日益受到理论工作者和实际工作者的重视,发展是很快的.

设有 k 个自变量(预报因子)$x_1,\cdots,x_k$,p 个因变量 $y_1,\cdots,y_p$,相应的 n 组观测资料是

$$x_{i1},\cdots,x_{ik},y_{i1},\cdots,y_{ip},\quad i=1,2,\cdots,n.$$

用矩阵来表示,可得资料矩阵

$$\mathop{Y}_{n\times p}=(y_{i\alpha}),\quad \mathop{X}_{n\times k}=(x_{i\alpha}),$$

和以前一样,我们可以把 Y, X 写成

$$Y_{n \times p} = \begin{pmatrix} y'_{(1)} \\ \vdots \\ y'_{(n)} \end{pmatrix} = (y_1 \cdots y_p), \quad X_{n \times k} = \begin{pmatrix} x'_{(1)} \\ \vdots \\ x'_{(n)} \end{pmatrix} = (x_1 \cdots x_k).$$

如果因变量 y_α 与自变量 $x_1, \cdots, x_k$ 之间有线性关系式,且 y_α 的值又带有误差,于是有

$$y_\alpha = \beta_{0\alpha} + \beta_{1\alpha} x_1 + \beta_{2\alpha} x_2 + \cdots + \beta_{k\alpha} x_k + \varepsilon_\alpha, \alpha = 1, \cdots, p. \tag{1.1}$$

写成矩阵的形式,就是

$$\begin{pmatrix} y_1 \\ \vdots \\ y_p \end{pmatrix} = \begin{pmatrix} \beta_{01} & \beta_{11} & \cdots & \beta_{k1} \\ \beta_{02} & \beta_{12} & \cdots & \beta_{k2} \\ \vdots & \vdots & & \vdots \\ \beta_{0p} & \beta_{1p} & \cdots & \beta_{kp} \end{pmatrix} \begin{pmatrix} x_1 \\ \vdots \\ x_k \end{pmatrix} + \begin{pmatrix} \varepsilon_1 \\ \vdots \\ \varepsilon_p \end{pmatrix}.$$

统计问题就是从已知的资料矩阵 Y 和 X 出发,如何求得(1.1)式中的这些未知常数 β_{ij},并且对误差 ε_α 作出估计和推断. 和一元统计分析一样,我们把(1.1)中的 β_{ij} 称为回归系数,而把略去误差后的关系式

$$y_\alpha = \beta_{0\alpha} + \beta_{1\alpha} x_1 + \cdots + \beta_{k\alpha} x_k, \quad \alpha = 1, \cdots, p,$$

称为回归方程.

如果 $\{y_\alpha\}$ 与 $\{x_\alpha\}$ 确有关系式(1.1),那么对 n 组资料 $\{y_{i\alpha}\}$ 与 $\{x_{i\alpha}\}$ 就有关系式

$$y_{i\alpha} = \beta_{0\alpha} + \beta_{1\alpha} x_{i1} + \beta_{2\alpha} x_{i2} + \cdots + \beta_{k\alpha} x_{ik} + \varepsilon_{i\alpha},$$
$$i = 1, 2, \cdots, n, \quad \alpha = 1, 2, \cdots, p.$$

如果用矩阵来表示,每一行对应一组资料,记

$$Y_{n \times p} = \begin{pmatrix} y_{11} & \cdots & y_{1p} \\ \vdots & & \vdots \\ y_{n1} & \cdots & y_{np} \end{pmatrix}, \quad X_{n \times k} = \begin{pmatrix} x_{11} & \cdots & x_{1k} \\ \vdots & & \vdots \\ x_{n1} & \cdots & x_{nk} \end{pmatrix},$$

$$\beta_{(k+1) \times p} = \begin{pmatrix} \beta_{01} & \beta_{02} & \cdots & \beta_{0p} \\ \beta_{11} & \beta_{12} & \cdots & \beta_{1p} \\ \vdots & \vdots & & \vdots \\ \beta_{k1} & \beta_{k2} & \cdots & \beta_{kp} \end{pmatrix}, \quad \varepsilon_{n \times p} = \begin{pmatrix} \varepsilon_{11} & \cdots & \varepsilon_{1p} \\ \vdots & & \vdots \\ \varepsilon_{n1} & \cdots & \varepsilon_{np} \end{pmatrix},$$

且沿用过去的记号,$\varepsilon = \begin{pmatrix} \varepsilon'_{(1)} \\ \vdots \\ \varepsilon'_{(n)} \end{pmatrix} = (\varepsilon_1, \cdots, \varepsilon_p)$,则有

$$Y = (\mathbf{1} X) \beta + \varepsilon, \tag{1.2}$$

且 $\varepsilon_{(1)}, \cdots, \varepsilon_{(n)}$ 是相互独立的. 考虑到误差的期望值是 0,因此,$\varepsilon_{(1)}, \cdots, \varepsilon_{(n)}$ 是期

望为 0,协差阵相同的随机向量. 设 $\varepsilon_{(1)}, \cdots, \varepsilon_{(n)}$ 的共同的协差阵为 V,由于 $y_{(1)}, \cdots, y_{(n)}$ 与 $\varepsilon_{(1)}, \cdots, \varepsilon_{(n)}$ 只差一个常数向量,它们的协差阵还是相同的,因此,就得到一般的回归模型:

$$\begin{cases} E(\underset{n \times p}{Y}) = (\underset{1 \ k}{\mathbf{1} \ X}) \underset{(k+1) \times p}{\beta}, \\ y_{(1)}, \cdots, y_{(n)} \text{ 不相关,同协差阵 } V > 0. \end{cases} \tag{1.3}$$

在本章以下讨论中,不加声明,均指在(1.3)的模型下讨论. 主要讨论两类问题:

(1) 对 β 与 V 的估计;

(2) 对 β 的线性函数进行假设检验(需要假定 $y_{(1)}, \cdots, y_{(n)}$ 是正态分布).

在实际通常遇到的问题中,$\mathrm{rk}(\underset{1 \ k}{\mathbf{1} \ X}) = k + 1$ 往往是成立的,因此

$$\begin{pmatrix} \mathbf{1}' \\ X' \end{pmatrix}(\mathbf{1} X) = \begin{pmatrix} n & \mathbf{1}'X \\ X'\mathbf{1} & X'X \end{pmatrix}$$

就有逆. 根据四块求逆公式,知道

$$\begin{pmatrix} n & \mathbf{1}'X \\ X'\mathbf{1} & X'X \end{pmatrix}^{-1} = \begin{bmatrix} n^{-1} & 0 \\ 0 & 0 \end{bmatrix} + \begin{pmatrix} \bar{x}' \\ -I \end{pmatrix} L_{xx}^{-1}(\bar{x} - I)$$

$$= \begin{bmatrix} \dfrac{1}{n} + \bar{x}' L_{xx}^{-1} \bar{x} & -\bar{x}' L_{xx}^{-1} \\ -L_{xx}^{-1} \bar{x} & L_{xx}^{-1} \end{bmatrix}, \tag{1.4}$$

其中

$$L_{xx} = X'\left(I - \frac{1}{n}J\right)X, \quad \bar{x} = \frac{1}{n}X'\mathbf{1}.$$

如果 $\mathrm{rk}(\underset{1 \ k}{\mathbf{1} \ X}) < k + 1$,此时讨论对 β 的估计及假设检验等问题就比较复杂,在这一章我们都不考虑,留在第七章,放在更一般的情形来进行讨论. 因此,在本章中(1.4)式是经常要用到的.

在(1.3)的假定下,容易看出,将 Y 按列或按行写成向量时(即 $Y = \begin{bmatrix} y'_{(1)} \\ \vdots \\ y'_{(n)} \end{bmatrix} =$

$(y_1 \cdots y_p)$时),就有

$$\begin{cases} \mathrm{cov}(y_{(i)}, y_{(j)}) = \delta_{ij}V, \quad i, j = 1, 2, \cdots, n, \\ \mathrm{cov}(y_i, y_j) = v_{ij}I_n, \quad i, j = 1, 2, \cdots, p. \end{cases} \tag{1.5}$$

下面举两个例来说明(1.3)的模型所包含的内容还是相当丰富的.

例 1.1 设 $y_{(1)}, \cdots, y_{(n_1)}$ 来自总体 $N_p(\mu_1, V)$,$z_{(1)}, \cdots, z_{(n_2)}$ 来自总体 $N_p(\mu_2, V)$,从这两个样本来检验假设

$$H_0: \mu_1 = \mu_2 \tag{1.6}$$

是否成立,这是第三章中见过的问题,现在把它看成一个回归问题来进行讨论.

记 $\underset{n_1 \times p}{Y_1} = \begin{pmatrix} y'_{(1)} \\ \vdots \\ y'_{(n_1)} \end{pmatrix}, \underset{n_2 \times p}{Y_2} = \begin{pmatrix} z'_{(1)} \\ \vdots \\ z'_{(n_2)} \end{pmatrix}, \underset{n \times p}{Y} = \begin{pmatrix} Y_1 \\ Y_2 \end{pmatrix},$ 其中 $n = n_1 + n_2$，又将 μ_2 写成 $\mu_1 + \delta, \delta = \mu_2 - \mu_1$，于是有

$$
\begin{cases}
E(Y) = E\begin{bmatrix} Y_1 \\ Y_2 \end{bmatrix} = \begin{pmatrix} \mathbf{1} & 0 \\ \mathbf{1} & \mathbf{1} \end{pmatrix}\begin{pmatrix} \mu'_1 \\ \delta' \end{pmatrix}, \\
y_{(1)}, \cdots, y_{(n)} \text{ 独立，同协差阵 } V, \text{正态分布．}
\end{cases} \tag{1.7}
$$

很明显，这是一个回归模型，其中相应于(1.3)的 X 是 $\begin{pmatrix} 0 \\ \mathbf{1} \end{pmatrix}_{n_2}^{n_1}$，要检验的假设是

$$
H_0 : \delta = 0. \tag{1.8}
$$

因此，它完全可以用回归模型的标准方法来处理，我们在这一章的 §2 和 §5 将再一次来讨论它．

例 1.2　趋势面分析．设 $y_1, \cdots, y_p$ 是 p 种化学元素（或化合物或矿物）的含量，在某一指定的地域内 n 个点上测了这 p 种化学元素的含量，得到 n 个样品 $y_{(1)}, y_{(2)}, \cdots, y_{(n)}$，在地质调查中关心的是这些元素的含量是如何随地理位置的不同而变化的，这就要考察 $y_1, \cdots, y_p$ 与地理坐标 (u, v) 的关系．一般说来，y_i 是 (u, v) 的连续函数，因此可以用 u, v 的多项式来近似它，如果认为用二次多项式来近似是合适的，且样品 $y_{(i)}$ 来自地理坐标点 (u_i, v_i)，则有

$$
\begin{cases}
\underset{n \times p}{E(y)} = \begin{pmatrix}
1 & u_1 & v_1 & u_1^2 & u_1 v_1 & v_1^2 \\
1 & u_2 & v_2 & u_2^2 & u_2 v_2 & v_2^2 \\
\vdots & \vdots & \vdots & \vdots & \vdots & \vdots \\
1 & u_n & v_n & u_n^2 & u_n v_n & v_n^2
\end{pmatrix}\begin{pmatrix}
\beta_{01} & \beta_{02} & \cdots & \beta_{0p} \\
\beta_{11} & \beta_{12} & \cdots & \beta_{1p} \\
\vdots & \vdots & & \vdots \\
\beta_{51} & \beta_{52} & \cdots & \beta_{5p}
\end{pmatrix}, \\
y_{(1)}, \cdots, y_{(n)} \text{ 不相关，同协差阵 } V.
\end{cases} \tag{1.9}
$$

将(1.9)与(1.3)相比，就看出(1.9)是属于回归模型，此时

$$
(\mathbf{1}\ X) = (\mathbf{1}\, u \quad v \quad u^{(2)}\, w \quad v^{(2)}),
$$

其中

$$
u = \begin{pmatrix} u_1 \\ \vdots \\ u_n \end{pmatrix}, \quad v = \begin{pmatrix} v_1 \\ \vdots \\ v_n \end{pmatrix}, \quad w = \begin{pmatrix} u_1 v_1 \\ \vdots \\ u_n v_n \end{pmatrix},
$$

$$
u^{(2)} = \begin{pmatrix} u_1^2 \\ \vdots \\ u_n^2 \end{pmatrix}, \quad v^{(2)} = \begin{pmatrix} v_1^2 \\ \vdots \\ v_n^2 \end{pmatrix}.
$$

对更一般的情况，考虑用 (u, v) 的高次多项式来近似，作法也是一样的，只是 X 阵

多增加了一些由 u, v 生成的列.

§2. 最小二乘估计

和一元回归分析一样,我们也来考察"误差平方和",同样地使用最小二乘法.由(1.2)式可知

$$\varepsilon = (Y - (\mathbf{1}\ X)\beta), \tag{2.1}$$

因此

$$\underset{p\times n}{\varepsilon'}\underset{n\times p}{\varepsilon} = (Y - (\mathbf{1}\ X)\beta)'(Y - (\mathbf{1}\ X)\beta). \tag{2.2}$$

从(2.2)式看出 $\varepsilon'\varepsilon$ 是一个矩阵,什么是"矩阵最小"呢? 这有很多不同的考虑.常见的有四种:

(i) 在非负定阵意义下的最小.当 Y 和 X 给定后,求 β_* 使得

$$(Y - (\mathbf{1}X)\beta_*)'(Y - (\mathbf{1}X)\beta_*)$$
$$\leqslant (Y - (\mathbf{1}X)\beta)'(Y - (\mathbf{1}X)\beta),$$

对一切 β 阵成立.

(ii) 将(2.1)式中误差阵排成向量 $\varepsilon = \begin{bmatrix} \varepsilon_1 \\ \vdots \\ \varepsilon_p \end{bmatrix}$,求 β_* 使 $\varepsilon'\varepsilon$ 最小,也即 β_* 满足

$$\mathrm{tr}(Y - (\mathbf{1}X)\beta_*)'(Y - (\mathbf{1}X)\beta_*)$$
$$\leqslant \mathrm{tr}(Y - (\mathbf{1}X)\beta)'(Y - (\mathbf{1}X)\beta),$$

对一切 β 成立.

(iii) 在行列式的意义下最小,也即求 β_* 使

$$\big|(Y - (\mathbf{1}X)\beta_*)'(Y - (\mathbf{1}X)\beta_*)\big|$$
$$\leqslant \big|(Y - (\mathbf{1}X)\beta)'(Y - (\mathbf{1}X)\beta)\big|,$$

对一切 β 成立.

(iv) 使 $\varepsilon'\varepsilon$ 的最大特征根达到最小.

下面我们来求出相应的解.

引理 2.1 给定了 $\underset{n\times p}{Y}$, $\underset{n\times k}{X}$,且 $\mathrm{rk}X = k$,则

$$(Y - X\beta)'(Y - X\beta)$$
$$= (Y - X\beta_*)'(Y - X\beta_*) + (\beta_* - \beta)'X'X(\beta_* - \beta) \tag{2.3}$$

对一切 β 成立,其中 β_* 是方程

$$X'X\beta = X'Y \tag{2.4}$$

的解.

证明 今 $Y - X\beta = Y - X\beta_* + X\beta_* - X\beta$

$$= (Y - X\beta_*) + X(\beta_* - \beta),$$

因此,

$$(Y - X\beta)'(Y - X\beta) = (Y - X\beta_*)'(Y - X\beta_*) + (Y - X\beta_*)'X(\beta_* - \beta)$$
$$+ (\beta_* - \beta)'X'(Y - X\beta_*) + (\beta_* - \beta)'X'X(\beta_* - \beta),$$

由于 β^* 满足方程(2.4),因此

$$X'(Y - X\beta_*) = X'Y - X'X\beta_* = O,$$

也即在 $(Y - X\beta)'(Y - X\beta)$ 的右端展开式中第二、三项均为 0,因此等式(2.3)成立　♯

系　设同引理 2.1,则

$$(Y - X\beta)'(Y - X\beta) \geqslant (Y - X\beta_*)'(Y - X\beta_*), \tag{2.5}$$

且等号成立的充要条件是 $\beta = (X'X)^{-1}X'Y$.

证明　从(2.3)式立即可得:

(i) 不等式(2.5)成立;

(ii) (2.5)式中等号成立的充要条件是

$$X(\beta_* - \beta) = O.$$

由于 $\mathop{\mathrm{rk}}\limits_{n\times k} X = k$,因此 $X'X$ 有逆,从 $X(\beta_* - \beta) = O$ 推出 $X'X(\beta_* - \beta) = O$,也即 $\beta^* = \beta$. 从方程(2.4)知道 β_* 可写成 $(X'X)^{-1}X'Y$　♯

利用引理 2.1 及系,注意到用矩阵 $(\mathbf{1}X)$ 去代引理中的 X,就有:

$$(\mathrm{i}) \qquad \beta_* = \left[\begin{pmatrix} \mathbf{1}' \\ X' \end{pmatrix}(\mathbf{1}\ X) \right]^{-1} \begin{pmatrix} \mathbf{1}' \\ X' \end{pmatrix} Y \tag{2.6}$$

使 $(Y - (\mathbf{1}X)\beta_*)'(Y - (\mathbf{1}X)\beta_*)$ 在非负定的意义下达到最小,并且如此求得的 β_* 是唯一的.

(ii) (2.6)式的 β_* 也使得 $\mathrm{tr}(Y - (\mathbf{1}X)\beta_*)'(Y - (\mathbf{1}X)\beta_*)$ 达到最小.

(iii) 现在来证明当 $A \geqslant B \geqslant 0$ 时,$|A| \geqslant |B|$,因而也就证明了 β_* 使 $|(Y - (\mathbf{1}X)\beta)'(Y - (\mathbf{1}X)\beta)|$ 达到最小. 先看 $A = I_p$. 则当 $I \geqslant B$ 时,I 与 B 可以写成 $\Gamma'\Gamma$ 及 $\Gamma' \begin{bmatrix} \lambda_1 & & O \\ & \ddots & \\ O & & \lambda_p \end{bmatrix} \Gamma$,其中 Γ 是正交阵,$\lambda_1, \cdots, \lambda_p$ 是 B 的特征根,因此由 $I \geqslant B$ 推出 $1 - \lambda_i \geqslant 0, i = 1, \cdots, p$,即有 $0 \leqslant \lambda_i \leqslant 1$(因为 $B \geqslant 0$),$i = 1, 2, \cdots, p$,于是

$$|B| = \prod_{i=1}^{p} \lambda_i \leqslant 1 = |I_p|.$$

当 $A > 0$ 时,从 $A \geqslant B$ 可得 $I \geqslant A^{-\frac{1}{2}} B A^{-\frac{1}{2}}$,因此 $|A^{-\frac{1}{2}} B A^{-\frac{1}{2}}| \leqslant 1$,即 $|B| \leqslant |A|$. 当 $|A| = 0$ 时,$|B| = 0$,$|A| \geqslant |B|$ 自然成立.

当然这里也可以仿第二章中求 $\hat{\mu}$ 的方法来证明,这就不再重复了.

(iv) 利用等式(2.3),仿第二章中关于 μ 的讨论,可证 β_* 确使 $(Y-(\mathbf{1}X)\beta_*)'(Y-(\mathbf{1}X)\beta_*)$ 的最大特征根达到最小.

由此可见,不论(i)—(iv)中的哪一个为标准,都得出解 β_*,以后统称 β_* 是最小二乘解或回归系数的 $G-M$ 估计.对回归模型,相应于(2.4)的方程是

$$\binom{\mathbf{1}'}{X'}(\mathbf{1}X)\beta = \binom{\mathbf{1}'}{X'}Y, \tag{2.7}$$

方程(2.7)就称为回归系数 β 的正规方程(正则方程、法方程……都是不同的译名).将 β 也相应分块,记

$$\underset{(k+1)\times p}{\beta} = \begin{bmatrix} \beta_0 \\ B \end{bmatrix} \begin{matrix} 1 \\ k \end{matrix},$$

则 β_0' 相应于回归常数组成的向量,B 是回归系数组成的矩阵.(2.7)式给出了求 β_0,B 的最小二乘估计的方程.从(2.7)及(1.4),就得 β_0,B 的最小二乘估计 $\hat{\beta}_0,\hat{B}$ 的表达式:

$$\begin{bmatrix} \hat{\beta}_0 \\ \hat{B} \end{bmatrix} = \left[\binom{\mathbf{1}'}{X'}(\mathbf{1}\ X) \right]^{-1} \binom{\mathbf{1}'}{X'}Y$$

$$= \begin{bmatrix} \dfrac{1}{n} + \bar{x}'L_{xx}^{-1}\bar{x} & -\bar{x}'L_{xx}^{-1} \\ -L_{xx}^{-1}\bar{x} & L_{xx}^{-1} \end{bmatrix} \binom{\mathbf{1}'\ Y}{X'\ Y},$$

注意到 $\bar{x} = \dfrac{1}{n}X'\mathbf{1}, L_{xx} = X'\left(I - \dfrac{1}{n}J\right)X$,再引入记号

$$\bar{y} = \dfrac{1}{n}Y'\mathbf{1}, \quad L_{yy} = Y'\left(I - \dfrac{1}{n}J\right)Y,$$

$$L_{xy} = X'\left(I - \dfrac{1}{n}J\right)Y, \quad L_{yx} = L_{xy}',$$

于是

$$\begin{bmatrix} \hat{\beta}_0 \\ \hat{B} \end{bmatrix} = \begin{bmatrix} \left(\dfrac{1}{n} + \bar{x}'L_{xx}^{-1}\bar{x}\right)n\bar{y}' - \bar{x}'L_{xx}^{-1}X'Y \\ -L_{xx}^{-1}\bar{x}(n\bar{y}') + L_{xx}^{-1}X'Y \end{bmatrix}$$

$$= \begin{bmatrix} \bar{y}' - \bar{x}'L_{xx}^{-1}(X'Y - n\bar{x}\bar{y}') \\ L_{xx}^{-1}(X'Y - n\bar{x}\bar{y}') \end{bmatrix},$$

由于

$$X'Y - n\bar{x}\bar{y}' = X'Y - n \cdot \left(\dfrac{1}{n}X'\mathbf{1}\right)\left(\dfrac{1}{n}Y'\mathbf{1}\right)'$$

$$= X'Y - X'\left(\dfrac{1}{n}J\right)Y = X'\left(I - \dfrac{1}{n}J\right)Y$$

$$= L_{xy},$$

因此得最小二乘估计的表达式是

$$\begin{bmatrix} \hat{\beta}_0 \\ \hat{B} \end{bmatrix} = \begin{bmatrix} \bar{y}' - \bar{x}'L_{xx}^{-1}L_{xy} \\ L_{xx}^{-1}L_{xy} \end{bmatrix} = \begin{bmatrix} \bar{y}' - \bar{x}'\hat{B} \\ L_{xx}^{-1}L_{xy} \end{bmatrix}. \tag{2.8}$$

从(2.8)也可以得到

$$\begin{cases} L_{xx}\hat{B} = L_{xy}, \\ \hat{\beta}_0 = \bar{y}' - \bar{x}'\hat{B}. \end{cases} \tag{2.9}$$

因此,有些书上把(2.9)作为回归系数的正规方程.将求得的回归系数的最小二乘估计 $\hat{\beta}_0$,$\hat{B}$ 代替客观存在的 β_0 及 B,于是可得 n 组资料的预报值

$$\hat{Y} = (\mathbf{1} X) \begin{bmatrix} \hat{\beta}_0 \\ \hat{B} \end{bmatrix} = \mathbf{1}\hat{\beta}_0 + X\hat{B} = \mathbf{1}\bar{y}' + \left(I - \frac{1}{n}J \right)X\hat{B},$$

实测值 Y 与预报值 $\hat{Y}$ 之差 $Y - \hat{Y}$ 就称为残差,可以用它来估计误差 ε,因此用 $\hat{\varepsilon}$ 表示,于是得残差阵

$$\hat{\varepsilon}'\hat{\varepsilon} = (Y - \hat{Y})'(Y - \hat{Y}).$$

今

$$Y - \hat{Y} = \left(Y - \frac{1}{n}JY \right) - \left(\left(I - \frac{1}{n}J \right)XL_{xx}^{-1}L_{xy} \right)$$

$$= \left(I - \frac{1}{n}J \right)Y - \left(I - \frac{1}{n}J \right)XL_{xx}^{-1}L_{xy},$$

因此

$$\hat{\varepsilon}'\hat{\varepsilon} = Y'\left(I - \frac{1}{n}J \right)Y - Y'\left(I - \frac{1}{n}J \right)XL_{xx}^{-1}L_{xy} - L_{yx}L_{xx}^{-1}X'\left(I - \frac{1}{n}J \right)Y$$

$$+ L_{yx}L_{xx}^{-1}X'\left(I - \frac{1}{n}J \right)XL_{xx}^{-1}L_{xy}$$

$$= Y'\left(I - \frac{1}{n}J \right)Y - L_{yx}L_{xx}^{-1}L_{xy}$$

$$= L_{yy} - L_{yx}L_{xx}^{-1}L_{xy}. \tag{2.10}$$

总结以上的讨论,就得

定理 2.1   在模型(1.3)的假定下,当 $\mathrm{rk}(\mathbf{1}X) = k + 1$ 时,回归系数的马尔科夫估计由(2.8)式给出.

记 $Q = \hat{\varepsilon}'\hat{\varepsilon} = L_{yy} - L_{yx}L_{xx}^{-1}L_{xy}$. 于是有

定理 2.2   设同定理 2.1,则有

$$\begin{cases} E(\hat{\beta}_0) = \beta_0, E(\hat{B}) = B, \\ E(Q) = (n - k - 1)V. \end{cases} \tag{2.11}$$

证明

$$E\begin{bmatrix} \hat{\beta}_0 \\ \hat{B} \end{bmatrix} = E\left[\begin{bmatrix} \mathbf{1}' \\ X' \end{bmatrix}(\mathbf{1}X) \right]^{-1}\begin{bmatrix} \mathbf{1}' \\ X' \end{bmatrix}Y = \left[\begin{bmatrix} \mathbf{1}' \\ X' \end{bmatrix}(\mathbf{1}X) \right]^{-1}\begin{bmatrix} \mathbf{1}' \\ X' \end{bmatrix}E(Y)$$

$$= \left[\begin{pmatrix} \mathbf{1}' \\ X' \end{pmatrix} (\mathbf{1}X) \right]^{-1} \begin{pmatrix} \mathbf{1}' \\ X' \end{pmatrix} (\mathbf{1}X) \begin{pmatrix} \beta_0 \\ B \end{pmatrix} = \begin{pmatrix} \beta_0 \\ B \end{pmatrix}.$$

今

$$E(Q) = EY' \left[\left(I - \frac{1}{n}J \right) - \left(I - \frac{1}{n}J \right) X L_{xx}^{-1} X' \left(I - \frac{1}{n}J \right) \right] Y$$

$$\triangleq EY'PY = E \begin{bmatrix} y_1' \\ \vdots \\ y_p' \end{bmatrix} P(y_1 \cdots y_p) = (Ey_i'Py_j),$$

直接计算 $Ey_i'Py_j$ 得到

$$Ey_i'Py_j = v_{ij}\mathrm{tr}P = v_{ij} \left[\mathrm{tr}\left(I_n - \frac{1}{n}J \right) - \mathrm{tr}I_k \right]$$

$$= v_{ij}(n - k - 1), (v_{ij} \text{ 是 } V \text{ 中第}(i,j) \text{ 元素})$$

因此

$$E(Q) = (n - k - 1)V \quad \#$$

我们将 B 按行向量或列向量写出,相应的估计量也一样,于是有

$$B = \begin{bmatrix} b_{(1)}' \\ \vdots \\ b_{(k)}' \end{bmatrix} = (b_1 \cdots b_p), \quad \hat{B} = \begin{bmatrix} \hat{b}_{(1)}' \\ \vdots \\ \hat{b}_{(k)}' \end{bmatrix} = (\hat{b}_1 \cdots \hat{b}_p).$$

定理 2.3 记 $L_{xx}^{-1} = (l^{ij})$, $V = (v_{ij})$,则有

$$\begin{cases} V(\hat{\beta}_0') = \left(\frac{1}{n} + \bar{x}' L_{xx}^{-1} \bar{x} \right) V, \\ \mathrm{cov}(\hat{b}_{(i)}, \hat{b}_{(j)}) = l^{ij}V, i,j = 1,2,\cdots,k, \\ \mathrm{cov}(\hat{b}_i, \hat{b}_j) = v_{ij}L_{xx}^{-1}, i,j = 1,2,\cdots,p. \end{cases} \quad (2.12)$$

证明 为了方便,记 $C = (\mathbf{1}X)$,则有

$$\beta = (\beta_{ij}) = \begin{bmatrix} \beta_0 \\ B \end{bmatrix}, \quad \hat{\beta} = (C'C)^{-1}C'Y.$$

用 e_i 表示第 i 个坐标为 1,其余坐标为 0 的向量,其维数视上下文而定,则 $\beta_0' = \beta'e_1, b_i = Be_i, b_{(i)} = B'e_i$. 今

$$\mathrm{cov}(\hat{\beta}_{ij}, \hat{\beta}_{ar}) = E(e_i'(\hat{\beta} - E\hat{\beta})e_je_a'(\hat{\beta} - E\hat{\beta})e_r)$$

$$= e_i'(C'C)^{-1}C'(E(Y - EY)e_je_r'(Y - EY)')C(C'C)^{-1}e_a$$

$$= e_i'(C'C)^{-1}C'\mathrm{cov}(y_j, y_r)C(C'C)^{-1}e_a$$

$$= e_i'(C'C)^{-1}C'(v_{jr}I)C(C'C)^{-1}e_a$$

$$= v_{jr}e_i'(C'C)^{-1}e_a.$$

因此,当 β 依行取向量时,

$$\mathrm{cov}(\hat{\beta}_{(i)}, \hat{\beta}_{(j)}) = e_i'(C'C)^{-1}e_j V,$$

即有

$$V(\hat{\beta}_0') = \left(\frac{1}{n} + \bar{x}'L_{xx}^{-1}\bar{x}\right)V,$$

$$\mathrm{cov}(\hat{b}_{(i)}, \hat{b}_{(j)}) = (e_i'L_{xx}^{-1}e_j)V = l^{ij}V.$$

当 β 依列取向量时,

$$\mathrm{cov}(\hat{\beta}_i, \hat{\beta}_j) = v_{ij}(C'C)^{-1},$$

因此就得

$$\mathrm{cov}(\hat{b}_i, \hat{b}_j) = v_{ij}L_{xx}^{-1}.\qquad \#$$

定理 2.2 告诉我们最小二乘估计是无偏的,用残差阵除以 $(n-k-1)$ 去估计协差阵 V,也是无偏的,定理 2.3 告诉我们最小二乘估计的协差阵,公式(2.11),(2.12)在今后几节是常常要用到的.

这里我们要声明一点,提醒读者注意. 在这一节中我们用 β_0 表示 $1\times p$ 的矩阵,这和我们前面习惯的用法不一致,但用 β_0' 符号又很复杂,公式的形式也不整齐. 从这一节开始,往往有时向量是行的写法,而不是列的写法,这从上下文看是不会混淆的,而且只出现在回归系数的矩阵及相应的估计量中,其余的向量一概都是按列写的.

下面举几个例来说明本节公式的一些应用.

例 2.1 (续例 1.1)　　由于

$$X = \begin{pmatrix} O \\ \mathbf{1} \end{pmatrix} \begin{matrix} n_1 \\ n_2 \end{matrix},$$

因此

$$L_{xx} = (O\mathbf{1}')\left(I - \frac{1}{n}\mathbf{11}'\right)\begin{pmatrix} O \\ \mathbf{1} \end{pmatrix} = \frac{n_1 n_2}{n} = \frac{n_1 n_2}{n_1 + n_2},$$

$$L_{xy} = (O\mathbf{1}')\left(I - \frac{1}{n}\mathbf{11}'\right)Y = (O\mathbf{1}')(Y - \mathbf{1}\bar{y}')$$

$$= n_2(\bar{y}^{(2)} - \bar{y})'$$

其中

$$\bar{y}^{(2)} = \frac{1}{n_2}Y_2'\mathbf{1}, \quad \bar{y} = \frac{1}{n}Y'\mathbf{1},$$

$$\hat{\delta}' = L_{xx}^{-1}L_{xy} = \frac{n_1 + n_2}{n_1 n_2} \cdot n_2(\bar{y}^{(2)} - \bar{y})' = \frac{n}{n_1}(\bar{y}^{(2)} - \bar{y})',$$

$$\hat{\mu}_1' = \bar{y}' - \frac{n_2}{n} \cdot \frac{n}{n_1}(\bar{y}^{(2)} - \bar{y})' = \bar{y}^{(1)'},$$

其中

$$\bar{y}^{(1)} = \frac{1}{n_1} Y_1' \mathbf{1}.$$

另外,残差阵 $Q = L_{yy} - L_{yx}L_{xx}^{-1}L_{xy} = Y'\left(I - \frac{1}{n}J\right)Y - n_2(\bar{y}^{(2)} - \bar{y}) \cdot \frac{n_1 + n_2}{n_1 n_2} \cdot$

$n_2(\bar{y}^{(2)} - \bar{y})' = Y'\left(I - \frac{1}{n}J\right)Y - \frac{n_1 n_2}{n_1 + n_2}(\bar{y}^{(1)} - \bar{y}^{(2)})(\bar{y}^{(1)} - \bar{y}^{(2)})'.$ 因此也可写成

$$L_{yy} = Q + \frac{n_1 n_2}{n_1 + n_2}(\bar{y}^{(1)} - \bar{y}^{(2)})(\bar{y}^{(1)} - \bar{y}^{(2)})'$$

$$\triangleq W + A, \tag{2.13}$$

其中 W 是"组内差阵",A 是"组间差阵",上式就是总的变差阵 L_{yy} 分解为 W 与 A 之和.

例 2.2 多项式回归.考虑(1.3)模型中矩阵 X 是由一个自变量的各次方幂组成的,即

$$\mathop{X}_{n \times k} = \begin{bmatrix} x_1 & x_1^2 & \cdots & x_1^k \\ x_2 & x_2^2 & \cdots & x_2^k \\ \vdots & \vdots & & \vdots \\ x_n & x_n^2 & \cdots & x_n^k \end{bmatrix}.$$

记 $\bar{x}^{(i)} = \frac{1}{n}\sum_{\alpha=1}^{n} x_\alpha^i, i = 1, 2, \cdots, k, l_{ij} = \sum_{\alpha=1}^{n}(x_\alpha^i - \bar{x}^{(i)})(x_\alpha^j - \bar{x}^{(j)}), i, j = 1, 2, \cdots,$

$k, l_{iy} = \sum_{\alpha=1}^{n}(x_\alpha^i - \bar{x}^{(i)})(y_{(\alpha)} - \bar{y})', i = 1, 2, \cdots, k,$ 其中 $\bar{y} = \frac{1}{n}Y'\mathbf{1},$ 于是正规方程就是

$$\begin{cases} \begin{bmatrix} l_{11} & \cdots & l_{1k} \\ \vdots & \ddots & \vdots \\ l_{k1} & \cdots & l_{kk} \end{bmatrix} \hat{B} = \begin{bmatrix} l_{1y} \\ \vdots \\ l_{ky} \end{bmatrix}, \\ \hat{\beta}_0 = \bar{y}' - \bar{x}'\hat{B}, \text{其中 } \bar{x} = \frac{1}{n}X'\mathbf{1}. \end{cases}$$

§3. 假 设 检 验

考虑回归模型(1.3),此时需假定 $y_{(1)}, \cdots, y_{(n)}$ 是正态分布的随机向量,首先要求出 $\hat{\beta}$ 与 $\hat{V}$ 的联合分布.

注意到公式(2.8)与(2.10),就可得

定理 3.1 设模型(1.3)中 $y_{(1)}, \cdots, y_{(n)}$ 均为正态随机变量,且 $n > k + 1$,rk $(\mathbf{1}X) = k + 1$,则有

(i) $\hat{\beta}$ 与 Q 独立;   (3.1)

(ii) $\hat{\beta}$ 遵从正态分布;   (3.2)

(iii) $Q \sim W_p(n-k-1, V)$.   (3.3)

证明　记 $C = (\mathbf{1} X)$, 于是

$$\hat{\beta} = (C'C)^{-1}C'Y, \quad Q = Y'(I - C(C'C)^{-1}C')Y.$$

令

$$L = (C'C)^{-1}C', \quad A = I - C(C'C)^{-1}C'.$$

则由 $LA = (C'C)^{-1}C'(I - C(C'C)^{-1}C') = O$ 知道 LY 与 AY 是相互独立的(用第二章引理 5.3), 又 $A^2 = A, A' = A$, 因此 LY 与 $Y'AY$ 独立, 也即 $\hat{\beta}$ 与 Q 独立. 这就证明了(i).

$\hat{\beta}$ 是 Y 的线性函数, Y 是一个正态随机变量, 因此它的线性函数也是正态随机变量, 这就证明了(ii).

由于 $A^2 = A, A' = A$, 且 $AE(Y) = (I - C(C'C)^{-1}C')C\beta = O$, 因此由第三章 §2, $Q = Y'AY$ 遵从 $W_p(n-k-1, V)$, 因为 $\mathrm{tr}A = \mathrm{tr}(I - C(C'C)^{-1}C') = \mathrm{tr}I_n - \mathrm{tr}I_{k+1} = n-k-1$ ♯

利用定理 3.1, 可以处理一些关于回归系数的假设检验问题.

例 3.1　考虑一个自变量对多个因变量的回归问题, 此时 $k = 1$, X 就成为一个 $n \times 1$ 的向量, 把它记成 x, 于是(1.3)式就成为

$$\begin{cases} E(Y) = (\underset{1}{\mathbf{1}} \ \underset{1}{x}) \begin{bmatrix} \beta_0 \\ \underset{p}{B} \end{bmatrix} \begin{matrix} 1 \\ 1 \end{matrix}, \\ y_{(1)}, \cdots, y_{(n)} \ \text{独立, 同协差阵} \ V, \ \text{正态分布.} \end{cases} \tag{3.4}$$

以下假定 $\mathrm{rk}(\mathbf{1}x) = 2$. 现在的问题是, 这一个自变量 x 是否真的与这些因变量 $y_1, \cdots, y_p$ 有关? 也就是要检验

$$H_0: \underset{1 \times p}{B} = O \tag{3.5}$$

这个假设是否成立. 如果这个假设 H_0 被拒绝了, 那就可以认为 $B \neq 0$, 也即这一个自变量 x 对 p 个因变量是有作用的, 但是这并不意味着自变量 x 对每一个因变量 y_i 都有作用, 有可能它只对一部分因变量有显著的作用; 如果这个假设 H_0 不能拒绝, 那就意味着自变量 x 对这些因变量 $y_1, \cdots, y_p$ 是不起作用的, 在这种情况下, 虽然我们可以通过资料 x, Y 来估计出 B 的值, 但是所得的 $\hat{B}$ 实际上没有意义. 这就说明前两节谈到的估计问题, 如果不和假设检验联系起来, 有时会无法判断所得的回归方程是否真有意义.

那么应该如何来检验(3.5)的 H_0 呢? 我们可以从几种不同的观点来导出相应的统计量 T^2, 然而, 在这里, 只是用一种直观的方法来导出 T^2, 下面从似然比的观点来导出 T^2, 以后两章将从其他各种不同考虑来导出 T^2.

根据定理 3.1 和上一节的公式(2.12)(我们知道此时 B 就是 $1 \times k$ 的矩阵,记它为 b),于是有

$$\hat{b} = L_{xx}^{-1}L_{xy}, \quad \hat{b}' \sim N_p(b', L_{xx}^{-1}V),$$

$$Q = L_{yy} - L_{yx}L_{xx}^{-1}L_{xy} \sim W_p(n-2, V),$$

并且 $\hat{b}$ 与 Q 独立,因此从第三章就知道

$$T^2 = \hat{b}\left(\frac{Q}{n-2}\right)^{-1}\hat{b}'L_{xx} \sim \frac{(n-2)p}{n-p-1}F(p, n-p-1),$$

即

$$\frac{n-p-1}{(n-2)p}T^2 = \frac{n-p-1}{p}\hat{b}Q^{-1}\hat{b}'L_{xx} \sim F(p, n-p-1),$$

因此就可以用 T^2 统计量以及 F 表来检验 $H_0: B = O$ 是否成立. 此时我们只要给出 $\hat{b}$ 与 Q 的表达式,从而推得 T^2 的表达式就行了.

在本例中, $L_{xx} = \sum\limits_{\alpha=1}^{n}(x_\alpha - \bar{x})^2 \triangleq s_x$,因为此时 $x = \begin{pmatrix} x_1 \\ \vdots \\ x_n \end{pmatrix}$, $\bar{x} = \frac{1}{n}\sum\limits_{\alpha=1}^{n}x_\alpha$.

$L_{xy} = (l_{x1}, \cdots, l_{xp}) \triangleq l'$,其中

$$l_{xi} = \sum_{\alpha=1}^{n}(x_\alpha - \bar{x})(y_{\alpha i} - \bar{y}_i), \quad \bar{y}_i = \frac{1}{n}\sum_{\alpha=1}^{n}y_{\alpha i},$$

$$i = 1, 2, \cdots, p,$$

$$L_{yy} = \sum_{\alpha=1}^{n}(y_{(\alpha)} - \bar{y})(y_{(\alpha)} - \bar{y})', \quad \bar{y} = \frac{1}{n}Y'\mathbf{1}.$$

因此得到

$$\begin{aligned}
(n-2)^{-1}T^2 &= \hat{b}Q^{-1}\hat{b}'L_{xx} \\
&= L_{xx}^{-1}L_{xy}(L_{yy} - L_{yx}L_{xx}^{-1}L_{xy})^{-1}L_{yx}L_{xx}^{-1}L_{xx} \\
&= \left(\frac{1}{s_x}\right)^2 l'\left(L_{yy} - \frac{1}{s_x}ll'\right)^{-1}ls_x \\
&= \left(\frac{1}{s_x}\right)^2 l'\left[L_{yy}^{-1} + \frac{\frac{1}{s_x}L_{yy}^{-1}ll'L_{yy}^{-1}}{1 - \frac{1}{s_x}l'L_{yy}^{-1}l}\right]ls_x \\
&= \left(\frac{1}{s_x}\right)^2 \frac{s_x l'L_{yy}^{-1}l}{1 - \frac{1}{s_x}l'L_{yy}^{-1}l} = \frac{l'L_{yy}^{-1}l}{s_x - l'L_{yy}^{-1}l},
\end{aligned}$$

也即

$$(n-2)^{-1}T^2 = \frac{L_{xy}L_{yy}^{-1}L_{yx}}{L_{xx} - L_{xy}L_{yy}^{-1}L_{yx}}. \tag{3.6}$$

在下面各节讨论中,读者将会发现,许多复杂的问题,最后还是归结为形如(3.6)的统计量.(3.6)式的统计意义是明显的,我们看一个特殊情形 $p=1$,此时 $L_{yy}=\sum\limits_{\alpha=1}^{n}(y_{\alpha}-y)^{2}$(即因变量的总变差), $L_{xy}=\sum\limits_{\alpha=1}^{n}(x_{\alpha}-\bar{x})(y_{\alpha}-\bar{y})$,因此

$$\frac{L_{xy}L_{yy}^{-1}L_{yx}}{L_{xx}}=\frac{L_{xy}L_{yx}}{L_{xx}L_{yy}}=\frac{\left(\sum\limits_{\alpha=1}^{n}(x_{\alpha}-\bar{x})(y_{\alpha}-\bar{y})\right)^{2}}{\sum\limits_{\alpha=1}^{n}(x_{\alpha}-\bar{x})^{2}\cdot\sum\limits_{\alpha=1}^{n}(y_{\alpha}-\bar{y})^{2}},$$

它就是一元统计分析中相关系数 R 的平方 R^2,而在一元统计分析中,大家都熟知统计量

$$\frac{R^{2}}{1-R^{2}}$$

是和 F 统计量等价的,而(3.6)式此时就变成

$$(n-2)^{-1}T^{2}=\frac{L_{xy}L_{yy}^{-1}L_{yx}}{L_{xx}-L_{xy}L_{yy}^{-1}L_{yx}}$$

$$=\frac{(L_{xy}L_{yy}^{-1}L_{yx})/L_{xx}}{1-(L_{xy}L_{yy}^{-1}L_{yx})/L_{xx}}=\frac{R^{2}}{1-R^{2}},$$

它与我们已知的结果是完全相符的.

利用 T^2 统计量,也可以得到关于回归系数向量的置信域.给定置信水平 $1-\alpha$,查 F 表,可得 $F_{\alpha}(p,n-p-1)$ 的值,于是有

$$P\left(\frac{n-p-1}{p}\hat{b}Q^{-1}\hat{b}'L_{xx}\leqslant F_{\alpha}(p,n-p-1)\right)\geqslant 1-\alpha.$$

上式左端给出了关于 $\hat{b}$ 的置信椭球的范围,从置信椭球可以进一步导出关于 $\hat{b}$ 分量的置信区间,有关这些内容在一元统计方差分析书中常可见到,这里就不详细介绍了.

通过这个例子,我们既看到了多元回归与一元的不同,也看到了它们之间的关系,于是就可以来讨论一般情况下对于回归系数的检验.此时考虑模型: $k=k_1+k_2, n>k+1$,

$$\begin{cases} E(Y)=(\underset{1}{\mathbf{1}}\underset{k_1}{X_1})\begin{bmatrix}\beta_0\\B_1\end{bmatrix}+\underset{k_2}{X_2}B_2, \mathrm{rk}(\mathbf{1}\ X_1X_2)=k+1,\\ y_{(1)},\cdots,y_{(n)}\ \text{独立,同协差阵}\ V,\text{正态分布.} \end{cases} \quad (3.7)$$

现在要检验的假设 H_0 是

$$H_0:B_2=O. \quad (3.8)$$

这就是要检验一部分自变量是否对 p 个指标没有作用.

我们知道在(3.7)成立时,记 $C_1=(\mathbf{1}\ X_1), C=(\mathbf{1}X_1X_2)$ 后,就有(3.7)相应的

残差阵

$$Q_\Omega = Y'(I - C(C'C)^{-1}C')Y.$$

当 $H_0 : B_2 = O$ 成立,模型就变为

$$\begin{cases} E(Y) = (\mathbf{1}X_1)\begin{bmatrix}\beta_0 \\ B_1\end{bmatrix}, \mathrm{rk}(\mathbf{1}X_1) = k_1 + 1, \\ y_{(1)}, \cdots, y_{(n)} \text{ 独立,同协差阵 } V, \text{正态分布}. \end{cases} \tag{3.9}$$

(3.9)相应的残差阵

$$Q_{H_0} = Y'(I - C_1(C_1'C_1)^{-1}C_1')Y$$

注意到 $C = (C_1 X_2)$,因此,由四块求逆公式知道

$$(C'C)^{-1} = \begin{bmatrix} C_1'C_1 & C_1'X_2 \\ X_2'C_1 & X_2'X_2 \end{bmatrix}^{-1}$$

$$= \begin{bmatrix} (C_1'C_1)^{-1} & O \\ O & O \end{bmatrix} + \begin{bmatrix} (C_1'C_1)^{-1}C_1'X_2 \\ -I \end{bmatrix} \times D^{-1}(X_2'C_1(C_1'C_1)^{-1} - I),$$

其中 $D = X_2'X_2 - X_2'C_1(C_1'C_1)^{-1}C_1'X_2$. 因此

$$Q_\Omega = Y'\Bigg[I - (C_1 X_2)\Bigg[\begin{bmatrix} (C_1'C_1)^{-1} & O \\ O & O \end{bmatrix}$$

$$+ \begin{bmatrix} (C_1'C_1)^{-1}C_1'X_2 \\ -I \end{bmatrix} D^{-1}(X_2'C_1(C_1'C_1)^{-1} - I)\Bigg]\begin{bmatrix} C_1' \\ X_2' \end{bmatrix}\Bigg]Y$$

$$= Y'[(I - C_1(C_1'C_1)^{-1}C_1')]Y - Y'(I - P_{C_1})X_2 D^{-1}X_2'(I - P_{C_1})Y,$$

其中 $P_{C_1} = C_1(C_1'C_1)^{-1}C_1'$,即为 $\mathscr{L}(C_1)$ 上的投影阵. 因此就得

$$Q_{H_0} - Q_\Omega = Y'(I - P_{C_1})X_2 D^{-1}X_2'(I - P_{C_1})Y. \tag{3.10}$$

另一方面,由公式(2.6)知道

$$\begin{matrix} k_1 + 1 \\ k_2 \end{matrix}\Bigg\{ \begin{bmatrix} \hat\beta_0 \\ \hat B_1 \\ \hat B_2 \end{bmatrix} = (C'C)^{-1}C'Y$$

$$= \begin{bmatrix} (C_1'C_1)^{-1}C_1'Y - (C_1'C_1)^{-1}C_1'X_2 D^{-1}X_2'(I - P_{C_1})Y \\ D^{-1}X_2'(I - P_{C_1})Y \end{bmatrix} \begin{matrix} \Big\}k_1+1 \\ \Big\}k_2 \end{matrix}$$

因此 $\hat B_2 = D^{-1}X_2'(I - P_{C_1})Y$,所以就有

$$Q_{H_0} - Q_\Omega = Y'(I - P_{C_1})X_2 D^{-1}D D^{-1}X_2'(I - P_{C_1})Y$$

$$= \hat B_2' D \hat B_2.$$

总结一下上面算得的结果,就是

$$\begin{cases} Q_\Omega = Y'(I - C(C'C)^{-1}C')Y = L_{yy} - L_{yx}L_{xx}^{-1}L_{xy}, \\ Q_{H_0} - Q_\Omega = \hat{B}_2'(X_2'(I - P_{C_1})X_2)\hat{B}_2. \end{cases} \tag{3.11}$$

于是就有

定理 3.2　在(3.7)的模型假定下

(i) $Q_\Omega \sim W_p(n - k - 1, V)$;

(ii) 在(3.8)的 H_0 成立时,$Q_{H_0} - Q_\Omega \sim W_p(k_2, V)$;

(iii) Q_Ω 与 $Q_{H_0} - Q_\Omega$ 独立.

证明　(i)在定理 3.1 中已经证明.现在来证明(ii)与(iii).由于

$$Q_\Omega = Y'(I - P_C)Y, \quad Q_{H_0} = Y'(I - P_{C_1})Y,$$

$$Q_{H_0} - Q_\Omega = Y'(P_C - P_{C_1})Y,$$

记 $A_1 = (I - P_C), A_2 = P_C - P_{C_1}$,注意到 $\mathscr{L}(C_1) \subset \mathscr{L}(C)$,

因此　　　　　　　　　　$P_C(P_C - P_{C_1}) = P_C - P_{C_1},$

也即　　　　　　　　　　$(I - P_C)(P_C - P_{C_1}) = O,$

于是,由维希特分布的性质知道 $Y'A_1Y$ 与 $Y'A_2Y$ 相互独立.注意到 $P_C - P_{C_1}$ 还是一个投影阵,当 H_0 成立时 $Q_{H_0} - Q_\Omega = \hat{B}_2'X_2'(I - P_{C_1})X_2\hat{B}_2 \sim W_p(k_2, V)$,这是因为 $\text{tr}(P_C - P_{C_1}) = \text{tr}P_C - \text{tr}P_{C_1} = k_2 + k_1 + 1 - (k_1 + 1) = k_2$　♯

我们用最大似然比的方法来导出检验(3.8)的统计量.此时似然函数用矩阵的形式来写,则

(i) 对模型(3.7)是

$$L(Y) = \left(\frac{1}{\sqrt{2\pi}}\right)^{np} |V|^{-\frac{n}{2}}\exp \times \left\{-\frac{1}{2}\text{tr}V^{-1}(Y - C\beta)'(Y - C\beta)\right\},$$

其中

$$\beta = \begin{bmatrix} \beta_0 \\ B_1 \\ B_2 \end{bmatrix}, \quad C = (\mathbf{1}X_1X_2),$$

(ii) 对模型(3.9)是

$$L(Y) = \left(\frac{1}{\sqrt{2\pi}}\right)^{np} |V|^{-\frac{n}{2}}\exp \times \left\{-\frac{1}{2}\text{tr}V^{-1}(Y - C_1\beta_1)'(Y - C_1\beta_1)\right\},$$

其中

$$\beta_1 = \begin{bmatrix} \beta_0 \\ B_1 \end{bmatrix}, \quad C_1 = (\mathbf{1}X_1).$$

很明显,要使 $L(Y)$ 在(3.7)及(3.9)的条件下达到最大值,由最小二乘的性质以及第二章 §4 的讨论可知,此时的 β 就是最小二乘估计 $\hat{\beta}$,V 就是 $\frac{1}{n}Q$.因此

$$\max_{\beta, V} L(Y) = \left(\frac{1}{\sqrt{2\pi}}\right)^{np} |\hat{V}|^{-\frac{n}{2}} \exp\left\{-\frac{n}{2} \mathrm{tr}\, \hat{V}^{-1}\hat{V}\right\}$$

$$= \left(\frac{1}{\sqrt{2\pi}}\right)^{np} |\hat{V}|^{-\frac{n}{2}} e^{-\frac{n}{2}p} = \left(\frac{1}{\sqrt{2\pi}}\right)^{np} \left|\frac{1}{n} Q_\Omega\right|^{-\frac{n}{2}} e^{-\frac{np}{2}},$$

同理有

$$\max_{\beta_1, V} L(Y) = \left(\frac{1}{\sqrt{2\pi}}\right)^{np} \left|\frac{1}{n} Q_{H_0}\right|^{-\frac{n}{2}} e^{-\frac{np}{2}}.$$

因此,最大似然比统计量

$$\lambda = \frac{\max\limits_{\beta_1, V} L(Y)}{\max\limits_{\beta, V} L(Y)} = \frac{|Q_\Omega|^{\frac{n}{2}}}{|Q_{H_0}|^{\frac{n}{2}}} = \left[\frac{|Q_\Omega|}{|Q_\Omega + (Q_{H_0} - Q_\Omega)|}\right]^{\frac{n}{2}},$$

也即等价于

$$U = \frac{|Q_\Omega|}{|Q_\Omega + \hat{B}_2 D \hat{B}_2'|}, \tag{3.12}$$

其中 $D = X_2'(I - P_{C_1})X_2$. U 就是著名的 U 统计量,关于它的分布我们将在第七章和第九章中进一步去讨论. 将(3.12)与第三章定理 3.4 相比较,我们就知道在 H_0 成立时,它就是 $\Lambda(p, n-k-1, k_2)$. 和第三章一样,当 $k_2 = 1$ 时,就可以导出 T^2 统计量,下面来证明这一点.

当 $k_2 = 1$ 时,X_2 就是一个向量 $\underset{(n \times 1)}{x_2}$,$D$ 是一个数 d,而且从 §2 的公式(2.12)知道,记 $B_2 = b_2$ 后,$V(\hat{b}_2') = d^{-1}V$,于是从

$$U = |Q_\Omega| / |Q_\Omega + d\hat{b}_2'\hat{b}_2|$$

及行列式的四块公式,得到

$$\begin{vmatrix} 1 & -d\hat{b}_2 \\ \hat{b}_2' & Q_\Omega \end{vmatrix} = |1|\,|Q_\Omega + d\hat{b}_2'\hat{b}_2| = |Q_\Omega|(1 + d\hat{b}_2 Q_\Omega^{-1}\hat{b}_2'),$$

因此

$$U = \frac{1}{1 + d\hat{b}_2 Q_\Omega^{-1}\hat{b}_2'},$$

注意到 $(n-k-1)^{-1} T^2 = d\hat{b}_2 Q_\Omega^{-1}\hat{b}_2'$,因此 U 与 T^2 是等价的. 这样,我们就得到了在一般的回归模型中,要检验某一个自变量的回归系数向量是否为 0 的统计量,它就是

$$T^2 = (n - k - 1)d\hat{b}_2 Q_\Omega^{-1}\hat{b}_2, \tag{3.13}$$

且有

$$\frac{n - k - p}{(n - k - 1)p} T^2 \sim F(p, n - k - p). \tag{3.14}$$

如果 $k=1$, (3.14)就是例 3.1 中的 T^2. 在下一节, 我们将会看到(3.13)的 T^2 统计量是很有用的.

§4. 逐 步 回 归

现在我们来考虑多元的逐步回归(即多对多的逐步回归), 下面分两部分介绍: (一)是理论及公式; (二)是计算方法. 根据(二)很容易编制相应的程序.

(一)理论　在逐步回归中, 无论是入选自变量还是剔除自变量, 都归结为下面的模型(4.1)与模型(4.2)的关系. 因此, 我们先详细讨论模型(4.1)与(4.2)的关系式, 然后再看它们如何用于逐步回归.

设 k 个自变量 $x_1, \cdots, x_k$ 与 p 个因变量 $y_1, \cdots, y_p$ 之间有关系式(用资料矩阵写出)

$$
\begin{cases}
E(\underset{n\times p}{Y}) = (\underset{1}{\mathbf{1}}\ \underset{k}{X})\begin{bmatrix}\beta_0\\B\end{bmatrix}, \mathrm{rk}(\mathbf{1}\ X) = k+1, \\
y_{(1)}, \cdots, y_{(n)} \text{ 独立, 同协差阵 } V, \text{正态分布}.
\end{cases} \tag{4.1}
$$

如果增添一个自变量 u, 相应的资料是向量 $\underset{n\times 1}{u}$, 于是模型就变成

$$
\begin{cases}
E(\underset{n\times p}{Y}) = (\underset{1}{\mathbf{1}}\ \underset{k}{X}\ \underset{1}{u})\begin{bmatrix}\beta_0\\B\\b_u\end{bmatrix}, \mathrm{rk}(\mathbf{1}\ Xu) = k+2, \\
y_{(1)}, \cdots, y_{(n)} \text{ 独立, 同协差阵 } V, \text{正态分布}.
\end{cases} \tag{4.2}
$$

注意到模型(4.1)与(4.2)的差别仅仅在于自变量的个数不同, 因变量的个数与观测资料均无改变. 我们用 $\hat{\beta}_0, \hat{B}, Q$ 表示模型(4.1)相应的最小二乘估计及残差阵, 用 $\hat{\beta}_0(u), \hat{B}(u), Q(u)$ 表示在模型(4.2)中相应的 β_0, B 的最小二乘估计与残差阵, 在(4.2)中还多一个 b_u 的最小二乘估计 $\hat{b}_u$. 现在来导出 $\hat{\beta}_0, \hat{B}, Q$ 与 $\hat{\beta}_0(u)$, $\hat{B}(u), Q(u), \hat{b}_u$ 的关系式. 为了方便, 我们还是引用记号 L_{xx}, L_{xy}, L_{yy} 等, 再记

$$
L_{uu} = u'\left(I - \frac{1}{n}J\right)u, \quad L_{ux} = u'\left(I - \frac{1}{n}J\right)X,
$$
$$
L_{uy} = u'\left(I - \frac{1}{n}J\right)Y,
$$

且

$$
L_{ux} = L'_{xu}, \quad L_{uy} = L'_{yu}.
$$

令 $C = (\mathbf{1}X), C_u = (C\ u)$, 因此由四块求逆公式, 得

$$
(C'_u C_u)^{-1} = \begin{pmatrix} C'C & C'u \\ u'C & u'u \end{pmatrix}^{-1}
$$

$$= \begin{bmatrix} (C'C)^{-1} & O \\ \boldsymbol{O} & \boldsymbol{O} \end{bmatrix} + \begin{bmatrix} (C'C)^{-1}C'u \\ -I \end{bmatrix} d^{-1}(u'C(C'C)^{-1} - I),$$

其中

$$d = u'u - u'C(C'C)^{-1}C'u.$$

注意到 $C = (\mathbf{1}\ X)$，对 $C'C$ 用四块求逆公式，如同上两节我们常用的方法一样，就可以知道

$$d = L_{uu} - L_{ux}L_{xx}^{-1}L_{xu}.$$

于是有

定理 4.1

$$\begin{cases} \hat{b}_u = d^{-1}(L_{uy} - L_{ux}L_{xx}^{-1}L_{xy}), \\ \hat{B}(u) = \hat{B} - L_{xx}^{-1}L_{xu}\hat{b}_u, \\ \hat{\beta}_0(u) = \bar{y}' - \bar{x}'\hat{B}(u) - \bar{u}\hat{b}_u, \end{cases} \tag{4.3}$$

其中

$$\bar{y} = \frac{1}{n}Y'\mathbf{1}, \quad \bar{x} = \frac{1}{n}X'\mathbf{1}, \quad \bar{u} = \frac{1}{n}u'\mathbf{1}.$$

证明 由于

$$\begin{bmatrix} \hat{\beta}_0(u) \\ \hat{B}(u) \\ \hat{b}_u \end{bmatrix} = (C_u'C_u)^{-1}C_u'Y = \begin{pmatrix} C'C & C'u \\ u'C & u'u \end{pmatrix}^{-1} \begin{pmatrix} C'Y \\ u'Y \end{pmatrix}$$

$$= \begin{bmatrix} (C'C)^{-1}C'Y \\ O \end{bmatrix} + \begin{bmatrix} (C'C)^{-1}C'u \\ -I \end{bmatrix} \times d^{-1}(u'C(C'C)^{-1}C'Y - u'Y),$$

而 $\begin{bmatrix} \hat{\beta}_0 \\ \hat{B} \end{bmatrix} = (C'C)^{-1}C'Y, u'C(C'C)^{-1}C'Y - u'Y = u'(P_C - I)Y$，和 (2.10) 中的 Q 相仿，可以证得 $u'(P_C - I)Y = L_{ux}L_{xx}^{-1} \cdot L_{xy} - L_{uy}$，因此就得

$$\hat{b}_u = d^{-1}(L_{uy} - L_{ux}L_{xx}^{-1}L_{xy}).$$

再注意到 $(C'C)^{-1}C'Y$ 与 $(C'C)^{-1}C'u$ 的差别只在于将 Y 换成 u，因此，就有

$$\begin{bmatrix} \hat{\beta}_0(u) \\ \hat{B}(u) \end{bmatrix} = (C'C)^{-1}C'Y + (C'C)^{-1}C'u(-\hat{b}_u)$$

$$= \begin{bmatrix} \hat{\beta}_0 \\ \hat{B} \end{bmatrix} + \begin{bmatrix} \bar{u} - \bar{x}'L_{xx}^{-1}L_{xu} \\ L_{xx}^{-1}L_{xu} \end{bmatrix}(-\hat{b}_u)$$

$$= \begin{bmatrix} \bar{y}' - \bar{x}'\hat{B}(u) - \bar{u}\hat{b}_u \\ \hat{B} - L_{xx}^{-1}L_{xu}\hat{b}_u \end{bmatrix} \quad \sharp$$

又因为 Q 是 (4.1) 相应的残差阵，$Q(u)$ 是 (4.2) 相应的残差阵，因此就知道 Q 与

$Q(u)$的关系是(见(3.11))

定理 4.2 $$Q(u) = Q - d\hat{b}_u'\hat{b}_u. \tag{4.4}$$

证明　用公式(3.11),此时 $\hat{B}_2 = \hat{b}_u, X_2'(I - P_{C_1})X_2 = u'(I - P_{C_1})u = d \sharp$

从上节定理知道,要检验

$$H_0 : b_u = 0 \tag{4.5}$$

是否成立,这时应采用统计量

$$T^2 = \frac{(n - k - 2)}{e_{k+2}'(C_u'C_u)^{-1}e_{k+2}}\hat{b}_u Q^{-1}(u)\hat{b}_u', \tag{4.6}$$

其中

$$e_{k+2} = \left.\begin{pmatrix} 0 \\ \vdots \\ 0 \\ 1 \end{pmatrix}\right\}\begin{matrix} k+1 \\ \\ \\ 1 \end{matrix}.$$

利用四块求逆公式,知道 $e_{k+2}'(C_u'C_u)^{-1}e_{k+2} = d^{-1}$,又因为有求逆公式:

$$(A + xy') = A^{-1} - \frac{A^{-1}xy'A^{-1}}{1 + y'A^{-1}x},$$

于是(4.6)式中的 T^2 可以写成

$$T^2 = d(n - k - 2)\hat{b}_u(Q - d\hat{b}_u'\hat{b}_u)^{-1}\hat{b}_u'$$

$$= d(n - k - 2)\left[\hat{b}_u\left(Q^{-1} + \frac{dQ^{-1}\hat{b}_u'\hat{b}_uQ^{-1}}{1 - d\hat{b}_uQ^{-1}\hat{b}_u'}\right)\hat{b}_u'\right]$$

$$= d(n - k - 2)\hat{b}_uQ^{-1}\hat{b}_u'/(1 - d\hat{b}_uQ^{-1}\hat{b}_u'). \tag{4.7}$$

利用(4.7)式就可以检验 $H_0 : b_x = 0$ 是否成立. 下面我们就用(4.7)来给出多元逐步回归的步骤及其相应的理论依据.

一般地说,我们只须对某一步给出入选变量与剔除变量的办法,就可以得到一般的方法. 假定在某一步,已入选的自变量是$x_1, \cdots, x_r$,待考察的自变量是 $x_{r+1}, \cdots, x_s$,相应的资料矩阵记为

$$X = \begin{array}{c} \overset{x_1 \cdots x_r}{\begin{pmatrix} x_{11} \cdots x_{1r} \\ \vdots \quad \vdots \\ x_{n1} \cdots x_{nr} \end{pmatrix}}, \end{array} \quad \begin{array}{c} \overset{x_{r+1} \quad \cdots \quad x_s}{\begin{pmatrix} x_{1r+1} \end{pmatrix} \cdots \begin{pmatrix} x_{1s} \\ \vdots \\ x_{ns} \end{pmatrix}} \\ \begin{pmatrix} \vdots \\ x_{nr+1} \end{pmatrix} \cdots \end{array}$$

$$Y = \overset{y_1 \cdots y_p}{\begin{pmatrix} y_{11} \cdots y_{1p} \\ \vdots \quad \vdots \\ y_{n1} \cdots y_{np} \end{pmatrix}},$$

如果只考虑 $x_1, \cdots, x_r$ 对 $y_1, \cdots, y_p$ 的回归,就有

$$
\begin{cases}
E(Y) = (\mathbf{1}\ X)\begin{pmatrix} \beta_0 \\ B \end{pmatrix} & \mathrm{rk}(\mathbf{1}\ X) = r+1, \\[2mm]
y_{(1)}, \cdots, y_{(n)}\ \text{独立,同协差阵,正态分布.}
\end{cases}
\tag{4.8}
$$

逐个考察添加 $x_{r+1}, x_{r+2}, \cdots, x_s$ 就相当于把 $x_{r+1}, \cdots, x_s$ 的资料逐个添加在(4.8)式 $E(Y)$ 的右端,例如考察 x_{r+1} 添入后的模型,此时就成为

$$
\begin{cases}
E(Y) = \begin{pmatrix} \mathbf{1} & X & \begin{matrix} x_{1r+1} \\ \vdots \\ x_{nr+1} \end{matrix} \end{pmatrix}\begin{pmatrix} \beta_0 \\ B \\ b_{r+1} \end{pmatrix},\ \mathrm{rk}\begin{pmatrix} \mathbf{1} & X & \begin{matrix} x_{1r+1} \\ \vdots \\ x_{nr+1} \end{matrix} \end{pmatrix} = r+2, \\[4mm]
y_{(1)}, \cdots, y_{(n)}\ \text{独立,同协差阵}\ V,\ \text{正态分布.}
\end{cases}
\tag{4.9}
$$

比较(4.8)与(4.9),就相当于模型(4.1)与(4.2),只是 $k=r$,u 就是 x_{r+1},u 的资料就是向量 $x_{r+1} = (x_{1r+1}, \cdots, x_{nr+1})'$. 因此,很明显,要问添加 x_{r+1} 后对回归方程是否有影响,也就是检验(4.9)中的 $H_0: b_{r+1} = 0$ 是否成立,因此,此时应使用统计量(参看(4.7))

$$
T^2 = (n-r-2)\frac{d\hat{b}_{r+1}Q^{-1}\hat{b}'_{r+1}}{1 - d\hat{b}_{r+1}Q^{-1}\hat{b}'_{r+1}},
$$

其中

$$
d = x'_{r+1}\left(I - \frac{1}{n}J\right)x_{r+1} - x'_{r+1}\left(I - \frac{1}{n}J\right)XL_{xx}^{-1}X'\left(I - \frac{1}{n}J\right)x_{r+1}.
$$

为了注明上述的 T^2 是检验引进变量 x_{r+1} 是否起作用的,记它为 T^2_{r+1}. 类似地,对 $x_{r+1}, \cdots, x_s$ 中的某一个 x_i,引入它以后是否起作用,就应用统计量

$$
T^2_i = (n-r-2)\frac{d_i\hat{b}_iQ^{-1}\hat{b}'_i}{1 - d_i\hat{b}_iQ^{-1}\hat{b}'_i},
$$

其中

$$
d_i = x'_i\left(I - \frac{1}{n}J\right)x_i - x'_i\left(I - \frac{1}{n}J\right)XL_{xx}^{-1}X'\left(I - \frac{1}{n}J\right)x_i,
$$
$$
x_i = (x_{1i}, x_{2i}, \cdots, x_{ni})', \quad i = r+1, \cdots, s.
$$

因此,应该比较 $T^2_{r+1}, T^2_{r+2}, \cdots, T^2_s$,求出其中最大的,无妨设为 T^2_{r+1}. 然后作检验

$$
\frac{n-p-r-1}{p(n-r-2)}T^2_{r+1} \leqslant F_\alpha(p, n-p-r-1)
\tag{4.10}
$$

是否成立. 若(4.10)成立,则 x_{r+1} 毋需引进,因此,$x_{r+1}, x_{r+2}, \cdots, x_s$ 中都没有可引进的,引入变量的步骤就可中止. 若(4.10)不成立,则 x_{r+1} 引进后是有意义的,因此,就引入 x_{r+1}. 此时将(4.8)中的 X 扩充一列 x_{r+1},将 $X \to (X\ x_{r+1})$,再逐个地考察 $x_{r+2}, \cdots, x_s$ 是否有可引入的,这一过程和刚才的完全类似.

现在来考察剔除变量的检验. 设已入选的变量就是头 $k+1$ 个 $x_1,\cdots,x_{k+1}$, 现在来考察这些已入选的变量中是否有可剔除的. 当然也是逐个考察 $x_1,\cdots,x_{k+1}$, 无妨现在考察第 $k+1$ 个变量是否要剔除, 将 $x_1,\cdots,x_{k+1}$ 的资料分别用 $x_1,\cdots,x_{k+1}$ 表示, 此时模型为

$$
\begin{cases}
E(Y) = (\mathbf{1}\ x_1 x_2 \cdots x_k x_{k+1})\begin{pmatrix} \beta_0 \\ B \\ b_{k+1} \end{pmatrix}, \mathrm{rk}(\mathbf{1}\ x_1 \cdots x_{k+1}) = k+2, \\
y_{(1)},\cdots,y_{(n)}\ \text{相互独立,同协差阵}\ V,\ \text{正态分布.}
\end{cases}
\tag{4.11}
$$

要检验的假设是

$$
H_0: b_{k+1} = 0 \tag{4.12}
$$

是否成立(即 x_{k+1} 是否应该剔除), 将 $(x_1 \cdots x_k)$ 记成 X, x_{k+1} 看作 u, (4.11) 就是

$$
\begin{cases}
E(Y) = (\underset{1}{\mathbf{1}}\ \underset{k}{X}\ \underset{1}{u})\begin{pmatrix} \beta_0 \\ B \\ b_{k+1} \end{pmatrix}, \quad \mathrm{rk}(\mathbf{1}\ X\ u) = k+2, \\
y_{(1)},\cdots,y_{(n)}\ \text{独立,同协差阵}\ V,\ \text{正态分布.}
\end{cases}
\tag{4.13}
$$

要检验 $H_0: b_{k+1} = 0$. 这是我们在 §3 中讨论过的问题, 知道用统计量

$$
T^2 = (n-k-2)d\hat{b}_{k+1}Q^{-1}\hat{b}'_{k+1},
$$

其中

$$
d = L_{uu} - L_{ux}L_{xx}^{-1}L_{xu},
$$

来作检验, 为了注明上述 T^2 是与自变量 x_{k+1} 相应的, 记为 T_{k+1}^2, 于是 $x_1,\cdots,x_{k+1}$ 分别相应的

$$
T_i^2 = (n-k-2)d\hat{b}_iQ^{-1}\hat{b}'_i,
$$

其中

$$
d_i = x_i'\left(I - \frac{1}{n}J\right)x_i - x_i'\left(I - \frac{1}{n}J\right)X_i\left(X_i'\left(I - \frac{1}{n}J\right)X_i\right)^{-1} \times X_i'\left(I - \frac{1}{n}J\right)x_i,
$$

$$
\underset{n\times k}{X_i} = (x_1 x_2 \cdots x_{i-1} x_{i+1} \cdots x_{k+1}), i = 1,2,\cdots,k+1.
$$

$\hat{b}_i$ 与 Q 是相应于模型 (4.13) 中 x_i 的回归系数的估计量与残差阵. 此时应比较 T_i^2, $i=1,2,\cdots,k+1$, 求其中最小的, 无妨设为 T_{k+1}^2, 将 T_{k+1}^2 的值作 F 检验, 看

$$
\frac{n-p-k-1}{p(n-k-2)}T_{k+1}^2 \leqslant F_\alpha(p, n-p-k-1)
$$

是否成立. 如果上述不等号成立, 表明 x_{k+1} 是不显著的, 它可以剔除, 剔除后对剩下的这些变量 $x_1,\cdots,x_k$ 继续考察是否还有可剔除的, 直到没有可剔除的才转入考察是否有可入选的; 如果上述不等号不成立, 表明 $x_1,\cdots,x_{k+1}$ 中没有一个自变量可以剔除(因为 T_i^2 实际上反映了自变量 x_i 与 $x_1,\cdots,x_{i-1},x_{i+1},\cdots,x_{k+1}$ 搭配时的作用,

如果作用最小的也是显著的,当然其他的就更显著了),这时就转入考察是否有可入选的.

这样直到既没有可剔除的又没有可入选的为止,选择自变量的步骤就可结束,就进入计算回归系数,给出估计值等步骤,这就是通常回归分析中的计算了.有关的理论根据和公式就介绍到这里,下面谈一谈算法,希望读者在看算法以前,最好把第一章§9中的(i,j)消去变换先看一下,这里用的就是(i,i)消去变换.

(二)算法   设有 m 个自变量,p 个因变量,相应的资料矩阵是

$$
\underset{n\times m}{X} = \begin{pmatrix} x_{11} & x_{12} & \cdots & x_{1m} \\ x_{21} & x_{22} & \cdots & x_{2m} \\ \vdots & \vdots & & \vdots \\ x_{n1} & x_{n2} & \cdots & x_{nm} \end{pmatrix}, \quad Y = \begin{pmatrix} y_{11} & y_{12} & \cdots & y_{1p} \\ y_{21} & y_{22} & \cdots & y_{2p} \\ \vdots & \vdots & & \vdots \\ y_{n1} & y_{n2} & \cdots & y_{np} \end{pmatrix},
$$

第一步.(资料是否要标准化,看具体问题而定,因此,这一步可用可不用)将资料标准化.

通常有两种标准化的方法:

(i) 将

$$
x_{ij} \to x_{ij}' = \frac{x_{ij} - \min\limits_{1\leqslant i\leqslant n} x_{ij}}{\max\limits_{1\leqslant i\leqslant n} x_{ij} - \min\limits_{1\leqslant i\leqslant n} x_{ij}}, \quad \begin{matrix} i = 1,2,\cdots,n, \\ j = 1,2,\cdots,m. \end{matrix}
$$

很明显,x_{ij}'具有性质$0\leqslant x_{ij}'\leqslant 1$, $i=1,2,\cdots,n, j=1,2,\cdots,m$.

(ii) 将

$$
x_{ij} \to x_{ij}' = \frac{x_{ij} - \bar{x}_j}{\sqrt{\sum\limits_{i=1}^{n} (x_{ij} - \bar{x}_j)^2}}, \quad \begin{matrix} i = 1,2,\cdots,n, \\ j = 1,2,\cdots,m, \end{matrix}
$$

其中

$$
\bar{x}_j = \frac{1}{n} \sum_{a=1}^{n} x_{aj}, \quad j = 1,2,\cdots,m.
$$

很明显,此时有 $\sum\limits_{i=1}^{n} x_{ij}' = 0, \sum\limits_{i=1}^{n} (x_{ij}')^2 = 1, j = 1,2,\cdots,m$.

经过(i)或(ii),将矩阵 X 中的元素 x_{ij} 变为 x_{ij}'.同样地,将矩阵 Y 中的元素也用(i)或(ii)方法标准化.

以下我们假定 X,Y 中的资料都已标准化,为了简化符号,仍用 x_{ij},y_{ij} 分别表示X,Y 中的元素,请读者注意.

第二步.计算矩阵 L.

先算 $\bar{x}_j = \dfrac{1}{n} \sum\limits_{a=1}^{n} x_{aj}, \quad j = 1,2,\cdots,m,$

$$\bar{y}_j = \frac{1}{n} \sum_{\alpha=1}^{n} y_{\alpha j}, \quad j = 1, 2, \cdots, p.$$

令

$$l_{ij} = \sum_{\alpha=1}^{n} (x_{\alpha i} - \bar{x}_i)(x_{\alpha j} - \bar{x}_j), i, j = 1, 2, \cdots, m,$$

$$l_{i, j+m} = \sum_{\alpha=1}^{n} (x_{\alpha i} - \bar{x}_i)(y_{\alpha j} - \bar{y}_j), i = 1, 2, \cdots, m, j = 1, 2, \cdots, p,$$

$$l_{j+m, i} = l_{i, j+m}, i = 1, 2, \cdots, m, j = 1, 2, \cdots, p,$$

$$l_{i+m, j+m} = \sum_{\alpha=1}^{n} (y_{\alpha i} - \bar{y}_i)(y_{\alpha j} - \bar{y}_j), i, j = 1, 2, \cdots, p.$$

于是得

$$\underset{(m+p)\times(m+p)}{L} = (l_{ij}) = \begin{bmatrix} L_{xx} & L_{xy} \\ L_{yx} & L_{yy} \end{bmatrix},$$

这里 $L_{xx} = X'\left(I - \frac{1}{n}J\right)X, L_{xy} = L'_{yx} = X'\left(I - \frac{1}{n}J\right)Y, L_{yy} = Y'\left(I - \frac{1}{n}J\right)Y$, 和以前的记号用法是一致的.

第三步. 逐个考察引入自变量 x_i 后相应的 T_i^2 的值. 此时 $d_i = l_{ii}, \hat{b}_i = d_i^{-1} l_{iy}$, 其中

$$l_{iy} = (l_{i, m+1} l_{i, m+2} \cdots l_{i, m+p}) = l'_{yi},$$

所以

$$T_i^2 = \frac{(n-2) l_{iy} L_{yy}^{-1} l_{yi}}{l_{ii} - l_{iy} L_{yy}^{-1} l_{yi}}, \quad i = 1, 2, \cdots, m. \tag{4.14}$$

比较 $T_1^2, \cdots, T_m^2$ 找出最大的, 设为 $T_{i_1}^2$, 则

$$\frac{n-p-1}{(n-2)p} T_{i_1}^2 \sim F(p, n-p-1).$$

选定二个常数 $F_进$ 及 $F_出$, 它们分别表示对入选变量和剔除变量的 F 临界值. 如果 $\frac{n-p-1}{(n-2)p} T_{i_1}^2 \leqslant F_进$, 就停止筛选, 因为没有可进的变量; 如果 $\frac{n-p-1}{(n-2)p} T_{i_1}^2 > F_进$, 就入选变量 x_{i_1}, 也即对矩阵 L 作 (i_1, i_1) 消去变换, 将 L 变成 $L^{(1)}$, $L^{(1)}$ 中的元素用 $l_{ij}^{(1)}$ 来表示, 此时有

$$l_{ij}^{(1)} = \begin{cases} 1/l_{i_1 i_1}, & i = j = i_1, \\ -l_{ij}/l_{i_1 i_1}, & i \neq i_1, j = i_1, \\ l_{ij}/l_{i_1 i_1}, & i = i_1, j \neq i_1, \\ l_{ij} - l_{ii_1} l_{i_1 j}/l_{i_1 i_1}, & i \neq i_1, j \neq i_1. \end{cases} \tag{4.15}$$

于是 $L^{(1)}$ 也可以写成四块, 即

$$L^{(1)} = \begin{bmatrix} L_{xx}^{(1)} & L_{xy}^{(1)} \\ L_{yx}^{(1)} & L_{yy}^{(1)} \end{bmatrix}.$$

从 (i,j) 消去法的性质知道, 此时 $l_{iy}^{(1)} = (l_{i,m+1}^{(1)} \cdots l_{i,p+m}^{(1)})$, 与 $l_{yi}^{(1)} = (l_{m+1,i} \cdots l_{p+m,i})'$ 具有性质:

(i) 如果 x_i 是入选变量, 则 $l_{iy}^{(1)} = -l_{yi}^{(1)}$;

(ii) 如果 x_i 是未入选变量, 则 $l_{iy}^{(1)} = l_{yi}^{(1)}$. 且此时 $L_{yy}^{(1)}$ 就是相应于考虑入选变量的回归模型中的残差阵, 当 x_i 已入选时, $L_{iy}^{(1)}$ 就是相应于 x_i 的回归系数, 这些性质都是应该注意的. 下面我们在一般步骤中还要再一次来说明它.

第四步. 一般地说, 如果已入选的变量是 $x_1, \cdots, x_r$, 此时要考察 $x_{r+1}, \cdots, x_m$ 中是否还有可以入选的. 从 (i,j) 消去变换的性质可知, 无论在此之前有多少次入选与剔除的过程. 实际上它相当于对 L 作了 $(1,1), (2,2), \cdots, (r,r)$ 这 r 次消去变换, 因此由消去变换的性质可知, 此时的 $L^{(k)}$ 与最初出发的 L 有如下的关系式: 记

$$L = \begin{bmatrix} L_{xx} & L_{xy} \\ L_{yx} & L_{yy} \end{bmatrix} = \begin{matrix} \begin{bmatrix} L_{xx}(1,1) & L_{xx}(1,2) & L_{xy}(1) \\ L_{xx}(2,1) & L_{xx}(2,2) & L_{xy}(2) \\ L_{yx}(1) & L_{yx}(2) & L_{yy} \end{bmatrix} & \begin{matrix} r \\ m-r \\ p \end{matrix} \\ \begin{matrix} \;\; r \quad\quad\; m-r \quad\quad p \end{matrix} & \end{matrix},$$

因此, 对 L 连续施行 $(1,1), (2,2), \cdots, (r,r)$ 消去变换后, 得到的 $L^{(k)}$ 就是

$$L^{(k)} = \begin{bmatrix} L_{xx}^{-1}(1,1) & L_{xx}^{-1}(1,1)L_{xx}(1,2) \\ -L_{xx}(2,1)L_{xx}^{-1}(1,1) & L_{xx}(2,2) - L_{xx}(2,1)L_{xx}^{-1}(1,1)L_{xx}(1,2) \\ -L_{yx}(1)L_{xx}^{-1}(1,1) & L_{yx}(2) - L_{xx}(2,1)L_{xx}^{-1}(1,1)L_{xx}(1,2) \end{bmatrix}$$

$$\begin{bmatrix} L_{xx}^{-1}(1,1)L_{xy}(1) \\ L_{xy}(2) - L_{xx}(2,1)L_{xx}^{-1}(1,1)L_{xy}(1) \\ L_{yy} - L_{yx}(1)L_{xx}^{-1}(1,1)L_{xy}(1) \end{bmatrix}$$

$$\triangleq \begin{bmatrix} L_{11}^{(k)} & L_{12}^{(k)} & L_{13}^{(k)} \\ L_{21}^{(k)} & L_{22}^{(k)} & L_{23}^{(k)} \\ L_{31}^{(k)} & L_{32}^{(k)} & L_{33}^{(k)} \end{bmatrix},$$

可以看出相应于入选变量 $x_1, \cdots, x_r$ 的回归模型 (4.8),

$$L_{13}^{(k)} = L_{xx}^{-1}(1,1)L_{xy}(1) = \hat{B},$$
$$L_{33}^{(k)} = L_{yy} - L_{yx}(1)L_{xx}^{-1}(1,1)L_{xy}(1) = Q.$$

实际上 $L_{12}^{(k)}, L_{22}^{(k)}, L_{23}^{(k)}$ 都是有统计意义的, 这些在下一章关于广义相关系数的讨论中会看得更清楚. 而且很明显, 对未入选的变量 $x_{r+1}, \cdots, x_m$ 来说, $L^{(k)}$ 中的主对角元素 $l_{ii}^{(k)}, i = r+1, \cdots, m$, 正好是 T_i^2 中的 d_i, 再利用公式 (4.3) $\hat{b}_u$ 的表达式, 就

知道 T_i^2 中的

$$\hat{b}_i = l_{iy}^{(k)} d_i^{-1} = l_{iy}^{(k)} (l_{ii}^{(k)})^{-1}.$$

因此,从理论部分(一)知道

$$T_i^2 = (n - r - 2) \frac{d_i \hat{b}_i Q^{-1} \hat{b}_i'}{1 - d_i \hat{b}_i Q^{-1} \hat{b}_i'}$$

$$= (n - r - 2) \frac{l_{ii}^{(k)} (l_{iy}^{(k)} Q^{-1} l_{yi}^{(k)})(l_{ii}^{(k)})^{-2}}{1 - l_{ii}^{(k)} (l_{iy}^{(k)} Q^{-1} l_{yi}^{(k)})(l_{ii}^{(k)})^{-2}}$$

$$= (n - r - 2) \frac{l_{iy}^{(k)} L_{yy}^{(k)-1} l_{yi}^{(k)}}{l_{ii}^{(k)} - l_{iy}^{(k)} L_{yy}^{(k)-1} l_{yi}^{(k)}}, \tag{4.16}$$

T_i^2 的右边均为 $L^{(k)}$ 阵中的元素.将(4.16)与(4.14)进行比较,可见形式上是完全一样的,只是前面乘的常数不同,但也是一致的,常数$(n - r - 2)$就是 $n - 2$ 再减去入选变量的个数,刚开始时,入选变量的个数 $r = 0$,因此是$(n - 2)$.当有 r 个自变量已入选时,就要乘$(n - r - 2)$.在(4.16)的分子中,只有 x_i 未入选时,$l_{iy}^{(k)} = l_{yi}^{(k)'}$,因此分子是一个正数,而当 x_i 入选后,$l_{iy}^{(k)} = - l_{yi}^{(k)'}$,分子是一个负数.对 $i = r + 1$, $r + 2, \cdots, m$ 逐个比较,找出最大的,设为 T_j^2,即

$$T_j^2 = \max_{r+1 \leqslant i \leqslant n} T_i^2,$$

看

$$\frac{(n - p - r - 1)}{p(n - r - 2)} T_j^2 \leqslant F_{进}$$

是否成立.若不成立,就入选 x_j,对 $L^{(k)}$ 阵作(j, j)消去变换,将 $L^{(k)} \rightarrow L^{(k+1)}$,然后转入剔除变量的步骤(第五步);若不等式成立,就停止筛选,转入打印各种结果的步骤(第六步).

　　第五步.一般地说,如果已入选的变量是 $x_1, \cdots, x_{k+1}$,相应的 L 阵记为$L^{(t)}$,现在来考察 $x_1, \cdots, x_{k+1}$ 中是否有可剔除的.此时将 $L^{(t)}$ 阵分块

$$L^{(t)} = \begin{bmatrix} L_{11}^{(t)} & L_{12}^{(t)} & L_{13}^{(t)} \\ L_{21}^{(t)} & L_{22}^{(t)} & L_{23}^{(t)} \\ L_{31}^{(t)} & L_{32}^{(t)} & L_{33}^{(t)} \end{bmatrix} \begin{matrix} k+1 \\ m-k-1, \\ p \end{matrix}$$
$$\quad\quad\quad k+1 \quad m-k-1 \quad p$$

实际上与 $x_1, \cdots, x_{k+1}, y_1, \cdots, y_p$ 有关的只是 $L^{(t)}$ 中的四个子块,即子阵

$$\begin{bmatrix} L_{11}^{(t)} & L_{13}^{(t)} \\ L_{31}^{(t)} & L_{33}^{(t)} \end{bmatrix} \begin{matrix} k+1 \\ p \end{matrix} \tag{4.17}$$
$$\quad\quad k+1 \quad p$$

　　由于 $x_1, \cdots, x_{k+1}$ 都是已入选的,从上面的关于入选变量的讨论可知,(4.17)中的四块是与模型

$$\begin{cases} E(Y) = (\mathbf{1}\ X)_{k+1} \begin{pmatrix} \beta_0 \\ B \end{pmatrix}_{k+1}^{1}, & \mathrm{rk}(\mathbf{1}\ X) = k+2, \\ y_{(1)}, \cdots, y_{(n)} \text{ 独立,同协差阵 } V, \text{正态分布} \end{cases}$$

相应的估计量 $\hat{B}$,残差阵 Q 及 X 相应的 L_{xx} 有关,(4.17)的矩阵也就是

$$\begin{pmatrix} L_{xx}^{-1} & L_{xx}^{-1}L_{xy} \\ -L_{yx}L_{xx}^{-1} & L_{yy}-L_{yx}L_{xx}^{-1}L_{xy} \end{pmatrix} = \begin{pmatrix} L_{xx}^{-1} & \hat{B} \\ -\hat{B} & Q \end{pmatrix},$$

因此,入选变量 x_i 相应的回归系数的估计 $\hat{b}_i$,就是 $L_{13}^{(t)}$ 中的第 i 行,用以前的记法,就是 $l_{iy}^{(t)}$,而 d_i 正好是 L_{xx}^{-1} 中第 (i,i) 元素的逆,也即 $d_i - 1/l_{ii}^{(t)}$. 因此检验 $x_i (1 \leqslant i \leqslant k+1)$ 是否应剔除的统计量

$$T_i^2 = (n-k-2) \frac{(-1)l_{iy}^{(t)}(L_{yy}^{(t)})^{-1}l_{yi}}{l_{ii}^{(t)}},$$

这里乘一个 (-1) 是因为 $l_{iy}^{(t)} = -l_{yi}^{(t)\prime}$. 比较 $T_1^2, \cdots, T_{k+1}^2$,求出其中最小的,设为 T_i^2,即

$$T_i^2 = \min_{1 \leqslant j \leqslant k+1} T_j^2,$$

作检验,看

$$\frac{n-p-k-1}{p(n-k-2)} T_i^2 \leqslant F_{\text{出}}$$

是否成立. 如果不成立,就没有可剔除的自变量,就不剔除,转回第四步,考察是否还有可进的;如果不等式成立,就表明 x_i 应剔除,此时对 $L^{(t)}$ 作 (i,i) 消去变换,将 $L^{(t)}$ 变成 $L^{(t+1)}$,再回到第五步开始的情况,再继续考察已入选的自变量中是否还有剔除的.

第六步. 这时既没有再可剔除的,也没有再可入选的,筛选变量的步骤到此结束了,无妨设入选的变量为头 k 个,此时相应的 L 阵为 $L^{(f)}$,于是 $L^{(f)}$ 可以分成九块:

$$\begin{pmatrix} L_{11}^{(f)} & L_{12}^{(f)} & L_{13}^{(f)} \\ L_{21}^{(f)} & L_{22}^{(f)} & L_{23}^{(f)} \\ L_{31}^{(f)} & L_{32}^{(f)} & L_{33}^{(f)} \end{pmatrix} \begin{matrix} k \\ m-k \\ p \end{matrix}.$$
$$\underset{x_1 \cdots x_k}{k} \quad \underset{x_{k+1} \cdots x_m}{m-k} \quad \underset{y_1 \cdots y_p}{p}$$

很明显,从上面的讨论已知

$$\hat{B}_{k \times p} = L_{13}^{(f)},$$

利用公式(2.9)就得

$$\hat{\beta}_0 = \bar{y}' - \bar{x}'\hat{B},$$

其中 $\bar{x}$ 是 $x_1, \cdots, x_k$ 相应的资料矩阵所得的均值向量. 因此预报方程就是

$$\begin{bmatrix} \hat{y}_1 \\ \vdots \\ \hat{y}_p \end{bmatrix} = \hat{B}'_{p \times k} \begin{bmatrix} x_1 \\ x_2 \\ \vdots \\ x_k \end{bmatrix} + \hat{\beta}'_0 ,$$

在所用的资料点上,相应的预报值 $\hat{Y}$ 由

$$\hat{Y} = (\mathbf{1}\ \underset{k}{X}) \begin{bmatrix} \hat{\beta}_0 \\ \hat{B} \end{bmatrix}$$

给出,其中 $\underset{n \times k}{X} = \begin{bmatrix} x_{11} \cdots x_{1k} \\ x_{21} \cdots x_{2k} \\ \vdots \qquad \vdots \\ x_{n1} \cdots x_{nk} \end{bmatrix}$,即头 k 个自变量的资料阵.

逐步回归的全部计算过程就是这些,如果 $p=1$,不难看出,这就是我们熟悉的通常使用的逐步回归的算法.

§5. 双重筛选逐步回归

多指标(多预报量)的逐步回归比起单指标的逐步回归有了一些改进,然而它也有本身的弱点.考察自变量 $x_1,\cdots,x_k$ 对因变量 $y_1,\cdots,y_p$ 的回归时,如果 x_1 只对 y_1 有影响,对其余的 $y_2,\cdots,y_p$ 没有什么影响,那么在作 T^2 检验时,很可能就不显著,这样,通过筛选的步骤后,就比较容易被淘汰掉.实际情况可以理解为这样的,因变量的一部分与自变量的一部分有较密切的关系,例如无妨设 $y_1,\cdots,y_{p_1}$ 与 $x_1,\cdots,x_{k_1}$ 有较密切的关系,而另一部分因变量 $y_{p_1+1},\cdots,y_{p_2}$ 与 $x_{k_1+1},\cdots,x_{k_2}$ 有较密切的关系,……,如此等等.要注意的是 $y_1,\cdots,y_{p_1}$ 与 $y_{p_1+1},\cdots,y_{p_2}$ 一定不会有共同的变量,然而,对于 $x_1,\cdots,x_{k_1}$ 与 $x_{k_1+1},\cdots,x_{k_2}$,要求它们也无共同的变量就不合理了,因为一个自变量 x_i 可能对许多不同的 y_i 甚至全部的 y_j 都有影响.因此就提出了一个问题,是否有一种逐步的算法,既能依因变量和自变量的关系来将因变量进行分组,又能使每个自变量对各组因变量的影响都能反映出来,这就是双重筛选的逐步回归.我们先介绍有关的公式,其次再说明算法和步骤,最后,再举一个计算的实例.

考虑模型(以下总假定相应的 C 阵满秩):

$$\begin{cases} \underset{n \times p}{E(Y)} = (\mathbf{1}\ \underset{m}{X}) \begin{bmatrix} \beta_0 \\ \beta \end{bmatrix}_m^1 , \\ Y \text{ 的各行独立,同协差阵 } V, \text{正态分布.} \end{cases} \tag{5.1}$$

从前面 §2,(2.9)得

$$\begin{cases} \hat{\beta}_0 = \bar{y}' - \bar{x}'\hat{\beta}, \\ \hat{\beta} = L_{xx}^{-1}L_{xy}, \\ L_{yy}(C) \triangleq L_{yy} - L_{yx}L_{xx}^{-}L_{xy} \ \text{就是残差阵}. \end{cases} \tag{5.2}$$

从广义相关系数的讨论中,我们可知,统计量

$$U = \big| L_{yy}(C) \big| \big/ \big| L_{yy} \big|$$

反映了 $x_1, \cdots, x_m$ 与 $y_1, \cdots, y_p$ 之间的线性关系是否密切, $\big| L_{yy}(C) \big| \big/ \big| L_{yy} \big|$ 的值越小, $x_1, \cdots, x_m$ 与 $y_1, \cdots, y_p$ 之间相关的程度就越高.虽然已知 U 的精确分布,然而为了方便,用它的渐近分布,

$$- k\ln U \sim \chi^2(mp),$$

其中

$$k = n - 1 - \frac{p + m + 1}{2}.$$

要检验添加或剔除自变量 x_{m+1} 后,是否对回归预报有影响,只需考察模型(5.1)与下面模型(5.3)的关系:

$$\begin{cases} E(Y) = (\mathbf{1} \ X \ u) \begin{pmatrix} \beta_0 \\ \beta \\ \beta_u \end{pmatrix}, \\ Y \ \text{的各行独立,同协差阵} \ V, \text{正态分布}. \end{cases} \tag{5.3}$$

相应的公式见§4.为了要考虑对预报量的筛选,需要考虑模型(5.1)与下面模型(5.4)的关系:

$$\begin{cases} E(\underset{p}{Y} \ \ \underset{1}{z}) = (\underset{1}{\mathbf{1}} \ \underset{m}{X}) \begin{bmatrix} \beta_{0*} \\ \beta_* \\ {}_{p+1} \end{bmatrix}^1_m, \\ (Y \ z) \ \text{的各行独立,同协差阵} \ V^*, \text{正态分布}, \end{cases} \tag{5.4}$$

其中

$$V^* = \begin{bmatrix} V & v_{12} \\ v_{21} & v_{22} \end{bmatrix},$$

而 V 为(5.1)中的阵.

相应的递推公式,利用第七章§4的(4.11)便可算出(沿前面用的记号,令 $\bar{z}$ 表示 $\frac{1}{n}\mathbf{1}'z, L_{zz}, L_{zx}, L_{zy}, L_{yy}, \cdots$ 等符号的意义和前面一样,就得下面的公式):

$$
\begin{cases}
\hat{\beta}_{0*} = \left(\dfrac{\bar{y}}{\bar{z}}\right)' - \bar{x}'\hat{\beta}_*, \\[2mm]
\hat{\beta}_* = L_{xx}^{-1}(L_{xy}\quad L_{xz}), \\[2mm]
Q_* = \begin{pmatrix} L_{yy} - L_{yx}L_{xx}^{-1}L_{xy} & L_{yz} - L_{yx}L_{xx}^{-1}L_{xz} \\[1mm] L_{zy} - L_{zx}L_{xx}^{-1}L_{xy} & L_{zz} - L_{zx}L_{xx}^{-1}L_{xz} \end{pmatrix},
\end{cases} \tag{5.5}
$$

记

$$
U_* = 1 - \frac{L_{zz}(x,y)}{L_{zz}(y)},
$$

则有

$$
\frac{n-p-m-1}{m} \cdot \frac{U_*}{1-U_*} \sim F(m, n-p-m-1),
$$

用它可以来考察筛选预报量 y_{p+1} 的资料 z 引入后是否对回归方程有显著的影响.

只要有了公式(5.5)及逐步回归中的递推公式,其余的方法和§4大同小异,因此我们对算法只给以简短的说明.

算法:

1. 设全部自变量(因子)为 $x_1, \cdots, x_m$,因变量(预报量)为 $x_{m+1}, \cdots, x_{m+p}$,共有 n 次观测数据,于是资料矩阵为 $\underset{n\times(m+p)}{X} = (x_{ij})$.

2. 建立 L 阵:(这里用相关阵,也即考虑标准化的变量)

$$
\underset{(m+p)\times(m+p)}{L} = (l_{ij}), \quad 记 S_1 = S_2 = L,
$$

其中

$$
l_{ij} = \sum_{\alpha=1}^{n} (x_{\alpha i} - \bar{x}_i)(x_{\alpha j} - \bar{x}_j) \Big/ \Big(\sum_{\alpha=1}^{n} (x_{\alpha i} - \bar{x}_i)^2 \cdot \sum_{\alpha=1}^{n} (x_{\alpha j} - \bar{x}_j)^2 \Big)^{\frac{1}{2}},
$$

$$
\bar{x} = \begin{pmatrix} \bar{x}_1 \\ \vdots \\ \bar{x}_{m+p} \end{pmatrix} = \frac{1}{n} X'\mathbf{1}.
$$

3. 不妨设已运算到某一步,入选 m_1 个因子,p_1 个预报量,相应的 S_1, S_2 已经过若干次变换,记为 $S_1^{(k)}, S_2^{(k)}$,$S_i^{(k)}$ 中的元素记为 $S_{i,\alpha\beta}^{(k)}$.

(a) 筛选因子.计算

$$
u_i = 1 - S_{2ii}^{(k)}/S_{1ii}^{(k)}, \quad i = 1,2,\cdots,m,
$$

则对已入选的因子有 $u_i < 0$,未入选的因子 $u_i \geqslant 0$.在所有小于 0 的 u_i 中,找一绝对值最小的,设为 u_{i_1}.如果对给定的值 $F_{出1}$ 有

$$
\frac{n-p_1-m_1}{p_1}(-u_{i_1}) \leqslant F_{出1},
$$

则剔除自变量 x_{i_1},作变换

$$S_1^{(k)} \xrightarrow{\ (i_1, i_1)\ \text{消去变换}\ } S_1^{(k+1)},$$

$$S_2^{(k)} \xrightarrow{\ (i_1, i_1)\ \text{消去变换}\ } S_2^{(k+1)},$$

还转回第 3 步. 否则就转入选因子, 在所有大于 0 的 u_i 中, 找一最大的设为 u_{i_2}, 如果

$$\frac{n - p_1 - m_1 - 1}{p_1} \frac{u_{i_2}}{1 - u_{i_2}} > F_{\text{进}1},$$

则引入自变量 x_{i_2}, 作变换

$$S_1^{(k)} \xrightarrow{\ (i_2, i_2)\ \text{消去变换}\ } S_1^{(k+1)},$$

$$S_2^{(k)} \xrightarrow{\ (i_2, i_2)\ \text{消去变换}\ } S_2^{(k+1)},$$

转回第 3 步. 否则就转入

(b) 筛选预报量. 计算

$$u_j^* = 1 - S_{2\,m+j\,m+j}^{(k)} / S_{1\,m+j\,m+j}^{(k)}, \quad j = 1, 2, \cdots, p,$$

对入选的预报量 y_j (即 x_{m+j}), $u_j^* < 0$, 对未入选的 $u_j^* \geqslant 0$. 在所有小于 0 的 u_j^* 中找绝对值最小的, 无妨设为 $u_{j_1}^*$, 如果

$$\frac{n - m_1 - p_1}{m_1} (- u_{j_1}^*) \leqslant F_{\text{出}2},$$

则剔除预报量 y_j (即 x_{m+j}), 作变换

$$S_1^{(k)} \xrightarrow{\ (j_1, j_1)\ \text{消去变换}\ } S_1^{(k+1)},$$

$$S_2^{(k)} \xrightarrow{\ (m+j_1, m+j_1)\ \text{消去变换}\ } S_2^{(k+1)},$$

转回第 3 步 (a). 否则考虑 u_j^* 中大于 0 的部分中找出最大的, 无妨设为 $u_{j_2}^*$, 考察

$$\frac{n - m_1 - p_1}{m_1} \frac{u_{j_2}^*}{1 - u_{j_2}^*} > F_{\text{进}2}$$

是否成立, 如成立, 就引入预报量 y_{j_2} (即 x_{m+j_2}), 作变换

$$S_1^{(k)} \xrightarrow{\ (j_2, j_2)\ \text{消去变换}\ } S_1^{(k+1)},$$

$$S_2^{(k)} \xrightarrow{\ (m+j_2, m+j_2)\ \text{消去变换}\ } S_2^{(k+1)},$$

转回第 3 步 (a). 否则转入.

4. 打印已入选的因子. 预报量, 回归方程, 拟合误差等等. 然后在原始资料阵中全剖删去已入选的预报量的资料 (注意因子的资料均不删!), 然后再重复整个过程, 直到预报量都有了回归方程才停止.

下面举一个实例:预报对象为长江流域 27 个站 5—8 月总降水量及汉口、宜昌站的流量及总降水量,因子选了 500mb 环流及海温等 47 个因子.详情如下:

y_1	上海	y_{16}	成都
y_2	南通	y_{17}	宜宾
y_3	南京	y_{18}	西昌
y_4	杭州	y_{19}	昆明
y_5	芜湖	y_{20}	会理
y_6	合肥	y_{21}	安庆
y_7	九江	y_{22}	吉安
y_8	南昌	y_{23}	衡阳
y_9	汉口	y_{24}	邵阳
y_{10}	岳阳	y_{25}	沅陵
y_{11}	长沙	y_{26}	芷江
y_{12}	宜昌	y_{27}	郧县
y_{13}	恩施	y_{28}	汉口站年平均流量
y_{14}	重庆	y_{29}	汉口站年最高水位
y_{15}	遵义	y_{30}	宜昌站年平均流量

x_1 上一年太阳黑子数

x_2 上一年全国温度等级

x_3 1 月极涡强度

x_4 1 月东亚槽位置

x_5 1 月东亚槽强度

x_6 1 月付高强度指数

x_7 1 月付高面积指数

x_8 1 月亚欧平均环流指数

x_9 拉萨上年 10 月到当年 2 月平均气温

x_{10} 玉树上年 10 月到当年 2 月平均气温

x_{11} 20°N 120°E 上一年 11 月海面平均温度

x_{12} 20°N 125°E 上一年 11 月海面平均温度

x_{13} 20°N 130°E 上一年 11 月海面平均温度

x_{14} 25°N 125°E 上一年 11 月海面平均温度

x_{15} 25°N 130°E 上一年 11 月海面平均温度

x_{16}—x_{20} 上述五点上年 12 月海面平均温度

x_{21}—x_{25} 　　上述五点当年 1 月海面平均温度

x_{26}—x_{36} 　　下列 11 地区 500mb 当年 1 月高度距平的平均:

70°N—80°N,40°E—70°E;60°N,70°E;

45°N—50°N,0°E;30°N,10°E;

45°N—55°N,80°E—90°E;30°N—40°N,60°E—90°E;

50°N—55°N,110°E—120°E;40°N,120°E—130°E;

25°N—30°N,100°E—130°E;25°N—30°N,160°E—170°E;

45°N—50°N,100°W—60°W;

x_{37}—x_{47} 　　上述 11 地区 500mb 当年 2 月高度距平的平均.

使用的资料是 1954 年—1975 年共 22 年的上述气象资料.

为了控制进入方程组的因子及预报量的个数,我们在筛选自变量及筛选预报量时分别采用不同的 F 值. 记 F_x 为筛选自变量的临界值, F 为筛选预报量的临界值,计算结果如下:

长江下游地区:

$F_x = 4.2, F_y = 1.0$,

入选预报量: y_3(南京), y_5(芜湖), y_6(合肥).

入选因子: x_7(1 月付高面积指数),

x_{40}(第四区 500mb 二月高度距平和),

x_8(1 月亚欧平均环流指数 I_m),

x_{15}(上一年 11 月 25°N,130°E 海温),

$U = 0.44$,

得方程组

$$\begin{cases} y_3 = 5644 - 18.0x_7 - 10.3x_8 - 167.8x_{15} - 23.4x_{40}, \\ y_5 = 9435 - 4.96x_7 - 8.54x_8 - 323.2x_{15} - 23.6x_{40}, \\ y_6 = 2456 - 2.20x_7 - 9.60x_8 - 48.7x_{15} - 18.9x_{40}. \end{cases}$$

另一组

$F_x = 4.0, \quad F_y = 1.5$,

入选预报量: y_1(上海), y_4(杭州),

入选因子: x_{35}(第十区 500mb 一月高度距平和),

x_{47}(第十一区 500mb 二月高度距平和),

x_9(拉萨冬季平均气温),

x_{24}(25°N,125°E 一月海温),

$U = 0.25$,

得方程组:

$$\begin{cases} y_1 = 1312 + 3.76x_9 - 39.7x_{24} - 22.5x_{35} + 16.2x_{47}, \\ y_4 = -2810 + 15.1x_9 + 133x_{24} - 41.4x_{35} + 10.8x_{47}, \end{cases}$$

中游地区：

以下三组方程皆取 $F_x = 4.0, F_y = 1.5$.

第一组

入选预报量：y_{10}(岳阳)，y_{12}(宜昌)，

入选因子：x_{36}(第十一区 500mb 一月高度距平和)，

x_{40}(第四区 500mb 二月高度距平和)，

x_{47}(第十一区 500mb 二月高度距平和)，

x_{34}(第九区 500mb 一月高度距平和)，

x_{11}(20°N、120°E 上一年 11 月海温)，

x_{15}(25°N、130°E 上一年 11 月海温).

$U = 0.19$,得方程组

$$\begin{cases} y_{10} = 9724 + 62.4x_{11} - 422x_{15} + 44.9x_{34} - 3.12x_{36} - 11.20x_{40} + 33.9x_{47}, \\ y_{12} = 3162 - 12.0x_{11} - 84.4x_{15} - 19.1x_{34} + 19.4x_{36} - 16.5x_{40} + 16.7x_{47}. \end{cases}$$

第二组

入选预报量：

y_{21}(安庆)，y_{26}(芷江)，y_{28}(汉口站年平均流量)，

y_{30}(宜昌站年平均流量).

入选因子：x_4(一月东亚槽位置)，

x_8(一月亚欧平均环境指数 Im)，

x_{25}(25°N、130°E 一月海温)，

x_{35}(第十区 500mb 一月高度距平和)，

$U = 0.17$.

得方程组：

$$\begin{cases} y_{21} = -6298 + 1.72x_4 + 1.03x_8 + 29.8x_{25} - 56.0x_{35}, \\ y_{26} = -1098 - 22.5x_4 - 7.7x_8 + 247x_{25} - 7.8x_{35}, \\ y_{28} = -521 + 3.0x_4 + 0.9x_8 + 11.3x_{25} - 4.0x_{35}, \\ y_{30} = -231 + 2.5x_4 + 0.5x_8 - 0.98x_{25} - 3.0x_{35}. \end{cases}$$

第三组

入选预报量：y_9(汉口)，y_{11}(长沙)，y_{13}(恩施)，

y_8(南昌)，y_{24}(邵阳)，y_{27}(郧县)，y_{29}(汉口站流量).

入选因子：x_{25}(25°N、130°E 一月海温)，

x_{26}(第一区 500mb 一月高度距平和),

x_{40}(第四区 500mb 二月高度距平和),

$U=0.11$,得方程组

$$\begin{cases} y_9 = -4882 + 245.7x_{25} + 0.59x_{26} - 21.8x_{40}, \\ y_{11} = -4889 + 246.6x_{25} + 0.87x_{26} - 14.2x_{40}, \\ y_{13} = -1107 + 84.7x_{25} - 6.8x_{26} - 13.6x_{40}, \\ y_8 = -3867 + 208.7x_{25} - 4.3x_{26} - 31.4x_{40}, \\ y_{24} = -824 + 65.8x_{25} - 3.3x_{26} - 17.0x_{40}, \\ y_{27} = 1417 - 44.3x_{25} - 2.8x_{26} - 12.5x_{40}, \\ y_{29} = 245 + 102.5x_{25} - 2.0x_{26} - 14.7x_{40}. \end{cases}$$

上游地区:

$F_x = 4.0$, $F_y = 1.5$,

入选预报量:y_{16}(成都),y_{18}(西昌),

入选因子:x_7(一月付高面积指数),

x_{36}(第十一区 500mb 一月高度距平和),

x_{38}(第二区 500mb 二月高度距平和),

x_{40}(第四区 500mb 二月高度距平和).

$U=0.37$,得方程组

$$\begin{cases} y_{16} = 523 + 40.0x_7 - 10.3x_{36} + 12.3x_{38} - 16.5x_{40}, \\ y_{18} = 756 - 9.9x_7 + 10.9x_{36} - 6.1x_{38} - 7.9x_{40}. \end{cases}$$

另一组取 $F_x = 6.0$, $F_y = 1.5$,

入选预报量:y_{14}(重庆),y_{15}(遵义),

入选因子:x_{27}(第二区 500mb 一月高度距平和),

x_{31}(第六区 500mb 一月高度距平和),

x_{44}(第八区 500mb 二月高度距平和),

$U=0.51$,得方程组

$$\begin{cases} y_{14} = 637 + 0.62x_{27} - 4.77x_{31} - 19.1x_{44}, \\ y_{15} = 654 - 10.5x_{27} - 27.7x_{31} + 20.0x_{44}. \end{cases}$$

以上七组方程组的拟合误差一般在几十到一百多毫米.其他预报量选不进任何方程组,只能单独建立回归方程,此处不赘述了.

从上面的结果可以看出:长江下游地区大致以长江为界,分为二个区域,江北地区的降水受一些共同因子的影响,而江南地区则受另一些因素的影响.上游地区则可分为东西二大部分,它们各自都有影响其降水的原因.中游地区比较复杂一些,大部分地区的降水是有一些共同的因子,但中间洞庭湖区情况有些特殊.

这些方程组不仅可以用来作预报,而且有可能为大范围旱涝的成因分析提供一些线索.

§6. 回归分析与判别分析的关系

在第四章中提到了可以用回归分析的方法来处理判别分析的问题,这一节将系统地讨论一下这两者的关系.

设有 k 个指标 $x_1,\cdots,x_k$,有 p 个总体,我们用 $x_\alpha^{(i)},\alpha=1,\cdots,n_i$,表示来自第 i 个总体的第 α 个样品,$x_\alpha^{(i)}$ 都是 $k\times1$ 的向量.记

$$\underset{n_i\times k}{X_i}=\begin{pmatrix}x_1^{(i)'}\\\vdots\\x_{n_i}^{(i)'}\end{pmatrix},\quad i=1,2,\cdots,p,\tag{6.1}$$

$$\underset{n\times k}{X}=\begin{pmatrix}X_1\\X_2\\\vdots\\X_p\end{pmatrix},\quad n=n_1+n_2+\cdots+n_p.\tag{6.2}$$

判别分析问题是由这 n 个样品的资料去构造一些以 $x_1,\cdots,x_k$ 这 k 个指标为变量的函数——称为判别函数,根据判别函数的值来决定一个新的样品它属于哪一个总体.

现在引进假变量作为因变量,用 e_i 表示第 i 个坐标为1,其余坐标为0的 p 维向量,$i=1,2,\cdots,p$,如果样品来自第 i 个总体,则对应的因变量就取 e_i,这样一来 (6.1),(6.2)的资料阵分别与矩阵

$$Y_i=(\underset{i-1}{\underbrace{00\cdots0}}\,\underset{1}{\underbrace{1}}\,\underset{p-i}{\underbrace{0\cdots0}})n_i,\quad i=1,\cdots,p,\tag{6.3}$$

及

$$Y=\begin{pmatrix}Y_1\\\vdots\\Y_p\end{pmatrix}\tag{6.4}$$

相对应.实际上 $Y_i=\mathbf{1}_{n_i}e_i',i=1,2,\cdots,p$.把 Y 看成因变量的资料,把 X 看成自变量的资料,考虑回归模型:

$$\begin{cases}\underset{n\times p}{E(Y)}=(\underset{1}{\mathbf{1}}\ \underset{k}{X})\begin{pmatrix}\beta_0\\B\end{pmatrix},\\y_{(1)},\cdots,y_{(n)}\ 不相关,同协差阵\ V.\end{cases}\tag{6.5}$$

于是,由公式(2.9)可得 $\hat{B}$ 与 $\hat{\beta}_0$ 的正规方程:
$$\begin{cases} L_{xx}\hat{B} = L_{xy}, \\ \hat{\beta}_0 = \bar{y}' - \bar{x}'\hat{B}. \end{cases} \tag{6.6}$$
由于线性判别函数中的常数项可以另行选择,关键是求出回归系数 $\hat{B}$,利用 $\hat{B}$,可把回归函数作为判别函数,因此,我们着重来考察 $L_{xx}\hat{B} = L_{xy}$ 这个方程.
记
$$\bar{x}^{(i)} = \frac{1}{n_i}X_i'\mathbf{1}, \quad i = 1,2,\cdots,p,$$
$$\bar{x} = \frac{1}{n}X'\mathbf{1} = \frac{1}{n}\sum_{i=1}^{p}n_i\bar{x}^{(i)},$$
$$L_{ii} = X_i'\left(I - \frac{1}{n_i}J\right)X_i, \quad i = 1,2,\cdots,p.$$
于是,由"平方和"分解公式(或直接验证)可得
$$L_{xx} = \sum_{i=1}^{p}X_i'\left(I - \frac{1}{n_i}J\right)X_i + \sum_{i=1}^{p}n_i(\bar{x}^{(i)} - \bar{x})(\bar{x}^{(i)} - \bar{x})'.$$
记
$$W = \sum_{i=1}^{p}L_{ii} = \sum_{i=1}^{p}X_i'\left(I - \frac{1}{n_i}J\right)X_i,$$
$$B_0 = \sum_{i=1}^{p}n_i(\bar{x}^{(i)} - \bar{x})(\bar{x}^{(i)} - \bar{x})',$$
W 就是"组内差",B_0 就是"组间差",因此
$$L_{xx} = W + B_0.$$
另一方面,
$$L_{xy} = X'\left(I - \frac{1}{n}J\right)Y = (X' - \bar{x}\mathbf{1}')Y$$
$$= (X_1' - \bar{x}\mathbf{1}'\cdots X_p' - \bar{x}\mathbf{1}')\begin{bmatrix}Y_1\\\vdots\\Y_p\end{bmatrix}$$
$$= \sum_{i=1}^{p}(X_i - \mathbf{1}\bar{x}')Y_i = \sum_{i=1}^{p}(X_i' - \bar{x}\mathbf{1}')\mathbf{1}e_i'$$
$$= (\bar{x}^{(1)} - \bar{x} \quad \bar{x}^{(2)} - \bar{x}\cdots\bar{x}^{(p)} - \bar{x})\begin{bmatrix}n_1 & & & O\\ & n_2 & & \\ & & \ddots & \\ O & & & n_p\end{bmatrix},$$

今 $B_0 = \sum_{i=1}^{p} n_i (\bar{x}^{(i)} - \bar{x})(\bar{x}^{(i)} - \bar{x})' = L_{xy} \begin{pmatrix} (\bar{x}^{(1)} - \bar{x})' \\ \vdots \\ (\bar{x}^{(p)} - \bar{x})' \end{pmatrix}$ ，因此方程 $L_{xx}\hat{B} = L_{xy}$

就是

$$(W + B_0)\hat{B} = L_{xy},$$

即

$$W\hat{B} = L_{xy} - B_0\hat{B} = L_{xy}\left[I - \begin{pmatrix} (\bar{x}^{(1)} - \bar{x})' \\ \vdots \\ (\bar{x}^{(p)} - \bar{x})' \end{pmatrix} \hat{B} \right],$$

将上述方程依 $\hat{B}$ 中的列向量写出，记 $\hat{B} = (\hat{b}_1 \cdots \hat{b}_p)$，则有

$$W\hat{b}_i = n_i(\bar{x}^{(i)} - \bar{x}) - \sum_{j=1}^{p} n_j(\bar{x}^{(j)} - \bar{x})(\bar{x}^{(j)} - \bar{x})'\hat{b}_i,$$

记 $h_{ij} = (\bar{x}^{(j)} - \bar{x})'\hat{b}_i, i,j = 1,2,\cdots,p$，回归系数 $\hat{b}_i$ 满足方程

$$W\hat{b}_i = \sum_{j=1}^{p}(\delta_{ij} - h_{ij})n_j(\bar{x}^{(j)} - \bar{x}), i = 1,2,\cdots,p. \tag{6.7}$$

又从 Fisher 准则知道，线性判别函数的系数 u 应是（参看第四章(3.8)，(3.9)）

$$|B_0 - \lambda W| = 0$$

相应的最大特征根（或全部非 0 特征根）所对应的特征向量，即 u 满足

$$\lambda W_u = B_0 u,$$

即存在 λ_i，使

$$\lambda_i W u_i = B_0 u_i = \sum_{j=1}^{p} n_j(\bar{x}^{(j)} - \bar{x})(\bar{x}^{(j)} - \bar{x})' u_i.$$

记 $q_{ij} = \frac{1}{\lambda_i}(\bar{x}^{(j)} - \bar{x})'u_i, i,j = 1,2,\cdots,p$，则上式就是

$$W u_i = \sum_{j=1}^{p} q_{ij} n_j(\bar{x}^{(j)} - \bar{x}). \tag{6.8}$$

比较(6.7)与(6.8)式，一般说来，它们是不相等的，然而当 $p = 2$ 时，由于

$$\bar{x}^{(1)} - \bar{x} = \bar{x}^{(1)} - \frac{n_1\bar{x}^{(1)} + n_2\bar{x}^{(2)}}{n_1 + n_2} = \frac{n_2}{n_1 + n_2}(\bar{x}^{(1)} - \bar{x}^{(2)}),$$

$$\bar{x}^{(2)} - \bar{x} = \frac{n_1}{n_1 + n_2}(\bar{x}^{(2)} - \bar{x}^{(1)}) = -\frac{n_1}{n_1 + n_2}(\bar{x}^{(1)} - \bar{x}^{(2)}),$$

因此(6.8)与(6.7)式的解是线性相关的，这又一次证明了用回归的方法和用 Fisher准则给出的解是一致的. 但是，在 $p \neq 2$ 时，这两种方法给出的解是不一定相同的，一般说来是不同的. 然而，值得注意的是，我们如果把一个判别问题（不管它

是两组还是多组的)采用上述方法化成一个回归问题,很自然可以用逐步回归的方法来筛选变量,因此,就引出了逐步判别的一种算法.有关这方面读者可参阅杨自强的工作[50].

第六章　相　　关

多元分析的一个重要内容就是研究随机向量之间的关系.在一元统计中,用相关系数来描述随机变量之间的关系,这一章从两个不同的角度来推广这个概念,它们都归结为同一个概念——广义相关系数.本章讨论了广义相关系数的一些性质,在第七章将用广义相关系数来导出一些统计量.

本章还介绍了主成分分析、因子分析、典型相关分析,这是一些经典的方法,也有较大的实用价值.

§1.投　　影

设 x,y 分别为 $p \times 1$ 和 $q \times 1$ 的随机向量,设它们的方差、协差阵为

$$\mathrm{cov}(x,y) = E(x - E(x))(y - E(y))' \triangleq V_{xy}, V_{yx} = V'_{xy},$$

$$V(y) = E(y - E(y))(y - E(y))' \triangleq V_{yy},$$

$$V(x) = E(x - E(x))(x - E(x))' \triangleq V_{xx}.$$

现在来考虑 y 在 x 张成的线性子空间中的投影.在一元统计中,对给定的随机变量 z 和 $x_1,\cdots,x_p$,如果 $\hat{a}_0 + \sum\limits_{i=1}^{p} \hat{a}_i x_i$ 使 $E\left(z - a_0 - \sum\limits_{i=1}^{p} a_i x_i\right)^2$ 达到最小值,则称 $\sum\limits_{i=1}^{p} \hat{a}_i x_i$ 是 z 在 $x_1,\cdots,x_p$ 中的投影,用 $\hat{z}$ 来表示.或称 $\hat{z} = \sum\limits_{i=1}^{p} \hat{a}_i x_i + \hat{a}_0$ 是第二类回归问题所求的回归方程.因此,运用一元统计的方法,自然可以对每一个 y 中的分量 y_i 去求出相应的 $\hat{y}_i$,用 $\hat{y}_i$ 作为分量的 $\hat{y}$ 作为 y 在 x 上的投影.下面我们用矩阵的形式给出相应的证明和结论.

由于 $V\begin{pmatrix} x \\ y \end{pmatrix} = \begin{bmatrix} V_{xx} & V_{xy} \\ V_{yx} & V_{yy} \end{bmatrix} \geqslant 0$,因此总有 L_1, L_2 使得

$$\begin{bmatrix} V_{xx} & V_{xy} \\ V_{yx} & V_{yy} \end{bmatrix} = \begin{bmatrix} L'_1 \\ L'_2 \end{bmatrix} (L_1 L_2) = \begin{bmatrix} L'_1 L_1 & L'_1 L_2 \\ L'_2 L_1 & L'_2 L_2 \end{bmatrix}. \tag{1.1}$$

$$\underset{p}{} \quad \underset{q}{}$$

引理 1.1　方程 $V_{xx} u = V_{xy}$ 总是相容的.

证明　用(1.1),得 $L'_1 L_1 u = L'_1 L_2$,将 u 阵按列写出 $u = (u_1 \cdots u_q)$,L_2 按列写出 $L_2 = (l_{21} \cdots l_{2q})$,则有

$$L'_1 L_1 u_i = L'_1 l_{2i}, \quad i = 1, 2, \cdots, q.$$

易见上述 q 个方程相容,因此得证♯

定理 1.1　对给定的随机向量 x 和 y,则 y 在 x 上的投影是存在的,它就是

$$E(y) + V_{yx}V_{xx}^-(x - E(x)). \tag{1.2}$$

证明　先考虑 $q=1, E(x)=0, E(y)=0$ 的情形. 令

$$
\begin{aligned}
E(y - a_0 - a'x)^2 &= E(y - a'_* x + (a_* - a)'x - a_0)^2 \\
&= E(y - a'_* x)^2 + (a_* - a)'V_{xx}(a_* - a) \\
&\quad + a_0^2 + 2E(y - a'_* x)x'(a_* - a)
\end{aligned}
$$

对一切 a_* 成立. 由引理 1.1 知 $V_{xx}a = V_{xy}$ 相容. 它的解是 $\hat{a} = V_{xx}^- V_{xy}$, 于是取 $a_* = \hat{a}$, 就得

$$E(y - a_0 - a'x)^2 = E(y - \hat{a}'x)^2 + a_0^2 + (\hat{a}' - a')V_{xx}(\hat{a} - a).$$

因此,要使 $E(y - a_0 - a'x)^2$ 达到最小值 $E(y - \hat{a}'x)^2$ 的充要条件是 $a_0 = 0$, $(\hat{a} - a)'V_{xx}(\hat{a} - a) = 0$, 这就证明了 $a_0 = 0$, $\hat{a}'x$ 就是一个解, 即 $\hat{y} = V_{yx}V_{xx}^- x$.

当 $E(x) \neq 0, E(y) \neq 0$, 只须将 $y - E(y), x - E(x)$ 代以上面的 y 和 x 就得. 当 $q > 1$ 时, 对 y 的每一个分量用刚才的公式, 于是就得

$$\hat{y} = \begin{bmatrix} \hat{y}_1 \\ \vdots \\ \hat{y}_q \end{bmatrix} = E(y) + V_{yx}V_{xx}^-(x - E(x)) ♯$$

系　y 在 x 上的投影概率为 1 地唯一确定.

证明　从刚才定理的证明中看到,如果对 $q=1$ 的情形证明了,系就证得了. 当 $q=1$ 时, $\hat{a}_0 + \hat{a}'x$ 和 $\hat{b}_0 + \hat{b}'x$ 都是 y 的投影时,

$$E(\hat{a}_0 + \hat{a}'x) = E(y) = E(\hat{b}_0 + \hat{b}'x),$$

所以

$$\hat{a}_0 - \hat{b}_0 + (\hat{a} - \hat{b})'E(x) = 0.$$

今 $E((\hat{a} - \hat{b})'x)^2 = (\hat{a} - \hat{b})'V_{xx}(\hat{a} - \hat{b}) = 0$, (利用定理证明中的充要条件), 于是 $P((\hat{a} - \hat{b})'x = 0) = 1$, 因此得证.

以后我们有时为了表明 $\hat{y}$ 是 y 对 x 的投影, 就写成 $\hat{P}(y|x)$. 注意到 (1.1) 式, 就有

$$V_{yx}V_{xx}^- V_{xy} = L'_2 L_1 (L'_1 L_1)^- L'_1 L_2.$$

因此, 它与 $(L'_1 L_1)^-$ 的选取无关, 也就是与 V_{xx}^- 的不同选取无关, $V_{yx}V_{xx}^- V_{xy} = V_{yx}V_{xx}^+ V_{xy}$.

定理 1.2　　　　$E(\hat{P}(y|x)) = E(y),$ \hfill (1.3)

$$V(\hat{P}(y|x)) = V_{yx}V_{xx}^+ V_{xy}, \tag{1.4}$$

$$V(y - \hat{P}(y|x)) = V_{yy} - V_{yx}V_{xx}^+ V_{xy}. \tag{1.5}$$

证明 (1.3)是明显的.今

$$E(\hat{P}(y\mid x) - E\hat{P}(y\mid x))(\hat{P}(y\mid x) - E\hat{P}(y\mid x))'$$

$$= V(V_{yx}V_{xx}^{+}(x - E(x)))$$

$$= V_{yx}V_{xx}^{+}V_{xx}V_{xx}^{+}V_{xy} = V_{yx}V_{xx}^{+}V_{xy}.$$

$$V(y - \hat{P}(y\mid x)) = V(y - V_{yx}V_{xx}^{+}(x - E(x)) - E(y))$$

$$= V_{yy} - V_{yx}V_{xx}^{+}V_{xy} - V_{yx}V_{xx}^{+}V_{xy} + V_{yx}V_{xx}^{+}V_{xx}V_{xx}^{+}V_{xy}$$

$$= V_{yy} - V_{yx}V_{xx}^{+}V_{xy}.$$

很明显,$y - \hat{y}$(也即 $y - \hat{P}(y\mid x)$)就是"残差"随机向量,等式 $y = \hat{y} + (y - \hat{y})$ 表示随机向量 y 的"正交分解",因此相应地有"平方和分解"公式:

$$V(y) = V(\hat{y}) + V(y - \hat{y}), \tag{1.6}$$

即

$$V_{yy} = V_{yr}V_{rr}^{+}V_{ry} + (V_{yy} - V_{yx}V_{xx}^{+}V_{xy}). \tag{1.7}$$

这就告诉我们,y 的变化有两部分来源:一是 y 在 x 中的投影,即 x 的变化所引起的 y 的变化,这就是 $V(\hat{y})$;另一部分是"残差"$y - \hat{y}$ 引起的变化,即 $V(y - \hat{y})$. 如果 $V(\hat{y}) = 0$,即 x 的变化对 y 毫无影响,自然可以认为 y 与 x 不相关;如果 $V(y - \hat{y}) = 0$,即 x 的变化能说明 y 的全部变化,则 y 与 x 的关系最密切.因此可以看出在 V_{yy} 中 $V_{yx}V_{xx}^{+}V_{xy}$(即 $V(\hat{y})$)占的"份量"就可以作为衡量 y 与 x 相关程度的指标.这个"份量"怎么确定,一元统计与多元统计就很不相同.(1.6)或(1.7)式当 $q = 1$ 时,这是一个真正的平方和分解公式.然而 $q > 1$ 时,就是一个矩阵的分解式,我们可以选用不同的方法来衡量这个"份量",例如用行列式,就要考虑比值

$$\mid V_{yx}V_{xx}^{+}V_{xy}\mid / \mid V_{yy}\mid, \tag{1.8}$$

如果 $\mid V_{yy}\mid \neq 0$,(1.8)这个量是有意义的.但是,一般说来 $\mid V_{yy}\mid = 0$ 是可能的,于是(1.8)这个量就无法使用了.还要考虑到"x 与 y 的相关程度"应该和"y 与 x 的相关程度"相等,采用(1.8)这个量时,应有

$$\mid V_{yx}V_{xx}^{+}V_{xy}\mid / \mid V_{yy}\mid = \mid V_{xy}V_{yy}^{+}V_{yx}\mid / \mid V_{xx}\mid.$$

一般地说,上面这个等式不一定有意义,如果 V_{xx}^{-1},V_{yy}^{-1} 存在,这个等式是成立的,而且它就是($p = q$ 时)

$$\mid V_{yy}^{-1}V_{yx}V_{xx}^{-1}V_{xy}\mid = \mid V_{xx}^{-1}V_{xy}V_{yy}^{-1}V_{yx}\mid.$$

因此,考虑矩阵 $V_{yy}^{+}V_{yx}V_{xx}^{+}V_{xy}$ 与 $V_{xx}^{+}V_{xy}V_{yy}^{+}V_{yx}$ 的非 0 特征根就可以引出一般情况下衡量 y 与 x 线性相关密切的程度.由于 $V_{yy}^{+}V_{yx}V_{xx}^{+}V_{xy}$ 与 $V_{xx}^{+}V_{xy}V_{yy}^{+}V_{yx}$ 的全部非 0 特征根是完全相同的,用非 0 特征根的函数来反映相关时自然满足对 x, y 的对称性.这样就引导到 §3 要讨论的广义相关系数.

§2. 典型相关变量

设有随机向量 $\underset{p \times 1}{x}$ 及 $\underset{q \times 1}{y}$, 怎样来描述这两个向量之间相关的程度呢？我们考虑随机向量 x 的一切线性函数, 很自然, 它实际上也是一个向量空间, 只是它的元素(向量)不是普通的常数, 而是随机变量, 我们用 $\mathscr{M}(x)$ 来表示它, 也即有

$$\mathscr{M}(x) = \{a'x : a \in R_p\}.$$

同理有

$$\mathscr{M}(y) = \{b'y : b \in R_q\}.$$

很容易理解, 当 x, y 不同时, $\mathscr{M}(x)$ 与 $\mathscr{M}(y)$ 却可能有共同的部分, 例如平面上直角坐标系的两个坐标向量 $\mathbf{e}_1, \mathbf{e}_2$ 和另外两个线性无关的向量 $\mathbf{a}, \mathbf{b}$ 都不相同, 但是 $\mathbf{e}_1$, $\mathbf{e}_2$ 生成的全平面与 $\mathbf{a}, \mathbf{b}$ 生成的平面上的向量却是全部相同的, 因而, 这两组向量 $(\mathbf{e}_1, \mathbf{e}_2), (\mathbf{a}, \mathbf{b})$ 的关系实际上是很密切的, 这一组可以用另一组来线性表示. 这一点启发我们: 虽然随机变量 $x_1, \cdots, x_p$ 的每一个与随机变量 $y_1, \cdots, y_q$ 的每一个是不同的, 然而它们的线性函数之间是否有密切的关系, 这才是真正反映随机向量 x 与 y 之间线性相关的情况. 这就引导出典型相关变量的概念.

我们从一元统计分析中已经知道, 随机变量 ξ, η 的相关系数是 $\rho_{\xi, \eta}$ 时, 则 $a\xi + b, c\eta + d$ 的相关系数也是 $\rho_{\xi, \eta}$. 因而我们可以只考虑方差为 1 的 x, y 的线性函数 $a'x$ 与 $b'y$, 求使它们相关系数达到最大的这一组, 如果存在 a_1, b_1 使

$$\rho(a_1'x, b_1'y) = \max_{\substack{V(a'x)=1 \\ V(b'x)=1}} \rho(a'x, b'y),$$

则称 $a_1'x, b_1'y$ 是 x, y 的第一组(对)典型相关变量. 找出了第一组典型相关变量后, 还可以去找第二组, 第三组, ……, 使得各组之间是互不相关的(就如同找直角坐标系的坐标向量一样). 这些典型相关变量就反映了 x 与 y 之间线性相关的情况. 下面我们就把这问题提成数学的形式然后来求解.

设随机向量 $\begin{pmatrix} x \\ y \end{pmatrix}_q^p$ 的方差协差阵为 V, 把 V 分块写出, 记成

$$V\begin{pmatrix} x \\ y \end{pmatrix} = V = \begin{pmatrix} V(x) & \mathrm{cov}(x, y) \\ \mathrm{cov}(y, x) & V(y) \end{pmatrix} = \begin{bmatrix} V_{xx} & V_{xy} \\ V_{yx} & V_{yy} \end{bmatrix}. \tag{2.1}$$

于是随机变量 $a'x, b'y$ 的方差及相关系数为

$$V(a'x) = a'V_{xx}a = 1, \quad V(b'y) = b'V_{yy}b = 1,$$

$$\rho(a'x, b'y) = \frac{\mathrm{cov}(a'x, b'y)}{\sqrt{V(a'x)V(b'y)}} = \mathrm{cov}(a'x, b'y) = a'V_{xy}b.$$

因此, 要使 $\rho(a'x, b'y)$ 达到最大, 就是求下述条件极值问题的解: 在 $a'V_{xx}a = 1, b'V_{yy}b = 1$ 的条件下, 使 $a'V_{xy}b$ 达到最大值的 a 与 b.

现在用拉氏乘子法求解. 取函数

$$G = a'V_{xy}b - \frac{\lambda_1}{2}(a'V_{xx}a - 1) - \frac{\lambda_2}{2}(b'V_{yy}b - 1),$$

从 $\frac{\partial G}{\partial a} = 0, \frac{\partial G}{\partial b} = 0$, 得方程组

$$\begin{cases} V_{xy}b - \lambda_1 V_{xx}a = 0, \\ V_{yx}a - \lambda_2 V_{yy}b = 0. \end{cases} \tag{2.2}$$

注意到 (2.2) 的方程是相容的, 我们可以用减号逆求解, 于是从 (2.2) 得

$$\lambda_1 a = V_{xx}^- V_{xy}b, \quad \lambda_2 b = V_{yy}^- V_{yx}a.$$

由第一章 §8 易知 $V_{xx}V_{xx}^- V_{xy} = V_{xy}, V_{yy}V_{yy}^- V_{yx} = V_{yx}$, 因此

$$\lambda_1 = \lambda_1 a'V_{xx}a = a'V_{xx}V_{xx}^- V_{xy}b = a'V_{xy}b,$$
$$\lambda_2 = \lambda_2 b'V_{yy}a = b'V_{yy}V_{yy}^- V_{yx}a = b'V_{yx}a = a'V_{xy}b = \lambda_1.$$

于是方程 (2.2) 可变成

$$V_{xy}b - \lambda V_{xx}a = 0, \quad V_{yx}a - \lambda V_{yy}b = 0. \tag{2.3}$$

从 (2.3) 第一式解出 λa 代入第二式, 得: 当 $\lambda \neq 0$

$$\lambda a = V_{xx}^- V_{xy}b, \quad a = \frac{1}{\lambda}V_{xx}^- V_{xy}b,$$

$$V_{yx}V_{xx}^- V_{xy}b - \lambda^2 V_{yy}b = 0. \tag{2.4}$$

这就明要求 (2.3) 的解, 也即要求 (2.4) 的解, 它归结为 $V_{yx}V_{xx}^- V_{xy}$ 相对于 V_{yy} 的特征根及特征向量, 注意到 $V_{yx}V_{xx}^- V_{xy}$ 与 V_{xx}^- 的取法无关, 因而 (2.4) 就是

$$V_{yx}V_{xx}^+ V_{xy}b - \lambda^2 V_{yy}b = 0. \tag{2.5}$$

同理, 将 (2.3) 第二式解出的 b 代入第一式, 可得

$$V_{xy}V_{yy}^+ V_{yx}a - \lambda^2 V_{xx}a = 0. \tag{2.6}$$

很明显, 如果 λ_i^2, b_i 是 $V_{yy}^+ V_{yx}V_{xx}^+ V_{xy}$ 的特征根及相应的特征向量, 则有

$$V_{yy}^+ V_{yx}V_{xx}^+ V_{xy}b_i - \lambda_i^2 b_i = 0,$$

因此就有

$$\underline{V_{yy}V_{yy}^+ V_{yx}}V_{xx}^+ V_{xy}b_i - \lambda_i^2 V_{yy}b_i = 0,$$

即

$$V_{yx}V_{xx}^+ V_{xy}b_i - \lambda_i^2 V_{yy}b_i = 0.$$

这样, 就把求典型相关变量 $b'y$ 的系数化为求 $V_{yy}^+ V_{yx}V_{xx}^+ V_{xy}$ 的特征根与特征向量的问题. 类似的方法可知, 求典型相关变量 $a'x$ 的系数也化为求 $V_{xx}^+ V_{xy}V_{yy}^+ V_{yx}$ 的特征根与特征向量的问题. 从第一章, 我们知道 $V_{yy}^+ V_{yx}V_{xx}^+ V_{xy}$ 与 $V_{xx}^+ V_{xy}V_{yy}^+ V_{yx}$ 具有相同的非零特征根, 并且非零特征根的个数就是它们的秩. 这样就知道, 整个求典型相关变量的问题就化为求矩阵 $V_{yy}^+ V_{yx}V_{xx}^+ V_{xy}$ (或矩阵 $V_{xx}^+ V_{xy}V_{yy}^+ V_{yx}$) 的特征

根与特征向量的问题了. 这样我们和上一节从不同的角度出发, 达到了同一的归宿.

下面分几段来讨论有关的问题.

2.1 $V_{yy}^+ V_{yx} V_{xx}^+ V_{xy}$ 的特征根与特征向量 注意到 $V_{yy}^+ V_{yx} \cdot V_{xx}^+ V_{xy}$ 与 $(V_{yy}^{\frac{1}{2}})^+$ $V_{yx} V_{xx}^+ V_{xy} (V_{yy}^{\frac{1}{2}})^+$ 具有全部相同的非零特征根, 而后者是一个非负定的矩阵, 因此 $V_{yy}^+ V_{yx} V_{xx}^+ V_{xy}$ 的特征根均为非负的. 另一方面, 注意到 $V_{yy} \geqslant V_{yx} V_{xx}^+ V_{xy}$, 因此对一切 a, 均有 $a' V_{yy} a \geqslant a' V_{yx} V_{xx}^+ V_{xy} a$. 这就导出对一切 $a'a = 1$ 的 a 均有 $a' (V_{yy}^{\frac{1}{2}})^+$ $V_{yx} V_{xx}^+ V_{xy} (V_{yy}^{\frac{1}{2}})^+ a \leqslant 1$, 于是, 从特征根与非负定矩阵二次型的关系(参看第一章)就知道 $V_{yy}^+ V_{yx} V_{xx}^+ V_{xy}$ 的特征根均不大于 1. 设 $\lambda_1^*, \cdots, \lambda_r^*$ 为 $V_{yy}^+ V_{yx} V_{xx}^+ V_{xy}$ 的全部非 0 特征根, 于是令 $\lambda_i = \sqrt{\lambda_i^*}$ 后, 就有:

(i) $r = \mathrm{rk}(V_{yy}^+ V_{yx} V_{xx}^+ V_{xy})$;

(ii) $0 < \lambda_r \leqslant \lambda_{r-1} \leqslant \cdots \leqslant \lambda_1 \leqslant 1$.

现在来看 λ_i^2 所相应的特征向量. 考虑特征向量时, 我们从非负定阵 $(V_{yy}^{\frac{1}{2}})^+$ $V_{yx} V_{xx}^+ V_{xy} (V_{yy}^{\frac{1}{2}})^+$ 出发比较方便, 设 γ_i 是 $(V_{yy}^{\frac{1}{2}})^+ V_{yx} \cdot V_{xx}^+ V_{xy} (V_{yy}^{\frac{1}{2}})^+$ 的特征根 λ_i^2 相应的单位长特征向量, 于是就有

$$\gamma_i' \gamma_j = \delta_{ij}, (V_{yy}^{\frac{1}{2}})^+ V_{yx} V_{xx}^+ V_{xy} (V_{yy}^{\frac{1}{2}})^+ \gamma_i = \lambda_i^2 \gamma_i, \qquad (2.7)$$
$$i, j = 1, 2, \cdots, r.$$

由于 V_{yy} 的谱分解式 $\underset{q \times q}{V_{yy}} = \sum_{i=1}^q \theta_i \xi_i \xi_i'$, $V_{yy}^{\frac{1}{2}} = \sum_{i=1}^q \theta_i^{\frac{1}{2}} \xi_i \xi_i'$, 因此 $V_{yy} V_{yy}^+$ 与 $V_{yy}^{\frac{1}{2}} (V_{yy}^{\frac{1}{2}})^+$ 都是 $\mathscr{L}(V_{yy}) = \mathscr{L}(V_{yy}^+)$ 上的投影阵, 这两个阵是相等的. 因此, 令

$$\begin{cases} b_i = (V_{yy}^{\frac{1}{2}})^+ \gamma_i & i = 1, \cdots, r, \\ a_i = \dfrac{1}{\lambda_i} V_{xx}^+ V_{xy} b_i, & i = 1, 2, \cdots, r, \end{cases} \qquad (2.8)$$

就有

$$V_{yy}^{\frac{1}{2}} b_i = V_{yy}^{\frac{1}{2}} (V_{yy}^{\frac{1}{2}})^+ \gamma_i = [V_{yy}^{\frac{1}{2}} (V_{yy}^{\frac{1}{2}})^+]' \gamma_i$$
$$= (V_{yy}^{\frac{1}{2}})^+ (V_{yy}^{\frac{1}{2}}) \gamma_i = \gamma_i, \quad i = 1, 2, \cdots, r,$$

因此

$$b_i' V_{yy} b_j = b_i' V_{yy}^{\frac{1}{2}} V_{yy}^{\frac{1}{2}} b_j = \gamma_i' \gamma_j = \delta_{ij}, i, j = 1, 2, \cdots, r,$$
$$a_i' V_{xx} a_j = b_i' V_{yx} V_{xx}^+ \left(\frac{1}{\lambda_i \lambda_j} V_{xx} \right) V_{xx}^+ V_{xy} b_j$$

$$= \frac{1}{\lambda_i \lambda_j} \gamma_i' (V_{yy}^{\frac{1}{2}})^+ (V_{yx} V_{xx}^+ V_{xy}) (V_{yy}^{\frac{1}{2}})^+ \gamma_j,$$

由(2.7)式,知

$$a_i' V_{xx} a_j = \frac{1}{\lambda_i \lambda_j} \gamma_i' (\lambda_j^2 \gamma_j) = \delta_{ij}, i, j = 1, 2, \cdots, r,$$

还有

$$a_i' V_{xy} b_j = \frac{1}{\lambda_i} b_i' V_{yx} V_{xx}^+ V_{xy} b_j$$

$$= \frac{\lambda_i \lambda_j}{\lambda_i} \gamma_i' \gamma_j = \lambda_i \delta_{ij}, \quad i, j = 1, 2, \cdots, r.$$

总结上面这些计算,就知道

定理 2.1　设 γ_i 是矩阵$(V_{yy}^{\frac{1}{2}})^+ V_{yx} V_{xx}^+ V_{xy} (V_{yy}^{\frac{1}{2}})^+$ 的特征根 λ_i^2 所相应的单位长度特征向量,则令

$$b_i = (V_{yy}^{\frac{1}{2}})^+ \gamma_i, \quad a_i = \lambda_i^{-1} V_{xx}^+ V_{xy} b_i, \quad i = 1, 2, \cdots, r \qquad (2.9)$$

后,就有

$$\begin{cases} a_i' V_{xx} a_j = b_i' V_{yy} b_j = \delta_{ij}, \\ a_i' V_{xy} b_j = \lambda_i \delta_{ij}, \end{cases} i, j = 1, 2, \cdots, r. \qquad (2.10)$$

这样我们就找到了 r 组典型相关的变量 $a_i' x, b_i' y$,它们的相关系数是 λ_i, λ_i 是递减的,均不为 $0, \lambda_i$ 称为典型相关系数.

2.2 样本的典型相关变量及典型相关系数　设我们已知 $\begin{pmatrix} x \\ y \end{pmatrix}$ 的 n 个样品:

$$\begin{bmatrix} x_{(1)} \\ y_{(1)} \end{bmatrix}, \begin{bmatrix} x_{(2)} \\ y_{(2)} \end{bmatrix}, \cdots, \begin{bmatrix} x_{(n)} \\ y_{(n)} \end{bmatrix}.$$

记

$$\underset{n \times p}{X} = \begin{bmatrix} x_{(1)}' \\ \vdots \\ x_{(n)}' \end{bmatrix}, \quad \underset{n \times q}{Y} = \begin{bmatrix} y_{(1)}' \\ \vdots \\ y_{(n)}' \end{bmatrix},$$

于是 $V_{xx}, V_{xy}, V_{yy}, V_{yx}$ 相应的估计量为 $\frac{1}{n} L_{xx}, \frac{1}{n} L_{xy}, \frac{1}{n} L_{yy}, \frac{1}{n} L_{yx}$,这些"$L$"阵的定义和以前我们惯用的写法是一致的,即

$$L_{xx} = X' \left(I - \frac{1}{n} J \right) X, \quad L_{yy} = Y' \left(I - \frac{1}{n} J \right) Y,$$

$$L_{yx}' = L_{xy} = X' \left(I - \frac{1}{n} J \right) Y.$$

很明显,我们应该用 $V_{xx}, V_{xy}, V_{yy}, V_{yx}$ 相应的估计量去代替未知的参数矩阵,因此就要考虑

$$\left(\frac{1}{n}L_{xx}\right)^+ \left(\frac{1}{n}L_{xy}\right) \left(\frac{1}{n}L_{yy}\right)^+ \left(\frac{1}{n}L_{yx}\right) = L_{xx}^+ L_{xy} L_{yy}^+ L_{yx}$$

这个矩阵的非零特征根及相应的特征向量,或者考虑 $L_{yy}^+ L_{yx} L_{xx}^+ \cdot L_{xy}$ 的非零特征根及相应的特征向量.有关的计算和公式和上面 2.1 中的讨论是完全一样的,只是把一些"V"阵换成相应的"L"阵就可以了,因此就不重复了.

2.3 典型相关与判别分析的关系 典型相关变量的系数 a 应满足方程

$$\lambda^2 L_{xx} a - L_{xy} L_{\cdot yy}^+ L_{\cdot yx} a = 0.$$

由于 $L_{xy} L_{yy}^- L_{yx}$ 的性质,知道它与 L_{yy}^- 的选法无关,因此,方程可写为

$$\lambda^2 L_{xx} a - L_{xy} L_{yy}^- L_{yx} a = 0. \tag{2.11}$$

如同在第五章 §6 一样,我们沿用前面的记号和写法.设有 k 个指标 $x_1, \cdots, x_k$,有 p 个总体,用 $x_\alpha^{(i)}, \alpha = 1, 2, \cdots, n_i$,表示来自第 i 个总体的第 α 个样品,$x_\alpha^{(i)}$ 都是 $k \times 1$ 的向量,对每一个样品引入一个 p 维的假变量作为相应的 $y_\alpha^{(i)}$,用 e_i 表示第 i 个坐标 1,其余坐标为 0 的 p 维向量,则对应于 $x_\alpha^{(i)}$ 的 $\underset{p \times 1}{y_\alpha^{(i)}} = \underset{p \times 1}{e_i}, \alpha = 1, 2, \cdots, n_i, i = 1, 2, \cdots, p$. 记

$$\underset{n_i \times k}{X_i} = \begin{pmatrix} x_1^{(i)'} \\ \vdots \\ x_{n_i}^{(i)'} \end{pmatrix}, \quad \underset{n_i \times p}{Y_i} = \begin{pmatrix} e_i' \\ \vdots \\ e_i' \end{pmatrix} = \mathbf{1}_{n_i} e_i', i = 1, 2, \cdots, p,$$

$$X = \begin{pmatrix} X_1 \\ \vdots \\ X_p \end{pmatrix}, \quad Y = \begin{pmatrix} Y_1 \\ \vdots \\ Y_p \end{pmatrix}.$$

从第五章 §6 知道

$$L_{xx} = \sum_{i=1}^p X_i' \left(I - \frac{1}{n_i}J\right) X_i + \sum_{i=1}^p n_i (\bar{x}^{(i)} - \bar{x})(\bar{x}^{(i)} - \bar{x})'$$

$$= W + B_0,$$

W 就是"组内差"矩阵,B_0 就是"组间差"矩阵.从 Fisher 准则知道,线性判别函数的系数是

$$|B_0 - \lambda^* W| = 0 \tag{2.12}$$

的相对特征根 λ^* 所对应的特征向量,也即满足

$$B_0 a_i^* = \lambda_i^* W a_i^*, \quad i = 1, 2, \cdots, r \tag{2.13}$$

的 a_i^*,其中 λ_i^* 是(2.12)的解.

今 $L_{xy} L_{yy}^- L_{yx} = L_{xy}(Y'Y)^{-1} L_{yx}$,这是因为 $(Y'Y)^{-1}$ 是 $L_{yy} = Y'\left(I - \frac{1}{n}J\right)Y$

的一个减号逆(参看第一章8.1末的讨论),因此

$$L_{xy}L_{yy}^{-}L_{yx} = (n_1(\bar{x}^{(1)} - \bar{x}) \cdots n_p(\bar{x}^{(p)} - \bar{x})) \begin{pmatrix} n_1^{-1} & & O \\ & \ddots & \\ O & & n_p^{-1} \end{pmatrix} \times \begin{pmatrix} n_1(\bar{x}^{(1)} - \bar{x})' \\ \vdots \\ n_p(\bar{x}^{(p)} - \bar{x})' \end{pmatrix}$$

$$= \sum_{j=1}^{p} n_j(\bar{x}^{(j)} - \bar{x})(\bar{x}^{(j)} - \bar{x})' = B_0,$$

于是方程(2.11)就变为

$$\lambda^2(W + B_0)a - B_0 a = 0,$$

即

$$\lambda^2 Wa - (1 - \lambda^2)B_0 a = 0,$$

即

$$\frac{\lambda^2}{1 - \lambda^2} Wa - B_0 a = 0. \tag{2.14}$$

比较(2.13)与(2.14),可见这两个方程是相同的,只是把$\frac{\lambda^2}{1 - \lambda^2}$代替了$\lambda^*$,相应的特征向量是相同的.因此可以知道 Fisher 判别准则相当研究指标$x_1, \cdots, x_p$与分组假变量之间的典型相关变量,利用这些典型相关变量来进行判别.

2.4　典型相关与回归分析的关系　如果在回归问题中,把自变量$x_1, \cdots, x_k$也看成是随机变量,考虑的回归问题就是$y_1, \cdots, y_p$对$x_1, \cdots, x_k$的投影,这就是本章§1所谈的第二类回归问题.

假定$p \leqslant k$,且V_{yy}是满秩的.如果$\mathrm{rk}\, V_{yy}^{-1}V_{yx}V_{xx}^{+}V_{xy} = p$,则有$p$对典型相关变量$(a_i'x, b_i'y), i = 1, 2, \cdots, p$,记

$$A = (a_1 a_2 \cdots a_p), \quad B = (b_1 b_2 \cdots b_p),$$

于是从(2.10)就知道

$$\begin{cases} A'V_{xx}A = I_p, \quad B'V_{yy}B = I_p, \\ A'V_{xy}B = \begin{pmatrix} \lambda_1 & & O \\ & \ddots & \\ O & & \lambda_p \end{pmatrix}. \end{cases} \tag{2.15}$$

从(2.15)我们就知道,如果引入典型相关变量

$$\underset{p \times 1}{\xi} = A'x, \quad \underset{p \times 1}{\eta} = B'y,$$

则有

$$V(\xi) = I_p, V(\eta) = I_p, \mathrm{cov}(\xi, \eta) = \begin{pmatrix} \lambda_1 & & O \\ & \ddots & \\ O & & \lambda_p \end{pmatrix}. \tag{2.16}$$

(2.16)式启发我们,可以用 ξ 的线性函数来预报 η;注意到 B 是满秩方阵,因而 y 可以 η 来线性表示;因而 y 可以 ξ 来线性表示;而 ξ 又是 x 的线性函数,于是 y 就可以用 x 来线性表示. 现在把这表示式求出来.

由于 $B'V_{yy}B = I_p$,因此 $V_{yy} = (B')^{-1}B^{-1}$. 又由于(2.16)及(1.2),

$$(\eta - E(\eta)) = \begin{bmatrix} \lambda_1 & & O \\ & \ddots & \\ O & & \lambda_p \end{bmatrix}(\xi - E(\xi)),$$

于是由 $y = (B')^{-1}\eta$,得

$$(y - E(y)) = (B')^{-1}(\eta - E(\eta)) = (B')^{-1}\begin{bmatrix} \lambda_1 & & O \\ & \ddots & \\ O & & \lambda_p \end{bmatrix}(\xi - E(\xi))$$

$$= (B')^{-1}\begin{bmatrix} \lambda_1 & & O \\ & \ddots & \\ O & & \lambda_p \end{bmatrix}A'(x - E(x)). \tag{2.17}$$

这样就求出了(2.17)的预报公式. 下面我们来证明这与(1.3)式给出的预报公式是一样的. 从(2.9)得 $A = V_{xx}^+ V_{xy}B\Lambda^{-1}$,因此

$$(B')^{-1}\Lambda A' = (B')^{-1}\Lambda\Lambda^{-1}B'V_{yx}V_{xx}^+ = V_{yx}V_{xx}^+,$$

也即

$$(y - E(y)) = V_{yx}V_{xx}^+(x - E(x)),$$

它实际上就是(1.3).

对于一般的情况,如果 $\mathrm{rk}\,V_{yy} \neq p$,此时就不能用 η 来表示 y,上述的结论一般说来是不成立的. 然而,我们可以形式上求解,利用广义逆来表示,此时所得结果形式上和(2.17)相仿,但已和回归的公式不一致了,这一点请读者注意.

上面的讨论中,并没有涉及 $x_1,\cdots,x_k$ 与 $y_1,\cdots,y_p$ 的资料矩阵 X,Y,对资料矩阵,所有论证都是一样的,只需将 $V_{xx},V_{xy},V_{yx},V_{yy}$ 换以相应的估计量就行了.

在结束这一节时,再证明一个事实,这有助于我们理解典型相关变量的统计意义. 在本节的开始,提出了要求 $\rho(a'x, b'y)$ 达到最大值且满足 $a'V_{xx}a = 1$, $b'V_{yy}b = 1$ 的解 a, b,使用了拉氏乘子法,但并没有证明,由此求得的解确实是使 $\rho(a'x, b'y)$ 达到了极大值. 现在来证明这一点. 为了证明简单,我们讨论 V_{xx}^{-1}, V_{yy}^{-1} 存在的情形,一般情况下的证明请读者作为一个练习自己补充. 今要求 a, b:

$$a'V_{xx}a = 1, \quad b'V_{yy}b = 1, a'V_{xy}b \text{ 最大},$$

也就是要求 α, β:($\alpha = V_{xx}^{\frac{1}{2}}a$, $\beta = V_{yy}^{\frac{1}{2}}b$)

$$\alpha'\alpha = 1, \quad \beta'\beta = 1, \quad \alpha'V_{xx}^{-\frac{1}{2}}V_{xy}V_{yy}^{-\frac{1}{2}}\beta \text{ 最大}.$$

今 $(\alpha'A\beta)^2 \leqslant (\alpha'\alpha)(\beta'A'A\beta) = \beta'A'A\beta$，且等式成立的充要条件是 $\alpha = \lambda A\beta$，注意到 $\alpha'\alpha = 1$，就得

$$\alpha = \frac{A\beta}{\|A\beta\|}, \quad \lambda^2 = \left(\frac{1}{\|A\beta\|}\right)^2.$$

又

$$A'A = V_{yy}^{-\frac{1}{2}}V_{yx}V_{xx}^{-1}V_{xy}V_{yy}^{-\frac{1}{2}},$$

选 $\beta'\beta = 1$ 使 $\beta'A'A\beta$ 达到最大，也就是求 $A'A$ 的最大特征根所对应的单位长度的特征向量，因此 β 是方程

$$V_{yy}^{-\frac{1}{2}}V_{yx}V_{xx}^{-1}V_{xy}V_{yy}^{-\frac{1}{2}}\beta = \lambda_1\beta \tag{2.18}$$

的解，λ_1 是 $A'A$ 的最大特征根，也就是 $V_{yy}^{-1}V_{yx}V_{xx}^{-1}V_{xy}$ 的最大特征根．将(2.18)用 b 写出，就是

$$V_{yy}^{-\frac{1}{2}}V_{yx}V_{xx}^{-1}V_{xy}V_{yy}^{-\frac{1}{2}}(V_{yy}^{\frac{1}{2}}b) = \lambda_1 V_{yy}^{\frac{1}{2}}b,$$

也即

$$V_{yx}V_{xx}^{-1}V_{xy}b = \lambda_1 V_{yy}b.$$

它就是(2.5)式．这就证明了前面所求得的 b 确实使 $\rho(a'x, b'y)$ 达到了极大值．

§3. 广义相关系数

在本节中总假定已知随机向量 $\underset{p\times1}{x}$，$\underset{q\times1}{y}$ 的联合方差协差阵为 V，即

$$V = V\binom{x}{y} = \begin{bmatrix} V_{xx} & V_{xy} \\ V_{yx} & V_{yy} \end{bmatrix}, \tag{3.1}$$

其中

$$V_{xx} = V(x), \quad V_{yy} = V(y),$$
$$V_{xy} = \operatorname{cov}(x, y) = V'_{yx}.$$

定义 3.1　我们称 $M_{yx} = V_{yy}^+V_{yx}V_{xx}^+V_{xy}$ 是 x, y 的线性关联阵；$r = \operatorname{rk}M_{yx}$ 称为 x, y 的相关秩，用符号 $\operatorname{rk}(x, y)$ 表示；M_{yx} 的全部非零特征根用 $\lambda_1, \cdots, \lambda_r$ 表示，下列各个量，每一个都称为 x 与 y 的广义相关系数：

(1) $\sqrt[r]{\lambda_1\cdots\lambda_r}$, 　用 $\rho_{xy}^{(1)}$ 表示, $\qquad$ (3.2)

(2) $\frac{1}{r}\left(\sum_{i=1}^r \lambda_i\right)$, 　用 $\rho_{xy}^{(2)}$ 表示, $\qquad$ (3.3)

(3) $\max_{1\leqslant i\leqslant r}\lambda_i$, 　用 $\rho_{xy}^{(3)}$ 表示, $\qquad$ (3.4)

(4) $\min_{1\leqslant i\leqslant r}\lambda_i$, 　用 $\rho_{xy}^{(4)}$ 表示, $\qquad$ (3.5)

(5) $\left(\dfrac{1}{r}\sum\limits_{i=1}^{r}\lambda_i^{-1}\right)^{-1}$,　用 $\rho_{xy}^{(5)}$ 表示,　　　　　　　　　(3.6)

如果 $r=0$,就规定 $\rho_{xy}^{(i)}=0$,$i=1,2,\cdots,5$. 为了方便,凡是命题对这五个广义相关系数都成立的,我们用 ρ_{xy} 来叙述,也即 ρ_{xy} 代表 $\rho_{xy}^{(i)}$ 的任何一个.下面列举一些 ρ_{xy} 的性质:

(i) 对称性 $\rho_{xy}=\rho_{yx}$.因为 M_{yx} 与 M_{xy} 的全部非 0 特征根相同,且 $\mathrm{rk}(x,y)=\mathrm{rk}(y,x)$.

(ii) $0\leqslant\rho_{xy}\leqslant1$.

(iii) $\rho_{xy}-0\leftrightarrow V_{xy}-O$.由定义 $\rho_{xy}=0\Leftrightarrow M_{xy}$ 的全部特征根均为 0,因此 $\rho_{xy}=0\Leftrightarrow M_{xy}=O$.由 $V_{xy}=O\Rightarrow M_{xy}=O$ 是明显的,只需证 $M_{xy}=O\Rightarrow V_{xy}=O$.今 $O=M_{xy}=V_{xx}^+V_{xy}V_{yy}^+V_{yx}$,因此 $O=V_{xx}M_{xy}=V_{xx}V_{xx}^+V_{xy}V_{yy}^+V_{yx}=V_{xy}V_{yy}^+V_{yx}$,这就导出 $V_{xy}V_{yy}^+V_{yx}=O$,而 $V_{xy}V_{yy}^+V_{yx}=O\Leftrightarrow V_{yy}^+V_{yx}=O\Leftrightarrow V_{yy}V_{yy}^+V_{yx}=O$(即 $V_{yx}=O$).这就说明不相关时,$\rho_{xy}=0$;$\rho_{xy}=0$ 时,x 与 y 不相关.

(iv) 设 $V_{yy}\neq O$,$y=Ax$,则 $\rho_{xy}=1$.

因为 $y=Ax$ 时,$V_{yy}=AV_{xx}A'$,$V_{xy}=V_{xx}A'$,因此就有
$$M_{yx}=V_{yy}^+V_{yx}V_{xx}^+V_{xy}=(AV_{xx}A')^+AV_{xx}V_{xx}^+V_{xx}A'$$
$$=(AV_{xx}A')^+(AV_{xx}A').$$

注意到对任一 B,B^+B 是一投影阵,它的特征根非 0 即 1,而 $AV_{xx}A'=V_{yy}\neq O$,因此至少有一个非 0 特征根,这就得到 $\rho_{xy}=1$.完全类似,设 $V_{xx}\neq O$,$x=By$,则 $\rho_{xy}=1$.

(v) 当 $p=q=1$ 时,ρ_{xy} 就是一元统计分析中相关系数的平方.这是因为此时
$$M_{xy}=(\sigma^2(y))^+\mathrm{cov}(y,x)(\sigma^2(x))^+\mathrm{cov}(x,y)$$
$$=\left[\frac{\mathrm{cov}(x,y)}{\sqrt{\sigma^2(y)\sigma^2(x)}}\right]^2.$$

下面我们对两种特殊的情况来找出 ρ_{xy} 的表达式.

例3.1　考虑 $p=1,q\geqslant1$ 的情形.

此时 $V_{xx}=\sigma^2(x)$,就是 x 的方差,$V_{xy}\triangleq(\sigma_1,\cdots,\sigma_q)\triangleq\sigma'$,其中 $\sigma_i=\mathrm{cov}(x,y_i)$,$i=1,2,\cdots,q$,因而 $\sigma=V_{yx}$,所以
$$M_{yx}=V_{yy}^+V_{yx}V_{xx}^+V_{xy}=V_{yy}^+\sigma(\sigma^2(x))^+\sigma',$$
而
$$M_{xy}=V_{xx}^+V_{xy}V_{yy}^+V_{yx}=\frac{1}{\sigma^2(x)}\sigma'V_{yy}^+\sigma\qquad(3.7)$$

就是一个数,它也就是 M_{yx} 阵的唯一的非零特征根.和第二章公式(4.19)相比较,就可以看出此时五种广义相关系数都导出全相关系数,它就是(3.7)中的值,它是

y 对 x 的全相关系数.

例 3.2　设有三个随机向量 $\underset{p\times1}{x},\underset{q\times1}{y},\underset{s\times1}{u}$，现在来求 $E\{x\mid u\},E\{y\mid u\}$ 的广义相关系数. $E\{x\mid u\},E\{y\mid u\}$ 分别是 x,y 对 u 的条件期望，它们仍然是随机向量，为了方便，分别用 $\hat{x},\hat{y}$ 来表示.

引理 3.1

$$\begin{cases} V(x-\hat{x}) = V(x) - V(\hat{x}), V(y-\hat{y}) = V(y) - V(\hat{y}), \\ \text{cov}(x-\hat{x}, y-\hat{y}) = \text{cov}(x,y) - \text{cov}(\hat{x},\hat{y}). \end{cases} \tag{3.8}$$

证明　今 $\text{cov}(x-\hat{x},y-\hat{y})=E(x-\hat{x})(y-\hat{y})$，这是因为 $E(x-\hat{x})=Ex-E\hat{x}=0$，同样地 $E(y-\hat{y})=0$.注意到

$$E\hat{x}y = E(E\{\hat{x}y\mid u\}) = E(\hat{x}E\{y\mid u\}) = E\hat{x}\hat{y},$$

因此就有 $Ex\hat{y} = E\hat{x}\hat{y}$，于是

$$\begin{aligned} \text{cov}(x-\hat{x},y-\hat{y}) &= Exy - E\hat{x}y - Ex\hat{y} + E\hat{x}\hat{y} \\ &= Exy - E\hat{x}\hat{y} \\ &= E(x-Ex)(y-Ey) - E(\hat{x}-E\hat{x})(y-E\hat{y}) \\ &= \text{cov}(x,y) - \text{cov}(\hat{x},\hat{y}). \end{aligned}$$

将 y 取成 x，或将 x 取成 y，就分别得

$$V(x-\hat{x}) = V(x) - V(\hat{x}), V(y-\hat{y}) = V(y) - V(\hat{y}).$$

(3.8)式实际上是平方和分解公式，将带负号的项移到左边，就有

$$V(x) = V(x-\hat{x}) + V(\hat{x}), V(y) = V(y-\hat{y}) + V(\hat{y}),$$
$$\text{cov}(x,y) = \text{cov}(\hat{x},\hat{y}) + \text{cov}(x-\hat{x},y-\hat{y}).$$

设 x,y,u 均为正态随机变量，于是有

$$\hat{x} = E\{x\mid u\} = E(x) + V_{xu}V_{uu}^+(u-E(u)),$$
$$\hat{y} = E\{y\mid u\} = E(y) + V_{yu}V_{uu}^+(u-E(u)).$$

因此用引理 3.1 的(3.8)式，就有

$$\begin{aligned} V(x-\hat{x}) &= V(x) - V_{xu}V_{uu}^+V_{uu}V_{uu}^+V_{ux} \\ &= V_{xx} - V_{xu}V_{uu}^+V_{ux} \triangleq V_{xx}(u), \end{aligned}$$

同理

$$V(y-\hat{y}) = V_{yy} - V_{yu}V_{uu}^+V_{uy} \triangleq V_{yy}(u),$$
$$\text{cov}(x-\hat{x},y-\hat{y}) = V_{xy} - V_{xu}V_{uu}^+V_{uy} = V_{xy}(u),$$

于是 $x-\hat{x}$ 与 $y-\hat{y}$ 的线性关联矩阵

$$M_{x-\hat{x}\,y-\hat{y}} = V_{xx}^+(u)V_{xy}(u)V_{yy}^+(u)V_{yx}(u). \tag{3.9}$$

要判断 $x-\hat{x}$ 与 $y-\hat{y}$ 线性相关的情况，就要考察(3.9)式 $M_{x-\hat{x}\,y-\hat{y}}$ 的非零特征根.

现在考虑由样本的资料矩阵来求出相应的广义相关系数.设有 n 个样品：

$$\begin{bmatrix} x_{(1)} \\ y_{(1)} \end{bmatrix}, \begin{bmatrix} x_{(2)} \\ y_{(2)} \end{bmatrix}, \cdots, \begin{bmatrix} x_{(n)} \\ y_{(n)} \end{bmatrix},$$

记

$$\underset{n \times p}{X} = \begin{bmatrix} x'_{(1)} \\ \vdots \\ x'_{(n)} \end{bmatrix}, \quad \underset{n \times q}{Y} = \begin{bmatrix} y'_{(1)} \\ \vdots \\ y'_{(n)} \end{bmatrix}.$$

考虑随机向量 u 相应的样本资料,记为 $u_{(1)}, \cdots, u_{(n)}$ 和矩阵 $\underset{n \times s}{U} = \begin{bmatrix} u'_{(1)} \\ \vdots \\ u'_{(n)} \end{bmatrix}.$

记

$$\begin{cases} L_{xx}(u) = X'(I - UU^+)X, L_{yy}(u) = Y'(I - UU^+)Y, \\ L'_{yx}(u) = L_{xy}(u) = X'(I - UU^+)Y. \end{cases} \tag{3.10}$$

于是

$$\hat{M}_{x-\hat{x}y-\hat{y}} = L_{xx}^+(u)L_{xy}(u)L_{yy}^+(u)L_{yx}(u). \tag{3.11}$$

考虑 u 是一个常数 1,于是资料阵是 $n \times 1$ 的向量,此时 $U = \mathbf{1}_n, U^+ = (\mathbf{1}'\mathbf{1})^+ \mathbf{1}' = \frac{1}{n}\mathbf{1}'$,因此 $UU^+ = \frac{1}{n}\mathbf{1}\mathbf{1}' = \frac{1}{n}J$,从 (3.10) 得

$$\begin{cases} L_{xx}(1) = X'\left(I - \frac{1}{n}J\right)X, L_{yy} = Y'\left(I - \frac{1}{n}J\right)Y, \\ L'_{yx}(1) = L_{xy}(1) = X'\left(I - \frac{1}{n}J\right)Y. \end{cases}$$

可见,我们在前面常用的 L_{xx}, L_{xy}, L_{yy} 实际上都是 $u = 1$ 的情形,以后就用 L_{xx}, L_{xy} 来表示 $L_{xx}(1), L_{xy}(1)$.

考虑 u 是 $s \times 1$ 向量,从投影的性质可以很快就看出

$$L_{xx}\left(\begin{pmatrix} 1 \\ u \end{pmatrix}\right) = L_{xx} - L_{xu}L_{uu}^+L_{ux},$$

$$L_{xy}\left(\begin{pmatrix} 1 \\ u \end{pmatrix}\right) = L_{xy} - L_{xu}L_{uu}^+L_{ux},$$

上式中的 $L_{xx}, L_{xy}, L_{xu}, L_{uu}$ 的意义就是我们前面常用的.为了能导出和第五章中完全相同的公式,我们把 u 和 x 的地位对换一下.于是

$$\hat{y} = E\{y \mid x\}, \quad \hat{u} = E\{u \mid x\}.$$

在 x, y, u 都是正态变量的假定下,

$$\hat{M}_{y-\hat{y}u-\hat{u}} = L_{yy}^+\left(\begin{pmatrix} 1 \\ x \end{pmatrix}\right)L_{yu}\left(\begin{pmatrix} 1 \\ x \end{pmatrix}\right)L_{uu}^+\left(\begin{pmatrix} 1 \\ x \end{pmatrix}\right)L_{uy}\left(\begin{pmatrix} 1 \\ x \end{pmatrix}\right).$$

回忆一下回归分析的一些公式,当

$$E(Y) = (\mathbf{1}\ X\ U)\begin{bmatrix} \beta_0 \\ B_1 \\ B_2 \end{bmatrix} \tag{3.12}$$

时,和第五章 §4 中的(4.1)和(4.2)一样,考虑(3.12)及

$$E(Y) = (\mathbf{1}\ X)\begin{bmatrix} \beta_0 \\ B_1 \end{bmatrix} \tag{3.13}$$

的关系,(3.13)实际上是 $H_0: B_2 = O$ 成立时的模型,我们用 Q_{H_0} 表示(3.13)相应的残差阵,很明显

$$Q_{H_0} = L_{yy}\left(\begin{pmatrix} 1 \\ x \end{pmatrix}\right) = L_{yy} - L_{yx}L_{xx}^+L_{xy}.$$

如果用与第五章定理 4.1 的相仿的证法,以及相类似的记号,就一样可以证出:

$$\begin{cases} \hat{B}_2 = L_{uu}^-\left(\begin{pmatrix} 1 \\ x \end{pmatrix}\right)L_{uy}\left(\begin{pmatrix} 1 \\ x \end{pmatrix}\right), \\ \hat{B}_1(u) = \hat{B}_1 - L_{xx}^-L_{xu}\hat{B}_2, \\ \hat{\beta}_0(u) = \bar{y}' - \bar{x}'\hat{B}_1(u) - \bar{u}'\hat{B}_2, \end{cases} \tag{3.14}$$

其中

$$\bar{u} = \frac{1}{n}U'\mathbf{1}.$$

因此

$$\hat{M}_{y-\hat{y}u-\hat{u}} = Q_{H_0}^+ L_{yu}\left(\begin{pmatrix} 1 \\ x \end{pmatrix}\right)L_{uu}^+\left(\begin{pmatrix} 1 \\ x \end{pmatrix}\right)L_{uy}\left(\begin{pmatrix} 1 \\ x \end{pmatrix}\right)$$

$$= Q_{H_0}^+ L_{yu}\left(\begin{pmatrix} 1 \\ x \end{pmatrix}\right)L_{uu}^-\left(\begin{pmatrix} 1 \\ x \end{pmatrix}\right)L_{uu}\left(\begin{pmatrix} 1 \\ x \end{pmatrix}\right) \times L_{uu}^-\left(\begin{pmatrix} 1 \\ x \end{pmatrix}\right)L_{uy}\left(\begin{pmatrix} 1 \\ x \end{pmatrix}\right)$$

$$= Q_{H_0}^+ \hat{B}_2' L_{uu}\left(\begin{pmatrix} 1 \\ x \end{pmatrix}\right)\hat{B}_2 = Q_{H_0}^+(Q_{H_0} - Q_\Omega).$$

Q_Ω 记相应于(3.12)的残差阵.很明显,当 Q_{H_0} 有逆时,$\hat{M}_{y-\hat{y}u-\hat{u}} = I - Q_{H_0}^{-1}Q_\Omega$,它的特征根与 $Q_{H_0}^{-1}Q_\Omega$ 的特征根有关.我们来看一下,从五种广义相关系数的定义可以导出哪些统计量,现逐个地计算如下:

(1) 用 $\rho_{xy}^{(1)}$.即用 $\hat{M}_{y-\hat{y}u-\hat{u}}$ 的行列式

$$|\hat{M}_{y-\hat{y}u-\hat{u}}| = |I - Q_{H_0}^{-1}Q_\Omega| = |Q_{H_0}|^{-1}|Q_{H_0} - Q_\Omega|$$

$$= \frac{|Q_{H_0} - Q_\Omega|}{|Q_\Omega + (Q_{H_0} - Q_\Omega)|},$$

它与似然比的统计量有类似的形式.设 $Q_\Omega^{-1}Q_{H_0}$ 的全部非 0 特征根为 μ_i,由第五章

(5.10)看出 U 统计量(似然比导出的统计量是 $\prod\limits_{i=1}^{p}\mu_i^{-1}$. 很明显,当 $(Q_\Omega^{-1}Q_{H_0})^{-1}$ 存在时,μ_i^{-1} 就是 $Q_{H_0}^{-1}Q_\Omega$ 的特征根. 因此,广义相关系数导出的统计量是 $\prod\limits_{i=1}^{p}(1-\mu_i^{-1})$,似然比导出的统计量是 $\prod\limits_{i=1}^{p}\mu_i^{-1}$,$\prod\limits_{i=1}^{p}(1-\mu_i^{-1})$ 反映了相关的情况,$\prod\limits_{i=1}^{p}\mu_i^{-1}$ 反映了不相关的情况.

(2) 用 $\rho_{xy}^{(2)}$. 即用 $\hat{M}_{y-\hat{y}u-\hat{u}}$ 的迹,和(1)相仿讨论,此时由广义相关系数导出的统计量等价于 $\mathrm{tr}Q_{H_0}^{-1}Q_\Omega$,它就是 $Q_\Omega^{-1}Q_{H_0}$ 的全部非 0 特征根 μ_i 的倒数之和,也即为 $\sum\limits_{i=1}^{p}\mu_i^{-1}$.

(3) 用 $\rho_{xy}^{(3)}$. 即用 $\hat{M}_{y-\hat{y}u-\hat{u}}$ 的最大特征根,也即等价于用 $Q_{H_0}^{-1}Q_\Omega$ 的最小的非零特征根,也就是用 $Q_\Omega^{-1}Q_{H_0}$ 的最大的非 0 特征根 μ_1.

(4) 用 $\rho_{xy}^{(4)}$. 和(3)相仿,就知道它等价于用 $Q_\Omega^{-1}Q_{H_0}$ 的最小的非 0 特征根.

(5) 用 $\rho_{xy}^{(5)}$. 和(2)相仿,此时 $\hat{M}_{y-\hat{y}u-\hat{u}}$ 的全部非 0 特征根的倒数为 $\sum\limits_{i=1}^{p}(1-\mu_i^{-1})^{-1}$,其中 μ_i 是 $Q_\Omega^{-1}Q_{H_0}$ 的非 0 特征根,也即用 $\sum\limits_{i=1}^{p}\dfrac{\mu_i}{\mu_i-1}$.

从上面可以看出,用广义相关系数可以系统地导出许多检验 $H_0:B_2=O$ 的统计量,其中大部分都是过去有人提出过的. 有趣的是当 $s=1$ 时,也即要检验的假设 $H_0:\underset{s\times p}{B_2}=O$ 是 $H_0:\underset{s\times 1}{b_u}=0$ 时,这五个由广义相关系数导出的统计量都是 T^2,因为此时 $Q_{H_0}^{-1}(Q_{H_0}-Q_\Omega)$ 只有一个非 0 特征根,因此五种定义都一样,都导出 T^2. 我们在第七章中还可以看到对一般的线性模型的线性假设检验,情况也是如此.

§4. 主成分分析及主分量分析

主成分分析是将多个指标化为少数指标的一种统计方法. 设有 n 个样品,每个样品测得 p 个指标,共有 np 个数据,然而指标之间往往互有影响,如何从 p 个指标中去找出很少几个综合性的指标,利用对少数指标的分析来达到我们的目的. 当然希望找到的综合指标能尽可能多地反映原来资料的信息,而且彼此之间还应是相互独立的. 我们先从理论上来讨论,然后对样本资料给出处理的方法.

假定 $\underset{p\times 1}{x}$ 是 p 维随机向量,$E(x)=\mu$,$V(x)=V$. 现求 x 的线性函数 $a'x$ 使得 $a'x$ 的方差尽可能地大. 由于 $V(a'x)=a'Va$,对任给的常数 c,$V(ca'x)=ca'V(x)ac=c^2a'V(x)a$,因此对 a 不加限制时,问题会变成没有什么意义了. 于

是可限制 $a'a=1$,求 $V(a'x)$ 的最大值.实际上,这就是求

$$\max_{a\neq 0}\frac{a'Va}{a'a}$$

的值.从第一章我们知道这就是矩阵 V 的最大特征根 λ_1,并且 a 就是 λ_1 相应的特征向量.利用非负定阵 $V(x)$ 的谱分解,设

$$V = \sum_{i=1}^{r}\lambda_i\gamma_i\gamma_i', \quad r = \text{rk}(V),$$

$\lambda_1\geq\lambda_2\geq\cdots\geq\lambda_r>0$ 是 V 的全部非零特征根,γ_i 是 λ_i 相应特征向量,于是自然有:
$\gamma_i'\gamma_j = \delta_{ij}$ 且

$$\gamma_i'V\gamma_j = \sum_{a=1}^{r}\lambda_a\gamma_i'\gamma_a\gamma_a'\gamma_j = \lambda_i\delta_{ij}, \quad i,j = 1,2,\cdots,r.$$

由此可知,选 $a_i = \gamma_i, i=1,2,\cdots,r$,则有

$$a_i'a_i = 1, \quad a_i'Va_j = \text{cov}(a_i'x,a_j'x) = \delta_{ij}\lambda_i,$$
$$i,j = 1,2,\cdots,r,$$
$$\max_{a'a=1} a'Va = \lambda_1 = a_1'Va_1,$$
$$\max_{\substack{a'a=1\\a'a_1=0}} a'Va = \lambda_2 = a_2'Va_2,$$
$$\vdots$$
$$\max_{\substack{a'a=1\\a'a_i=0,i=1,\cdots,r-1}} a'Va = \lambda_r = a_r'Va_r.$$

(这些结论参看第一章 §6 的 6.3).

因此,我们把 V 的非 0 特征根 $\lambda_1\geq\cdots\geq\lambda_r>0$ 所相应的特征向量(单位化的) $a_1,\cdots,a_r$ 分别作为系数向量,$a_1'x,a_2'x,\cdots,a_r'x$ 分别称为随机向量 x 的第一主成分、第二主成分、……、第 r 主成分.我们还是从平方和分解的观点来说明它们的统计意义.随机向量 x 的协差阵为 V,于是 V 中的主对角元素 $v_{11},\cdots,v_{pp}$ 分别表示随机向量 x 中各个分量 $x_1,\cdots,x_p$ 的方差,因而 x 的"总方差"也就可以认为是 $v_{11}+\cdots+v_{pp} = \text{tr}V$.另一方面,$a_1'x,\cdots,a_r'x$ 是 r 个互相不相关的随机变量(因为 $a_i'Va_j=0, i\neq j$),它们是 r 个随机向量 x 的"综合指标"——线性函数.用线性变换的写法,记

$$\underset{r\times p}{A'} = \begin{bmatrix} a_1' \\ \vdots \\ a_r' \end{bmatrix}, \quad 令 \underset{r\times 1}{y} = \underset{p\times 1}{A'}x, \tag{4.1}$$

就把随机向量 $x\to y$,且 $V(y) = A'V(x)A = \begin{bmatrix} \lambda_1 & & O \\ & \ddots & \\ O & & \lambda_r \end{bmatrix}$,即 $y_1,\cdots,y_r$ 不相关,

各自的方差为 $\lambda_1,\cdots,\lambda_r$, 总的方差是 $\lambda_1 + \cdots + \lambda_r = \mathrm{tr}V$. 由此可见, 主成分分析是把 p 个随机变量的总方差 $\mathrm{tr}V$ 分解为 r 个不相关的随机变量的方差之和 $\lambda_1 + \cdots + \lambda_r$, 使第一主成分的方差达到最大(也即是变化最大的方向向量所相应的线性函数), 最大的方差是 λ_1. $(\lambda_1/\mathrm{tr}V) = \lambda_1 \Big/ \Big(\sum\limits_{i=1}^{r} \lambda_i \Big)$ 表明了 λ_1 的方差在全部方差中的比值, 称为第一主成分的贡献率, 这个值越大, 表明 $a_1'x$ 这个变量"综合"$x_1,\cdots,$ x_p 的能力越强. 也可以说, 由 $a_1'x$ 的差异来解释 x 这个随机向量的差异的能力越强. 正因为这样, 才把 $a_1'x$ 称为 x 的主成分. 也就是 x 的主要部分. 了解到这一点, 就可以明白, 为什么主成分的名次是按特征根 $\lambda_1,\cdots,\lambda_r$ 取值的大小顺序排列的.

当然, 我们也可以将上述问题改为用相关阵 R 来叙述的极值问题, 即求

$$\begin{cases} a'a = 1, \\ a'DRDa \text{ 最大}, \text{其中 } D = \begin{bmatrix} v_{11}^{\frac{1}{2}} & & O \\ & \ddots & \\ O & & v_{pp}^{\frac{1}{2}} \end{bmatrix}, \end{cases}$$

$\{v_{ii}\}$ 是协差 V 中的主对角元素.

或等价地, 求

$$\begin{cases} a'D^{-2}a = 1 \\ a'Ra \text{ 最大}. \end{cases}$$

这两者所得的结果是一致的.

现在来讨论如何从样本的资料矩阵出发来求出主成分的分量. 设 $x_{(\alpha)} = (x_{\alpha 1} x_{\alpha 2} \cdots x_{\alpha p})'$, $\alpha = 1, 2, \cdots, n$, 是第 α 个样品的数据, 记

$$\underset{n \times p}{X} = \begin{bmatrix} x_{(1)}' \\ \vdots \\ x_{(n)}' \end{bmatrix} = (x_{ij}).$$

平均值向量是 $\bar{x} = \dfrac{1}{n}X'\mathbf{1}$, 协差阵的估计量(这里用的是极大似然估计, 也可用无偏估计)是

$$S = \frac{1}{n}X'\Big(I - \frac{1}{n}J \Big)X = \frac{1}{n}L_{xx}.$$

为了方便, 无妨设 $\bar{x} = 0$, 否则用 $x_{(\alpha)} - \bar{x}$ 代替原始资料 $x_{(\alpha)}$ 就得. 此时形式比较简单, $S = \dfrac{1}{n}X'X$. 设 $\dfrac{1}{n}X'X$ 的特征根及特征向量均已求得(算法可参看第一章 §9), 设为 $\lambda_1,\cdots,\lambda_r$ 及 $a_1, a_2, \cdots, a_r$, 于是令 $A' = \begin{bmatrix} a_1' \\ \vdots \\ a_r' \end{bmatrix}$, $\underset{r \times 1}{y} = \underset{r \times p}{A'}\ \underset{p \times 1}{x}$ 后, y 就是 x 的各个

主成分,因此主成分的资料矩阵

$$
\mathop{Y}_{n\times r} = \begin{bmatrix} y'_{(1)} \\ \vdots \\ y'_{(n)} \end{bmatrix} = \begin{bmatrix} (A'x_{(1)})' \\ \vdots \\ (A'x_{(n)})' \end{bmatrix} = \mathop{X}_{n\times p} \mathop{A}_{p\times r}, \tag{4.2}
$$

且

$$
\frac{1}{n} Y'Y = \frac{1}{n} A'X'XA = \begin{bmatrix} a'_1 \\ \vdots \\ a'_r \end{bmatrix} \Big(\sum_{i=1}^r \lambda_i a_i a'_i \Big) (a_1 \cdots a_r)
$$

$$
= \begin{bmatrix} \lambda_1 & & O \\ & \ddots & \\ O & & \lambda_r \end{bmatrix},
$$

$$
\bar{y} = \frac{1}{n} Y'\mathbf{1} = \frac{1}{n} A'X'\mathbf{1} = \frac{1}{n} A'\bar{x} = 0 \ (因为 \ \bar{x} = 0).
$$

也即主成分的协差阵 $Y'Y$ 是一对角阵,主对角元素是主成分的样本方差.

通常我们不需要用全部的主成分,只用其中的头几个,一般说来,当$(\lambda_1 + \cdots + \lambda_l)/\mathrm{tr}V \geqslant 85\%$ 时,这头 l 个就足够了,因为这 l 个主成分的方差已占全部的总方差的 85% 以上.

现在我们再回到理论模型,设 $\mathop{x}_{p\times 1}$ 是 p 维随机向量,假定 $V(x) = \mathop{V}_{p\times p}$ 是满秩的.于是由谱分解可知,存在正交阵 A 使 $A'VA = \begin{bmatrix} \lambda_1 & & O \\ & \ddots & \\ O & & \lambda_p \end{bmatrix}$,即有 p 个互不相关的主成分 $y = A'x$,注意到 A 是正交的,就有 $x = Ay$. 也就是说,x 的每一个分量都是主成分的线性组合,把它详细地写下来,就是

$$
\begin{bmatrix} x_1 \\ x_2 \\ \vdots \\ x_p \end{bmatrix} = \begin{bmatrix} a_{11} & a_{12} & \cdots & a_{1p} \\ a_{21} & a_{22} & \cdots & a_{2p} \\ \vdots & \vdots & & \vdots \\ a_{p1} & a_{p2} & \cdots & a_{pp} \end{bmatrix} \begin{bmatrix} y_1 \\ y_2 \\ \vdots \\ y_p \end{bmatrix}. \tag{4.3}
$$

在(4.3)式中,A 阵的第 i 列反映了 y_i 对 x 各个分量的作用.如果 A 中出现了一列中只有一个非零元素,例如第一列 $(a_{11}\cdots a_{p1})' = (1\ 0\ \cdots\ 0)'$,就知道主成分 y_1 只对 x_1 有作用,对其他的 $x_2, \cdots, x_p$ 都不起作用;如果 A 中某一列的元素均不为 0,就知道这一列相应的主成分对各个变量 $x_1, \cdots, x_p$ 都有作用.因此,很容易理解到人们对前一种主成分称它为特殊成分,而把后一种称为公共成分("特殊"或"公共"都是指对 $x_1, \cdots, x_p$ 的作用).如果我们只选用一部分主成分变量,设为前 r 个$(r < p)$,用它们来反映 $x_1, \cdots, x_p$ 就不够了,因为此时代替(4.3)式的是

$$
\begin{bmatrix} x_1 \\ \vdots \\ x_p \end{bmatrix} \cong \begin{bmatrix} a_{11} & \cdots & a_{1r} \\ \vdots & & \vdots \\ a_{p1} & \cdots & a_{pr} \end{bmatrix} \begin{bmatrix} y_1 \\ \vdots \\ y_r \end{bmatrix} \triangleq \begin{bmatrix} \hat{x}_1 \\ \vdots \\ \hat{x}_p \end{bmatrix}, \tag{4.4}
$$

(4.4)式不能与成等号,只能写成不等号,为了以示区别,(4.4)的右端写成 $(\hat{x}_1, \cdots, \hat{x}_p)'$. 由于 $y_1, \cdots, y_p$ 是不相关的,从等式(4.3)得

$$
V(x_i) = \sum_{j=1}^{p} a_{ij}^2 V(y_j) = \sum_{j=1}^{p} \lambda_j a_{ij}^2, \tag{4.5}
$$

从(4.4)得

$$
V(\hat{x}_i) = \sum_{j=1}^{r} a_{ij}^2 V(y_j) = \sum_{j=1}^{r} \lambda_j a_{ij}^2. \tag{4.6}
$$

比较(4.5)与(4.6)两式,就明显看到用 $\hat{x}_i$ 去代替 x_i 时, $\hat{x}_i$ 能说明 x_i 的方差的一部分,所占的比例是 $\sum_{j=1}^{r} \lambda_j a_{ij}^2 \Big/ \sum_{j=1}^{p} \lambda_j a_{ij}^2$. 可见当 λ_j 越大时比值也大,另一方面也取决于 a_{ij}^2,因此 a_{ij} 称为第 i 个变量 x_i 在第 j 个主成分 y_j 上的载荷.

从(4.4)式出发,如果对主成分 $y_1, \cdots, y_r$ 的方差施行标准化,令

$$
f = \begin{bmatrix} f_1 \\ \vdots \\ f_r \end{bmatrix} = \begin{bmatrix} (\sqrt{\lambda_1})^{-1} & & O \\ & \ddots & \\ O & & (\sqrt{\lambda_r})^{-1} \end{bmatrix} \begin{bmatrix} y_1 \\ \vdots \\ y_r \end{bmatrix},
$$

于是

$$
V(f) = \begin{bmatrix} (\sqrt{\lambda_1}^{-1}) & & O \\ & \ddots & \\ O & & (\sqrt{\lambda_r})^{-1} \end{bmatrix} V \begin{bmatrix} y_1 \\ \vdots \\ y_r \end{bmatrix} \times \begin{bmatrix} (\sqrt{\lambda_1})^{-1} & & O \\ & \ddots & \\ O & & (\sqrt{\lambda_r})^{-1} \end{bmatrix} = I_r,
$$

$$
\begin{bmatrix} y_1 \\ \vdots \\ y_r \end{bmatrix} = \begin{bmatrix} \sqrt{\lambda_1} & & O \\ & \ddots & \\ O & & \sqrt{\lambda_r} \end{bmatrix} \begin{bmatrix} f_1 \\ \vdots \\ f_r \end{bmatrix},
$$

因此

$$
\begin{bmatrix} \hat{x}_1 \\ \vdots \\ \hat{x}_p \end{bmatrix} = \begin{bmatrix} a_{11} & \cdots & a_{1r} \\ \vdots & & \vdots \\ a_{p1} & \cdots & a_{pr} \end{bmatrix} \begin{bmatrix} \sqrt{\lambda_1} & & O \\ & \ddots & \\ O & & \sqrt{\lambda_r} \end{bmatrix} \begin{bmatrix} f_1 \\ \vdots \\ f_r \end{bmatrix} \triangleq Bf. \tag{4.7}
$$

(4.7)式给出了用若干个标准化主成分表示 $\hat{x}$ 的公式,相应的主成分载荷从(4.7)和(4.6)就可以看出只是将 $a_{ij} \to a_{ij}\sqrt{\lambda_j} = b_{ij}$,而且

$$
V(\hat{x}_i) = \sum_{j=1}^{r} b_{ij}^2. \tag{4.8}
$$

如果对标准化的主成分施行一个正交变换,即令

$$\begin{bmatrix} g_1 \\ \vdots \\ g_r \end{bmatrix} = \Gamma' \begin{bmatrix} f_1 \\ \vdots \\ f_r \end{bmatrix}, \quad (g = \Gamma' f), \tag{4.9}$$

则有 $f = \Gamma g$,且 $V(g) = \Gamma' V(f) \Gamma = \Gamma' \Gamma = I_r$,也即 g 仍然是标准化的主成分.用 g 来表示,就有

$$\hat{x} = Bf = B\Gamma g, \tag{4.10}$$

而

$$V(\hat{x}_i) = V(e_i' E \Gamma g) = e_i' B\Gamma V(g) \Gamma' Be_i$$

$$= e_i' B\Gamma \Gamma' B' e_i = e_i' BB' e_i = \sum_{j=1}^r b_{ij}^2$$

是不会改变的.因此,可以选取正交阵 Γ 使得经过变换以后载荷矩阵 $B\Gamma$ 具有某种指定的性质.这样就在很大的程度上允许我们去调节标准化主成分的变量,使得载荷矩阵有更强的实际意义.在下一节中我们将从具体例子中看到这些 Γ 阵的选法.

§5. 因 子 分 析

将主成分分析再向前推进一步,就是因子分析.因子分析的用处已为许多实际工作所证实,但是因子分析的模型和理论还是很不完善的,从数学上来看,还存在许多问题,这一节,我们从实际工作的要求来说明一些理论上的概念和具体的方法,并不对它的理论问题进行讨论,这一点希望读者注意.

我们先从一个具体的例子出发,然后进行一般的讨论.考虑人的五个生理指标:

$$x_1 : 收缩压, \qquad x_2 : 舒张压,$$
$$x_3 : 心跳间隔, \quad x_4 : 呼吸间隔,$$
$$x_5 : 舌下温度.$$

从生理学的知识知道,这五个指标是受植物神经支配的,植物神经分为交感神经与副交感神经,因此这五个指标至少是有两个公共的因子对它们有影响,如果用 f_1, f_2 分别表示交感神经与副交感神经这两个因子,那么可以设想

$$x = (x_1, x_2, x_3, x_4, x_5)$$

是 $f = (f_1, f_2)'$ 的线性函数(即 f_i 对各指标的影响是线性的),再加上其他对这些 x_i 有影响的因子,用函数的形式来写,就是

$$\begin{pmatrix} x_1 \\ x_2 \\ \vdots \\ x_5 \end{pmatrix} = \underset{5\times 2}{A} \begin{pmatrix} f_1 \\ f_2 \end{pmatrix} + \begin{pmatrix} g_1 \\ g_2 \\ \vdots \\ g_5 \end{pmatrix}, \quad (\text{或 } x = Af + g)$$

如果 $g_1, g_2, \cdots, g_5$ 还可以分解出一些公共因子,则就有

$$g = Bh + s,$$

实际上,也就是

$$x = Af + Bh + s = (AB)\begin{pmatrix} f \\ h \end{pmatrix} + s.$$

因此,总可以认为

$$x = At + s,$$

而 s 就无法再分解出公共的因子了,于是 s_i 就是 x_i 的特殊因子. 这就可以看出,如何从一组资料出发,分析出公共因子与特殊因子,在实际工作中是很有意义的.

写成数学的形式,就是下面的模型:假定随机向量 y 满足

$$\underset{p\times 1}{y} = \underset{}{A} \underset{q\times 1}{f} + \underset{p\times 1}{s}, \tag{5.1}$$

其中 f 是 $q\times 1$ 的随机向量,s 是 $p\times 1$ 的随机向量,A 是 $p\times q$ 的常数矩阵,且

$$\begin{cases} \text{(i) } q \leqslant p; \\ \text{(ii) } \mathrm{cov}(f,s) = 0; \\ \text{(iii) } V(f) = I_q, V(s) = \begin{bmatrix} \sigma_1^2 & & O \\ & \ddots & \\ O & & \sigma_p^2 \end{bmatrix}. \end{cases} \tag{5.2}$$

则称 y 具有因子结构. f 称为 y 的公共因子,s 称为 y 的特殊因子,也就是说 f 对 y 的每一个分量都有作用,而 s_i 是只对 y_i 起作用的. 我们先从 (5.1),(5.2) 这个假定的条件出发,讨论有关的种种性质,最后讨论如何从 y 的样本矩阵来定 A 的公式.

无妨假定 $E(y)=0, E(f)=0, E(s)=0$. 从 (5.1),(5.2) 就有

$$V(y) = E(Af + s)(Af + s)'$$

$$= AA' + D(\sigma), D(\sigma) = \begin{bmatrix} \sigma_1^2 & & O \\ & \ddots & \\ O & & \sigma_p^2 \end{bmatrix}, \tag{5.3}$$

我们假定 y 的每一个分量 y_i 的方差都是 1,将 A 阵的元素用 a_{ij} 写出,现在来看 a_{ij} 的统计意义. 从 (5.1),(5.2),(5.3) 得到

$$\begin{cases} y_i = \sum_{\alpha=1}^q a_{i\alpha} f_\alpha + s_i, \\ 1 = V(y_i) = \sum_{\alpha=1}^q a_{i\alpha}^2 + \sigma_i^2, \end{cases} \qquad i = 1, 2, \cdots, p. \tag{5.4}$$

记 $h_i^2 = \sum\limits_{\alpha=1}^q a_{i\alpha}^2$，则有

$$1 = h_i^2 + \sigma_i^2, \quad i = 1, 2, \cdots, p.$$

h_i^2 反映了公共因子对 y_i 的影响，称为公共因子对 y_i 的"贡献".当 $h_i^2 = 1$ 时，$\sigma_i^2 = 0$，即 y_i 能被公共因子的线性组合来表示；当 h_i^2 接近于 0 时，表明公共因子对 y_i 的影响不大，y_i 主要是由特殊因子 s_i 来描述的.因此可以看出 h_i^2 反映了变量 y_i 对公共因子 f 依赖的程度.另一方面，考虑指定的一个公共因子 f_α，f_α 对各个变量 y_i 的影响由 A 中第 α 列的元素来描述，于是

$$g_\alpha^2 = \sum_{i=1}^p a_{i\alpha}^2$$

称为公共因子 f_α 对 y 的贡献.很明显，g_α^2 的值越大，反映了 f_α 对 y 的影响也越大，g_α^2 是衡量公共因子重要性的一个尺度.从(5.4)，我们还得到

$$\mathrm{cov}(y_i, f_j) = \sum_{\alpha=1}^q a_{i\alpha} \mathrm{cov}(f_\alpha, f_j) + \mathrm{cov}(s_i, f_j) = a_{ij},$$

由于 $V(y_i) = 1$，$V(f_j) = 1$，于是 $a_{ij} = \rho(y_i, f_j)$，它就是 y_i，f_j 的相关系数.总结上面的讨论，我们得到 A 阵的统计意义如下：

(i) a_{ij} 是 y_i，f_i 的相关系数；

(ii) $\sum\limits_{\alpha=1}^q a_{i\alpha}^2$ 是 y_i 对公共因子依赖的程度；

(iii) $\sum\limits_{i=1}^p a_{i\alpha}^2$ 是 f_α 对 y 各个分量的总的影响，也就是 f_α 对 y 的"贡献".通常把矩阵 A 称为因子 f 的载荷矩阵.

如果已知 y 的相关阵 R 及 $\sigma_1^2, \cdots, \sigma_p^2$，于是从(5.3)就知道

$$R - D(\sigma) = AA',$$

记 $R^* = R - D(\sigma)$，则称 R^* 为约相关阵，R^* 中的主对角元素是 h_i^2，而不是 1，非对角元素和 R 中的是完全一样的.很明显，R^* 还是非负定的.现在来依次求出 A 阵中的各列，使相应的"贡献"有顺序 $g_1^2 \geqslant g_2^2 \geqslant \cdots \geqslant g_q^2$.

今 $R^* = AA'$，则用 r_{ij}^* 表 R^* 中的元素后，就有

$$r_{ij}^* = \sum_{\alpha=1}^q a_{i\alpha} a_{j\alpha}, \quad i, j = 1, 2, \cdots, p, \tag{5.5}$$

现在要求 $g_1^2 = \sum\limits_{i=1}^{p} a_{i1}^2$ 达到最大值的解. 这是条件极值问题, 令

$$T = \frac{1}{2} g_1^2 - \frac{1}{2} \sum_{i,j=1}^{p} \lambda_{ij} \Big(\sum_{\alpha=1}^{q} a_{i\alpha} a_{j\alpha} - r_{ij}^* \Big),$$

其中 λ_{ij} 是拉氏乘子, 且 $\lambda_{ij} = \lambda_{ji}$, 于是由

$$0 = \frac{\partial T}{\partial a_{i1}} = a_{i1} - \sum_{j=1}^{p} \lambda_{ij} a_{j1}, \quad i = 1,2,\cdots,p, \tag{5.6}$$

$$0 = \frac{\partial T}{\partial a_{il}} = - \sum_{j=1}^{p} \lambda_{ij} a_{jl}, \quad l \neq 1,$$

得 $\delta_{1l} a_{i1} - \sum\limits_{j=1}^{p} \lambda_{ij} a_{jl} = 0, i = 1,2,\cdots,p, l = 1,2,\cdots,q$. 用 a_{i1} 乘上式两边, 再求和, 就得

$$\delta_{1l} \sum_{i=1}^{p} a_{i1}^2 - \sum_{i=1}^{p} \sum_{j=1}^{p} \lambda_{ij} a_{jl} a_{i1} = 0,$$

利用(5.6), 得

$$\delta_{1l} g_1^2 - \sum_{j=1}^{p} a_{j1} a_{jl} = 0, \quad l = 1,2,\cdots,q$$

用 a_{il} 乘上式两边, 对 l 求和, 得

$$a_{i1} g_1^2 - \sum_{j=1}^{p} r_{ij}^* a_{j1} = 0, \quad i = 1,2,\cdots,p,$$

即有

$$(r_{i1}^* \cdots r_{ip}^*) \begin{pmatrix} a_{11} \\ \vdots \\ a_{p1} \end{pmatrix} = g_1^2 a_{i1}, \quad i = 1,2,\cdots,p,$$

即

$$\begin{bmatrix} r_{11}^* & \cdots & r_{1p}^* \\ \vdots & \ddots & \vdots \\ r_{p1}^* & \cdots & r_{pp}^* \end{bmatrix} \begin{bmatrix} a_{11} \\ \vdots \\ a_{p1} \end{bmatrix} = g_1^2 \begin{bmatrix} a_{11} \\ \vdots \\ a_{p1} \end{bmatrix}, \tag{5.7}$$

因此 g_1^2 是 R^* 的特征根(最大), $(a_{11} \cdots a_{p1})'$ 是 g_1^2 所相应的特征向量, 记它为 a_1. 于是从(5.7)式我们就知道, 如果我们取的是 R^* 的谱分解中最大的特征根 $\lambda_1 (= g_1^2)$ 以及 λ_1 相应的标准化的特征向量 γ_1, 则 γ_1 不能满足 $\gamma_1' \gamma_1 = \lambda_1$ (因为 $\gamma_1' \gamma_1 = 1$) 的条件, 然而对任给的常数 c, $c\gamma_1$ 还是 λ_1 相应的特征向量, 因此只要取 $a_1 = \sqrt{\lambda_1} \gamma_1$, 则由 $a_1' a_1 = \lambda_1 \gamma_1' \gamma_1 = \lambda_1 = g_1^2$, 它就满足我们的要求. 如此就求得了 A 阵中的第一列 a_1. 注意, 此时如果用 R^* 的谱分解式, 就有

$$R^* = \sum_{i=1}^{p} \lambda_i \gamma_i \gamma_i' = a_1 a_1' + \sum_{i=2}^{p} \lambda_i \gamma_i \gamma_i'. \tag{5.8}$$

注意到

$$R^* = AA' = (a_1 \cdots a_q) \begin{pmatrix} a_1' \\ \vdots \\ a_q' \end{pmatrix} = \sum_{\alpha=1}^{q} a_\alpha a_\alpha',$$

因此求出 a_1 后,将 R^* 减去 $a_1 a_1'$,就得

$$R^* - a_1 a_1' = \sum_{\alpha=2}^{q} a_\alpha a_\alpha'.$$

另一方面,对 $R^* - a_1 a_1'$ 重复上面的讨论,从(5.8)式就可看出,要求的 $g_2^2 = \lambda_2, a_2 = \sqrt{\lambda_2} \gamma_2$. 于是,就可依此类推,求得 $g_\alpha^2 = \lambda_\alpha, a_\alpha = \sqrt{\lambda_\alpha} \gamma_\alpha, \alpha = 1, 2, \cdots, q$. 这样,我们就解决了求 A 阵的问题. 只要对 R^* 阵进行谱分解,即将(5.8)改写为

$$R^* = (\gamma_1 \cdots \gamma_p) \begin{bmatrix} \lambda_1 & & O \\ & \ddots & \\ O & & \lambda_p \end{bmatrix} \begin{bmatrix} \gamma_1' \\ \vdots \\ \gamma_p' \end{bmatrix}$$

$$= (\gamma_1 \cdots \gamma_p) \begin{bmatrix} \sqrt{\lambda_1} & & O \\ & \ddots & \\ O & & \sqrt{\lambda_p} \end{bmatrix} \begin{bmatrix} \sqrt{\lambda_1} & & O \\ & \ddots & \\ O & & \sqrt{\lambda_p} \end{bmatrix} \begin{bmatrix} \gamma_1' \\ \vdots \\ \gamma_p' \end{bmatrix}, \tag{5.8}$$

由于 $\mathrm{rk} R^* = q$(因为由假定可知 $R^* = \underset{p \times q}{A} \underset{q \times p}{A'}$),于是(5.8)式中只有前 q 个 λ_i 不为 0,取

$$A = (\gamma_1 \cdots \gamma_q) \begin{bmatrix} \sqrt{\lambda_1} & & O \\ & \ddots & \\ O & & \sqrt{\lambda_q} \end{bmatrix}, \tag{5.9}$$

A 就是我们要求的解. 这样在模型上我们就解决了从 R^* 出发求 A 的问题.

在实际问题中,情况往往不是如此,首先,$R^*, R, D(\sigma)$ 均是未知的,已知的只有一组样品构成的样本资料阵 $\underset{n \times p}{Y}$,此时如何去求 A 呢? 我们从 Y 出发,可以求得样本的相关阵,记它为 $\hat{R}$,我们对 $\hat{R}$ 进行谱分解:

$$\underset{p \times p}{\hat{R}} = \sum_{i=1}^{p} \lambda_i \gamma_i \gamma_i',$$

其中 $\lambda_1 \geqslant \lambda_2 \geqslant \cdots \geqslant \lambda_p \geqslant 0$, γ_i 是 λ_i 相应的特征向量. 形式上完全一样,可先取头上若干个特征值 λ_i 及相应的特征向量. 但是取到多少个才停止呢? 这与主成分分析有所不同. 我们先取

$$a_1 = \gamma_1 \sqrt{\lambda_1},$$

然后看 $\hat{R} - a_1 a_1' \left(= \sum_{i=2}^{p} \lambda_i \gamma_i \gamma_i' \right)$ 是否接近对角阵. 如果接近对角阵了, 表明剩下的都是特殊因子的影响了, 公共因子只有一个; 如果不是近似对角阵, 那就还应考虑取 $a_2 = \gamma_2 \sqrt{\lambda_2}$, 然后再看 $\hat{R} - a_1 a_1' - a_2 a_2' \left(= \sum_{i=3}^{p} \lambda_i \gamma_i \gamma_i' \right)$ 是否接近对角阵, 如果接近了, 就停止, 否则再取 $a_3 = \gamma_3 \sqrt{\lambda_3}, \cdots$, 如此下去, 一直到最后为止. 但在实际问题中, 也有人直接就取头 q 个特征根及特征向量, 使得它们的特征值之和占全部特征根的 85% 以上, 如同主成分分析一样进行, 这样也是可以的. 因为在理论上, 还无法判定哪一个更好.

下面我们再回到模型(5.1), (5.2), (5.3)来讨论因子旋转的问题. 在(5.1)中, 如果令

$$\underset{q \times 1}{x} = \underset{q \times q}{\Gamma'} \underset{q \times 1}{f}, \text{且 } \Gamma'\Gamma = I_q,$$

则

$$y = A\Gamma x + s, \tag{5.10}$$

且

(i) $q \leqslant p$;

(ii) $\mathrm{cov}(x, s) = 0$;

(iii) $V(x) = \Gamma'V(f)\Gamma = \Gamma'\Gamma = I_q$, $V(s) = \begin{pmatrix} \sigma_1^2 & & O \\ & \ddots & \\ O & & \sigma_p^2 \end{pmatrix}$;

$$V(y) = A\Gamma\Gamma'A' + D(\sigma) = AA' + D(\sigma).$$

这就告诉我们: 如果 f 是公共因子, 则对每一个正交阵 Γ 而言, $\Gamma'f$ 还是公共因子. 然而(5.10)中的因子载荷阵是 $A\Gamma$ 而不是 A 了. 这就告诉我们: 一旦我们求得了一个因子载荷矩阵 A, 则对任一正交阵 Γ, $A\Gamma$ 还是一个因子载荷的矩阵. 利用这一点, 在实际工作中常常求出一个载荷阵 A 后, 就右乘正交阵 Γ, 使 $A\Gamma$ 能有更好的实际意义, 这样一种变换载荷矩阵的方法, 称为因子轴的旋转. 下面我们详细介绍方差最大的正交旋转(Varimax 旋转).

先考虑两个因子的平面正交旋转. 设因子载荷矩阵为

$$A = \begin{pmatrix} a_{11} & a_{12} \\ a_{21} & a_{22} \\ \vdots & \vdots \\ a_{p1} & a_{p2} \end{pmatrix}, \quad \Gamma = \begin{pmatrix} \cos\varphi & -\sin\varphi \\ \sin\varphi & \cos\varphi \end{pmatrix}.$$

记

$$B = A\Gamma$$

$$= \begin{bmatrix} a_{11}\cos\varphi + a_{12}\sin\varphi & -a_{11}\sin\varphi + a_{12}\cos\varphi \\ \vdots & \vdots \\ a_{p1}\cos\varphi + a_{p2}\sin\varphi & -a_{p1}\sin\varphi + a_{p2}\cos\varphi \end{bmatrix} \triangleq \begin{bmatrix} b_{11} & b_{12} \\ \vdots & \vdots \\ b_{p1} & b_{p2} \end{bmatrix}. \quad (5.11)$$

现在考虑这两个因子的"贡献",我们希望经过旋转后,因子的"贡献"越"分散"越好,这就是说希望将 $y_1, \cdots, y_p$ 分成两部分,一部分主要与第一因子有关,另一部分主要与第二因子有关,这也就是要求 $(b_{11}^2, \cdots, b_{p1}^2)$,$(b_{12}^2, \cdots, b_{p2}^2)$ 这两组数据的方差要尽可能地大.考虑各列相对方差

$$V_\alpha = \frac{1}{p} \sum_{i=1}^{p} \left(\frac{b_{i\alpha}^2}{h_i^2} \right)^2 - \left(\frac{1}{p} \sum_{i=1}^{p} \frac{b_{i\alpha}^2}{h_i^2} \right)^2$$

$$= \frac{1}{p^2} \left[p \sum_{i=1}^{p} \left(\frac{b_{i\alpha}^2}{h_i^2} \right)^2 - \left(\sum_{i=1}^{p} \frac{b_{i\alpha}^2}{h_i^2} \right)^2 \right], \quad \alpha = 1, 2, \quad (5.12)$$

取 $b_{i\alpha}^2$ 是为了消除 $b_{i\alpha}$ 符号不同的影响,除以 h_i^2 是为了消除各个变量对公共因子依赖程度不同的影响,现在要求总的方差达到最大,即要求使

$$G = V_1 + V_2$$

达到最大值.于是考虑 G 对 φ 的导数,利用(5.11),(5.12),经过一些计算,可以知道,要使 $\dfrac{dG}{d\varphi} = 0$,就要取 φ 满足:

$$\begin{cases} \tan 4\varphi = \dfrac{D - 2AB/p}{C - (A^2 - B^2)/p}, \\ \text{记 } \mu_j = \left(\dfrac{a_{j1}}{h_j} \right)^2 - \left(\dfrac{a_{j2}}{h_j} \right)^2, \nu_j = 2\dfrac{a_{j1}a_{j2}}{h_j h_j} = \dfrac{2a_{j1}a_{j2}}{h_j^2}, \\ \text{则 } A = \sum_{j=1}^{p} \mu_j, \quad B = \sum_{j=1}^{p} \nu_j, \\ C = \sum_{j=1}^{p} (\mu_j^2 - \nu_j^2), \quad D = 2 \sum_{j=1}^{p} \mu_j \nu_j. \end{cases} \quad (5.13)$$

现在,我们来证明这一点.先看

$$V_1 + V_2 = \frac{1}{p^2} \left[p \sum_{i=1}^{p} \left(\frac{b_{i1}^2}{h_i^2} \right)^2 - \left(\sum_{i=1}^{p} \frac{b_{i1}^2}{h_i^2} \right)^2 \right] + \frac{1}{p} \left[p \sum_{i=1}^{p} \left(\frac{b_{i2}^2}{h_i^2} \right)^2 - \left(\sum_{i=1}^{p} \frac{b_{i2}^2}{h_i^2} \right)^2 \right]$$

$$= \frac{1}{p^2} \left[p \sum_{i=1}^{p} \left(\frac{b_{i1}^4}{h_i^4} + \frac{b_{i2}^4}{h_i^4} \right) - \left(\sum_{i=1}^{p} \frac{b_{i1}^2}{h_i^2} \right)^2 - \left(\sum_{i=1}^{p} \frac{b_{i2}^2}{h_i^2} \right)^2 \right],$$

今记

$$u_i = \frac{b_{i1}}{h_i}, \quad v_i = \frac{b_{i2}}{h_i}, \quad x_i = \frac{a_{i1}}{h_i}, \quad y_i = \frac{a_{i2}}{h_i},$$

$$i = 1, 2, \cdots, p,$$

则有

$$p^2(V_1 + V_2) = p \sum_{i=1}^{p} (u_i^4 + v_i^4) - \left[\left(\sum_{i=1}^{p} u_i^2 \right)^2 + \left(\sum_{i=1}^{p} v_i^2 \right)^2 \right]. \quad (5.14)$$

又因为

$$u_i^4 + v_i^4 = (u_i^2 + v_i^2)^2 - 2(u_i v_i)^2$$
$$= (x_i^2 + y_i^2)^2 - \frac{1}{2} [\mu_i^2 \sin^2 2\varphi + \nu_i^2 \cos^2 2\varphi - \mu_i \nu_i \sin 4\varphi], \quad (5.15)$$

这是因为

$$u_i v_i = (x_i \cos\varphi + y_i \sin\varphi)(-x_i \sin\varphi + y_i \cos\varphi)$$
$$= -x_i^2 \sin\varphi\cos\varphi + y_i^2 \sin\varphi\cos\varphi + x_i y_i (\cos^2\varphi - \sin^2\varphi)$$
$$= x_i y_i \cos 2\varphi - \frac{1}{2} (x_i^2 - y_i^2) \sin 2\varphi$$
$$= \frac{1}{2} (\nu_i \cos 2\varphi - \mu_i \sin 2\varphi),$$
$$2(u_i v_i)^2 = 2(\nu_i \cos 2\varphi - \mu_i \sin 2\varphi)^2 \cdot \frac{1}{4}$$
$$= \frac{1}{2} [\mu_i^2 (\sin 2\varphi)^2 + \nu_i^2 (\cos 2\varphi)^2 - 2\mu_i \nu_i \cos 2\varphi \sin 2\varphi].$$

还有类似的计算可得

$$(u_i u_j)^2 + (v_i v_j)^2 = (u_i u_j + v_i v_j)^2 - 2u_i u_j v_i v_j, \quad (5.16)$$

而

$$u_i u_j = (x_i \cos\varphi + y_i \sin\varphi)(x_j \cos\varphi + y_j \sin\varphi)$$
$$= x_i x_j \cos^2\varphi + y_i y_j \sin^2\varphi + (x_i x_j + x_j y_i) \frac{1}{2} \sin 2\varphi,$$
$$v_i v_j = x_i x_j \sin^2\varphi + y_i y_j \cos^2\varphi - (x_i y_j + x_j y_i) \frac{1}{2} \sin 2\varphi,$$

于是

$$(u_i u_j + v_i v_j)^2 = (x_i x_j + y_i y_j)^2,$$

因此将上式代入(5.16),将(5.16)及(5.15)代入(5.14),得

$$p^2 V = p^2(V_1 + V_2)$$
$$= p \sum_i (x_i^2 + y_i^2)^2 - \frac{p}{2} \sum_i [\mu_i^2 \sin^2 2\varphi + \nu_i^2 \cos^2 2\varphi - \mu_i \nu_i \sin 4\varphi]$$
$$- \sum_i \sum_j (x_i x_j + y_i y_j)^2$$
$$+ \frac{1}{2} \sum_i \sum_j \left(\mu_i \mu_j \sin^2 2\varphi + \nu_i \nu_j \cos^2 2\varphi - \frac{1}{2} (\mu_i \nu_j + \mu_j \nu_i) \sin 4\varphi \right)$$
$$= p \sum_i (x_i^2 + y_i^2)^2 - \sum_i \sum_j (x_i x_j + y_i y_j)^2 + \frac{1}{2} \left[A^2 - p \sum_i \mu_i^2 \right] \sin^2 2\varphi$$

$$+ \frac{1}{2}\Big[B^2 - p \sum_i \nu_i^2 \Big]\cos^2 2\varphi + \frac{1}{2}\Big[\frac{p}{2}D - AB \Big]\sin 4\varphi,$$

因此,与 φ 有关的部分只是上式右端的最后三项. 于是从

$$\frac{\partial V}{\partial \varphi} = 0$$

就得到

$$0 = 2\big(A^2 - p \sum_i \mu_i^2 \big)(\sin 2\varphi)(\cos 2\varphi)$$

$$- 2\big(B^2 - p \sum_i \nu_i^2 \big)(\cos 2\varphi)(\sin 2\varphi) + 2\Big(\frac{p}{2}D - AB \Big)\cos 4\varphi,$$

也即

$$(pC - (A^2 - B^2))\sin 4\varphi = 2\Big(\frac{p}{2}D - AB \Big)\cos 4\varphi,$$

因此

$$\tan 4\varphi = \frac{D - 2AB/p}{C - (A^2 - B^2)/p},$$

这就是(5.13)的公式.

　　如果公因子数多于 2 个,我们可以逐次对每两个进行上述的旋转. 实际上,当公共因子数 $q>2$ 时,可以每次取两个,全部配对旋转,旋转时总是对 A 阵中第 α 列, β 列两列进行,此时公式(5.13)中只需将

$$a_{j1} \to a_{j\alpha}, \quad a_{j2} \to a_{j\beta}$$

就行了. 因此共需进行 $C_q^2 = \dfrac{q}{2}(q+1)$ 次旋转,但是旋转完毕后,并不能认为就已经达到目的,还可以重新开始,进行第二轮 C_q^2 次配对旋转. 于是每经过一次旋转, A 阵就发生变化,

$$A \xrightarrow[\text{旋转}]{\text{第一次}} A^{(1)} \xrightarrow[\text{旋转}]{\text{第二次}} A^{(2)} \to \cdots \to A^{(i)} \to A^{(i+1)} \to \cdots$$

从 $A^{(i)} \to A^{(i+1)}$, $A^{(i+1)}$ 的各列相应的相对方差之和只会比 $A^{(i)}$ 的大. 记 $G^{(i)}$ 为 $A^{(i)}$ 各列相对之差之和,则 $G^{(1)} \leqslant G^{(2)} \leqslant \cdots \leqslant G^{(i)} \leqslant G^{(i+1)} \leqslant \cdots$,这是一个单调上升的叙列,而它又是有界的(因为载荷阵的元素的绝对值均不大于 1),因此它一定会收敛到某一个极限. 在实际上,也就是经过若干次旋转后,它的总方差的改变不大了,此时就可停止旋转.

　　在实际工作中,有时还使用斜旋转,也即将 $A \to AP$, P 不是限于正交阵,而是非奇异的阵,此时相应的公共因子结构已不满足(5.2),它就具有更大的任意性,我们在这里就不讨论了.

第七章　线性模型

从第二章起我们讨论的许多问题,都可以看成是多元线性模型的一些特例.多元线性模型很自然的是一元线性模型的推广,然而有趣的是它又可以看成是更广的一元线性模型的特例,而后者对解决某些问题是方便的,我们将专门用一节来讨论这两者的关系.

本章将进一步讨论多元线性模型的估计和检验,对常见的三种变形导出递推公式.

§1. 模　　型

假定

$$\begin{cases} E(\underset{n\times p}{Y}) = \underset{n\times k}{C}\ \underset{k\times p}{\Theta}, \\ y_{(1)},\cdots,y_{(n)} \text{ 不相关同协差阵 } V, V > 0, \end{cases} \tag{1.1}$$

其中 C 是已知的常数矩阵,Θ, V 都是未知的参数阵.为了方便,我们把满足(1.1)的 Y 称为线性模型的模型(o),记成 $L(Y, C; \Theta, V)$,分号前的 Y, C 是已知的,分号后的 Θ, V 是未知的.关于线性模型的估值问题,它与 $y_{(i)}$ 是否正态无关,因此,这些结论的应用范围就不受正态分布的限制;关于线性模型的假设检验问题,涉及到统计量的分布,它与多元正态分布有密切的联系,这一差别在实际应用时是要注意的.如果对模型(o)的 $y_{(1)},\cdots,y_{(n)}$ 加上正态分布的条件,就称为是正态线性模型,记成 $NL(Y, C; \Theta, V)$.

实际上,我们前面几章讨论过的问题,有不少都是线性模型的特例.我们以多总体的比较(关于期望值的比较)、回归、这二个类型的问题为例,说明它们都是线性模型的特例.

例1.1　多总体关于期望值的比较.

设向量 $X_{(1)}^{(i)},\cdots,X_{(n_i)}^{(i)}$ 来自第 i 个总体,$i=1,2,\cdots,k$,于是,矩阵

$$\underset{p\times n_i}{X_i'} = (X_{(1)}^{(i)}\cdots X_{(n_i)}^{(i)}), \quad i = 1,2,\cdots,k,$$

就是第 i 个总体相应的样品资料矩阵,因此,$X_\alpha^{(i)} \sim N(\mu_i, V)$,$\alpha=1,2,\cdots,n_i$,$i=1,2,\cdots,k$.令

$$X = \begin{pmatrix} X_1 \\ X_2 \\ \vdots \\ X_k \end{pmatrix}, \quad n = \sum_{i=1}^{k} n_i$$

后,就有

$$\begin{cases} E(\underset{n\times p}{X}) = \begin{pmatrix} E(X_1) \\ E(X_2) \\ \vdots \\ E(X_k) \end{pmatrix} = \begin{pmatrix} \mathbf{1} & 0 & \cdots & 0 \\ 0 & \mathbf{1} & \cdots & 0 \\ \vdots & \vdots & & \vdots \\ 0 & 0 & \cdots & \mathbf{1} \end{pmatrix} \begin{pmatrix} \mu_1' \\ \mu_2' \\ \vdots \\ \mu_k' \end{pmatrix}, \\ X \text{ 中的各行独立,同协差阵 } V. \end{cases}$$

可见它是一个线性模型,它的问题是要检验假设

$$H_0 : \mu_1 = \mu_2 = \cdots = \mu_k$$

是否成立.这就是正态线性模型的假设检验问题.

例 1.2 回归的估计和检验.

设回归分析中,自变量相应的资料矩阵是 $\underset{n\times k}{X}$,因变量相应的资料矩阵是 $\underset{n\times p}{Y}$,要考察的是 k 个自变量 $x_1, \cdots, x_k$,对 p 个因变量 $y_1, \cdots, y_p$ 的回归方程:

$$\begin{pmatrix} y_1 \\ \vdots \\ y_p \end{pmatrix} = \begin{pmatrix} \beta_{10} & \beta_{11} & \cdots & \beta_{1k} \\ \vdots & \vdots & & \vdots \\ \beta_{p0} & \beta_{p1} & \cdots & \beta_{pk} \end{pmatrix} \begin{pmatrix} x_1 \\ \vdots \\ x_k \end{pmatrix}.$$

如何估计这些回归系数 β_{ij},以及如何对这些系数进行检验,这是回归分析中的两类典型的问题.很明显,用资料矩阵来写时,就有

$$\begin{cases} E(\underset{n\times p}{Y}) = (\underset{n\times 1}{\mathbf{1}} \ \underset{n\times k}{X}) \underset{(k+1)\times p}{\beta} \\ Y \text{ 的各行不相关、同协差阵 } V. \end{cases}$$

可见,它也是一个线性模型.

从上面的例可以看到,(1.1)式的模型(o)确实是从许多具体的问题中抽象概括出来的,它的形式反而更简单了,同时,也可以看到,有些问题还不能概括在内,还需要更广的模型.

在(1.1)式中,涉及到三个矩阵的秩,它就是 C, Θ, V.模型(o)假定了 $V > 0$,Θ 是任意的,对 C 的秩未作限制.然而,还有两类重要的情况,模型(o)是概括不了的,这就是:

(i) 在(1.1)式中,$V > 0$ 改为 $V \geqslant 0$,判别分析就属于这一情况,我们放在本章 §3 来讨论.

(ii) 在(1.1)式中 Θ 不是任意的,它受到一个线性约束,例如满足方程 $A\Theta = B$ 这样条件,这一类问题可以化为不受约束的模型来讨论,因此,这一类问题实质

上还是属于模型(o)的情况,§2中将介绍如何将这一类问题化为模型(o)的问题.

§2. 估　值

现在讨论模型(o)中未知参数 Θ 和 V 的估值问题.

定义 2.1 Θ 元素的线性函数 $\rho = \mathrm{tr}A'\Theta$ 称为可估的,如果存在 Y 元素的线性函数 $\mathrm{tr}B'Y$ 使

$$E(\mathrm{tr}B'Y) = \mathrm{tr}A'\Theta = \rho,$$

此时 $\mathrm{tr}B'Y$ 称为 ρ 的线性无偏估计.如果在 ρ 的线性无偏估计中存在方差最小的估计,则称它为 ρ 的最优线性无偏估计或马尔可夫估计.

引理 2.1

$$E(\mathrm{tr}B'Y) = \mathrm{tr}B'C\Theta, \quad V(\mathrm{tr}B'Y) = \mathrm{tr}BVB'. \tag{2.1}$$

证明　利用第二章引理 2.1 的 (2.5) 有

$$E(\mathrm{tr}B'Y) = \mathrm{tr}[E(B'Y)] = \mathrm{tr}(B'C\Theta),$$

记

$$B = \begin{bmatrix} b'_{(1)} \\ \vdots \\ b'_{(n)} \end{bmatrix}.$$

则

$$V(\mathrm{tr}B'Y) = V(\mathrm{tr}YB') = V\Big(\sum_{i=1}^{n} b'_{(i)} y_{(i)}\Big),$$

由于 $y_{(1)}, \cdots, y_{(n)}$ 不相关,因此由第二章的 (2.7) 有

$$\begin{aligned}
V(\mathrm{tr}B'Y) &= \sum_{i=1}^{n} V(b'_{(i)} y_{(i)}) = \sum_{i=1}^{n} b'_{(i)} V(y_{(i)}) b_{(i)} \\
&= \sum_{i=1}^{n} b'_{(i)} V b_{(i)} \\
&= \mathrm{tr}\begin{bmatrix} b'_{(1)} \\ \vdots \\ b'_{(n)} \end{bmatrix} V(b_{(1)}, \cdots, b_{(n)}) = \mathrm{tr}BVB' \ \sharp
\end{aligned}$$

由引理 2.1 立即可得

定理 2.1 $\rho = \mathrm{tr}A'\Theta$ 可估的充要条件是:存在 B 使

$$C'B = A. \tag{2.2}$$

证明　$\rho = \mathrm{tr}A'\Theta$ 可估的充要条件是存在 B 使 $\rho = \mathrm{tr}A'\Theta = E(\mathrm{tr}B'Y) = \mathrm{tr}B'C\Theta$ 对一切 Θ 成立,因此得 $A' = B'C$,即 $C'B = A$　$\sharp$

以下记 $\hat{\Theta} = (C'C)^{-}C'Y$,于是有

引理 2.2　对可估参数 $\rho = \mathrm{tr}A'\Theta$ 有

$$\begin{cases} E(\mathrm{tr}A'\hat{\Theta}) = \mathrm{tr}A'\Theta, \\ V(\mathrm{tr}A'\hat{\Theta}) = \mathrm{tr}(C'C)^+ AVA'. \end{cases} \tag{2.3}$$

证明　直接计算就有(注意有 $A' = B'C$)

$$E(\mathrm{tr}A'\hat{\Theta}) = \mathrm{tr}A'E(\hat{\Theta}) = \mathrm{tr}A'(C'C)^- C'C\Theta$$
$$= \mathrm{tr}B'C(C'C)^- C'C\Theta = \mathrm{tr}B'C\Theta = \mathrm{tr}A'\Theta.$$

$$V(\mathrm{tr}A'\hat{\Theta}) = V(\mathrm{tr}A'(C'C)^- C'Y) = V(\mathrm{tr}B'C(C'C)^- C'Y)$$
$$= V(\mathrm{tr}B'C(C'C)^+ C'Y) = \mathrm{tr}A'(C'C)^+ AV\sharp$$

用第二章的(4.4)及(4.5),可得

引理 2.3　记 $V = (v_{ij})$,则有

$$\mathrm{cov}(y_i, y_j) = v_{ij}I_n, \quad \mathrm{cov}(y_{(i)}, y_{(j)}) = \delta_{ij}V. \tag{2.4}$$

引理 2.4　$\mathrm{cov}(\mathrm{tr}B'Y, \mathrm{tr}D'Y) = \mathrm{tr}BVD'.$

证明　同引理 2.1 中第二式的证明相仿,略.

定理 2.2　(Gauss-Марков)设 $\rho = \mathrm{tr}A'\Theta$ 可估,则 ρ 的最优线性无偏估计存在而且唯一,它就是 $\mathrm{tr}A'\hat{\Theta}$.

证明　因为 $\rho = \mathrm{tr}A'\Theta$ 可估,于是由定理 2.1 知道 $\exists B$ 使 $A' = B'C$,因此

$$E(\mathrm{tr}A'\hat{\Theta}) = \mathrm{tr}B'C\Theta = \mathrm{tr}A'\Theta = \rho.$$

又

$$V(\mathrm{tr}A'\hat{\Theta}) = \mathrm{tr}(C'C)^+ AVA'.$$

任给一个 $\mathrm{tr}A'\Theta$ 的线性无偏估计 $\mathrm{tr}B'Y$,则有

$$V(\mathrm{tr}B'Y) = \mathrm{tr}BVB' = \mathrm{tr}VB'B \geqslant \mathrm{tr}VB'C(C'C)^- C'B.$$

由于 $E(\mathrm{tr}B'Y) = \mathrm{tr}A'\Theta$,所以 $A' = B'C$,因此上式就是

$$V(\mathrm{tr}B'Y) \geqslant \mathrm{tr}VA'(C'C)^- A = V(\mathrm{tr}A'\hat{\Theta}),$$

这就证明了 $\mathrm{tr}A'\hat{\Theta}$ 是 ρ 的 Gauss-Марков 估计.

今证唯一性. 若有另一个 Gauss-Марков 估计为 $\mathrm{tr}B'Y$,记它为 $\hat{\rho}_1$,用 $\hat{\rho}_2$ 表示 $\mathrm{tr}A'\hat{\Theta}$,于是有

$$\mathrm{cov}(\mathrm{tr}B'Y, \mathrm{tr}A'\hat{\Theta}) = \mathrm{tr}BVA'(C'C)^- C' = \mathrm{tr}AVA'(C'C)^-.$$

很明显,$V(\hat{\rho}_1) = V(\hat{\rho}_2) = \mathrm{cov}(\hat{\rho}_1, \hat{\rho}_2)$. 因此

$$E(\hat{\rho}_1 - \hat{\rho}_2)^2 = E(\hat{\rho}_1 - \rho - (\hat{\rho}_2 - \rho))^2$$
$$= E(\hat{\rho}_1 - \rho)^2 - 2\mathrm{cov}(\hat{\rho}_1, \hat{\rho}_2) + E(\hat{\rho}_2 - \rho)^2$$
$$= V(\hat{\rho}_1) - 2\mathrm{cov}(\hat{\rho}_1, \hat{\rho}_2) + V(\hat{\rho}_2) = 0,$$

于是 $\hat{\rho}_1 = \hat{\rho}_2$ 是概率为 1 地成立的$\sharp$

今后当 $\rho = \mathrm{tr}A'\Theta$ 可估时,用 $\hat{\rho}$ 表示 ρ 的马尔科夫估计. 很明显,当 Θ 可估时(也即 Θ 中每一个元素 θ_{ij} 可估时),$\hat{\Theta}$ 就是 $(C'C)^- C'Y$,因此,我们用 $\hat{\Theta}$ 来表示

$(C'C)^-C'Y$ 是不会引起混淆的,而且还带来了不少方便.

不论 Θ 是否可估,$\hat\Theta=(C'C)^-C'Y$ 是有意义的,相应的残差 $Y-C\hat\Theta$ 可以构成残差的内积阵

$$(Y-C\hat\Theta)'(Y-C\hat\Theta).$$

它相当于一元线性模型中的残差平方和.将 $\hat\Theta$ 的表达式代入就得

$(Y-C\hat\Theta)'(Y-C\hat\Theta)$

$= Y'Y - Y'C(C'C)^-C'Y - Y'C(C'C)^-C'Y + Y'C(C'C)^-C'C(C'C)^-C'Y$

$= Y'Y - Y'C(C'C)^-C'Y = Y'(I-C(C'C)^-C')Y.$

记 $L_{yy}(C)=Y'(I-C(C'C)^-C')Y$,以后就简称它为线性模型 $L(Y,C;\Theta,V)$ 相应的残积阵.

定理 2.3   如果 $\mathrm{rk}C=r$,则

$$E(L_{yy}(C)) = (n-r)V. \tag{2.5}$$

证明   今

$$L_{yy}(C) = Y'(I-C(C'C)^-C')Y$$

$$= \begin{bmatrix} y_1' \\ \vdots \\ y_p' \end{bmatrix}(I-C(C'C)^-C')(y_1\cdots y_p)$$

所以

$$E(L_{yy}(C)) = (Ey_i'(I-C(C'C)^-C')y_j).$$

又

$$Ey_i'(I-C(C'C)^-C')y_j = \mathrm{tr}(I-C(C'C)^-C')Ey_jy_i',$$

由于 $(I-C(C'C)^-C')C\Theta_j=0$,即 $(I-C(C'C)^-C')Ey_i=0$,就有

$$Ey_i(I-C(C'C)^{-1}C')y_j$$

$$= \mathrm{tr}(I-C(C'C)^-C')E(y_j-Ey_j)(y_i-Ey_i)'$$

$$= \mathrm{tr}(I-C(C'C)^-C')(v_{ij}I)$$

$$= v_{ij}\mathrm{tr}(I-C(C'C)^-C')$$

$$= v_{ij}(\mathrm{tr}I - \mathrm{tr}(C'C)^+C'C) = (n-r)v_{ij} \quad \#$$

因此 $\dfrac{1}{n-r}L_{yy}(C)$ 就是协差阵 V 的一个无偏估计.

考虑带线性约束条件的线性模型:

$$\begin{cases} \underset{n\times p}{E(Y)} = \underset{n\times k}{C}\underset{k\times p}{\Theta}, & \underset{l\times k}{A}\underset{k\times p}{\Theta} = \underset{l\times p}{B}, \\ y_{(1)},\cdots,y_{(n)} \text{ 不相关、同协差阵 } V>0. \end{cases} \tag{2.6}$$

很明显,方程 $A\Theta = B$ 必须是相容的,否则参数 Θ 的取值范围就成了空集了. 方程 $A\Theta = B$ 的全部解是

$$\underset{k\times p}{\Theta} = \underset{k\times l}{A^+ B} \underset{l\times p}{} + (I_k - A^+ A)\underset{k\times p}{H}, \tag{2.7}$$

H 是任意的. 因此可以看出实际上是 H 这些参数在变, Θ 随之而改变, 将上式代入模型(o)中的第一式, 就得到模型

$$\begin{cases} E(Y) = C(A^+ B + (I - A^+ A)H), \\ y_{(1)}, \cdots, y_{(n)} \text{ 不相关、同协差阵 } V > 0. \end{cases}$$

也即

$$\begin{cases} E(Y - CA^+ B) = C(I - A^+ A)H, \\ Y - CA^+ B \text{ 的各行不相关、同协差阵 } V > 0. \end{cases} \tag{2.8}$$

可见它还是一个模型(o)所相应的线性模型.

考虑 Θ 的线性函数 $\rho = \mathrm{tr}G'\Theta$, 则

$$\rho = \mathrm{tr}G'A^+ B + \mathrm{tr}G'(I - A^+ A)H.$$

记 $P_A^* = I - A^+ A$, 对(2.8)引用定理 2.1 和 2.2, 就得到:

(i) $\rho = \mathrm{tr}G'\Theta$ 可估 $\Leftrightarrow \exists U$ 使 $P_A^* C'U = P_A^* G$;

(ii) $\rho = \mathrm{tr}G'\Theta$ 可估, 则令

$$\hat{\Theta} = A^+ B + P_A^* \hat{H}, \tag{2.9}$$

其中

$$\hat{H} = (P_A^* C' C P_A^*)^- P_A^* C'(Y - CA^+ B),$$

就得 $\hat{\rho} = \mathrm{tr}G'\hat{\Theta}$(此时 $\hat{\Theta}$ 已不是 Y 的齐次式, 因有常数项), 这就是带约束条件时相应的解. 此时相应的残积阵是

$$(Y - CA^+ B)'(I - CP_A^*(P_A^* C' C P_A^*)^- P_A^* C')(Y - CA^+ B). \tag{2.10}$$

现在来看, 当 A, B 满足什么条件时, 由(2.9),(2.10)给出估计量和残积阵和不受条件约束时是一样的. 很明显, 如果 $A^+ B \neq O$ 的话, 一般说来, 是不可能相同的. 由于 $A\Theta = B$ 是相容的, 因此存在 D 使 $B = AD$, $A^+ B = O \Leftrightarrow A^+ AD = O \Leftrightarrow AD = O \Leftrightarrow B = O$, 因此只须考虑 $B = O$ 的情形. 此时,

$$G'\hat{\Theta} = G'P_A^*(P_A^* C' C P_A^*)^- P_A^* C'Y$$
$$= U'CP_A^* P_A^*(P_A^* C' C P_A^*)^- P_A^* C'Y.$$

当 $\mathrm{rk}C = \mathrm{rk}CP_A^*$ 时 $\mathscr{L}(C) = \mathscr{L}(CP_A^*)$, 相应的投影阵是同一个, 因此 $CP_A^*(P_A^* C' C P_A^*)^- P_A^* C' = C(C'C)^- C'$ 且与 $(C'C)^-$ 的选法无关. 今 $\mathrm{rk}C = \mathrm{rk}CP_A^*$, 因而就有 $\mathrm{rk}(P_A^* C' C P_A^*) = \mathrm{rk}C'C$, 所以 $P_A^*(P_A^* C' C P_A^*)^- P_A^*$ 就是 $(C'C)^-$, 于是

$$G'\hat{\Theta} = U'CP_A^*(C'C)^- C'Y = G'(C'C)^- C'Y.$$

可见, 此时相应的 $\hat{\Theta}$ 取成 $(C'C)^- C'Y$ 是对的, 它对一切可估计的 $\rho = \mathrm{tr}G'\Theta$, 都有

$$\hat{\rho} = \mathrm{tr}G'\hat{\Theta}.$$

同理,此时残积阵

$$Y' = (I - CP_A^*(P_A^*C'CP_A^*)^- P_A^*C')Y$$
$$= Y'(I - C(C'C)^- C')Y,$$

也就是原来的残积阵. 这就证明了一个很有用的结果:

定理 2.4 设 $\mathrm{rk}CP_A^* = \mathrm{rk}C$,则模型

$$\begin{cases} E(Y) = C\Theta, \text{且 } A\Theta = O, \\ Y \text{ 的各行不相关,同协差阵 } V > 0, \end{cases}$$

相应的 $\hat{\Theta} = (C'C)^- C'Y$,对一切可估参数 $\rho = \mathrm{tr}G'\Theta$,$\rho$ 的马尔可夫估计 $\hat{\rho} = \mathrm{tr}G'\hat{\Theta}$,且相应的残积阵还是 $L_{yy}(\breve{C})$.

这一结果,在讨论因子试验和区组试验的这些问题中是有用的,它会导出一些有意义的公式.

例 2.1 回归问题.

在线性模型中,如果矩阵 C 具有 $(\underset{n \times 1}{\mathbf{1}} \quad \underset{n \times m}{X})$ 的形式,则此线性模型可称为回归模型. 此时参数阵 Θ 也相应分块,写成

$$\Theta = \begin{bmatrix} \beta_0 \\ \beta \end{bmatrix} \begin{matrix} 1 \\ m \end{matrix},$$

β_0 就是回归常数,β 就是回归系数.

记 $\bar{x} = \frac{1}{n}X'\mathbf{1}, \bar{y} = \frac{1}{n}Y'\mathbf{1}$,则由

$$C'C = \begin{bmatrix} \mathbf{1}_n' \\ X' \end{bmatrix} (\mathbf{1}_n \quad X) = \begin{pmatrix} n & n\bar{x}' \\ n\bar{x} & X'X \end{pmatrix},$$

又

$$X'X = X'\left(I - \frac{1}{n}\mathbf{11}'\right)X + X'\left(\frac{1}{n}\mathbf{11}'\right)X$$
$$= L_{xx} + n\bar{x}\bar{x}',$$

因此得

$$(C'C)^- = \begin{bmatrix} \frac{1}{n} + \bar{x}'L_{xx}^-\bar{x} & -\bar{x}'L_{xx}^- \\ -L_{xx}^-\bar{x} & L_{xx}^- \end{bmatrix},$$

$$(C'C)^- C' = \begin{bmatrix} \frac{1}{n}\mathbf{1}' - \bar{x}'L_{xx}^-X'\left(I - \frac{1}{n}J\right) \\ L_{xx}^-X'\left(I - \frac{1}{n}J\right) \end{bmatrix},$$

$$I - C(C'C)^- C' = \left(I - \frac{1}{n}J\right) - \left(I - \frac{1}{n}J\right)XL_{xx}^-X'\left(I - \frac{1}{n}J\right),$$

因此,就得

$$\begin{cases} \hat{\beta}_0 = \bar{y}' - \bar{x}'\hat{\beta}, \\ \hat{\beta} = L_{xx}^- L_{xy} (\text{或 } L_{xx}\hat{\beta} = L_{xy}), \\ L_{yy}(C) = L_{yy} - L_{yx}L_{xx}^- L_{xy}. \end{cases}$$

残积阵 $L_{yy}(C)$ 还可以写成下面的几种形式,这是因为 $\left(I - \dfrac{1}{n}J\right)$ 是等幂的、对称的,记它为 P 后就有 $P^2 = P, P' = P$. 于是

$$\begin{aligned} L_{yx}L_{xx}^- L_{xy} &= Y'PX(X'PX)^- X'PY \\ &= Y'PX(X'PP'X)^- X'PPX(X'PP'X)^- X'PY \\ &= L_{yx}L_{xx}^- L_{xx}L_{xx}^- L_{xy} = \hat{\beta}'L_{xx}\hat{\beta}, \end{aligned}$$

因此就有

$$L_{yx}L_{xx}^- L_{xy} = \hat{\beta}'L_{xx}\hat{\beta} = \hat{\beta}'L_{xy} = L_{yx}\hat{\beta},$$

$$L_{yy} = L_{yy}(C) + L_{yx}L_{xx}^- L_{xy} = L_{yy}(C) + \hat{\beta}'L_{xx}\hat{\beta},$$

这就是回归模型相应的平方和分解公式,$L_{yy}(C)$ 相当于"残差平方和",$\hat{\beta}'L_{xx}\hat{\beta}$ 相当于"回归平方和",L_{yy} 就是"总的平方和".

§3. 广义线性模型

如果把多元线性模型(o)中的 Y 不是用矩阵的形式来写,而是用向量的形式来写,就得到一个一元的广义线性模型.

把 Y, Θ 按列向量排成一个向量:

$$Y = \begin{pmatrix} y_1 \\ y_2 \\ \vdots \\ y_p \end{pmatrix}_{np \times 1}, \quad \theta = \begin{pmatrix} \theta_1 \\ \theta_2 \\ \vdots \\ \theta_p \end{pmatrix}_{kp \times 1}.$$

于是

$$\begin{cases} E(y) = \begin{pmatrix} E(y_1) \\ \vdots \\ E(y_p) \end{pmatrix} = \begin{pmatrix} C\theta_1 \\ \vdots \\ C\theta_p \end{pmatrix} = \begin{pmatrix} C & & & O \\ & C & & \\ & & \ddots & \\ O & & & C \end{pmatrix}\theta, \\[2em] V(y) = \begin{pmatrix} v_{11}I_n & v_{12}I & \cdots & v_{1p}I \\ \vdots & \vdots & & \vdots \\ v_{p1}I & v_{p2}I & \cdots & v_{pp}I \end{pmatrix}, \end{cases}$$

即

$$\begin{cases} E(y) = (I_p \otimes C)\theta, \\ V(y) = V \otimes I_n. \end{cases} \tag{3.1}$$

我们把满足条件

$$\begin{cases} E(y) = A\theta, \\ V(y) = \sigma^2 V, \quad V \geqslant 0 \end{cases} \tag{3.2}$$

的 y 称为一元广义线性模型. 很明显, 当取 A 和 M 为特殊的矩阵时, 就可以从 (3.2)导出(3.1). 因此, 也可以将多元线性模型的问题化为一元广义线性模型的问题来讨论.

下面我们来讨论广义线性模型中的 Guass-Марков 定理. 完全类似, 可以对可估性及最优无偏估计给出定义如下:

定义 3.1 参数 $\rho = \alpha'\theta$ 称为可估的, 如存在 b 使 $E(b'y) = \rho$, 此时 $b'y$ 就称为 ρ 的一个线性无偏估计. 如果线性无偏估计中存在方差最小的估计, 它就称为 ρ 的最优线性无偏估计, 或 ρ 的 Gauss-Марков 估计, 用 $\hat{\rho}$ 来表示它.

完全类似, 可以证明

定理 3.1 $\rho = \alpha'\theta$ 可估的充要条件是 $\exists b$ 使

$$A'b = \alpha.$$

由此可知, $\rho_1, \cdots, \rho_s$ 可估时, 它们的线性组合一定也是可估的.

定理 3.2 设 $\rho = \alpha'\theta$ 可估, 则 ρ 的全部线性无偏估计量是集合

$$\{b'y : b = A'^+ \alpha + (I - AA^+)u, u \text{ 任意}\}.$$

证明 $E(b'y) = b'A\theta, b'A\theta = \alpha'\theta$ 的充要条件是 $A'b = \alpha$, 而 $A'x = \alpha$ 的全部解就是

$$x = A'^+ \alpha + (I - A'^+ A')u, u \text{ 任意},$$

由于 $A'^+ A' = (AA^+)' = AA^+$, 就得定理 3.2 ♯

定理 3.3 设 $\rho = \alpha'\theta$ 可估, 则 $\hat{\rho}$ 存在而且唯一. $\hat{\rho}$ 可以表成 $\alpha'\tilde{\theta}$, 其中

$$\tilde{\theta} = A^+ [I - (Q_A V Q_A)^+ Q_A V]'y, \tag{3.3}$$

而

$$Q_A = I - AA^+.$$

证明 由于 $V(b'y) = \sigma^2 b'Vb$, 因此只需考虑

$$b = A'^+ \alpha + Q_A u, u \text{ 任意}$$

时, 那个 b 使 $b'Vb$ 达到最小值. 由于 $V \geqslant 0$, $\exists L$ 使 $V = L'L$, 于是

$$b'Vb = b'L'Lb = \| Lb \|^2 = \| LA'^+ \alpha + LQ_A u \|^2.$$

由最小二乘法知道, 使 $\| LA'^+ \alpha + LQ_A u \|^2$ 达到最小值的解 u_0 存在, 即

$$u_0 = -(LQ_A)^+ LA'^+ \alpha.$$

于是求出方差最小的无偏估计的系数

$$b_0 = A'^+ \alpha - Q_A(LQ_A)^+ LA'^+ \alpha$$

$$= [I - Q_A(LQ_A)^+ L]A'^+ \alpha.$$

利用 $Q_A^2 = Q_A$, $Q_A' = Q_A$, 以及公式 $A^+ = A'(AA')^+ = (A'A)^+ A'$, 就得

$$Q_A(LQ_A)^+ L = Q_A Q_A' L'(LQ_A Q_A' L')^+ L = Q_A' L'(LQ_A Q_A' L')^+ L$$

$$= (LQ_A)^+ L = (Q_A' L' LQ_A)^+ Q_A' L' L$$

$$= (Q_A V Q_A)^+ Q_A V,$$

于是 $b_0 = [I - (Q_A V Q_A)^+ Q_A V]A'^+ \alpha$, 证得了存在性.

今证 $\hat{\rho}$ 是唯一的. 设有两个解 $b_1' y$ 与 $b_2' y$. 于是 $b_1 - b_2 = Q_A(I - (LQ_A)^+ (LQ_A))d$, 因此

$$E(b_1' y - b_2' y)^2 = d'(I - (LQ_A)^+ (LQ_A))Q_A V Q_A \times (I - (LQ_A)^+ (LQ_A))d$$

$$= d'(I - (LQ_A)^+ (LQ_A))(LQ_A)'(LQ_A) \times (I - (LQ_A)^+ (LQ_A))d.$$

注意到 $A(I \quad A^+ A) = O$, 上式右端就是 O, 于是证明了唯一性　♯

引理 3.1　设 $V > 0$, 则

$$(V^{-1}A)^+ = A^+ V(I - (Q_A V)^+ Q_A V). \tag{3.4}$$

证明　由于 $Q_A A = (I - AA^+)A = A - A = O$, 记

$$B = A^+ V(I - (Q_A V)^+ Q_A V),$$

于是有:

(i) $V^{-1}ABV^{-1}A = V^{-1}AA^+ V(I - (Q_A V)^+ Q_A V)V^{-1}A$

$$= V^{-1}AA^+ VV^{-1}A$$

$$= V^{-1}A,$$

(ii) $BV^{-1}A = A^+ V(I - (Q_A V)^+ Q_A V)V^{-1}A = A^+ A,$

即 $BV^{-1}A$ 是一个对称阵,

(iii) $BV^{-1}AB = A^+ AA^+ V(I - (Q_A V)^+ Q_A V) = B,$

(iv) $V^{-1}AB = V^{-1}AA^+ V(I - (Q_A V)^+ Q_A V)$

$$= V^{-1}(I - Q_A)V(I - (Q_A V)^+ Q_A V)$$

$$= I - (Q_A V)^+ Q_A V,$$

即 $V^{-1}AB$ 是对称阵.

由 (i)—(iv) 可知引理是成立的　♯

利用引理 3.1, 就得到定理 3.3 的一些有用的特例, 它和我们已知的结果相符.

1. 若 $V > 0$, 则 $\rho = \alpha'\theta$ 可估时,

$$\hat{\rho} = \alpha'\tilde{\theta}, \quad \tilde{\theta} = (A'V^{-1}A)^+ A'V^{-1}y.$$

证明　已知

$$\tilde{\theta} = A^+ (I - (Q_A V Q_A)^+ Q_A V)' y$$
$$= A^+ (I - V Q_A (Q_A V Q_A)^+) y.$$

因为 $V > 0$,将 V 写成 LL,$|L| \neq 0$,$L' = L$,于是
$$\tilde{\theta} = A^+ L (I - L Q_A (Q_A L L Q_A)^+ L) L^{-1} y.$$

然而,因为
$$L Q_A (Q_A L L Q_A)^+ L = (Q_A L)' [Q_A L (Q_A L)']^+ L = (Q_A L)^+ L$$
$$= [(Q_A L)'(Q_A L)]^+ (Q_A L)' L = [(Q_A L)'(Q_A L)]^+ L' Q_A Q_A L$$
$$- (Q_A L)^+ Q_A L,$$

所以
$$\tilde{\theta} = A^+ L (I - (Q_A L)^+ Q_A L) L^{-1} y,$$

再用引理 3.1,就得
$$\tilde{\theta} = (L^{-1} A)^+ L^{-1} y = (A' L^{-1} L^{-1} A)^+ (L^{-1} A)' L^{-1} y$$
$$= (A' V^{-1} A)^+ A' V^{-1} y.$$

2. 在 1 中取 $V = I$,就得
$$\tilde{\theta} = (A' A)^+ A' y,$$

这就是普通常见的线性模型中的结果. 它也就是通常所说的最小二乘估计.

在实际工作中,V 常常是未知的,因此,很自然就会考虑到最小二乘估计 $(A' A)^+ A' y$ 在什么样的范围之内(即对于那些 V 来说),它仍然是优良的呢? 也即对什么样的 V,可估参数 $\rho = \alpha' \theta$ 的马尔可夫估计 $\hat{\rho} = \alpha' \tilde{\theta}$,$\tilde{\theta} = (A' A)^+ A' y$. 我们用 $\hat{\theta}$ 表示定理 3.3 中的估计量,即
$$\hat{\theta} = A^+ [I - (Q_A V Q_A)^+ Q_A V]' y,$$

问题是,当 $\rho = \alpha' \theta$ 可估时,$\alpha' \hat{\theta} = \alpha' \tilde{\theta}$ 的充要条件是什么.

定理 3.4 对一切可估参数 $\rho = \alpha' \theta$,$\hat{\rho} = \alpha' \hat{\theta} = \alpha' \tilde{\theta}$ 的充要条件是
$$V^{\frac{1}{2}} (V^{\frac{1}{2}} Q_A)^+ V^{\frac{1}{2}} A A^+ = 0. \tag{3.5}$$

证明 对可估参数 $\rho = \alpha' \theta$,总成立
$$E(\alpha' \hat{\theta}) = \rho, \quad E(\alpha' \tilde{\theta}) = \rho,$$

于是
$$E(\alpha' \hat{\theta} - \alpha' \tilde{\theta}) = 0.$$

因此
$$\alpha' \hat{\theta} = \alpha' \tilde{\theta} \Leftrightarrow V(\alpha' \hat{\theta} - \alpha' \tilde{\theta}) = 0.$$

今
$$\alpha' \hat{\theta} - \alpha' \tilde{\theta} = \alpha' A^+ y - \alpha' A^+ (I - (Q_A V Q_A)^+ Q_A V)' y$$
$$= \alpha' A^+ V Q_A (Q_A V Q_A)^+ y,$$

记 $V = L'L , L' = L = V^{\frac{1}{2}}$. 于是

$$(Q_A V Q_A)^+ Q_A V A^{+\,\prime} = (Q_A L L Q_A)^+ Q_A L L A^{+\,\prime} = (L Q_A)^+ L A^{+\,\prime}.$$

这样

$$V(\alpha'\hat{\theta} - \alpha'\tilde{\theta}) = 0$$
$$\Leftrightarrow 0 = \sigma^2 \alpha' A^+ L'(L Q_A)^+ {}'L'L(L Q_A)^+ L A^{+\,\prime}\alpha$$
$$\text{对一切 } \alpha \in \mathscr{L}(A') \text{ 成立}$$
$$\Leftrightarrow 0 = \sigma^2 u' A A^+ L'(L Q_A)^+ {}'L'L(L Q_A)^+ L A^{+\,\prime}A'u$$
$$\text{对一切 } u \text{ 成立}$$
$$\Leftrightarrow A A^+ L'(L Q_A)^+ {}'L'L(L Q_A)^+ L A A^+ = O$$
$$\Leftrightarrow L(L Q_A)^+ L A A^+ = O.$$

将 L 用 $V^{\frac{1}{2}}$ 代入即得定理 3.4.

(3.5)式所表示的条件,使用时很不方便,下面给出一些等价的形式.

引理 3.2　下列各条件彼此等价:

(i) $V^{\frac{1}{2}}(V^{\frac{1}{2}}Q_A)^+ V^{\frac{1}{2}}AA^+ = O$;

(ii) $Q_A V A A^+ = O$;

(iii) $Q_A V A = O$;

(iv) $V A = A A^+ V A$;

(v) VA 的列向量属于 $\mathscr{L}(AA^+)$,即 $\mathscr{L}(VA) \subset \mathscr{L}(AA^+)$;

(vi) $\mathscr{L}(VA) \subset \mathscr{L}(A)$.

证明　(i)⇔(ii). 因为 $Q_A' = Q_A , Q_A^2 = Q_A , V' = V$,记 $V^{\frac{1}{2}} = L$,所以

$$V^{\frac{1}{2}}(V^{\frac{1}{2}}Q_A)^+ V^{\frac{1}{2}}AA^+ = L(L Q_A)^+ L A A^+$$
$$= L(L Q_A)'(L Q_A Q_A L')^+ L A A^+$$
$$= L Q_A L(L Q_A L)^+ L A A^+.$$

注意到 $L Q_A L(L Q_A L)^+$ 就是一个投影阵,因此

$$V^{\frac{1}{2}}(V^{\frac{1}{2}}Q_A)^+ V^{\frac{1}{2}}AA^+ = O$$
$$\Leftrightarrow L Q_A L(L Q_A L)^+ L A A^+ = O$$
$$\Leftrightarrow L Q_A L L A A^+ = O$$
$$\Leftrightarrow Q_A L' L A A^+ = O, \quad \text{即 } Q_A V A A^+ = O.$$

(ii)⇔(iii) $Q_A V A A^+ = O \Rightarrow Q_A V A A^+ A = O$,即 $Q_A V A = O \Rightarrow Q_A V A A^+ = O$.

(iii)⇔(iv) $Q_A = I - AA^+$,因此

$$Q_A V A = O \Leftrightarrow (I - AA^+) V A = O$$

$$\Leftrightarrow VA = AA^+ VA.$$

(iv)⇒(v),(vi),直接由(iv)看出,因为 AA^+ 是 $\mathscr{L}(A)$ 的投影矩阵,也是 $\mathscr{L}(AA^+)$ 的投影矩阵.

(v)⇒(vi)因为 $\mathscr{L}(A)=\mathscr{L}(AA^+)$.

(vi)⇒(iv)因为 AA^+ 是 $\mathscr{L}(A)$ 的投影矩阵　　♯

在文献中,还有几个常见的等价条件是

(vii) $VAA^+ = AA^+ V$;

(viii) $(VAA^+)' = VAA^+$.

很明显,这两个条件可以从(ii)导出,因为

$$O = Q_A VAA^+ = (I - AA^+)VAA^+,$$

所以

$$AA^+ V = AA^+ VAA^+ = (AA^+)'V(AA^+).$$

这就证明了 $AA^+ V$ 是对称的,因而有

$$AA^+ V = (AA^+ V)' = V(AA^+)' = VAA^+,(VAA^+)' = VAA^+,$$

这就导出了(vii),(viii).如果(vii)成立,对(vii)两边左乘 Q_A 得

$$Q_A VAA^+ = Q_A AA^+ V = (I - AA^+)AA^+ V = O,$$

这就得到(ii),因此(ii)⇔(vii).(vii)⇔(viii)是明显的.

下面我们将定理的结论用于几个特例,可以把多元线性模型化为一元线性模型,把二次型的估计量化为线性估计量.

例 3.1　多元线性模型

从(3.1)式知道,多元线性模型可以写成

$$\begin{cases} E(y) = (I_p \otimes C)\theta, \\ V(y) = V \otimes I_n. \end{cases}$$

因此,相当于广义线性模型(3.2)中的

$$A \quad 就是 I_p \otimes C,$$
$$V \quad 就是 V \otimes I_n.$$

为了便于区别,将 $V\otimes I_n$ 写成 $M\otimes I_n$,M 是非负定的矩阵.

今 $A^+ = I_p\otimes C^+$,于是 $AA^+ = I_p\otimes (CC^+)$,

所以

$$AA^+ VA = [I_p \otimes (CC^+)][M \otimes I_n][I_p \otimes C]$$
$$= M \otimes (CC^+ C) = M \otimes C,$$

又

$$VA = [M \otimes I_n][I_p \otimes C] = M \otimes C.$$

可见多元线性模型是满足条件

$$AA^+ VA = VA$$

的,因此,它的最小二乘估计就是马尔可夫估计.它的最小二乘估计是

$$A^+ y = (A'A)^+ A'y = (I_p \otimes C^+)y = (I_p \otimes [(C'C)^+ C'])y,$$

将 y 用矩阵的形式与出, θ 也用矩阵的形式写出,就得

$$\hat{\Theta} = (C'C)^+ C'Y,$$

这就是我们熟悉的形式,对任一可估参数 $\rho = \mathrm{tr}D'\Theta$,则 ρ 可以写成 $\mathrm{tr}B'C\Theta$,

$$\hat{\rho} = \mathrm{tr}B'C\hat{\Theta} = \mathrm{tr}B'C(C'C)^+ C'Y$$
$$= \mathrm{tr}B'C\widetilde{\Theta} = \mathrm{tr}D'\widetilde{\Theta}.$$

这与 §2 所得结论完全一致.

实际上,还可以进一步考虑,满足

$$AA^+ VA = VA \tag{3.6}$$

这个条件的 V 是一些什么样的非负定阵.对于多元线性模型来说,它的 A 一定是具有

$$I_p \otimes C$$

的形式,因此对 $A = I_p \otimes C$ 去找出满足 (3.6) 的 V 是有意义的,这就告诉我们, §2 中所得的马尔可夫估计实际上在某一类更广的范围内还是马尔可夫估计,而一旦超出了这个范围,它就不是了.所以求 (3.6) 式的解是有意义的.我们考虑

$$V = \underset{p \times p}{B_1} \otimes \underset{n \times n}{B_2}$$

这一类形式的解.于是

$$AA^+ VA = [I_p \otimes (CC^+)][B_1 \otimes B_2][I_p \otimes C]$$
$$= B_1 \otimes (CC^+ B_2 C),$$
$$VA = B_1 \otimes (B_2 C).$$

因此,要使 $AA^+ VA = VA$ 成立,只须取 B_2 使

$$CC^+ B_2 C = B_2 C \tag{3.7}$$

就可以了,即要求 $B_2 C$ 的列向量都是 $\mathscr{L}(C)$ 中的向量,很明显 $B_2 = I_n$ 时,(3.7) 式自然成立,这就是前面我们得到的结论.

再看 $C = 1_n$ 的情形,即 $y_{(1)}, \cdots, y_{(n)}$ 的期望值都相同,如果 $y_{(1)}, \cdots, y_{(n)}$ 不是不相关的,而是相关的,此时

$$CC^+ = \mathbf{1}_n (\mathbf{1}_n^+) = \mathbf{1}_n \left(\frac{1}{n}\mathbf{1}_n'\right) = \frac{1}{n}\mathbf{1}\mathbf{1}',$$

因此

$$CC^+ B_2 C = B_2 C$$

成立的充要条件是

$$\frac{1}{n}\mathbf{1}\mathbf{1}'B_2\mathbf{1} = B_2\mathbf{1},$$

也即 $B_2 \mathbf{1}$ 是投影矩阵 $\frac{1}{n}\mathbf{1}\mathbf{1}'$ 的特征向量,而 $\frac{1}{n}\mathbf{1}\mathbf{1}'$ 的特征向量就是 $\mathbf{1}$,因此也就是要求

$$B_2 \mathbf{1} = \lambda \mathbf{1},$$

$\mathbf{1}$ 也是 B_2 的特征向量,取 $B_2 = aI + b(J - I)$,自然有

$$(aI + b(J - I))\mathbf{1}_n = (a + b(n + 1))\mathbf{1}_n,$$

此时,最小二乘估计还是最优线性无偏估计,然而,$y_{(1)}, \cdots, y_{(n)}$ 就不是不相关的了.特别地,当 $p = 1, B_1 = \sigma^2, a = 1, b = \dfrac{\rho}{\sigma^2}$ 时

$$V(y) = \sigma^2 I + \rho(J - I),$$

相应的 $y_1, \cdots, y_n$ 都相关.

例 3.2 考虑一元线性模型中方差分量的估计问题,它仍然可以化为一个广义线性模型的估计问题.假定

$$\begin{cases} E(y) = \underset{n \times k}{C}\theta, \\ V(y) = \displaystyle\sum_{i=1}^{q} a_i V_i, \end{cases}$$

其中 $V_1, \cdots, V_q$ 是已知的对称阵,C 是已知的常数阵,θ 及 $a_1, \cdots, a_q$ 是待估的参数,现在我们要考虑的是 $a_1, \cdots, a_q$ 的估计量.考察矩阵 yy',它满足:

$$\begin{aligned} E(yy') &= V(y) + C\theta\theta'C' \\ &= \sum_{i=1}^{q} a_i V_i + \sum_{i,j=1}^{k} \theta_i\theta_j C_i C_j', \\ C &= (C_1 C_2 \cdots C_k). \end{aligned}$$

因此,把 $C_i C_j'$ 写成 W_{ij},$\theta_i\theta_j$ 写成 β_{ij},则有

$$E(yy') = \sum_{i=1}^{q} a_i V_i + \sum_{i,j=1}^{k} \beta_{ij} W_{ij}.$$

它仍然是一个线性模型,只是把矩阵 yy' 看成是向量,因此,对 y 的四阶矩作一些假定后,就可以讨论 a_i 的估计量 $\hat{a}_i$,这些 $\hat{a}_i$ 实际上都是 y 的二次型.

考虑 $B = I - C(C'C)^- C'$,于是 $B' = B, B'C = O$,因此,令 $t = B'y$ 后,

$$\begin{aligned} E(t) &= B'E(y) = B'C\theta = O, \\ E(tt') &= E(B'yy'B) = B'Eyy'B \\ &= B'(\Sigma a_i V_i + C\theta\theta'C')B \\ &= \sum_{i=1}^{q} a_i B'V_i B. \end{aligned}$$

很明显,把 $\underset{n \times n}{B'} \underset{n \times n}{V_i} \underset{n \times n}{B}$ 看成 n^2 维的向量,那么对于参数 $a_1, \cdots, a_q$ 而言,相应的最小二乘估计就是使

$$\mathrm{tr}\Big(tt' - \sum_{i=1}^{q} a_i B'V_i B \Big)^2$$

达到最小值的解,它自然就是 t 的二次型,此时,相当于 $\hat{\theta} = (C'C)^+ C'y$ 中的 $C'C$ 就是矩阵

$$\underset{q\times q}{D} = (\mathrm{tr}B'V_iBB'V_jB),$$

$C'y$ 相当于 $d = \begin{bmatrix} \mathrm{tr}B'V_1Btt' \\ \vdots \\ tB'V_qBtt' \end{bmatrix} = \begin{bmatrix} t'B'V_1Bt \\ \vdots \\ t'B'V_qBt \end{bmatrix},$

因此

$$\hat{a} = D^+ d = (\mathrm{tr}B'V_iBB'V_jB)^+ \begin{bmatrix} t'B'V_1Bt \\ \vdots \\ t'B'V_qBt \end{bmatrix}.$$

这些都是 t 的二次型,自然也就是 y 的二次型,因此,对 y 加以适当的条件后,就可以讨论如此所得的 a 是不是最佳的二次估计.这些问题我们这里不作深入介绍了,读者可以参看有关的文献[51],[52].

通过上面这两个例子,我们可以看到,广义线性模型实际上所包含的内容是很丰富的.

§4. 递 推 公 式

对于(1.1)式所规定的模型(o),在实际问题中常常要考虑它变化后的形式,要研究变化后的形式与模型(o)的关系,从而导出相应的递推公式,这一节,我们分析三种变形,导出相应的公式.

(一) 添加"因子"的情形.

假定原来的模型是

$$\begin{cases} E(\underset{n\times p}{Y}) = \underset{n\times k}{C}\ \underset{k\times p}{\Theta}, \\ Y\ \text{中各行不相关,同协差阵}\ V. \end{cases} \tag{4.1}$$

在回归分析中,我们看到 C 矩阵是由自变量的资料阵 X 和 $\mathbf{1}$ 组成的,如果要考虑增添新的自变量 u 及相应的资料矩阵 U,于是模型就变为

$$\begin{cases} E(Y) = (\underset{k}{C}\quad \underset{l}{U})\begin{pmatrix} \Theta \\ H \end{pmatrix}, \\ Y\ \text{中各行不相关,同协差阵}\ V. \end{cases} \tag{4.2}$$

对于方差分析的问题,如果要考虑伴随变量的影响,也即所谓要进行协方差分析,此时遇到的也是形如(4.2)式的模型.我们用 $\hat{\Theta}, Q$ 表示(4.1)相应的最小二乘估

计和残积阵,用 $\hat{\Theta}_*, Q_*$ 表示(4.2)模型相应的估计和残积阵,$\hat{H}$ 自然是(4.2)模型才有的,现在来讨论 $\hat{\Theta}, Q$ 与 $\hat{\Theta}_*, Q_*, \hat{H}$ 的关系.

用广义逆的四块求逆公式.

$$\left[\binom{C'}{U'}(CU)\right]^- = \begin{pmatrix} C'C & C'U \\ U'C & U'U \end{pmatrix}^-$$

$$= \begin{pmatrix} (C'C)^- & O \\ O & O \end{pmatrix} + \begin{pmatrix} (C'C)^- C'U \\ -I \end{pmatrix} \times L_{UU}^-(C)(U'C(C'C)^- - I),$$

其中

$$L_{UU}(C) = U'U - U'C(C'C)^- C'U = U'(I - P_C)U,$$

于是有

$$\begin{pmatrix} \hat{\Theta}_* \\ \hat{H} \end{pmatrix} = \begin{pmatrix} C'C & C'U \\ U'C & U'U \end{pmatrix}^- \begin{pmatrix} C'Y \\ U'Y \end{pmatrix}$$

$$= \begin{pmatrix} (C'C)^- C'Y - (C'C)^- C'U L_{UU}^-(C) L_{UY}(C) \\ L_{UU}^-(C) L_{UY}(C) \end{pmatrix}$$

$$= \begin{pmatrix} \hat{\Theta} - (C'C)^- C'U\hat{H} \\ L_{UU}^-(C) L_{UY}(C) \end{pmatrix},$$

其中

$$L_{UY}(C) = U'Y - U'C(C'C)^- C'Y = U'(I - P_C)Y.$$

因此有公式:

$$\hat{\Theta}_* = \hat{\Theta} - (C'C)^- C'U\hat{H} = (C'C)^- C'(Y - U\hat{H}). \tag{4.3}$$

(4.3)式告诉我们,如果添加新的因子,那就将新的因子的预报值 $U\hat{H}$ 从原始资料中"扣除"掉,即得 $Y - U\hat{H}$,而将 $Y - U\hat{H}$ 作模型(4.1)中的 Y 再进行估计.

实际上,参数 Θ 与 H 在模型(4.2)中地位是对称的,我们也可以把模型(4.2)看成是由

$$\begin{cases} E(Y) = UH, \\ Y \text{ 中各行不相关,同协差阵 } V, \end{cases} \tag{4.4}$$

增添资料阵 C 而得来的,于是类似地也有(4.3)的公式

$$\hat{H}_* = (U'U)^- U'(Y - C\hat{\Theta}). \tag{4.5}$$

要注意的是(4.5)式中的 $\hat{\Theta}$ 与(4.3)中的是不一样的,(4.5)中的 $\hat{\Theta}$ 实际上是(4.3)中的 $\hat{\Theta}_*$.

再看残积阵的关系.今

$$Q_* = L_{YY}(CU) = Y'Y - Y'(CU)\begin{pmatrix} C'C & C'U \\ U'C & U'U \end{pmatrix}^- \begin{pmatrix} C' \\ U' \end{pmatrix}Y$$

$$= Y'Y - Y'C(C'C)^- C'Y - Y'C(C'C)^- C'UL_{UU}^-(C)U'C(C'C)^- C'Y$$
$$\quad - Y'C(C'C)^- C'UL_{UU}^-(C)U'Y - Y'UL_{UU}^-(C)U'C(C'C)^- C'Y$$
$$\quad + Y'UL_{UU}^-(C)U'Y$$

$$= L_{YY}(C) - L_{YU}(C)L_{UU}^-(C)L_{UY}(C),$$

因此,就有

$$Q_* = Q - L_{YU}(C)L_{UU}^-(C)L_{UY}(C), \tag{4.6}$$

即有

$$Q_* = Q - \hat{H}'L_{UU}(C)\hat{H}. \tag{4.7}$$

(4.7)式告诉我们,添加因子 u 的资料后,"残差平方和"是减少了,减少的部分就是 $\hat{H}'L_{UU}(C)\hat{H}$. 由此立即可以看出:当 $L_{UU}(C) = 0$ 时,$Q_* = Q$,也即增添因子 u 的资料是没有作用的. 而 $L_{UU}(C) = U'(I - P_C)U$,$L_{UU}(C) = 0$ 的充要条件是 $(I - P_C)U = O$,即 U 的各列均能被 C 的列的线性组合来表示,这也就意味着从资料上来看,这些新变量 u 实际上还是 x 的线性函数. 这一点在逐步回归的筛选自变量中特别明显. 对协方差分析的模型,一般说来 $L_{UU}(C) \neq 0$,这时要判断伴随变量是否真正有作用,就要进行检验,检验假设

$$H_0: H = 0$$

是否成立. 因此,很自然会与(4.7)中的 $\hat{H}'L_{UU}(C)\hat{H}$ 有关.

特别地,当 $l = 1$,$U = u$,$H = \eta'$ 时,$L_{UU}(C)$ 就是一个数,它是 $u'(I - P_C)u$,记为 d_u,于是得到在回归分析中见过的公式:

$$\begin{cases} \hat{\eta}' = d_u^{-1}L_{uY}(C) = d_u^{-1}u'(Y - C\hat{\Theta}), \\ \hat{\Theta}_* = \hat{\Theta} - (C'C)^- C'u\hat{\eta}', \\ Q_* = Q - d_u\hat{\eta}\hat{\eta}'. \end{cases} \tag{4.8}$$

(二) 添加"指标"的情形.

此时考虑模型(4.1)添加一部分指标 $z_1, \cdots, z_q$ 的资料阵 Z,得

$$\begin{cases} E(\underset{n \times p}{Y} \quad \underset{n \times q}{Z}) = C(\Theta \ H), \\ (YZ) \text{ 中各行不相关,同协差阵} \begin{bmatrix} V_{yy} & V_{yz} \\ V_{zy} & V_{zz} \end{bmatrix}, \end{cases} \tag{4.9}$$

其中

$$V_{yy} = V(y), V_{zz} = V(z), V_{zy}' = V_{yz} = \text{cov}(y, z).$$

这种情况比较简单,因为对 Θ 与 H,实际上是可以分开的,(4.9)中第一式就是

$$E(Y) = C\Theta, \quad E(Z) = CH.$$

因此 $\hat{\Theta}_*$(相应于(4.9)的估计)与 $\hat{\Theta}$(相应于(4.1)的估计)完全相同. 有差别的是残积阵 Q_* 与 Q,相应于(4.9)的残差阵 Q_* 与相应于(4.1)的 Q 的关系,从定义

出发就可以算得. 因此有

$$
\begin{cases}
\hat{\Theta}_* = \hat{\Theta} = (C'C)^- C'Y, \\
\hat{H} = (C'C)^- C'Z, \\
Q_* = \begin{pmatrix} Y' \\ Z' \end{pmatrix}(I - P_C)(YZ) = \begin{bmatrix} Q & (Y - C\hat{\Theta})'Z \\ Z'(Y - C\hat{\Theta}) & Z'(I - P_C)Z \end{bmatrix}.
\end{cases} \quad (4.10)
$$

特别地,当 $q = 1$ 时,记 $H = \eta, Z = z$,则有

$$
\begin{cases}
\hat{\Theta}_* = \hat{\Theta} = (C'C)^- C'Y, \\
\hat{\eta} = (C'C)^- C'z, \\
Q_* = \begin{bmatrix} Q & (Y - C\hat{\Theta})'z \\ z'(Y - C\hat{\Theta}) & z'(I - P_C)z \end{bmatrix} = \begin{pmatrix} Y' \\ z' \end{pmatrix}(I - P_C)(Yz).
\end{cases} \quad (4.11)
$$

(三) 添加"试验"的情形.

此时要考虑的模型是添加了试验资料 $\underset{m \times p}{Z}$ 的情形. 这在实际工作中是一种常见的情况,因为有时往往做了一部分试验取得了资料 Y,后来又增添了一些试验,取得了新的资料 Z,希望将这两部分资料合并在一起进行分析,这样就需要考虑模型

$$
\begin{cases}
E \begin{pmatrix} Y \\ Z \end{pmatrix}_m^n = \begin{pmatrix} C \\ D \end{pmatrix}_k \underset{k \times p}{\Theta}, \\
\begin{pmatrix} Y \\ Z \end{pmatrix} \text{的各行不相关,同协差阵 } V.
\end{cases} \quad (4.12)
$$

我们仍以 $\hat{\Theta}_*$ 表示(4.12)相应的估计,$\hat{\Theta}$ 表示(4.1)相应的估计,Q_* 表示(4.12)相应残积阵,Q 表示(4.1)相应的残积阵. 于是问题就归结为求

$$
(C'D')\begin{pmatrix} C \\ D \end{pmatrix} = C'C + D'D
$$

这一矩阵的广义逆. 从"+"号逆的性质可知,只要求出 (CD) 或 $\begin{pmatrix} C' \\ D' \end{pmatrix}$ 的逆,就可以求出 $C'C + D'D$ 的逆. 对"-"号逆,情况就不同了. 在此我们不作一般性的讨论,只就 $(C'C)^{-1}$ 存在的特殊情况进行讨论.

当 $C'C > 0$ 时,$C'C + D'D > 0$,且有

$$
\begin{aligned}
(C'C + D'D)^{-1} &= (C'C)^{-1} - (C'C)^{-1}D'(I + D(C'C)^{-1}D')^{-1}D(C'C)^{-1} \\
&= [I - (C'C)^{-1}D'(I + D(C'C)^{-1}D')^{-1}D](C'C)^{-1},
\end{aligned}
$$

又由于

$$
(I + D(C'C)^{-1}D')^{-1}(I + D(C'C)^{-1}D') = I,
$$

所以

$$
(I + D(C'C)^{-1}D')^{-1}D(C'C)^{-1}D' = I - (I + D(C'C)^{-1}D')^{-1}.
$$

于是有

$$(C'C)^{-1}D'(I + D(C'C)^{-1}D')^{-1}D(C'C)^{-1}D'$$
$$= (C'C)^{-1}D'(I - (I + D(C'C)^{-1}D')^{-1}).$$

将这些公式用于求 $\hat{\Theta}_*$，得

$$\hat{\Theta}_* = (C'C + D'D)^{-1}(C'Y + D'Z)$$
$$= [I - (C'C)^{-1}D'(I + D(C'C)^{-1}D')^{-1}D] \times (C'C)^{-1}(C'Y + D'Z)$$
$$= \hat{\Theta} - (C'C)^{-1}D'(I + D(C'C)^{-1}D')^{-1}D\hat{\Theta} + (C'C)^{-1}D'(I + D(C'C)^{-1}D')^{-1}Z$$
$$= \hat{\Theta} + (C'C)^{-1}D'(I + D(C'C)^{-1}D')^{-1}(Z - D\hat{\Theta})$$
$$\triangleq \hat{\Theta} + \Delta\hat{\Theta}, \tag{4.13}$$

(4.13)式的统计意义是十分明显的,它告诉我们只用资料 Y 来估计 Θ 时,所得的估计量是 $\hat{\Theta}$,如果添加了资料 Z 之后,对原来的估计 $\hat{\Theta}$ 应该修正,所需要修正的项就是 $\Delta\hat{\Theta}$.而且在(4.13)的 $\Delta\hat{\Theta}$ 的表示式中,明显地看出 $\Delta\hat{\Theta}$ 是 $Z - D\hat{\Theta}$ 的线性函数,$D\hat{\Theta}$ 是依赖于资料 Y 对添加试验所作出的预报值,Z 是试验的实测值.如果实测值与预报值完全一致,即 $Z - D\hat{\Theta} = O$,可见原来的估计值 $\hat{\Theta}$ 很好,因此修正项 $\Delta\hat{\Theta} = O$,一般说来,这种情形几乎是不可能出现的,因此(4.13)式中 $\Delta\hat{\Theta}$ 就反映了由资料阵 Z 所带来的关于参数 Θ 的新的讯息,我们简称它为"新息".

此时残积阵也发生了变化,运用上面的公式,经过计算就可以得到

$$(Y'Z')\begin{bmatrix} C & \hat{\Theta}_* \\ D & \hat{\Theta}_* \end{bmatrix} = Y'C\hat{\Theta} + Y'C(C'C)^{-1}D'(I + D(C'C)^{-1}D')^{-1}(Z - D\hat{\Theta})$$
$$+ Z'D\hat{\Theta} + Z'D(C'C)^{-1}D'(I + D(C'C)^{-1}D')^{-1}(Z - D\hat{\Theta})$$
$$= Y'C\hat{\Theta} + \hat{\theta}'D'(I + D(C'C)^{-1}D')^{-1}(Z - D\hat{\Theta})$$
$$+ Z'Z - Z'(I + D(C'C)^{-1}D')^{-1}(Z - D\hat{\Theta}),$$

因此

$$Q_* = Q + (Z - D\hat{\Theta})'(I + D(C'C)^{-1}D')^{-1}(Z - D\hat{\Theta}). \tag{4.14}$$

特别地,当 $m = 1, Z = z', D = d'$ 时,就有

$$\begin{cases} \hat{\Theta}_* = \hat{\Theta} + (1 + d'(C'C)^{-1}d)^{-1}(C'C)^{-1}d(z' - d'\hat{\Theta}), \\ Q_* = Q + (1 + d'(C'C)^{-1}d)^{-1}(z - \hat{\Theta}'d)(z - \hat{\Theta}'d)'. \end{cases}$$

(4.14)式通常称为增长记忆的递推公式,它表明了每一次增添新的资料后,原有的资料均保留使用.它的优点是递推公式中只用到以前资料的 $(C'C)^{-1}$ 和 $\hat{\Theta}, Q$,原始资料均不需保存.这一点在使用电子计算机计算时是很方便的.

另一种也是常用的公式,就称为限定记忆的递推公式.例如试验资料是依时间先后的顺序排列的,如果最新的一个资料添入了,就要剔除一个最早的资料,然后再算相应的 $\hat{\Theta}$,也就是说,它始终是用最近的 n 个样品来估计 Θ 和 Q.这些也有一个递推公式.我们把(4.1)中的第一行另写,将(4.1)式改写成

$$\begin{cases} E \begin{bmatrix} y'_{(1)} \\ Y_{-1} \\ {}_{n \times p} \end{bmatrix} = \begin{bmatrix} C'_{(1)} \\ C_{-1} \end{bmatrix} \Theta, \quad Y = \begin{bmatrix} y'_{(1)} \\ Y_{-1} \end{bmatrix}_{n-1}^{1}, \\ Y \text{ 中各行不相关,同协差阵 } V. \end{cases} \quad (4.15)$$

于是增添资料 $y'_{(n+1)} C'_{(n+1)}$,剔除资料 $y'_{(1)}, C'_{(1)}$ 后的模型是

$$\begin{cases} E \begin{bmatrix} Y_{-1} \\ y'_{(n+1)} \end{bmatrix} = \begin{bmatrix} C_{-1} \\ C'_{(n+1)} \end{bmatrix} \Theta, \\ \begin{bmatrix} Y_{-1} \\ y'_{(n+1)} \end{bmatrix} \text{ 中各行不相关,同协差阵 } V. \end{cases} \quad (4.16)$$

我们还用 $\hat{\Theta}, Q$ 分别表示(4.1)(也即(4.15))相应的估计量与残积阵,用 $\hat{\Theta}_*, Q_*$

分别表示(4.16)相应的估计量与残积阵,则有 $\left[\text{仍记 } C = \begin{bmatrix} C'_{(1)} \\ C_{-1} \end{bmatrix}\right]$

$$\begin{aligned} \hat{\Theta}_* &= (C'_{-1}C_{-1} + C_{(n+1)}C'_{(n+1)})^{-1}(C'_{-1}Y_{-1} + C_{(n+1)}y'_{(n+1)}) \\ &= (C'C + C_{(n+1)}C'_{(n+1)} - C_{(1)}C'_{(1)})^{-1}(C'_{-1}Y_{-1} + C_{(n+1)}y'_{(n+1)}), \end{aligned}$$

由于

$$(C'C + C_{(n+1)}C'_{(n+1)} - C_{(1)}C'_{(1)})^{-1}$$
$$= (C'C + C_{(n+1)}C'_{(n+1)})^{-1} +$$
$$\frac{(C'C + C_{(n+1)}C'_{(n+1)})^{-1}C_{(1)}C'_{(1)}(C'C + C_{(n+1)}C'_{(n+1)})^{-1}}{1 - C'_{(1)}(C'C + C_{(n+1)}C'_{(n+1)})^{-1}C_{(1)}}, \quad (4.17)$$
$$C'_{-1}Y_{-1} = C'Y - C_{(1)}y'_{(1)},$$

因此记 $C_{+1} = \begin{bmatrix} C \\ C'_{(n+1)} \end{bmatrix}$ 后

$$\begin{aligned} \hat{\Theta}_* &= \left[(C'_{+1}C_{+1})^{-1} + \frac{(C'_{+1}C_{+1})^{-1}C_{(1)}C'_{(1)}(C'_{+1}C_{+1})^{-1}}{1 - C'_{(1)}(C'_{+1}C_{+1})^{-1}C_{(1)}} \right] \\ &\quad \times (C'Y - C_{(1)}y'_{(1)} + C_{(n+1)}y'_{(n+1)}, \end{aligned} \quad (4.18)$$

而用

$$(C'_{+1}C_{+1})^{-1} = (C'C)^{-1} - \frac{(C'C)^{-1}C_{(n+1)}C'_{(n+1)}(C'C)^{-1}}{1 + C'_{(n+1)}(C'C)^{-1}C_{(n+1)}} \quad (4.19)$$

来求 $(C'_{+1}C_{+1})^{-1}$,于是由(4.18),(4.19),就得 $\hat{\Theta}_*$ 的固定记忆的递推公式.从 (4.18)式可以看出,当

$$C'_{(1)}(C'_{+1}C_{+1})^{-1}C_{(1)} = 1$$

时,(4.18)就不成立,在实际工作中一般是不会遇到的,关于这方面的进一步讨论, 将与计算方法有较多的关系,超出了本书的范围.在限定记忆的公式中除了要保留 $(C'C)^{-1}$ 阵以外,还需保留过去与 $C'C$ 阵有关的原始资料与相应的试验值,实际

上它所需要的贮存量反而比增长记忆的公式要多,这些在实际使用时是需要注意的.

实际上,这些公式不只是在计算方法上有意义,它们本身就是从一些理论问题中抽象概括出来的.在第六章回归分析中可以看到,逐步回归,双重筛选的逐步回归都归结为添加因子,添加指标的这两种情况,这两种情况的讨论实际上是逐步回归算法的理论依据.在本章的§6还讨论一些设计问题,这些讨论与本节的内容也是有关的.

§5. 正态线性模型的假设检验

现在考虑正态线性模型:

$$\begin{cases} E(\underset{n \times p}{Y}) = \underset{n \times k}{C} \underset{k \times p}{\Theta}, \\ Y \text{ 的各行独立,同协差阵 } V,\text{正态分布.} \end{cases} \tag{5.1}$$

以下不作声明时,本节均在(5.1)的假定下进行讨论.这一节讨论的中心问题是如何检验假设

$$H_0 : \underset{s \times k}{A} \underset{k \times p}{\Theta} \underset{p \times t}{B} = \underset{s \times t}{K}. \tag{5.2}$$

现在我们分段来逐步展开.

5.1 线性模型的法式　从第一章§11 知道,对任给的矩阵 $\underset{n \times k}{C}$,存在正交阵 $\underset{n \times n}{\Gamma}$,非奇异阵 P 使

$$\Gamma C P = \begin{bmatrix} I_r & O \\ O & O \end{bmatrix}, \text{其中 } r = \mathrm{rk}\, C. \tag{5.3}$$

我们又知道(第二章§5 公式(5.29))令 $z = \Gamma Y$ 后,当 Γ 是正交阵时,这个变换不会改变 Y 各行的独立性,也即令 $Z = \Gamma Y$ 后,Z 的各行独立,同协差阵 V,并且还是正态分布.因此,对(5.1)的模型作变换:

$$Z = \Gamma Y, \quad H = P^{-1}\Theta,$$

Γ, P 是(5.3)式中的矩阵,则有

$$\begin{cases} E(\underset{n \times p}{Z}) = \Gamma C P H \triangleq \begin{bmatrix} I_r & O \\ O & O \end{bmatrix} \begin{bmatrix} H_1 \\ H_2 \end{bmatrix}_p^{r}_{k-r}, \\ Z \text{ 的各行独立,同协差阵 } V,\text{正态分布.} \end{cases} \tag{5.4}$$

因此(5.4)也可写成:

$$\begin{cases} E(Z) = \begin{bmatrix} H_1 \\ O \end{bmatrix}_{n-r}^{r}, \\ Z \text{ 的各行独立,同协差阵 } V,\text{正态分布.} \end{cases}$$

(5.4)称为(5.1)的法式.将 Z 相应分块,记

$$Z = \begin{bmatrix} Z_1 \\ Z_2 \end{bmatrix} \begin{matrix} r \\ n-r \end{matrix},$$

再用§2.的公式,就得到估计量及残积阵:

$$\begin{cases} \hat{H}_1 = Z_1, \\ Q = Z_2' Z_2. \end{cases} \tag{5.5}$$

显然,(5.5)的形式简单清楚.下面将进一步证明,对(5.1)检验(5.2)的问题,均可化为(5.4)模型中相应的问题,因此,我们只需讨论法式的线性假设的检验问题.

定理5.1 模型(5.1)的任一可估函数 $\rho = \mathrm{tr} A'\Theta$ 一定是(5.4)的可估函数,反之亦真.模型(5.1)与(5.4)对同一可估参数给出的 Gauss-Марков 估计量是相同的,并且(5.1)与(5.4)相应残积阵相等.

证明 设 $\rho = \mathrm{tr} A'\Theta$ 是(5.1)的可估参数,则用 $\hat{\rho}$ 表示(5.1)相应的 Gauss-Марков 估计,Q 表示(5.1)相应的残积阵.

由于 $\Theta = PH$,于是 $\rho = \mathrm{tr} A'PH$.因此 $\rho = \mathrm{tr} A'\Theta$ 对(5.1)可估 $\Leftrightarrow \exists B$ 使 $B'C = A'$

$$\Leftrightarrow \exists B \text{ 使} B'\Gamma'\Gamma CP = A'P$$

$$\Leftrightarrow \exists B \text{ 使} B'\Gamma' \begin{bmatrix} I_r & O \\ O & O \end{bmatrix} = A'P$$

$$\Leftrightarrow \rho = \mathrm{tr} A'PH \text{ 可估.}$$

这就证明了两个模型相应的可估参数是相同的.

我们用 $\hat{\rho}_*, Q_*$ 分别表示可估参数在(5.4)模型中的 Gauss-Марков 估计及相应的残积阵.现在只要证明 $\hat{\rho} = \hat{\rho}_*, Q = Q_*$.由于 $\Gamma CP = \begin{bmatrix} I_r & O \\ O & O \end{bmatrix}$,记它为 C_*,即

$$C_* = \begin{bmatrix} I_r & O \\ O & O \end{bmatrix} = \Gamma CP, \quad C = \Gamma'C_* P^{-1},$$

于是

$$\hat{\Theta} = (C'C)^- C'Y$$
$$= [(\Gamma'C_* P^{-1})'(\Gamma'C_* P^{-1})]^- (\Gamma'C_* P^{-1})'Y$$
$$= (P'^{-1}C_*' C_* P^{-1})^- P'^{-1}C_*' \Gamma Y.$$

注意到广义逆的性质(见第一章§8的8.1),当 P^{-1}, Q^{-1} 存在时,$D^- = Q(PDQ)^- P$,也即

$$(PDQ)^- = Q^{-1}D^- P^{-1},$$

于是

$$\hat{\Theta} = P(C_*' C_*)^- P'P'^{-1}C_*' \Gamma Y = P(C_*' C_*)^- C_*' \Gamma Y$$

$$= P(C'_* C_*)^- C'_* Z = P\hat{H},$$

因此 $\hat{\rho} = \mathrm{tr} A' \hat{\Theta} = \mathrm{tr} A' P \hat{H}$.

注意到 $\Gamma C = C_* P^{-1}$，因 $\mathscr{L}(\Gamma C) = \mathscr{L}(C_* P^{-1}) = \mathscr{L}(C_*)$，于是 $\mathscr{L}(\Gamma C)$ 上的投影阵与 $\mathscr{L}(C_*)$ 上的投影阵相等，即有

$$C_*(C'_* C_*)^- C'_* = \Gamma C(C'\Gamma'\Gamma C)^- C'\Gamma' = \Gamma C(C'C)^- C'\Gamma',$$

于是

$$Q_* = z'(I - C_*(C'_* C_*)^- C'_*)z = Y'\Gamma'(I - \Gamma C(C'C)^- C'\Gamma')\Gamma Y$$
$$= Y'(I - C(C'C)^- C')Y = Q.$$

这就证明了定理 5.1 ♯

利用可估的充要条件，就知道 $\rho = \mathrm{tr} D' H$ 可估 $\Leftrightarrow \exists \underset{n\times p}{F}$ 使 $\underset{p\times n}{F'} \begin{bmatrix} I_r & O \\ O & O \end{bmatrix}_{n\times k} = \underset{p\times k}{D'}$. 写

$$F = \begin{bmatrix} F_{11} & F_{12} \\ F_{21} & F_{22} \end{bmatrix} = \begin{bmatrix} F_1 \\ F_2 \end{bmatrix}_{p}^{r}{}_{n-r}, \quad D = \begin{bmatrix} D_{11} & D_{12} \\ D_{21} & D_{22} \end{bmatrix},$$

于是

$$F' \begin{bmatrix} I_r & O \\ O & O \end{bmatrix} = D' \Leftrightarrow D = \begin{bmatrix} I_r & O \\ O & O \end{bmatrix} \begin{bmatrix} F_{11} & F_{12} \\ F_{21} & F_{22} \end{bmatrix}$$
$$= \begin{bmatrix} F_{11} & F_{12} \\ O & O \end{bmatrix},$$

因此

$$\rho = \mathrm{tr} D' H \text{ 可估} \Leftrightarrow \rho$$
$$= \mathrm{tr} \begin{bmatrix} F'_{11} & O \\ F'_{12} & O \end{bmatrix} H = \mathrm{tr} \begin{bmatrix} F'_{11} & O \\ F'_{12} & O \end{bmatrix} \begin{bmatrix} H_1 \\ H_2 \end{bmatrix},$$

也即 $\rho = \mathrm{tr} \underset{p\times r}{F'_1} \underset{r\times p}{H_1}$，$\rho$ 一定是 H_1 的线性函数. 这样，我们就全部弄清楚了模型 (5.1) 与 (5.4) 的关系，(5.4) 把 (5.1) 中不可估的部分都消去了，只剩下可估部分，因此无论从形式上还是方法上都可以更简洁了.

从模型 (5.4) 的条件及公式 (5.5)，立即就有

定理 5.2　在 (5.4) 的假定下：

$$\begin{cases} \text{(i) } \hat{H}_1 \text{ 遵从正态分布}; \\ \text{(ii) } Q \sim W_p(n-r, V); \\ \text{(iii) } \hat{H}_1 \text{ 与 } Q \text{ 独立}. \end{cases} \tag{5.6}$$

5.2 线性假设（法式）　现在对线性模型的法式 (5.4) 来考虑线性假设的检验.

(1) 检验 $H_0 : A \underset{r\times p}{H_1} = B$.

此时可假定 $AH_1 = B$ 是相容的, 否则 H_0 就毋需检验而可判断它一定不成立. 由于随机向量减去一个常数向量后不改变它的协差阵, 我们用

$$\begin{cases} E\begin{bmatrix} Z_1 - A^+ B \\ Z_2 \end{bmatrix} = \begin{bmatrix} H_1 - A^+ B \\ O \end{bmatrix}, \\ \begin{bmatrix} Z_1 - A^+ B \\ Z_2 \end{bmatrix} \text{的各行独立,同协差阵 } V, \text{正态分布}, \end{cases} \quad (5.7)$$

代替 (5.4), 作为我们的初始假定. 注意到 $A^+ A$ 的特征根非零即 1, 且 $\mathrm{tr} A^+ A = \mathrm{rk} A$, 因此当 $\mathrm{rk} A = l$ 时, 就有正交阵 Γ 使

$$\Gamma A^+ A \Gamma' = \begin{bmatrix} O & O \\ O & I_l \end{bmatrix},$$

$$\Gamma (I - A^+ A) \Gamma' = \begin{bmatrix} I_{r-l} & O \\ O & O \end{bmatrix}. \quad (5.8)$$

令

$$U_* = \Gamma (Z_1 - A^+ B),$$

则

$$\begin{aligned} E(U_*) &= \Gamma E(Z_1 - A^+ B) = \Gamma (H_1 - A^+ B) \\ &= \Gamma A^+ A (H_1 - A^+ B) + \Gamma (I - A^+ A)(H_1 - A^+ B), \end{aligned}$$

由于 (5.8), 令 $\mu = \Gamma (H_1 - A^+ B)$ 后, 就有

$$\begin{aligned} E(U_*) &= \Gamma A^+ A \Gamma' \mu + \Gamma (I - A^+ A) \Gamma' \mu \\ &= \begin{bmatrix} O & O \\ O & I_l \end{bmatrix} \mu + \begin{bmatrix} I_{r-l} & O \\ O & O \end{bmatrix} \mu, \end{aligned}$$

记 $\mu = \begin{bmatrix} \mu_1 \\ \mu_2 \end{bmatrix} \begin{matrix} r-l \\ l \end{matrix}$, 就有

$$E(U_*) = \begin{bmatrix} \mu_1 \\ \mu_2 \end{bmatrix},$$

因此, 令 $U_3 = Z_2$, $U_* = \begin{bmatrix} U_1 \\ U_2 \end{bmatrix} \begin{matrix} r-l \\ l \end{matrix}$, $U' = (U_1' \, U_2' \, U_3')$, 则有

$$\begin{cases} E(U) = E\begin{bmatrix} U_1 \\ U_2 \\ U_3 \end{bmatrix} = \begin{bmatrix} \mu_1 \\ \mu_2 \\ O \end{bmatrix} \begin{matrix} r-l \\ l \\ n-r \end{matrix} \\ U \text{ 的各行独立,同协差阵 } V, \text{正态分布}. \end{cases} \quad (5.9)$$

又因为

$$AH_1 = B \Leftrightarrow H_1 = A^+ B + (I - A^+ A)\Xi, \Xi \text{ 任意},$$

$$\Leftrightarrow H_1 - A^+ B = (I - A^+ A)\varXi, \varXi \text{ 任意}$$

$$\Leftrightarrow \varGamma' \mu = (I - A^+ A)\varXi, \varXi \text{ 任意}$$

$$\Leftrightarrow \varGamma A^+ A \varGamma' \mu = 0$$

$$\Leftrightarrow \mu_2 = 0,$$

因此要对(5.4)检验假设 $H_0: AH_1 = B$,相当于对(5.9)检验假设 $H_0: \mu_2 = 0$.

因此,我们只须对法式模型(5.9)讨论 $H_0: \mu_2 = 0$ 的假设检验问题.(5.9)的第一式可写成

$$E\begin{bmatrix} U_1 \\ U_2 \\ U_3 \end{bmatrix} = \begin{bmatrix} I_{r-l} & O \\ O & I_l \\ O & O \end{bmatrix} \begin{bmatrix} \mu_1 \\ \mu_2 \end{bmatrix}. \tag{5.10}$$

我们用似然比及广义相关系数来导出有关的统计量.和以前一样,仍用 $Q_\varOmega$ 及 Q_{H_0} 表示相应的残积阵.

当(5.9)成立时,

$$\max_{\mu_1, \mu_2, V} L(U) = \left(\frac{1}{\sqrt{2\pi}}\right)^n |\hat{V}|^{-\frac{n}{2}} \exp\left\{-\frac{n}{2} \mathrm{tr}\, \hat{V}^{-1} \hat{V}\right\}$$

$$= \left(\frac{1}{\sqrt{2\pi}}\right)^n \left|\frac{1}{n} U_3' U_3\right|^{-\frac{n}{2}} e^{-\frac{1}{2}np},$$

当 H_0 成立时,

$$\max_{\mu_1, V} L(U) = \left(\frac{1}{\sqrt{2\pi}}\right)^n \left|\frac{1}{n}(U_2' U_2 + U_3' U_3)\right|^{-\frac{n}{2}} e^{-\frac{1}{2}np}.$$

因此,似然比

$$\varLambda = \max_{\mu_1, V} L(U) \Big/ \max_{\mu_1, \mu_2, V} L(U) = \left(\frac{|U_3' U_3|}{|U_2' U_2 + U_3' U_3|}\right)^{\frac{n}{2}},$$

它与统计量

$$\frac{|U_3' U_3|}{|U_2' U_2 + U_3' U_3|} = \frac{|Q_\varOmega|}{|Q_\varOmega + (Q_{H_0} - Q_\varOmega)|} \tag{5.11}$$

是等价的.很明显,用第三章的定理 3.4 就知道 H_0 成立时(5.11)式的统计量是 $\varLambda(p, n-r, l)$,用 $\varLambda(p, n, m)$ 的表就可以作检验.这是从似然比导出的统计量.下面从广义相关系数来导出其他的统计量.

我们把(5.10)中的矩阵

$$\begin{bmatrix} I_{r-l} & O \\ O & I_l \\ O & O \end{bmatrix} \triangleq (W X)$$

看成是变量 $x_1, \cdots, x_{r-l}, x_{r-l+1}, \cdots, x_r$ 所取的值,于是

$$\begin{aligned}
L_{xx}(\omega) &= X'(I - W(W'W)^- W')X \\
&= (O I_l O) \begin{bmatrix} O & O & O \\ O & I_l & O \\ O & O & I_{n-r} \end{bmatrix} \begin{bmatrix} O \\ I_l \\ O \end{bmatrix} = I_l,
\end{aligned}$$

$$\begin{aligned}
L_{uu}(\omega) &= U'(I - W(W'W)^- W')U \\
&= (U_1' U_2' U_3') \begin{bmatrix} O & O & O \\ O & I_l & O \\ O & O & I_{n-r} \end{bmatrix} \begin{bmatrix} U_1 \\ U_2 \\ U_3 \end{bmatrix} \\
&= U_2' U_2 + U_3' U_3,
\end{aligned}$$

$$\begin{aligned}
L_{ux}(\omega) &= U'(I - W(W'W)^- W')X \\
&= (U_1' U_2' U_3') \begin{bmatrix} O & O & O \\ O & I_l & O \\ O & O & I_{n-r} \end{bmatrix} \begin{bmatrix} O \\ I_l \\ O \end{bmatrix} \\
&= U_2',
\end{aligned}$$

因此

$$\begin{aligned}
\hat{M}_{u-\hat{u}x-\hat{x}} &= L_{uu}^+(\omega) L_{ux}(\omega) L_{xx}^+(\omega) L_{xu}(\omega) = (U_2' U_2 + U_3' U_3)^+ U_2' I_l U_2 \\
&= (U_2' U_2 + U_3' U_3)^+ U_2' U_2 = Q_{H_0}^+ (Q_{H_0} - Q_\Omega).
\end{aligned}$$

记 $\hat{M}_{u-\hat{u}x-\hat{x}}$ 的全部非零特征根为 $\lambda_1 \geqslant \lambda_2 \geqslant \lambda_3 \geqslant \cdots \geqslant \lambda_s > 0$,则 $1 - \lambda_i, i = 1, 2, \cdots, s$,就是 $I - \hat{M}_{u-\hat{u}x-\hat{x}}$ 的非 1 特征根,如果说 $\lambda_1, \cdots, \lambda_s$ 反映了 $u - \hat{u}$ 与 $x - \hat{x}$ 的相关的情况,则 $I - \hat{M}_{u-\hat{u}x-\hat{x}}$ 的非 1 特征根 $1 - \lambda_1, \cdots, 1 - \lambda_s$ 就反映了 $u - \hat{u}$ 与 $x - \hat{x}$ 不相关的情况,下面分别就五种广义相关系数来逐个进行讨论.

(i) 用 $\rho_{xy}^{(1)}$. 此时用 $(U_2' U_2 + U_3' U_3)^+ U_2' U_2$ 的全部非 0 特征根的乘积,当 $|U_2' U_2| \neq 0$ 时,它就是

$$\frac{|U_2' U_2|}{|U_2' U_2 + U_3' U_3|},$$

它的分布在 H_0 成立时就是 $\Lambda(p, l, n-r)$.

如果用 $\prod_{i=1}^s (1 - \lambda_i)$,即考虑:

$$\begin{aligned}
|I - (U_2' U_2 + U_3' U_3)^{-1} U_2' U_2| &= |(U_2' U_2 + U_3' U_3)^{-1} U_3' U_3| \\
&= |U_3' U_3| / |U_2' U_2 + U_3' U_3|, (|U_3' U_3| \neq 0),
\end{aligned}$$

它就是似然比导出的统计量.

(ii) 用 $\rho_{xy}^{(2)}$. 此时用 $(U_2' U_2 + U_3' U_3)^+ U_2' U_2$ 的全部特征根之和,即 sR^2

$= \operatorname{tr}(U_2'U_2 + U_3'U_3)^+ U_2'U_2$. 等价地可以用

$$\frac{R^2}{1-R^2} = \frac{\operatorname{tr}(U_2'U_2 + U_3'U_3)^+ U_2'U_2}{s - \operatorname{tr}(U_2'U_2 + U_3'U_3)^+ U_2'U_2}.$$

考虑不相关的情形,用 $\operatorname{tr}(I - (U_2'U_2 + U_3'U_3)^+ U_2'U_2)$,它与上面的 R^2 是等价的.当 $U_3'U_3$ 有逆时,它也就是 $\operatorname{tr}(U_2'U_2 + U_3'U_3)^{-1}U_3'U_3$.

(iii) 用 $\rho_{xy}^{(3)}$. 此时用 $(U_2'U_2 + U_3'U_3)^+ U_2'U_2$ 的最大特征根,它也是 $I - (U_2'U_2 + U_3'U_3)^+ U_2'U_2$ 的最小特征根,当 $U_3'U_3$ 有逆时,后者就是 $(U_2'U_2 + U_3'U_3)^{-1}U_3'U_3$ 的最小特征根,这是 Rao 的书[2](1965,1973)上推荐的统计量.

(iv) 用 $\rho_{xy}^{(4)}$. 它就是用 $(U_2'U_2 + U_3'U_3)^+ U_2'U_2$ 的最小非零特征根,当 $U_3'U_3$ 有逆时,它等价于用 $(U_2'U_2 + U_3'U_3)^{-1}U_3'U_3$ 的最大非 1 特征根.

(v) 用 $\rho_{xy}^{(5)}$. 它就是用 $\operatorname{tr}(U_2(U_2'U_2 + U_3'U_3)^+ U_2')^+$ 的倒数,当 $U_2'U_2$ 有逆时,它等价于 $\operatorname{tr}(U_2'U_2)^{-1}U_3'U_3$.考虑不相关的情形,就应取 $\operatorname{tr}(I - U_2(U_2'U_2 + U_3'U_3)^+ U_2')^+$,当 $U_3'U_3$ 有逆时,它等价于 $\operatorname{tr}(U_3'U_3)^{-1}U_2'U_2$,这也就是常见的 Kullback 用信息量导出的统计量.

比较这些统计量的好坏,寻找一个最优的检验方法.这是多元分析中至今尚未解决的一个重要的课题.

(2) 检验 $H_0: AH_1B = D$. 此时也可假定方程 $AH_1B = D$ 是相容的.考虑由 (5.4)

$$\begin{cases} E(Z) = \begin{bmatrix} H_1 \\ O \end{bmatrix}, \\ Z \text{ 的各行独立,同协差阵 } V,\text{正态分布}, \end{cases} \tag{5.12}$$

引出的模型,令 $U = ZB$,则按列向量写出时

$$\boldsymbol{U} = \boldsymbol{ZB} = (B' \otimes I)\boldsymbol{Z},$$

于是

$$\begin{aligned} V(\boldsymbol{U}) &= (B' \otimes I)V(\boldsymbol{Z})(B \otimes I) = (B' \otimes I)(V \otimes I)(B \otimes I) \\ &= B'VB \otimes I, \end{aligned}$$

因此变换后 U 的各行仍然独立,但协差阵变成 $B'VB$.因此

$$\begin{cases} E(ZB) = \begin{bmatrix} H_1B \\ O \end{bmatrix} \triangleq \begin{pmatrix} \mu \\ O \end{pmatrix}, \\ ZB \text{ 的各行独立,同协差阵 } B'VB,\text{正态分布}. \end{cases} \tag{5.13}$$

对模型(5.13),相当于假设 $H_0: AH_1B = D$ 就是

$$H_0: A\mu = D, \tag{5.14}$$

这是上面讨论过的问题.因此只消对(5.13)及(5.14)算出相应的 Q_Ω 及 Q_{H_0},我们就可以使用(1)中导出的统计量来进行检验.

5.3 线性假设(一般模型) 现在利用 5.2 中法式模型的结果来导出检验一般模型中线性假设的统计量.考虑模型(5.1)

$$\begin{cases} E(Y) = C\Theta, \mathrm{rk}C = r, \\ Y \text{ 的各行独立,同协差阵 } V, \text{正态分布,} \end{cases}$$

的线性假设 $H_0 : A\Theta B = D.$ 令

$$Z = YB, \quad \mu = \Theta B,$$

对 Z 就有

$$\begin{cases} E(Z) = C\Theta B = C\mu, \quad \mathrm{rk}C = r, \\ Z \text{ 的各行独立,同协差阵 } B'VB, \text{正态分布.} \end{cases} \tag{5.15}$$

$H_0 : A\Theta B = D$,对模型(5.15)就是要检验

$$H_0 : A\mu = D. \tag{5.16}$$

显然(5.16)相应的方程是有解的,$\mu = A^+ D + (I - A^+ A)H$,根据 5.2 中的方法,代替模型(5.15),考虑模型

$$\begin{cases} E(Z - CA^+ D) = C(\mu - A^+ D), \mathrm{rk}C = r \\ Z - CA^+ D \text{ 的各行独立,同协差阵 } B'VB, \text{正态分布.} \end{cases} \tag{5.17}$$

对(5.17),就是要检验

$$H_0 : A(\mu - A^+ D) = O. \tag{5.18}$$

因此,只须对(5.17)计算 Q_Ω,对(5.18)计算相应的 Q_{H_0},求出 Q_Ω 及 $Q_{H_0} - Q_\Omega$,就可以用各种检验法进行检验.

今

$$Q_\Omega = (Z - CA^+ D)'(I - C(C'C)^- C')(Z - CA^+ D),$$

又由本章公式(2.10)知道,当记 $P_A^* = I - A^+ A$ 后,

$$Q_{H_0} = (Z - CA^+ D)'(I - CP_A^*(P_A^* C'CP_A^*)^- P_A^* C')(Z - CA^+ D),$$

于是由 Q_Ω 及 $Q_{H_0} - Q_\Omega$ 的表达式就可进行检验,用原始资料 Y 来写时,就得到

$$Q_\Omega = (YB - CA^+ D)'(I - C(C'C)^- C')(YB - CA^+ D),$$

$$Q_{H_0} = (YB - CA^+ D)'(I - CP_A^*(P_A^* C'CP_A^*)^- P_A^* C') \times (YB - CA^+ D).$$

注意到 Q_Ω 实际上就是 $Z'(I - C(C'C)^- C')Z$,于是用 Y 表示时,也就是

$$Q_\Omega = (YB)'(I - C(C'C)^- C')YB.$$

这样,全部 $Q_{H_0} - Q_\Omega$ 及 Q_Ω 均可用已知的资料表示,然后利用 $Q_{H_0}^{-1} Q_\Omega$ 的非零特征根来进行检验.

下面以方差分析中的 k 总体比较为例,说明上述统计量的应用.

例 5.1 设 $y_\alpha^{(i)}, \alpha = 1, 2, \cdots, n_i, i = 1, 2, \cdots, k$ 是分别来自正态总体 $N_p(\mu_i, V)$ 的 n_i 个样品,现在要检验

$$H_0 : \mu_1 = \mu_2 = \cdots = \mu_k \tag{5.19}$$

是否成立.

记
$$\underset{n_i \times p}{Y_i} = \begin{pmatrix} y_1^{(i)'} \\ \vdots \\ y_{n_i}^{(i)'} \end{pmatrix}, \quad i = 1, 2, \cdots, k,$$

$$\underset{n \times p}{Y} = \begin{pmatrix} Y_1 \\ \vdots \\ Y_k \end{pmatrix}, \quad n = n_1 + n_2 + \cdots + n_k,$$

于是有

$$\begin{cases} E(Y) = \begin{pmatrix} \mathbf{1} & 0 & \cdots & 0 \\ 0 & \mathbf{1} & \cdots & 0 \\ \vdots & \vdots & \ddots & \vdots \\ 0 & 0 & \cdots & \mathbf{1} \end{pmatrix} \begin{pmatrix} \mu_1' \\ \mu_2' \\ \vdots \\ \mu_k' \end{pmatrix} \triangleq C\mu' \\ Y \text{ 的各行独立, 正态分布, 同协差阵 } V. \end{cases} \tag{5.20}$$

此时相应的 H_0 中的

$$A = \begin{pmatrix} 1 & -1 & 0 & \cdots & 0 \\ 1 & 0 & -1 & \cdots & 0 \\ \vdots & \vdots & \vdots & & \vdots \\ 1 & 0 & 0 & \cdots & -1 \end{pmatrix} = (\mathbf{1} \quad -I),$$

$$D = O.$$

容易计算得到

$$Q_\Omega = Y'(I - C(C'C)^- C')Y$$
$$= Y'Y - \sum_{i=1}^{k} n_i \bar{y}_i \bar{y}_i'.$$

这是因为

$$(C'C) = \begin{pmatrix} n_1 & & O \\ & \ddots & \\ O & & n_k \end{pmatrix}, \quad C'Y = \begin{pmatrix} n_1 \bar{y}_1 \\ \vdots \\ n_k \bar{y}_k \end{pmatrix},$$

其中

$$\bar{y}_i = \frac{1}{n_i} Y_i' \mathbf{1}, \quad i = 1, 2, \cdots k.$$

当 H_0 成立时, (5.20)模型就变为

$$\begin{cases} E(Y) = \mathbf{1}\mu_1', \\ Y \text{ 的各行独立, 正态分布, 同协差阵 } V. \end{cases} \tag{5.21}$$

相应的

$$Q_{H_0} = Y'(I - \mathbf{1}(\mathbf{1}'\mathbf{1})^{-}\mathbf{1})Y = Y'Y - n\bar{y}\bar{y}',$$

其中

$$\bar{y} = \frac{1}{n}Y'\mathbf{1}.$$

因此

$$Q_{H_0} - Q_\Omega = Y'Y - n\bar{y}\bar{y}' - \left(Y'Y - \sum_{i=1}^{k} n_i\bar{y}_i\bar{y}_i'\right)$$

$$= \sum_{i=1}^{k} n_i\bar{y}_i\bar{y}_i' - n\bar{y}\bar{y}'$$

$$= \sum_{i=1}^{k} n_i(\bar{y}_i - \bar{y})(\bar{y}_i - \bar{y})',$$

它就是组间差矩阵, 通常用 B 表示, Q_{H_0} 就是组内差矩阵, 通常用 W 表示. 因此检验 H_0 的各种统计量均为 $W^{-1}B$ 的非零特征根的函数.

现在来写出它的统计量:

(i) 使用 $|W^{-}B| = |B|/|W|$, 它就是 $\Lambda(p, k-1, n-k)$.

(ii) 使用似然比, 即使用

$$U = \frac{1}{\left|I + Q_\Omega^{-1}(Q_{H_0} - Q_\Omega)\right|} = \frac{|Q_\Omega|}{|Q_{H_0}|}$$

$$= \frac{|B + W|}{|W|},$$

它是 $\Lambda(p, n-k, k-1)$.

(iii) 使用 $\rho_{xy}^{(2)}$ 相应的统计量, 即用

$$\frac{\operatorname{tr}W^{-1}B}{\operatorname{rk}W^{-1}B - \operatorname{tr}W^{-1}B}.$$

(iv) 使用 $W^{-1}B$ 的最大的特征根.

(v) 使用 $W^{-1}B$ 的最小非零特征根.

如果 $k = 2$, 此时

$$B = Q_{H_0} - Q_\Omega = n_1(\bar{y}_1 - \bar{y})(\bar{y}_1 - \bar{y})' + n_2(\bar{y}_2 - \bar{y})(\bar{y}_2 - \bar{y})'$$

$$= \frac{n_1 n_2}{n_1 + n_2}(\bar{y}_1 - \bar{y}_2)(\bar{y}_1 - \bar{y}_2)',$$

因此,

$$\operatorname{tr}W^{-1}B = \frac{n_1 n_2}{n_1 + n_2}\operatorname{tr}W^{-1}(\bar{y}_1 - \bar{y}_2)(\bar{y}_1 - \bar{y}_2)'$$

$$= \frac{n_1 n_2}{n_1 + n_2} (\bar{y}_1 - \bar{y}_2)' W^{-1} (\bar{y}_1 - \bar{y}_2).$$

很明显,注意到 W 就是样本协差阵乘以常数 $n_1 + n_2 - 2$,于是就得

$$(n_1 + n_2 - 2) \operatorname{tr} W^{-1} B = T^2.$$

此时,$W^{-1}B$ 的非零特征根只有一个,不论是哪一个统计量,相应的都是 T^2,这和我们在第三章中看到的情况是一致的.

§6. 试 验 设 计

有了线性模型的一般理论后,就可以进一步讨论设计问题.在线性模型中,参数矩阵 Θ 是有客观的实际意义的,常数矩阵 C 是可以选取的,选定了一个行向量 $c'_{(i)}$,能做的试验就是关于 $c'_{(i)}\Theta$ 的试验,试验结果是 $y'_{(i)}$,因此实际上可以写成

$$y'_{(i)} = c'_{(i)}\Theta + \varepsilon'_{(i)}, \quad i = 1, 2, \cdots, n.$$

$\varepsilon'_{(i)}$ 就是试验误差,各次试验是相互独立的,试验误差又是遵从相同的规律的,因此 $\varepsilon_{(1)}, \cdots, \varepsilon_{(n)}$ 是独立同分布,期望值为零的随机向量.要估计的未知参数或要检验的未知参数,一般都是 Θ 的线性函数 $f(\Theta)$,而且是在做试验之前已经明确的.因此,人们是通过进行试验,取得观测值 $y_{(i)}$,$i = 1, 2, \cdots, n$,后来估计或检验 $f(\Theta)$.如何选取 $c_{(i)}$ 使得 $f(\Theta)$ 相应的估计量具有较好的性质,这就是试验设计的中心问题.我们考虑试验次数 n 固定时,如何选取 C 的问题,C 就称为试验的设计阵.

选定了设计阵 C,得观测值 Y,于是

$$\left\{ \begin{array}{l} E(Y) = C\Theta, \\ Y \text{ 的各行独立,同协差阵 } V. \end{array} \right.$$

很明显,Θ 的线性函数 $\operatorname{tr} A'\Theta$ 可估时,$V(\operatorname{tr} A'\hat{\Theta})$ 与 $(C'C)^+$ 有关,$C'C$ 是 C 的列向量的内积阵.人们可以选取的是 C 的行向量 $c_{(i)}$,因此可以看出试验设计中的主要问题是如何在指定的范围内选取 C 的行向量,而使得 C 的列向量具有某些"优良"的性质.下面我们用因子试验和区组试验作为例子来说明这一点.

例 6.1　因子试验.

线性模型中一个重要的特例就是因子试验.假定有 k 个因子,第 i 个因子的水平数是 s_i,$i = 1, 2, \cdots, k$,考察 p 个指标,于是第 i 个因子第 j 个水平对 p 个指标的效应是一个 $p \times 1$ 的向量,记为 $\mu(i, j)$,$1 \leqslant j \leqslant s_i$,$i = 1, 2, \cdots, k$.令

$$\mu'_i \atop {}_{s_i \times p} = \begin{pmatrix} \mu(i,1)' \\ \mu(i,2)' \\ \vdots \\ \mu(i,s_i)' \end{pmatrix},$$

μ_i' 就是第 i 个因子相应的效应矩阵,由于效应之和必须是 0,即 $\sum_{j=1}^{s_i} \mu(i,j) = 0, i = 1,2,\cdots,k$,因而矩阵 μ_i 就有性质:

$$\mu_i' \mathbf{1}_{s_i} = 0, \quad i = 1,2,\cdots,k.$$

考虑 n 次试验,第 α 次试验中第 i 个因子使用的是第 $a_{\alpha i}$ 水平,测得 p 个指标的试验结果是 $y_{\alpha 1},\cdots,y_{\alpha p}$,令

$$y_{(\alpha)}' = (y_{\alpha 1},\cdots,y_{\alpha p}),$$

当效应可叠加时,就有

$$E(y_{(\alpha)}) = \mu_0 + \mu(1,a_{\alpha 1}) + \cdots + \mu(k,a_{\alpha k}),$$
$$\alpha = 1,2,\cdots,n.$$

其中 μ_0 是一个 $p \times 1$ 的向量.为了要把 $E(y_{(\alpha)})$ 写成 μ_i 的线性函数,能和多元线性模型的形式相符,我们还需引入一些记号.令

$$x_{\alpha j}^{(i)} = \begin{cases} 1, & a_{\alpha i} = j, \\ 0, & a_{\alpha i} \neq j, \end{cases} \quad 1 \leqslant j \leqslant s_i, \quad i = 1,2,\cdots,k$$
$$\alpha = 1,2,\cdots,n,$$

$x_{\alpha j}^{(i)}$ 就表示第 α 次试验中第 i 个因子出现的水平数是哪一个,如果第 α 次试验中,第 i 个因子的水平数是 j,即 $a_{\alpha i} = j$,$x_{\alpha j}^{(i)}$ 就是 1,否则,即 $a_{\alpha i} \neq j$,$x_{\alpha j}^{(i)}$ 就是 0.于是矩阵

$$\underset{n \times s_i}{X_i} = (x_{\alpha j}^{(i)}), i = 1,2,\cdots,k,$$

明确地表示了 n 次试验中,每一次试验各个因子水平的组合是什么,我们把

$$X = (X_1 X_2 \quad \cdot X_k)$$

称为这 n 次试验所采用的设计阵.令

$$Y = \begin{pmatrix} y_{(1)}' \\ \vdots \\ y_{(n)}' \end{pmatrix},$$

则有

$$E(Y) = (\mathbf{1} \ X) \begin{pmatrix} \mu_0 \\ \mu_1' \\ \vdots \\ \mu_k' \end{pmatrix} \triangleq (\mathbf{1} \ X) \begin{pmatrix} \mu_0' \\ \mu' \end{pmatrix}.$$

$y_{(1)},\cdots,y_{(n)}$ 是不相关、同协差阵 V 的,因此,它确实是一个线性模型.矩阵 X 就是因子试验相应的设计阵,不难看出,设计阵 X 具有下列特性:

(i) X 中的元素非 0 即 1;

(ii) $X_i \mathbf{1}_{s_i} = \mathbf{1}_n, i = 1,2,\cdots,k$, 即每一次试验中, 每一个因子必须而且只能出现某一水平;

(iii) $X_i' \mathbf{1}_n = \begin{bmatrix} r_{i1} \\ \vdots \\ r_{is_i} \end{bmatrix}, i = 1,2,\cdots,k, r_{ij}$ 是 n 次试验中第 i 个因子第 j 水平出现的次数, 很明显, $0 \leqslant r_{ij} \leqslant n, r_{ij}$ 称为重复数;

(iv) $X_i' X_j = (\lambda_{\alpha\beta}^{(i,j)}), i,j = 1,2,\cdots,k, \lambda_{\alpha\beta}^{(i,j)}$ 是第 i 个因子第 α 水平和第 j 个因子第 β 水平在全部 n 次试验中同时出现的次数, $\lambda_{\alpha\beta}^{(i,j)}$ 称为相遇数, $\Lambda_{ij} = (\lambda_{\alpha\beta}^{(i,j)})$ 称为相遇矩阵, 它反映了第 i 个因子和第 j 个因子水平组合的情况, 特别地有

$$\Lambda_{ii} = \begin{bmatrix} r_{i1} & & & O \\ & r_{i2} & & \\ & & \ddots & \\ O & & & r_{is_i} \end{bmatrix}, \quad i = 1,2,\cdots,k.$$

因子试验所相应的线性模型, 它的参数是受约束的.

将约束条件的系数矩阵 A 写出, 得

$$\begin{bmatrix} 0 & 0 & 0 & \cdots & 0 \\ 0 & \mathbf{1}_{s_1}' & 0 & \cdots & 0 \\ 0 & 0 & \mathbf{1}_{s_2}' & \cdots & 0 \\ \vdots & \vdots & \vdots & & \vdots \\ 0 & 0 & 0 & \cdots & \mathbf{1}_{s_k}' \end{bmatrix} \begin{bmatrix} \mu_0' \\ \mu_1' \\ \mu_2' \\ \vdots \\ \mu_k' \end{bmatrix} = 0,$$

因此

$$A = \begin{bmatrix} 0 & 0 & \cdots & 0 \\ 0 & \mathbf{1}_{s_1}' & \cdots & 0 \\ \vdots & \vdots & & \vdots \\ 0 & 0 & \cdots & \mathbf{1}_{s_k}' \end{bmatrix},$$

$$A^+ = \begin{bmatrix} 0 & 0 & \cdots & 0 \\ 0 & \frac{1}{s_1}\mathbf{1} & \cdots & 0 \\ \vdots & \vdots & & \vdots \\ 0 & 0 & \cdots & \frac{1}{s_k}\mathbf{1} \end{bmatrix},$$

$$P_A^* = I - A^+A = \begin{pmatrix} 1 & 0 & \cdots & 0 \\ 0 & I - \dfrac{1}{s_1}J & \cdots & 0 \\ \vdots & \vdots & \ddots & \vdots \\ 0 & 0 & \cdots & I - \dfrac{1}{s_k}J \end{pmatrix}.$$

注意到 $X_i \mathbf{1}_{s_i} = \mathbf{1}_n$，则有

$$\left(I_{s_i} - \frac{1}{s_i}J\right)X_i' = X_i' - \frac{1}{s_i}\mathbf{1}\mathbf{1}'X_i' = X_i' - \frac{1}{s_i}\mathbf{1}\mathbf{1}_n',$$

因而就有（此时 $C = (\mathbf{1}X_1\cdots X_k)$）

$$CP_A^* = (\mathbf{1}X_1\cdots X_k)\begin{pmatrix} 1 & & & O \\ & I - \dfrac{1}{s_1}J & & \\ & & \ddots & \\ O & & & I - \dfrac{1}{s_k}J \end{pmatrix}$$

$$= \left(\mathbf{1} \quad X_1 - \frac{1}{s_1}\mathbf{1}_n\mathbf{1}_{s_1}'\cdots X_k - \frac{1}{s_k}\mathbf{1}_n\mathbf{1}_{sk}'\right),$$

很明显，$\mathrm{rk}CP_A^* = \mathrm{rk}C$，因此，可以用定理 2.4. 于是 $\hat{\mu}$ 应满足

$$L_{xx}\hat{\mu}' = L_{xy},$$

相应的残差阵还是 $L_{yy}(\mathbf{1}\ X)$. 今

$$L_{yy}(\mathbf{1}\ X) = L_{yy} - L_{yx}L_{xx}^-L_{xy} = L_{yy} - L_{yx}\hat{\mu}'$$
$$= L_{yy} - \hat{\mu}L_{xy} = L_{yy} - \hat{\mu}L_{xx}\hat{\mu}',$$

由于

$$L_{xx} = X'\left(I - \frac{1}{n}J\right)X = \begin{pmatrix} X_1' \\ \vdots \\ X_k' \end{pmatrix}\left(I - \frac{1}{n}J\right)(X_1\cdots X_k)$$

$$= \left(X_i'\left(I - \frac{1}{n}J\right)X_j\right),$$

记 $L_{ij} = X_i'\left(I - \frac{1}{n}J\right)X_j$，就得

$$L_{yy} = L_{yy}(\mathbf{1}X) + \sum_{i,j=1}^k \hat{\mu}_i L_{ij}\hat{\mu}_j'. \tag{6.1}$$

(6.1)就是一般情况下，因子试验的平方和分解公式，$L_{yy}(\mathbf{1}\ X)$ 就相当于"残差平方和"，$\sum_{i,j=1}^k \hat{\mu}_i L_{ij}\hat{\mu}_j'$ 就相当于"因子效应所相应的平方和"，L_{yy} 就是"总的平方和".

很自然会考虑这样的试验,就是"因子效应的平方和"能分解为"各个因子所相应的平方和",也就是要问:X 矩阵具有什么性质时,

$$\sum_{i,j=1}^{k} \hat{\mu}_i L_{ij} \hat{\mu}_j' = \sum_{i=1}^{k} \hat{\mu}_i L_{ii} \hat{\mu}_i'.$$

很容易看出,当 $L_{ij}=0$ 时,自然有

$$\sum_{i,j=1}^{k} \hat{\mu}_i L_{ij} \hat{\mu}_j' = \sum_{i=1}^{k} \hat{\mu}_i L_{ii} \hat{\mu}_i'.$$

但是,只要注意到

$$L_{ij} = X_i'\left(I - \frac{1}{n}J\right)X_j,$$

一般说来,$L_{ij} = O$ 是不可能的.但是,由于

$$\hat{\mu}_i \mathbf{1}_{s_i} = 0, \quad i = 1,2,\cdots,k,$$

因此,只要 $L_{ij} = a\mathbf{11}'$,就有

$$\hat{\mu}_i L_{ij} \hat{\mu}_j' = a\hat{\mu}_i \mathbf{11}' \hat{\mu}_j = 0, i \neq j.$$

这样,我们就得到一个有意义的结论:

定理 6.1 在因子试验中,只要设计阵

$$X = (X_1 X_2 \cdots X_k)$$

满足条件:$i \neq j, i,j = 1,2,\cdots,k$ 时

$$X_i'\left(I - \frac{1}{n}J\right)X_j = \lambda_{ij}\mathbf{11}', \tag{6.2}$$

则有

$$L_{yy} = L_{yy}(\mathbf{1}X) + \sum_{i=1}^{k} \hat{\mu}_i L_{ii} \hat{\mu}_i'.$$

通常所用的正交设计,它相应的设计阵是满足上述条件(6.2)的.考虑水平数为 $s_1 s_2 \cdots s_k$ 的一张正交表,令第 i 个因子的水平数为 s_i,相应的设计阵为 X_i,于是有:

(i) $X_i'\mathbf{1}_n = \frac{n}{s_i}\mathbf{1}_{s_i}, \quad i = 1,2,\cdots,k,$

这是因为每一个因子各水平出现的次数是相同的,一共做了 n 次,因此第 i 个因子每个水平出现的次数都是 $\frac{n}{s_i}, i = 1,2,\cdots,k$;

(ii) $X_i'X_j = \frac{n}{s_i s_j}\mathbf{11}', i \neq j, i,j = 1,2,\cdots,k.$

这是因为任意指定两个因子的各种水平组合出现的次数全相同,第 i 个因子和第 j 个因子的水平组合有 $s_i s_j$ 对,因此每一对水平组合出现的次数都是 $\frac{n}{s_i s_j}$,即相遇数都

为 $\dfrac{n}{s_i s_j}$.

因此,正交设计中不仅是

$$\hat{\mu}_i L_{ij} \hat{\mu}_j' = O \quad \text{当 } i \neq j, i,j = 1,2,\cdots,k,$$

而且有

$$L_{ii} = X_i' \left(I - \frac{1}{n} \mathbf{1}\mathbf{1}' \right) X_i = \frac{n}{s_i} I - \frac{1}{n} \cdot \frac{n^2}{s_i^2} \mathbf{1}\mathbf{1}'$$

$$= \frac{n}{s_i} I - \frac{n}{s_i^2} J,$$

$$\hat{\mu}_i L_{ii} \hat{\mu}_i' = \mu \left(\frac{n}{s_i} I \right) \hat{\mu}_i' - \frac{n}{s_i^2} \hat{\mu}_i \mathbf{1}\mathbf{1}' \hat{\mu}_i = \frac{n}{s_i} \hat{\mu}_i \hat{\mu}_i'.$$

于是平方和分解的公式就是

$$L_{yy} = L_{yy}(\mathbf{1}X) + \sum_{i=1}^{k} \frac{n}{s_i} \hat{\mu}_i \hat{\mu}_i', \tag{6.3}$$

这就是在正交设计中常常遇到的公式.

如果假定试验误差是正态随机向量,于是可以检验

$$H_0: \mu_i = 0, \quad i = 1,2,\cdots,k \tag{6.4}$$

是否成立. 或检验对某一个因子(第 i 个因子)

$$H_0: \mu_i = 0 \tag{6.5}$$

是否成立.

如果(6.5)成立,此时只要求出 Q_Ω 与 Q_{H_0} 就可以进行检验. 对于正交设计,问题就很好解决,很明显,此时

$$Q_\Omega = L_{yy} - \sum_{j=1}^{k} \frac{n}{s_j} \hat{\mu}_j \hat{\mu}_j', \tag{6.6}$$

$$Q_{H_0} = L_{yy} - \sum_{\substack{j=1 \\ j \neq i}}^{k} \frac{n}{s_j} \hat{\mu}_j \hat{\mu}_j', \tag{6.7}$$

因此, $Q_{H_0} - Q_\Omega = \dfrac{n}{s_i} \hat{\mu}_i \hat{\mu}_i'$.

如果采用似然比检验,就考虑统计量

$$U = \left| \frac{Q_\Omega}{Q_{H_0}} \right| = \frac{\left| L_{yy} - \displaystyle\sum_{j=1}^{k} \frac{n}{s_j} \hat{\mu}_j \hat{\mu}_j' \right|}{\left| L_{yy} - \displaystyle\sum_{\substack{j=1 \\ j \neq i}}^{k} \frac{n}{s_j} \hat{\mu}_j \hat{\mu}_j' \right|}.$$

注意到 $\hat{\mu}_i$ 与 Q_Ω 是独立的,因此当(6.5)成立时 U 是一个 $\Lambda\left(p, n - \displaystyle\sum_{j=1}^{k} s_j + k, s_i - 1 \right)$,查 Λ 分布表,就得相应的否定域. 如要检验(6.4),

相应的似然比统计量就是

$$U = \frac{\left| L_{yy} - \sum\limits_{j=1}^{k} \frac{n}{s_j} \hat{\rho}_j \hat{\rho}_j' \right|}{\left| L_{yy} \right|}.$$

当(6.4)的 H_0 成立时,它遵从 $\Lambda\left(p, n - \sum\limits_{j=1}^{k} s_j + k, \sum\limits_{j=1}^{k} s_j - k\right)$,查 Λ 表也就得到相应的否定域.这样就得到了多指标正交试验的方差分析的方法.

对于有交互作用的正交设计的分析,只是在形式上更加复杂一些,实质上的问题和上面讨论的内容是相仿的,这里就不介绍了.

现在,我们对正交设计的优良性作一初步的介绍,说明正交设计的"正交"的含意是什么.为了符号简洁一些,我们用一元的形式来写,即考虑 $p=1$ 的情形.

考虑模型

$$\begin{cases} E(\underset{n \times 1}{y}) = \underset{n \times k}{C} \underset{k \times 1}{\theta}, \mathrm{rk}C = k, \\ V(y) = \sigma^2 I. \end{cases} \tag{6.8}$$

如果限定 C 阵的选取范围是 $\mathrm{tr}C'C = a$,a 是一给的常数,要求 θ 中的每一个分量 $\theta_i, i = 1, 2, \cdots, k$ 的方差尽可能小,如能有一个设计阵 C_*,满足 $\mathrm{tr}C'_* C_* = a$,又使得 C_* 相应的 θ_i 的方差都达到了最小值,这样 C_* 自然是一个优良设计.现在来找这样的 C_*.为了表明 θ 是相应于那一个设计阵 C 的,我们用 $\theta(C)$ 来表示它.在 (6.8) 的假定下,$V(\theta(C)) = \sigma^2 (C'C)^{-1}$.

引理 6.1 设 $C = (c_1 \cdots c_k)$,如果 $c_i' c_i \leqslant d$,则 $V(\hat{\theta}_i(C)) \geqslant \sigma^2/d$,且等号成立 $\Leftrightarrow c_i' c_i = d, c_i' c_j = 0, j \neq i$.

证明 $V(\hat{\theta}_i(C)) = \sigma^2 e_i' (C'C)^{-1} e_i$,当 $A > 0$ 时有不等式 $[A^{-1}]_{ii} \geqslant [A]_{ii}^{-1}$ (即 A^{-1} 的第 (i, i) 元大于等于 A 的第 (i, i) 元的逆),于是

$$V(\hat{\theta}_i(c)) \geqslant \sigma^2 [C'C]_{ii}^{-1} = \frac{\sigma^2}{c_i' c_i} \geqslant \frac{\sigma^2}{d},$$

等号成立 $\Leftrightarrow c_i' c_i = d, [(C'C)^{-1}]_{ii} = [C'C]_{ii}^{-1}$

$\Leftrightarrow c_i' c_i = d, c_i' c_j = 0, j \neq i, j = 1, 2, \cdots, k$ ♯

定理 6.2 如果限定 $c_i' c_i \leqslant d, i = 1, 2, \cdots, k, \mathrm{rk}C = k$,则当存在 C_* 满足 $C'_* C_* = dI_k$ 时,就有

$$V(\hat{\theta}_i(C_*)) = \sigma^2/d, i = 1, 2, \cdots, k.$$

证明 容易验证,当 $C'_* C_* = dI_k$ 时,C_* 就满足引理 6.1 的充分条件,因此 $V(\hat{\theta}_i(C_*))$ 能达到下确界 ♯

可见满足

$$C'C = dI_k \tag{6.9}$$

的设计阵 C 是优良的. 从(6.9)式可以看出, C 阵的各列是互相正交的, 因此 C 所对应的设计就称为正交设计.

我们看一个二水平的因子试验. 如果有 s 个因子, 每个因子都是两个水平, 用 μ_{1i}, μ_{2i} 分别表示第 i 个因子 1, 2 水平的效应, 由于 $\mu_{1i} + \mu_{2i} = 0, i = 1, 2, \cdots, s$, 于是令 $\mu_i = \mu_{1i}$ 后, $\mu_{2i} = -\mu_i$. 此时试验结果 y_i 的期望值用参数 μ_i 来表示时就是

$$E\left(\underset{n\times 1}{y}\right) = \left(\mathbf{1}\ \underset{s}{X}\right)\begin{pmatrix} \mu_0 \\ \mu \\ \vdots \\ \mu_s \end{pmatrix},$$

X 中的元素不是 $+1$ 就是 -1. 用 C 表示 $(\mathbf{1}\ X)$, C 的各列 c_i 均满足 $c_i'c_i = n, i = 1, 2, \cdots, s$. 根据定理 6.1, 如果存在 C_* 设计阵使

$$C_*'C_* = nI_{s+1}, \tag{6.10}$$

则 C_* 就是一个优良的设计. 将(6.6)式用 X 来表示, 就是

$$nI_{s+1} = \begin{pmatrix} \mathbf{1}' \\ X' \end{pmatrix}(\mathbf{1}\ X) = \begin{pmatrix} \mathbf{1}'\mathbf{1} & \mathbf{1}'X \\ X'\mathbf{1} & X'X \end{pmatrix},$$

因此

$$C'C = nI_{s+1}$$
$$\Leftrightarrow X'\mathbf{1} = 0, \quad X'X = nI_s.$$

$X'\mathbf{1} = 0$ 就是 X 中的各列 $+1, -1$ 出现的个数相同(即 1, 2 水平出现的次数相同); $X'X = nI_s$ 就是 X 的任意两列是正交的, 注意到 X 中各列 $+1, -1$ 出现的个数相同, 就能推出 X 中每两列的各种搭配 $(1,1), (1,-1), (-1,1), (-1,-1)$ 出现的个数相同. 如果将 X 中的 -1 换成 2, 满足上述条件的 X 阵就变成了一张二水平的正交表. 这样我们用定理 6.1 就可以证明, 如果二水平正交表存在, 则用它做试验的资料来估计效应 μ_i, 可使 $\hat{\mu}_i$ 的方差对每一个 i 都达到下界. 这就证明了二水平正交表的优良性.

对于更复杂的一些试验, 水平数不同的或相同的, 交互作用存在的或不存在的, 也可采用类似的方法进行讨论, 这些就可参阅有关试验设计的专著, 这里就不进一步介绍了.

例 6.2 区组试验 设有 v 个处理, b 个区组, 一共安排了 n 次试验. 一个区组能容纳的处理的个数称为区组的大小, 一次试验就是在某一区组内进行了一种处理. 区组的不同对试验结果的影响称为区组效应, 处理不同对试验结果的影响称为处理效应, 假定这两种效应是可加的, 这就相当于将区组、处理都看成因子的二因子试验. 现在引进一些记号将它与成线性模型的形式.

令

$$\varphi_{\alpha j} = \begin{cases} 1, \text{第 } \alpha \text{ 次试验安排在第} j \text{ 个区组,} \\ 0, \text{第 } \alpha \text{ 次试验不安排在第} j \text{ 个区组,} \end{cases}$$

$$\alpha = 1, 2, \cdots, n, j = 1, \cdots, b;$$

$$\psi_{\alpha j} = \begin{cases} 1, \text{第 } \alpha \text{ 次试验进行第} j \text{ 种处理,} \\ 0, \text{第 } \alpha \text{ 次试验不进行第} j \text{ 种处理,} \end{cases}$$

$$\alpha = 1, 2, \cdots, n, j = 1, \cdots, v;$$

$$\underset{n \times b}{\Phi} = (\varphi_{\alpha j}), \quad \underset{n \times v}{\Psi} = (\varphi_{\alpha j});$$

$$k = \Phi' \mathbf{1} = \begin{bmatrix} k_1 \\ \vdots \\ k_b \end{bmatrix}, \text{表明各区组的大小,}$$

$$r = \Psi' \mathbf{1} = \begin{bmatrix} r_1 \\ \vdots \\ r_v \end{bmatrix}, \text{表明各处理在 } n \text{ 次试验中出现的次数(重复数),}$$

$$\underset{v \times b}{N} = \underset{v \times n}{\Psi'} \underset{n \times b}{\Phi}, \text{表明各处理安排在各区组的情况.}$$

容易看出

$$D_k \triangleq \begin{bmatrix} k_1 & & O \\ & \ddots & \\ O & & k_b \end{bmatrix} = \Phi' \Phi,$$

$$D_r \triangleq \begin{bmatrix} r_1 & & O \\ & \ddots & \\ O & & r_v \end{bmatrix} = \Psi' \Psi,$$

$$\Phi \mathbf{1} = \mathbf{1}, \quad \Psi \mathbf{1} = \mathbf{1}.$$

将区组效应用 $\beta_{(1)}, \cdots, \beta_{(b)}$ 来表示,处理效应用 $\tau_{(1)}, \cdots, \tau_{(v)}$ 来表示,记

$$\beta' = (\beta_{(1)} \cdots \beta_{(b)}), \quad \tau' = (\tau_{(1)} \cdots \tau_{(v)})$$

后,β 是 $b \times p$ 的阵,τ 是 $v \times p$ 的阵,于是有

$$\beta' \mathbf{1} = 0, \quad \tau' \mathbf{1} = 0.$$

设第 α 次试验是进行第 i 种处理,安排在第 j 个区组,得到的观测值是 $p \times 1$ 的向量 $y_{(\alpha)}$,于是

$$E(y_{(\alpha)}) = \mu + \tau_i + \beta_j,$$

$y_{(1)}, \cdots, y_{(n)}$ 独立,同协差阵 V. 记 $Y' = (y_{(1)}, \cdots, y_{(n)})$,则有线性模型

$$
\begin{cases}
E(Y) = (\mathbf{1}\ \Phi\ \Psi)\begin{pmatrix} \mu \\ \beta \\ \tau \end{pmatrix}, \\
\Phi\mathbf{1} = \mathbf{1}, \Psi\mathbf{1} = \mathbf{1}, \beta'\mathbf{1} = 0, \tau'\mathbf{1} = 0, \\
Y\ \text{的各行独立, 同协差阵}\ V.
\end{cases}
\tag{6.11}
$$

考虑它的正规方程, 就是

$$
\begin{pmatrix} \mathbf{1}' \\ \Phi' \\ \Psi' \end{pmatrix} (\mathbf{1}\ \Phi\ \Psi) \begin{pmatrix} \hat{\mu} \\ \hat{\beta} \\ \hat{\tau} \end{pmatrix} = \begin{pmatrix} \mathbf{1}' \\ \Phi' \\ \Psi' \end{pmatrix} Y,
$$

即

$$
\begin{pmatrix} n & k' & r' \\ k & D_k & N' \\ r & N & D_r \end{pmatrix} \begin{pmatrix} \hat{\mu} \\ \hat{\beta} \\ \hat{\tau} \end{pmatrix} = \begin{pmatrix} \mathbf{1}'Y \\ \Phi'Y \\ \Psi'Y \end{pmatrix}.
\tag{6.12}
$$

要求出 $\hat{\mu}, \hat{\beta}, \hat{\tau}$ 的表达, 只要求出上式左端系数矩阵的任意一个减号逆. 今无妨假定

$$
k_i \neq 0, i = 1, 2, \cdots, b; r_i \neq 0, i = 1, 2, \cdots, v,
$$

于是 D_k^{-1}, D_r^{-1} 均存在, 利用第一章的公式(8.4), 选取最简单形式的一个减号逆, 就有

$$
\begin{pmatrix} n & k' & \vdots & r' \\ k & D_k & \vdots & N' \\ \cdots & \cdots & \vdots & \cdots \\ r & N & \vdots & D_r \end{pmatrix}^{-} \doteq \begin{pmatrix} O & O \\ O & D_r^{-1} \end{pmatrix} + \begin{pmatrix} -I \\ D_r^{-1}(rN) \end{pmatrix} D^{-} \left(-I \quad \begin{pmatrix} r' \\ N' \end{pmatrix} D_r^{-1} \right),
\tag{6.13}
$$

"$\doteq$"表示右端是左端的一部分, 其中

$$
D = \begin{pmatrix} n & k' \\ k & D_k \end{pmatrix} - \begin{pmatrix} r' \\ N' \end{pmatrix} D_r^{-1} (r \quad N)
$$

$$
= \begin{pmatrix} n - r'D_r^{-1}r & k' - r'D_r^{-1}N \\ k - N'D_r^{-1}r & D_k - N'D_r^{-1}N \end{pmatrix}.
$$

注意到 $r'D_r^{-1}r = r'\mathbf{1} = \sum_{i=1}^{v} r_i = n.\ N'D_r^{-1}r = N'\mathbf{1} = k$,

于是

$$
D = \begin{pmatrix} O & O \\ O & D_k - N'D_r^{-1}N \end{pmatrix},
$$

因此

$$D^- \doteq \begin{bmatrix} O & O \\ O & (D_k - N'D_r^{-1}N)^- \end{bmatrix}.$$

代入(6.13),得

$$\begin{bmatrix} n & k' & r' \\ k & D_k & N' \\ r & N & D_r \end{bmatrix}^-$$

$$\doteq \begin{bmatrix} D^- & -D^- \begin{pmatrix} r' \\ N' \end{pmatrix} D_r^{-1} \\ -D_r^{-1}(r \ \ N)D^- & D_r^{-1} + D_r^{-1}(r \ \ N)D^- \begin{pmatrix} r' \\ N' \end{pmatrix} D_r^{-1} \end{bmatrix}$$

$$\doteq \begin{bmatrix} O & O & O \\ O & (D_k - N'D_r^{-1}N)^- & -(D_k - N'D_r^{-1}N)^- N'D_r^{-1} \\ O & -D_r^{-1}N(D_k - N'D_r^1N)^- & D_r^{-1} + D_r^{-1}(r \ \ N)D^- \begin{pmatrix} r' \\ N' \end{pmatrix} D_r^{-1} \end{bmatrix}.$$

因此,当设计使 $\mathrm{tr}A'\beta$ 可估时,用公式(2.3),

$$V(\mathrm{tr}A'\hat{\beta}) = \mathrm{tr}(O \ \ A' \ \ O) \begin{bmatrix} n & k' & r' \\ k & D_k & N' \\ r & N & D_r \end{bmatrix}^- \begin{bmatrix} O \\ A \\ O \end{bmatrix} V$$

$$= \mathrm{tr}A'(D_k - N'D_r^{-1}N)^- AV$$

$$= \mathrm{tr}(D_k - N'D_r^{-1}N)^- AVA'.$$

同理,完全类似可得,当设计使 $\mathrm{tr}A'\tau$ 可估时,就有 $V(\mathrm{tr}A'\hat{\tau}) = \mathrm{tr}(D_r - ND_k^{-1}N')^- AVA'.$

为了使得估计量的方差尽可能小,自然应该选取区组设计使得 $\mathrm{tr}(D_r - ND_k^{-1}N')^- AVA'$ 及 $\mathrm{tr}(D_k - N'D_r^{-1}N)^- AVA'$ 都尽可能地小,这就是多元区组设计讨论的问题.

现在看一个特殊情形. 如果

$$\Phi'\mathbf{1} = k\mathbf{1}, \Psi'\mathbf{1} = r\mathbf{1}, NN' = rI + \lambda(J - I), \tag{6.14}$$

即各区组大小均为 k,各处理重复数均为 r,各处理对在同一区组内的次数——相遇数均为 λ,这就是通常所说的 $B.I.B.$ 设计,即平衡不完全区组设计. 此时 $D_r = rI_v, D_k = kI_v,$

$$(D_r - ND_k^{-1}N')^- = \left(rI_v - \frac{1}{k}NN'\right)^-$$

$$= \left(rI_v - \frac{1}{k}(r-\lambda)I + \frac{1}{k}\lambda J\right)^-$$

$$= k\left[\left(r(k-1)+\lambda\right)I + \lambda J\right]^{-}$$

$$= k\left[\frac{1}{r(k-1)+\lambda}I - \frac{\left(\dfrac{\sqrt{\lambda}}{r(k-1)+\lambda}\right)^2 J}{1+\lambda v/(r(k-1)+\lambda)}\right].$$

注意到对 $B.I.B.$ 的参数有 $r(k-1)=\lambda(v-1)$，因此

$$r(k-1)+\lambda = \lambda v,$$

于是就得

$$\left(D_r - ND_k^{-1}N'\right)^{-} = \frac{k}{\lambda v}\left(I - \frac{1}{2v}J\right).$$

于是

$$\mathrm{tr}\left(D_r - ND_k^{-1}N'\right)^{-}AVA' = \frac{k}{\lambda v}\mathrm{tr}\left(I - \frac{1}{2v}J\right)AVA'. \tag{6.15}$$

从这个(6.15)出发,就可以讨论多元区组设计的优良性,这些就不再进一步讨论了.

第八章 聚类分析

聚类分析是数理统计中研究"物以类聚"的一种方法.分类学是人类认识世界的基础科学,在古老的分类学中,人们主要靠经验和专业知识,很少利用数学.随着生产技术和科学的发展,分类越来越细,以致有时光凭经验和专业知识还不能进行确切分类,于是数学这个有用的工具逐渐被引进到分类学中,形成了数值分类学,[34],[35],[36]是这方面的代表作.近十几年来,数理统计的多元分析方法有了迅速的发展,多元分析的技术自然被引进到分类学中,于是从数值分类学中逐渐的分离出聚类分析这个新的分支.和多元分析其他方法相比,聚类分析的方法是很粗糙的,理论上很不完善,但由于它能解决许多实际问题,很受人们的重视,它的不完善之处需要我们进一步研究和解决.

本章介绍聚类分析最常用的一些方法,更详细的介绍读者可参考[37],[38].

§1. 相似系数和距离

在实际问题中经常需要分类,例如在古生物研究中,通过挖掘出来的一些骨骼的形状和大小将它们进行科学的分类.又如在地质勘探中,通过矿石标本的物探、化探指标要将标本进行分类.这里骨骼的形状和大小,标本的物探、化探指标是我们用来分类的依据,我们称它们为指标,用草体的 $x_1, \cdots, x_m$ 表示,而样品用 $x_1, \cdots, x_n$ 表示.

为了将样品(或指标)进行分类,就需要研究样品之间的关系,一种方法是用相似系数,性质越接近的样品,它们的相似系数越接近于 1(或 -1),而彼此无关的样品它们的相似系数则越接近于 0,比较相似的样品归为一类,不怎么相似的样品属于不同的类.另一种方法是将每一个样品看作 m 维空间的一个点,并在空间定义距离,距离较近的点归为一类,距离较远的点应属于不同的类,样品之间的相似系数和距离有各种各样的定义,而这些定义与指标(变量)的类型关系极大,通常指标按照测量它们的尺度来进行分类:

(i) 间隔尺度.指标用连续的量来表示,如长度、重量、压力等,在间隔尺度中如果存在绝对零点,又称比例尺度,今后我们并不严格区分它们.

(ii) 有序尺度.指标度量时没有明确的数量表示,只有次序关系,如评价酒分成好、中、次三等,三等有次序关系,但没有数量表示.

(iii) 名义尺度.指标度量时既没有数量表示也没有次序关系.如眼睛的颜色,化学中催化剂的种类,医疗诊断中的"＋"和"－"等.在名义尺度中只取两种状态的变量是很重要的,如电路中的开和关,天气的有雨和无雨.

不同类型的变量在定义距离和相似系数时有很大的差异,研究得比较多的是间隔尺度,我们以它为主,兼带另两种.

用 x_{ij} 表示第 i 个样品的第 j 个指标,数据矩阵见表 1.1,第 j 个指标的均值和标准差记作 $\bar{x}_j$ 和 s_j. 用 d_{ij} 表示第 i 个样品与第 j 个样品之间的距离,一般要求距离满足四个条件:

(i) $d_{ij} \geqslant 0$,一切 i, j;

(ii) $d_{ij} = 0 \Leftrightarrow$ 样品 i 与样品 j 的各指标相同;

(iii) $d_{ij} = d_{ii}$,一切 i, j;

(iv) $d_{ij} \leqslant d_{ik} + d_{kj}$,一切 i, j, k.

表 1.1   数据矩阵

指标\样品	x_1	x_2	$\cdots$	x_j	$\cdots$	x_m
1	x_{11}	x_{12}	$\cdots$	x_{1j}	$\cdots$	x_{1m}
2	x_{21}	x_{22}	$\cdots$	x_{2j}	$\cdots$	x_{2m}
$\vdots$	$\vdots$	$\vdots$		$\vdots$		$\vdots$
i	x_{i1}	x_{i2}	$\cdots$	x_{ij}	$\cdots$	x_{im}
$\vdots$	$\vdots$	$\vdots$		$\vdots$		$\vdots$
n	x_{n1}	x_{n2}	$\cdots$	x_{nj}	$\cdots$	x_{nm}
平 均	$\bar{x}_1$	$\bar{x}_2$	$\cdots$	$\bar{x}_j$	$\cdots$	$\bar{x}_m$
标准差	s_1	s_2	$\cdots$	s_j	$\cdots$	s_m

在聚类分析中有些距离并不满足(iv),我们在广义的角度上也称它为距离. 在有些场合,(iv)加强为

(iv)$'$ $d_{ij} \leqslant \max\{d_{ik}, d_{kj}\}$,一切 i, j, k.

因为

$$d_{ij} \leqslant \max\{d_{ik}, d_{kj}\} \leqslant d_{ik} + d_{kj},$$

故(iv)$'$比(iv)更强,满足(iv)$'$的距离称为极端距离.

最常见最直观的距离是

$$d_{ij}(1) = \sum_{k=1}^{m} |x_{ik} - x_{jk}|, \tag{1.1}$$

$$d_{ij}(2) = \Big[\sum_{k=1}^{m} (x_{ik} - x_{jk})^2 \Big]^{1/2}. \tag{1.2}$$

前者叫做绝对值距离,后者叫做欧氏距离,这两个距离可以统一成

$$d_{ij}(q) = \Big[\sum_{k=1}^{m} |x_{ik} - x_{jk}|^q \Big]^{1/q}, \tag{1.3}$$

它叫做明考斯基(Minkowski)距离,当 $q=1$ 和 2 时就是上述的两个距离.当 q 趋于无穷时

$$d_{ij}(\infty) = \max_{1 \leqslant k \leqslant m} | x_{ik} - x_{jk} |, \tag{1.4}$$

它称为切比雪大距离.可以验证 $d_{ij}(q)$ 满足距离的条件(i)—(iv).

$d_{ij}(q)$ 在实际中用得很多,但是有一些缺点:例如它与各指标的量纲有关,有一定的人为性;它又没有考虑指标之间的相关性.一种改进的距离就是在第三章和第四章多次讨论过的马氏距离

$$d_{ij}^2(M) = (x_{(i)} - x_{(j)})' V^{-1} (x_{(i)} - x_{(j)}), \tag{1.5}$$

其中 $x_{(i)}$ 表示数据矩阵行向量的转置,V 为数据矩阵的协差阵.在第三章我们证明了它对一切线性变换是不变的,故它不受指标量纲的影响.它对指标的相关性也作了考虑,我们仅用一个例子来说明.

例 1.1　已知一二维正态母体 G 的分布为

$$N_2 \left(\begin{pmatrix} 0 \\ 0 \end{pmatrix}, \quad \begin{pmatrix} 1 & 0.9 \\ 0.9 & 1 \end{pmatrix} \right),$$

求点 $A = \begin{pmatrix} 1 \\ 1 \end{pmatrix}$ 和 $B = \begin{pmatrix} 1 \\ -1 \end{pmatrix}$ 至均值 $\mu = \begin{pmatrix} 0 \\ 0 \end{pmatrix}$ 的距离.由设可算得

$$V^{-1} = \frac{1}{0.19} \begin{pmatrix} 1 & -0.9 \\ -0.9 & 1 \end{pmatrix},$$

从而

$$d_{A\mu}^2(M) = (1,1) V^{-1} \begin{pmatrix} 1 \\ 1 \end{pmatrix} = 0.2 / 0.19,$$

$$d_{B\mu}^2(M) = (1, -1) V^{-1} \begin{pmatrix} 1 \\ -1 \end{pmatrix} = 3.8 / 0.19.$$

如果用欧氏距离

$$d_{A\mu}^2(2) = 2, \qquad d_{B\mu}^2(2) = 2,$$

两者相等,而按马氏距离两者差 $\sqrt{19}$ 倍之多.由第一章 §1 的例 1.1,我们知道本例的分布密度是

$$f(y_1, y_2) = \frac{1}{2\pi \sqrt{0.19}} \exp \left\{ -\frac{1}{0.38} [y_1^2 - 1.8 y_1 y_2 + y_2^2] \right\},$$

A 和 B 两点的密度分别是

$$f(1,1) = 0.2157 \quad 和 \quad f(1, -1) = 0.00001658.$$

说明前者应当离均值近,后者离均值远,马氏距离正确地反映了这一情况,而欧氏距离不然.这个例子告诉我们,正确的选择距离是非常重要的一件事.

当 $x_{ij} \geqslant 0$ 时,有时用兰氏距离:

$$d_{ij}(L) = \sum_{k=1}^m \frac{| x_{ik} - x_{jk} |}{x_{ik} + x_{ik}}. \tag{1.6}$$

这个距离有助于克服 $d_{ij}(q)$ 的第一个缺点,但没有考虑指标间的相关性.

以上几种距离均是适用于间隔尺度的变量,如果变量是有序尺度或名义尺度时也有一些定义距离的方法,如下例是对名义尺度的指标定义的一种距离.

例 1.2 设有五个变量均为名义尺度,x_1 取值是 V 和 I,x_2 取 M 和 Q,x_3 取 S 和 A,x_4 取 B,T 和 F,x_5 取 D 和 K.今有两个样品

$$x_1 = (V, Q, S, T, K)',$$
$$x_2 = (V, M, S, F, K)',$$

求它们之间的距离.

它们第一变量都取 V,称为配合的,第二个变量一个取 Q,一个取 M,称为不配合的.记 m_1 为配合的变量数,m_2 为不配合的变量数,定义它们之间的距离为

$$d_{12} = \frac{m_2}{m_1 + m_2}. \tag{1.7}$$

在聚类分析中不仅需要将样品分类,也需要将变量分类,在变量之间也可以定义距离,更常用的是相似系数,用 c_{ij} 表示 x_i 与 x 的相似系数,一般规定

(i) $c_{ij} = \pm 1 \Longleftrightarrow x_i = a x_j + b$, $a \neq 0$ 和 b 是一常数;

(ii) $|c_{ij}| \leqslant 1$,一切 i, j;

(iii) $c_{ij} = c_{ji}$,一切 i, j.

$|c_{ij}|$ 越接近于 1,x_i 与 x_j 的关系越密切.对无间隔尺度的变量,常用的相似系数有:

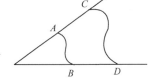

图 1.1

(i) 夹角余弦.这是受相似形的启发而来,图 1.1 中曲线 AB 和 CD 尽管长度不一,但形状相似,当长度不是主要矛盾时,应定义一种相似系数使 AB 和 CD 呈现出比较密切的关系,而夹角余弦正适合这一要求.它的定义是

$$c_{ij}(1) = \frac{\sum\limits_{k=1}^{n} x_{ki} x_{kj}}{\sqrt{\left(\sum\limits_{k=1}^{n} x_{ki}^2\right)\left(\sum\limits_{k=1}^{n} x_{kj}^2\right)}}. \tag{1.8}$$

它是向量 $(x_{1i}, x_{2i}, \cdots, x_{ni})$ 和 $(x_{1j}, \cdots, x_{nj})$ 之间的夹角余弦.夹角余弦在图像识别中很有用,A 和 A 应当识别出同一个字而不管其大小.

(ii) 相关系数.这是大家最熟悉,前几章反复出现过的量,它是将数据标准化(使均值为 0)后的夹角余弦.相关系数常用 r_{ij} 表示,为了和其他相似系数记号统一,这里记它为 $c_{ij}(2)$,

$$c_{ij}(2) = \frac{\sum\limits_{k=1}^{n} (x_{ki} - \bar{x}_i)(x_{kj} - \bar{x}_j)}{\left\{\left[\sum\limits_{k=1}^{n} (x_{ki} - \bar{x}_i)^2\right]\left[\sum\limits_{k=1}^{n} (x_{kj} - \bar{x}_j)^2\right]\right\}^{1/2}}. \tag{1.9}$$

变量之间常借助于相似系数来定义距离,例如可令

$$d_{ij}^2 = 1 - c_{ij}^2. \tag{1.10}$$

样品之间也要用到相似系数,除了上述的 $c_{ij}(1)$ 和 $c_{ij}(2)$ 外,还有:

(iii) 指数相似系数. 第 i 个样和第 j 个样的相似系数为

$$c_{ij}(3) = \frac{1}{m}\sum_{k=1}^{m} e^{-\frac{3}{4}\frac{(x_{ik}-x_{jk})^2}{s_k^2}}, \tag{1.11}$$

它不受变量量纲的影响.

(iv) 非参数方法. 令 $x'_{ij} = x_{ij} - \bar{x}_j$,

$$n_+ = \{x'_{ik}x'_{jk}, k = 1, \cdots, m \text{ 中大于 0 的个数}\},$$
$$n_- = \{x'_{ik}x'_{jk}, k = 1, \cdots, m \text{ 中小于 0 的个数}\}.$$

相似系数定义为

$$c_{ij}(4) = \frac{n_+ - n_-}{n_+ + n_-}. \tag{1.12}$$

(v) 当 $\{x_{ij}\}$ 非负时还有下列几种相似系数:

$$c_{ij}(5) = \frac{\sum\limits_{k=1}^{m}\min(x_{ik}, x_{jk})}{\sum\limits_{k=1}^{m}\max(x_{ik}, x_{jk})}, \tag{1.13}$$

$$c_{ij}(6) = \frac{\sum\limits_{k=1}^{m}\min(x_{ik}, x_{jk})}{\frac{1}{2}\sum\limits_{k=1}^{m}(x_{ik} + x_{jk})}, \tag{1.14}$$

$$c_{ij}(7) = \frac{\sum\limits_{k=1}^{m}\min(x_{ik}, x_{jk})}{\sum\limits_{k=1}^{m}\sqrt{x_{ik}x_{jk}}}. \tag{1.15}$$

现在考虑名义尺度变量之间的相似系数,设 x_i 取值是 $t_1, \cdots, t_p$, x_j 取值是 $r_1, \cdots, r_q$,用 n_{kl} 表示 x_i 取 t_k, x_j 取 r_l 的样本数,通常列成表 1.2 的形式,叫做列联表. 用 e_{ij} 表示当样品相互独立时的期望观察数,易见它的估计值是

$$\hat{e}_{ij} = \frac{n_i \cdot n_{\cdot j}}{n_{\cdot\cdot}}.$$

反映 x_i 与 x_j 的关系常用到

$$x^2 = \sum_{i=1}^{p}\sum_{j=1}^{q}(n_{ij} - e_{ij})^2/e_{ij}, \tag{1.16}$$

表 1.2 列联表

x_i \ x_j	r_1	r_2	$\cdots$	r_q	Σ
t_1	n_{11}	n_{12}	$\cdots$	n_{1q}	$n_{1\cdot}$
t_2	n_{21}	n_{22}	$\cdots$	n_{2q}	$n_{2\cdot}$
$\vdots$	$\vdots$	$\vdots$		$\vdots$	$\vdots$
t_p	n_{p1}	n_{p2}	$\cdots$	n_{pq}	$n_{p\cdot}$
Σ	$n_{\cdot 1}$	$n_{\cdot 2}$	$\cdots$	$n_{\cdot q}$	$n_{\cdot\cdot}$

如用 $\hat{e}_{ij}$ 代 e_{ij}, 经整理得

$$x^2 = n_{\cdot\cdot} \left[\sum_{i=1}^{p} \sum_{j=1}^{q} \frac{n_{ij}^2}{n_{i\cdot} n_{\cdot j}} - 1 \right]. \tag{1.17}$$

建立在 x^2 基础上的相似系数有:

（vi）联列系数

$$c_{ij}(8) = \sqrt{\frac{x^2}{x^2 + n_{\cdot\cdot}}}. \tag{1.18}$$

（vii）连关系数. 有三个

$$c_{ij}(9) = \sqrt{\frac{x^2}{n_{\cdot\cdot} \max(p-1, q-1)}}, \tag{1.19}$$

$$c_{ij}(10) = \sqrt{\frac{x^2}{n_{\cdot\cdot} \min(p-1, q-1)}}, \tag{1.20}$$

$$c_{ij}(11) = \sqrt{\frac{x^2}{n_{\cdot\cdot} \sqrt{(p-1)(q-1)}}}. \tag{1.21}$$

如果 x_i 和 x_j 的取值只有两个时(不失一般性可设它们的取值是 0 和 1), 列联表简化成表 1.3. 当 x_i 取 0, x_j 也取 0 时或两者都取 1 时称为匹配的, 否则称为不匹配的, 有关这种情况的相似系数有十几种之多, 下面仅介绍其中的几个, 详见[39].

表 1.3 列联表

x_i \ x_j	0	1	Σ
0	a	b	$a+b$
1	c	d	$c+d$
Σ	$a+c$	$b+d$	$a+b+c+d$

（viii）点相关系数

$$c_{ij}(12) = \frac{ad - bc}{\sqrt{(a+b)(c+d)(a+c)(b+d)}}, \tag{1.22}$$

这是与间隔尺度的 $c_{ij}(2)$ 相对应的量.

(ix) 四分相关系数

$$c_{ij}(13) = \sin\left[\frac{(a+d)-(b+c)}{a+b+c+d}90°\right]. \tag{1.23}$$

(x) 夹角余弦. 利用(1.8)算得

$$c_{ij}(14) = \left[\frac{a}{a+b}\frac{a}{a+c}\right]^{1/2}; \tag{1.24}$$

考虑到 $c_{ij} = c_{ji}$,改进的量是

$$c_{ij}(15) = \left[\frac{a}{a+b}\frac{a}{a+c}\frac{d}{b+d}\frac{d}{c+d}\right]^{1/2}. \tag{1.25}$$

文献[40]将近年来使用的各种距离和相似系数作了一个汇总. 对 $c_{ij}(2)$ 的检验,第三章§9已经作了介绍.

§2. 系统聚类法

2.1 何谓系统聚类法　系统聚类法(Hierachical Clustering Methods)是目前国内外使用得最多的一种方法,有关它的研究极为丰富.这种方法的基本思想是:先将 n 个样品各自看成一类,然后规定样品之间的距离和类与类之间的距离.开始,因每个样品自成一类,类与类之间的距离与样品之间的距离是相等的,选择距离最小的一对并成一个新类,计算新类和其他类的距离,再将距离最近的两类合并,这样每次减少一类,直至所有的样品都成一类为止.

类与类之间的距离有许多定义的方法,例如定义类与类之间的距离为两类之间最近的距离,或者定义类与类之间的距离为两类重心之间的距离等等,不同的定义就产生了系统聚类的不同方法,本节介绍常用的八种方法.有关这八种方法的优劣有一些评论,理论并未彻底解决.

2.2 最短距离法　用 d_{ij} 表示样品 i 和样品 j 的距离,$G_1, G_2, \cdots$ 表示类,定义类与类之间的距离为两类最近样品的距离,用 D_{pq} 表示 G_p 与 G_q 的距离,则

$$D_{pq} = \min_{i \in G_p, j \in G_q} d_{ij}. \tag{2.1}$$

用最小距离法聚类的步骤如下:

(i) 规定样品之间的距离,计算样品两两距离的对称阵,记作 $D_{(0)}$.开始每个样品自成一类,这时显然 $D_{pq} = d_{pq}$.

(ii) 选择 $D_{(0)}$ 的最小元素,设为 D_{pq},则将 G_p 和 G_q 合并成一新类,记为 G_r,$G_r = \{G_p, G_q\}$.

(iii) 计算新类与其他类的距离

$$D_{rk} = \min_{i \in G_r, j \in G_k} d_{ij} = \min\left\{\min_{i \in G_p, j \in G_k} d_{ij}, \min_{i \in G_q, j \in G_k} d_{ij}\right\}$$

$$= \min\{D_{pk}, D_{qk}\}. \tag{2.2}$$

将 $D_{(0)}$ 中 p, q 行,p, q 列用(2.2)并成一个新行新列,新行新列对应 G_r,所得到的矩阵记作 $D_{(1)}$.

(iv) 对 $D_{(1)}$ 重复上述对 $D_{(0)}$ 的二步得 $D_{(2)}$,如此下去直到所有的元素成为一类为止.

如果某一步 $D_{(k)}$ 中最小的元素不止一个,则对应这些最小元素的类可以同时合并.

例 2.1 设抽了六个样,每个样只测了一个指标,它们是 $1, 2, 5, 7, 9, 10$,试用最小距离法给它们分类.

(i) 样品间采用绝对值距离,$D_{(0)}$ 的计算列于表 2.1.

表 2.1 $D_{(0)}$

	G_1	G_2	G_3	G_4	G_5
G_2	1				
G_3	4	3			
G_4	6	5	2		
G_5	8	7	4	2	
G_6	9	8	5	3	1

(ii) $D_{(0)}$ 中最小的元素是 1,对应的元素是 $D_{12} = D_{56} = 1$,则将 G_1 和 G_2 并成 G_7,G_5 和 G_6 并成 G_8.

(iii) 计算 G_7, G_8 与其他类的距离,利用公式(2.2)算得表 2.2.

表 2.2 $D_{(1)}$

	G_7	G_3	G_4
G_3	3		
G_4	5	2	
G_8	7	4	2

(iv) 找 $D_{(1)}$ 中最小的元素,它是 $D_{34} = D_{48} = 2$,于是将 G_3, G_4, G_8 并成 G_9,然后计算 G_9 与其他类(只剩下 G_7)的距离,得 $D_{(2)}$,列于表 2.3,最后将 G_7 和 G_9 并为 G_{10},这时所有样品成为一类,过程终止.

表 2.3 $D_{(2)}$

	G_7
G_9	3

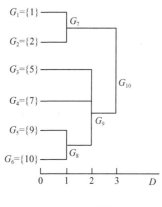

图 2.1 聚类图

这个聚类的过程可以画成一张图（图 2.1），横坐标的刻度是并类的距离，由图上看到分成两类比较合适. 在实际问题中有时给出一个阈值 T，要求类与类之间的距离要小于 T，因此可能有些样品归不了类.

最短距离法也可用于变量的分类，分类时可以用距离，也可以用相似系数. 但用相似系数时应找最大的元素并类，公式(2.2)中的 min 改成 max. 如第二章 §8 的服装标准的例子，由表 8.2 运用最短距离法，表 8.2 中最大的相关系数为 $r_{10,11}=0.957$，将 G_{10} 和 G_{11} 并成一新类 G_{15}，然后计算 G_{15} 与各类的相关系数，再找最大的相关系数，每一次缩小一类得图 2.2. 我们看到人体的部位可分成两大类，一类是上体长、手臂长、下体长、总体高、身高、前腰节高和后腰节高，这些都是反映人高矮的部位；另一类是胸围、腰围、臀围、颈围、前胸宽、后背宽和总肩宽，这些是反映人胖瘦的部位. 在两大类中还可以分小类，如第一大类中可分成两小类：$\{y_1,y_2,y_3,y_{10},y_{11}\}$ 和 $\{y_8,y_9\}$.

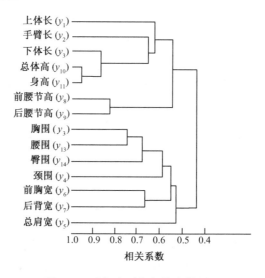

图 2.2 成年女子各部位聚类图

聚类图是表达聚类过程的很好的工具，本来样本两两之间的距离有 $n(n-1)/2$ 个数，化成聚类图后只有 $3(n-1)$ 个信息，便于我们抓住要领.

2.3 最长距离法和中间距离法 如果类与类之间的距离用两类之间最远的距离来表示，即

$$D_{pq} = \max_{i \in G_p, j \in G_q} d_{ij}. \tag{2.3}$$

最长距离法和最短距离法的并类步骤完全一样,也是各样品先自成一类,然后将最小距离的两类合并.设某一步将类 G_p 和 G_q 合并为 G_r,则 G_r 与类 G_k 的距离为

$$D_{rk} = \max\{D_{pk}, D_{qk}\}. \tag{2.4}$$

再找最小距离并类,直至所有的样品为一类.

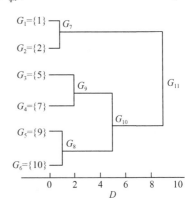

图 2.3　聚类图

我们看到,最长距离法与最短距离法只有两点不同:(a)定义类与类的距离不同;(b)计算新类与其他类的距离所用的递推公式不同,一个是(2.2),一个是(2.4).下面介绍的其他系统聚类法互相之间的差异也都在这两方面.

对例 2.1 运用最长距离法,得到聚类图 2.3,它与图 2.1 大体相似,但也有些差异,读者试对照一下两张图的同异.

如果类与类之间的距离既不采用两类之间最近的距离,也不采用两类之间最远的距离,而是采用介于两者之间的距离,这时称为中间距离法.对此法,我们先不定义类与类之间的距离,而从递推公式入手.

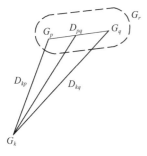

图 2.4

设某一步将 G_p 和 G_q 合并为 G_r,G_r 与任一类 G_k 的距离如何计算呢?不失一般性可设 $D_{kq} > D_{kp}$,按最短距离法 $D_{kr} = D_{kp}$,按最长距离法 $D_{kr} = D_{kq}$.图 2.4 的三角形的三个边是 D_{kp}, D_{kq}, D_{pq},介于 D_{kp} 和 D_{kq} 之间线,直观上以 D_{pq} 边的中线为好,由初等几何可知这个中线的平方等于 $\frac{1}{2}D_{kp}^2 + \frac{1}{2}D_{kq}^2 - \frac{1}{4}D_{pq}^2$,如将这个中线作为 D_{kr},则

$$D_{kr}^2 = \frac{1}{2}D_{kp}^2 + \frac{1}{2}D_{kq}^2 - \frac{1}{4}D_{pq}^2. \tag{2.5}$$

由此所产生的方法叫中间距离法,(2.5)就是它的递推公式.因为一开始各样品自成一类,$D_{pq} = d_{pq}$,利用(2.5)不难得到任何两类之间的距离.

由于公式(2.5)中出现的全是距离的平方,为了计算的方便,开始 $D_{(0)}$ 的元素改为 d_{ij}^2,$D_{(l)}(l>1)$ 的元素改为 D_{pq}^2,相应的矩阵记为 $D_{(0)}^2, D_{(1)}^2, \cdots$.

中间距离法还可推广为更一般的情形,这时(2.5)式成为

$$D_{kr}^2 = \frac{1}{2}D_{kp}^2 + \frac{1}{2}D_{kq}^2 + \beta D_{pq}^2, \quad \text{其中} -\frac{1}{4} \leqslant \beta \leqslant 0. \tag{2.6}$$

2.4 重心法、类平均法等　从物理的观点来看,一个类用它的重心(该类样品的均值)做代表比较合理,类与类之间的距离就用重心之间的距离来代表.设 G_p 和 G_q 的重心分别是 $\bar{x}_p$ 和 $\bar{x}_q$,则 G_p 和 G_q 之间的距离是

$$D_{pq} = d_{\bar{x}_p \bar{x}_q}. \tag{2.7}$$

对应于这种定义的系统聚类法叫重心法,我们来推导它的距离递推公式.

设某一步 G_p, G_q 的重心为 $\bar{x}_p, \bar{x}_q$,它们分别有样品 n_p, n_q 个,将 G_p, G_q 合并为 G_r,则 G_r 内有样品 $n_r = n_p + n_q$ 个,它的重心是 $\bar{x}_r$,显然

$$\bar{x}_r = \frac{1}{n_r}(n_p \bar{x}_p + n_q \bar{x}_q). \tag{2.8}$$

某一类 G_k,它的重心是 $\bar{x}_k$,它与 G_r 的距离是(如果最初样品之间的距离采用的是欧氏距离)

$$
\begin{aligned}
D_{kr}^2 &= d_{\bar{x}_k \bar{x}_r}^2 = (\bar{x}_k - \bar{x}_r)'(\bar{x}_k - \bar{x}_r) \\
&= \left[\bar{x}_k - \frac{1}{n_r}(n_p \bar{x}_p + n_q \bar{x}_q)\right]'\left[\bar{x}_k - \frac{1}{n_r}(n_p \bar{x}_p + n_q \bar{x}_q)\right] \\
&= \bar{x}_k' \bar{x}_k - 2\frac{n_p}{n_r}\bar{x}_k' \bar{x}_p - 2\frac{n_q}{n_r}\bar{x}_k' \bar{x}_q \\
&\quad + \frac{1}{n_r^2}[n_p^2 \bar{x}_p' \bar{x}_p + 2n_p n_q \bar{x}_p' \bar{x}_q + n_q^2 \bar{x}_q' \bar{x}_q],
\end{aligned}
$$

利用

$$\bar{x}_k' \bar{x}_k = \frac{1}{n_r}(n_p \bar{x}_k' \bar{x}_k + n_q \bar{x}_k' \bar{x}_k),$$

则

$$
\begin{aligned}
D_{kr}^2 &= \frac{n_p}{n_r}(\bar{x}_k' \bar{x}_k - 2\bar{x}_k' \bar{x}_p + \bar{x}_p' \bar{x}_p) + \frac{n_q}{n_r}(\bar{x}_k' \bar{x}_k - 2\bar{x}_k' \bar{x}_q + \bar{x}_q' \bar{x}_q) \\
&\quad - \frac{n_p n_q}{n_r^2}(\bar{x}_p' \bar{x}_p - 2\bar{x}_p' \bar{x}_q + \bar{x}_q' \bar{x}_q) \\
&= \frac{n_p}{n_r}D_{kp}^2 + \frac{n_q}{n_r}D_{kq}^2 - \frac{n_p}{n_r}\frac{n_q}{n_r}D_{pq}^2, \tag{2.9}
\end{aligned}
$$

这就是重心法的递推公式.

现在用重心法对例 2.1 进行聚类.

(i) 计算各样品之间的平方距离,就是把表 2.1 的各数平方得表 2.4,这时各样品自成一类.

(ii) 在 $D_{(0)}^2$ 中找最小的数,它们是 $D_{12}^2 = D_{56}^2 = 1$,为了清楚起见我们先将 G_1 和 G_2 并为 G_7;G_5 和 G_6 先不并.

(iii) 计算新类 G_7 和各类的距离.这时 $n_p = n_q = 1, n_r = 2$,当 $k = 3$ 时用(2.9)

式

$$D_{37}^2 = \frac{1}{2} D_{31}^2 + \frac{1}{2} D_{32}^2 - \frac{1}{2} \cdot \frac{1}{2} D_{12}^2$$

$$= \frac{1}{2} \times 16 + \frac{1}{2} \times 9 - \frac{1}{4} = 12.25,$$

计算结果列于表 2.5.

表 2.4　$D_{(0)}^2$

	G_1	G_2	G_3	G_4	G_5
G_2	1				
G_3	16	9			
G_4	36	25	4		
G_5	64	49	16	4	
G_6	81	64	25	9	1

表 2.5　$D_{(1)}^2$

	G_7	G_3	G_4	G_5
G_3	12.25			
G_4	30.25	4		
G_5	56.25	16	4	
G_6	72.25	25	9	1

表 2.6　$D_{(2)}^2$

	G_7	G_3	G_4
G_3	12.25		
G_4	30.25	4.00	
G_8	64.00	20.25	6.25

表 2.7　$D_{(3)}^2$

	G_7	G_9
G_9	20.25	
G_8	64	12.25

表 2.8　$D_{(4)}^2$

	G_7
G_{10}	39.0625

(iv) 对 $D^2_{(1)}$ 重复上述步骤,将 G_5, G_6 并成 G_8,平方距离阵变为 $D^2_{(2)}$(见表 2.6).将 G_3, G_4 并成 G_9,得 $D^2_{(3)}$(见表 2.7);再将 G_8, G_9 并成 G_{10} 得 $D^2_{(4)}$(见表 2.8),最后将 G_7 和 G_{10} 并成 G_{11},这时所有样品均成一类,过程终止.例 2.1 重心法的聚类图类似于最长距离法.

重心虽有很好的代表性,但并未充分利用各样本的信息,有人建议将两类之间的距离平方定义为这两类元素两两之间的平均平方距离,即

$$D^2_{pq} = \frac{1}{n_p n_q} \sum_{i \in G_p, j \in G_q} d^2_{ij},\tag{2.10}$$

用这个定义的系统聚类法叫类平均法.类平均法的递推公式是容易得到的,采用重心法的各种记号有

$$D^2_{kr} = \frac{1}{n_k n_r} \sum_{i \in G_k, j \in G_r} d^2_{ij}$$
$$= \frac{1}{n_k n_r} \Big[\sum_{i \in G_k, j \in G_p} d^2_{ij} + \sum_{i \in G_k, j \in G_q} d^2_{ij} \Big],$$

于是类平均法的递推公式是

$$D^2_{kr} = \frac{n_p}{n_r} D^2_{kp} + \frac{n_q}{n_r} D^2_{kq},\tag{2.11}$$

有人认为类平均法是系统聚类法中比较好的方法之一.

在类平均法的递推公式中没有反映 D_{pq} 的影响,有人建议将递推公式改为

$$D^2_{kr} = \frac{n_p}{n_r}(1-\beta) D^2_{kp} + \frac{n_q}{n_r}(1-\beta) D^2_{kq} + \beta D^2_{pq},\tag{2.12}$$

其中 $\beta<1$,对应于这个公式的系统聚类法叫做可变类平均法.

如果在中间距离法的递推公式(2.6)中将前两项的系数也依赖于 β,即

$$D^2_{kr} = \frac{1-\beta}{2} \big[D^2_{kp} + D^2_{kq} \big] + \beta D^2_{pq},\tag{2.13}$$

$\beta<1$,这时叫做可变法.

可变类平均法与可变法的分类效果与 β 的选择关系极大,有一定的人为性,因此在实际中使用尚不多,β 如近于 1,一般分类效果不好,故 β 常取负值.

2.5 离差平方和法 这个方法是由 Ward 提出来的,许多资料上称做 Ward 法.他的思想是来于方差分析,如果类分得正确,同类样品的离差平方和应当较小,类与类之间的离差平方和应当较大.

设将 n 个样品分成 k 类 $G_1, \cdots, G_k$,用 x_{it} 表示 G_t 中的第 i 个样品(注意 x_{it} 是 m 维向量),n_t 表示 G_t 中的样品个数,$\bar{x}_t$ 是 G_t 的重心,则在 G_t 中的样品的离差平方和是

$$S_t = \sum_{i=1}^{n_t} (x_{it} - \bar{x}_t)'(x_{it} - \bar{x}_t),$$

整个类内平方和是

$$S = \sum_{t=1}^{k} \sum_{i=1}^{n_t} (x_{it} - \bar{x}_t)'(x_{it} - \bar{x}_t) = \sum_{t=1}^{k} S_t. \tag{2.14}$$

当 k 固定时,要选择使 S 达到极小的分类. n 个样品,分成 k 类,一切可能的分法有

$$R(n,k) = \frac{1}{k!} \sum_{i=0}^{k} (-1)^{k-i} \binom{k}{i} i^n. \tag{2.15}$$

这个公式将在下一节证明. 例如当 $n = 21$, $k = 2$ 时 $R(21,2) = 2^{21} - 1 = 1048575$, 当 n, k 更大时 $R(n,k)$ 就达到了天文数字,可以证明 $R(n,k) = O(k^n)$,因此要比较这么多分类来选择最小的 S,一般是不可能的. 于是只好放弃在一切分类中求 S 的极小值的要求,而是设计出某种计算规格,找到一个局部最优解,Ward 法就是找局部最优解的一个方法. 其思想是,先将 n 个样品各自成一类,然后每次缩小一类,每缩小一类离差平方和就要增大,选择使 S 增加最小的两类合并,直至所有的样品归为一类为止.

我们就例 2.1 来看看离差平方和法的步骤. 首先将六个样品分成六类,这时 $S = 0$. 然后将其中任两类合并,例如将 $G_1 = \{1\}$ 和 $G_2 = \{2\}$ 合并,则新类的离差平方和为 $(1-1.5)^2 + (2-1.5)^2 = 0.5$,如将 G_1 和 $G_3 = \{5\}$ 合并,它的离差平方和为 $(1-3)^2 + (5-3)^2 = 8$. 一切可能并类所增加的离差平方和列于表 2.9,以 G_1 和 G_2 合并或 G_5 和 G_6 合并 S 增加最少,将 G_1 和 G_2 并为 G_7,G_5 和 G_6 并为 G_8,然后重复以上步骤,直至所有样品归为一类为止. 计算情况列于表 2.10,它很类似于系统聚类的其他方法,如果用增加的离差平方和代替平方距离,也可以画出聚类图.

表 2.9　并类后 S 的增加量

	G_1	G_2	G_3	G_4	G_5
G_1	0.5				
G_2	8.0	4.5			
G_3	18.0	12.5	2.0		
G_4	32.0	24.5	8.0	2.0	
G_5	40.5	32.0	12.5	4.5	0.5

表 2.10　并类情况

分类数目	类	S
6	$\{1\}\{2\}\{5\}\{7\}\{9\}\{10\}$	0
5	$\{1,2\}\{5\}\{7\}\{9\}\{10\}$	0.5
4	$\{1,2\}\{5\}\{7\}\{9,10\}$	1.0
3	$\{1,2\}\{5,7\}\{9,10\}$	3.0
2	$\{1,2\}\{5,7,9,10\}$	15.25
1	$\{1,2,5,7,9,10\}$	67.33

粗看,离差平方和法与前七种方法有较大的差异,但如果把两类合并所增加的离差平方和看成平方距离,能否将它与前七种方法统一起来呢? 关键是能否给平方距离一个递推公式.我们将证明,离差平方和法有递推公式如下:

$$D_{kr}^2 = \frac{n_k + n_p}{n_r + n_k}D_{kp}^2 + \frac{n_k + n_q}{n_r + n_k}D_{kq}^2 - \frac{n_k}{n_r + n_k}D_{pq}^2. \tag{2.16}$$

公式中各符号意义同前.现在就来证明它,我们给出两种证法.

证法一　由定义

$$D_{pq}^2 = S_r - S_p - S_q,$$

将 S_t 表成

$$S_t = \sum_{i=1}^{n_t} x_{it}' x_{it} - n_t \bar{x}_t' \bar{x}_t,$$

故

$$D_{pq}^2 - \sum_{i=1}^{n_r} x_{ir}' x_{ir} - n_r \bar{x}_i' \bar{x}_r - \sum_{i=1}^{n_p} x_{ip}' r_{ip} + n_p \bar{x}_p' \bar{x}_p - \sum_{i=1}^{n_q} x_{iq}' x_{iq} + n_q \bar{x}_q' \bar{x}_q$$
$$= n_q \bar{x}_q' \bar{x}_q + n_q \bar{x}_q' \bar{x}_q - n_r \bar{x}_r' \bar{x}_r, \tag{2.17}$$

利用关系式

$$n_r \bar{x}_r = n_p \bar{x}_p + n_q \bar{x}_q,$$

将两边"平方",得

$$n_r^2 \bar{x}_r' \bar{x}_r = n_p^2 \bar{x}_p' \bar{x}_p + n_q^2 \bar{x}_q' \bar{x}_q + 2n_p n_q \bar{x}_p' \bar{x}_q, \tag{2.18}$$

再利用

$$2 \bar{x}_p' \bar{x}_q = \bar{x}_p' \bar{x}_p + \bar{x}_q' \bar{x}_q - (\bar{x}_p - \bar{x}_q)'(\bar{x}_p - \bar{x}_q), \tag{2.19}$$

将它代入到(2.18)中

$$n_r^2 \bar{x}_r' \bar{x}_r = n_p(n_p + n_q) \bar{x}_p' \bar{x}_p + n_q(n_p + n_q) \bar{x}_q' \bar{x}_q$$
$$- n_p n_q (\bar{x}_p - \bar{x}_q)'(\bar{x}_p - \bar{x}_q),$$

再利用 $n_r = n_p + n_q$ 得

$$\bar{x}_r' \bar{x}_r = \frac{n_p}{n_r} \bar{x}_p' \bar{x}_p + \frac{n_q}{n_r} \bar{x}_q' \bar{x}_q - \frac{n_p n_q}{n_r^2}(\bar{x}_p - \bar{x}_q)'(\bar{x}_p - \bar{x}_q),$$

代入到(2.17)中得

$$D_{pq}^2 = \frac{n_p n_q}{n_r}(\bar{x}_p - \bar{x}_q)'(\bar{x}_p - \bar{x}_q), \tag{2.20}$$

用类似的手法就可以推得(2.16).

证法二　先证明一个引理,这个引理在许多地方是有用的.

引理 2.1　设 $x_1, \cdots, x_n$ 是任意 n 个数,则

$$\sum_{i=1}^n (x_i - \bar{x})^2 = \frac{1}{n} \sum_{i=1}^n \sum_{j=1}^i (x_i - x_j)^2. \tag{2.21}$$

证明

$$\sum_{i=1}^{n}\sum_{j=1}^{i}(x_i - x_j)^2 = \sum_{i=1}^{n}\sum_{j=1}^{i}(x_i^2 + x_j^2 - 2x_i x_j)$$

$$= \sum_{i=1}^{n}\left(ix_i^2 + \sum_{j=1}^{i}x_j^2\right) - 2\sum_{i=1}^{n}x_i\sum_{j=1}^{i}x_j$$

$$= (n+1)\sum_{i=1}^{n}x_i^2 - 2\sum_{i=1}^{n}x_i\sum_{j=1}^{i}x_j$$

$$= (n+1)\sum_{i=1}^{n}x_i^2 - 2\left[\sum_{i=1}^{n}x_i^2 + \sum_{i=1}^{n}x_i\sum_{j=1}^{i-1}x_j\right]$$

$$= n\sum_{i=1}^{n}x_i^2 - \left[\sum_{i=1}^{n}x_i^2 + 2\sum_{1\leqslant j < i \leqslant n}x_t x_j\right]$$

$$= n\sum_{i=1}^{n}x_i^2 - \left(\sum_{i=1}^{n}x_i\right)^2$$

$$= n\sum_{i=1}^{n}(x_i - \bar{x})^2.$$

如引理中 $x_1,\cdots,x_n$ 换成 m 维向量时(2.21)式成为

$$\sum_{i=1}^{n}(x_i - \bar{x})'(x_i - \bar{x}) = \frac{1}{n}\sum_{i=1}^{n}\sum_{j=1}^{i}(x_i - x_j)'(x_i - x_j). \qquad (2.22)$$

利用这个公式我们给出第二个证法. 这时

$$S_t = \frac{1}{n_t}\sum_{i=1}^{n_t}\sum_{j=1}^{i}(x_{it} - x_{jt})'(x_{it} - x_{jt}), \qquad (2.23)$$

或者简记为

$$S_t = \frac{1}{n_t}\sum_{G_t},$$

于是

$$D_{pq}^2 = S_r - S_p - S_q = \frac{1}{n_r}\sum_{G_p \cup G_q} - \frac{1}{n_p}\sum_{G_p} - \frac{1}{n_q}\sum_{G_q}. \qquad (2.24)$$

开始 $n_p = n_q = 1$, $n_r = 2$, 上式右边后两项为 0, 第一项只有一项

$$D_{pq}^2 = \frac{1}{2}(x_p - x_q)'(x_p - x_q),$$

这是(2.20)的特例. 为了证明(2.16), 只要注意

$$D_{kr}^2 = \frac{1}{n_r + n_k}\sum_{G_k \cup G_r} - \frac{1}{n_r}\sum_{G_r} - \frac{1}{n_k}\sum_{G_k}$$

$$= \frac{1}{n_r + n_k}\left\{\sum_{G_k \cup G_p} + \sum_{G_k \cup G_q} + \sum_{G_p \cup G_q} - \sum_{G_p} - \sum_{G_q} - \sum_{G_k}\right\}$$

$$-\frac{1}{n_r}\sum_{G_r}-\frac{1}{n_k}\sum_{G_k}, \tag{2.25}$$

$$D_{kp}^2=\frac{1}{n_k+n_p}\sum_{G_k\cup G_p}-\frac{1}{n_p}\sum_{G_p}-\frac{1}{n_k}\sum_{G_k}, \tag{2.26}$$

$$D_{kq}^2=\frac{1}{n_k+n_q}\sum_{G_k\cup G_q}-\frac{1}{n_q}\sum_{G_q}-\frac{1}{n_k}\sum_{G_k}, \tag{2.27}$$

及(2.24),用$\frac{n_k+n_p}{n_k+n_r}$乘(2.25)加上$\frac{n_k+n_q}{n_k+n_r}$乘(2.27)减去$\frac{n_k}{n_k+n_r}$乘(2.25)稍加整理即为(2.16).

利用(2.16)不难将离差平方和法与系统聚类的其他方法统一起来,下一节我们将进行讨论.我们已经说过,离差平方和法只能得到局部最优解.例如当只分两类时($k=2$),使 S 达到最小的分类是$\{1,2,5\}\{7,9,10\}$,这时 $S=13.33$.而用离差平方和法(见表2.10)得到的局部最优解是$\{1,2\}\{5,7,9,10\}$,这时 $S=15.25>13.33$,至今还没有很好的办法以较少的计算求得精确最优解,但是在一些约束条件下,例如样品是有序的(详见§8.5),可以求得精确最优解.

§3. 系统聚类法的性质

上节介绍的八种系统聚类法,并类的原则和步骤是完全一样的,所不同的是类与类之间的距离有不同的定义,从而得到不同的递推公式.能否将它们更有机地统一起来呢?维希特[41](Wishart)在 1969 年发现它们的递推公式可以统一起来,统一的形式是

$$D_{kr}^2=\alpha_p D_{kp}^2+\alpha_q D_{kq}^2+\beta D_{pq}^2+\gamma\,|\,D_{kp}^2-D_{kq}^2\,|, \tag{3.1}$$

其中系数 $\alpha_p,\alpha_q,\beta,\gamma$ 对于不同的方法有不同的取值,表3.1列出了上述八种方法四参数的取值,读者试与上节的诸递推公式验证一下.递推公式的统一使八种方法的共性完全统一起来了,对于编制计算机统一程序提供了极大的方便.[42]编制了它们的程序,国内不少单位也编制了这些程序,我们就不详细介绍了.

表3.1　系统聚类法参数

方 法	α_p	α_q	β	γ
最短距离法	$\frac{1}{2}$	$\frac{1}{2}$	0	$-\frac{1}{2}$
最长距离法	$\frac{1}{2}$	$\frac{1}{2}$	0	$\frac{1}{2}$
中间距离法	$\frac{1}{2}$	$-\frac{1}{2}$	$-\frac{1}{4}\leqslant\beta\leqslant0$	0
重心法	n_p/n_r	n_q/n_r	$-\alpha_p\alpha_q$	0

续表

方　　法	α_p	α_q	β	γ
类平均法	n_p/n_r	n_q/n_r	0	0
可变类平均法	$(1-\beta)n_p/n_r$	$(1-\beta)n_q/n_r$	<1	0
可变法	$(1-\beta)/2$	$(1-\beta)/2$	<1	0
离差平方和法	$\dfrac{n_k+n_p}{n_k+n_r}$	$\dfrac{n_k+n_q}{n_k+n_r}$	$-\dfrac{n_k}{n_k+n_r}$	0

这八种方法对解决实际问题的效果是否一样呢? 我们来看一个具体的例子.

例 3.1　从 21 个工厂抽了同类产品,每个产品测了两个指标,欲将各厂的质量情况进行分类.测得的数据如下(已作了适当变换):

No	1	2	3	4	5	6	7	8	9	10	11	12	13	14	15	16	17	18	19	20	21
x_1	0	0	2	2	4	4	5	6	6	7	-4	-2	-3	-3	-5	1	0	0	-1	-1	-3
x_2	6	5	5	3	4	3	1	2	1	0	3	2	2	0	2	1	-1	-2	-1	-3	-5

将它们点成图 3.1.

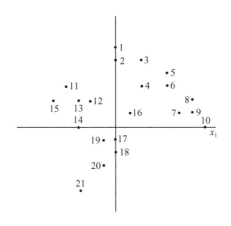

图 3.1

我们采用欧氏距离,用最短距离法,最长距离法,重心法,类平均法,离差平方和法得到的聚类图如图 3.2 所示.我们看到,不同的方法分类结果是不完全一样的,从直观上看,最短距离法分成四类:$\{1,2,3,4,5,6\}$,$\{7,8,9,10\}$,$\{11,12,13,14,15\}$,$\{17,18,19,20\}$,16 和 21 归不了类.最长距离法分成 $\{1,2,3,4,5,6,16\}$,$\{7,8,9,10\}$,$\{11,12,13,14,15\}$,$\{17,18,19,20,21\}$ 四类;重心法和类平均法的结果是:$\{1,2,3,4,5,6\}$,$\{7,8,9,10\}$;$\{11,12,13,14,15\}$,$\{16,17,18,19,20\}$,21 归

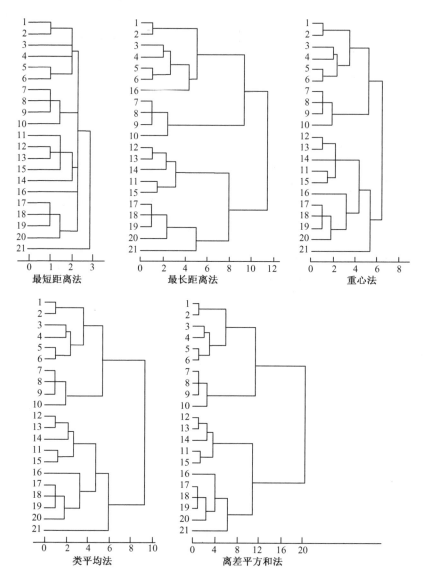

图 3.2　聚类图

不了类;离差平方和法与重心法前三类一致,而将 21 归为最后一类.归类情况可以
形象地作成图 3.3—图 3.6.五种方法产生了四个结果,可见这些方法的分类效果
是有差异的.那么究竟采用哪一种分类为好呢? 一种方法是根据分类问题本身的
知识来决定取舍.另一种方法是将几种方法的共性取出来,有争论的样品先放在一
边,如此例五种方法都是分成四类,有争议的是 16 和 21,可先把 16 和 21 去掉后,
再用上述五种方法,则分类的结果完全一样.最后对 16 和 21 采用下节的最短距离
原则分类.

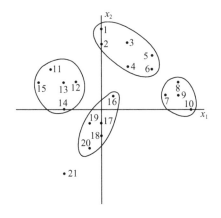

图 3.3　最短距离法　　　　　　　　　图 3.4　最长距离法

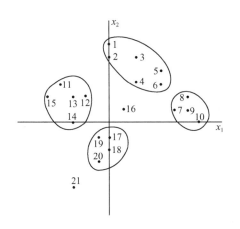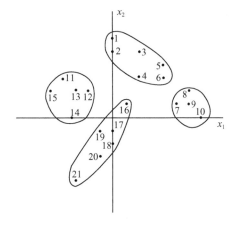

图 3.5　重心法与类平均法　　　　　　　图 3.6　离差平方和法

3.1 类的定义及并类距离的单调性　　刚才我们是从聚类图凭直观来分类的,那么什么是类呢? Rao[43]曾给出了三种定义法.

定义 3.1　集合 S 中任两个元素的距离有

$$d_{ij} \leqslant h, \quad i, j \in S, \tag{3.2}$$

h 为给定的阈值,则称 S 为对于阈值 h 组成一个类.

定义 3.2　集合 S 中元素间的距离 d_{ij} 满足

$$\frac{1}{k-1} \sum_{j \in S} d_{ij} \leqslant h, \quad \text{对每个 } i \in S, \tag{3.3}$$

h 为给定的阈值,k 为 S 中元素的个数,则称 S 为对于阈值 h 组成一个类.

定义 3.3　集合 S 中元素间的距离 d_{ij} 满足

$$\frac{1}{k(k-1)}\sum_{i\in S}\sum_{j\in S}d_{ij}\leqslant h,\quad d_{ij}\leqslant r,i,j\in S,\tag{3.4}$$

对于给定的阈值 $h,r(>h)$，k 为 S 中元素的个数，则称 S 对于阈值 h,r 组成一个类.

类似的我们还可以给类下一些别的定义，例如：

定义 3.4 集合 S 中元素间距离 d_{ij} 满足：对任一 $i\in S$，存在某个 $j\in S$，使 $d_{ij}\leqslant h$，h 为给定的阈值，则称 S 为对于阈值 h 组成一个类.

定义 3.5 如将集合 S 任意分成两类 S_1,S_2，这两类之间的距离 $D(S_1,S_2)$ 满足

$$D(S_1,S_2)\leqslant h,\tag{3.5}$$

则称 S 对于阈值 h 组成一个类.

上节我们给类与类之间的距离给出了八种定义方式，从而定义 3.5 中 $D(S_1,S_2)$ 可以用八种定义的任一种，显然定义 3.5 蕴含了定义 3.1(相当于用最长距离法)，定义 3.4(相当于用最短距离法)，定义 3.2(相当于用类平均法).

为了便于用定义 3.5 来确定类，需要考虑系统聚类的方法是否有并类距离的单调性.一开始各样品自成一类，将距离最近的两类合并，这两类的距离记作 D_1，第二次合并的最近两类距离记作 D_2,…,如果 $D_1\leqslant D_2\leqslant D_3\leqslant\cdots$ 则称并类距离具有单调性.有单调性画出的聚类图符合系统聚类的思想，先结合的类关系较近，后结合的类关系较疏.

显然最短距离法和最长距离法具有并类距离的单调性.我们来证明离差平方和法也具有这个性质，设某一步有 k 个类 $G_1,\cdots,G_k$，其中以 G_p 和 G_q 合并为 G_r 所增加的平方和为最小，并类的平方距离为 $D_{pq}^2=S_r-S_p-S_q$.这时只剩下 $k-1$ 个类了，下一次的并类距离设为 D_{st}^2，如 $s\neq r$，$t\neq r$，必有 $D_{st}^2\geqslant D_{pq}^2$，否则由于 $D_{pq}^2>D_{st}^2$，因而前一次就不应该合并 G_p 和 G_q 了.如 s,t 中有一个等于 r，不妨设 $t=r$，则由离差平方和的定义有 $D_r^2\geqslant D_{sq}^2\geqslant D_{pq}^2$，这就证明了单调性.

类平均法并类距离也有单调性，由(2.11)式

$$D_{kr}^2=\frac{n_p}{n_r}D_{kp}^2+\frac{n_q}{n_r}D_{kq}^2\geqslant\frac{n_p}{n_r}D_{pq}^2+\frac{n_q}{n_r}D_{pq}^2=D_{pq}^2,$$

$$k\neq p,q,r,$$

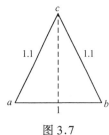

图 3.7

但是重心法不能保证单调性，例如图 3.7 是一个等腰三角形，两腰长是 1.1，底边是 1，则第一次 a,b 并为一类，并类距离 $D_1=1$，第二次并类距离是 c 至 $\overline{ab}$ 中点的距离，它是 $\overline{ab}$ 边的高，它等于 $\sqrt{1.1^2-0.5^2}=0.98=D_2<D_1$，不满足单调性.这是重心法的严重缺点.

当然由并类距离的单调性还不能保证由系统聚类法形

成的类一定能满足定义 3.5,我们就不详细讨论了.

3.2 空间的浓缩或扩法　从图 3.2 上我们看到对同一问题作聚类图时,横坐标(并类距离)的范围相差很远,最短距离法的范围≤3,最长距离法范围比 11 还大些……范围小的方法区别类的灵敏度差;但范围太大的方法,灵敏度过高会使支流来淹没主流,这与收音机的灵敏度有相似之处.灵敏度太低收的台少,灵敏度太高,台与台之间易于干扰,要适中为好.用这一直观想法引进如下的概念.

定义 3.6　设两个同阶矩阵 $D(A)$ 和 $D(B)$,如果 $D(A)$ 的每一个元素不小于 $D(B)$ 相应的元素,则记为 $D(A) \geqslant D(B)$,特别如矩阵 D 的元素是非负的,则有 $D \geqslant 0$.

如果 $D(A) \geqslant 0, D(B) \geqslant 0, D^2(A)$ 表示将 $D(A)$ 的每个元素平方,则 $D(A) \geqslant D(B) \Leftrightarrow D^2(A) \geqslant D^2(B)$.为了叙述的方便,令

$$D(A, B) = D^2(A) - D^2(B), \tag{3.6}$$

显然 $D(A, B) \geqslant 0 \Leftrightarrow D(A) \geqslant D(B)$.

系统聚类法一开始各样品自成一类,七种方法的距离阵是一样的(除了离差平方和法),但随着逐步并类,由于递推公式不同,所得的距离阵就不一样.用短、长、中、重、平、变平、可变、离,分别表示八种方法(按表 3.1 的顺序),它们的平方距离矩阵记为 $D^2(短), D^2(长), \cdots\cdots$.

我们以类平均法为基准,其他方法都与它来比较.设第一步将第 p 类和第 q 类并成第 r 类,则并类后的平方距离阵,相互关系如何呢?

(i) $D(短,平) \leqslant 0$.

记 $D(短,平) = (D_{ij}^2(短,平))$,则由 (2.2) 和 (2.11) 得

$$D^2(短,平) = \begin{cases} 0, & i, j \neq r, \\ \min(D_{ip}^2 D_{iq}^2) - \dfrac{n_p}{n_r} D_{ip}^2 - \dfrac{n_q}{n_r} D_{iq}^2, & j = r. \end{cases}$$

不失一般性,可设 $D_{ip}^2 \leqslant D_{iq}^2$,于是 $D_{iq}^2 = D_{ip}^2 + \lambda, \lambda \geqslant 0$,得

$$D_{ir}^2(短,平) = \left[1 - \frac{n_p}{n_r} \right] D_{ip}^2 - \frac{n_q}{n_r} D_{iq}^2 = -\frac{n_q}{n_r} \lambda \leqslant 0.$$

这就证明了,如果并类的情况完全一样时,则总有 $D(短,平) \leqslant 0$ 成立.

(ii) $D(长,平) \geqslant 0$.

(iii) $D(重,平) \leqslant 0$.

这两个的证明与最短距离法类似.

(iv) 中间距离法与类平均法的比较没有统一的结论,如当 $\beta = -\dfrac{1}{4}$ 时

$$D_{ir}^2(中,平) = \frac{1}{2} D_{ip}^2 + \frac{1}{2} D_{iq}^2 - \frac{1}{4} D_{pq}^2 - \frac{n_p}{n_r} D_{ip}^2 - \frac{n_q}{n_r} D_{iq}^2$$

$$= \frac{1}{2} D_{ip}^2 + \frac{1}{2} (D_{ip}^2 + \lambda) - \frac{1}{4} D_{pq}^2 - \frac{n_p}{n_r} D_{ip}^2 - \frac{n_q}{n_r} (D_{ip}^2 + \lambda)$$

$$= \frac{1}{2}\lambda - \frac{n_q}{n_r}\lambda - \frac{1}{4}D_{pq}^2,$$

显然它可能$\geqslant 0$ 也可能$\leqslant 0$.

(v) $D(\text{变平},\text{平}) = \begin{cases} \geqslant 0, & \beta < 0, \\ \leqslant 0, & 1 > \beta > 0. \end{cases}$

此因

$$D_{ir}^2(\text{变平},\text{平}) = -\beta\left[(D_{ip}^2 - D_{pq}^2) + \frac{n_q}{n_r}\lambda\right],$$

上式右端方括号中两项分别$\geqslant 0$,上式符号取决于$-\beta$,从而得结论.

(vi) $D(\text{离},\text{平})\geqslant 0$.

离差平方和法与类平均法开始的平方距离阵就不一样,本来不好比较,现在是设想一下如果距离阵一样,递推后的情况如何?

$$D_{ir}^2(\text{离},\text{平}) = \frac{n_i + n_p}{n_i + n_r}D_{ip}^2 + \frac{n_i + n_q}{n_i + n_r}D_{ir}^2 - \frac{n_i}{n_i + n_r}D_{pq}^2 - \frac{n_p}{n_r}D_{ip}^2 - \frac{n_q}{n_r}D_{iq}^2$$

$$= \frac{n_i n_q}{(n_i + n_r)n_r}D_{ip}^2 + \frac{n_i n_p}{(n_i + n_r)n_r}D_{iq}^2 - \frac{n_i}{n_i + n_r}D_{pq}^2$$

$$= \frac{n_i}{n_i + n_r}(D_{ip}^2 - D_{pq}^2) + \frac{n_i n_p}{(n_i + n_r)n_r}\lambda \geqslant 0,$$

最后一步是因为$D_{ip}^2 \geqslant D_{pq}^2$.

两个方法 A 和B,如果$D(A,B)\geqslant 0$,则讲 A 比 B 使空间扩张,或 B 比 A 使空间浓缩.和类平均法相比,最短距离法,重心法使空间浓缩,最长距离法,可变类平均法,离差平方和法使空间扩张.

有关系统聚类的其他性质可参看$[38]$§2.6 和$[44]$.最后我们稍为详细地讨论最短距离法与最小支撑树的关系,首先介绍最小支撑树的概念.

设 m 维空间中有 n 个点$x_1,\cdots,x_n$,点与点之间定义了距离,任两点的联线叫做边,两点之间的距离叫边的长度.

定义 3.7 两点之间通过一系列的边联系起来,这些边称做链.一个链如果是封闭的,则称这个链组成一个回路.如果 n 个点之间都有链互相联结,则称这些点和链组成了一个联结图.没有回路的联结图叫做树.如果树包含了 n 个点,则称这个树为联结图的支撑树.树的所有边的长度之和叫做树的重量.在联结图中具有最轻重量的支撑树叫做最小支撑树,以后简记为 MST.

最小支撑树是图论里的重要概念,下面我们要用到它的一些基本性质,为了读者阅读的方便,还是作一些证明.

将 n 个点分成两组非空而又不交的子集 P 和Q,即 $P\bigcup Q = \{\text{全部 } n \text{ 个点}\}$,$P\bigcap Q = \varnothing$(空集),$P$ 和 Q 称做 n 个点的一个划分.用 d_{ij} 表示 x_i 与 x_j 之间的距

离,定义 P 和 Q 之间的距离为

$$D_{PQ} = \min_{x_i \in P, x_j \in Q} d_{ij}.$$

令 $C(P,Q)$ 表示联结 P,Q 的一切边的集合,称做 P,Q 的截集.在 $C(P,Q)$ 中达到极小 D_{PQ} 的边的集合记作 $\lambda(P,Q)$.

定理 3.1　任何 MST 至少包含 $\lambda(P,Q)$ 的一个边.

证明　用反证法,设 T^* 是 MST,它不包含 $\lambda(P,Q)$ 的任何边.由 MST 定义,在 T^* 中一定存在一个且只有一个边 $\overline{uv}$,$\overline{uv} \in C(P,Q)$,$\overline{uv} \notin \lambda(P,Q)$.从 $\lambda(P,Q)$ 中任取一个边 $\overline{ts}$,显然 $d_{ts} < d_{uv}$ 用 $\overline{ts}$ 代 $\overline{uv}$ 所组成的图记作 T,则 T 是一个支撑树,而 T 的重量比 T^* 轻,与 T^* 是 MST 矛盾　♯

引理 3.1　支撑树的每一个边 $\overline{uv}$ 都唯一地将点分成两部分 P 和 Q,它是 n 个点的一个划分,使得 $\overline{uv} \in C(P,Q)$.

证明　令 $T' = T - \overline{uv}$,由支撑树定义,T' 分成不相交的两部分 T_1 和 T_2,u 和 v 分别属于两部分,不妨设 $u \in T_1$,$v \in T_2$,设 P 为 T_1 中点的集合,Q 为 T_2 中点的集合,容易证明 P,Q 符合引理中要求的条件　♯

定理 3.2　MST 的所有边都属于某个划分 P,Q 的 $\lambda(P,Q)$ 之中.

证明　设 $\overline{uv}$ 是 MST 的任一边,由引理它唯一地决定了一个划分 P,Q 使得 $\overline{uv} \in C(P,Q)$.由定理 3.1,MST 中至少包含 $\lambda(P,Q)$ 的一个边,但 MST 中只能有一个 $C(P,Q)$ 的边,否则组成回路,故这个边必属于 $\lambda(P,Q)$,即 $\overline{uv} \in \lambda(P,Q)$　♯

系　如果 n 个点的所有边的长度是互不相同的,则 MST 是唯一的.

定理 3.3　设 S 是所有点的集合,C 是 S 的非空子集,对 C 的一切划分 P,Q 有 $D_{PQ} < D_{C,S-C}$,则 C 的 MST 是 S 的 MST 的子集.

证明　任选 C 的划分 P,Q,令 $R = S - C$,因为

$$D_{CR} = D_{P \cup Q, R} = \min\{D_{PR}, D_{QR}\} \leqslant D_{PR},$$

由设 $D_{PQ} < D_{CR}$,故 $D_{PR} > D_{PQ}$,这说明 $\lambda(P, S-P) = \lambda(P,Q)$,由定理 3.1,$S$ 的 MST 中必有 $\lambda(P, S-P)$ 的一个边,而这个边必属于 $\lambda(P,Q)$,这表明 C 的 MST 是 S 的 MST 的一部分　♯

现在我们建立最短距离法与最小支撑树的关系.设将 n 个点 $x_1, \cdots, x_n$ 分成了 k 类 $G_1, \cdots, G_k$,用 $R(G_i)$ 表示类 G_i 的直径,定义 $R(G_i)$ 为 G_i 的最小支撑树的最大边长,记成 $R(G_i) = MMST(G_i)$.定义分类的误差函数

$$W(G_1, \cdots, G_k) = \max_{1 \leqslant i \leqslant k} R(G_i), \tag{3.7}$$

它越小,表示分类越合理.我们要证明最短距离法在这个误差函数之下是最合理的.

运用最短距离法开始各元素自成一类,记成 $G_1^{(0)}, \cdots, G_n^{(0)}$;然后第一步合并其中最近的两类,得 $(n-1)$ 个类,记成 $G_1^{(1)}, \cdots, G_{n-1}^{(1)}$;类似的记第 k 步的 $(n-k)$ 类为 $G_1^{(k)}, \cdots, G_{n-k}^{(k)}$.用 G 表示全体点的集合,如果 G 中任两点的距离均不相等,

则由定理 3.2 的系知道 G 的 MST 是唯一的,且 MST 的边长各不相等,记它们为 $0<l_1<l_2<\cdots<l_{n-1}$. 为了简便,下面我们用 l_i 既表示边长又表示相应的边,这不会引起混淆.

引理 3.2　设 G 中任两点的距离均不相等,则在最短距离法中第 $k(1\leqslant k\leqslant n-1)$ 步合并的两类正是 l_k 所连接的两类(这里我们约定,l_k 两端所属的类即为 l_k 所连接的两类). 并且 $G_1^{(k)},\cdots,G_{n-k}^{(k)}$ 的 MST 必为 G 的 MST 的子集.

证明　对 k 用归纳法,当 $k=1$ 时,由于 MST 中的 l_1 一定是 G 中一切边中最短的,结论正确. 设 $(k-1)$ 步以前结论为真,这就是说,$G_1^{(k-1)},\cdots,G_{n-k+1}^{(k-1)}$ 的 MST(记为 $T_1,\cdots,T_{n-k+1}$)为 G 的 MST(记为 T)的子集,并且这些子集的边分别为 $l_1,l_2,\cdots,l_{k-1}$. 我们首先证明 $G_1^{(k-1)},\cdots,G_{n-k+1}^{(k-1)}$ 两两之间的距离的极小值正是 l_k. 如若不然,存在 $G_i^{(k-1)},G_j^{(k-1)}(i\neq j)$ 它们之间的距离为 $l'<l_k$,由设 G 的所有边互不相等,故 T 是唯一的,又因 $T-\{T_1\bigcup T_2\cdots\bigcup T_{n-k+1}\}=\{l_k,l_{k+1},\cdots,l_{n-1}\}\triangleq H$ 故 $l'\bar{\in}H$,将 l' 加入到 T 中,必产生一个回路,这个回路至少包含 H 的一个边,记为 $l_t(t\geqslant k)$,显然 $l_t>l'$,将 l_t 从 T 中去掉加上 l',所得之联结图仍为支撑树,且比 T 有更轻的重量,与 T 是 MST 矛盾,故 $G_1^{(k-1)},\cdots,G_{n-k+1}^{(k-1)}$ 两两之间的极小距离正是 l_k. 按最小距离法定义第 k 步应合并 l_k 所连接的两类,记它们为 $G_i^{(k-1)}$ 和 $G_j^{(k-1)}$.

由于 $G_l^{(k)}=G_l^{(k-1)}$,$l=1,\cdots,n-k+1$,$l\neq i,j$,故只要考察类 $G_i^{(k-1)}\bigcup G_j^{(k-1)}$ 的 MST 为 T 的子集就够了. 由归纳法假设易见,类 $G_i^{(k-1)}\bigcup G_j^{(k-1)}$ 的任一划分 P,Q 必有 $D_{PQ}\leqslant l_k$,而 $D_{G_i^{(k-1)}\bigcup G_j^{(k-1)},G-G_i^{(k-1)}-G_j^{(k-1)}}>l_k$,由定理 3.3,$G_i^{(k-1)}\bigcup G_j^{(k-1)}$ 的 MST 必为 T 的子集　#

定理 3.4　在引理 3.2 的假定下对一切 $k(1\leqslant k\leqslant n-1)$ 用最短距离法得到的分类 $\{G_1^{(n-k)},\cdots,G_k^{(n-k)}\}$ 是使目标函数(3.7)达到极小的精确最优解,且这个解是唯一的.

证明　由引理 3.2,$G_1^{(n-k)},\cdots,G_k^{(n-k)}$ 的 MST 为 G 的 MST 的子集,于是
$$W(G_1^{(n-k)},\cdots,G_k^{(n-k)})=\max_{1\leqslant i\leqslant k}MMST(G_i^{(n-k)})=l_{n-k}.$$
令 $G_1,\cdots,G_k$ 为任一解,如有 $W(G_1,\cdots,G_k)\geqslant l_{n-k}$,则证明了 $\{G_1^{(n-k)},\cdots,G_k^{(n-k)}\}$ 为精确最优解. 因为由最短距离法的定义,$\{G_1^{(n-k)},\cdots,G_k^{(n-k)}\}$ 中任两类之间的距离 $\geqslant l_{n-k+1}$,如果 $\{G_1,\cdots,G_k\}$ 与 $\{G_1^{(n-k)},\cdots,G_k^{(n-k)}\}$ 不同,则必存在 $G_i(1\leqslant i\leqslant k)$,它至少包括有 $\{G_i^{(n-k)},1\leqslant i\leqslant k\}$ 中两个类的元素,不妨记作 x_{i_1} 与 x_{i_2},$x_{i_1}\in G_i^{(n-k)}$,$x_{i_2}\in G_j^{(n-k)}$,$i\neq j$,因 $D_{G_j^{(n-k)},G_i^{(n-k)}}\geqslant l_{n-k+1}$(一切 $i\neq j$),故连结 x_{i_1} 与 x_{i_2} 的一切链中其最大边长不小于 l_{n-k+1},这说明 $MMST(G_i)\geqslant l_{n-k+1}>l_{n-k}$,从而 $W(G_1,\cdots,G_k)>l_{n-k}$,这不仅证明了 $\{G_1^{(n-k)},\cdots,G_k^{(n-k)}\}$ 是精确最

优解,而且也证明了这个解是唯一的.

当 G 中 n 个点之间的距离相等的时候,也可证明有类似的性质,就不详细讨论了.

§4. 动态聚类法

用系统聚类法聚类,样品一旦划到某个类以后就不变了,这要求分类的方法比较准确.此外系统聚类法要存入距离阵 $D_{(0)}$ 或 $(D_{(0)}^2)$,当 n 较大时占用内存太多,甚至超过计算机容量.计算方法中的迭代法的思想给我们以启发,能否先给一个粗糙的初始分类,然后用某种原则进行修改,直至分类比较合理为止,采用这种思想产生的聚类法叫做动态聚类法.为了得到初始分类,有时设法选择一些凝聚点,让样品按某种原则向凝聚点凝聚.动态聚类法大体可用如下框图来表示:

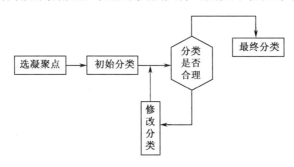

框图的每一部分均有很多种方法,这些方法按框图进行组合就会得到各种动态聚类法.

4.1 凝聚点的选择 所谓凝聚点就是一批有代表的点,是欲形成类的中心,选择凝聚点有如下的办法:

(i) 凭经验选择.如果对问题已有相当的了解,样品如何大体分类,分成几类是心中有数的,这时将每一类选择一个有代表性的样品作为凝聚点.

(ii) 将数据人为地分成 k 类,计算每一类的均值,将这些均值作为凝聚点.

(iii) 密度法.先人为地定二个正数 d_1 和 $d_2(>d_1)$,以每个样品点为球心,以 d_1 为半径,落在这个球内的样品数(不包括球心的样品)就叫做这个点的密度,因此密度是 d_1 和样品点的函数.

首先选择具有最大密度的样品点作为第一凝聚点.选择次大密度的样品点,它和第一凝聚点的距离如果小于 d_2,该点取消;如大于 d_2,该点作为第二凝聚点.用这个方法按照样品的密度由大到小地选下去,每一次和已选的任一凝聚点的距离不小于 d_2 的样品作为新的凝聚点.常取 $d_2=2d_1$.

例 4.1 对例 3.1 用密度法,取 $d_1=2,d_2=4$,各样品点的密度如下:

No	1	2	3	4	5	6	7	8	9	10	11	12	13	14	15	16	17	18	19	20	21
密度	1	2	2	2	1	2	2	2	3	1	2	1	4	1	2	0	2	3	2	1	0

首先选择密度最大的 x_{13} 作为第一凝聚点,密度其次的是 x_9 和 x_{18},它们与 x_{13} 的距离

$$d_{9,13}=\sqrt{82}, \quad d_{9,18}=\sqrt{45}, \quad d_{13,18}=\sqrt{25}=5$$

均大于 d_2,故 x_9, x_{18} 作为第二、第三凝聚点.密度为 2 的样品点很多,我们按样品自然顺序来考察,最后还选中 x_2 和 x_{21} 作为凝聚点,共五个凝聚点.

(iv) 先人为地定一个正数 d,将全部样品的均值作为第一凝聚点,然后样品依次输入,如输入的样品与已定的凝聚点的距离均大于 d,该样品作为新的凝聚点,否则该样品不作为凝聚点,再依次输入下一个样品.

(v) 当样品数 n 较大时,可随机地从中抽出部分样品(l 个,$l < n$),用某种方法(比如系统聚类法)进行聚类,用各类的重心作为凝聚点.

4.2 初始分类   有了凝聚点如何进行初始分类呢?这也有许多方法,另外初始分类不一定非用凝聚点不可.

(i) 将样品间定义距离,每个样品按最近凝聚点归类.

(ii) 选择了一批凝聚点,每个凝聚点自成一类,样品依次进入,每进一个样品将它们划入最近凝聚点的一类,并计算该类的重心,以这个重心代原来的凝聚点,再进入下一个样品,按同样原则处理.

(iii) 先人为地定一个正数 d,选择 $G_1=\{x_1\}$,如 x_2 与 x_1 的距离 $d_{21}<d$,则将 x_2 归入 G_1,否则 $G_2=\{x_2\}$.当某一步轮到 x_l 输入时,如已形成了 k 个类:G_1,$\cdots$,G_k,每个类第一次进去的样品记作 $x_{i_1},x_{i_2},\cdots,x_{i_k}$(显然 $i_1=1$).如果 $\min\limits_{1\leqslant j\leqslant k}d_{l_{ij}}\leqslant d$,则将 x_l 归入达到极小值的那一类,如果 $\min\limits_{1\leqslant j\leqslant k}d_{l_{ij}}>d$,则令 $G_{k+1}=\{x_l\}$.

例 4.2   对例 3.1 用方法(iii)进行初始分类,取 $d=\sqrt{15}$,则结果如下:

$G_1: x_1, x_2, x_3, x_4$;

$G_2: x_5, x_6, x_7, x_8, x_9$;

$G_3: x_{10}$;

$G_4: x_{11}, x_{12}, x_{13}, x_{14}, x_{15}$;

$G_5: x_{16}, x_{17}, x_{18}, x_{19}$;

$G_6: x_{20}, x_{21}$.

这个方法的优点是速度快,每个样品只通过一次,计算量很小,其缺点是结果与样品次序有关,前面的类容易比后面的类收集更多的样品.

(iv) 对每个变量先人为地定一个正数 $d_j (1\leqslant j\leqslant m)$,令 $x'_{ij}=[x_{ij}/d_j]$,这里 $[x]$ 表示取不超过 x 的整数,初始分类采取这样的原则:x_l 和 x_k 划入同一类 $\Leftrightarrow x'_{lj}$

$= x'_{kj}, j = 1, \cdots, m.$

这个方法是将空间划分成许多长方体,同一长方体的样品属于一类.因此它只适于 m 较小的情况,当 m 较大时必须导致类分得过多.

4.3 修改分类的原则 有了初始分类如何判断它是否合理呢? 这就需要制定一些原则,这种原则很多,下面介绍常见的几个.

(A) **按批修改法** 它的聚类步骤是:

(a) 选择一批凝聚点,并定义样品之间的距离;

(b) 将所有样品按最近凝聚点归类;

(c) 计算每一类重心,将重心作为新的凝聚点.如果所有的新凝聚点与上一次的老凝聚点重合,过程终止,否则回到(b).

例4.3 对例3.1运用按批修改原则进行聚类.

(a) 选 x_6, x_{13} 和 x_{17} 为凝聚点(运用密度法取 $d_1 = \sqrt{5}, d_2 = 2\sqrt{5}$ 的结果).

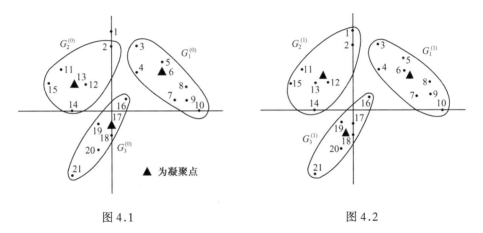

图 4.1   图 4.2

(b) 初始分类.这里样本之间采用的是欧氏距离,样品按最小距离归类,归类情况见图4.1,其中因为 $d_{16} = d_{19} = \sqrt{13}$,故 x_1 暂不归类.得到的三类记做 $G_1^{(0)}, G_2^{(0)}, G_3^{(0)}$.

(c) 修改分类.计算三类的重心:

$G_1^{(0)}: (4.5, 2.375),$

$G_2^{(0)}: (-2.83, 2.33),$

$G_3^{(0)}: (-0.67, -1.83).$

它们与原来的凝聚点不同,故将重心看成新的凝聚点,将样品重新分类,分类结果见图4.2,这时 x_1 划入第二类.

重新计算三个类的重心:

$G_1^{(1)}: (4.5, 2.375),$

$G_2^{(1)}: (-2.43, 2.86),$

$G_3^{(1)}:(-0.67,-1.83).$

其中 $G_2^{(1)}$ 与 $G_2^{(0)}$ 的重心不同,故以 $G_1^{(1)},G_2^{(1)},G_3^{(1)}$ 的重心作为新的凝聚点,重新分类,分类结果同图 4.2,因此最终分类是 $G_1^{(1)},G_2^{(1)},G_3^{(1)}.$

　　按批修改法的优点是计算量小,速度快,但是它的分类结果依赖于最初凝聚点的选择.例如我们选择 x_4,x_{13},x_{17} 作为凝聚点,则分类的结果是:

$G_1:x_1\sim x_{10},x_{16};$

$G_2:x_{11}\sim x_{15};$

$G_3:x_{17}\sim x_{21}.$

与图 4.2 的结果就不一样.如果选 x_4,x_8,x_{13},x_{17} 为凝聚点,则分类结果同离差平方和法;如果选 x_4,x_8,x_{13},x_{18} 为凝聚点,则最终分类与最长距离法一致.

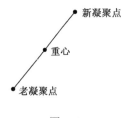

图 4.3

　　按批修改法有如下的一些变种:

　　(甲) 计算步骤(c)改为

　　(c′) 计算每一类重心,取老凝聚点与重心联线的对称点作为新凝聚点(图 4.3).

　　(乙) 步骤(a),(b)不动,其余改为:

　　(c″) 计算每一类的均值与协差阵,计算每个样品到每个类的马氏距离,按最短距离归类.如果新类的重心与上一次的完全一样则过程终止,否则再回到(c″).

　　(丙)按批修改法中一个样品到一个类的距离是采用样品到该类重心的距离,这类似于系统距离中的重心法.我们自然可以设想,系统距离中其他定义法也可用来定义样品与类之间的距离,比如类平均法的定义,一个样品到某一类的平方距离就是这个样品到该类所有样品平方距离的平均数.

　　以后我们将证明按批修改法的过程是收敛的,有时为了节省计算量,规定这个迭代步骤不超过 r 次,有人取 $r=5.$

　　(B) 逐个修改法　按批修改法是等样品全部归类后才改变凝聚点,另一种自然的想法是每进一个样品就将它分类,同时改变凝聚点,这就产生了逐个修改法,许多书上称做"k-means"方法,最早是由 MacQueen[45]在 1967 年提出来的,随后许多人对此又作了许多改进.

　　最简单的逐个修改法步骤如下:

　　(i) 人为地定出分类数目 k,取前 k 个样品(按样品的编号)作为凝聚点.

　　(ii) 将剩余 $n-k$ 个样品逐个进入,每进入一个样品将它归入最近的凝聚点的那一类,随即计算该类重心,将重心代替原凝聚点.

　　(iii) 将这 n 个样品再重头至尾输入一遍,每进入一个样品,将它归入最近的凝聚点的那一类,重新计算该类重心,以重心代替原凝聚点.如果 n 个样品通过后所分的类与原来的没有改变,过程停止,否则重复步骤(iii).

这个算法计算简单,分类迅速,占用计算机内存小.但由于人为地定了 k,有时定得并不合适而影响分类效果,改进的办法是在修改分类的过程中类的数目可以根据情况有所变化,太近的类可以合并,太远的样品可以分离出来产生新类,改进后聚类步骤如下:

(i) 人为地定出三个数 k,c 和 R.

(ii) 取前 k 个样品作为凝聚点.计算这 k 个凝聚点两两之间的距离,如最小的距离$<c$,则将相应两凝集点合并,用这两点的重心作为新凝聚点,再重复这个步骤,直至所有凝聚点之间的距离均$\geqslant c$ 为止.换句话说,要使凝聚点两两之间的距离$\geqslant c$,如有$<c$ 的,则用系统聚类法中的重心法将凝聚点进行合并.

(iii) 将余下的 $n-k$ 个样品逐个进入,每进入一个样品,计算该样品与所有凝聚点的距离,如最小的距离$>R$,则该样品作为新的凝聚点;如最小的距离$\leqslant R$,则将该样品归入最靠近它的凝聚点的那一类,随即重新计算这一类的重心,以重心作为新的凝聚点.

重新验证凝聚点之间的距离,如有$<c$ 的用上一步的办法将相应类合并,直至所有的凝聚点之间的距离均$\geqslant c$.

(iv) 将 n 个样品从头至尾再逐个输入,用步骤(iii)的办法归类,但与(iii)又稍有不同,不同之处在于:某个样品进入后,如分类与原来的一样,则重心不必计算;如分类与原来的不同,所涉及到的两类重心都要重新计算.

如果新的分类与上一次的相同,则聚类过程结束,否则再重复步骤(iv).

例 4.4 对例 3.1 用逐个修改法进行分类.

(i) 采用欧氏距离,取 $k=4$,$c=2.5$,$R=4.5$.

(ii) 取前四个样品作为凝聚点,它们是 $x_1=\begin{pmatrix}0\\6\end{pmatrix}$,$x_2=\begin{pmatrix}0\\5\end{pmatrix}$,$x_3=\begin{pmatrix}2\\5\end{pmatrix}$,$x_4=\begin{pmatrix}2\\3\end{pmatrix}$ 作为凝聚点.由于 $d_{12}=1<c$,将 x_1 与 x_2 合并,它们的重心是 $y_1=\begin{pmatrix}0\\5.5\end{pmatrix}$,又由于 $d_{34}=2<c$,将 x_3 与 x_4 合并,重心是 $y_2=\begin{pmatrix}2\\4\end{pmatrix}$,$y_1$ 与 y_2 的距离$=2.5=c$,故不将它们合并,以 y_1 和 y_2 为凝聚点,相应于它们的两类,记作 G_1 和 G_2.

(iii) 将 $x_5=\begin{pmatrix}4\\4\end{pmatrix}$ 进入,它与两凝聚点的距离分别为 $\sqrt{18.25}$ 和 2,其中 $2<R$,x_5 不作为新的凝聚点,将它归入 G_2 这一类.这时 G_2 内有了三个样品 x_3,x_4,x_5,重新计算它们的重心,得 $\begin{pmatrix}2.67\\4.00\end{pmatrix}$,它与 G_1 重心的距离是 $3.06>c$,这两类不合并.然后再进入 x_6,重复以上办法,整个聚类情况见表 4.1.我们看到,进入到 x_{10} 为止只有两类,当 x_{11} 进入后,因为它与两个凝聚点的距离均大于 R,故 x_{11} 应单独成一类 G_3,随后 x_{12},x_{13},x_{14},x_{15} 均归入 G_3.x_{16} 与 G_2 的重心最近,x_{16} 归入 G_2,随后

$x_{17}, x_{18}, x_{19}, x_{20}$ 归入 G_3，x_{21} 与三类的距离均大于 R，它自成一类 G_4.

表 4.1　聚类过程

进入样品	G_1		G_2		G_3		G_4	
	样品	重心	样品	重心	样品	重心	样品	重心
	X_1, X_2	$(0, 5.5)$	X_3, X_4	$(2, 4)$				
X_5			X_5	$(2.67, 4)$				
X_6			X_6	$(3, 3.75)$				
X_7			X_7	$(3.4, 3.2)$				
X_8			X_8	$(3.83, 3)$				
X_9			X_9	$(4.14, 2.71)$				
X_{10}			X_{10}	$(4.5, 2.38)$				
X_{11}					X_{11}	$(-4, 3)$		
X_{12}					X_{12}	$(-3, 2.5)$		
X_{13}					X_{13}	$(-3, 2.33)$		
X_{14}					X_{14}	$(-3, 1.75)$		
X_{15}					X_{15}	$(-3.4, 1.8)$		
X_{16}			X_{16}	$(4.11, 2.22)$				
X_{17}					X_{17}	$(-2.83, 1.33)$		
X_{18}					X_{18}	$(-2.43, 0.86)$		
X_{19}					X_{19}	$(-2.25, 0.63)$		
X_{20}					X_{20}	$(-2.11, 0.22)$		
X_{21}							X_{21}	$(-3, -5)$
X_3	X_1, X_2, X_3	$(0.67, 5.33)$	$X_4 \sim X_{10}, X_{16}$	$(4.71, 1.71)$				
X_{16}			$X_4 \sim X_{10}$	$(4.86, 2)$	$X_{11} \sim X_{20}$	$(-1.8, 0.3)$		
X_{20}					$X_{11} \sim X_{19}$	$(-1.89, 0.67)$	X_{20}, X_{21}	$(-2, -4)$
X_4	$X_1 \sim X_4$	$(1, 4.75)$	$X_5 \sim X_{10}$	$(5.33, 1.83)$				
最终分类	$X_1 \sim X_4$	$(1, 4.75)$	$X_5 \sim X_{10}$	$(5.33, 1.83)$	$X_{11} \sim X_{19}$	$(-1.89, 0.67)$	X_{20}, X_{21}	$(-2, -4)$

这一步我们得到了四类：$\{x_1, x_2\}$，$\{x_3 \sim x_{10}, x_{16}\}$，$\{x_{11} \sim x_{15}, x_{17} \sim x_{20}\}$，$\{x_{21}\}$.

(iv) 将样品从 x_1 至 x_{21} 再输入一遍，这时 x_3 从 G_2 转入 G_1，x_{16} 从 G_2 转入 G_3，x_{20} 从 G_3 到 G_4.

再将样品从头至尾输入一次，这时只有 x_4 从 G_2 转到 G_1. 第四次再输入样品时，分类不变，过程终止. 最终分类见图 4.4.

关于这个算法有几点要说明的：

(i) 步骤(iv)有两种理解，以刚才的例子来说明. 当样品第二次从头输入时，首先进入 x_1，这时有四个凝聚点，一种理解是计算 x_1 至这四个凝聚点的距离以决定其分类；另一种理解是，因为 x_1 属于 G_1，计算 G_1 的重心时应将 x_1 除去，另三个凝聚点不动. 两种理解在大部分情况下结论是一致的.

(ii) 将步骤(iv)改为用马氏距离或平均距离等其他距离. 如果用马氏距离当进入一个样品或减少一个样品时需要修改该类的均值与协差阵, 在第二章已经导出了有关递推公式.

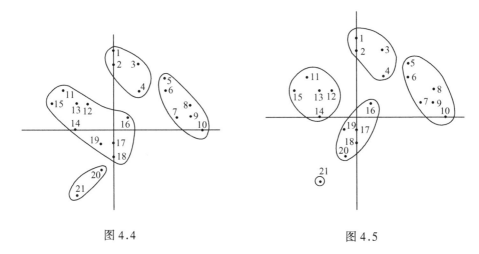

图 4.4 　　　　　　　　　　　　　　　图 4.5

(iii) 样品的输入次序会影响分类的结果. 例 4.4 如果样品从 x_{21} 至 x_1 的次序来输入, 三个参数 R, c, k 的取值不变, 则最终分类见图 4.5, 这说明最初凝聚点的选择会影响分类结果. 而 MacQueen 认为没有影响这是不对的. 既然凝聚点会影响分类结果, 开始选前 k 个样(实际可以看成是随机的)作凝聚点并不合适, 而应当选得更有代表性.

(iv) 三个参数的取值会影响分类效果. 读者可以试一下当 $k=4, c=2.5, R=4.4$ 和 $k=4, c=4, R=5$, 样品按 x_1 至 x_{21} 的顺序输入会有什么样的分类结果.

(C) 逐个修改法的变种——Isodata　由于上述的逐个修改法分类结果有很大的不确定性, 促使人们设法去改进它们, 有关的研究很多, 其中以 Isodata[46] 命名的方法是这一类方法中最精细的一个, 它是美国标准研究所花了好几年的时间研究出来的, 这个方法的步骤如下:

(i) 人为选择七个控制参数 NS, TN, TE, NT, TC, ND 和 IX.

(ii) 输入一批凝聚点, 或选用某种方法产生一批凝聚点.

(iii) 将样品归入最近的凝聚点, 在 n 个样品没有全部归类之前凝聚点不变, 然后重新计算每类重心, 以它作为新的凝聚点, 重复这个步骤 NS 次或者至收敛为止.

(iv) 如果某一类的样品数 $< TN$, 则该类取消, 该类样品不参加下面的运算.

(v) 按如下的原则将类进行合并或分解:

(a) 如类的数目 $k \geqslant 2ND$, 则要合并;

(b) 如类的数目 $k \leqslant \frac{1}{2}ND$，则要分解；

(c) 如类的数目 k 在上述界限之间，则当 k 是奇数时要分解，k 是偶数时要合并.

(vi) 计算各类重心将它们作凝聚点，用(iii)将样品分类.

(vii) 重复(iv)(v)(vi) T 次.

在类合并过程中，重心需要重新计算，如最近两类的距离 $< TC$，则合并这两类，并重新计算这个新类与其他类的距离. 这个过程最多 NT 次.

在分解过程中，对某个类 G_i，如某个变量 x_j 的标准差 $\sigma_j^{(i)} > TE\sigma_j$，其中 σ_j 为全部样品的 x_j 的标准差，则将 G_i 一分为二，以 x_j 在 G_i 中的均值来划线，均值以上的为一类，其余的为另一类. 计算这两个新类的重心，这两个重心之间的距离如大于 $1.1TC$，则这个分解是采纳的，否则不作分解.

4.4 收敛性证明　动态聚类的这些方法是否收敛呢？最初 MacQueen[45] 对 k-mean 法运用随机过程的理论给了一个证明，这个证明用的工具较多，后来 Diday[47] 运用初等的方法给了一个证明，这里选择的是 Diday 的证明，主要针对按批修改法.

设 $E \subset R_m (m$ 维欧氏空间)，E 是有限点的集合，k 是给定的正整数，$P = (P_1, \cdots, P_k)$ 是 E 的一个划分$\left(\text{即 } P_i \cap P_j = \varnothing, \text{一切 } i \neq j, \bigcup_{i=1}^{k} P_i = E\right)$，一切这种划分的集合记做 $\mathscr{P}_k$. 令 L 为一切可能做凝聚点的集合(当产生凝聚点的办法确定后，L 也是一个有限点集)，令

$$\mathscr{L}_k = \{(\lambda_1, \cdots, \lambda_k) \,|\, \lambda_i \in L, i = 1, \cdots, k\}, \tag{4.1}$$

R_m 中任两点 x, y 的距离用 $D(x, y)$ 表示. 任给了一组凝聚点 $L_k = (\lambda_1, \cdots, \lambda_k) \in \mathscr{L}_k$，由它可将 E 作一个分类 $P = f(L_k) = (P_1, \cdots, P_k)$，其中

$$P_i = \{x \,|\, D(x, \lambda_i) \leqslant D(x, \lambda_j), j = 1, \cdots, k; x \in E\}, \tag{4.2}$$

这就是将样品按最近距离归类的原则. 对于落在 P_i 和 $P_j (i \neq j, i, j = 1, 2, \cdots, k)$ 上的点，可任意分到 P_i 和 P_j 中任一类.(有时将这些点暂不归类.)

反之，任给了一个分类 $P = (P_1, \cdots, P_k)$. 令

$$R(\lambda, i, P) = \sum_{x \in P_i} D(x, \lambda), \tag{4.3}$$

选择 λ_i 使得

$$R(\lambda_i, i, P) = \min_{\lambda \in L} R(\lambda, i, P), \tag{4.4}$$

显然这种 λ_i 一定存在，令 $L_k = (\lambda_1, \cdots, \lambda_k) \equiv g(P)$，它就是新的凝聚点.

令 $V = (L_k, P)$，它代表了某种分类，定义分类的误差函数(此处 $L_k = (\lambda_1, \cdots, \lambda_k)$)

$$W(V) = W(L_k, P) = \sum_{i=1}^{k} R(\lambda_i, i, P). \tag{4.5}$$

如果存在 V^* 使得

$$W(V^*) \leqslant W(V), \quad V \in \mathscr{L}_k \times \mathscr{P}_k,$$

我们称 V^* 为精确最优解.

任一个初始分类 $P^{(0)}$,由(4.4)产生凝聚点 $L^{(0)} = g(P^{(0)})$,由 $L^{(0)}$ 用(4.2)产生新的分类 $P^{(1)} = f(L^{(0)})$,然后 $L^{(1)} = g(P^{(1)})$,$P^{(2)} = f(L^{(1)})$;…如此循环下去

$$L^{(i)} = g(P^{(i)}, \quad P^{(i)} = f(L^{(i-1)}), \quad i = 1,2,\cdots, \qquad (4.6)$$

令 $V_n = (L^{(n)}, P^{(n)})$,$u_n = W(V_n)$,如果存在 $M > 0$,使得 $n \geqslant M$ 时,$V_n = \hat{V} = (\hat{L}, \hat{P})$,$W(\hat{V}) = \hat{u}$,则 $\hat{V}$ 叫局部最优解,并称 V_n 是收敛的. 显然,当初始分类 $P^{(0)}$ 不同时,收敛的结果也可能不同.

下面我们用"*"表示复合函数,即 $g * f(x) = g(f(x))$.

定义 4.1 函数 R 如果满足(注意 W 是由 R 产生的)

$$W(g * f(L_k), f * g * f(L_k)) \leqslant W(g * f(L_k), f(L_k)), \qquad (4.7)$$

对一切 $L_k \in \mathscr{L}$ 成立,则称 R 是半方的(Semi-square). 又(4.7)被下式蕴含

$$W(g(P), f * g(P)) \leqslant W(g(P), P), P \in \mathscr{P}_k. \qquad (4.8)$$

定理 4.1 如果 R 是半方的,则 u_n 单调下降,因而收敛.

证明

$$u_{n+1} = W(L^{(n+1)}, P^{(n+1)}) = \sum_{i=1}^k \min_{\lambda \in L} R(\lambda, i, P^{(n+1)})$$

$$\leqslant \sum_{i=1}^k R(\lambda_i^{(n)}, i, P^{(n+1)}) = W(L^{(n)}, P^{(n+1)}) \leqslant u_n.$$

最后一步利用了 R 是半方的假定 ♯

系 1 如果

$$W(L_k, f(L_k)) \leqslant W(L_k, P), \quad 任 L_k \in \mathscr{L}_k, P \in \mathscr{P}_k, \qquad (4.9)$$

则 R 是半方的.

证明 以 $g * f(L_k)$ 代(4.9)中之 L_k,得

$$W(g * f(L_k), f * g * f(L_k)) \leqslant W(g * f(L_k), P), P \in \mathscr{P}_k,$$

特别取 $P = f(L_k)$ 即得(4.7) ♯

注意,由于 $\mathscr{P}_k, L_k$ 的有限性,W 一共只能取有限个值,由 u_n 单调下降,当 n 充分大时,u_n 保持不变. 以后要经常用到这个事实.

系 2 如果 R 采用(4.3)来定义,则 u_n 单调下降且收敛.

证明 我们验证它满足(4.9),任一 $P \in \mathscr{P}_k, L_k \in \mathscr{L}_k, f(L_k) \equiv Q \equiv (Q_1, \cdots, Q_k)$,

$$W(L_k, P) = \sum_{j=1}^k \sum_{x \in P_j} D(x, \lambda_j)$$

$$= \sum_{j=1}^k \sum_{i=1}^k \sum_{x \in P_j \cap Q_i} D(x, \lambda_j) \geqslant \sum_{j=1}^k \sum_{i=1}^k \sum_{x \in P_j \cap Q_i} D(x, \lambda_i)$$

$$= \sum_{i=1}^{k} \sum_{x \in Q_i} D(x, \lambda_i) = W(L_k, f(L_k)),$$

再由系 1 及定理 4.1 得证♯

定义 4.2　如 $V = (L_k, P) \in \mathscr{L}_k \times \mathscr{P}_k$ 满足

$$P = f * g(P), \quad L_k = g * f(L_k), \tag{4.10}$$

则称 V 是无偏的.

定理 4.2　如 R 是半方的,且对任意 P, i,函数 $R(\lambda, i, P)$ 的极小值对应的 λ_i 是唯一的,则 V_n 收敛且极限是无偏的.

证明　因为 E 是有限集,$\mathscr{P}_k, \mathscr{L}_k$ 也是有限集,由定理 4.1,u_n 的极限是能够达到的,即存在 $N > 0$,当 $n > N$ 时,$u_n = u^*$.由定理 4.1 的证明过程有

$$u_n = W(L^{(n)}, P^{(n)}) = W(L^{(n)}, P^{(n+1)}) = W(L^{(n+1)}, P^{(n+1)})$$

$$W(L^{(n)}, P^{(n+1)}) = \sum_{i=1}^{k} R(\lambda_i^{(n)}, i, P^{(n+1)}) \leqslant \sum_{i=1}^{k} R(\lambda_i^{(n+1)}, i, P^{(n+1)})$$

$$= W(L^{(n+1)}, P^{(n+1)}),$$

从而对每个 i

$$R(\lambda_i^{(n+1)}, i, P^{(n+1)}) = R(\lambda_i^{(n)}, i, P^{(n)}).$$

由定理假定 λ 的唯一性,必有 $\lambda_i^{(n)} = \lambda_i^{(n+1)}$,对每个 i(当 $n > N$ 时),这意味着 $L^{(n)} = L^{(n+1)}$,从而 $P^{(n+1)} = P^{(n+2)}$,这说明 V 收敛且极限无偏♯

系 1　如果矩阵 A 非退化

$$D(x, \lambda) = (x - \lambda)' A(x - \lambda), \tag{4.11}$$

则定理 4.2 的条件满足.

证明　由定义(这时由定理 4.1 系 2,R 是半方的)

$$R(\lambda, i, P) = \sum_{x \in P_i} (x - \lambda)' A(x - \lambda),$$

$$\frac{\partial R}{\partial \lambda} = -2 \sum_{x \in P_i} A(x - \lambda) = 0.$$

如用 n_i 表示 P_i 内的样品数,$\bar{x}_i$ 表示 P_i 的重心,上式两边乘以 A^{-1} 得 $\sum_{x \in P_i} (x - \lambda) = 0$,由此

$$\lambda = \bar{x}_i = \frac{1}{n_i} \sum_{x \in P_i} x,$$

这证明了 λ 的唯一性.

系 2　$D(x, \lambda)$ 取马氏距离和欧氏距离时定理 4.2 的条件满足.

这几个定理和系解决了按批修改法的收敛性,对于逐个修改法可以设法将有关定理搬过去,这里就不详细讨论了.

§5. 分 解 法

系统聚类是将类由多到少,另一种分类的思想是类由少到多,开始全体样品全为一类,然后分成两类,三类,…直至所有的样品各自成一类.

5.1 一分为二法 这是将某一类分解为两子类的方法,然后对其子类又可一分为二.设某类 G 中有 n 个样品,它的两个子类 G_1,G_2 各有 n_1 和 n_2 个样品,两类重心为 $\bar{x}_1$ 和 $\bar{x}_2$,G 的重心为 $\bar{x}$.类 G,G_1 和 G_2 的离差平方和为

$$S = \sum_{x_i \in G} (x_i - \bar{x})'(x_i - \bar{x}), \tag{5.1}$$

$$S_j = \sum_{x_i \in G_j} (x_i - \bar{x}_j)'(x_i - \bar{x}_j), \quad j = 1,2. \tag{5.2}$$

如果类分解得合理,应使 $S_1 + S_2$ 尽可能地小,或使 $S - S_1 - S_2$ 尽可能地大.

由(2.20)

$$S - S_1 - S_2 = \frac{n_1 n_2}{n}(\bar{x}_1 - \bar{x}_2)'(\bar{x}_1 - \bar{x}_2), \tag{5.3}$$

或者

$$S - S_1 - S_2 = \frac{n n_1}{n_2}(\bar{x}_1 - \bar{x})'(\bar{x}_1 - \bar{x}), \tag{5.4}$$

就以 E 表示 $S - S_1 - S_2$ 并作为目标函数,选择某种分法使 E 达到极大.n 个样品分成二类,一切可能的分法有 $2^n - 1$ 种,当 n 稍大时要比较这么多分类是太麻烦了,于是只好放弃求精确最优解,代之以局部最优解.下面是一种局部最优解程序:一开始所有样品均在 G_1 中,首先找一个样,将它划入到 G_2 中使 E 达到极大,然后再找第二个样品,将它划入到 G_2 中使 E 达到极大,如此分下去,某个样品一旦划入到 G_2 就不变了.令 $E(1),E(2),\cdots,E(k)$ 为 G_2 中有一个样,二个样,…,k 个样的 E 值,那么一定存在 k^* 使得 $E(k^*) = \max_{1 \leqslant k \leqslant n} E(k)$,于是将前 k^* 次进入 G_2 的样为一类,其余 $n - k^*$ 个样为另一类就是我们寻求的分类.

表5.1 一分为二法

k	划出样品	$E(k)$	k	划出样品	$E(k)$	k	划出样品	$E(k)$
1	x_{21}	56.60	8	x_{13}	176.95	15	x_3	181.32
2	x_{20}	79.16	9	x_{12}	195.26	16	x_6	157.11
3	x_{18}	90.90	10	x_{17}	213.07	17	x_5	138.60
4	x_{14}	102.61	11	x_{16}	212.01	18	x_7	110.90
5	x_{15}	120.11	12	x_2	202.90	19	x_8	75.53
6	x_{19}	137.15	13	x_1	199.23	20	x_9	43.35
7	x_{11}	154.10	14	x_4	189.74			

例 5.1 对例 3.1 使用一分为二法.

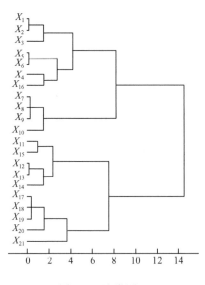

图 5.1 聚类图

开始全体样品成一类,这时 $G_1^{(0)} =$ {全体样}, $G_2^{(0)}$ 是空集,如将 x_1 从 $G_1^{(0)}$ 划到 $G_2^{(0)}$ 中,相应的目标函数 $E =$ 23.40,类似地,如将 $x_2,\cdots,x_{21}$ 划到 $G_2^{(0)}$ 中相应的目标函数值是 14.65,15.85, 4.65, 18.80, 14.25, 19.40, 29.80, 29.45, 43.35, 26.25, 8.20, 14.95, 16.35, 34.75, 0.20, 6.25, 12.20, 8.80, 22.80,56.60,其中最大值是 56.60,即 E (1) = 56.60,那么第一次将 x_{21} 划到 $G_2^{(0)}$ 中,于是两类成为: $G_1^{(1)} = \{x_1,\cdots,x_{20}\}$, $G_2^{(1)} = \{x_{21}\}$.然后在 $G_1^{(1)}$ 中选一个样品划到 $G_2^{(1)}$ 中使 E 达到极大,结果以 x_{20} 划入到 $G_2^{(1)}$ 中 E 达到极大,相应的 E

(2) = 79.16.类似的结果见表 5.1,我们看到以 $E(10) = 213.07$ 达到极大,从而第一次分解结果为 $G_1 = \{x_1 \sim x_{10}, x_{16}\}$, $G_2 = \{x_{11} \sim x_{15}, x_{17} \sim x_{21}\}$,而 $E(10) =$ 213.07 可以看作第一次分解的距离,记成 $EE(1) = 213.07$.然后对 G_1 和 G_2 分别用一分为二法,相应的最大 E 使分别为 64.47 和 58.5,故第二次应分解 G_1 相应的两类记成 G_3 和 G_4, $EE(2) = 64.47$,这时实际有三类 G_2, G_3, G_4($G_1 = G_3 \bigcup G_4$),然后再选其中的一类分解使 E 达到极大,…直至所有的样品独自成一类为止,而每次分解时的 E 值($EE(1), EE(2), \cdots$)可以用来画聚类图,将 $EE(1), EE$ (2)…等看作平方距离,作成图 5.1,可以分成四类,与最长距离法结果一致.而一分为二法不需大量内存,计算量也不大,因此是值得推荐的一种方法.

5.2 分解法(可以选择变量的分解法) 在我们所讨论过的许多聚类方法中,在整个分类过程中 m 个指标都在起作用,但有时这么做不一定是合适的,当类不太大时,起主要作用的指标一般不会太多,而将过多的无用的指标混入其中,只会起干扰作用,并无其他好处.如图 5.2 实际有三类,如果第一次分解为两类 { G_1, G_2 }, G_3,这时如将 { G_1, G_2 } 再分解,变量 x_1 已不起什么作用,可以考虑将 x_1 别除,基于这个思想产生了本节的分解法.

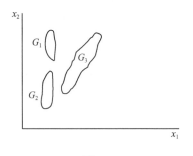

图 5.2

用 $x_{ij}, i = 1, \cdots, m; j = 1, \cdots, m$,表示第 i 个样品的第 j 个指标,每个指标的

样本标准差记为 $S_1, S_2, \cdots, S_m$（参见本章表 1.1），$T_1, \cdots, T_m$ 为事先人为规定的阈值，如果某一些样品组成的一类 G，该类样品的每个指标的标准差记为 $S_1^G, \cdots$，S_m^G，如对某个 i，$S_i^G \leqslant T_i$，表明指标 x_i 在 G 中变化很小，因而可以去掉. 由于我们采用的是分解法，类越分越小，当某个指标 x_i 在某一次分类中去掉后，在其一切的子类中均要去掉，所以变量只会越来越少. 变量筛选后，每一次分类都用一分为二法.

例 5.2　设有 6 个样，每个样测了 6 个指标，数据见表 5.2，取阈值 $T_1 = \cdots = T_6 = T = 5$.

表 5.2　数据

样品＼指标	x_1	x_2	x_3	x_4	x_5	x_6
1	2	1	4	49	59	39
2	4	3	4	25	87	14
3	7	11	14	29	57	23
4	40	40	42	54	36	44
5	36	37	41	46	35	42
6	35	38	48	50	36	45

首先计算各列标准差 $S_1, \cdots, S_6$，它们分别是 $S_1^2 = 325.47$, $S_2^2 = 345.47$, $S_3^2 = 415.10$, $S_4^2 = 146.17$, $S_5^2 = 419.87$, $S_6^2 = 165.90$，均大于 $T^2 = 25$，第一次分解时六个指标都要，用一分为二法分成两类 $\{1, 2, 3\}$，$\{4, 5, 6\}$，分别记作 G_2 和 G_3. 在 G_2 中计算各列的方差，它们是：$6.33, 28.00, 33.33, 165.33, 281.33, 160.33$，其中第一个 $< T^2$，其余均大于 T^2，因此在分解 G_2 时将 x_1 去掉，运用一分为二法将它分成两类：$G_4 = \{2\}$，$G_5 = \{1, 3\}$，为了形象地表达这一过程，列成表 5.3 的形式，注意表中样品的次序已作了交换，使得同类的样品相互邻接.

表 5.3　分解过程

样品＼指标	x_1	x_2	x_3	x_4	x_5	x_6
2	4	3	4	25	87	14
1	2	1	4	49	59	39
3	7	11	14	29	27	23
4	40	40	42	54	36	44
5	36	37	41	56	35	42
6	35	38	48	50	35	45

G_4 已不能再分了，G_5 还可能分，它的五个指标的标准差中除 x_5 的小于 T 外其余均大于 T，于是除去 x_5，用 x_2, x_3, x_4, x_6 将 G_5 一分为二，分成 $G_6 = \{1\}$，$G_7 = \{3\}$，这两类当然无需再分. 最后看 G_3，因它的六个指标的标准差均 $< T$，故 G_3 不要分解了，最终分类列于表 5.4.

表 5.4　最终分类

样品 ＼ 指标	x_1	x_2	x_3	x_4	x_5	x_6
2	4	3	4	25	14	87
1	2	1	4	49	39	59
3	7	11	14	29	23	27
4	40	40	42	54	44	36
5	36	37	41	56	42	35
6	35	38	48	50	45	35

在分解法的计算过程中由于要计算一系列方差，为了简便计算，可用极差来代替，有关的内容可参看 [48]，[49].

§6. 有序样品的聚类与预报

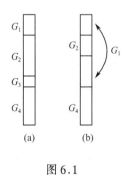

图 6.1

迄今我们分类的样品是相互独立的，分类时彼此是平等的. 但在有一些问题中，情况有所不同. 例如在油田勘探中，通过岩心欲将地层分类，这时岩心所在的位置（即样品的次序）在分类时是不能打乱的，如图 6.1 中(a)的分类是合理的，(b)的分类是不允许的. 即分类时不能打乱样品原来的次序，如用 $x_1, \cdots, x_n$ 表示样品，则每一类必须呈：$\{x_i, x_{i+1}, \cdots, x_{i+j}\}$，$i \geqslant 1, j \geqslant 0$，这样的形式，因此这种分类，称为分割，更为形象一些. 又如在研究天气演变的历史时，样品是按由古至今的年代排列，这个次序不能打乱，也是一个有序样品的聚类问题. 由于增加了有序这个约束条件，对分类带来什么影响呢？

6.1 可能的分类数目　n 个样品分成 k 类，如果样品是彼此平等的，则一切可能的分法有（参 (2.15) 式）

$$R(n, k) = \frac{1}{k!} \sum_{i=0}^{k} (-1)^{k-i} \binom{k}{i} i^n, \tag{6.1}$$

而对于有序样品，n 个样品分成 k 类的一切可能的分法有

$$R'(n,k) = \binom{n-1}{k-1}, \tag{6.2}$$

这是容易证明的, n 个有序样品有 $(n-1)$ 个间隔,分成两类就是在这 $(n-1)$ 个间隔中插成一根"棍子",故有 $(n-1) = \binom{n-1}{1}$ 种可能;如要分成三类,就是在这 $(n-1)$ 个间隔中任意插上二个"棍子",故有 $\binom{n-1}{2}$ 种可能;要分成 k 类,就是插上 $k-1$ 个"棍子",故有 $\binom{n-1}{k-1}$ 种可能.可参见图 6.2. 容易证明 $R(n,k) = O(k^n)$, $R'(n,k) - O(nk)$,当 n 较大时 $R'(n,k) \ll R(n,k)$,故有序样品的聚类问题要简单一些.公式(6.2)是容易证明的,现补证明(6.1).

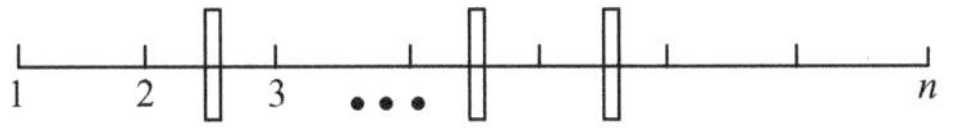

图 6.2

引理 6.1 有递推公式
$$R(n,k) = kR(n-1,k) + R(n-1,k-1). \tag{6.3}$$

证明 从 n 个样品中任取出一个样品,有两种可能性,一是这个样品自成一类,其余 $n-1$ 个样品分成 $k-1$ 类;另一是其余 $n-1$ 个样品分成 k 类,取出的这个样品加入到 k 类中的任一类.前者是右边第二项,后者是第一项   ♯

引理 6.2
$$R(n,k) = \begin{cases} 0, & k \leqslant 0 \text{ 或 } k > n, \\ 1, & k = 1 \text{ 或 } k = n. \end{cases} \tag{6.4}$$

证明是容易的.

引理 6.3
$$\sum_{i=0}^{k} (-1)^{k-i} \binom{k}{i} = 0. \tag{6.5}$$

证明 令 $f(x) = (x-1)^k$,将它展开
$$f(x) = \sum_{i=0}^{k} (-1)^{k-i} x^i \binom{k}{i}.$$

因 $f(1) = 0$,而 $f(1)$ 正好是(6.5)式   ♯

定理 6.1 $R(n,k)$ 有(6.1)的表达式.

用归纳法,当 $k=1$ 时(n 固定),由引理 6.2 公式成立.当 $k=2$ 时,由(6.3)
$$R(n,2) = 2R(n-1,2) + R(n-1,1)$$
$$= 2R(n-1,2) + 1$$
$$= 4R(n-2,2) + 2 + 1 = \cdots$$

$$= 2^{n-2} + 2^{n-3} + \cdots + 2 + 1$$
$$= 2^{n-1} - 1,$$

而(6.1)右 $= \dfrac{1}{2!}(2^n - 2) = 2^{n-1} - 1$，等式成立.

设(6.1)对 $k-1$ 对，要证对 k 成立，由(6.3)不难得到

$$R(n,k) = \sum_{j=1}^{n-1} k^{n-j-1} R(j, k-1), \tag{6.6}$$

由归纳法假设

$$R(n,k) = \sum_{j=1}^{n-1} k^{n-j-1} \frac{1}{(k-1)!} \sum_{i=1}^{k-1} (-1)^{k-1-i} \binom{k-1}{i} i^j,$$

交换求和次序，后面是个等比级数

$$R(n,k) = \sum_{i=1}^{k-1} \frac{(-1)^{k-1-i}}{i!(k-1-i)!} k^{n-1} \sum_{j=1}^{n-1} \left(\frac{i}{k}\right)^j$$

$$= \sum_{i=1}^{k-1} \frac{(-1)^{k-1-i}}{i!(k-1-i)!} k^{n-1} \frac{\dfrac{i}{k} - \left(\dfrac{i}{k}\right)^n}{1 - \dfrac{i}{k}}$$

$$= \sum_{i=1}^{k-1} \frac{(-1)^{k-1-i}}{i!(k-1-i)!} k^{n-1} \frac{i - i^n}{k - i}$$

$$= \frac{1}{k!} \sum_{i=1}^{k-1} \frac{(-1)^{k-i}}{i!(k-i)!} i^n - k^{n-1} \sum_{i=1}^{k-1} \frac{(-1)^{k-i}}{i!(k-i)!} i$$

$$= \frac{1}{k!} \sum_{i=1}^{k-1} (-1)^{k-i} \binom{k}{i} i^n - \frac{k^n}{k!} \sum_{i=1}^{k-1} (-1)^{k-i} \binom{k-1}{i-1}.$$

由引理6.3，上式右第二项为

$$\sum_{i=1}^{k-1} (-1)^{k-i} \binom{k-1}{i-1} = \sum_{i=0}^{k-2} (-1)^{k-1-i} \binom{k-1}{i}$$

$$= \sum_{i=0}^{k-1} (-1)^{k-1-i} \binom{k-1}{i} - \binom{k-1}{k-1}$$

$$= 0 - 1 = -1,$$

从而证明了(6.1)式　＃

6.2 最优分割法　这个方法用来分类的依据是离差平方和，但由于 $R'(n,k)$ 比 $R(n,k)$ 小得多，因此和系统聚类法中的离差平方法又有所不同，前者可以求得精确最优解，而后者只能求得局部最优解. 这个方法首先是由 Fisher 提出来的，许多书上又称为 Fisher 算法.

设样品依次是 $x_1, x_2, \cdots, x_n$（每个是 m 维向量），最优分割法的步骤大致如下：

(i) 定义类的直径　设某一类 G_{ij} 是 $\{x_i, x_{i+1}, \cdots, x_j\}$，$j > i$，它们的均值记成

$\overline{x}_{ij}$

$$\overline{x}_{ij} = \frac{1}{j-i+1}\sum_{l=i}^{j}x_l. \tag{6.7}$$

G_{ij} 的直径用 $D(i,j)$ 表示,常用的直径是

$$D(i,j) = \sum_{l=i}^{j}(x_l - \overline{x}_{ij})'(x_l - \overline{x}_{ij}). \tag{6.8}$$

当 $m=1$ 时,有时用直径

$$D(i,j) = \sum_{l=i}^{j}|x_l - \widetilde{x}_{ij}|,$$

其中 $\widetilde{x}_{ij}$ 是 $(x_i, x_{i+1}, \cdots, x_j)$ 的中位数.

(ii) 定义目标函数   将 n 个样品分成 k 类,设某一种分法是:$P(n,k):\{x_{i_1}, x_{i_1+1}, \cdots, x_{i_2-1}\},\{x_{i_2}, x_{i_2+1}, \cdots, x_{i_3-1}\}, \cdots, \{x_{i_k}, x_{i_k+1}, \cdots, x_n\}$ 或简记成

$$P(n,k):\{i_1, i_1+1, \cdots, i_2-1\},\{i_2, \cdots, i_3-1\}, \cdots, \{i_k, \cdots, n\},$$

其中分点 $1=i_1<i_2<\cdots<i_k\leqslant i_{k+1}=n$. 定义这种分类的目标函数为

$$e[P(n,k)] = \sum_{j=1}^{k}D(i_j, i_{j+1}-1). \tag{6.9}$$

当 n,k 固定时,$e[P(n,k)]$ 越小表示各类的离差平方和越小,分类是合理的. 因此要寻找一种分法 $P(n,k)$ 使目标函数达到极小,以下 $P(i,j)$ 一般表示使 $e[P(i,j)]$ 达到极小的分类.

(iii) 精确最优解的求法   容易验证有如下的递推公式:

$$e[P(n,2)] = \min_{2\leqslant j\leqslant n}\{D(1,j-1) + D(j,n)\}, \tag{6.10}$$

$$e[P(n,k)] = \min_{k\leqslant j\leqslant n}\{e[P(j-1,k-1)] + D(j,n)\}, \tag{6.11}$$

当我们要分 k 类时,首先找 j_k 使(6.11)达到极小,即

$$e[P(n,k)] = e[P(j_k-1,k-1)] + D(j_k,n). \tag{6.12}$$

于是 $G_k = \{j_k, j_k+1, \cdots, n\}$ 使它满足

$$e[P(j_k-1,k-1)] = e[P(j_{k-1}-1,k-2)] + D(j_{k-1}, j_k-1),$$

得到类 $G_{k-1} = \{j_{k-1}, \cdots, j_k-1\}$,类似的方法得到所有类 $G_1, \cdots, G_k$,这就是我们欲求的最优解.

例6.1   为了了解儿童的生长发育规律,今统计了男孩从出生至十一岁(为了节省篇幅数据只取到十一岁)每年平均增长的重量如下:

年　　龄	1	2	3	4	5	6	7	8	9	10	11
增加重量(公斤)	9.3	1.8	1.9	1.7	1.5	1.3	1.4	2.0	1.9	2.3	2.1

将它们点在图 6.3 上. 这是一个有序样品的聚类问题,用最优分割法.

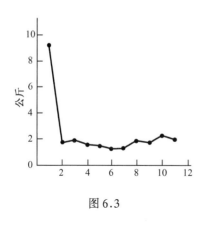

图 6.3

(i) 计算直径 $\{D(i,j)\}$, 用(6.8)的定义, 其结果列于表 6.1.

(ii) 计算最小目标函数, $\{e[P(i,j)]$, $3\leqslant i\leqslant 11, 2\leqslant j\leqslant 10\}$, 首先由(6.10)计算 $\{e[P(i,2)], 3\leqslant i\leqslant 11\}$, 它列于表 6.2 的 $j=2$ 的一列, 括弧内的数字表示在求 $e[P(i,2)]$ 时达到极小值的那个足码. 现在括弧内的数字都是 2, 表示对一切形如 $\{x_1, x_2, \cdots, x_i\}, 2\leqslant i\leqslant 11$ 的类, 如欲分成两类, 都以 $G_1=\{x_1\}, G_2=\{x_2, \cdots, x_i\}$ 的分法为最优. 其次利用(6.11)计算 $\{e[P(i,3)]$, $4\leqslant i\leqslant 11\}$, 它列于表 6.2 中 $j=3$ 的一列, 类似可计算表 6.2 中其他各列.

表 6.1　直径 $D(i,j)$

j \\ i	1	2	3	4	5	6	7	8	9	10
2	28.125									
3	37.007	0.005								
4	42.208	0.020	0.020							
5	45.992	0.088	0.080	0.020						
6	49.128	0.232	0.200	0.080	0.020					
7	51.100	0.280	0.232	0.088	0.020	0.005				
8	51.529	0.417	0.393	0.308	0.290	0.287	0.180			
9	51.980	0.469	0.454	0.393	0.388	0.370	0.207	0.005		
10	52.029	0.802	0.800	0.774	0.773	0.708	0.420	0.087	0.080	
11	52.182	0.909	0.909	0.895	0.889	0.793	0.452	0.088	0.080	0.020

表 6.2　最小目标函数 $e[P(i,j)]$

i \\ j	2	3	4	5	6	7	8	9	10
3	0.005(2)								
4	0.020(2)	0.005(4)							
5	0.088(2)	0.020(5)	0.005(5)						
6	0.232(2)	0.040(5)	0.020(6)	0.005(6)					
7	0.280(2)	0.040(5)	0.025(6)	0.010(6)	0.005(6)				
8	0.417(2)	0.280(8)	0.040(8)	0.025(8)	0.010(8)	0.005(8)			
9	0.469(2)	0.285(8)	0.045(8)	0.030(8)	0.015(8)	0.010(8)	0.005(8)		
10	0.802(2)	0.367(8)	0.127(8)	0.045(10)	0.030(10)	0.015(10)	0.010(10)	0.005(10)	
11	0.909(2)	0.368(8)	0.128(8)	0.065(10)	0.045(11)	0.030(11)	0.015(11)	0.010(11)	0.005(11)

(iii) 进行分类. 例如我们希望分成三类, $k=3$, 由表 6.2, $e[P(11,3)]=$

0.368,相应 $j_3=8$,这说明精确最优解的目标函数是 0.368,分类时首先分出第三类 $G_3=\{x_8,x_9,x_{10},x_{11}\}$.再对前 7 个样进行分解查表 6.2,$e[P(7,2)]=0.280$,$j_2=2$,即 $G_2=\{x_2,\cdots,x_7\}$,从而 $G_1=\{x_1\}$,对于 k 取其余值的分类情况,列于表 6.3.

表 6.3　分类情况

k	$e[P(n,k)]$	分　　　类										
1	52.182	9.3	1.8	1.9	1.7	1.5	1.3	1.4	2.0	1.9	2.3	2.1
2	0.909	9.3 / 1.8	1.9	1.7	1.5	1.3	1.4	2.0	1.9	2.3	2.1	
3	0.368	9.3 / 1.8	1.9	1.7	1.5	1.3	1.4 / 2.0	1.9	2.3	2.1		
4	0.128	9.3 / 1.8	1.9	1.7 / 1.5	1.3	1.4 / 2.0	1.9	2.3	2.1			
5	0.065	9.3 / 1.8	1.9	1.7 / 1.5	1.3	1.4 / 2.0	1.9 / 2.3	2.1				
6	0.045	9.3 / 1.8	1.9	1.7 / 1.5	1.3	1.4 / 2.0	1.9 / 2.3 / 2.1					
7	0.030	9.3 / 1.8	1.9	1.7 / 1.5 / 1.3	1.4 / 2.0	1.9 / 2.3 / 2.1						
8	0.015	9.3 / 1.8	1.9 / 1.7 / 1.5 / 1.3	1.4 / 2.0	1.9 / 2.3 / 2.1							
9	0.010	9.3 / 1.8 / 1.9 / 1.7 / 1.5 / 1.3	1.4 / 2.0	1.9 / 2.3 / 2.1								
10	0.005	9.3 / 1.8 / 1.9 / 1.7 / 1.5 / 1.3 / 1.4 / 2.0	1.9 / 2.3 / 2.1									
11	0.000	9.3 / 1.8 / 1.9 / 1.7 / 1.5 / 1.3 / 1.4 / 2.0 / 1.9 / 2.3 / 2.1										
实际分层		{1—55}{56—76}{77—126}{127—135}										
最优分割		{1—54}{55—64}{65—76}{77—123}{124—135}										

(iv) 决定 k. 如果从生理的角度预先能定出 k,当然最好.当从专业知识无法确定 k 时,这时可将 $e[P(n,k)]$ 对 k 作图,对例 6.1 作成图 6.4,我们看到曲线在 $k=3,4$ 处拐弯,以分三类或四类为好.

北京大学地质系,他们将最优分割法用于地质体进行分层,分段,他们选择了震旦纪的地层每 10 公尺取一个样,共 135 个样,每个样测了化学分析,原子光谱分析,光谱半定量分析等 12 个指标,

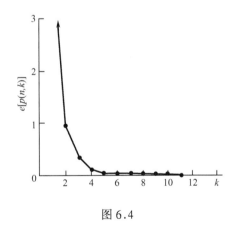

图 6.4

原地质层分成四层是已知的,经用最优分割法以分成五类与实际最吻合,情况如下:

后来从地质上发现第二层确可分成两层,这样实际分层与最优分割结果就更为一致了,说明最优分割法对解决实际问题是有效的.

最优分割法虽然计算简单,但是当 n 较大时,由于要存贮直径 $\{D(i,j)\}$,对

容量不大的计算机还是有困难的,于是可以采用每一次最优二分割的办法,具体作法如下:

(i) 用最优分割法将 n 个有序样品分成两类 G_2 和 G_3.

(ii) 对 G_2 和 G_3 分别用最优二分割看谁使目标函数更小,不妨设分割 G_2 好,分成的二类为 G_4 和 G_5.

(iii) 对 G_3, G_4, G_5 分别用最优二分割,比较谁分割好,将分割最好的一类分成两类,如此继续下去,直至每个样品各自成一类为止.

采用这个办法每次只要最优二分割,下面我们来证明仅仅最优二分割计算是极其简单的,不用存贮 $\{D(i,j)\}$.

设将 n 个 m 维样品 $x_1, \cdots, x_n$ 进行最优二分割,其直径采用(6.8)定义,由(6.10),就是要选择 j 使

$$e[P(n,2)] = D(1, j-1) + D(j, n) \rightarrow \min.$$

注意 $D(1, n)$ 是全部样品的离差平方和,它与如何分割无关,使 $e[P(n,2)]$ 达极小等价于使

$$SSQ(j) \equiv D(1, n) - D(1, j-1) - D(j, n) \rightarrow \max.$$

如果与(5.1)—(5.4)相对照,易见

$$SSQ(j) = \frac{nj}{n-j}(\bar{x}_j - \bar{x})'(\bar{x}_j - \bar{x}), \tag{6.13}$$

$$SSQ(j) = \frac{j(n-j)}{n}(\bar{x}_j - \bar{x}_{(n-j)})'(\bar{x}_j - \bar{x}_{(n-j)}), \tag{6.14}$$

其中

$$\bar{x}_j = \frac{1}{j}\sum_{i=1}^{j} x_i,$$

$$\bar{x}_{(n-j)} = \frac{1}{n-j}\sum_{i=j+1}^{n} x_i,$$

$$\bar{x} = \frac{1}{n}\sum_{i=1}^{n} x_i.$$

(6.13)比直径 $D(i,j)$ 更便于计算,且不要存贮 $\{D(i,j)\}$,因此这种算法当 n 较大时被广泛采用,但需要注意到,这时达到的已不是精确最优解了,而是局部最优解.

6.3 最优分割法在预报上的应用——AID 法　我们先从一个自变量的情形谈起,图 6.5 是啤酒生产中的一条工艺曲线,将大麦放在浸麦槽中,让其吸水,但一定时间后将水放掉,过一段时间再放水进去,如此 n 次.为了测出大麦吸水的多少,在泡水前将大麦称出 100 克的若干袋,放入水中,每隔一段时间取出一袋,擦去表面水分进行称重,图 6.5 就是反映的这个吸水过程,曲线拐了几个弯表示放了几次水.为了拟合这种曲线,选择已知的某类函数一般是不容易的,用多项式回归,次数

太低拟合太差,次数太高方程不稳定,预报效果不好.如用最优分割法进行预报,可以克服上述困难.

设样品为 $\{x_i, y_i, i=1,\cdots,n\}$, x_i, y_i 均为一维数,将样品按 $\{x_i\}$ 的大小重排,重排后的样品记为 $\{x_{(i)}, y_{(i)}, i=1,2,\cdots,n\}$, 显然 $x_{(1)} \leqslant x_{(2)} \leqslant \cdots \leqslant x_{(n)}$, 按照这个次序对 $\{y_{(i)}\}$ 用最优分割法,比如讲,分成 k 类 $\{y_{(1)},\cdots,y_{(i_2-1)}\}$, $\{y_{(i_2)},\cdots,y_{(i_3-1)}\}$, $\cdots$, $\{y_{(ik)},\cdots,y_{(n)}\}$, $1 < i_2 < i_3 \cdots < i_k < n$, 相应于这个分类自变量的范围也可分成 k 段,这 k 段的分点 $\{z_i\}$ 可以这样来定:

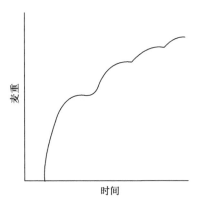

$$z_1 = (x_{(i_2-1)} + x_{(i_2)})/2,$$
$$z_2 = (x_{(i_3-1)} + x_{(i_3)})/2, \cdots,$$
$$z_{k-1} = (x_{(i_k-1)} + x_{(i_k)})/2,$$

麦重

时间

图 6.5

于是 k 段区间为 $(-\infty, z_1) + (z_1, z_2) + \cdots, (z_{k-1}, +\infty)$, 或记成 $I_1, I_2, \cdots, I_k$. 在作预报时,当 x 落入 I_j 中时,就以 $\{y_{(i_j)}, y_{(i_j+1)}, \cdots, y_{(i_{j+1}-1)}\}$ 的均值 $\bar{y}_j$ 来作预报.至于 k 如何来确定呢?一种办法是根据过去的经验,另一办法是给一阈值 T, 要求所有类的直径都小于 T, 显然 T 与预报要求的精度是有关的.

当 n 比较大时,如采用最优分割计算比较费事,可用上述每次都用最优二分割的办法来代替.

当自变量不止一个时也可用最优分割法来预报,设有 m 个自变量 $x_1, \cdots, x_m$, 一个因变量 y, 相应的观察值为 $\{x_i, y_i, i=1,\cdots,n\}$, x_i 为 m 维向量, x_i 的第 j 个分量记作 x_{ij}, y_i 为数.其做法如下:

(i) 将数据按第 $j(1 \leqslant j \leqslant m)$ 个自变量的次序重排,按这个次序将 y 最优二分割,相应的目标函数记作 $SSQ_j(l_j)$, l_j 为分割的下标(参公式(6.13)),取 j_1 使
$$SSQ_{j_1}(l_{j_1}) = \max_{1 \leqslant j \leqslant m} SSQ_j(l_j),$$
那么第一次就采用 x_{j_1} 来分割,分成的两类为
$$G_1 = \{x_{j_1} \leqslant z_1\}, \quad G_2 = \{x_{j_1} > z_1\},$$
其中 $z_1 = (x_{l_{j_1}j_1} + x_{l_{j_1}+1,j_1})/2$.

(ii) 对 G_1 和 G_2 各自按步骤(i)进行最优二分割,相应的目标函数看谁更大,比如讲 G_2 的大,则先分割 $G_2(G_1$ 先不动),分割 G_2 用的是 x_{j_2}, 分割下标为 l_{j_2}, 目标函数为 $SSQ_{j_2}(l_{j_2})$, 分割点为 z_2, 分成的两类记作 G_3, G_4,
$$G_3 = \{x_{j_2} \leqslant z_2\}, \quad G_4 = \{x_{j_2} > z_2\},$$
然后对 G_1, G_3, G_4 重复步骤(ii).

如果事先规定了分类个数 k,那么上述步骤分到 k 类为止.如果 k 事前不能明确知道,可给一个阈值 T,当各类的目标函数 SSQ 都不超过 T 时分割停止.计算各类的重心 $\bar{x}_1,\cdots,\bar{x}_k$,及 $\bar{y}_1,\cdots,\bar{y}_k$.

对一个新的样品 $x=\begin{bmatrix} x_1 \\ \vdots \\ x_m \end{bmatrix}$,由 x_{j_1} 是 $\leqslant z_1$ 还是 $>z_1$ 决定 x 是属于 G_1 还是 G_2,如果属于 G_2,再根据 x_{j_2} 是 $\leqslant z_2$ 还是 $>z_2$ 来定 $x\in G_3$ 或 $x\in G_4$,最后如 $x\in G_l$,G_l 中已没有更小的子类,那么就以 $\bar{y}_l$ 作为预报值.

这样一种预报方法称为 AID 法,它的全名是 Automatic Interaction Detection,它在国内外都已得到了不少应用.除了 AID 法,用聚类来预报的方法还有不少,如方差分量法等,就不详细介绍了.

6.4 系统聚类法对有序样品的应用　　上面我们说过,最优分割法由于要计算直径阵 $\{D(i,j)\}$ 及误差函数阵 $\{e[P(j,i)]\}$,当 n 比较大时不仅计算量大而且还要占用大量的内存,应用系统聚类法也可以克服这个困难.其步骤是:

(i) 开始 n 个样品各自成一类,记成 $G_1,\cdots,G_n$,计算相邻两类的距离,$D(G_i,G_{i+1})$,$i=1,2,\cdots,n-1$.这个距离可定义为系统聚类法中八个方法中的一个.

(ii) 将距离最近的两类合并,然后计算新类与相邻类的距离,如果全部类已组成一类,则过程中止,否则回到(ii).

将这一方法用于例 6.1,如采用最短距离法,首先计算相邻两类的距离,它们是 $7.5,0.1,0.2,0.2,0.2,0.1,0.6,0.1,0.4,0.2$;其中以 0.1 最小,故将 x_2 与 x_3,x_6 与 x_7,x_8 与 x_9 合并,然后计算新类与相邻类的距离,其详细过程见图 6.6,其中的数字表示并类的距离,我们看到大致分三类或四类为宜,与前述的最优分割法一致.

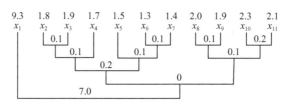

图 6.6

细心的读者可能已经注意到系统聚类法用于有序样品时与 §2 稍有不同,表现在:

(i) 并类距离不一定有单调性.§3 我们证明了最短距离法,最长距离法,类平均法,离差平方和法都具有并类距离的单调性,而用于有序样品时一般均不一定有单调性,本例就是一个说明,因此图 6.3 只是示意地画出并类过程,画不出聚类图,这是该法的缺点.

如果我们定义相邻两类的距离为两类中最相邻样品的距离,或称做两类的间隙,然后采用上述的系统聚类步骤,这时并类距离具有单调性.

(ii) 在通常的系统聚类法中,计算新类与旧类的距离时采用递推公式比较方便,而在有序样品的情况,用递推公式并不合算,因为那样要存贮整个的距离阵,不但占用了大量的内存,而且计算了许多用处极小的中间结果.因此在有序样品的情况,计算新类与旧类的距离直接用定义为好.

以上我们讨论的只是一维有序样品,在地质勘探等领域经常需要研究二维有序样品,有关这个方法详见[54].

第九章　统计量的分布

在前面的章节里虽然我们用到了许多重要的分布,如维希特分布,T^2 分布,特征根分布等,并且还讨论了它们的性质,但是并没有导出这些分布的具体形式,本章将系统地推导许多统计量的分布,重点放在多元分析所涉及的一些统计量上,有时也顺便把一些一元统计中有用的分布推导出来.

本章采用的主要方法是根据许宝騄教授当年留下来的提纲整理和扩充的,这个方法比较初等,手法一致,具有一定的特点.

§1. 预 备 知 识

由于符号有时比较繁杂,我们先作一些说明和规定.

今后我们用 $x = (x_1, \cdots, x_n)'$ 既表示普通变量又表示随机变量,例如,$x \sim p(x)$,就是说随机向量 x 的联合分布密度是 $p(x)$,于是 $g(x)$ 表示 x 的函数 $g(x)$,也表示随机向量 x 的函数,因而 $g(x)$ 也是随机变量.这样的用法是不会引起混淆的,因为写成 $g(x) \sim f(u)$ 时,$g(x)$ 一定是随机变量,$f(u)$ 中的 u 一定是普通的变量.不这样用,在印刷上会带来很多麻烦.另一方面,我们用 $\int$ 表示单积分或重积分,"dx"表示 $dx_1 dx_2 \cdots dx_n$,其积分的重数和积分变元的个数视上下文而定,不一定都逐一标明,这些都希望读者注意.

在推导随机变量的分布时,我们经常使用下面这两个引理,这两个引理本身是很简单的,但是非常有用,这在本章的讨论中将会进一步看到这一点.

引理 1.1　设 $x \sim p(x)$,则对 x 的任一非负 Borel 可测函数 $f(x)$ 总有

$$Ef(x) = \int f(x) p(x) dx. \tag{1.1}$$

特别地,当 $g(x)$ 是 Borel 可测函数时,集合

$$F = \{x : g(x) < c\}$$

是一随机事件,F 的集合特征函数 $\chi_F(x)$ 是非负可测的,因此从(1.1)就得到

$$P(F) = E\chi_F(x) = \int \chi_F(x) p(x) dx = \int_{g(x) < c} p(x) dx. \tag{1.2}$$

引理 1.2　设 $\underset{n \times 1}{x} \sim p(x)$,$\underset{n \times 1}{y} = g(x)$ 是 $1-1$ 的变换,其逆变换可写成 $x = \varphi(y)$,且 $g(x)$ 和 $\varphi(y)$ 都对每一个自变量存在连续的一阶偏导数.我们用第一章 §10 的记号,

$$\frac{\partial y'}{\partial x} = \begin{vmatrix} \dfrac{\partial g_1(x)}{\partial x_1} & \dfrac{\partial g_2(x)}{\partial x_1} & \cdots & \dfrac{\partial g_n(x)}{\partial x_1} \\ \vdots & \vdots & & \vdots \\ \dfrac{\partial g_1(x)}{\partial x_n} & \dfrac{\partial g_2(x)}{\partial x_n} & \cdots & \dfrac{\partial g_n(x)}{\partial x_n} \end{vmatrix} = \begin{vmatrix} \dfrac{\partial y_1}{\partial x_1} & \dfrac{\partial y_2}{\partial x_1} & \cdots & \dfrac{\partial y_n}{\partial x_1} \\ \vdots & \vdots & & \vdots \\ \dfrac{\partial y_1}{\partial x_n} & \dfrac{\partial y_2}{\partial x_n} & \cdots & \dfrac{\partial y_n}{\partial x_n} \end{vmatrix},$$

$$\frac{\partial x'}{\partial y} = \begin{vmatrix} \dfrac{\partial \varphi_1(y)}{\partial y_1} & \dfrac{\partial \varphi_2(y)}{\partial y_1} & \cdots & \dfrac{\partial \varphi_n(y)}{\partial y_1} \\ \vdots & \vdots & & \vdots \\ \dfrac{\partial \varphi_1(y)}{\partial y_n} & \dfrac{\partial \varphi_2(y)}{\partial y_n} & \cdots & \dfrac{\partial y_n(y)}{\partial y_n} \end{vmatrix} = \begin{vmatrix} \dfrac{\partial x_1}{\partial y_1} & \dfrac{\partial x_2}{\partial y_1} & \cdots & \dfrac{\partial x_n}{\partial y_1} \\ \vdots & \vdots & & \vdots \\ \dfrac{\partial x_1}{\partial y_n} & \dfrac{\partial x_2}{\partial y_n} & \cdots & \dfrac{\partial x_n}{\partial y_n} \end{vmatrix},$$

相应的雅可比行列式记为

$$J(y;x) = \left| \frac{\partial y'}{\partial x} \right|, \quad J(x;y) = \left| \frac{\partial x'}{\partial y} \right|,$$

于是有

$$y \sim p(\varphi(y)) |J(x;y)| (= p(\varphi(y)) |J(y;x)|^{-1}). \tag{1.3}$$

这两条引理本身几乎是不用证明的,一般概率统计的教科书中都有,这里单列一下为了是强调这一点,从引理 1.1 的(1.1)和(1.2)式可以看出,如能对随机向量 x 的任一非负 Borel 可测函数 $f(x)$ 求得 $Ef(x)$ 的值,则 x 的函数 $g(x)$ 的分布可由(1.2)式确定.本章的头几节将用这一想法来导出一些分布,因此在推导时,总假定 $f(x)$ 是非负 Borel 可测函数,下面就不一一声明了.另一方面,从(1.3)式可以看到,要求 $y = g(x)$ 的分布,关键是要求出"反"函数 $x = \varphi(y)$ 的表达式,以及雅可比行列式 $J(x;y)$(或 $J(y;x)$),大量的计算实质上都是求 $J(x;y)$ 或 $J(y;x)$,比较复杂的分布往往要作多次变换才能求得,于是要求一连串的雅可比行列式的乘积,这些计算本身当然是繁琐、枯燥的,也无法作更多的解释,因此,我们在本章一开始就说明这一点.

系统推导统计量的分布如果把推导过程都详细地写出,用一章的篇幅是不够的,也不是本书的目的.本章自始至终企图介绍一种直接计算密度的方法来导出分布,因此开始详细一些,后面类似之处就比较简略提一下,这样可以突出重点.另一方面,计算雅可比行列式时用到一些矩阵方面的知识,有些在第一章已作介绍的就不再写了,另一些第一章中没作介绍的,在用到的时候再写,不在这一节一一列出,以免重复,又缺乏针对性.

在计算正态随机变量函数的分布时,多元贝他函数是一个基本的工具,下面可以看出,对一元统计中常用的一些统计量,也可很方便地利用它导出有关的公式,这一节最后就介绍多元贝他函数的一些基本性质.

记

$$B_m(r_1, r_2, \cdots, r_m) = \int\limits_{\substack{x_i \geqslant 0, i=1, \cdots, m-1 \\ \sum\limits_{i=1}^{m-1} x_i \leqslant 1}} x_1^{r_1-1} \cdots x_{m-1}^{r_{m-1}-1} \times \left(1 - \sum_{i=1}^{m-1} x_i\right)^{r_m-1} dx_1 \cdots dx_{m-1}.$$

易见,当 $m=2$ 时,$B_2(r_1, r_2)$ 就是通常的贝他函数,我们都知道,贝他函数可以由伽马函数 $\Gamma(x)$ 来表示,它们之间有关系式

$$B_2(r_1, r_2) = \frac{\Gamma(r_1)\Gamma(r_2)}{\Gamma(r_1 + r_2)}.$$

今有

定理 1.1

$$B_m(r_1, r_2, \cdots, r_m) = \frac{\Gamma(r_1)\cdots\Gamma(r_m)}{\Gamma(r_1 + \cdots + r_m)}, m \geqslant 2. \tag{1.4}$$

证明　用数学归纳法.当 $m=2$ 时,上式已成立.设 $m=k$ 时,等式成立,则有

$$B_{k+1}(r_1, \cdots, r_{k+1}) = \int\limits_{\left\{\substack{x_i \geqslant 0 \quad i=1,2,\cdots,k \\ \sum\limits_{i=1}^{k} x_i \leqslant 1}\right\}} \left(1 - \sum_{i=1}^{k} x_i\right)^{r_{k+1}-1} \times \prod_{i=1}^{k} x_i^{r_i-1} dx_i$$

$$= \int\limits_{\left\{\substack{x_i \geqslant 0 \quad i=1,2,\cdots,k-1 \\ \sum\limits_{i=1}^{k-1} x_i \leqslant 1}\right\}} \left(\prod_{i=1}^{k-1} x_i^{r_i-1} dx_i\right) \int_0^{1-\sum\limits_{i=1}^{k-1} x_i} x_k^{r_k-1}$$

$$\times \left(1 - \sum_{i=1}^{k} x_i\right)^{r_{k+1}-1} dx_k.$$

对积分变量作下列变换:

令　$u_i = x_i, i = 1, 2, \cdots, k-1, \left(1 - \sum\limits_{i=1}^{k-1} x_i\right) u_k = x_k,$

于是

$$\left| \frac{\partial(x_1, \cdots, x_k)}{\partial(u_1, \cdots, u_k)} \right| = \begin{vmatrix} I_{k-1} & 0 \\ 0 & 1 - \sum\limits_{i=1}^{k-1} u_i \end{vmatrix} = 1 - \sum_{i=1}^{k-1} u_i,$$

代入上式即得

$$B_{k+1}(r_1, \cdots, r_{k+1}) = \int_{\left\{\substack{u_i \geqslant 0, i=1,\cdots,k-1 \\ \sum\limits_{i=1}^{k-1} u_i \leqslant 1}\right\}} \left(\prod_{i=1}^{k-1} u_i^{r_i-1} du_i \right)$$

$$\times \left(1 - \sum_{i=1}^{k-1} u_i\right)^{r_k + r_{k+1} - 1} \int_0^1 u_k^{r_k - 1} (1 - u_k)^{r_{k+1} - 1} du_k$$

$$= \frac{\Gamma(r_k)\Gamma(r_{k+1})}{\Gamma(r_k + r_{k+1})} B_k(r_1, r_2, \cdots, r_k + r_{k+1}).$$

用归纳法:假定 $m = k$ 时,等式成立,因此

$$B_{k+1}(r_1, \cdots, r_{k+1}) = \frac{\Gamma(r_k)\Gamma(r_{k+1})}{\Gamma(r_k + r_{k+1})} \times \frac{\Gamma(r_k + r_{k+1}) \prod\limits_{i=1}^{k-1} \Gamma(r_i)}{\Gamma\left(\sum\limits_{i=1}^{k+1} r_i\right)} = \frac{\prod\limits_{i=1}^{k+1} \Gamma(r_i)}{\Gamma\left(\sum\limits_{i=1}^{k+1} r_i\right)} \quad \#$$

很自然,我们把分布密度 $p(x_1, \cdots, x_m)$ 具有下列形式的分布称为多元贝他分布:

$$p(x_1, \cdots, x_m) = \begin{cases} \dfrac{x_1^{r_1} \cdots x_m^{r_m} \left(1 - \sum\limits_{i=1}^{m} x_i\right)^{r_{m+1} - 1}}{B_{m+1}(r_1, r_2, \cdots, r_{m+1})}, & \text{当 } x_i \geqslant 0 \\[2mm] \qquad\qquad i = 1, 2, \cdots, m, \ \sum\limits_{i=1}^{m} x_i \leqslant 1, \\[2mm] 0, & \text{其他}, \end{cases}$$

并用 $\beta_{m+1}(r_1, r_2, \cdots, r_{m+1})$ 表示它.有些书上称它为狄里赫莱(Dirichlet)分布,容易证明,如果 x_i 遵从参数为 α, r_i 的 Γ 分布,即 x_i 的分布密度是

$$p_i(x) = \begin{cases} \dfrac{\alpha^{r_i}}{\Gamma(r_i)} x^{r_i - 1} e^{-\alpha x}, & \text{当 } x > 0, \\[2mm] 0, & \text{其他}, \end{cases} \qquad \alpha_i > 0$$

且 $x_1, \cdots, x_{k+1}$ 相互独立,则

$$y_i = \frac{x_i}{(x_1 + \cdots + x_{k+1})}, i = 1, 2, \cdots, k,$$

就遵从 $\beta_{m+1}(r_1, r_2, \cdots, r_{m+1})$.

§ 2. $I_m(f \mid r_1, \cdots, r_m)$

再声明一次,以下讨论中,被积函数中的 f 恒指某一非负 Borel 可测函数,因此积分总有意义;当积分号下的积分区域不标明时,恒指在全空间上积分.

令

$$I_m(f \mid r_1, r_2, \cdots, r_m) = \int_{\left\{\begin{smallmatrix} x_i \geqslant 0 \\ i = 1,2,\cdots,m \end{smallmatrix}\right\}} x_1^{r_1-1} \cdots x_m^{r_m-1} f(x_1 + \cdots + x_m) dx_1 \cdots dx_m.$$

$$(2.1)$$

引理 2.1

$$\int f\left(\sum_{i=1}^m x_i^2\right) \prod_{i=1}^m \mid x_i \mid^{2r_i-1} dx_i = B_m(r_1, \cdots, r_m) \int_0^\infty y^{\sum_{i=1}^m r_i - 1} f(y) dy. \quad (2.2)$$

证明   由对称性,

$$\int f\left(\sum_{i=1}^m x_i^2\right) \prod_{i=1}^m \mid x_i \mid^{2r_i-1} dx_i = 2^m \int_{\left\{\begin{smallmatrix} x_i \geqslant 0 \\ i=1,2,\cdots,m \end{smallmatrix}\right\}} f\left(\sum_{i=1}^m x_i^2\right) \prod_{i=1}^m x_i^{2r_i-1} dx_i.$$

作积分变元的变换:令 $u_i = x_i^2$,因此雅可比行列式的绝对值是 $\left(2^m \prod_{i=1}^m \sqrt{u_i}\right)^{-1}$,

代入上式右端,就有

$$\int f\left(\sum_{i=1}^m x_i^2\right) \prod_{i=1}^m \mid x_i \mid^{2r_i-1} dx_i = \int_{\left\{\begin{smallmatrix} u_i \geqslant 0 \\ i=1,2,\cdots,m \end{smallmatrix}\right\}} f\left(\sum_{i=1}^m u_i\right)$$

$$\times \prod_{i=1}^m u_i^{r_i-1} du_i = I_m(f \mid r_1, \cdots, r_m).$$

因此,只须证明下面的定理 2.1 就得本引理   ♯

定理 2.1

$$I_m(f \mid r_1, \cdots, r_m) = B_m(r_1, \cdots, r_m) \int_0^\infty y^{\sum_{i=1}^m r_i - 1} f(y) dy. \quad (2.3)$$

证明   对 $I_m(f \mid r_1, \cdots, r_m)$ 中的积分变元作变换:

$$y_i = x_i, i = 1, 2, \cdots, m-1, y_m = \sum_{i=1}^m x_i,$$

此时,雅可比行列式为 1,于是

$$I_m(f \mid r_1, \cdots, r_m) = \int_{\left\{\begin{smallmatrix} y_i \geqslant 0, i=1,2,\cdots,m \\ \sum_{i=1}^{m-1} y_i \leqslant y_m \end{smallmatrix}\right\}} f(y_m) dy_m \times \left(y_m - \sum_{i=1}^{m-1} y_i\right)^{r_m-1} \prod_{i=1}^{m-1} y_i^{r_i-1} dy_i$$

$$= \int_0^\infty f(y)dy \int\limits_{\left\{\begin{array}{c} y_i \geqslant 0, i=1,2,\cdots,m-1 \\ \sum\limits_{i=1}^{m-1} y_i \leqslant y \end{array}\right\}} \left(y - \sum_{i=1}^{m-1} y_i\right)^{r_m-1} \prod_{i=1}^{m-1} y_i^{r_i-1} dy_i.$$

再令 $u_i = y_i/y$, $i = 1, 2, \cdots, m-1$, 于是就有

$$I_m(f \mid r_1, \cdots, r_m) = \int_0^\infty f(y) y^{\sum\limits_{i=1}^{m} r_i - 1} dy$$

$$\times \int\limits_{\left\{\begin{array}{c} u_i \geqslant 0, i=1,2,\cdots,m-1 \\ \sum\limits_{i=1}^{m-1} u_i \leqslant 1 \end{array}\right\}} \left(1 - \sum_{i=1}^{m-1} u_i\right)^{r_m-1} \prod_{i=1}^{m-1} u_i^{r_i-1} du_i$$

$$= B_m(r_1, \cdots, r_m) \int_0^\infty f(y) y^{\sum\limits_{i=1}^{m} r_i - 1} dy \quad \#$$

引理 2.1 和定理 2.1 有很多重要的用处, 现列举一些如下:

例 2.1 取 $r_i = \dfrac{1}{2}$, $i = 1, 2, \cdots, m$, 用引理 2.1, 就得到

$$\int f(x_1^2 + \cdots + x_m^2) dx_1 \cdots dx_m = \frac{(\sqrt{\pi})^m}{\Gamma\left(\dfrac{m}{2}\right)} \int_0^\infty y^{\frac{m}{2}-1} f(y) dy. \qquad (2.4)$$

取

$$f(y) = \begin{cases} \left(\dfrac{1}{\sqrt{2\pi}}\right)^m e^{-\frac{y}{2}}, & y \leqslant x, \\ 0, & y > x, \end{cases}$$

代入上式, 就得

$$\int\limits_{\sum\limits_{i=1}^{m} x_i^2 \leqslant x} \left(\frac{1}{\sqrt{2\pi}}\right)^m e^{-\frac{1}{2}\sum\limits_{i=1}^{m} x_i^2} dx_1 \cdots dx_m$$

$$= \frac{(\sqrt{\pi})^m}{\Gamma\left(\dfrac{m}{2}\right)} \int_0^x \left(\frac{1}{\sqrt{2\pi}}\right)^m e^{-\frac{y}{2}} \cdot y^{\frac{m}{2}-1} dy,$$

$$= \frac{1}{\Gamma\left(\dfrac{m}{2}\right) 2^{\frac{m}{2}}} \int_0^x y^{\frac{m}{2}-1} e^{-\frac{y}{2}} dy,$$

即有: 独立标准正态分布的随机变量 x_i 的平方和 $\sum\limits_{i=1}^{m} x_i^2$ 遵从 m 个自由度的 χ^2 分布.

例 2.2   取 $r_1 = \cdots = r_m = 1$,用定理 2.1 得

$$\int\limits_{\left\{\begin{array}{c} x_i \geqslant 0 \\ i=1,2,\cdots,m \end{array}\right\}} f(x_1 + \cdots + x_m) dx_1 \cdots dx_m = \frac{1}{\Gamma(m)} \int_0^\infty y^{m-1} f(y) dy. \quad (2.5)$$

取

$$f(y) = \begin{cases} \left(\dfrac{1}{\theta}\right)^m e^{-\frac{y}{\theta}}, & y \leqslant x, \\ 0, & y > x, \end{cases}$$

则

$$\int\limits_{\left\{\begin{array}{c} x_i \geqslant 0, i=1,2,\cdots,m \\ \sum\limits_{i=1}^m x_i \leqslant x \end{array}\right\}} \left(\frac{1}{\theta}\right)^m e^{-\frac{1}{\theta}\sum\limits_{i=1}^m x_i} dx_1 \cdots dx_m$$

$$= \frac{1}{\Gamma(m)} \int_0^x \left(\frac{1}{\theta}\right)^m y^{m-1} e^{-\frac{y}{\theta}} dy,$$

即有:独立指数分布随机变量 x_i 之和是一个 Γ 分布.

这个例子告诉我们定理 2.1、引理 2.1 不仅对正态变量的函数可以用它来导出分布,就是对非正态变量的函数也可以适用,但本章主要介绍与正态变量有关的种种应用.

例 2.3   利用引理 2.1 及例 2.1 的结果,很容易推广到一般情形,此时有

$$\int f\left(\sum_{i=1}^{n_1} x_{1i}^2, \sum_{i=1}^{n_2} x_{2i}^2, \cdots, \sum_{i=1}^{n_p} x_{pi}^2\right) \prod_{\alpha=1}^p \prod_{i=1}^{n_\alpha} dx_{\alpha i}$$

$$= \frac{(\sqrt{\pi})^{\sum\limits_{\alpha=1}^p n_\alpha}}{\prod\limits_{\alpha=1}^p \Gamma\left(\dfrac{n_\alpha}{2}\right)} \int\limits_{\substack{u_i > 0 \\ i=1,2,\cdots,p}} f(u_1,\cdots,u_p) \prod_{\alpha=1}^p u_\alpha^{\frac{n_\alpha}{2}-1} du_\alpha. \quad (2.6)$$

这一结论的证明是不难的,使用公式(2.4),对 p 用归纳法就可证明.

公式(2.6)在推导正态变量的 Wishart 分布时很起作用,现在我们用它来导出中心的 F 分布.

例 2.4   在公式(2.6)中,取 $p = 2$,

$$f(u_1, u_2) = \begin{cases} \left(\dfrac{1}{\sqrt{2\pi}}\right)^{n_1+n_2} e^{-\frac{1}{2}(u_1+u_2)}, & \text{当} \dfrac{u_1}{u_2} < \dfrac{n_1}{n_2} u, \\ 0, & \text{其他}. \end{cases}$$

于是有:当 $x_1, \cdots, x_{n_1}, y_1, \cdots, y_{n_2}$ 均为独立 $N(0,1)$ 变量时,

$$P\left\{\frac{\sum_{i=1}^{n_1} x_i^2/n_1}{\sum_{i=1}^{n_2} y_i^2/n_2} < u\right\} = P\left\{\frac{\sum_{i=1}^{n_1} x_i^2}{\sum_{i=1}^{n_2} y_i^2} < \frac{n_1}{n_2}u\right\}$$

$$= \left(\frac{1}{\sqrt{2\pi}}\right)^{n_1+n_2} \int_{\left\{\substack{\frac{\sum_{i=1}^{n_1} x_i^2}{\sum_{i=1}^{n_2} y_i^2} < \frac{n_1}{n_2}u}\right\}} e^{-\frac{1}{2}\left(\sum_{i=1}^{n_1} x_i^2 + \sum_{i=1}^{n_2} y_i^2\right)}$$

$$\times \prod_{i=1}^{n_1} dx_i \prod_{i=1}^{n_2} dy_i = \frac{(\sqrt{\pi})^{n_1+n_2}}{\Gamma\left(\frac{n_1}{2}\right)\Gamma\left(\frac{n_2}{2}\right)} \cdot \left(\frac{1}{\sqrt{2\pi}}\right)^{n_1+n_2}$$

$$\times \iint_{\left\{\substack{u_1>0,\, u_2>0 \\ \frac{u_1}{u_2} < \frac{n_1}{n_2}u}\right\}} u_1^{\frac{n_1}{2}-1} u_2^{\frac{n_2}{2}-1} e^{-\frac{1}{2}(u_1+u_2)} du_1 du_2,$$

再作一简单的积分变元的变换:令

$$s = \frac{u_1}{u_2}, \quad t = u_2,$$

则 $u_1 = st$, $u_2 = t$, 雅可比行列式是 t, 代入上式右端, 且对 t 从 0 到 ∞ 积分, 就得中心的 F 分布, 其自由度相应为 n_1 及 n_2. 即有

$$P\left\{\frac{\sum_{i=1}^{n_1} x_i^2/n_1}{\sum_{i=1}^{n_2} y_i^2/n_2} < u\right\} = \frac{1}{B\left(\frac{n_1}{2}, \frac{n_2}{2}\right)} \left(\frac{n_1}{n_2}\right)^{\frac{n_1}{2}} \times \int_0^u \frac{x^{\frac{n_1}{2}-1}}{\left(1 + \frac{n_1}{n_2}x\right)^{\frac{n_1+n_2}{2}}} dx.$$

仿此方法, 可以导出标准正态变量的若干个平方和的比值的联合分布, 这里就不继续讨论了. 我们用 $F(n_1, n_2)$ 表示自由度为 n_1, n_2 的 F 分布, 有时也用它代表遵从 $F(n_1, n_2)$ 分布的随机变量, 看上下文就可明白它的含意.

§3. 一元非中心分布

为了理解 §2 介绍的公式, 这一节用一条引理来导出一元统计分析中常用的几个非中心分布.

引理 3.1 设 $a = (a_1, \cdots, a_m)' \neq 0$, 则

$$\int f(a'x, x'x)dx = \frac{(\sqrt{\pi})^{m-1}}{\Gamma\left(\frac{m-1}{2}\right)} \times \iint\limits_{u>0} u^{\frac{m-1}{2}-1} f(y\sqrt{a'a}, y^2 + u)dydu. \quad (3.1)$$

即

$$\int f\left(\sum_{i=1}^{m} a_i x_i, \sum_{i=1}^{m} x_i^2\right) \prod_{i=1}^{m} dx_i = \frac{(\sqrt{\pi})^{m-1}}{\Gamma\left(\frac{m-1}{2}\right)}$$

$$\times \int_{-\infty}^{\infty} dy \int_0^{\infty} u^{\frac{m-1}{2}-1} f(y\sqrt{a'a}, y^2 + u)du.$$

证明　记 $s = (a'a)^{\frac{1}{2}} = \sqrt{\sum_{i=1}^{m} a_i^2}$，则 $s \neq 0$. 令 T 是一正交阵，其第一行为 $\frac{1}{s}a'$，即

$$\underset{m\times m}{T} = \begin{pmatrix} \dfrac{a_1}{s} & \dfrac{a_2}{s} \cdots \dfrac{a_m}{s} \\ * \end{pmatrix}, \quad T'T = I_m.$$

令 $y = Tx$，雅可比行列式的绝对值是 1，由于 $y'y = x'T'Tx = x'x$，$y_1 = a'x/s$，于是 $x'x = y'y$，$a'x = sy_1$，就有

$$\int f(a'x, x'x)dx = \int f\left(\sqrt{a'a}\, y_1, y_1^2 + \sum_{i=2}^{m} y_i^2\right)dy_1 dy_2 \cdots dy_m.$$

对上式右端 $y_2, \cdots, y_m$ 用公式(2.4)，就得

$$\int f(a'x, x'x)dx = \frac{(\sqrt{\pi})^{m-1}}{\Gamma\left(\frac{m-1}{2}\right)} \times \iint\limits_{u>0} u^{\frac{m-1}{2}-1} f(\sqrt{a'a}\, y_1, y_1^2 + u)dy_1 du \quad \#$$

例 3.1　非中心 χ^2 分布. 设 $x_i \sim N(a_i, 1)$，且相互独立，$i = 1, 2, \cdots, m$，求 $\sum_{i=1}^{m} x_i^2$ 的分布.

今

$$P\left(\sum_{i=1}^{m} x_i^2 < u\right) = \left(\frac{1}{\sqrt{2\pi}}\right)^m \times \int\limits_{\left\{\sum_{i=1}^{m} x_i^2 < u\right\}} e^{-\frac{1}{2}\sum_{i=1}^{m}(x_i - a_i)^2} dx_1 \cdots dx_m, \quad (3.2)$$

记 $\lambda = \frac{1}{2}a'a = \frac{1}{2}\sum_{i=1}^{m} a_i^2$，$2\lambda = a'a$，用(3.1)，上式就变为

$$P\left(\sum_{i=1}^{m} x_i^2 < u\right) = \left(\frac{1}{\sqrt{2\pi}}\right)^m e^{-\lambda} \int\limits_{\{x'x < u\}} e^{-\frac{1}{2}x'x + a'x} dx = \frac{e^{-\lambda}}{(\sqrt{2\pi})^m} \cdot \frac{(\sqrt{\pi})^{m-1}}{\Gamma\left(\frac{m-1}{2}\right)}$$

$$\times \iint\limits_{\left\{\begin{subarray}{l} u_1^2+u_2<u \\ u_2>0 \end{subarray}\right\}} u_2^{\frac{m-1}{2}-1} e^{-\frac{u_1^2+u_2}{2}+\sqrt{2\lambda}\,u_1} du_1 du_2 = \frac{2e^{-\lambda}}{\sqrt{\pi}\,\Gamma\!\left(\frac{m-1}{2}\right)2^{\frac{m}{2}}} \sum_{j=0}^{\infty}$$

$$\times \int\limits_{\left\{\begin{subarray}{l} u_1^2+u_2<u \\ u_1>0,u_2>0 \end{subarray}\right\}} \frac{(2\lambda)^j u_1^{2j}}{(2j)!} u_2^{\frac{m-3}{2}} e^{-\frac{u_1^2+u_2}{2}} du_1 du_2 \xrightarrow[\substack{y=u_2}]{\,\diamondsuit\; z=u_1^2\,}$$

$$\frac{e^{-\lambda}}{\sqrt{\pi}\,\Gamma\!\left(\frac{m-1}{2}\right)2^{\frac{m}{2}}} \sum_{j=0}^{\infty} \frac{(2\lambda)^j}{(2j)!} \times \int\limits_{\left\{\begin{subarray}{l} y+z<u \\ y>0,z>0 \end{subarray}\right\}} z^{j-\frac{1}{2}} y^{\frac{m-3}{2}} e^{-\frac{y+z}{2}} dy dz$$

$$\xlongequal{\text{用}(2.3)} \frac{e^{-\lambda}}{\sqrt{\pi}\,\Gamma\!\left(\frac{m-1}{2}\right)2^{\frac{m}{2}}} \sum_{j=0}^{\infty} \times \frac{(2\lambda)^j \Gamma\!\left(j+\frac{1}{2}\right)\Gamma\!\left(\frac{m-1}{2}\right)}{(2j)!\qquad \Gamma\!\left(j+\frac{m}{2}\right)}$$

$$\times \int_0^u x^{j+\frac{m}{2}-1} e^{-\frac{x}{2}} dx.$$

注意到

$$(2j)! = (2^{2j})(j!)\Gamma\!\left(j+\frac{1}{2}\right)\Big/\Gamma\!\left(\frac{1}{2}\right),$$

代入上式右端,就得

$$P\Big(\sum_{i=1}^m x_i^2 < u\Big) = \frac{e^{-\lambda}}{2^{\frac{m}{2}}} \sum_{j=0}^{\infty} \Big(\frac{\lambda}{2}\Big)^j \int_0^u \frac{x^{j+\frac{m}{2}-1} e^{-\frac{x}{2}}}{j!\,\Gamma\!\left(j+\frac{m}{2}\right)} dx$$

$$= e^{-\lambda} \sum_{j=0}^{\infty} \frac{\lambda^j}{j!} P(x_{m+2j}^2 < u).$$

这就是非中心 χ^2 分布的表达式.用 $\chi^2(m\,|\,\lambda)$ 表示自由度为 m 非中心参数为 λ 的非中心 χ^2 分布.

实际上,对(3.2)直接用(3.1)式后,马上就可以看出

$$\sum_{i=1}^n x_i^2 = u_1^2 + u_2,$$

其中 $u_1 \sim N(\sqrt{2\lambda},1)$,$u_2 \sim \chi^2(m-1)$,且 u_1 与 u_2 是相互独立的.

例3.2 非中心 t 分布.设 $x \sim N(a,1)$,$y \sim \chi^2(n)$,且 x,y 独立,求 $\dfrac{x}{\sqrt{y/n}}$ 的分布.

令

$$P\left(\frac{x}{\sqrt{y/n}} < u\right) = \frac{1}{\sqrt{2\pi}} \frac{1}{2^{\frac{n}{2}}\Gamma\left(\frac{n}{2}\right)} \times \iint_{\substack{\left\{\frac{x}{\sqrt{y/n}} < u\right\} \\ y>0}} y^{\frac{n}{2}-1} e^{-\frac{1}{2}[(\lambda-a)^2+y]} dxdy$$

$$= \frac{e^{-\frac{a^2}{2}}}{\sqrt{2\pi}\,\Gamma\left(\frac{n}{2}\right)2^{\frac{n}{2}}} \sum_{j=0}^{\infty} \times \iint_{\substack{\{x<u\sqrt{y/n}\} \\ y>0}} \frac{x^j a^j}{j!} y^{\frac{n}{2}-1} e^{-\frac{1}{2}(x^2+y)} dxdy.$$

作变换: $\dfrac{\sqrt{n}x}{\sqrt{y}} = t, y = s$，于是 $x = \dfrac{t}{\sqrt{n}}s^{\frac{1}{2}}, y = s$，雅可比行列式是 $\dfrac{1}{\sqrt{n}}s^{\frac{1}{2}}$，代入上式右端的积分部分，得

$$\iint_{\substack{\{x<u\sqrt{y/n}\} \\ y>0}} x^j y^{\frac{n}{2}-1} e^{-\frac{1}{2}(x^2+y)} dxdy = \iint_{\substack{\{t<u\} \\ s>0\}}} \left(\frac{t}{\sqrt{n}}\right)^j \frac{1}{\sqrt{n}} s^{\frac{j+n-1}{2}} e^{-\frac{s}{2}\left(1+\frac{t^2}{n}\right)} ds$$

$$= \int_{\{t<u\}} t^j \left(\frac{1}{\sqrt{n}}\right)^{j+1} \Gamma\left(\frac{j+n+1}{2}\right) \times \left[\frac{1}{2}\left(1+\frac{t^2}{n}\right)\right]^{-\frac{j+n+1}{2}} dt,$$

于是整理后就得

$$\frac{d}{du}P\left(\frac{x}{\sqrt{y/n}} < u\right) = \frac{n^{\frac{n}{2}}}{\Gamma\left(\frac{n}{2}\right)} \frac{e^{-\frac{a^2}{2}}}{\sqrt{\pi}(n+u^2)^{(n+1)/2}}$$

$$\times \sum_{j=0}^{\infty} \Gamma\left(\frac{n+j+1}{2}\right)\left(\frac{a^j}{j!}\right)\left(\frac{2u^2}{n+u^2}\right)^{\frac{j}{2}}.$$

这就是非中心 t 的分布密度.

例 3.3　设 $x \sim \chi^2(n_1|\lambda), y \sim \chi^2(n_2)$，且 x, y 独立，求 $\dfrac{x/n_1}{y/n_2}$ 的分布.

今已知 $\dfrac{\chi^2(n_1)/n_1}{\chi^2(n_2)/n_2}$ 是遵从中心的 F 分布的，(见例 2.4)，因此，利用例 3.1 的结果，就有

$$P\left(\frac{x/n_1}{y/n_2} < u\right) = \sum_{j=0}^{\infty} e^{-\lambda} \frac{\lambda^j}{j!} P\left(\frac{\chi^2(n_1+2j)}{\chi^2(n_2)} < \frac{n_1}{n_2}u\right)$$

$$= \sum_{j=0}^{\infty} e^{-\lambda} \frac{\lambda^j}{j!} P\left(F(n_1+2j, n_2) < \frac{n_1}{n_2} \cdot \frac{n_2}{n_1+2j}u\right)$$

$$= \sum_{j=0}^{\infty} e^{-\lambda} \frac{\lambda^j}{j!} P\left(F(n_1+2j, n_2) < \frac{n_1}{n_1+2j}u\right).$$

这就是非中心 F 分布用中心 F 分布表示的表达式.

这样，我们就求出了三个在一元统计中常用的非中心分布.

§4.Wishart 分布

设 $y_{(1)},\cdots,y_{(n)}$ 相互独立,同协差阵 $\underset{p\times p}{V}$,且有 $E(y_{(\alpha)})=\mu_\alpha,\alpha=1,2,\cdots,n$.记 $\underset{n\times p}{Y}=(y_{(1)}\cdots y_{(n)})',M=E(Y),\tau=M'M$,则称 $\underset{p\times p}{A}=\sum_{\alpha=1}^{n}y_{(\alpha)}y'_{(\alpha)}$ 遵从非中心 Wishart 分布,τ 是非中心参数阵,简记为 $A\sim W_p(n,V,\tau)$.以下用 W 分布表示 Wishart 分布,当 $\tau=0$(即 $E(Y)=0$)时,相应的分布称为中心 W 分布,或简称为 W 分布,记为 $W_p(n,V)$.在第三章§2,我们已导出 W 分布的一些性质,这里就不重复了.这一节先求出非中心 W 分布的特征函数,然后再利用前二节的公式来直接算出中心 W 分布的密度函数和 Bartlett 分解.

用 $\varphi_A(\theta)$ 表示 A 的特征函数,由于 $A'=A$,因此记 $A=(a_{\alpha\beta})$ 后,θ 只是 $\frac{p}{2}(p+1)$ 个变量,且有

$$\varphi_A(\theta)=E\left(e^{i\sum_{\alpha\leqslant\beta}a_{\alpha\beta}\theta_{\alpha\beta}}\right).$$

令

$$t_{\alpha\alpha}=\theta_{\alpha\alpha},t_{\alpha\beta}=t_{\beta\alpha}=\frac{1}{2}\theta_{\alpha\beta},\alpha\neq\beta,\alpha,\beta=1,2,\cdots,p,\qquad(4.1)$$

注意到 $A=(a_{\alpha\beta})=\sum_{\alpha=1}^{n}y_{(\alpha)}y'_{(\alpha)}=Y'Y$,于是有

$$\varphi_A(\theta)=E\left(\exp_i\sum_{\alpha,\beta}a_{\alpha\beta}t_{\alpha\beta}\right)=E(e^{i\mathrm{tr}AT})=E(e^{i\mathrm{tr}Y'YT})=E(e^{i\mathrm{tr}YTY'})$$

$$=E\left(e^{i\sum_{\alpha=1}^{n}y'_{(\alpha)}Ty_{(\alpha)}}\right)=\prod_{\alpha=1}^{n}E(e^{iy'_{(\alpha)}Ty_{(\alpha)}}),\qquad(4.2)$$

上式右端的乘积中,每一项都是 $y_{(\alpha)}$ 的二次型的特征函数在"1"这一点的值,因此用第三章的公式(1.4)就得到:($V>0$ 时)

$$E(e^{iy'_{(\alpha)}Ty_{(\alpha)}})=\left|I-2iTV\right|^{-\frac{1}{2}}\exp\{i\lambda(T)\},$$

其中

$$\lambda(T)=\mu'_\alpha TV(I-2iTV)^{-1}\mu_\alpha.$$

代入(4.2)式右端就得

$$\varphi_A(\theta)=\left|I-2iTV\right|^{-\frac{1}{2}}\exp\{i\mathrm{tr}TV(I-2iTV)^{-1}\tau\}.\qquad(4.3)$$

当 $\tau=0$ 时,就得中心 W 分布的特征函数

$$\varphi_A(\theta)=\left|I-2iTV\right|^{-\frac{n}{2}}.\qquad(4.4)$$

从(4.4)式,利用关于特征函数和分布密度之间的关系,可以由反演公式直接导出中心 W 分布的密度函数.对非中心 W 分布的密度,需要用更多的数学工具才能求出表达式.这里,利用上两节的结果直接求出它的密度,对非中心的情况,我们就不再讨论了.

记 $\underset{m \times p}{X} = (x_1 \cdots x_p), x_i = (x_{1i} x_{2i} \cdots x_{mi})', i = 1, 2, \cdots, p.$

于是 $X'X$ 是一个对称阵,它的元素是 $x_i' x_j$,我们用 $f(X'X)$ 表示自变量是 $\left(共 \dfrac{p}{2}(p+1)个 \right)$

$$
\begin{matrix}
x_1' x_1 & x_1' x_2 & \cdots & x_1' x_p \\
 & x_2' x_2 & \cdots & x_2' x_p \\
 & & \ddots & \vdots \\
 & & & x_p' x_p
\end{matrix}
$$

的函数.

引理 4.1　当 $m \geqslant p$ 时,

$$
\int f(X'X) dX = \frac{2^p \pi^{\frac{m}{2}} \pi^{\frac{m-1}{2}} \cdots \pi^{\frac{m-p+1}{2}}}{\prod\limits_{\alpha=0}^{p-1} \Gamma\left(\dfrac{m-\alpha}{2} \right)}
$$

$$
\times \int\limits_{\left\{ \substack{t_{ii} > 0, i = 1, 2, \cdots, p \\ t_{ij} 自由 i \neq j} \right\}} \left(\prod_{\alpha=1}^{p} t_{ii}^{m-i} \right) f(TT') dT, \tag{4.5}
$$

其中 T 是一个下三角阵.

证　当 $p=1$ 时,由(2.4)式知(4.5)成立.今对 p 用归纳法.设对 $p-1$,(4.5) 式已经成立,则

$$
\int f(X'X) dx_1 \cdots dx_p = \int dx_1 \int f(X'X) dx_2 \cdots dx_p. \tag{4.6}
$$

将 x_1 固定,对 $\int f(X'X) dx_2 \cdots dx_p$ 用类似于证明(3.1) 的方法,就有

$$
\int f \begin{bmatrix} x_1' x_1 & \cdots & x_1' x_p \\ \vdots & & \vdots \\ x_p' x_1 & \cdots & x_p' x_p \end{bmatrix} dx_2 \cdots dx_p
$$

$$
= \int f \begin{bmatrix} x_1' x_1 & \sqrt{x_1' x_1}\, x_{12} & \cdots & \sqrt{x_1' x_1}\, x_{1p} \\ & x_2' x_2 & \cdots & x_2' x_p \\ & & \ddots & \vdots \\ & & & x_p' x_p \end{bmatrix} dx_2 \cdots dx_p.
$$

令 $t_{11}^2 = x_1' x_1$，$t_{1i} = x_{1i}$，$i = 2, \cdots, p$，$u_i = \begin{pmatrix} x_{2i} \\ \vdots \\ x_{mi} \end{pmatrix}$，$i = 2, \cdots, p$，

于是

$$\int f \begin{pmatrix} x_1' x_1 & \cdots & x_1' x_p \\ \vdots & & \vdots \\ x_p' x_1 & \cdots & x_p' x_p \end{pmatrix} dx_2 \cdots dx$$

$$= \int f \begin{pmatrix} t_{11}^2 & t_{11}t_{12} & \cdots & t_{11}t_{1p} \\ & t_{12}^2 + u_2' u_2 & \cdots & t_{12}t_{1p} + u_2' u_p \\ & & \ddots & \vdots \\ & & & t_{1p}^2 + u_p' u_p \end{pmatrix}$$

$$\times dt_{12} dt_{13} \cdots dt_{1p} du_2 \cdots du_p$$

$$= \int f \left[\begin{pmatrix} t_{11} \\ \vdots \\ t_{1p} \end{pmatrix} (t_{11} \cdots t_{1p}) + \begin{pmatrix} O & O & \cdots & O \\ O & u_2' u_2 & \cdots & u_2' u_p \\ \vdots & \vdots & \ddots & \vdots \\ O & u_p' u_2 & \cdots & u_p' u_p \end{pmatrix} \right]$$

$$\times dt_{12} dt_{13} \cdots dt_{1p} du_2 \cdots du_p.$$

将 $t_{12}, \cdots, t_{1p}$ 固定，对 $u_2, \cdots, u_p$ 形成的阵

$$\begin{pmatrix} u_2' u_2 & \cdots & u_2' u_p \\ \vdots & & \vdots \\ u_p' u_2 & \cdots & u_p' u_p \end{pmatrix}$$

用归纳的假定对 $(p-1, m-1)$，(4.5) 式成立，因此就有

$$\int f(X'X) dx_2 \cdots dx_p = 2^{p-1} \prod_{\alpha=1}^{p-1} \frac{\pi^{\frac{m-\alpha}{2}}}{\Gamma\left(\frac{m-\alpha}{2}\right)} \int_D t_{22}^{m-2} \cdots t_{pp}^{m-p}$$

$$f \left[\begin{pmatrix} t_{11} \\ \vdots \\ t_{1p} \end{pmatrix} (t_{11} \cdots t_{1p}) + \begin{pmatrix} O & O \\ O & T_1 T_1' \end{pmatrix} \right] dt_{12} \cdots dt_{1p} dT_1,$$

其中 $T_1 = \begin{pmatrix} t_{22} & & O \\ \vdots & \ddots & \\ t_{p2} & \cdots & t_{pp} \end{pmatrix}$，

区域 $D = \left\{ \begin{matrix} t_{ii} > 0, i = 2, \cdots, p \\ t_{ij}, i \neq j, i, j = 1, 2, \cdots, p \text{ 自由} \end{matrix} \right\}$.

于是将 $t_{11}^2 = x_1'x_1$ 用 x_1 表示,把上式结果代入(4.6)式,再用(2.4),就得

$$\int f(X'X)dX = 2^p \prod_{\alpha=0}^{p-1} \frac{\pi^{\frac{m-\alpha}{2}}}{\Gamma\left(\frac{m-\alpha}{2}\right)} \times \int_{\left\{\substack{t_{ii}>0, i=1,2,\cdots,p \\ t_{ij}\text{自由}i\neq j}\right\}} \left(\prod_{i=1}^p t_{ii}^{m-i}\right) f(TT')dT,$$

$$\text{其中 } T = \begin{pmatrix} t_{11} & & O \\ \vdots & \ddots & \\ t_{p1} & \cdots & t_{pp} \end{pmatrix},$$

因此,对 p 也成立　♯

在第一章§11,我们已证明,当 $\underset{p\times p}{A}>0$ 时,存在唯一的下三角阵 $T=(t_{ij})$,$t_{ii}>0$,$i=1,2,\cdots,p$,使得

$$A = TT'.$$

如将下三角阵 T 与正定阵 A 均看作是 $R^{\frac{p}{2}(p+1)}$ 中的点,考虑集合 $\mathscr{T}=\left\{\underset{p\times p}{T}:T\text{下三角阵},t_{ii}>0,i=1,2,\cdots,p\right\}$,$\mathscr{A}=\left\{\underset{p\times p}{A}:A>0\right\}$,则上述分解 $A=TT'$ 就是在 $\mathscr{A}$ 和 $\mathscr{T}$ 之间的一个 $1-1$ 对应的变换.记

$$A_{ii} = \begin{pmatrix} a_{11} & a_{12} & \cdots & a_{1i} \\ \vdots & \vdots & \ddots & \vdots \\ a_{i1} & a_{i2} & \cdots & a_{ii} \end{pmatrix}, \quad T_i = \begin{pmatrix} t_{11} & & O \\ \vdots & \ddots & \\ t_{i1} & \cdots & t_{ii} \end{pmatrix}, i=1,2,\cdots,p,$$

则有 $A_{ii}=T_iT_i'$,$i=1,2,\cdots,p$.当 $i>j$ 时,记

$$A_{ij} = \begin{pmatrix} & & a_{1j} \\ A_{j-1\,j-1} & & \vdots \\ & & a_{j-1j} \\ a_{i1}\cdots a_{ij-1} & & a_{ij} \end{pmatrix} = \begin{pmatrix} t_{11} & & O \\ \vdots & \ddots & \\ t_{j-11} & \cdots & t_{j-1j-1} \\ t_{i1} & \cdots & t_{ij-1}\,t_{ij} \end{pmatrix} \begin{pmatrix} t_{11} & \cdots & t_{1j} \\ & \ddots & \vdots \\ O & & t_{jj} \end{pmatrix},$$

于是有

$$|A_{ii}| = t_{11}^2\cdots t_{ii}^2 = \prod_{a=1}^i t_{ii}^2,$$

$$|A_{ij}| = t_{11}^2\cdots t_{j-1j-1}^2 t_{ij}t_{jj}, (i>j),$$

所以

$$t_{ii} = (|A_{ii}|/|A_{i-1i-1}|)^{\frac{1}{2}}, t_{ij} = |A_{ij}|/\sqrt{|A_{jj}||A_{j-1j-1}|}, (i>j).$$

从 $a_{ij} = \sum_{a=1}^{\min(i,j)} t_{ia}t_{ja}$ 得

$$\frac{\partial a_{ij}}{\partial t_{ij}} = \begin{cases} 2t_{ii}, & i=j, \\ t_{jj}, & i>j. \end{cases}$$

因此得 $\left|\dfrac{\partial A}{\partial T}\right| = \prod_{i\geqslant j} \dfrac{\partial a_{ij}}{\partial t_{ij}} = 2^p t_{11}^p t_{22}^{p-1}\cdots t_{pp}$. 将(4.5)式右端的积分区域由 $\mathscr{T}$ 改为 $\mathscr{A}$,

就相当于作了变换,将 $T \to A$,相应的雅可比行列式刚已算得,代入后就有

$$\int f(X'X)dX = \frac{\pi^{\frac{pm}{2}-\frac{p}{4}(p-1)}}{\prod\limits_{\alpha=0}^{p-1}\Gamma\left(\dfrac{m-\alpha}{2}\right)}\int_{A>0}|A|^{\frac{m-p-1}{2}}f(A)dA. \qquad (4.7)$$

很明显,这是(2.4)推广的又一形式.

当 $x_{(1)},\cdots,x_{(n)}$ 是独立同分布 $N(\underset{p\times p}{0,V})$, $V>0$ 时,记 $X' = (x_{(1)}\cdots x_{(n)})$ 后, X 的联合密度是

$$\frac{|V|^{-\frac{n}{2}}}{(\sqrt{2\pi})^{np}}e^{-\frac{1}{2}\mathrm{tr}V^{-1}X'X}$$

用(4.7),就得 $A = X'X$ 的联合分布密度是

$$\frac{|V|^{-\frac{n}{2}}}{2^{\frac{pn}{2}}\pi^{\frac{p}{4}(p-1)}\prod\limits_{\alpha=0}^{p-1}\Gamma\left(\dfrac{n-\alpha}{2}\right)}|A|^{\frac{n-p-1}{2}}e^{-\frac{1}{2}\mathrm{tr}V^{-1}A},\text{当 }A>0. \qquad (4.8)$$

在其他点上,密度为 0,这就是中心 W 分布的密度.

考虑 $V = I_p$ 的情形,用(4.5)的形式,注意到 $X'X = A = TT'$,把 t_{ij} 看作是随机矩阵 $X'X$ 的函数,因而也是随机变量,就可以得到:

$$\begin{cases} t_{ii}^2 \sim \chi^2(n-i+1), t_{ij} \sim N(0,1) \quad (i>j), \\ \text{且相互独立.} \end{cases} \qquad (4.9)$$

这就是著名的 $X'X$ 阵的 Bartlett 分解,这一事实在今后我们将会看到,它是很重要的,利用它可以使分布的推导变得更加简洁.

为了说明这一点,我们来证明一个命题,它在非中心 T^2 分布的推导中是要用到的.

今

$$X'X = A = \begin{pmatrix} t_{11} & & O & O \\ \vdots & \ddots & & \\ t_{p-11} & \cdots & t_{p-1p-1} & O \\ t_{p1} & \cdots & t_{pp-1} & t_{pp} \end{pmatrix}\begin{pmatrix} t_{11} & \cdots & t_{p-11} & t_{p1} \\ & \ddots & \vdots & \vdots \\ O & & t_{p-1p-1} & t_{pp-1} \\ O & & O & t_{pp} \end{pmatrix}$$

$$= TT'.$$

因此 $(X'X)^{-1}$ 的第 (p,p) 位置上的元素,也即是 $[(X'X)^{-1}]_{pp}$ (或 $e_p'(X'X)^{-1}e_p$).利用下三角阵 T 中的随机变量来表示,就可得到

$$[(X'X)^{-1}]_{pp} = \frac{\begin{vmatrix} t_{11} & & O \\ & \ddots & \\ t_{ij} & & t_{p-1p-1} \end{vmatrix}\begin{vmatrix} t_{11} & & O \\ & \ddots & \\ t_{ij} & & t_{p-1p-1} \end{vmatrix}}{|X'X|} = \frac{1}{t_{pp}^2},$$

因此,从 $t_{pp}^2 \sim \chi_{n-p+1}^2$,就得到

$$(e_p'(X'X)^{-1}e_p)^{-1} \sim \chi_{n-p+1}^2.$$

如果不用 Bartlett 分解,直接计算随机变量 $e_p'(X'X)^{-1}e_p$ 的密度,请参阅第三章定理 3.1. 作为 Bartlett 分解的一个直接推论是

$$\mathrm{tr}X'X = \mathrm{tr}TT' = \sum_{i=1}^p t_{ii}^2,$$

因此 $\mathrm{tr}X'X \sim \chi^2(np)$.

作为中心 W 分布的一个直接应用,在 V 为对角阵的情况下,可求出样本相关系数的联合分布.

定理 4.1　已知 $A \sim W_p(n, V)$,且 $V = \begin{bmatrix} \sigma_1^2 & & O \\ & \ddots & \\ O & & \sigma_p^2 \end{bmatrix}$,记 $R =$

$\begin{bmatrix} 1 & & r_{ij} \\ & \ddots & \\ r_{ij} & & 1 \end{bmatrix}$, $r_{ij} = r_{ji} = \dfrac{a_{ij}}{\sqrt{a_{ii}a_{jj}}}$, $i \neq j$,则有

$$R \sim \frac{\left(\Gamma\left(\frac{n}{2}\right)\right)^p}{\pi^{\frac{p}{4}(p-1)} \prod_{a=0}^{p-1} \Gamma\left(\frac{n-\alpha}{2}\right)} \, |R|^{\frac{n-p-1}{2}}, \, |r_{ij}| < 1. \tag{4.10}$$

证明　对 A 的联合分布密度作变换:

$$\begin{cases} a_{ij} = \sqrt{a_{ii}a_{jj}}\, r_{ij}, \text{当} i > j, \\ a_{ii} = a_{ii}, \end{cases} i,j = 1,2,\cdots,p,$$

此时相应的雅可比行列式是

$$\prod_{i>j} \sqrt{a_{ii}a_{jj}} = \prod_{i=1}^p a_{ii}^{\frac{p-1}{2}},$$

因此,再对每一个 a_{ii},从 0 到 ∞ 积分,就得到 $|r_{ij}| < 1 (i \neq j)$ 的密度为

$$\frac{\left(\Gamma\left(\frac{n}{2}\right)\right)^p}{\pi^{\frac{p}{4}(p-1)} \prod_{a=0}^{p-1} \Gamma\left(\frac{n-\alpha}{2}\right)} \, |R|^{\frac{n-p-1}{2}},$$

其余的点上,密度为 0　♯

§5. 广义方差的分布

广义方差实质上与样本协差阵的行列式是相当的.设 p 维向量 $z_1,\cdots,z_n$ 独立

同分布 $N(0,V)$，$|V|\neq 0$，记 $A = \sum\limits_{\alpha=1}^{n} z_\alpha z'_\alpha$，问题是要求 $|A|$ 的分布.

下面用两种不同的方法来确定 $|A|$ 的分布是属于什么类型的.

5.1 矩法　先求出 $|A|$ 的各阶矩，然后从各阶矩的值来确定它的分布.

首先可以看到，令 $y_\alpha = V^{-\frac{1}{2}} z_\alpha$，$\alpha = 1,2,\cdots,n$ 后，记 $B = \sum\limits_{\alpha=1}^{n} y_\alpha y'_\alpha$，则 $y_1,\cdots,$ y_n 独立同分布 $N(0,I)$，且 $A = V^{\frac{1}{2}} B V^{\frac{1}{2}}$，$E|A|^r = |V|^r E|B|^r$，即有

$$E\left(\frac{|A|}{|V|}\right)^r = E|B|^r. \tag{5.1}$$

记 $C_p(n) = \left(2^{\frac{np}{2}} \pi^{\frac{p}{4}(p-1)} \prod\limits_{\alpha=0}^{p-1} \Gamma\left(\frac{n-\alpha}{2}\right)\right)^{-1}$，则有

$$B \sim C_p(n) |B|^{\frac{n-p-1}{2}} e^{-\frac{1}{2}\mathrm{tr}B}, \quad B > 0.$$

因此有 $C_p^{-1}(n) = \displaystyle\int\limits_{B>0} |B|^{\frac{n-p-1}{2}} e^{-\frac{1}{2}\mathrm{tr}B} dB$，于是

$$E|B|^r = \int\limits_{B>0} |B|^r C_p(n) |B|^{\frac{n-p-1}{2}} e^{-\frac{1}{2}\mathrm{tr}B} dB$$

$$= \frac{C_p(n)}{C_p(n+2r)} = \prod\limits_{\alpha=0}^{p-1} \frac{2^r \Gamma\left(\frac{n-\alpha}{2}+r\right)}{\Gamma\left(\frac{n-\alpha}{2}\right)}. \tag{5.2}$$

注意到 χ^2_n 的 r 阶矩是

$$2^r \Gamma\left(\frac{n}{2}+r\right)\bigg/\Gamma\left(\frac{n}{2}\right),$$

因此 $|A|/|V|$（或 $|B|$）的各阶矩与独立的 χ^2 变量 $\chi^2_n, \chi^2_{n-1},\cdots,\chi^2_{n-p+1}$ 的乘积的各阶矩相同. 利用下面的定理 5.1 就知道 $|A|/|V|$ 的分布确实与独立 χ^2 变量 $\chi^2_{n-1},\cdots,\chi^2_{n-p+1}$ 相同.

定理 5.1　如果 $\{\mu_n\}$ 是一串数列，且

$$\sum\limits_{k=1}^{\infty} (\mu_{2k})^{-1/2k}$$

发散，则至多只有一个分布函数能以 $\{\mu_n\}$ 作为它的各阶矩.

这一定理不证了，可看 [19] 所引的文献，由于 $|A|/|V|$ 用下一个方法确实可以证明它是独立 χ^2 变量的乘积，对它我们就不验证定理 5.1 的条件了.

5.2 利用 Bartlett 分解　继续使用上面的符号，$B = \sum\limits_{\alpha=1}^{n} y_\alpha y'_\alpha$，$y_\alpha$ 独立同分布 $N(0,I)$，$z_\alpha = V^{\frac{1}{2}} y_\alpha$，$\alpha = 1,2,\cdots,n$. 对 B 用 Bartlett 分解，即

$$B = TT', \qquad T = \begin{bmatrix} t_{11} & & O \\ & \ddots & \\ t_{ij} & & t_{pp} \end{bmatrix},$$

其中

$$t_{ii}^2 \sim \chi_{n-i+1}^2, \quad i = 1,2,\cdots,p,$$
$$t_{ij} \sim N(0,1), \quad i \neq j,$$

且全部独立,因此

$$|B| = t_{11}^2 t_{22}^2 \cdots t_{pp}^2,$$

它就是独立 χ^2 变量 $\chi_{n-1}^2, \cdots, \chi_{n-p+1}^2$ 的乘积.

很明显,用 Bartlett 分解比矩法要简明清楚得多,然而,在很多情况下,矩法仍然是一个基本的方法,可以帮助我们决定分布的类型.直接将 $|B|$ 的密度函数表示出来,这还是一件很不容易的事,涉及到更多的数学工具,这里就不介绍了.下面还是用矩法来推导广义方差比的分布(这在线性模型的线性假设检验中是一个基本的统计量),顺便就得到 T^2 的分布,下一节我们将用另一种方法来导出非中心 T^2 及其他一些统计量的分布.

假定 $A_1 \sim W_p(n_1, V)$, $A_2 \sim W_p(n_2, V)$,且 A_1, A_2 相互独立,现在来求 $|A_1|/|A_1 + A_2|$ 的各阶矩.首先可以看出 $|A_1|/|A_1 + A_2|$ 的分布与 V 无关(只要 $V>0$),因为令 $z_1, \cdots, z_{n_1}, z_{n_1+1}, \cdots, z_{n_1+n_2}$ 为独立同分布 $N(0, V)$ 的随机向量后,可认为

$$A_1 = \sum_{\alpha=1}^{n_1} z_\alpha z_\alpha', \quad A_1 + A_2 = \sum_{\alpha=1}^{n_1+n_2} z_\alpha z_\alpha'.$$

令 $y_\alpha = V^{-\frac{1}{2}} z_\alpha, \alpha = 1, 2, \cdots, n_1+n_2$,则 y_α 独立同分布 $N(0, I)$,

$$A_1 = V^{\frac{1}{2}} \sum_{\alpha=1}^{n_1} y_\alpha y_\alpha' V^{\frac{1}{2}}, \quad A_1 + A_2 = V^{\frac{1}{2}} \sum_{\alpha=1}^{n_1+n_2} y_\alpha y_\alpha' V^{\frac{1}{2}},$$

因此

$$|A_1|/|A_1 + A_2| = \left| \sum_{\alpha=1}^{n_1} y_\alpha y_\alpha' \right| \Big/ \left| \sum_{\alpha=1}^{n_1+n_2} y_\alpha y_\alpha' \right|.$$

这就证明了 $|A_1|/|A_1 + A_2|$ 的分布与 V 无关,无妨假定 $V = I_p$.此时 A_1, A_2 的联合密度是

$$f(A_1, A_2) = C_p(n_1) C_p(n_2) |A_1|^{\frac{n_1-p-1}{2}} |A_2|^{\frac{n_2-p-1}{2}} e^{-\frac{1}{2}\mathrm{tr}(A_1+A_2)},$$
$$A_1 > 0, A_2 > 0.$$

因此

$$E(\mid A_1 \mid / \mid A_1 + A_2 \mid)^r = \int \frac{\mid A_1 \mid^r}{\mid A_1 + A_2 \mid^r} f(A_1, A_2) dA_1 dA_2$$

$$= C_p(n_1) C_p(n_2) \int_{\substack{A_1 > 0 \\ A_2 > 0}} \mid A_1 \mid^{\frac{n_1 + 2r - p - 1}{2}} \mid A_2 \mid^{\frac{n_2 - p - 1}{2}}$$

$$\times \mid A_1 + A_2 \mid^{-r} e^{-\frac{1}{2} \mathrm{tr}(A_1 + A_2)} dA_1 dA_2. \tag{5.3}$$

由 W 分布性质知道 $A_1 + A_2 \sim W_p(n_1 + n_2, I)$，因此用公式(5.2)，就有

$$E \mid A_1 + A_2 \mid^r = C_p(n_1 + n_2) C_p^{-1}(n_1 + n_2 + 2r).$$

将上式左端用积分形式写出就得

$$\frac{C_p(n_1 + n_2)}{C_p(n_1 + n_2 + 2r)} = C_p(n_1) C_p(n_2) \int_{\substack{A_1 > 0 \\ A_2 > 0}} \mid A_1 \mid^{\frac{n_1 - p - 1}{2}}$$

$$\times \mid A_2 \mid^{\frac{n_2 - p - 1}{2}} \mid A_1 + A_2 \mid^r e^{-\frac{1}{2} \mathrm{tr}(A_1 + A_2)} dA_1 dA_2. \tag{5.4}$$

比较(5.3)与(5.4)式的右端，注意 r 与 $-r$ 的差别，就得到

$$E(\mid A_1 \mid / \mid A_1 + A_2 \mid)^r = \frac{C_p(n_1) C_p(n_1 + n_2 + 2r)}{C_p(n_1 + n_2) C_p(n_1 + 2r)}$$

$$= \prod_{\alpha=0}^{p-1} \frac{\Gamma\left(\frac{n_1 + 2r - \alpha}{2}\right) \Gamma\left(\frac{n_1 + n_2 - \alpha}{2}\right)}{\Gamma\left(\frac{n_1 - \alpha}{2}\right) \Gamma\left(\frac{n_1 + n_2 + 2r - \alpha}{2}\right)}. \tag{5.5}$$

由于 $x \sim \beta\left(\frac{n - p}{2}, \frac{p}{2}\right)$ 时，

$$Ex^r = \Gamma\left(\frac{n}{2}\right) \Gamma\left(\frac{p + 2r}{2}\right) \Big/ \left(\Gamma\left(\frac{p}{2}\right) \Gamma\left(\frac{n + 2r}{2}\right)\right),$$

从(5.5)式就可以看出 $\mid A_1 \mid / \mid A_1 + A_2 \mid$ 与独立的 β 变量的乘积相应的各阶矩都相等，相应的自由度分别为 $\frac{n_2}{2}, \frac{n_1 - \alpha}{2}, \alpha = 0, 1, \cdots, p - 1$，这与第三章所得的结论是一致的.

　　如果 $n_1 = n, n_2 = 1$，此时 $A_2 = xx'$，$x \sim N(0, I_p)$，利用(5.5)式，就得(记 $A = A_1$)

$$E(\mid A \mid / \mid A + xx' \mid)^r = \prod_{\alpha=0}^{p-1} \frac{\Gamma\left(\frac{n_1 - \alpha}{2} + r\right) \Gamma\left(\frac{n_1 + 1 - \alpha}{2}\right)}{\Gamma\left(\frac{n_1 - \alpha}{2}\right) \Gamma\left(\frac{n_1 + 1 - \alpha}{2} + r\right)}$$

$$= \frac{\Gamma\left(\dfrac{n}{2} + r\right)\Gamma\left(\dfrac{n - p}{2}\right)}{\Gamma\left(\dfrac{n}{2}\right)\Gamma\left(\dfrac{n - p}{2} + r\right)},$$

用定理 5.1,就可以断定 $|A|/|A + xx'|$ 遵从 β 分布,相应的自由度是 $\left(\dfrac{np}{2}, \dfrac{p}{2}\right)$.

记

$$R^2 = \frac{|A|}{|A + xx'|},$$

则由 $\begin{vmatrix} A & -x \\ x' & 1 \end{vmatrix} = |A|(1 + x'A^{-1}x) = |A + xx'|$,得

$$T^2 = x'A^{-1}x = \frac{|A + xx'|}{|A|} - 1 = \frac{1 - R^2}{R^2},$$

因此 $\dfrac{n - p + 1}{p} T^2 \sim F(p, n - p + 1)$.

现在来用一下定理 5.1,证明 $\dfrac{1 - R^2}{R^2}$ 确实是 F 分布. 这时只需证明对 β 分布的各阶矩,定理 5.1 的条件是满足的,令 $\beta(a,b)$ 分布的 r 阶矩 μ_r 是

$$\Gamma(a)\Gamma(a + b + r)/(\Gamma(a + b)\Gamma(a + r)),$$

因此

$$\begin{aligned}
\mu_{2k}^{-1} &= \frac{\Gamma(a + b)\Gamma(a + 2k)}{\Gamma(a)\Gamma(a + b + 2k)} \\
&= \frac{(a + 2k - 1)(a + 2k - 2)\cdots a}{(a + b + 2k - 1)(a + b + 2k - 2)\cdots(a + b)}.
\end{aligned}$$

所以

$$(\mu_{2k})^{-\frac{1}{2k}} \geqslant \frac{1}{1 + \dfrac{b}{a}} = \frac{a}{a + b},$$

因此 $\sum\limits_{k=1}^{\infty} (\mu_{2k})^{-\frac{1}{2k}}$ 发散.

§6. 非中心 T^2 分布

设 $x_{(1)}, \cdots, x_{(n)}$ 是独立同分布 $N(\underset{p \times p}{\mu}, V)$ 的随机向量,记 $\underset{p \times n}{X'} = (x_{(1)} \cdots x_{(n)})$,

$\bar{x} = \dfrac{1}{n} X' 1, S = X'\left(I - \dfrac{1}{n}J\right)X$,要求 $T^2 = n\bar{x}'S^{-1}\bar{x}$ 的分布.

首先,我们将证明在 $V > 0$ 时,T^2 分布与 V 无关. 令 $y_{(\alpha)} = V^{-\frac{1}{2}}x_{(\alpha)}$,$\alpha = 1$,

$2, \cdots, n$,记 $Y' = (y_{(1)} \cdots y_{(n)})$,于是 $y_{(\alpha)}$ 独立同分布 $N(V^{-\frac{1}{2}}\mu, I_p)$,且 $\bar{y} = \dfrac{1}{n} Y' 1$

$= V^{-\frac{1}{2}}\bar{x}$，而 $S = V^{\frac{1}{2}}Y' \times \left(I - \frac{1}{n}J\right)YV^{\frac{1}{2}}$. 因此

$$T^2 = n\bar{y}'V^{\frac{1}{2}}V^{-\frac{1}{2}}\left(Y'\left(I - \frac{1}{n}J\right)Y\right)^{-1}V^{-\frac{1}{2}}V^{\frac{1}{2}}\bar{y}$$

$$= n\bar{y}'\left(Y'\left(I - \frac{1}{n}J\right)Y\right)^{-1}\bar{y}.$$

于是可假定 $V = I_p$. 其次我们又知道 $\bar{y}$ 与 $Y'\left(I - \frac{1}{n}J\right)Y$ 是独立的，又可以将 T^2

化简. 记 $A = Y'\left(I - \frac{1}{n}J\right)Y$，则 $A \sim W_p(n-1, I)$，又 $\bar{y} \sim N(V^{-\frac{1}{2}}\mu, \mu, \frac{1}{n}I_p)$，于

是问题就化为：已知 $z \sim N(\delta, I_p)$，$u_1, \cdots, u_r$ 独立同分布 $N(0, I_p)$，$A = \sum_{i=1}^{r} u_i u_i'$，

求 $T^2 = z'A^{-1}z$ 的分布.

引理 6.1 设 $\underset{n \times 1}{x}, \underset{m \times 1}{y}$ 相互独立，相应的分布函数分别为 $F_1(x)$ 及 $F_2(y)$，又 $t(x, y)$ 是 $m \times 1$ 的随机向量. 如果对任一固定的 $x, t(x, y)$ 与 y 同分布，则有

(i) $t(x, y)$ 与 y 同分布；

(ii) $t(x, y)$ 与 x 相互独立.

证明

$$\begin{aligned}
P(t(x, y) \in B) &= \iint\limits_{t(x,y) \in B} dF_1(x)dF_2(y) \\
&= \int dF_1(x) \int\limits_{t(x,y) \in B} dF_2(y) \\
&= \int P(y \in B)dF_1(x) = P(y \in B),
\end{aligned}$$

类似的方法可证明 $t(x, y)$ 与 x 独立 $\quad\#$

引理 6.2 对任一 R_n 中的 x，有正交阵 U，使得 $Ux = \begin{pmatrix} \|x\| \\ 0 \\ \vdots \\ 0 \end{pmatrix}$，且 U 是 x 的

可测函数.

证明 若 $\|x\| = 0$，取 $U = I$. 若 $x \neq 0$，$x = (x_1, x_2, \cdots, x_n)'$，则令 $U_1 = \begin{cases} I_n, & \text{若 } x_n = 0, \\ D_1, & \text{若 } x_n \neq 0, \end{cases}$

其中

$$D_1 = \begin{pmatrix} I_{n-2} & 0 & 0 \\ 0 & \dfrac{x_{n-1}}{\sqrt{x_{n-1}^2 + x_n^2}} & \dfrac{x_n}{\sqrt{x_{n-1}^2 + x_n^2}} \\ 0 & \dfrac{-x_n}{\sqrt{x_{n-1}^2 + x_n^2}} & \dfrac{x_{n-1}}{\sqrt{x_{n-1}^2 + x_n^2}} \end{pmatrix}.$$

于是 $U_1 x = \begin{pmatrix} x_1 \\ \vdots \\ x_{n-2} \\ \sqrt{x_{n-1}^2 + x_n^2} \\ 0 \end{pmatrix}$，连续施行这样的变换，易见每一个 U_i 都是正交的，它

的元素都是 x 的可测函数，因此得证　♯

下面我们就逐步化简上述求 T^2 分布的问题，工具就是引理 6.1 和 6.2.

6.1　对随机向量 z 用引理 6.2，就有随机矩阵 U，U 是一正交阵，且可使 $U_z = (0\cdots0 \parallel z \parallel)'$.（注意，这里要求 $U_z = \begin{pmatrix} 0 \\ \parallel z \parallel \end{pmatrix}$ 和引理 6.2 中的结论只是形式上的区别.）

6.2　对 6.1 中选得的 U，令 $u_{*i} = Uu_i, i = 1,2,\cdots,r$，则对每一个固定的 z，Uu_i 仍然独立同分布 $N(0, I_p)$，因此用引理 6.1 就有 Uz 与 UAU' 独立，A 与 UAU' 同分布 $W_p(r, I.)$

6.3　今

$$T^2 = z'A^{-1}z = z'U'(UAU')^{-1}Uz = (0\cdots0 \parallel z \parallel)(UAU')^{-1}\begin{pmatrix} 0 \\ \vdots \\ 0 \\ \parallel z \parallel \end{pmatrix},$$

记 $[(UAU')^{-1}]_{pp}$ 为 S，则由 A 与 UAU' 同分布知道 $S^{-1} \sim \chi^2(r-p+1)$，且 S 与 z 独立. 于是

$$T^2 = z'z/S, \qquad z \text{ 与 } S \text{ 独立},$$

易见 $z'z$ 是 $\chi^2(p|\lambda)$ 分布，$\lambda = \delta'\delta/2$，$S$ 是 $\chi^2(r-p+1)$ 分布，因此 $\dfrac{r-p+1}{p}T^2$ 是非中心 F 分布，即

$$\frac{r-p+1}{p}T^2 \sim F(p, r-p+1, \lambda), \quad \lambda = \frac{\delta'\delta}{2}.$$

回到问题的最初形式，即本节开始时表述的形式，就得

定理 6.1　设 $x_{(1)}, \cdots, x_{(n)}$ 独立同分布 $N(\mu, V)$，$V > 0$，记 $X' = (x_{(1)} \cdots$

$x_{(n)})$，$\bar{x} = \dfrac{1}{n}X'1$，$S = X'\left(I - \dfrac{1}{n}J\right)X$，则有

$$\frac{n-p}{p}T^2 = \frac{n(n-p)}{p}\bar{x}'S^{-1}\bar{x} \sim F(p, n-p, \lambda),$$

其中 $\lambda = \dfrac{1}{2}n\mu'V^{-1}\mu$.

系 1 在定理的条件下，对任给的常数向量 $\underset{p\times1}{a}$，就有

$$\frac{n-p}{np}T^2 = \frac{n-p}{p}(\bar{x}-a)'S^{-1}(\bar{x}-a) \sim F(p, n-p, \lambda),$$

其中 $\lambda = \dfrac{1}{2}(\mu-a)'V^{-1}(\mu-a)$.

系 2 在系 1 的条件下，如果 $\mu = a$，则

$$\frac{n-p}{np}T^2 \sim F(p, n-p).$$

§7. 样本相关系数的分布

这一节充分利用 Bartlett 分解来求出一般情况下样本相关系数的分布. 先讨论二维的情形，然后讨论一般情况的多元相关系数的分布.

7.1 二维情形 设 $\underset{n\times2}{X} = (x_1 x_2) = (x_{ij})$，$x_{(\alpha)} = \begin{bmatrix} x_{\alpha1} \\ x_{\alpha2} \end{bmatrix}$，$\alpha = 1, 2, \cdots, n$ 是来自

$N\left(\begin{bmatrix} \mu_1 \\ \mu_2 \end{bmatrix}, \begin{bmatrix} v_{11} & v_{12} \\ v_{21} & v_{22} \end{bmatrix}\right)$ 的 n 个样品，于是样本的相关系数

$$R = (x_1'x_2 - n\bar{x}_1\bar{x}_2)/\sqrt{(x_1'x_1 - n\bar{x}_1^2)(x_2'x_2 - n\bar{x}_2^2)^2},\tag{7.1}$$

其中 $\bar{x}_i = \dfrac{1}{n}x_i'1$，$i = 1, 2$.

首先，作变换 $y_{(\alpha)} = \begin{bmatrix} \dfrac{1}{\sqrt{v_{11}}} & 0 \\ 0 & \dfrac{1}{\sqrt{v_{22}}} \end{bmatrix}\begin{bmatrix} x_{\alpha1} - \mu_1 \\ x_{\alpha2} - \mu_2 \end{bmatrix} \triangleq D(x_{(\alpha)} - \mu)$，于是 $y_{(1)}, \cdots,$

$y_{(n)}$ 独立同分布 $N\left(0, \begin{pmatrix} 1 & \rho \\ \rho & 1 \end{pmatrix}\right)$，$\rho$ 就是总体的相关系数. 很明显 $x_{(\alpha)} = D^{-1}y_{(\alpha)} + \mu$，今

$$x_1'x_2 - n\bar{x}_1\bar{x}_2 = (x_1 - \bar{x}_1 1)'(x_2 - \bar{x}_2 1) = x_1'\left(I - \frac{1}{n}J\right)x_2,$$

而 $(y_1 y_2) = (y_{(1)}\cdots y_{(n)})' = (X - 1\mu')D'$，所以

$$y_i = \frac{1}{\sqrt{v_{ii}}}(x_i - 1\mu_i), \quad i = 1, 2.$$

因此

$$y_i'y_j - n\bar{y_i}\bar{y_j} = y_i'\left(I - \frac{1}{n}J\right)y_j = \frac{1}{\sqrt{v_{ii}v_{jj}}}(x_i - 1\mu_i)'\left(I - \frac{1}{n}J\right)(x_j - 1\mu_j)$$

$$= x_i'\left(I - \frac{1}{n}J\right)x_j\frac{1}{\sqrt{v_{ii}v_{jj}}},$$

因此

$$R = (y_1'y_2 - n\bar{y_1}\bar{y_2})\Big/\sqrt{(y_1'y_1 - n\bar{y_1}^2)(y_2'y_2 - n\bar{y_2}^2)}.$$

这就告诉我们无妨假定 $\mu_1 = \mu_2 = 0$, $v_{11} = v_{22} = 1$, $v_{12} = v_{21} = \rho$, 此时 $x_{(\alpha)} \sim N\left(0, \begin{pmatrix} 1 & \rho \\ \rho & 1 \end{pmatrix}\right)$, $\alpha = 1, 2, \cdots, n$, 相互独立. 因此由等式

$$\begin{pmatrix} 1 & \rho \\ \rho & 1 \end{pmatrix} = \begin{bmatrix} 1 & 0 \\ \rho & \sqrt{1-\rho^2} \end{bmatrix}\begin{bmatrix} 1 & \rho \\ 0 & \sqrt{1-\rho^2} \end{bmatrix} \triangleq CC'$$

可知, 令 $z_{(\alpha)} = C^{-1}x_{(\alpha)}$ 后, $z_{(\alpha)}$ 独立同分布 $N(0, I_2)$. 记 $Z' = (z_{(1)} \cdots z_{(n)})$, 就有 Bartlett 分解:

$$\begin{cases} Z'\left(I - \frac{1}{n}J\right)Z = TT' \quad T = \begin{bmatrix} t_{11} & 0 \\ t_{21} & t_{22} \end{bmatrix}, \\ \text{其中 } t_{11}^2 \sim \chi^2(n-1), t_{22}^2 \sim \chi^2(n-2), t_{21} \sim N(0,1), \\ \text{并且 } t_{11}, t_{22}, t_{21} \text{ 相互独立}. \end{cases} \tag{7.2}$$

因此 $X' = CZ'$, 因此

$$X'\left(I - \frac{1}{n}J\right)X = CZ'\left(I - \frac{1}{n}J\right)ZC' = CTT'C'.$$

今

$$CT = \begin{bmatrix} 1 & 0 \\ \rho & \sqrt{1-\rho^2} \end{bmatrix}\begin{bmatrix} t_{11} & 0 \\ t_{21} & t_{22} \end{bmatrix} = \begin{bmatrix} t_{11} & 0 \\ \rho t_{11} + t_{21}\sqrt{1-\rho^2} & t_{22}\sqrt{1-\rho^2} \end{bmatrix},$$

于是就有

$$X'\left(I - \frac{1}{n}J\right)X = \begin{bmatrix} t_{11}^2 & t_{11}^2\rho + t_{11}t_{21}\sqrt{1-\rho^2} \\ t_{11}^2\rho + t_{11}t_{21}\sqrt{1-\rho^2} & (\rho t_{11} + t_{21}\sqrt{1-\rho^2})^2 + t_{22}^2(1-\rho^2) \end{bmatrix},$$

所以

$$R = \frac{t_{11}(t_{11}\rho + t_{21}\sqrt{1-\rho^2})}{(t_{11}^2[(\rho t_{11} + t_{21}\sqrt{1-\rho^2})^2 + t_{22}^2(1-\rho^2)])^{1/2}},$$

$$|R| = \frac{1}{\left(1 + \left[\dfrac{t_{22}\sqrt{1-\rho^2}}{t_{11}\rho + t_{21}\sqrt{1-\rho^2}}\right]^2\right)^{1/2}},$$

因此

$$
\begin{cases}
\dfrac{R}{\sqrt{1-R^2}} = \dfrac{\dfrac{\rho}{\sqrt{1-\rho^2}} t_{11} + t_{21}}{t_{22}}, \\
\text{其中 } t_{11}^2 \sim \chi^2(n-1), t_{22}^2 \sim \chi^2(n-2), t_{21} \sim N(0,1) \text{ 独立.}
\end{cases}
\tag{7.3}
$$

特殊地,当 $\rho = 0$ 时

$$
\frac{R}{\sqrt{1-R^2}} = \frac{t_{21}}{t_{22}},
$$

所以

$$
\frac{R}{\sqrt{1-R^2}} \sqrt{n-2} \sim t(n-2).
\tag{7.4}
$$

7.2 多维情形　设 $x_{(\alpha)} = \begin{pmatrix} x_{\alpha 1} \\ \vdots \\ x_{\alpha p} \end{pmatrix}$, $\alpha = 1, 2, \cdots, n$, 独立同分布 $N(0, V)$. 记 $X' =$

$(x_{(1)} \cdots x_{(n)})$, 现在要求多元相关系数的分布. 为了讨论方便, 引入 $y = \begin{pmatrix} y_1 \\ \vdots \\ y_p \end{pmatrix}$,

$y \sim N(0, V)$, $p = q + 1$, 于是 y_{q+1} 与 $y_1, \cdots, y_q$ 的多元相关系数就是总体的多元相关系数 $R_{q+1 \cdot 12 \cdots q}$. 记

$$
V = \begin{bmatrix} V_{11} & v \\ v'_{} & v_{q+1\ q+1} \end{bmatrix} \begin{matrix} q \\ 1 \end{matrix},
$$

于是

$$
R_{q+1 \cdot 12 \cdots q} = v_{q+1\ q+1}^{-\frac{1}{2}} (v' V_{11}^{-1} v)^{\frac{1}{2}}
$$
$$
R_{q+1 \cdot 12 \cdots q}^2 = v' V_{11}^{-1} v / v_{q+1\ q+1}.
$$

利用行列式的四块公式,就知道

$$
|V| = |V_{11}| (1 - v' V_{11}^{-1} v / v_{q+1\ q+1}) v_{q+1\ q+1},
$$

因此有等式

$$
|V| = v_{q+1\ q+1} |V_{11}| (1 - R_{q+1 \cdot 12 \cdots q}^2).
\tag{7.5}
$$

为了方便,以下用 R^2 表示 $R_{q+1 \cdot 12 \cdots q}^2$, $\hat{R}^2$ 表示从样本算得的 R^2 的最大似然估计量,记

$$
S = X' \left(I - \frac{1}{n} J \right) X \triangleq \begin{bmatrix} S_{11} & s \\ s' & s_{q+1\ q+1} \end{bmatrix},
$$

$$\hat{R}^2 = s' S_{11}^{-1} s / s_{q+1\,q+1},$$

因此和(7.5)一样,有等式

$$|\,S\,| = s_{q+1\,q+1}\,|\,S_{11}\,|\,(1 - \hat{R}^2). \tag{7.6}$$

下面通过化简问题,用(7.6)就可求出 $\hat{R}^2$ 的分布,化简的步骤逐步写出:

(i) 考虑变换 $G : G = \begin{bmatrix} G_1 & 0 \\ 0 & (\sqrt{v_{q+1\,q+1}})^{-1} \end{bmatrix}$,令 $G_1 = V_{11}^{-\frac{1}{2}}$,

$$y_{(\alpha)} = G x_{(\alpha)}, \qquad \alpha = 1, 2, \cdots, n,$$

$$Y' = (y_{(1)} y_{(2)} \cdots y_{(n)}), \quad S_Y = Y'\left(I - \frac{1}{n} J\right) Y,$$

于是 $y_{(\alpha)}$ 独立同分布 $N(0, GVG')$,且

$$Y' = GX', \qquad S_Y = GSG'. \tag{7.7}$$

要注意 $GVG' = \begin{bmatrix} I_q & u \\ u' & 1 \end{bmatrix}$,$u = V_{11}^{-\frac{1}{2}} v / \sqrt{v_{q+1\,q+1}}$.

(ii) 考虑变换 $U : U = \begin{bmatrix} U_1 & 0 \\ 0 & 1 \end{bmatrix}$,$U'U = I_{q+1}$,即 U 是正交变换,选 U_1 使得

(引理 6.2)

$$U_1 u = (\,\|\,u\,\| \ 0 \cdots 0)',$$

于是令 $z_{(\alpha)} = U y_{(\alpha)}$,$\alpha = 1, 2, \cdots, n$,则 $Z' = UY'$,并且 $z_{(\alpha)}$ 独立同分布 N

$$\left(0, \begin{bmatrix} I_q & \vdots & \|\,u\,\| \\ & & 0 \\ \cdots & \cdots & \cdots \\ \|\,u\,\| \ 0 & \vdots & 1 \end{bmatrix}\right),$$

$$S_z \triangleq Z'\left(1 - \frac{I}{n} J\right) Z = U S_Y U'. \tag{7.8}$$

(iii) 由于 $\|\,u\,\| = v_{q+1\,q+1}^{-1/2} (v' V_{11}^{-1} v)^{1/2} = R$,又

$$\begin{bmatrix} I_q & \vdots & \|\,u\,\| \\ & & 0 \\ \cdots & \cdots & \cdots \\ \|\,u\,\| \ 0 & \vdots & 1 \end{bmatrix} = \begin{bmatrix} I_q & \vdots & R \\ & & 0 \\ \cdots & \cdots & \cdots \\ R \ 0 & \vdots & 1 \end{bmatrix}$$

$$= \begin{bmatrix} I_q & \vdots & 0 \\ \cdots & \cdots & \cdots \\ R \ 0 & \vdots & \sqrt{1 - R^2} \end{bmatrix} \begin{bmatrix} I_q & \vdots & R \\ & & 0 \\ \cdots & \cdots & \cdots \\ 0 & \vdots & \sqrt{1 - R^2} \end{bmatrix} \triangleq CC',$$

因此 $C^{-1} S_z (C^{-1})'$ 就有 Bartlett 分解,即

$$\begin{cases} C^{-1} S_z (C^{-1})' = TT',（由于 C^{-1} S_z (C^{-1})' \sim W_p(n-1, I_p)）, \\ 其中 T 是下三角阵,p = q + 1, \\ t_{ii}^2 \sim \chi^2(n-i), i = 1, 2, \cdots, p, t_{ij} \sim N(0,1), i \neq j,相互独立. \end{cases}$$

由于

$$S_z = CT(CT)',$$

用(7.7),(7.8)就得

$$S = G^{-1}S_Y(G^{-1})' = G^{-1}U'S_zU(G^{-1})' = G^{-1}U'CT(G^{-1}U'CT)'. \quad (7.9)$$

(iv)注意到

$$G^{-1} = \begin{pmatrix} V_{11}^{1/2} & 0 \\ 0 & \sqrt{v_{q+1q+1}} \end{pmatrix}, \qquad U = \begin{pmatrix} U_1 & 0 \\ 0 & 1 \end{pmatrix},$$

用(7.6)式,得

$$1 - \hat{R}^2 = \frac{|S|}{s_{q+1\,q+1}|S_{11}|} = \frac{|G|^{-2}|CTT'C'|}{s_{q+1\,q+1}|S_{11}|}, \quad (7.10)$$

由于

$$S = \begin{pmatrix} V_{11}^{1/2}U_1' & 0 \\ 0 & \sqrt{v_{q+1\,q+1}} \end{pmatrix}(CTT'C)\begin{pmatrix} (V_{11}^{1/2}U_1')' & 0 \\ 0 & \sqrt{v_{q+1\,q+1}} \end{pmatrix}$$

$$\triangleq P(T_* T_*')P',$$

所以

$$\begin{cases} S_{11} = V_{11}^{1/2}U_1'(I_q \quad 0)(T_* T_*')\begin{pmatrix} I_q \\ 0 \end{pmatrix}U_1V_{11}^{1/2}, \\ s_{q+1q+1} = v_{q+1q+1}[T_* T_*']_{q+1q+1}, \end{cases} \quad (7.11)$$

将(7.11)代入(7.10),就得到($|G|^{-1} = |V_{11}|^{\frac{1}{2}}\sqrt{v_{q+1q+1}}$)

$$1 - \hat{R}^2 = |T_* T_*'| / ([T_* T_*']_{q+1q+1}|T_1T_1'|) \quad (7.12)$$

其中 $T_1T_1' = (I_q \quad 0)T_* T_*'\begin{pmatrix} I_q \\ 0 \end{pmatrix}$.今

$$T_* = CT = \begin{pmatrix} I_q & O \\ R\,O & \sqrt{1-R^2} \end{pmatrix}\begin{pmatrix} t_{11} & & & \\ \vdots & \ddots & & O \\ t_{q+11} & \cdots & & t_{q+1q+1} \end{pmatrix}$$

$$= \begin{pmatrix} t_{11} & & & O \\ \vdots & \ddots & & \\ & & & O \\ t_{q1} & \cdots & t_{qq} & \\ t_{q+11}^* & \cdots & t_{q+1q}^* & t_{q+1q+1}^* \end{pmatrix},$$

其中

$$\begin{cases} t_{q+1\,1}^* = Rt_{11} + t_{q+11}\sqrt{1-R^2}, \\ t_{q+1\,j}^* = t_{q+1j}\sqrt{1-R^2} \quad 2 \leqslant j \leqslant q+1, \end{cases}$$

因此 $|T_1 T_1'| = |T_* T_*'| / (t_{q+1 q+1}^*)^2$，代入(7.12)就得

$$1 - \hat{R}^2 = \frac{(t_{q+1 q+1}^*)^2}{\sum\limits_{j=1}^{q+1} (t_{q+1 j}^*)^2} = \frac{(1 - R^2) t_{q+1 q+1}^2}{(R t_{11} + t_{q+1 1} \sqrt{1 - R^2})^2 + \sum\limits_{j=2}^{q+1} t_{q+1 j}^2 (1 - R^2)},$$

所以

$$\hat{R}^2 = \frac{(R t_{11} + t_{q+1 1} \sqrt{1 - R^2})^2 + \sum\limits_{j=2}^{q} t_{q+1 j}^2 (1 - R^2)}{(R t_{11} + t_{q+1 1} \sqrt{1 - R^2})^2 + \sum\limits_{j=2}^{q+1} t_{q+1 j}^2 (1 - R^2)}, \tag{7.13}$$

$$\frac{\hat{R}^2}{1 - \hat{R}^2} = \frac{(R t_{11} + t_{q+1} \sqrt{1 - R^2})^2 + \sum\limits_{j=2}^{q} t_{q+1 j}^2 (1 - R^2)}{(1 - R^2) t_{q+1 q+1}^2}, \tag{7.14}$$

其中 $t_{ti}^2 \sim \chi^2(n-i)$，$t_{ij}(i \neq j) \sim N(0,1)$ 独立. 很明显, 当 $R = 0$ 时, $\hat{R}^2 / (1 - \hat{R}^2)$ 除以适当的常数(即分子分母各除其自由度)就是 F 分布.

§8. $S_1 S_2^{-1}$ 特征根的联合分布

从线性模型的讨论中, 可以看到, 使用的许多统计量都是随机矩阵的特征根的函数. 设 $S_1 \sim W_p(n_1, V)$, $S_2 \sim W_p(n_2, V)$, 用 $\lambda(A)$ 表示矩阵 A 的特征根, 且规定 $\lambda_1(A) \geqslant \lambda_2(A) \geqslant \cdots$, 这一节的中心问题是在 S_1, S_2 独立时, 求 $\lambda_i(S_1 S_2^{-1})$, $i = 1, 2, \cdots, p$ 的联合分布. 最后, 顺便就可得出 $\{\lambda_i(S_1)\}$ 的联合分布.

求分布的方法, 也是通过一系列的变换, 大量的计算是与变换有关的雅可比行列式, 为了看起来清楚一些, 采用引理的形式逐步进行推演.

我们用 $J(y; x)$ 表示将 $x \to y$ 相应的偏微商组成的矩阵行列式, 或表示成 $\left| \dfrac{\partial y'}{\partial x} \right|$. 因此, 当变换是将矩阵偶 $(A, B) \to (C, D)$ 时, 记号

$$\left| \frac{\partial(C, D)}{\partial(A, B)} \right|$$

表示相应的雅可比行列式(即 C, D 中的元素对 A, B 中的元素的偏导数形成的矩阵的行列式), 当 C, D, A, B 中有对称矩阵时, 上述记号只表示独立变量相应的偏导数所形成的矩阵行列式, 它的意义和一般的矩阵不同, 这一点要请读者注意. 下面先回顾一下一些简单的 1-1 线性变换所相应的雅可比行列式:

(i) 设 $y = Ax$, 则 $J(y; x) = |A|$.

(ii) 设 $\underset{n \times p}{Y} = \underset{n \times n}{A} \underset{n \times p}{X}$, 则 $J(Y; X) = |A|^p$, 自然就有 $J(X; Y) = |A|^{-p}$.

(iii) 设 $\underset{n \times p}{Y} = \underset{n \times p}{X} \underset{p \times p}{B}$, 则 $J(Y; X) = |B|^n$, 自然就有 $J(X; Y) = |B|^{-n}$.

(iv) 设 $\underset{n \times p}{Y} = \underset{n \times n}{A} \underset{n \times p}{X} \underset{p \times p}{B}$，则 $J(Y; X) = |A|^p |B|^n$，自然就有 $J(X; Y) = |A|^{-p} |B|^{-n}$.

另外从全微分与偏微商的关系知道，如果向量 $\underset{p \times 1}{u}$ 是向量 $\underset{p \times 1}{v}$ 的函数，即

$$u_i = f_i(v_1, \cdots, v_p), \qquad i = 1, 2, \cdots, p,$$

则

$$du_i = \sum_{j=1}^{p} \frac{\partial f_i}{\partial v_j} dv_j,$$

记

$$du = \begin{pmatrix} du_1 \\ \vdots \\ du_p \end{pmatrix}, \qquad dv = \begin{pmatrix} dv_1 \\ \vdots \\ dv_p \end{pmatrix},$$

就有公式

$$du = \left(\frac{\partial u'}{\partial v} \right) dv.$$

因此可以用全微分的方法来求变换 $v \to u$ 相应的雅可比行列式.

引理 8.1 设 $A > 0, B > 0$，如果 $(A - \lambda B) y = 0$，当 $\lambda \neq -1$ 时，令 $f = \dfrac{\lambda}{1 + \lambda}$，则有

$$(A - f(A + B)) y = 0.$$

证明
$$\begin{aligned} A - f(A + B) y &= \left[A - \frac{\lambda}{1 + \lambda} (A + B) \right] y \\ &= \frac{1}{1 + \lambda} [(1 + \lambda) A - \lambda A - \lambda B] y \\ &= \frac{1}{1 + \lambda} (A - \lambda B) y \\ &= 0 \quad \# \end{aligned}$$

因此，A 相对于 B 的特征根 λ 和特征向量 y，与 A 相对于 $(A + B)$ 的特征根 f 和特征向量有密切的关系，只需将 $\lambda \to \dfrac{\lambda}{1 + \lambda} (= f)$，相应的特征向量就不变.

引理 8.2 设 $A > 0, B > 0$，A 相对于 $A + B$ 的特征根按大小顺序排列为 $f_1 > f_2 > \cdots f_p$，相应的特征向量为 $y_1, \cdots, y_p, y_i'(A + B) y_j = \delta_{ij}$，记

$$F = \begin{pmatrix} f_1 & & O \\ & \ddots & \\ O & & f_p \end{pmatrix}, \quad Y = (y_1, \cdots, y_p), \quad E = Y^{-1},$$

则有 $A = E'FE, B = E'(I - F)E$，且规定 E 中各列第一个非 0 元素均为正值时，$(A, B) \to (E, F)$ 是一一对应的.

证明   由条件可知
$$AY = (A + B)YF, \qquad Y'(A + B)Y = I.$$
因此 $Y'AY = Y'(A + B)YF = F$，两边左乘 $(Y')^{-1}$，右乘 Y^{-1}，就得
$$A = (Y')^{-1}Y'AYY^{-1} = (Y')^{-1}FY^{-1} = E'FE.$$
对 $Y'(A + B)Y = I$ 也同样处理，得
$$A + B = (Y')^{-1}Y^{-1} = E'E,$$
所以
$$B = E'(I - F)E.$$

今证唯一性，若 E_1, E_2 均合于要求，则有
$$E_1'E_1 = E_2'E_2, \qquad E_1'FE_1 = E_2'FE_2,$$
即
$$(E_2')^{-1}E_1'E_1E_2^{-1} = I, \qquad (E_2')^{-1}E_1'F = FE_2E_1^{-1}.$$
令 $P = E_1E_2^{-1}$，上两式即
$$P'P = I, \qquad P'F = FP^{-1},$$
也即 P 是正交阵，且 $P'F = FP'$，与对角阵 F 能交换的矩阵只能是对角阵，也即 P' 是一个对角阵，因此 P 中的非 0 元素只能是 ± 1，于是 E_1 与 E_2 的各列向量或者相等或者符号相反，今 E_i 各列的第一个非 0 元素均为正，因此 $E_1 = E_2$ ♯

引理 8.3   设 $u_i = f_i(v_1, \cdots, v_p), i = 1, 2, \cdots, p,$
$$v_i = g_i(\omega_1, \cdots, \omega_p), i = 1, 2, \cdots, p,$$
记 $A = \left(\dfrac{\partial f_i}{\partial v_j}\right), B = \left(\dfrac{\partial g_i}{\partial \omega_j}\right)$，则有
$$\begin{bmatrix} du_1 \\ \vdots \\ du_p \end{bmatrix} = AB \begin{bmatrix} d\omega_1 \\ \vdots \\ d\omega_p \end{bmatrix},$$
即 $du = ABd\omega$.

证明   因为
$$du_i = \sum_{j=1}^{p} \frac{\partial f_i}{\partial v_j} dv_j, \qquad i = 1, 2, \cdots, p,$$
所以 $du = Adv.$
同理 $dv = Bd\omega.$
由复合函数的微商公式知道：
$$\frac{\partial f_i}{\partial \omega_k} = \sum_{j=1}^{p} \frac{\partial f_i}{\partial v_j} \cdot \frac{\partial v_j}{\partial \omega_k}$$
$$= \sum_{j=1}^{p} \frac{\partial f_i}{\partial v_j} \cdot \frac{\partial g_j}{\partial \omega_k} = \sum_{j=1}^{p} a_{ij}b_{jk},$$

这就证明了 $du = AB\, d\omega$ ♯

引理8.4 设 $\underset{p\times p}{A} = \underset{p\times m}{X}\ \underset{m\times p}{Y}$，则
$$dA = (dX)Y + X(dY).$$

证明 因为
$$a_{ij} = \sum_{\alpha=1}^{m} x_{i\alpha} y_{\alpha j},$$

所以
$$da_{ij} = \sum_{\alpha=1}^{m} d(x_{i\alpha} y_{\alpha j}) = \sum_{\alpha=1}^{m} ((dx_{i\alpha}) y_{\alpha j} + x_{i\alpha}(dy_{\alpha j})),$$

即
$$dA = (dX)Y + X(dY).$$

从引理8.4立即可推出 $A = XYZ$ 时，就有
$$dA = (dX)YZ + X(dY)Z + XY(dZ) \quad ♯$$

现在我们来计算引理8.2中 $(A, B) \rightarrow (E, F)$ 这一变换所相应的雅可比行列式.

令 $G = A + B$，于是
$$\left| \frac{\partial(A, B)}{\partial(E, F)} \right| = \left| \frac{\partial(A, G)}{\partial(E, F)} \right|.$$

然而 $G = E'E, A = E'FE$，由引理8.4得
$$dA = (dE)'FE + E'(dF)E + E'F(dE),$$
$$dG = (dE)'E + E'(dE).$$

两式均左乘 E'^{-1}、右乘 E^{-1}，就得
$$(E')^{-1}(dA)E^{-1} = (E')^{-1}(dE)'F + dF + F(dE)E^{-1},$$
$$(E')^{-1}(dG)E^{-1} = (E')^{-1}(dE)' + (dE)E^{-1}.$$

令
$$d\widetilde{A} = (E')^{-1}(dA)E^{-1},$$
$$d\widetilde{G} = (E')^{-1}(dG)E^{-1},$$
$$dW = (dE)E^{-1}.$$

于是
$$d\widetilde{A} = (dW)'F + dF + F(dW),$$
$$d\widetilde{G} = (dW)' + dW.$$

用分量的形式写出，得
$$d\widetilde{a}_{ii} = df_i + 2f_i d\omega_{ii},$$
$$d\widetilde{a}_{ij} = f_j d\omega_{ji} + f_i d\omega_{ij}, \quad i < j,$$
$$d\widetilde{g}_{ii} = 2d\omega_{ii},$$
$$d\widetilde{g}_{ij} = d\omega_{ji} + d\omega_{ij}, \quad i < j.$$

因此，令

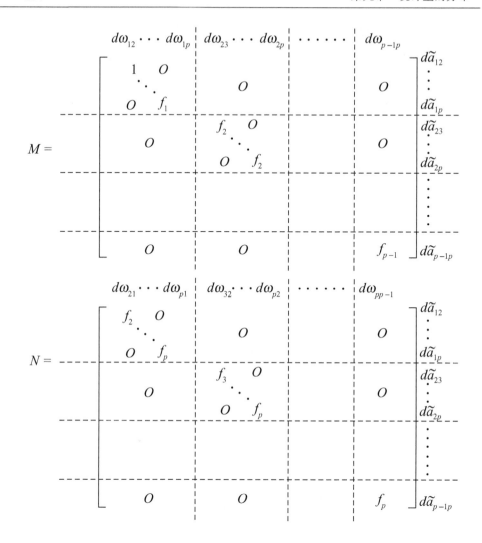

后,就得到

$$\begin{array}{c}\ \\ d\widetilde{a}_{ii} \\ d\widetilde{g}_{ii} \\ d\widetilde{a}_{ij}(i<j) \\ d\widetilde{g}_{ij}(i<j)\end{array}\begin{array}{cccc}df_i & d\omega_{ii} & d\omega_{ij}(i<j) & d\omega_{ij}(i>j) \\ \left(I\right. & 2F & O & O \\ O & 2I & O & O \\ O & O & M & N \\ O & O & I & \left.I\right)\end{array}.$$

由此可知,经过一系列的变换:

$$(E,F) \rightarrow (W,F) \rightarrow (\widetilde{A},\widetilde{G}) \rightarrow (A,G)$$

就得$(E,F) \rightarrow (A,G)$,相应的雅可比行列式是中间各步相应的雅可比行列式的乘积.今各中间步骤变换的雅可比行列式为:

$$(E,F) \rightarrow (W,F): \mid E \mid^{-p};$$

$$(W,F) \rightarrow (\widetilde{A},\widetilde{G}): \begin{vmatrix} I & 2F \\ O & 2I \end{vmatrix} \begin{vmatrix} M & N \\ I & I \end{vmatrix} = \mid M - N \mid 2^p = 2^p \prod_{i<j}(f_i - f_j);$$

$$(\widetilde{A},\widetilde{G}) \rightarrow (A,G): \mid E \mid^{2(p+1)}.$$

因此,变换$(E,F) \rightarrow (A,G)$相应的雅可比行列式是

$$2^p \mid E \mid^{p+2} \prod_{i<j}(f_i - f_j).$$

这里还需证明一点,就是

$$(\widetilde{A},\widetilde{G}) \rightarrow (A,G)$$

的雅可比行列式为什么是$\mid E \mid^{2(p+1)}$. 实际上,只需证明下述引理 8.5 就够了.

引理 8.5 设$\underset{p \times p}{S'} = S, \mid \underset{p \times p}{C} \mid \neq 0, A = CSC'$,则将$S \rightarrow A$相应的雅可比行列式是$\mid C \mid^{-(p+1)}$.

证明 考虑对S施行关于行列是对称的初等变换. $E(i,j)$表示第i行与第j行互换,第i列与第j列互换;$M_i(c)$表示第i行,第i列均乘以常数c;$A(i,j)$表示第i行加以第j行,第i列加以第j列. 由于非奇异阵C一定能表示成初等变换的乘积,我们只需证明对初等变换阵,引理成立就行了. 记$A = (a_{ij}), S = (s_{ij})$.

1. 对$E(i,j)$阵成立是显然的. 此时$\mid E(i,j) \mid = 1$或者-1,相应的雅可比行列式也是.

2. 对$M_{i_0}(c)$阵成立.

$$a_{ij} = \begin{cases} s_{ij}, & i \neq i_0, j \neq i_0; \\ c s_{ij}, & i = i_0 但 j \neq i_0; i \neq i_0 但 j = i_0; \\ c^2 s_{ij}, & i = i_0, j = i_0. \end{cases}$$

注意到$A' = A$,只须考虑$i \leqslant j$时$\dfrac{\partial a_{ij}}{\partial s_{\alpha\beta}}$的值,实际上,$A$对$S$的偏微商矩阵中只有主对角元素不为 0,而且

$$\frac{\partial a_{ij}}{\partial s_{ij}} = \begin{cases} 1, & i \neq i_0, j \neq i_0, \\ c, & i = i_0,但 j \neq i_0; i \neq i_0,但 j = i_0, \\ c^2, & i = i_0, j = i_0. \end{cases}$$

只须考虑$i \leqslant j$的$\dfrac{p}{2}(p+1)$个值,其中有$p-1$个c,1 个c^2,其余都是 1,因此,相应的雅可比行列式是c^{p+1},即

$$J(A,S) = \mid M_{i_0}(c) \mid^{p+1},$$

即

$$J(S,A) = \mid M_{i_0}(c) \mid^{-(p+1)}.$$

3. 对 $A(i,j)$ 阵也成立. 这和 1 的情况类似, 直接求雅可比行列式即可看出.

至此, 我们就证明了引理 8.5 ♯

这些准备工作做好了, 就可以求相应的特征根和特征向量的联合分布, 设 $n > p, m > p$.

定理 8.1 设 $A \sim W_p(m, I_p), B \sim W_p(n, I_p), A$ 与 B 独立, $|A - \lambda B| = 0$ 相应的特征根记为 $\lambda_1 > \lambda_2 > \cdots > \lambda_p > 0$ 相应的特征向量记为 Y, 则有

(i) $\lambda_1, \cdots, \lambda_p$ 和 Y 是相互独立的;

(ii) $\lambda_1, \cdots, \lambda_p$ 的联合分布密度为

$$
\frac{\pi^{\frac{p}{2}} \prod\limits_{\alpha=0}^{p-1} \Gamma\left(\dfrac{m+n-\alpha}{2}\right)}{\prod\limits_{\alpha=0}^{p-1} \Gamma\left(\dfrac{n-\alpha}{2}\right) \Gamma\left(\dfrac{m-\alpha}{2}\right) \Gamma\left(\dfrac{p-\alpha}{2}\right)} \prod_{i=1}^{p} \lambda_i^{\frac{1}{2}(m-p-1)}
$$
$$
\times \prod_{i=1}^{p} (\lambda_i + 1)^{-\frac{m+n}{2}} \prod_{i<j} (\lambda_i - \lambda_j),
$$
$$
\text{当 } \lambda_1 > \lambda_2 > \cdots > \lambda_p > 0; \tag{8.1}
$$

(iii) Y 的联合分布密度为

$$
\frac{1}{2^{\frac{p}{2}(m+n-2)} \pi^{\frac{p^2}{2}}} \left[\prod_{\alpha=0}^{p-1} \frac{\Gamma\left(\dfrac{p-\alpha}{2}\right)}{\Gamma\left(\dfrac{m+n-\alpha}{2}\right)} \right] \times | YY' |^{-\frac{1}{2}(m+n+p)} e^{-\frac{1}{2}\operatorname{tr}(YY')^{-1}}. \tag{8.2}
$$

证明 今 A, B 的联合密度为

$$
C_1 | A |^{\frac{1}{2}(m-p-1)} | B |^{\frac{1}{2}(n-p-1)} e^{-\frac{1}{2}\operatorname{tr}(A+B)},
$$

其中

$$
C_1 = \left(2^{\frac{p}{2}(m+n)} \pi^{\frac{p}{2}(p-1)} \prod_{\alpha=0}^{p-1} \Gamma\left(\frac{n-\alpha}{2}\right) \Gamma\left(\frac{m-\alpha}{2}\right) \right)^{-1}.
$$

因此, 将 $(A, B) \rightarrow (E, F)$ 后, E, F 的联合密度就是

$$
C_1 | E'FE |^{\frac{1}{2}(m-p-1)} | E'(I-F)E |^{\frac{1}{2}(n-p-1)} e^{-\frac{1}{2}\operatorname{tr}E'E} 2^p
$$
$$
\times | E'E |^{\frac{1}{2}(p+2)} \prod_{i<j} (f_i - f_j),
$$

这是因为 $|E| = |E'E|^{\frac{1}{2}}$, 将乘积的行列式换成行列式的乘积, 进行合并, E, F 的联合密度就是

$$
2^p C_1 | F |^{\frac{1}{2}(m-p-1)} | I-F |^{\frac{1}{2}(n-p-1)} | E'E |^{\frac{1}{2}(m+n-p)} e^{-\frac{1}{2}\operatorname{tr}E'E} \times \prod_{i<j} (f_i - f_j),
$$

注意到 $| F | = \prod\limits_{i=1}^{p} f_i, | I-F | = \prod\limits_{i=1}^{p} (1-f_i)$, 因此, 联合密度就可以写成

$$2^p C_1 \mid E'E \mid^{\frac{1}{2}(m+n-p)} e^{-\frac{1}{2}\mathrm{tr}E'E} \Big(\prod_{i=1}^{p} f_i^{\frac{1}{2}(m-p-1)} (1-f_i)^{\frac{1}{2}(n-p-1)} \Big) \times \prod_{i<j} (f_i - f_j).$$

将 f_i 用 λ_i 代入,$f_i = \dfrac{\lambda_i}{1+\lambda_i}$,$i=1,2,\cdots,p$,此时

$$df_i = \Big(\frac{1}{1+\lambda_i} \Big)^2 d\lambda_i,$$

$$1 - f_i = \frac{1}{1+\lambda_i}, \qquad f_i - f_j = \frac{\lambda_i - \lambda_j}{(1+\lambda_i)(1+\lambda_j)},$$

于是立即可知 E 与 $\lambda_1,\cdots,\lambda_p$ 的联合密度为

$$2^p C_1 \mid E'E \mid^{\frac{1}{2}(m+n-p)} e^{-\frac{1}{2}\mathrm{tr}E'E} \prod_{i=1}^{p} \lambda_i^{\frac{1}{2}(m-p-1)} (1+\lambda_i)^{\frac{m+n}{2}} \times \prod_{i<j} (\lambda_i - \lambda_j).$$

从这里就看出 $\lambda_1,\cdots,\lambda_p$ 与 E 是相互独立,而特征向量 Y 是 E^{-1},因此就得到定理中的结论(i).

注意 E 中的元素满足 $e_{i1}>0$,$i=1,2,\cdots,p$,因此

$$2^p \int\limits_{\substack{e_{i1}>0 \\ i=1,2,\cdots,p}} \mid E'E \mid^{\frac{1}{2}(m+n-p)} e^{-\frac{1}{2}\mathrm{tr}E'E} dE = \int \mid E'E \mid^{\frac{1}{2}(m+n-p)} e^{-\frac{1}{2}\mathrm{tr}E'E} dE,$$

再利用维希特分布的密度及(4.2),(5.1)的公式,就知道上式右端的积分值是

$$\frac{\pi^{\frac{p^2}{2}-\frac{p}{4}(p-1)}}{\prod_{\alpha=0}^{p-1} \Gamma\Big(\frac{p-\alpha}{2} \Big)} \int\limits_{A>0} \mid A \mid^{-\frac{1}{2}} \mid A \mid^{\frac{1}{2}(m+n-p)} e^{-\frac{1}{2}\mathrm{tr}A} dA$$

$$= \frac{\pi^{\frac{p}{4}(p+1)}}{\prod_{\alpha=0}^{p-1} \Gamma\Big(\frac{p-\alpha}{2} \Big)} [C_p(m+n, I)]^{-1}$$

$$= \frac{\pi^{\frac{p}{4}(p+1)}}{\prod_{\alpha=0}^{p-1} \Gamma\Big(\frac{p-\alpha}{2} \Big)} \cdot 2^{\frac{p}{2}(m+n)} \pi^{\frac{p}{4}(p-1)} \prod_{\alpha=0}^{p-1} \Gamma\Big(\frac{m+n-\alpha}{2} \Big)$$

$$= 2^{\frac{p}{2}(m+n)} \pi^{\frac{p^2}{2}} \prod_{\alpha=0}^{p-1} \frac{\Gamma\Big(\frac{m+n-\alpha}{2} \Big)}{\Gamma\Big(\frac{p-\alpha}{2} \Big)}.$$

因此,就得到 $\lambda_1,\cdots,\lambda_p$ 的联合密度是(ii)中的表达式.

因此 E 的联合密度是

$$2^{-\frac{p}{2}(m+n-2)}\pi^{-\frac{p^2}{2}}\left[\prod_{\alpha=0}^{p-1}\frac{\Gamma\left(\dfrac{p-\alpha}{2}\right)}{\Gamma\left(\dfrac{m+n-\alpha}{2}\right)}\right]\times\mid E'E\mid^{\frac{1}{2}(m+n-p)}e^{-\frac{1}{2}\mathrm{tr}E'E},$$

$$\text{当 } e_{i1}>0,\qquad i=1,2,\cdots,p.$$

特征向量 $Y=E^{-1}$,又已知作变换 $Y=E^{-1}$ 时,相应的雅可比行列式是 $\mid Y\mid^{-2p}$(见第一章 §10.),因此 Y 的联合密度是

$$2^{-\frac{p}{2}(m+n-2)}\pi^{-\frac{p^2}{2}}\left[\prod_{\alpha=0}^{p-1}\frac{\Gamma\left(\dfrac{p-\alpha}{2}\right)}{\Gamma\left(\dfrac{m+n-\alpha}{2}\right)}\right]\times\mid YY'\mid^{-\frac{1}{2}(m+n+p)}e^{-\frac{1}{2}\mathrm{tr}(YY')^{-1}}.$$

这就证明了(iii)　♯

现考虑 A 是退化的情形.

此时 $\underset{p\times p}{A}=\sum_{i=1}^{m}x_ix_i'$,$x_i$ 相互独立,都遵从 $N(0,I_p)$,并且 $m<p$.现在来求

$$\mid A-f(A+B)\mid=0$$

中非 0 特征根的联合分布.

令 $G=A+B$,此时 B 与 $x_1,\cdots,x_m$ 的联合分布密度为

$$\frac{\mid B\mid^{\frac{1}{2}(n-p-1)}e^{-\frac{1}{2}\mathrm{tr}B}}{2^{\frac{1}{2}np}\pi^{\frac{1}{4}p(p-1)}\prod_{\alpha=0}^{p-1}\Gamma\left(\dfrac{n-\alpha}{2}\right)}\cdot\frac{e^{-\frac{1}{2}\mathrm{tr}A}}{(2\pi)^{\frac{mp}{2}}},$$

作变换 $(x_1,\cdots,x_m,B)\to(x_1,\cdots,x_m,A+B)$,相应的雅可比行列式是 1,因此, $x_1,\cdots,x_m$ 和 G 的联合密度是

$$\frac{\mid G-A\mid^{\frac{1}{2}(n-p-1)}e^{-\frac{1}{2}\mathrm{tr}G}}{2^{\frac{p}{2}(m+n)}\pi^{\frac{mp}{2}+\frac{p}{4}(p-1)}\prod_{\alpha=0}^{p-1}\Gamma\left(\dfrac{n-\alpha}{2}\right)}.$$

从矩阵的知识可知 $G>0$,且可以唯一地分解为 CC',作变换

$$(x_1\cdots x_m)=\underset{p\times m}{X}=\underset{p\times p}{C}\underset{p\times m}{U},$$

即对每一个 α,$x_\alpha=Cu_\alpha$,$\alpha=1,2,\cdots,m$.因此 $(X,G)\to(U,G)$ 相应的雅可比行列式

$$J(X,G;U,G)=\left|\frac{\partial(X,G)}{\partial(U,G)}\right|=\mid C\mid^m=\mid G\mid^{\frac{m}{2}}.$$

此时

$$A=XX'=CUU'C',$$

$$\mid G-A\mid=\mid CC'-CUU'C'\mid=\mid C\mid^2\mid I-UU'\mid=\mid G\mid\mid I-UU'\mid.$$

因此,(U,G) 的联合分布密度是

$$\frac{\mid G \mid^{\frac{1}{2}(n+m-p-1)} \mid I - UU' \mid^{\frac{1}{2}(n-p-1)} e^{-\frac{1}{2}\mathrm{tr}G}}{2^{\frac{p}{2}(m+n)} \pi^{\frac{1}{2}mp+\frac{1}{4}p(p-1)} \prod_{\alpha=0}^{p-1} \Gamma\left(\frac{n-\alpha}{2}\right)}.$$

对 G 积分,就可利用维希特分布的密度,这样就得到 U 的联合分布是

$$\frac{1}{\pi^{\frac{1}{2}mp}} \prod_{\alpha=0}^{p-1} \frac{\Gamma\left(\dfrac{m+n-\alpha}{2}\right)}{\Gamma\left(\dfrac{n-\alpha}{2}\right)} \mid I - UU' \mid^{\frac{1}{2}(n-p-1)}. \qquad (8.3)$$

现在来看方程

$$0 = \mid A - f(A+B) \mid = \mid A - fG \mid$$
$$= \mid CUU'C' - fCC' \mid = \mid C \mid\mid UU' - fI \mid\mid C' \mid,$$

今 $\mid C \mid \neq 0$,因此 f 是 $\mid A - f(A+B) \mid = 0$ 的根必须且只须 f 是

$$\mid UU' - fI \mid = 0$$

的根.由于 UU' 与 $U'U$ 的非 0 特征根是全部相同的,因此问题就转变为求 $U'U$ 的非 0 特征根的联合分布,已知 U 的分布密度是前面的(8.3).

由于

$$\mid I_p - UU' \mid = \begin{vmatrix} I_p & U \\ U' & I_m \end{vmatrix} = \mid I_m - U'U \mid,$$

(8.3)中的 $\mid I - UU' \mid$ 可以换成 $\mid I - U'U \mid$,因而 U 的联合密度就是

$$\frac{1}{\pi^{\frac{1}{2}mp}} \left(\prod_{\alpha=0}^{p-1} \frac{\Gamma\left(\dfrac{m+n-\alpha}{2}\right)}{\Gamma\left(\dfrac{n-\alpha}{2}\right)} \right) \mid I - U'U \mid^{\frac{1}{2}(n-p-1)}. \qquad (8.4)$$

上面这些并不依赖于 $m<p$,对 $m \geqslant p$ 也还一样成立,因此可知当密度为 (8.3),$m \geqslant p$ 时,UU' 的非 0 特征根的联合分布已在(8.1)中求得.于是把(8.3)中 的 U' 当作 U,注意此时 m 和 p 的地位正好转化了,由于 $p>m$,它就满足了非退 化的要求,因此非 0 特征根 $f_1, \cdots, f_m$ 的联合密度就可以直接写出,只需将 p 代以 m,m 代以 p,n 代以 $n+m-p$,就马上可以写出 $f_1, \cdots, f_m$ 的联合分布密度是

$$\pi^{\frac{m}{2}} \prod_{\alpha=0}^{m-1} \frac{\Gamma\left(\dfrac{m+n-\alpha}{2}\right)}{\Gamma\left(\dfrac{m-\alpha}{2}\right) \Gamma\left(\dfrac{p-\alpha}{2}\right) \Gamma\left(\dfrac{m+n-p-\alpha}{2}\right)}$$
$$\times \prod_{i=1}^{m} f_i^{\frac{1}{2}(p-m-1)} \prod_{i=1}^{m} (1-f_i)^{\frac{1}{2}(n-p-1)} \prod_{i<j} (f_i - f_j),$$

再将 f_i 用 $\dfrac{\lambda_i}{1+\lambda_i}$ 代入,就和前面 $\mid A \mid \neq 0$ 的情形一样,求得 $\lambda_1 \geqslant \cdots \geqslant \lambda_m > 0$ 的联合 分布密度是

$$\pi^{\frac{m}{2}} \prod_{\alpha=0}^{m-1} \frac{\Gamma\left(\frac{m+n-\alpha}{2}\right)}{\Gamma\left(\frac{m-\alpha}{2}\right)\Gamma\left(\frac{p-\alpha}{2}\right)\Gamma\left(\frac{m+n-p-\alpha}{2}\right)}$$

$$\times \prod_{i=1}^{m} \lambda_i^{\frac{1}{2}(p-m-1)}(1+\lambda_i)^{-\frac{1}{2}(m+n)} \prod_{i<j}(\lambda_i-\lambda_j),$$

$$\lambda_1 \geqslant \cdots \geqslant \lambda_m > 0. \tag{8.5}$$

特别地,当 $m=1$ 时,(8.5)的密度就是与 T^2 有关的分布,读者不难去找到它们的关系.

下面我们再来导出 §7 中 $\lambda(s)$ 的联合分布密度.

引理 8.6　设 $\underset{p\times p}{B} = \underset{p\times m}{U}\,\underset{m\times p}{U'}, m\geqslant p$,且 U 的联合分布密度为

$$\pi^{-\frac{mp}{2}} \prod_{\alpha=0}^{p-1} \frac{\Gamma\left(\frac{m+n-\alpha}{2}\right)}{\left(\Gamma\frac{n-\alpha}{2}\right)} \mid I - UU' \mid^{\frac{1}{2}(n-p-1)},$$

则 B 的密度为

$$\pi^{-\frac{1}{4}p(p-1)} \prod_{\alpha=0}^{p-1} \frac{\Gamma\left(\frac{m+n-\alpha}{2}\right)}{\Gamma\left(\frac{m-\alpha}{2}\right)\Gamma\left(\frac{n-\alpha}{2}\right)} \mid I - B \mid^{\frac{1}{2}(n-p-1)} \times \mid B \mid^{\frac{1}{2}(m-p-1)}, B > 0.$$

证明　直接用公式(4.7)就可以得到　♯

如果用 B 的特征根来表示,就知道 $\mid I-B\mid, \mid B\mid$ 都可以写成特征根的函数,设 $\lambda_1^* \geqslant \cdots \geqslant \lambda_p^* > 0$ 是 B 的全部特征根,于是 B 的联合密度可以写成

$$\pi^{-\frac{p}{4}(p-1)} \prod_{\alpha=0}^{p-1} \frac{\Gamma\left(\frac{m+n-\alpha}{2}\right)}{\Gamma\left(\frac{m-\alpha}{2}\right)\Gamma\left(\frac{n-\alpha}{2}\right)} \times \prod_{i=1}^{p} \lambda_i^{*\frac{1}{2}(m-p-1)}(1-\lambda_i^*)^{\frac{1}{2}(n-p-1)},$$

我们用 $g(\lambda_1^*, \cdots, \lambda_p^*)$ 来表示它.

现在考虑对 B 作变换.我们知道 B 可以唯一地分解为 $\Gamma\begin{bmatrix} \lambda_1^* & & O \\ & \ddots & \\ O & & \lambda_p^* \end{bmatrix}\Gamma'$ 的

形式, $\lambda_1^* \geqslant \lambda_2^* \geqslant \cdots \geqslant \lambda_p^* > 0$ 是它的特征根, $\Gamma = (\gamma_1 \cdots \gamma_p)$ 是相应的特征向量,且

γ_i 的第一个坐标是非负的.记 $\Lambda = \begin{bmatrix} \lambda_1^* & & O \\ & \ddots & \\ O & & \lambda_p^* \end{bmatrix}$ 后,变换 $B \rightarrow (\Lambda, \Gamma)$,是 $1-1$

的.相应的雅可比行列式记为 $J(\Lambda, \Gamma)$,因此,(Λ, Γ) 的联合分布密度就是

$$J(\Lambda, \Gamma)g(\lambda_1^*, \cdots, \lambda_p^*).$$

如对上述密度的 Γ 进行积分,就得到 $\lambda_1^*,\cdots,\lambda_p^*$ 的分布.根据(8.1),我们已知 $\lambda_1^*,\cdots,\lambda_p^*$ 的分布是

$$\pi^{\frac{p}{2}}\prod_{\alpha=0}^{p-1}\frac{\Gamma\left(\dfrac{m+n-\alpha}{2}\right)}{\Gamma\left(\dfrac{m-\alpha}{2}\right)\Gamma\left(\dfrac{n-\alpha}{2}\right)\Gamma\left(\dfrac{p-\alpha}{2}\right)}$$

$$\times\prod_{i=1}^{p}\lambda_i^{*\frac{1}{2}(m-p-1)}(1-\lambda_i^*)^{\frac{1}{2}(n-p-1)}\prod_{i<j}(\lambda_i^*-\lambda_j^*).$$

另一方面,我们又知道,$\lambda_1^*,\cdots,\lambda_p^*$ 的分布应是

$$\int J(\Lambda,\Gamma)g(\lambda_1^*,\cdots,\lambda_p^*)d\Gamma=g(\lambda_1^*,\cdots,\lambda_p^*)\int J(\Lambda,\Gamma)d\Gamma.$$

比较这两式,就求得

$$\int J(\Lambda,\Gamma)d\Gamma=\frac{\pi^{\frac{p}{4}(p+1)}\prod_{i<j}(\lambda_i^*-\lambda_j^*)}{\prod_{\alpha=0}^{p-1}\Gamma\left(\dfrac{p-\alpha}{2}\right)}$$

这样就求得了,从

$$B\to(\Lambda,\Gamma)$$

的雅可比行列式对 Γ 积分的表达式.利用这个积分值就可以求出特征根的联合分布密度,这就是

定理 8.2 设 $A\sim W_p(n,I),n\geqslant p$,则 A 的 p 个特征根 $\lambda_1\geqslant\lambda_2\geqslant\cdots\geqslant\lambda_p>0$ 的联合分布密度是

$$\frac{\pi^{\frac{p}{2}}}{2^{\frac{np}{2}}}\cdot\prod_{\alpha=0}^{p-1}\frac{1}{\Gamma\left(\dfrac{p-\alpha}{2}\right)\Gamma\left(\dfrac{n-\alpha}{2}\right)}\cdot\prod_{i=1}^{p}\lambda_i^{-\frac{1}{2}(n-p-1)}\cdot$$

$$\prod_{i<j}(\lambda_i-\lambda_j)\cdot e^{-\frac{1}{2}\sum_{i=1}^{p}\lambda_i},\lambda_1\geqslant\cdots\geqslant\lambda_p>0. \tag{8.6}$$

证明　已知 A 的分布密度为 $W_p(n,I)$,作变换

$$A\to(\Lambda,\Gamma),\qquad\Lambda=\begin{bmatrix}\lambda_1&&O\\&\ddots&\\O&&\lambda_p\end{bmatrix},\qquad\Gamma'\Gamma=I.$$

A 与 Λ,Γ 有 $A=\Gamma\begin{bmatrix}\lambda_1&&O\\&\ddots&\\O&&\lambda_p\end{bmatrix}\Gamma',\gamma_{1i}\geqslant0,i=1,2,\cdots,p$.相应的雅可比行列式是 $J(\Lambda,\Gamma)$,因此 (Λ,Γ) 的联合分布密度是

$$J(\Lambda,\Gamma)W_p(n,I) = J(\Lambda,\Gamma)\frac{\mid\lambda_1\cdots\lambda_p\mid^{-\frac{n-p-1}{2}}e^{-\frac{1}{2}\sum\limits_{i=1}^{p}\lambda_i}}{2^{\frac{np}{2}}\pi^{\frac{p}{4}(p-1)}\prod\limits_{\alpha=0}^{p-1}\Gamma\left(\dfrac{n-\alpha}{2}\right)},$$

上式对 Γ 积分,就可以求出 $\lambda_1,\cdots,\lambda_p$ 的联合分布,然而 $\int J(\Lambda,\Gamma)d\Gamma$ 的值已经求得,因此就得到 $\lambda_1,\cdots,\lambda_p$ 的联合密度是

$$\frac{\pi^{\frac{p}{4}(p+1)}\prod\limits_{i<j}(\lambda_i-\lambda_j)}{\prod\limits_{\alpha=0}^{p-1}\Gamma\left(\dfrac{p-\alpha}{2}\right)}\cdot\frac{\mid\lambda_1\cdots\lambda_p\mid^{-\frac{n-p-1}{2}}e^{-\frac{1}{2}\sum\limits_{i=1}^{p}\lambda_i}}{2^{\frac{np}{2}}\pi^{\frac{p}{4}(p-1)}\prod\limits_{\alpha=0}^{p-1}\Gamma\left(\dfrac{n-\alpha}{2}\right)} \qquad \#$$

容易看出,当 $p=1$ 时,(8.6)所确定的密度正好是 $\chi^2(n)$.这与已知的结果是相符的.

§9. 结 束 语

多元分析中关于统计量的分布的推导一直是一个重要的课题.迄今为止,还有不少统计量的精确分布还没有求得,有些统计量经历了几十年的时间才求出了它的精确分布,这些情况说明了寻求统计量的精确分布是比较困难的.非中心 Wishart 分布和 Λ 统计量的分布一直是这一问题的核心,为了求出非中心 W 分布的表达式,发展了各种求分布密度的方法.这一章介绍了矩法,直接变换法(即求雅可比的变数替换)以及随机变量变换法,而以直接变换法为主.直接变换在 50 年代中期以前一直是求分布的主要方法,而且用它也确实解决了一些困难的问题,但是想用它来求非中心 W 分布和 Λ 的分布,却一直没有取得成功.矩法的进一步发展自然是求特征函数,求得特征函数后再用反演公式求出密度,这在原则上是可行的,实际上也取得了一些进展,但解决不了根本性的困难.随机变量变换法是直接变换法的进一步发展,仔细分析一下,在直接变换法计算密度时,每作一次变换(积分元的变换),就相当于进行了一次随机变量的变换.使用随机变量变换的方法可以避免计算雅可比行列式,整个的推导过程只涉及一些代数的运算,证明也比较简洁,避免了分析的演算,本章 §7 的内容就体现了这一点.下面我们再举两个例子来说明一下.

假定 $\underset{n\times p}{X}=(\underset{n\times p_1}{X_1}\ \underset{n\times p_2}{X_2})$,$X$ 的各个行向量 $\underset{p\times 1}{x_{(i)}}$ 独立同分布,均遵从 $N(0,V)$,其中

$$V=\begin{pmatrix}V_{11}&V_{12}\\V_{21}&V_{22}\end{pmatrix}\begin{matrix}p_1\\p_2\end{matrix}.$$
$$\quad\ p_1\qquad p_2$$

取

$$T = \begin{bmatrix} I_{p_1} & - V_{12} V_{22}^{-} \\ O & I_{p_2} \end{bmatrix},$$

我们令 $z_{(\alpha)} = T x_{(\alpha)}, \alpha = 1, 2, \cdots, n$，则 $z_{(\alpha)}$ 独立同分布 $N(0, TVT')$. 注意到

$$TVT' = \begin{bmatrix} V_{11} - V_{12} V_{22}^{-} V_{21} & O \\ O & V_{22} \end{bmatrix} \begin{smallmatrix} p_1 \\ p_2 \end{smallmatrix},$$
$$\qquad\qquad p_1 \qquad\qquad p_2$$

因此将 $z_{(\alpha)}$ 也相应分段，记

$$Z = (z_{(1)} \cdots z_{(n)})', \qquad z_{(\alpha)} = \begin{bmatrix} z_{(\alpha)1} \\ z_{(\alpha)2} \end{bmatrix} \begin{smallmatrix} p_1 \\ p_2 \end{smallmatrix},$$

则由 TVT' 的表达式知道 $\{z_{(\alpha)1}\}, \{z_{(\alpha)2}\}$ 相互独立，将 Z 相应分块，$Z = (Z_1 Z_2)$，则 Z_1 与 Z_2 相互独立. 而 $(Z_1 Z_2) = Z = XT' = (X_1 X_2) T' = (X_1 - X_2 V_{22}^{-} V_{21}, X_2)$，因此 $X_1 - X_2 V_{22}^{-} V_{21}$ 与 X_2 是相互独立的. 这里整个推导中没有涉及到分析的计算.

设 $x_{(1)}, \cdots, x_{(n)}$ 来自正态总体 $N_p(0, V), n > p$，和刚才一样，记 $X = (x_{(1)} \cdots x_{(n)})' = (X_1 X_2)$，$V$ 也相应分块 $V = \begin{bmatrix} V_{11} & V_{12} \\ V_{21} & V_{22} \end{bmatrix}$，现在假定 $V_{12} = O$，即 $V = \begin{bmatrix} V_{11} & O \\ O & V_{22} \end{bmatrix}$，要求

$$(X_1' X_1)^{-1} (X_1' X_2 (X_2' X_2)^{-1} X_2' X_1)$$

的特征根的联合分布. 很明显，这个问题与广义相关系数的分布是密切相关的. 由于 $V_{12} = 0$，因此 X_2 与 X_1 是相互独立的. 考虑随机正交变换，即存在正交阵 U, U 是 X_2 的函数，使

$$U X_2 (X_2' X_2)^{-1} X_2' U' = \begin{bmatrix} I_{p_2} & O \\ O & O \end{bmatrix}.$$

今设 $p_1 > p_2$（否则考虑 $(X_2' X_2)^{-1} X_2' X_1 (X_1' X_1)^{-1} X_1' X_2$ 这个矩阵），作变换 $Z = U X_1$，则 $X_1 = U' Z$. 由于 U 是正交阵，当 X_2 固定时，Z 的各行独立同分布 $N_{p_1}(0, V_{11})$，因此，由引理 6.1 知道 Z 与 X_2 独立，且 Z 的分布与 X_1 相同. 今

$$(X_1' X_1)^{-1} X_1' X_2 (X_2' X_2)^{-1} X_2' X_1 = (Z' U U' Z)^{-1} Z' U X_2 (X_2' X_2)^{-1} X_2' U' Z$$

$$= (Z' Z)^{-1} Z' \begin{bmatrix} I_{p_2} & O \\ O & O \end{bmatrix} Z,$$

将 Z 分块，$Z' = (Z_{(1)}' Z_{(2)}')$，于是 $Z_{(1)}, Z_{(2)}$ 独立，且有
$\quad\;\; p_2 \quad n \cdots p_2$

$$Z'Z = (Z'_{(1)} Z'_{(2)}) \begin{bmatrix} Z_{(1)} \\ Z_{(2)} \end{bmatrix} = Z'_{(1)} Z_{(1)} + Z'_{(2)} Z_{(2)},$$

$$Z' \begin{bmatrix} I_{p_2} & O \\ O & O \end{bmatrix} Z = Z'_{(1)} Z_{(1)},$$

于是

$$(X'_1 X_1)^{-1} X'_1 X_2 (X'_2 X_2)^{-1} X'_2 X_1 = (Z'_{(1)} Z_{(1)} + Z'_{(2)} Z_{(2)})^{-1} Z'_{(1)} Z_{(1)}.$$

这个矩阵的特征根的分布已在 §8 中求得,因此利用 §8 的结果就可以进一步导出在一般情况下(比上面举的例子更一般些)样本的关联阵的特征根的联合分布,即可求出下述问题的解:设 $X = (x_{(1)} \cdots x_{(n)})'$,$X = (\underset{p_1}{X_1} \; \underset{p_2}{X_2})$,$x_{(\alpha)} \sim N_p(\mu, V)$,$\alpha = 1, 2, \cdots, n$,且相互独立,$n > p$,记

$$S_{ij} = X'_i \left(I_n - \frac{1}{n} J \right) X_j, \qquad i, j = 1, 2.$$

问题是求 $S_{11}^{-1} S_{12} S_{22}^{-1} S_{21}$ 的特征根的联合分布. 不用随机变量变换,直接计算雅可比行列式,作变数替换,计算量是相当大的.

从上面的介绍可以清楚地看到随机变量变换只能简化推导,不能导出新的未见过的分布密度,使用它,可以充分利用已知的分布. 因此,这一方法尽管使许多过去已知结果的证明得到了简化,还是不能解决遗留下来的非中心 W 分布和 Λ 分布的密度的问题.

从 50 年代中期到 60 年代末,通过 James 等人一系列的工作,发现非中心 W 分布与局部紧群上的 Haar 测度有密切的关系. 假定

$$x_{(\alpha)} \sim N_p(\mu_{(\alpha)}, V), \qquad \text{独立}, \qquad \alpha = 1, \cdots, n.$$

记

$$M = (\mu_{(1)} \cdots \mu_{(n)})', \qquad X = (x_{(1)} \cdots x_{(n)})'.$$

则 $A = X'X$ 的联合分布密度是

$$\frac{\pi^{\frac{p}{4}(p-1)}}{2^{\frac{np}{2}} \prod_{i=0}^{p-1} \Gamma\left(\frac{n-i}{2} \right)} \mid X'X \mid^{\frac{n-p-1}{2}} e^{-\frac{1}{2} \mathrm{tr}(X'X + M'M)} \times \int_{\underline{O}(n)} e^{\mathrm{tr} H'XM'} dH,$$

其中 $\underline{O}(n)$ 是 $n \times n$ 正交矩阵组成的正交群,$\int * dH$ 是对 $\underline{O}(n)$ 上 Haar 测度的积分,由于 $O(n)$ 本身是一个紧集,因此 dH 是概率测度的积分. 很明显,如果能将积分

$$\int_{\underline{O}(n)} e^{\mathrm{tr} H'XM'} dH$$

求出来,非中心 W 分布的表达式也就得到了. 这一积分是很不容易求出的,要讨论这一积分,所涉及的内容超过了本书的范围,因此不再进一步介绍了.

与 Haar 积分的使用差不多同时,James 等人引进了外微分形式的工具. 实际上,积分中变数替换在几何上看来只是一个坐标系的变换,从直角坐标系变成曲线

坐标系,从这一曲线坐标系换成另一曲线坐标系,雅可比行列式相当于体积元的改变的比值.而楔积和外微分形式正好是处理这一类问题的工具.因此,使用楔积、外微分形式来推导分布,它的计算量比直接变数替换要大大地缩减,像§8的特征根的联合分布的推导可以节省 1/2 以上的篇幅.然而,为了要介绍外微分形式,也需要涉及不少其他方面的知识,这也不是本书的任务,因此,我们在§8还是采用比较初等的方法,尽量减少计算,来推导出比较重要的分布,其他的方法,我们就不介绍了.

本书没有讨论假设检验的优良性问题,对估计问题的优良性也讨论得不多,这是因为关于这两方面的问题正是 Giri 一书的主要内容,Giri 的书已有译本出版,读者可以参阅 Giri 的书.

多元分析的许多分支,例如判别、聚类、方差分析、回归分析由于应用的面很广,方法也很多,差不多都可以单独写成一本书,我们这里只是作一个基础的、常见的方法的理论上的介绍,离开这些方面的全貌还差很远,这本书只是提供一个基础.

参 考 文 献

[1] Dystra, R. L. (1970), Establishing the positive definiteness of the sample covariance matrix, *Ann. Math. Statist.*, 41, 2153—2154.

[2] Rao, C. R. (1973), Linear Statistical Inference and Its Applications, Wiley.

[3] Loève, M. (1960), Probability Theory, D. Van Nostrand Company, Inc.

[4] Giri, N. C. (1977), Multivariate Statistical Inference, Academic Press, New York.

[5] Cramer, H. (1937), Random Variables and Probability Distributions, Cambridge Tracts in Mathematics and Math. Phy., 36, Cambridge University Press.

[6] Darmois, G. (1951), Sur une propriete caracteristique de la loi de probabilité de Laplace, C. R. 232, 1999—2000.

[7] 科民(1976), 运用条件分布的理论修定我国服装国家标准, 应用数学学报, 2, 62—74.

[8] 方开泰, 吴传义(1979), 一个概率极值问题, 应用数学学报, 2.

[9] National Bureau of Standard(1959): Tables of the Bivariate Normal Distribution Function and Related Functions.

[10] Gupta, S. S. (1963), Probability Integrals of Multivariate Normal and Multivariate t, *Ann. Math. Statist.*, 34, 792—828.

[11] Childs, D. R. (1967), Reduction of the Multivariate Normal Integral to Characteristic Form, *Biometrika*, 54, 293—299.

[12] 吴成(1977), 二维和三维正态分布的一种近似计算, 数学学报, 20.2, 119—129.

[13] Dominique Maisonneuue(1972), Recherche et Utilisation des "bons treillis" programmation et résultats Numéuques, Applications of Number Theory to Numerical Analysis(Zaremba 编).

[14] Zaremba, S. K. (1972), La Méthode des "bons treillis" pour le caleul des intégrales multiples, 同上书.

[15] Zacks, S. (1971), The Theory of Statistical Inference, Wiley.

[16] Schatzoff, M. (1966), Exact distribution of Wilks's likelihood ratio criterion, *Biometrika*, 53, 347—58.

[17] 中国科学院数学研究所统计组(1973), 常用数理统计方法, 科学出版社.

[18] Matusita, K. (1966), A Distance and Related Statistics in Multivariate Analysis, Multivariate Analysis I, 187—200.

[19] Anderson, T. W. (1958), Introduction to Multivariate Statistical Analysis, Wiley.

[20] Korin, B. P. (1968), On the Distributions of a Statistic Used for Testing a Covariance Matrix, *Biometrika*, 55, 171—178.

[21] 张尧庭(1978), 广义相关系数及其应用, 应用数学学报, 4, 312—320.

[22] Mauchly, J. W. (1940), Significance Test for Sphericity of a normal n-Variate Distribution, *Ann. Math. Statist.*, 204—209.

[23] Khatri, C. G. and Srivastava, M. S. (1971), On Exact non-null Distributions of Likelihood Ratio Criteria for Sphericity Test and Equality of Two Covariance Matrices, Sankhyā A 33,

201—206.

[24] Davis, A. W. (1971), Percentile Approximations for a Class of Likelihood Ratio Criteria, *Biometrika*, 27, 349—356.

[25] Discriminant Analysis and Applications(1973), Edited by T. Cacoullous. Academic Press.

[26] 方开泰,孙尚拱,距离判别,应用数学学报,5,2.

[27] Anderson, T. W. (1973), Asymptotic Evaluation of the Probabilities of Misclassification by Linear Discriminant Functions 载于[25]书中,17—36.

[28] 孙尚拱(1977),判别分析,内部资料.

[29] 杨自强(1976),判别分析与逐步判别,计算机应用与应用数学,10,1—29.

[30] 孙尚拱,方开泰(1977),多元分析的附加信息检验法,应用数学学报,3,81—91.

[31] 郑忠国(1977),多元逐步判别分析的一个方法,内部资料.

[32] 方积乾(1976),序贯判别分析,应用数数学报,2,287—293.

[33] Kres, H. , (1975), Statistische Tafeln zur Mnltivariaten Analysis, Springer-Verlag.

[34] Jardine, N. and Sibson, R. (1971), Mathematical Taxonomy, Wiley.

[35] Sokal, R. R. and Sneath, P. H. A. (1963), Principles of Numerical Taxonomy, Freeman, London.

[36] 同上(1973), Numerical Taxonomy, Freeman, London.

[37] 方开泰(1978),聚类分析(Ⅰ),聚类分析(Ⅱ),数学的实践与认识,1 和 2,66—80,54—62.

[38] 方开泰(1977),聚类分析,多元分析资料汇编(Ⅲ),中国科学院数学研究所概率统计室.

[39] Anderberg, M. R. (1973), Cluster Analysis for Applications, Academic Press.

[40] Diday, E. (1974), Recent Progress in Distance and Similarity Measures in Pattern Recognition, Second International Joint Conference on Pattern Recognition, 1535—1539.

[41] Wishart, W. (1969), An Algorithm for Hierarchical classification, *Biometrics*, 25. 165—170.

[42] Lance, G. N. and Williams, W. T. (1969), Computer Programs for Hierarchical Polythetic Classification(Similarity Analyses), *Comp. J.*, 12, 60—64.

[43] Rao, C. R. (1977), Cluster Analysis Applied to a Study of Race Mixture in Human Populations, Classification and Clustering, Academic Press.

[44] Fisher, L. and Ness, J. W. V. (1971), Admissible clustering Procedures, *Biometrics*, 25, 165—170.

[45] MacQueen, J. (1967), Some Methods for Classification and Analysis of Multivariate Observations, The 5th Berkley Symposium on Mathematics, *Statistics and Probability* Vol. 1, No. 1.

[46] Ball, G. H. and Hall, D. J. (1965), ISODATA, A novel method of data analysis and pattern classification, AD 699616.

[47] Diday, E. (1974), A New Approach in Mixed Distributions Detection, Repport de Recherche No. 52, Institut de Rechrche d'Informatique d'Automatique.

[48]　方开泰,刘璋温(1976),极差在方差分析中的应用,数学的实践与认识,1,37—51.

[49]　Hartigan, J. A.(1975),Clustering Algorithms, Wiley.

[50]　杨自强(1979),用多因变量逐步回归作多类逐步判别,计算数学,3,4,340—350.

[51]　Hsu P. L. (许宝█)(1938),On the Best Unbiased Quadratic Estimate of the Variance, *Statistical Research Memoirs*, Vol. Ⅱ.

[52]　Kleffe, J. and Zöllner, I.(1978),On Quadratic Estimation of Heteroscedastic Variances, *Math. OPER. und. Statist.*, Statistics, 1,27—44.

[53]　Гирко,В. Л.(1975),Случайные матрицы, Киев, Вища Школа.

[54]　方开泰,有序样品的一些聚类方法,应用数学学报,5,94—101.

附　　录

附表的使用说明

我们选择了多元分析在应用中最重要的几个表,其中大部分在一般统计书中都是没有的;而 F 表,χ^2 表等虽然在多元分析中也非常重要,但这些表很容易找到,我们就没有选入.为了读者使用的方便,我们对每个表都给出简单的说明.

表 1　$\Lambda_\alpha(m, n_1, n_2)$ 表

设 $A_1 \sim W_m(n_1, V)$,$A_2 \sim W_m(n_2, V)$,A_1 和 A_2 独立,则

$$\Lambda(m, n_1, n_2) = \frac{|A_1|}{|A_1 + A_2|} \qquad (\text{附 }1)$$

就是著名的维尔克斯 Λ 统计量(参第三章§3),本表共有四个参数 α, m, n_1, n_2,这里列表的范围是:

$\alpha = 0.05$ 和 0.01,

$m = 1(1)8$(即 $m = 1, 2, \cdots, 8$),

$n_1 = 1 \sim \infty$,

$n_2 = 1 \sim 120$.

当 $m > 8$ 时,可利用关系

$$\Lambda(m, n_1, n_2) = \Lambda(n_2, m, n_1 + n_2 - m) \qquad (\text{附 }2)$$

来查得.

例 1　$\Lambda_{0.05}(2, 20, 7) = 0.336951$,

$\Lambda_{0.01}(5, 30, 21) = 0.020289$,

$\Lambda_{0.05}(10, 20, 3) = \Lambda(3, 10, 13) = 0.016783$.

表 2　$\theta_{\max}$ 表

设 $A_1 \sim W_m(n_1, V)$,$A_2 \sim W_m(n_2, V)$,A_1 和 A_2 独立,方程

$$|A_2 - \theta(A_1 + A_2)| = 0 \qquad (\text{附 }3)$$

的最大特征根记作 $\theta_{\max}$ 或 $\theta_{\max}(\alpha; m, n_1, n_2)$,它是用来检验多个母体的均值是否

相等,详见第三章 §6. 这里列表的参数与它的定义稍有出入,其关系是:

$$s = \min(m, n_2), \qquad 2 \sim 10;$$

$$p = \frac{|m - n_2| - 1}{2}, \qquad 0 \sim 15;$$

$$q = \frac{n_1 - m - 1}{2}, \qquad 5 \sim \infty.$$

例 2　查 $\theta_{\max}(0.05; 2, 23, 7)$,由上式,此时 $s = 2, p = 2, q = 10$,查表得 $\theta_{\max}$ $(0.05; 2, 23, 7) = 0.5143$.

表 3　$T^2(m, n)$ 表

T^2 统计量是多元分析中最重要的统计量之一,虽然 T^2 与 F 分布之间有密切的关系,有关 T^2 统计量的计算均可转化为 F 分布,但鉴于 T^2 统计量的重要性,我们还是列出了它的表,一则这个表一般书中均没有,二则用了它在使用时可减少一点计算.

设 $A \sim W_m(n, V), u \sim N_m(0, V), A$ 与 u 独立,则 T^2 统计量是

$$T^2(m, n) = nu'A^{-1}u, \tag{附4}$$

它与 F 分布的关系是

$$\frac{n - m + 1}{nm} T^2(m, n) \sim F(m, n - m + 1). \tag{附5}$$

表 3 共有三个参数 α, m, n;

$$\alpha \quad 0.05 \ 和 \ 0.01;$$
$$n \quad 2 \sim \infty;$$
$$m \quad 1 \sim 55.$$

注意 $n > m$,故表中凡 $n \leqslant m$ 处均没有数值.

例 3　$T_{0.05}^2(7, 20) = 27.642$,
$\qquad\ \ T_{0.01}^2(16, 17) = 13523.39$.

表 4　$L(m, v)$ 表

设 $y_{(1)}, \cdots, y_{(n)}$ 是来自总体 $N_m(\mu, V)$ 的样品,欲检验假设

$$H_0: V = V_0. \tag{附6}$$

V_0 为已知的正定阵,在第三章 §8 导出了有关的统计量 λ_1,从 λ_1 又可化成 L,

$$L(m, v) = v[\ln |V_0| - m - \ln |\hat{V}| + \operatorname{tr}(\hat{V}V_0^{-1})], \tag{附7}$$

其中 $v = n - 1$, $\hat{V}$ 为 V 的无偏估计. 当 n 较大时,表 4 没有列出相应的临界值,这

时可用 χ^2 分布或 F 分布来近似(参第三章§8).

例 4   当 $m = 4, n = 15$ 时,
$$L_{0.05}(4, 15 - 1) = 20.77.$$

表 5 $W(m, n)$表

设 $y_{(1)}, \cdots, y_{(n)}$ 是来自总体 $N_m(\mu, V)$ 的样品,欲检验假设
$$H_0 : V = \sigma^2 V_0, \quad H_1 : V \neq \sigma^2 V_0, \tag{附8}$$
其中 V_0 为已知的正定阵,σ^2, μ 未知.在第三章§8已导出了有关的统计量 λ_2,而 λ_2 又可化为 W 统计量
$$W(m, n) = \frac{m^m \left| V_0^{-1} S \right|}{\left[\mathrm{tr}(V_0^{-1} S) \right]^m}, \tag{附9}$$
其中
$$S = \sum_{\alpha = 1}^{n} (y_{(\alpha)} - \bar{y})(y_{(\alpha)} - \bar{y})'.$$
这是一个球性检验统计量,附表 5 有三个参数 α, m 和 n,
$$\alpha = 0.05, 0.01, 0.025, 0.05, 0.1, 0.25;$$
$$m = 2(1)10;$$
$$n = m + 1 \sim 300.$$

例 5 $W_{0.25}(3, 20) = 0.68778,$
$W_{0.005}(10, 11) = 0.0^8 11246 = 0.0000000011246.$

表 6 $M(m, v_0, k)$表

设 k 个总体的分布分别为 $N_m(\mu^{(i)}, V^{(i)}), 1 \leqslant i \leqslant k$;今分别抽了 $n_1, \cdots, n_k$ 个样品:$y_{(1)}^{(1)}, \cdots, y_{(n_1)}^{(1)}; \cdots; y_{(1)}^{(k)}, \cdots, y_{(n_k)}^{(k)}$,要检验假设
$$H_0 : V^{(1)} = V^{(2)} = \cdots = V^{(k)},$$
其中 $\mu^{(1)}, \cdots, \mu^{(k)}$ 未知.

在第三章§8导出了这个检验的统计量 λ_3,而 λ_3 又可用 M 来代替,令 $n = \sum_{i=1}^{k} n_i$,则
$$M = (n - k)\ln \left| S/(n - k) \right| - \sum_{i=1}^{k} (n_i - 1)\ln \left| S_i/(n_i - 1) \right|, \tag{附10}$$
其中

$$\bar{y}^{(i)} = \frac{1}{n_i} \sum_{j=1}^{n_i} y_{(j)}^{(i)}, i = 1, \cdots, k,$$

$$S_i = \sum_{j=1}^{n_i} (y_{(j)}^{(i)} - \bar{y}^{(i)})(y_{(j)}^{(i)} - \bar{y}^{(i)})', i = 1, \cdots, k,$$

$$S = \sum_{i=1}^{k} S_i.$$

当 $n_1 = n_2 \cdots = n_k = n$ 时可用附表 6,表中 $\nu_0 = n_0 - 1$. 当 $\{n_i\}$ 互不相当或较大时,可用 χ^2 分布或 F 分布来近似,详见第三章 §8. 表 6 只给出相应 $\alpha = 5\%$ 的值.

例 6　　　　　$M(3,6,4) = 38.06,$

　　　　　　　　　$M(5,16,5) = 91.95.$

表 1 $\Lambda_\alpha(m, n_1, n_2)$

$\alpha = 0.05$ $m = 1$

n_1 \ n_2	1	2	3	4	5	6	7	8	9	10	11	12
1	0.006157	0.002501	0.001543	0.001112	0.000868	0.000712	0.000603	0.000523	0.000462	0.000413	0.000374	0.000341
2	0.097504	0.050003	0.033615	0.025322	0.020309	0.016953	0.014549	0.012741	0.011333	0.010208	0.009281	0.008512
3	0.228516	0.135712	0.097321	0.076019	0.062408	0.052963	0.046005	0.040672	0.036446	0.033020	0.030182	0.027794
4	0.341614	0.223602	0.168243	0.135345	0.113373	0.097610	0.085724	0.076447	0.068985	0.062851	0.057724	0.053375
5	0.430725	0.301697	0.235535	0.194031	0.165283	0.144073	0.127777	0.114822	0.104279	0.095505	0.088120	0.081787
6	0.500549	0.368408	0.295960	0.248596	0.214783	0.189255	0.169266	0.153168	0.139893	0.128754	0.119278	0.111115
7	0.555908	0.424896	0.349304	0.298096	0.260620	0.231812	0.208893	0.190186	0.174606	0.161423	0.150116	0.140289
8	0.600708	0.472870	0.396057	0.342590	0.302612	0.271332	0.246124	0.225311	0.207825	0.192902	0.180008	0.168747
9	0.637512	0.513916	0.437164	0.382446	0.340790	0.307770	0.280823	0.258362	0.239288	0.222931	0.208679	0.196182
10	0.668243	0.549286	0.473389	0.418213	0.375519	0.341248	0.313019	0.289246	0.268936	0.251373	0.235992	0.222443
11	0.694275	0.580017	0.505463	0.450317	0.407104	0.372040	0.342834	0.318054	0.296768	0.278229	0.261932	0.247467
12	0.716553	0.606964	0.534027	0.479309	0.435913	0.400299	0.370453	0.344940	0.322876	0.303528	0.286469	0.271240
13	0.735840	0.630737	0.559570	0.505524	0.462189	0.426361	0.396057	0.369995	0.347321	0.327362	0.309662	0.293823
14	0.752686	0.651825	0.582581	0.529327	0.486267	0.450348	0.419800	0.393372	0.370239	0.349823	0.331589	0.315247
15	0.767548	0.670715	0.603333	0.551025	0.508362	0.472534	0.441864	0.415222	0.391754	0.370941	0.352325	0.335541
16	0.780701	0.687653	0.622162	0.570862	0.528717	0.493103	0.462433	0.435638	0.411957	0.390869	0.371918	0.354797
17	0.792480	0.702972	0.639343	0.589081	0.547516	0.512177	0.481598	0.454742	0.430939	0.409637	0.390472	0.373077
18	0.803070	0.716858	0.655029	0.605835	0.564911	0.529907	0.499481	0.472687	0.448807	0.427368	0.408020	0.390411
19	0.812622	0.729553	0.669434	0.621307	0.581024	0.546448	0.516235	0.489502	0.465637	0.444138	0.424652	0.406891
20	0.821320	0.741135	0.682709	0.635651	0.596039	0.561890	0.531952	0.505341	0.481506	0.459991	0.440330	0.422546
21	0.829224	0.751770	0.694977	0.648941	0.610046	0.576355	0.546692	0.520264	0.496521	0.475006	0.455414	0.437469
22	0.836472	0.761597	0.706329	0.661316	0.623108	0.589905	0.560562	0.534332	0.510712	0.489258	0.469635	0.451660
23	0.843140	0.770660	0.716858	0.672865	0.635361	0.602631	0.573639	0.547638	0.524139	0.502762	0.483185	0.465179
24	0.849274	0.779083	0.726685	0.683655	0.646851	0.614609	0.585968	0.560211	0.536896	0.515594	0.496078	0.478088
25	0.854950	0.786896	0.735870	0.693771	0.657639	0.625900	0.597626	0.572128	0.548981	0.527817	0.508362	0.490402
26	0.860199	0.794189	0.744446	0.703278	0.667786	0.636566	0.608643	0.583435	0.560486	0.539459	0.520081	0.502167
27	0.865112	0.800995	0.752487	0.712189	0.677383	0.646637	0.619080	0.594147	0.571411	0.550537	0.531281	0.513428
28	0.869675	0.807373	0.760040	0.720612	0.686432	0.656174	0.628998	0.604370	0.581833	0.561127	0.541962	0.524200
29	0.873947	0.813339	0.767151	0.728546	0.694992	0.665222	0.638428	0.614075	0.591766	0.571228	0.552200	0.534515
30	0.877945	0.818970	0.773865	0.736053	0.703110	0.673798	0.647385	0.623322	0.601242	0.580872	0.561996	0.544418
40	0.907349	0.860886	0.824463	0.793274	0.765594	0.740540	0.717575	0.696365	0.676636	0.658188	0.640884	0.624603
60	0.937485	0.904968	0.878807	0.855911	0.835175	0.816055	0.798233	0.781494	0.765686	0.750702	0.736420	0.722809
80	0.952827	0.927841	0.907471	0.889450	0.872940	0.857590	0.843124	0.829437	0.816391	0.803925	0.791962	0.780464
100	0.962128	0.941845	0.925179	0.910324	0.896637	0.883835	0.871696	0.860153	0.849083	0.838455	0.828201	0.818314
120	0.968363	0.951297	0.937200	0.924921	0.912894	0.901916	0.891475	0.881501	0.871901	0.862660	0.853706	0.845051
140	0.972836	0.958107	0.945890	0.934921	0.924731	0.915131	0.905971	0.897200	0.888734	0.880563	0.872625	0.864929
170	0.977588	0.965370	0.955195	0.946025	0.937476	0.929401	0.921669	0.914245	0.907057	0.900101	0.893324	0.886738
200	0.980926	0.970487	0.961768	0.953893	0.946532	0.939564	0.932877	0.926443	0.920200	0.914149	0.908239	0.902486
240	0.984086	0.975345	0.968024	0.961396	0.955187	0.949296	0.943631	0.938171	0.932861	0.927705	0.922660	0.917740
320	0.988046	0.981451	0.975907	0.970876	0.966145	0.961649	0.957311	0.953121	0.949035	0.945058	0.941155	0.937344
440	0.991295	0.986475	0.982411	0.978711	0.975232	0.971914	0.968704	0.965509	0.962561	0.959605	0.956692	0.953846
600	0.993610	0.990064	0.987067	0.984337	0.981759	0.979301	0.976917	0.974611	0.972349	0.970144	0.967969	0.965842
800	0.995204	0.992539	0.990282	0.988225	0.986279	0.984422	0.982657	0.980873	0.979158	0.977487	0.975834	0.974218
1000	0.996161	0.994026	0.992216	0.990566	0.989003	0.987512	0.986062	0.984658	0.983276	0.981931	0.980598	0.979296
∞	1.000000	1.000000	1.000000	1.000000	1.000000	1.000000	1.000000	1.000000	1.000000	1.000000	1.000000	1.000000

表 1(续)　$\Lambda_\alpha(m, n_1, n_2)$

$\alpha = 0.01$　$m = 1$

n_1 \ n_2	1	2	3	4	5	6	7	8	9	10	11	12
1	0.000247	0.000100	0.000062	0.000044	0.000035	0.000028	0.000024	0.000021	0.000018	0.000017	0.000015	0.000014
2	0.019900	0.010000	0.006678	0.005013	0.004012	0.003344	0.002867	0.002509	0.002231	0.002008	0.001826	0.001674
3	0.080827	0.046416	0.032834	0.025458	0.020806	0.017599	0.015251	0.013458	0.012043	0.010898	0.009951	0.009157
4	0.158742	0.100000	0.073959	0.058903	0.049014	0.041999	0.036755	0.032682	0.029427	0.026763	0.024544	0.022665
5	0.235203	0.158489	0.121418	0.098877	0.083563	0.072430	0.063947	0.057265	0.051854	0.047390	0.043634	0.040434
6	0.303867	0.215443	0.169784	0.140867	0.120651	0.105640	0.094010	0.084728	0.077134	0.070801	0.065439	0.060839
7	0.363705	0.268270	0.216358	0.182355	0.158006	0.139585	0.125112	0.113417	0.103749	0.095628	0.088696	0.082716
8	0.415397	0.316227	0.259967	0.222073	0.194363	0.173070	0.156116	0.142270	0.130724	0.120944	0.112552	0.105261
9	0.460089	0.359381	0.300242	0.259453	0.229097	0.205430	0.186374	0.170658	0.157452	0.146189	0.136452	0.127957
10	0.498896	0.398108	0.337189	0.294313	0.261901	0.236323	0.215512	0.198202	0.183548	0.170965	0.160030	0.150442
11	0.532793	0.432877	0.370993	0.326670	0.292708	0.265602	0.243349	0.224692	0.208793	0.195061	0.183068	0.172501
12	0.562582	0.464159	0.401904	0.356635	0.321526	0.293230	0.269804	0.250027	0.233063	0.218338	0.205413	0.193976
13	0.588936	0.492388	0.430204	0.384373	0.348450	0.319237	0.294872	0.274166	0.256310	0.240729	0.226996	0.214791
14	0.612381	0.517948	0.456147	0.410058	0.373579	0.343685	0.318575	0.297116	0.278506	0.262202	0.247764	0.234893
15	0.633365	0.541170	0.479986	0.433867	0.397056	0.366662	0.340981	0.318908	0.299682	0.282756	0.267719	0.254259
16	0.652233	0.562342	0.501931	0.455967	0.418982	0.388257	0.362133	0.339583	0.319844	0.302404	0.286850	0.272887
17	0.669300	0.581709	0.522195	0.476513	0.439507	0.408566	0.382133	0.359198	0.339049	0.321175	0.305186	0.290785
18	0.684789	0.599484	0.540936	0.495647	0.458725	0.427677	0.401023	0.377807	0.357322	0.339101	0.322737	0.307970
19	0.698917	0.615849	0.558319	0.513499	0.476742	0.445681	0.418900	0.395470	0.374735	0.356217	0.339555	0.324463
20	0.711843	0.630958	0.574471	0.530184	0.493661	0.462657	0.435811	0.412241	0.391308	0.372565	0.355644	0.340290
21	0.723730	0.644947	0.589523	0.545805	0.509577	0.478683	0.451836	0.428178	0.407108	0.388183	0.371060	0.355477
22	0.734669	0.657933	0.603568	0.560456	0.524563	0.493830	0.467022	0.443332	0.422166	0.403108	0.385819	0.370054
23	0.744795	0.670019	0.616713	0.574221	0.538693	0.508161	0.481441	0.457752	0.436534	0.417377	0.399965	0.384048
24	0.754176	0.681293	0.629026	0.587173	0.552034	0.521736	0.495132	0.471485	0.450247	0.431029	0.413515	0.397487
25	0.762902	0.691831	0.640594	0.599381	0.564657	0.534611	0.508160	0.484576	0.463339	0.444097	0.426523	0.410397
26	0.771028	0.701704	0.651468	0.610905	0.576603	0.546834	0.520546	0.497064	0.475866	0.456613	0.438989	0.422804
27	0.778625	0.710971	0.661723	0.621798	0.587931	0.558452	0.532362	0.508986	0.487854	0.468607	0.450974	0.434734
28	0.785730	0.719686	0.671391	0.632109	0.598682	0.569507	0.543615	0.520379	0.499314	0.480110	0.462471	0.446211
29	0.792406	0.727896	0.680539	0.641884	0.608900	0.580037	0.554370	0.531274	0.510313	0.491149	0.473532	0.457257
30	0.798670	0.735642	0.689191	0.651161	0.618619	0.590076	0.564636	0.541702	0.520842	0.501748	0.484160	0.467894
40	0.845412	0.794328	0.755603	0.723155	0.694813	0.669500	0.646550	0.625549	0.606163	0.588188	0.571417	0.555726
60	0.894480	0.857696	0.828970	0.804330	0.782305	0.762272	0.743738	0.726513	0.710318	0.695108	0.680672	0.667012
80	0.919918	0.891251	0.868522	0.848784	0.830928	0.814526	0.799185	0.784809	0.771162	0.758035	0.745861	0.734069
100	0.935478	0.912011	0.893219	0.876803	0.861820	0.847989	0.834809	0.822679	0.810943	0.799035	0.789035	0.778749
120	0.945976	0.926119	0.910119	0.896070	0.883183	0.871238	0.859925	0.849237	0.838971	0.829183	0.819700	0.810616
140	0.953532	0.936323	0.922402	0.910129	0.898828	0.888325	0.878338	0.868886	0.859771	0.851065	0.842600	0.834476
170	0.961595	0.947263	0.935601	0.925292	0.915755	0.906869	0.898385	0.890335	0.882559	0.875082	0.867790	0.860800
200	0.967270	0.954993	0.944964	0.936079	0.927834	0.920134	0.912760	0.905757	0.898951	0.892434	0.886056	0.879907
240	0.972661	0.962351	0.953904	0.946399	0.939414	0.932883	0.926606	0.920640	0.914819	0.909247	0.903766	0.898492
320	0.979433	0.971628	0.965202	0.959483	0.954136	0.949127	0.944294	0.939692	0.935191	0.930865	0.926597	0.922489
440	0.985001	0.979285	0.974556	0.970342	0.966383	0.962678	0.959066	0.955661	0.952291	0.949067	0.945865	0.942783
600	0.988980	0.984767	0.981267	0.978151	0.975211	0.972459	0.969781	0.967231	0.964708	0.962302	0.959899	0.957509
800	0.991723	0.988553	0.985913	0.983561	0.981337	0.979256	0.977220	0.975291	0.973377	0.971545	0.969713	0.967956
1000	0.993372	0.990832	0.988711	0.986824	0.985033	0.983362	0.981722	0.980169	0.978621	0.977148	0.975664	0.974250
∞	1.000000	1.000000	1.000000	1.000000	1.000000	1.000000	1.000000	1.000000	1.000000	1.000000	1.000000	1.000000

表 1(续) $\Lambda_\alpha(m, n_1, n_2)$

$m=1$ $\alpha=0.05$

n_1	13	14	15	18	21	24	27	30	40	60	80	100	120
1	0.000314	0.000291	0.000271	0.000225	0.000192	0.000167	0.000148	0.000133	0.000100	0.000066	0.000049	0.000040	0.000033
2	0.007860	0.007301	0.006817	0.005684	0.004873	0.004265	0.003792	0.003414	0.002562	0.001708	0.001282	0.001025	0.000854
3	0.025757	0.023998	0.022465	0.018852	0.016239	0.014263	0.012718	0.011473	0.008652	0.005799	0.004362	0.003495	0.002916
4	0.049637	0.046387	0.043541	0.036774	0.031822	0.028053	0.025082	0.022678	0.017191	0.011585	0.008736	0.007012	0.005857
5	0.076309	0.071533	0.067307	0.057190	0.049736	0.043991	0.039444	0.035748	0.027241	0.018459	0.013960	0.011225	0.009386
6	0.104004	0.097708	0.092209	0.078819	0.068832	0.061104	0.054932	0.049896	0.038223	0.026043	0.019751	0.015907	0.013317
7	0.131683	0.124100	0.117325	0.100861	0.088455	0.078781	0.071014	0.064651	0.049782	0.034103	0.025940	0.020931	0.017542
8	0.158829	0.150024	0.142151	0.122849	0.108185	0.096657	0.087357	0.079697	0.061676	0.042480	0.032402	0.026188	0.021976
9	0.185120	0.175247	0.166382	0.144501	0.127747	0.114487	0.103729	0.094826	0.073746	0.051071	0.039066	0.031631	0.026577
10	0.210373	0.199585	0.189850	0.165649	0.146988	0.132111	0.119980	0.109909	0.085884	0.059784	0.045860	0.037197	0.031288
11	0.234558	0.222931	0.212433	0.186203	0.165787	0.149429	0.136017	0.124832	0.098007	0.068581	0.052750	0.042862	0.036098
12	0.257599	0.245300	0.234131	0.206070	0.184082	0.166367	0.151779	0.139557	0.110054	0.077393	0.059692	0.048588	0.040966
13	0.279572	0.266663	0.254913	0.225250	0.201843	0.182877	0.167206	0.154007	0.121994	0.086212	0.066681	0.054367	0.045895
14	0.300343	0.287048	0.274811	0.243729	0.219055	0.198944	0.182266	0.168175	0.133747	0.094994	0.073662	0.060165	0.050846
15	0.320343	0.306488	0.293823	0.261505	0.235687	0.214569	0.196945	0.182037	0.145386	0.103737	0.080658	0.065987	0.055832
16	0.339233	0.325027	0.311981	0.278595	0.251770	0.229721	0.211258	0.195557	0.156815	0.112396	0.087616	0.071800	0.060822
17	0.357208	0.342712	0.329361	0.295044	0.267303	0.244415	0.225174	0.208771	0.168053	0.121002	0.094566	0.077621	0.065826
18	0.374329	0.359558	0.345947	0.310822	0.282303	0.258652	0.238693	0.221634	0.179077	0.129494	0.101456	0.083412	0.070816
19	0.390625	0.375656	0.361832	0.326004	0.296783	0.272446	0.251846	0.234177	0.189896	0.137909	0.108322	0.089195	0.075817
20	0.406143	0.391022	0.377014	0.340607	0.310745	0.285797	0.264618	0.246384	0.200500	0.146217	0.115112	0.094940	0.080788
21	0.420944	0.405685	0.391541	0.354630	0.324234	0.298737	0.277008	0.258286	0.210892	0.154427	0.121872	0.100670	0.085762
22	0.435059	0.419708	0.405441	0.368118	0.337250	0.311264	0.289063	0.269852	0.221054	0.162521	0.128555	0.106354	0.090698
23	0.448547	0.433121	0.418762	0.381104	0.349823	0.323395	0.300751	0.281113	0.231018	0.170517	0.135193	0.112015	0.095631
24	0.461426	0.445953	0.431534	0.393585	0.361954	0.335144	0.312103	0.292084	0.240768	0.178383	0.141747	0.117619	0.100517
25	0.473755	0.458252	0.443787	0.405609	0.373688	0.346527	0.323135	0.302750	0.250320	0.186150	0.148254	0.123199	0.105400
26	0.485535	0.470032	0.455536	0.417206	0.385010	0.357559	0.333847	0.313141	0.259659	0.193787	0.154671	0.128716	0.110237
27	0.496826	0.481339	0.466827	0.428375	0.395966	0.368256	0.344254	0.323242	0.268799	0.201340	0.161041	0.134209	0.115059
28	0.507645	0.492188	0.477692	0.439133	0.406555	0.378616	0.354370	0.333084	0.277740	0.208755	0.167313	0.139641	0.119835
29	0.518036	0.502594	0.488113	0.449524	0.416800	0.388672	0.364197	0.342682	0.286499	0.216064	0.173538	0.145042	0.124596
30	0.528000	0.512604	0.498154	0.459549	0.426727	0.398422	0.373749	0.352005	0.295059	0.223251	0.179672	0.150372	0.129303
40	0.609207	0.594650	0.580826	0.543274	0.510559	0.481750	0.456146	0.433212	0.371368	0.289360	0.237228	0.201080	0.174522
60	0.709379	0.697327	0.685349	0.652084	0.622238	0.595215	0.570602	0.548080	0.484772	0.394585	0.333054	0.288269	0.254158
80	0.769379	0.758698	0.748367	0.719315	0.692764	0.668335	0.645737	0.624741	0.564591	0.473579	0.408539	0.359406	0.320923
100	0.808723	0.799446	0.790421	0.764862	0.741211	0.719208	0.698639	0.679352	0.622650	0.534698	0.469109	0.418106	0.377228
120	0.836619	0.828441	0.820463	0.797725	0.776501	0.756609	0.737860	0.720157	0.667378	0.583258	0.518637	0.467198	0.425191
140	0.857422	0.850122	0.842982	0.822544	0.803342	0.785239	0.768078	0.751784	0.702681	0.622729	0.559824	0.508785	0.466444
170	0.880295	0.874014	0.867852	0.850140	0.833378	0.817471	0.802288	0.787793	0.743560	0.669737	0.610002	0.560404	0.518457
200	0.896845	0.891341	0.885930	0.870316	0.855463	0.841302	0.827722	0.814694	0.774583	0.706377	0.649978	0.602294	0.561335
240	0.912906	0.908181	0.903526	0.890057	0.877178	0.864839	0.852950	0.841498	0.805911	0.744248	0.692117	0.647192	0.607973
320	0.933589	0.929911	0.926278	0.915722	0.905561	0.895769	0.886275	0.877077	0.848147	0.796735	0.751929	0.712279	0.676821
440	0.951033	0.948276	0.945543	0.937582	0.929874	0.922410	0.915132	0.908049	0.885531	0.844610	0.807956	0.774709	0.744313
600	0.963734	0.961668	0.959616	0.953623	0.947797	0.942134	0.936589	0.931175	0.913827	0.881761	0.852426	0.825297	0.800044
800	0.972614	0.971041	0.969476	0.964960	0.960437	0.956088	0.951817	0.947639	0.934170	0.908972	0.885562	0.863600	0.842879
1000	0.978000	0.976731	0.975466	0.971765	0.968148	0.964620	0.961149	0.957746	0.946744	0.926003	0.906550	0.888133	0.870607
∞	1.000000	1.000000	1.000000	1.000000	1.000000	1.000000	1.000000	1.000000	1.000000	1.000000	1.000000	1.000000	1.000000

表1(续)　$\Lambda_\alpha(m,n_1,n_2)$

$\alpha=0.01$　　$m=1$

n_2

n_1	13	14	15	18	21	24	27	30	40	60	80	100	120
1	0.000013	0.000012	0.000011	0.000009	0.000008	0.000007	0.000006	0.000005	0.000004	0.000003	0.000002	0.000002	0.000001
2	0.001545	0.001435	0.001339	0.001116	0.000957	0.000837	0.000744	0.000670	0.000502	0.000335	0.000251	0.000201	0.000167
3	0.008480	0.007896	0.007387	0.006192	0.005329	0.004678	0.004168	0.003759	0.002832	0.001897	0.001426	0.001143	0.000953
4	0.021055	0.019658	0.018436	0.015538	0.013429	0.011824	0.010562	0.009544	0.007223	0.004860	0.003662	0.002938	0.002453
5	0.037671	0.035267	0.033148	0.028095	0.024378	0.021534	0.019283	0.017460	0.013276	0.008976	0.006780	0.005448	0.004554
6	0.056844	0.053346	0.050255	0.042822	0.037309	0.033056	0.029675	0.026921	0.020565	0.013972	0.010580	0.008513	0.007173
7	0.077492	0.072899	0.068817	0.058944	0.051552	0.045818	0.041228	0.037482	0.028768	0.019642	0.014914	0.012022	0.010070
8	0.098865	0.093210	0.088172	0.075891	0.066628	0.059388	0.053573	0.048795	0.037623	0.025814	0.019649	0.015861	0.013299
9	0.120464	0.113822	0.107870	0.093287	0.082192	0.073474	0.066426	0.060626	0.046959	0.032379	0.024714	0.019986	0.016778
10	0.141951	0.134382	0.127589	0.110830	0.097993	0.087835	0.079593	0.072771	0.056619	0.039226	0.030015	0.024306	0.020423
11	0.163101	0.154701	0.147127	0.128348	0.113852	0.102325	0.092923	0.085118	0.066516	0.046310	0.035530	0.028823	0.024251
12	0.183767	0.174601	0.166326	0.145676	0.129640	0.116804	0.106299	0.097539	0.076542	0.053537	0.041175	0.033454	0.028171
13	0.203865	0.194024	0.185100	0.162745	0.145258	0.131206	0.119643	0.109973	0.086663	0.060908	0.046967	0.038225	0.032230
14	0.223324	0.212877	0.203377	0.179459	0.160647	0.145440	0.132885	0.122343	0.096797	0.068328	0.052818	0.043051	0.036332
15	0.242132	0.231142	0.221131	0.195800	0.175751	0.159480	0.145984	0.134623	0.106935	0.075835	0.058771	0.047983	0.040546
16	0.260261	0.248799	0.238326	0.211711	0.190540	0.173273	0.158902	0.146751	0.117013	0.083335	0.064736	0.052931	0.044769
17	0.277736	0.265847	0.254967	0.227203	0.204996	0.186806	0.171608	0.158737	0.127041	0.090877	0.070772	0.057962	0.049083
18	0.294542	0.282290	0.271041	0.242248	0.219095	0.200049	0.184095	0.170521	0.136964	0.098377	0.076786	0.062980	0.053383
19	0.310718	0.298139	0.286575	0.256850	0.232839	0.213015	0.196336	0.182125	0.146800	0.105889	0.082859	0.068064	0.057764
20	0.326267	0.313409	0.301561	0.271013	0.246215	0.225664	0.208334	0.193503	0.155498	0.113333	0.088875	0.073112	0.062106
21	0.341222	0.328120	0.316031	0.284742	0.259244	0.238029	0.220071	0.204684	0.165095	0.120776	0.094936	0.078222	0.066523
22	0.355595	0.342291	0.329985	0.298047	0.271902	0.250074	0.231554	0.215628	0.175537	0.128117	0.100925	0.083275	0.070880
23	0.369429	0.355942	0.343454	0.310936	0.284220	0.261841	0.242783	0.226368	0.184861	0.135451	0.106953	0.088380	0.075313
24	0.382723	0.369095	0.356446	0.323424	0.296179	0.273293	0.253751	0.236865	0.194019	0.142673	0.112888	0.093414	0.079675
25	0.395530	0.381770	0.368989	0.335521	0.307817	0.284459	0.264467	0.247161	0.203056	0.149881	0.118858	0.098496	0.084106
26	0.407843	0.393989	0.381079	0.347240	0.319114	0.295338	0.274928	0.257218	0.211920	0.156963	0.124722	0.103500	0.088456
27	0.419715	0.405771	0.392781	0.358595	0.330101	0.305936	0.285153	0.267075	0.220667	0.164024	0.130620	0.108547	0.092873
28	0.431140	0.417136	0.404060	0.369598	0.340768	0.316261	0.295123	0.276695	0.229234	0.170959	0.136407	0.113508	0.097202
29	0.442160	0.428103	0.414975	0.380263	0.351147	0.326320	0.304867	0.286127	0.237682	0.177867	0.142220	0.118511	0.101595
30	0.452778	0.438691	0.425510	0.390602	0.361225	0.336119	0.314365	0.295337	0.245954	0.184643	0.147915	0.123413	0.105890
40	0.540979	0.527095	0.513973	0.478594	0.448079	0.421443	0.397921	0.376998	0.321106	0.248187	0.202472	0.171057	0.148107
60	0.653960	0.641568	0.629677	0.596941	0.567805	0.541669	0.517993	0.496465	0.436552	0.352577	0.296104	0.255388	0.224572
80	0.722713	0.711848	0.701349	0.672069	0.645513	0.621290	0.598999	0.578429	0.519625	0.433012	0.371737	0.325879	0.290207
100	0.768775	0.759214	0.749910	0.723767	0.699743	0.677593	0.656969	0.637765	0.581777	0.496261	0.433390	0.384961	0.346405
120	0.801768	0.793256	0.784937	0.761455	0.739667	0.719423	0.700414	0.682593	0.629875	0.547092	0.484366	0.434905	0.394790
140	0.826535	0.818887	0.811381	0.790125	0.770260	0.751693	0.734146	0.717613	0.668144	0.588748	0.527114	0.477565	0.436741
170	0.853927	0.847304	0.840772	0.822208	0.804722	0.788268	0.772613	0.757765	0.712782	0.638740	0.579594	0.530926	0.490040
200	0.873859	0.868023	0.862255	0.845798	0.830206	0.815474	0.801379	0.787952	0.746884	0.677977	0.621704	0.574538	0.542591
240	0.893281	0.888248	0.883255	0.868987	0.855388	0.842479	0.830061	0.818187	0.781511	0.718771	0.666360	0.621578	0.582721
320	0.918408	0.914471	0.910551	0.899290	0.888491	0.878163	0.868168	0.858556	0.828488	0.775695	0.730198	0.690253	0.654754
440	0.939709	0.936743	0.933777	0.925238	0.916990	0.909074	0.901356	0.893910	0.870341	0.827990	0.790448	0.756647	0.725916
600	0.955275	0.953047	0.950805	0.944357	0.938091	0.932063	0.926154	0.920436	0.902183	0.868805	0.838567	0.810796	0.785080
800	0.966190	0.964489	0.962772	0.957803	0.953019	0.948379	0.943812	0.939385	0.925163	0.898826	0.874586	0.851903	0.830782
1000	0.972817	0.971448	0.970056	0.966059	0.962145	0.958376	0.954654	0.951045	0.939401	0.917670	0.897470	0.878467	0.860467
∞	1.000000	1.000000	1.000000	1.000000	1.000000	1.000000	1.000000	1.000000	1.000000	1.000000	1.000000	1.000000	1.000000

表 1(续)　$\Lambda_\alpha(m, n_1, n_2)$

$m = 2$　　　　　　　　　　　　　　　　　　　　　　　　　　　　　　　　　　$\alpha = 0.05$

n_2

n_1	1	2	3	4	5	6	7	8	9	10	11	12
1	0.000000	0.000000	0.000000	0.000000	0.000000	0.000000	0.000000	0.000000	0.000000	0.000000	0.000000	0.000000
2	0.002500	0.000641	0.000287	0.000162	0.000104	0.000072	0.000053	0.000041	0.000032	0.000026	0.000022	0.000018
3	0.049998	0.018318	0.009528	0.005844	0.003950	0.002849	0.002152	0.001683	0.001352	0.001110	0.000928	0.000787
4	0.135725	0.061800	0.035817	0.023460	0.016578	0.012346	0.009555	0.007615	0.006212	0.005155	0.004362	0.003734
5	0.223606	0.117368	0.073621	0.050765	0.037211	0.028476	0.022507	0.018244	0.015092	0.012695	0.010826	0.009343
6	0.301715	0.174902	0.116450	0.083663	0.063188	0.049481	0.039834	0.032772	0.027440	0.023330	0.020068	0.017453
7	0.368405	0.229737	0.160239	0.118984	0.092129	0.073571	0.060172	0.050155	0.042465	0.036426	0.031600	0.027678
8	0.424876	0.280187	0.202813	0.154741	0.122779	0.099380	0.082397	0.069475	0.059404	0.051336	0.044908	0.039579
9	0.472866	0.325883	0.243151	0.189781	0.152779	0.125881	0.105643	0.089993	0.077615	0.067651	0.059515	0.052772
10	0.513885	0.367036	0.280802	0.223433	0.182644	0.152421	0.129282	0.111138	0.096610	0.084737	0.075044	0.066901
11	0.549281	0.404052	0.315720	0.255369	0.211592	0.178545	0.152898	0.132506	0.116013	0.102453	0.091178	0.081680
12	0.580029	0.437339	0.347988	0.285511	0.239373	0.203997	0.176155	0.153782	0.135511	0.120356	0.107656	0.096885
13	0.606971	0.467384	0.377744	0.313837	0.265838	0.228568	0.198874	0.174774	0.154909	0.138341	0.124284	0.112321
14	0.630737	0.494599	0.405216	0.340396	0.291016	0.252171	0.220930	0.195325	0.174061	0.156119	0.140923	0.127849
15	0.651851	0.519281	0.430564	0.365263	0.314863	0.274786	0.242249	0.215357	0.192837	0.173755	0.157442	0.143350
16	0.670711	0.541775	0.454003	0.388530	0.337412	0.296391	0.262763	0.234782	0.211185	0.191059	0.173755	0.158740
17	0.687662	0.562317	0.475724	0.410322	0.358763	0.316990	0.282502	0.253583	0.229036	0.208000	0.189807	0.173946
18	0.702982	0.581146	0.495888	0.430784	0.378964	0.336632	0.301430	0.271723	0.246366	0.224530	0.205530	0.188918
19	0.716866	0.598489	0.514629	0.449961	0.398041	0.355335	0.319573	0.289225	0.263169	0.240614	0.220915	0.203611
20	0.729531	0.614483	0.532092	0.467968	0.416109	0.373163	0.336951	0.306072	0.279429	0.256249	0.235937	0.218013
21	0.741124	0.629763	0.548399	0.484925	0.433211	0.390129	0.353609	0.322287	0.295147	0.271437	0.250565	0.232083
22	0.751776	0.643011	0.563622	0.500886	0.449429	0.406286	0.369555	0.337873	0.310325	0.286147	0.264800	0.245821
23	0.761598	0.655775	0.577893	0.515922	0.464800	0.421699	0.384810	0.352883	0.324978	0.300439	0.278639	0.259224
24	0.770680	0.667666	0.591286	0.530135	0.479373	0.436391	0.399429	0.367295	0.339116	0.314213	0.292087	0.272280
25	0.779088	0.678783	0.603884	0.543551	0.493227	0.450412	0.413436	0.381165	0.352775	0.327533	0.305127	0.285006
26	0.786893	0.689182	0.615752	0.556269	0.506409	0.463802	0.426867	0.394506	0.365946	0.340359	0.317799	0.297372
27	0.794192	0.698945	0.626937	0.568306	0.518951	0.476588	0.439744	0.407337	0.378645	0.353047	0.330095	0.309407
28	0.800992	0.708104	0.637517	0.579727	0.530891	0.488822	0.452093	0.419700	0.390911	0.365171	0.342019	0.321110
29	0.807354	0.716737	0.647497	0.590899	0.542291	0.500519	0.463948	0.431586	0.402753	0.376900	0.353591	0.332484
30	0.813343	0.724899	0.656962	0.600899	0.553155	0.511722	0.475325	0.443028	0.414182	0.388234	0.364802	0.343550
40	0.857594	0.786433	0.729818	0.681627	0.639419	0.601870	0.568076	0.537426	0.509476	0.483873	0.460296	0.438550
60	0.903437	0.852599	0.810662	0.773804	0.740586	0.710190	0.682157	0.656096	0.631804	0.609029	0.587643	0.567501
80	0.926967	0.887496	0.854347	0.824736	0.797636	0.772490	0.748974	0.726849	0.705927	0.686117	0.667279	0.649328
100	0.941272	0.909051	0.881684	0.856993	0.834186	0.812834	0.792697	0.773596	0.755405	0.738034	0.721395	0.705440
120	0.950898	0.923673	0.900382	0.879233	0.859569	0.841056	0.823491	0.806759	0.790760	0.775332	0.760485	0.746201
140	0.957812	0.934247	0.913983	0.895493	0.878224	0.861896	0.846339	0.831442	0.817125	0.803326	0.789999	0.777105
170	0.965169	0.945562	0.928606	0.913057	0.898465	0.884603	0.871338	0.858581	0.846267	0.834352	0.822797	0.811574
200	0.970341	0.953554	0.938982	0.925569	0.912940	0.900904	0.889349	0.878202	0.867412	0.856959	0.846755	0.836834
240	0.975243	0.961158	0.948887	0.937554	0.926848	0.916613	0.906758	0.897224	0.887968	0.878259	0.870174	0.861593
320	0.981393	0.970741	0.961415	0.952766	0.944563	0.936691	0.929082	0.921692	0.914493	0.907451	0.900579	0.893835
440	0.986445	0.978644	0.971788	0.965408	0.959337	0.953491	0.947824	0.942303	0.936908	0.931623	0.926435	0.921337
600	0.990047	0.984298	0.979233	0.974507	0.969998	0.965648	0.961420	0.957293	0.953251	0.949283	0.945380	0.941537
800	0.992529	0.988203	0.984384	0.980814	0.977404	0.974108	0.970900	0.967763	0.964687	0.961662	0.958683	0.955744
1000	0.994021	0.990552	0.987487	0.984620	0.981877	0.979224	0.976640	0.974110	0.971627	0.969184	0.966775	0.964397
∞	1.000000	1.000000	1.000000	1.000000	1.000000	1.000000	1.000000	1.000000	1.000000	1.000000	1.000000	1.000000

表 1(续)　$\Lambda_\alpha(m, n_1, n_2)$

$m = 2$　　　　　　　　　$\alpha = 0.01$

n_1	1	2	3	4	5	6	7	8	9	10	11	12
1	0.000000	0.000000	0.000000	0.000000	0.000000	0.000000	0.000000	0.000000	0.000000	0.000000	0.000000	0.000000
2	0.000100	0.000025	0.000011	0.000006	0.000004	0.000003	0.000002	0.000002	0.000001	0.000001	0.000000	0.000000
3	0.010000	0.003470	0.001764	0.001068	0.000716	0.000514	0.000386	0.000301	0.000241	0.000198	0.000165	0.000140
4	0.046416	0.019844	0.011160	0.007179	0.005013	0.003701	0.002846	0.002257	0.001834	0.001520	0.001280	0.001093
5	0.099999	0.049316	0.029953	0.020241	0.014627	0.011080	0.008688	0.006999	0.005760	0.004824	0.004099	0.003527
6	0.158490	0.086620	0.055849	0.039284	0.029229	0.022633	0.018059	0.014752	0.012283	0.010389	0.008903	0.007715
7	0.215444	0.127189	0.085984	0.062511	0.047671	0.037627	0.030485	0.025222	0.021222	0.018110	0.015639	0.013643
8	0.268270	0.168148	0.118119	0.088278	0.068750	0.055175	0.045317	0.037913	0.032206	0.027708	0.024097	0.021153
9	0.316228	0.207906	0.150743	0.115317	0.091448	0.074467	0.061901	0.052316	0.044821	0.038849	0.034006	0.030024
10	0.359382	0.245666	0.182908	0.142738	0.114989	0.094846	0.079687	0.067961	0.058684	0.051208	0.045092	0.040019
11	0.398107	0.281095	0.214051	0.169943	0.138805	0.115797	0.098225	0.084458	0.073448	0.064492	0.057100	0.050924
12	0.432876	0.314111	0.243868	0.196543	0.162496	0.136940	0.117163	0.101490	0.088832	0.078445	0.069807	0.062537
13	0.464159	0.344773	0.272209	0.222298	0.185786	0.157996	0.136231	0.118805	0.104603	0.092857	0.083018	0.074689
14	0.492388	0.373205	0.299027	0.247072	0.208495	0.178764	0.155227	0.136206	0.120576	0.107553	0.096574	0.087224
15	0.517947	0.399561	0.324338	0.270794	0.230506	0.199104	0.174003	0.153543	0.136603	0.122393	0.110341	0.100021
16	0.541170	0.424011	0.348190	0.293441	0.251751	0.218924	0.192450	0.170701	0.152570	0.137265	0.124211	0.112976
17	0.562341	0.446714	0.370654	0.315070	0.272197	0.238163	0.210492	0.187598	0.168387	0.152079	0.138096	0.126005
18	0.581709	0.467823	0.391807	0.335555	0.291830	0.256785	0.228078	0.204169	0.183989	0.166764	0.151924	0.139032
19	0.599484	0.487482	0.411733	0.355085	0.310657	0.274771	0.245174	0.220372	0.199322	0.181266	0.165639	0.152007
20	0.615848	0.505819	0.430515	0.373654	0.328695	0.292119	0.261761	0.236178	0.214352	0.195544	0.179196	0.164879
21	0.630957	0.522953	0.448231	0.391312	0.345965	0.308831	0.277829	0.251565	0.229052	0.209566	0.192561	0.177614
22	0.644947	0.538992	0.464956	0.408104	0.362497	0.324920	0.293378	0.266524	0.243403	0.223308	0.205707	0.190182
23	0.657933	0.554026	0.480762	0.424082	0.378320	0.340403	0.308412	0.281051	0.257394	0.236756	0.218614	0.202560
24	0.670019	0.568146	0.495715	0.439293	0.393467	0.355296	0.322939	0.295146	0.271020	0.249897	0.231267	0.214731
25	0.681292	0.581428	0.509875	0.453782	0.407970	0.369622	0.336971	0.308812	0.284279	0.262726	0.243657	0.226681
26	0.691831	0.593939	0.523299	0.467592	0.421860	0.383403	0.350522	0.322057	0.297172	0.275239	0.255776	0.238402
27	0.701704	0.605746	0.536040	0.480765	0.435169	0.396661	0.363607	0.334890	0.309703	0.287436	0.267621	0.249886
28	0.710971	0.616902	0.548144	0.493339	0.447927	0.409418	0.376242	0.347322	0.321877	0.299318	0.279190	0.261129
29	0.719686	0.627457	0.559655	0.505352	0.460163	0.421696	0.388443	0.359363	0.333703	0.310890	0.290483	0.272130
30	0.727896	0.637459	0.570615	0.516835	0.471903	0.433519	0.400227	0.371026	0.345187	0.322156	0.301504	0.282889
40	0.789652	0.714476	0.656673	0.608581	0.567185	0.530850	0.498541	0.469542	0.443323	0.419481	0.397694	0.377702
60	0.855467	0.799984	0.755573	0.717315	0.683328	0.652617	0.624558	0.598723	0.574795	0.552535	0.531746	0.512271
80	0.889953	0.846188	0.810436	0.779081	0.750765	0.724783	0.700697	0.678213	0.657114	0.637235	0.618444	0.600635
100	0.911163	0.875081	0.845239	0.818780	0.794644	0.772286	0.751373	0.731681	0.713048	0.695352	0.678495	0.662399
120	0.925522	0.894844	0.869263	0.846415	0.825431	0.805865	0.787452	0.770011	0.753414	0.737564	0.722385	0.707815
140	0.935886	0.909213	0.886840	0.866750	0.848208	0.830840	0.814421	0.798803	0.783877	0.769567	0.755808	0.742551
170	0.946959	0.924659	0.905836	0.888839	0.873070	0.858224	0.844122	0.830646	0.817710	0.805252	0.793224	0.781585
200	0.954772	0.935614	0.919375	0.904652	0.890941	0.877988	0.865642	0.853805	0.842407	0.831395	0.820731	0.810382
240	0.962196	0.946071	0.932347	0.919856	0.908184	0.897119	0.886539	0.876363	0.866534	0.857011	0.847760	0.838758
320	0.971540	0.959297	0.948819	0.939239	0.930247	0.921688	0.913469	0.905533	0.897838	0.890354	0.883057	0.875930
440	0.979238	0.970243	0.962512	0.955416	0.948732	0.942346	0.936194	0.930234	0.924437	0.918780	0.913248	0.907828
600	0.984741	0.978097	0.972369	0.967098	0.962118	0.957350	0.952745	0.948273	0.943913	0.939649	0.935470	0.931366
800	0.988539	0.983531	0.979204	0.975215	0.971440	0.967819	0.964316	0.960909	0.957581	0.954322	0.951123	0.947907
1000	0.990823	0.986804	0.983329	0.980120	0.977081	0.974162	0.971336	0.968584	0.965894	0.963257	0.960665	0.958115
∞	1.000000	1.000000	1.000000	1.000000	1.000000	1.000000	1.000000	1.000000	1.000000	1.000000	1.000000	1.000000

表 1(续)　$\Lambda_\alpha(m, n_1, n_2)$

$m = 2$　　$\alpha = 0.05$

$n_1 \backslash n_2$	13	14	15	18	21	24	27	30	40	60	80	100	120
1	0.000000	0.000000	0.000000	0.000000	0.000000	0.000000	0.000000	0.000000	0.000000	0.000000	0.000000	0.000000	0.000000
2	0.000016	0.000013	0.000012	0.000008	0.000006	0.000005	0.000004	0.000003	0.000002	0.000001	0.000000	0.000000	0.000000
3	0.000676	0.000587	0.000514	0.000362	0.000269	0.000207	0.000165	0.000134	0.000076	0.000034	0.000019	0.000012	0.000009
4	0.003232	0.002825	0.002490	0.001778	0.001333	0.001037	0.000829	0.000678	0.000390	0.000177	0.000101	0.000065	0.000045
5	0.008146	0.007164	0.006352	0.004598	0.003482	0.002728	0.002195	0.001805	0.001050	0.000483	0.000276	0.000179	0.000125
6	0.015318	0.013555	0.012080	0.008856	0.006772	0.005345	0.004327	0.003573	0.002103	0.000979	0.000564	0.000366	0.000257
7	0.024443	0.021747	0.019476	0.014450	0.011149	0.008865	0.007217	0.005990	0.003563	0.001678	0.000973	0.000634	0.000445
8	0.035156	0.031438	0.028283	0.021226	0.016519	0.013223	0.010823	0.009024	0.005426	0.002585	0.001507	0.000986	0.000695
9	0.047120	0.042333	0.038242	0.029003	0.022755	0.018333	0.015088	0.012633	0.007677	0.003699	0.002170	0.001425	0.001007
10	0.060023	0.054162	0.049122	0.037618	0.029743	0.024110	0.019943	0.016769	0.010293	0.005015	0.002959	0.001950	0.001381
11	0.073613	0.066688	0.060705	0.046922	0.037367	0.030469	0.025321	0.021380	0.013251	0.006527	0.003874	0.002562	0.001820
12	0.087673	0.079721	0.072820	0.056771	0.045524	0.037323	0.031162	0.026413	0.016526	0.008226	0.004911	0.003260	0.002321
13	0.102024	0.093104	0.085313	0.067051	0.054112	0.044601	0.037403	0.031820	0.020092	0.010104	0.006066	0.004042	0.002884
14	0.116544	0.106697	0.098057	0.077658	0.063051	0.052233	0.043988	0.037553	0.023923	0.012152	0.007336	0.004905	0.003510
15	0.131110	0.120388	0.110945	0.088498	0.072277	0.060157	0.050861	0.043579	0.027994	0.014360	0.008717	0.005849	0.004195
16	0.145624	0.134099	0.123908	0.099505	0.081706	0.068321	0.057988	0.049841	0.032282	0.016719	0.010204	0.006870	0.004939
17	0.160032	0.147763	0.136862	0.110610	0.091297	0.076674	0.065316	0.056321	0.036768	0.019219	0.011792	0.007967	0.005741
18	0.174277	0.161304	0.149752	0.121758	0.101003	0.085170	0.072812	0.062974	0.041430	0.021851	0.013477	0.009136	0.006599
19	0.188308	0.174698	0.162544	0.132906	0.110772	0.093785	0.080446	0.069781	0.046246	0.024608	0.015253	0.010375	0.007512
20	0.202099	0.187911	0.175196	0.144033	0.120559	0.102473	0.088180	0.076708	0.051199	0.027480	0.017118	0.011681	0.008477
21	0.215626	0.200907	0.187673	0.155078	0.130387	0.111209	0.095999	0.083729	0.056277	0.030458	0.019067	0.013053	0.009494
22	0.228875	0.213675	0.199965	0.166045	0.140168	0.119965	0.103875	0.090832	0.061459	0.033536	0.021095	0.014487	0.010560
23	0.241843	0.226196	0.212056	0.176886	0.149917	0.128734	0.111780	0.097990	0.066735	0.036706	0.023198	0.015981	0.011676
24	0.254506	0.238448	0.223909	0.187607	0.159593	0.137478	0.119701	0.105197	0.072089	0.039962	0.025372	0.017532	0.012837
25	0.266861	0.250458	0.235551	0.198195	0.169193	0.146195	0.127630	0.112424	0.077513	0.043293	0.027614	0.019139	0.014043
26	0.278913	0.262184	0.246958	0.208613	0.178700	0.154861	0.135550	0.119669	0.082994	0.046697	0.029917	0.020798	0.015294
27	0.290671	0.273651	0.258122	0.218883	0.188109	0.163481	0.143443	0.126906	0.088520	0.050169	0.032282	0.022507	0.016585
28	0.302134	0.284843	0.269041	0.228977	0.197407	0.172023	0.151303	0.134144	0.094088	0.053698	0.034703	0.024264	0.017918
29	0.313290	0.295777	0.279735	0.238911	0.206583	0.180498	0.159111	0.141358	0.099679	0.057281	0.037176	0.026067	0.019289
30	0.324161	0.306427	0.290177	0.248659	0.215640	0.188878	0.166879	0.148544	0.105296	0.060916	0.039697	0.027914	0.020698
40	0.418386	0.399660	0.382240	0.336544	0.298822	0.267264	0.240547	0.217714	0.161390	0.099068	0.057027	0.048374	0.036555
60	0.548467	0.530490	0.513448	0.467280	0.427406	0.392630	0.362089	0.335076	0.264298	0.177001	0.126977	0.095579	0.074560
80	0.632204	0.615847	0.600190	0.556963	0.518600	0.484309	0.453479	0.425632	0.349700	0.248903	0.186478	0.145019	0.116044
100	0.690119	0.675368	0.661161	0.621452	0.585574	0.552962	0.523181	0.495877	0.419344	0.312163	0.241828	0.193007	0.157681
120	0.732410	0.719079	0.706075	0.669807	0.636526	0.605913	0.577638	0.551435	0.476447	0.367086	0.292105	0.238044	0.197858
140	0.764612	0.752493	0.740725	0.707333	0.676486	0.647856	0.621186	0.596267	0.523805	0.414717	0.370086	0.279642	0.235843
170	0.800658	0.790028	0.779668	0.750059	0.722421	0.696512	0.672146	0.649171	0.581140	0.474899	0.396041	0.335619	0.288193
200	0.827159	0.817711	0.808479	0.781957	0.757012	0.733457	0.711150	0.689974	0.626420	0.524383	0.461147	0.384342	0.335049
240	0.853202	0.844988	0.836939	0.813703	0.791686	0.770750	0.750785	0.731707	0.673679	0.577877	0.501945	0.440430	0.389771
320	0.887217	0.880717	0.874327	0.855759	0.837999	0.820954	0.804555	0.788748	0.739807	0.655921	0.586347	0.527690	0.477647
440	0.916320	0.911379	0.906507	0.892275	0.878553	0.865280	0.852412	0.839916	0.800628	0.731019	0.670879	0.618275	0.571867
600	0.937746	0.934006	0.930311	0.919473	0.908962	0.898737	0.888768	0.879034	0.848077	0.791839	0.741703	0.696563	0.655657
800	0.952843	0.949975	0.947138	0.938794	0.930669	0.922734	0.914967	0.907353	0.882940	0.837788	0.796604	0.758723	0.723698
1000	0.962047	0.959772	0.957420	0.950640	0.944020	0.937539	0.931180	0.924932	0.904798	0.867144	0.832309	0.799833	0.769417
∞	1.000000	1.000000	1.000000	1.000000	1.000000	1.000000	1.000000	1.000000	1.000000	1.000000	1.000000	1.000000	1.000000

表 1（续） $\Lambda_\alpha(m,n_1,n_2)$

$m=2$ $\qquad$ $\alpha=0.01$

n_1	13	14	15	18	21	24	27	30	40	60	80	100	120
1	0.000000	0.000000	0.000000	0.000000	0.000000	0.000000	0.000000	0.000000	0.000000	0.000000	0.000000	0.000000	0.000000
2	0.000000	0.000000	0.000000	0.000000	0.000000	0.000000	0.000000	0.000000	0.000000	0.000000	0.000000	0.000000	0.000000
3	0.000120	0.000104	0.000091	0.000064	0.000047	0.000037	0.000029	0.000024	0.000013	0.000006	0.000003	0.000002	0.000002
4	0.000944	0.000823	0.000725	0.000516	0.000386	0.000299	0.000239	0.000195	0.000112	0.000051	0.000029	0.000019	0.000013
5	0.003067	0.002691	0.002381	0.001715	0.001294	0.001011	0.000812	0.000666	0.000386	0.000177	0.000101	0.000065	0.000046
6	0.006750	0.005957	0.005296	0.003861	0.002939	0.002312	0.001867	0.001539	0.000901	0.000417	0.000240	0.000155	0.000109
7	0.012008	0.010652	0.009514	0.007014	0.005386	0.004266	0.003462	0.002866	0.001695	0.000794	0.000458	0.000298	0.000209
8	0.018719	0.016686	0.014968	0.011154	0.008634	0.006882	0.005615	0.004669	0.002790	0.001320	0.000767	0.000500	0.000352
9	0.026704	0.023911	0.021536	0.016213	0.012648	0.010145	0.008318	0.006945	0.004191	0.002004	0.001171	0.000767	0.000541
10	0.035765	0.032160	0.029077	0.022098	0.017368	0.014012	0.011545	0.009678	0.005896	0.002850	0.001674	0.001103	0.000778
11	0.045710	0.041265	0.037444	0.028712	0.022725	0.018438	0.015263	0.012844	0.007899	0.003857	0.002279	0.001503	0.001065
12	0.056361	0.051069	0.046495	0.035954	0.028650	0.023371	0.019434	0.016414	0.010186	0.005024	0.002985	0.001975	0.001404
13	0.067566	0.061436	0.056105	0.043735	0.035069	0.028756	0.024012	0.020356	0.012744	0.006348	0.003792	0.002518	0.001793
14	0.079191	0.072228	0.066161	0.051963	0.041918	0.034541	0.028963	0.024637	0.015556	0.007824	0.004699	0.003131	0.002235
15	0.091109	0.083356	0.076560	0.060561	0.049132	0.040678	0.034243	0.029227	0.018607	0.009448	0.005703	0.003814	0.002729
16	0.103228	0.094712	0.087224	0.069456	0.056656	0.047119	0.039813	0.034093	0.021879	0.011213	0.006804	0.004564	0.003274
17	0.115466	0.106223	0.098066	0.078589	0.064440	0.053821	0.045643	0.039204	0.025355	0.013113	0.007998	0.005383	0.003869
18	0.127753	0.117822	0.109026	0.087902	0.072431	0.060746	0.051696	0.044536	0.029021	0.015141	0.009281	0.006267	0.004515
19	0.140033	0.129453	0.120053	0.097351	0.080593	0.067855	0.057943	0.050061	0.032859	0.017292	0.010652	0.007216	0.005210
20	0.152260	0.141072	0.131100	0.106887	0.088888	0.075122	0.064353	0.055755	0.036855	0.019559	0.012107	0.008228	0.005953
21	0.164395	0.152637	0.142127	0.116479	0.097277	0.082515	0.070902	0.061597	0.040995	0.021936	0.013643	0.009300	0.006745
22	0.176407	0.164119	0.153104	0.126093	0.105746	0.090005	0.077569	0.067563	0.045266	0.024414	0.015257	0.010432	0.007583
23	0.188272	0.175491	0.164003	0.135704	0.114254	0.097568	0.084332	0.073637	0.049652	0.026992	0.016945	0.011622	0.008465
24	0.199971	0.186732	0.174804	0.145289	0.122783	0.105190	0.091170	0.079802	0.054141	0.029660	0.018704	0.012868	0.009392
25	0.211489	0.197826	0.185486	0.154827	0.131315	0.112853	0.098066	0.086036	0.058730	0.032412	0.020531	0.014167	0.010362
26	0.222812	0.208758	0.196037	0.164303	0.139834	0.120530	0.105008	0.092335	0.063400	0.035248	0.022425	0.015517	0.011374
27	0.233933	0.219519	0.206444	0.173701	0.148323	0.128212	0.111977	0.098679	0.068142	0.038154	0.024378	0.016919	0.012427
28	0.244846	0.230101	0.216698	0.183011	0.156770	0.135887	0.118971	0.105056	0.072952	0.041131	0.026393	0.018368	0.013519
29	0.255546	0.240498	0.226792	0.192222	0.165165	0.143542	0.125965	0.111463	0.077810	0.044174	0.028463	0.019865	0.014650
30	0.266032	0.250705	0.236719	0.201326	0.173498	0.151169	0.132955	0.117882	0.082723	0.047275	0.030585	0.021406	0.015818
40	0.359292	0.342285	0.326530	0.285564	0.252121	0.224393	0.201107	0.181337	0.133119	0.080710	0.054195	0.038914	0.029296
60	0.493980	0.476759	0.460514	0.416847	0.379494	0.347198	0.319026	0.294269	0.230087	0.152294	0.108433	0.081184	0.063085
80	0.583720	0.567620	0.552272	0.510201	0.473197	0.440372	0.411055	0.384722	0.313647	0.220850	0.164264	0.127080	0.101284
100	0.646999	0.632239	0.618071	0.578731	0.543482	0.511671	0.482799	0.456470	0.383556	0.282574	0.217423	0.172663	0.140506
120	0.693805	0.680311	0.667295	0.630823	0.597710	0.567455	0.539672	0.514057	0.441398	0.337024	0.266399	0.216121	0.178966
140	0.729755	0.717386	0.705413	0.671632	0.640658	0.612092	0.585628	0.561021	0.490073	0.384795	0.310906	0.256745	0.215750
170	0.770307	0.759360	0.748723	0.718487	0.690459	0.664342	0.639906	0.616969	0.549593	0.445801	0.369761	0.312023	0.267021
200	0.800323	0.790533	0.780992	0.753726	0.728251	0.704332	0.681790	0.660484	0.597123	0.496447	0.420280	0.360830	0.313385
240	0.829984	0.821419	0.813051	0.789009	0.766374	0.744963	0.724642	0.705301	0.646895	0.551644	0.477024	0.417073	0.368018
320	0.868958	0.862130	0.855434	0.836067	0.817651	0.800064	0.783215	0.767035	0.717271	0.632927	0.563710	0.505798	0.456679
440	0.902510	0.897287	0.892149	0.877205	0.862875	0.849077	0.835754	0.822860	0.782567	0.711906	0.651439	0.599912	0.552818
600	0.927331	0.923359	0.919444	0.908009	0.896976	0.886200	0.875911	0.865808	0.833860	0.776371	0.725566	0.680108	0.639113
800	0.944878	0.941823	0.938808	0.929975	0.921417	0.913093	0.904972	0.897039	0.871735	0.825349	0.783384	0.745005	0.709677
1000	0.955601	0.953120	0.950669	0.943476	0.936488	0.929674	0.923012	0.916485	0.895561	0.856762	0.821144	0.788118	0.757316
∞	1.000000	1.000000	1.000000	1.000000	1.000000	1.000000	1.000000	1.000000	1.000000	1.000000	1.000000	1.000000	1.000000

表 1(续)　　$\Lambda_\alpha(m, n_1, n_2)$

$m = 3$　　　　$\alpha = 0.05$

n_1 \ n_2	1	2	3	4	5	6	7	8	9	10	11	12
1	0.000000	0.000000	0.000000	0.000000	0.000000	0.000000	0.000000	0.000000	0.000000	0.000000	0.000000	0.000000
2	0.001698	0.000354	0.000179	0.000127	0.000105	0.000095	0.000091	0.000090	0.000091	0.000092	0.000010	0.000013
3	0.033740	0.009612	0.004205	0.002314	0.001479	0.001052	0.000809	0.000659	0.000562	0.000496	0.000095	0.000098
4	0.097355	0.035855	0.017521	0.010010	0.006357	0.004369	0.003195	0.002458	0.001971	0.001636	0.000449	0.000416
5	0.168271	0.073634	0.039672	0.024047	0.015792	0.011018	0.008067	0.006148	0.004849	0.003939	0.001397	0.001222
6	0.235525	0.116476	0.067711	0.043226	0.029433	0.021043	0.015642	0.012012	0.009485	0.007674	0.003281	0.002793
7	0.295976	0.160244	0.098812	0.065947	0.046378	0.033966	0.025706	0.019990	0.015911	0.012927	0.006345	0.005347
8	0.349277	0.202814	0.131378	0.090794	0.065660	0.049161	0.037855	0.029838	0.023995	0.019637	0.010697	0.008997
9	0.396084	0.243139	0.163846	0.116701	0.086448	0.066012	0.051643	0.041238	0.033514	0.027654	0.016323	0.013763
10	0.437147	0.280808	0.195556	0.142927	0.108110	0.083979	0.066659	0.053876	0.044225	0.036801	0.023135	0.019593
11	0.473377	0.315719	0.226090	0.168939	0.130131	0.102644	0.082534	0.067443	0.055894	0.046882	0.030993	0.026391
12	0.505452	0.347981	0.255220	0.194414	0.152160	0.121656	0.098973	0.081704	0.068298	0.057724	0.039757	0.034049
13	0.534018	0.377735	0.282849	0.219113	0.173959	0.140775	0.115736	0.096413	0.081246	0.069166	0.049278	0.042437
14	0.559570	0.405221	0.308951	0.242944	0.195322	0.159796	0.132619	0.111416	0.094593	0.081052	0.059407	0.051442
15	0.582577	0.430566	0.333588	0.265812	0.216138	0.178574	0.149493	0.126564	0.108178	0.093264	0.070029	0.060954
16	0.603338	0.454006	0.356777	0.287689	0.236338	0.197017	0.166236	0.141728	0.121917	0.105704	0.081026	0.070875
17	0.622168	0.475728	0.378631	0.308599	0.255858	0.215044	0.182762	0.156827	0.135694	0.118273	0.092299	0.081109
18	0.639337	0.495908	0.399223	0.328552	0.274710	0.232604	0.199009	0.171789	0.149446	0.130904	0.103768	0.091588
19	0.655028	0.514622	0.418629	0.347546	0.292843	0.249666	0.214918	0.186544	0.163097	0.143521	0.115361	0.102241
20	0.669437	0.532101	0.436898	0.365676	0.310304	0.266216	0.230467	0.201077	0.176620	0.156088	0.127018	0.113012
21	0.682712	0.548393	0.454182	0.382934	0.327083	0.282253	0.245626	0.215325	0.189969	0.168561	0.138689	0.123835
22	0.694960	0.563637	0.470473	0.399402	0.343191	0.297740	0.260397	0.229291	0.203123	0.180907	0.150321	0.134680
23	0.706310	0.577895	0.485889	0.415077	0.358665	0.312738	0.274743	0.242939	0.216044	0.193091	0.161896	0.145521
24	0.716875	0.591311	0.500491	0.430041	0.373523	0.327222	0.288709	0.256276	0.228718	0.205103	0.173370	0.156313
25	0.726681	0.603899	0.514336	0.444332	0.387790	0.341199	0.302238	0.269280	0.241137	0.216929	0.184720	0.167023
26	0.735837	0.615757	0.527453	0.457946	0.401488	0.354711	0.315386	0.281968	0.253300	0.228535	0.195944	0.177651
27	0.744404	0.626944	0.539914	0.470981	0.414658	0.367742	0.328131	0.294313	0.265188	0.239935	0.206998	0.188160
28	0.752437	0.637514	0.551741	0.483431	0.427307	0.380334	0.340477	0.306326	0.276805	0.251110	0.217899	0.198546
29	0.759984	0.647501	0.563023	0.495347	0.439475	0.392490	0.352461	0.318033	0.288158	0.262062	0.228615	0.208809
30	0.767085	0.657089	0.573497	0.506439	0.451286	0.404319	0.364205	0.329527	0.299419	0.272919	0.239155	0.218912
40	0.816139	0.723938	0.651356	0.590773	0.538846	0.493686	0.453976	0.418785	0.387401	0.359271	0.333940	0.311045
60	0.874843	0.807778	0.752424	0.704238	0.661334	0.622640	0.587440	0.555224	0.525598	0.498272	0.472957	0.449477
80	0.905160	0.852653	0.808266	0.768805	0.732964	0.700027	0.669520	0.641124	0.614572	0.589678	0.566281	0.544236
100	0.923660	0.880557	0.843610	0.810333	0.779746	0.751296	0.724666	0.699598	0.675935	0.653520	0.632235	0.611999
120	0.936178	0.899588	0.867973	0.839253	0.812632	0.787686	0.764150	0.741841	0.720623	0.700389	0.681054	0.662546
140	0.945137	0.913391	0.885776	0.860534	0.836998	0.814820	0.793780	0.773732	0.754565	0.736197	0.718557	0.701592
170	0.954680	0.928199	0.904999	0.883652	0.863624	0.844636	0.826518	0.809156	0.792465	0.776383	0.760857	0.745847
200	0.961395	0.938685	0.918687	0.900202	0.882782	0.866197	0.850307	0.835018	0.820262	0.805990	0.792160	0.778739
240	0.967765	0.948679	0.931793	0.916116	0.901281	0.887100	0.873459	0.860284	0.847521	0.835131	0.823081	0.811346
320	0.975762	0.961296	0.948422	0.936405	0.924972	0.913987	0.903369	0.893064	0.883033	0.873250	0.863692	0.854341
440	0.982336	0.971725	0.962235	0.953337	0.944835	0.936632	0.928671	0.920913	0.913336	0.905910	0.898630	0.891482
600	0.987028	0.979198	0.972173	0.965563	0.959229	0.953096	0.947133	0.941302	0.935589	0.929978	0.924461	0.919029
800	0.990261	0.984364	0.979060	0.974060	0.969257	0.964600	0.960057	0.955610	0.951243	0.946947	0.942713	0.938538
1000	0.992204	0.987475	0.983215	0.979193	0.975326	0.971571	0.967905	0.964310	0.960776	0.957296	0.953863	0.950473
∞	1.000000	1.000000	1.000000	1.000000	1.000000	1.000000	1.000000	1.000000	1.000000	1.000000	1.000000	1.000000

表 1(续)　$\Lambda_\alpha(m, n_1, n_2)$

$m = 3$　　　　　　　　　　　　　　　　　　n_2　　　　　　　　　　　　　　　　　　$\alpha = 0.01$

n_1	1	2	3	4	5	6	7	8	9	10	11	12
1	0.000000	0.000000	0.000000	0.000000	0.000000	0.000000	0.000000	0.000000	0.000000	0.000000	0.000000	0.000000
2	0.000000	0.000000	0.000000	0.000000	0.000000	0.000000	0.000000	0.000000	0.000000	0.000000	0.000000	0.000000
3	0.000080	0.000021	0.000016	0.000015	0.000015	0.000017	0.000019	0.000021	0.000023	0.000002	0.000003	0.000003
4	0.006763	0.001829	0.000824	0.000484	0.000335	0.000258	0.000215	0.000188	0.000172	0.000026	0.000029	0.000031
5	0.032882	0.011211	0.005326	0.003037	0.001959	0.001383	0.001047	0.000837	0.000698	0.000161	0.000154	0.000149
6	0.073980	0.029981	0.015536	0.009229	0.006018	0.004211	0.003116	0.002414	0.001943	0.000602	0.000533	0.000483
7	0.121426	0.055863	0.031196	0.019423	0.013027	0.009244	0.006864	0.005293	0.004214	0.001614	0.001376	0.001200
8	0.169788	0.085991	0.051041	0.033146	0.022897	0.016575	0.012459	0.009664	0.007703	0.003450	0.002892	0.002474
9	0.216359	0.118124	0.073700	0.049627	0.035223	0.026018	0.019845	0.015549	0.012468	0.006286	0.005237	0.004444
10	0.259966	0.150746	0.098030	0.068087	0.049501	0.037260	0.028840	0.022851	0.018472	0.010203	0.008501	0.007198
11	0.300240	0.182909	0.123161	0.087852	0.065237	0.049951	0.039203	0.031408	0.025614	0.015200	0.012705	0.010772
12	0.337186	0.214052	0.148469	0.108380	0.081998	0.063758	0.050682	0.041037	0.033759	0.021217	0.017821	0.015158
13	0.370989	0.243868	0.173524	0.129256	0.099424	0.078384	0.063039	0.051550	0.042762	0.028161	0.023785	0.020317
14	0.401904	0.272209	0.198043	0.150167	0.117204	0.093576	0.076062	0.062771	0.052482	0.035922	0.030516	0.026188
15	0.430202	0.299027	0.221811	0.170888	0.135171	0.109125	0.089567	0.074542	0.062783	0.044385	0.037922	0.032700
16	0.456147	0.324338	0.244809	0.191257	0.153091	0.124859	0.103396	0.086724	0.073546	0.053438	0.045911	0.039779
17	0.479984	0.348191	0.266888	0.211160	0.170848	0.140644	0.117419	0.099197	0.084662	0.062978	0.054394	0.047349
18	0.501932	0.370654	0.288051	0.230524	0.188345	0.156371	0.131529	0.111859	0.096037	0.072908	0.063289	0.055338
19	0.522191	0.391807	0.308300	0.249300	0.205509	0.171995	0.145640	0.124624	0.107589	0.083144	0.072519	0.063680
20	0.540934	0.411734	0.327644	0.267462	0.222288	0.187334	0.159680	0.137421	0.119251	0.093611	0.082016	0.072312
21	0.558316	0.430515	0.346122	0.284999	0.238647	0.202457	0.173594	0.150193	0.130962	0.104243	0.091719	0.081178
22	0.574470	0.448231	0.363762	0.301914	0.254564	0.217287	0.187337	0.162890	0.142676	0.114983	0.101574	0.090228
23	0.589519	0.464956	0.380593	0.318203	0.270024	0.231801	0.200875	0.175473	0.154348	0.125784	0.111534	0.099418
24	0.603567	0.480761	0.396664	0.333888	0.285024	0.245977	0.214182	0.187912	0.165948	0.136602	0.121558	0.108708
25	0.616709	0.495715	0.412006	0.348987	0.299564	0.259807	0.227238	0.200181	0.177443	0.147403	0.131611	0.118064
26	0.629025	0.509875	0.426661	0.363513	0.313646	0.273282	0.240029	0.212260	0.188816	0.158158	0.141663	0.127455
27	0.640592	0.523299	0.440664	0.377492	0.327281	0.286402	0.252545	0.224135	0.200042	0.168840	0.151686	0.136855
28	0.651469	0.536040	0.454050	0.390942	0.340476	0.299164	0.264779	0.235795	0.211110	0.179430	0.161661	0.146241
29	0.661719	0.548144	0.466858	0.403887	0.353244	0.311575	0.276730	0.247231	0.222009	0.189910	0.171566	0.155593
30	0.671391	0.559656	0.479116	0.416348	0.365597	0.323637	0.288394	0.258438	0.232727	0.200265	0.181387	0.164895
40	0.744674	0.649620	0.577483	0.518712	0.469272	0.426891	0.390088	0.357822	0.329317	0.303979	0.281338	0.261014
60	0.823683	0.751990	0.654679	0.645816	0.602970	0.564801	0.530443	0.499282	0.470857	0.444810	0.420849	0.398737
80	0.865422	0.808282	0.761397	0.720482	0.683828	0.650513	0.619945	0.591715	0.565509	0.541095	0.518272	0.496881
100	0.891201	0.843804	0.804298	0.769332	0.737595	0.708389	0.681275	0.655947	0.632179	0.609801	0.588667	0.568664
120	0.908698	0.868241	0.834163	0.803715	0.775833	0.749959	0.725744	0.702949	0.681398	0.660958	0.641519	0.622994
140	0.921350	0.886074	0.856136	0.829206	0.804388	0.781216	0.759404	0.738756	0.719127	0.700413	0.682523	0.665388
170	0.934886	0.905306	0.880001	0.857075	0.835802	0.815812	0.796876	0.778843	0.761600	0.745064	0.729169	0.713861
200	0.944448	0.918986	0.897083	0.877137	0.858541	0.840986	0.824284	0.808309	0.792971	0.778202	0.763939	0.750169
240	0.953545	0.932073	0.913505	0.896514	0.880601	0.865514	0.851099	0.837256	0.823911	0.811012	0.798488	0.786374
320	0.965006	0.948662	0.934435	0.921337	0.909000	0.897239	0.885943	0.875039	0.864473	0.854210	0.844184	0.834449
440	0.974455	0.962428	0.951897	0.942156	0.932937	0.924109	0.915592	0.907335	0.899302	0.891467	0.883774	0.876280
600	0.981223	0.972324	0.964504	0.957246	0.950354	0.943732	0.937324	0.931093	0.925012	0.919063	0.913203	0.907480
800	0.985892	0.979179	0.973264	0.967760	0.962522	0.957478	0.952586	0.948013	0.943158	0.938588	0.934077	0.929602
1000	0.988702	0.983312	0.978556	0.974124	0.969900	0.965827	0.961872	0.958013	0.954234	0.950525	0.946859	0.943268
∞	1.000000	1.000000	1.000000	1.000000	1.000000	1.000000	1.000000	1.000000	1.000000	1.000000	1.000000	1.000000

表 1(续)　$\Lambda_\alpha(m, n_1, n_2)$

$\alpha = 0.05$　　$m = 3$

n_1	\multicolumn{13}{c}{n_2}
	13	14	15	18	21	24	27	30	40	60	80	100	120
---	---	---	---	---	---	---	---	---	---	---	---	---	---
1	0.000000	0.000000	0.000000	0.000000	0.000000	0.000000	0.000000	0.000000	0.000000	0.000000	0.000000	0.000000	0.000000
2	0.000017	0.000020	0.000024	0.000036	0.000049	0.000063	0.000078	0.000093	0.000142	0.000236	0.000318	0.000389	0.000453
3	0.000102	0.000106	0.000110	0.000124	0.000138	0.000153	0.000168	0.000183	0.000231	0.000318	0.000394	0.000460	0.000519
4	0.000391	0.000372	0.000358	0.000333	0.000324	0.000322	0.000324	0.000330	0.000357	0.000422	0.000484	0.000541	0.000592
5	0.001089	0.000987	0.000907	0.000750	0.000662	0.000609	0.000576	0.000555	0.000530	0.000549	0.000589	0.000632	0.000673
6	0.002423	0.002138	0.001913	0.001467	0.001214	0.001056	0.000953	0.000882	0.000761	0.000703	0.000710	0.000733	0.000761
7	0.004583	0.003987	0.003516	0.002578	0.002041	0.001707	0.001486	0.001332	0.001059	0.000887	0.000848	0.000846	0.000858
8	0.007680	0.006644	0.005818	0.004156	0.003198	0.002600	0.002204	0.001928	0.001434	0.001105	0.001005	0.000971	0.000964
9	0.011755	0.010157	0.008872	0.006256	0.004727	0.003769	0.003133	0.002691	0.001896	0.001358	0.001182	0.001109	0.001078
10	0.016783	0.014525	0.012690	0.008905	0.006661	0.005242	0.004296	0.003637	0.002454	0.001651	0.001381	0.001261	0.001203
11	0.022699	0.019703	0.017248	0.012112	0.009014	0.007036	0.005709	0.004781	0.003116	0.001986	0.001602	0.001428	0.001337
12	0.029419	0.025631	0.022501	0.015861	0.011789	0.009160	0.007383	0.006136	0.003888	0.002366	0.001847	0.001609	0.001481
13	0.036845	0.032229	0.028385	0.020129	0.014983	0.011618	0.009325	0.007707	0.004778	0.002793	0.002118	0.001806	0.001636
14	0.044875	0.039412	0.034837	0.024881	0.018579	0.014406	0.011537	0.009500	0.005790	0.003270	0.002415	0.002019	0.001802
15	0.053418	0.047107	0.041785	0.030079	0.022552	0.017512	0.014016	0.011515	0.006928	0.003799	0.002739	0.002249	0.001980
16	0.062389	0.055234	0.049161	0.035675	0.026884	0.020927	0.016754	0.013750	0.008195	0.004381	0.003092	0.002497	0.002170
17	0.071695	0.063716	0.056904	0.041633	0.031543	0.024629	0.019744	0.016201	0.009591	0.005019	0.003474	0.002762	0.002371
18	0.081280	0.072492	0.064957	0.047906	0.036501	0.028602	0.022974	0.018862	0.011118	0.005714	0.003886	0.003046	0.002585
19	0.091073	0.081504	0.073265	0.054455	0.041730	0.032828	0.026430	0.021725	0.012775	0.006466	0.004330	0.003349	0.002812
20	0.101022	0.090702	0.081774	0.061242	0.047197	0.037285	0.030101	0.024780	0.014560	0.007278	0.004805	0.003672	0.003052
21	0.111071	0.100036	0.090442	0.068235	0.052884	0.041951	0.033970	0.028016	0.016471	0.008149	0.005313	0.004015	0.003306
22	0.121181	0.109464	0.099236	0.075397	0.058764	0.046812	0.038023	0.031426	0.018506	0.009081	0.005853	0.004377	0.003573
23	0.131325	0.118959	0.108124	0.082699	0.064801	0.051844	0.042246	0.034995	0.020662	0.010073	0.006427	0.004760	0.003854
24	0.141462	0.128475	0.117066	0.090118	0.070988	0.057032	0.046624	0.038715	0.022934	0.011125	0.007035	0.005165	0.004149
25	0.151565	0.137996	0.126039	0.097633	0.077298	0.062355	0.051142	0.042577	0.025319	0.012239	0.007678	0.005591	0.004459
26	0.161625	0.147506	0.135022	0.105215	0.083707	0.067800	0.055789	0.046561	0.027812	0.013412	0.008354	0.006039	0.004783
27	0.171597	0.156968	0.143992	0.112840	0.090204	0.073350	0.060553	0.050665	0.030406	0.014646	0.009065	0.006508	0.005122
28	0.181487	0.166372	0.152935	0.120500	0.096770	0.078995	0.065419	0.054879	0.033100	0.015938	0.009812	0.007000	0.005476
29	0.191279	0.175712	0.161832	0.128178	0.103391	0.084715	0.070373	0.059190	0.035888	0.017289	0.010593	0.007513	0.005844
30	0.200957	0.184972	0.170668	0.135863	0.110051	0.090499	0.075410	0.063587	0.038763	0.018697	0.011409	0.008049	0.006229
40	0.290289	0.271393	0.254158	0.210687	0.176777	0.149889	0.128283	0.110711	0.071321	0.035678	0.021451	0.014654	0.010933
60	0.427617	0.407240	0.388210	0.338067	0.296483	0.261629	0.232145	0.207024	0.145767	0.080871	0.050340	0.034274	0.025030
80	0.523426	0.503760	0.485147	0.434837	0.391568	0.354082	0.321390	0.292697	0.218934	0.132425	0.086752	0.060564	0.044578
100	0.592729	0.574335	0.556781	0.508552	0.466092	0.428463	0.394949	0.364969	0.284954	0.184110	0.126282	0.090850	0.068058
120	0.644805	0.627778	0.611418	0.565955	0.525245	0.488594	0.455452	0.425373	0.342876	0.233125	0.166148	0.122945	0.093923
140	0.685253	0.669499	0.654295	0.611677	0.573032	0.537823	0.505620	0.476074	0.393308	0.278453	0.204836	0.155372	0.120955
170	0.731318	0.717238	0.703583	0.664944	0.629419	0.596622	0.566244	0.538032	0.457087	0.339172	0.259166	0.202772	0.161864
200	0.765701	0.753021	0.740680	0.705519	0.672869	0.642434	0.613982	0.587320	0.509452	0.391785	0.308397	0.247403	0.201696
240	0.799905	0.788741	0.777838	0.746568	0.717247	0.689659	0.663633	0.639031	0.565893	0.451223	0.366280	0.301723	0.251685
320	0.845185	0.836210	0.827406	0.801944	0.777768	0.754743	0.732764	0.711747	0.647789	0.542419	0.459202	0.393040	0.339013
440	0.884456	0.877544	0.870739	0.850916	0.831895	0.813592	0.795944	0.778901	0.725974	0.634882	0.592202	0.495492	0.441337
600	0.913675	0.908393	0.903180	0.887916	0.873155	0.858845	0.844944	0.831422	0.788790	0.713951	0.647266	0.589805	0.539189
800	0.934414	0.930339	0.926310	0.914402	0.902955	0.891734	0.880777	0.870065	0.835924	0.773732	0.718217	0.668254	0.623049
1000	0.947121	0.943805	0.940522	0.930853	0.921423	0.912202	0.903169	0.894310	0.865891	0.813357	0.765571	0.721789	0.681497
∞F	1.000000	1.000000	1.000000	1.000000	1.000000	1.000000	1.000000	1.000000	1.000000	1.000000	1.000000	1.000000	1.000000

表 1(续)　Λ_α(m, n₁, n₂)

$m = 3$　　　　　　　　　　　　　　　　　　　　　　　　　　　$\alpha = 0.01$

n_1	13	14	15	18	21	24	27	30	40	60	80	100	120
1	0.000000	0.000000	0.000000	0.000003	0.000006	0.000010	0.000015	0.000022	0.000048	0.000113	0.000181	0.000245	0.000304
2	0.000005	0.000006	0.000003	0.000014	0.000021	0.000030	0.000039	0.000048	0.000084	0.000158	0.000228	0.000293	0.000352
3	0.000035	0.000038	0.000041	0.000052	0.000063	0.000074	0.000086	0.000098	0.000138	0.000215	0.000285	0.000348	0.000404
4	0.000147	0.000145	0.000145	0.000148	0.000154	0.000163	0.000172	0.000182	0.000218	0.000288	0.000352	0.000410	0.000463
5	0.000445	0.000416	0.000393	0.000350	0.000329	0.000318	0.000314	0.000314	0.000328	0.000378	0.000431	0.000481	0.000527
6	0.001067	0.000963	0.000881	0.000718	0.000626	0.000569	0.000533	0.000510	0.000478	0.000487	0.000521	0.000560	0.000598
7	0.002155	0.001907	0.001710	0.001315	0.001088	0.000945	0.000851	0.000786	0.000674	0.000620	0.000626	0.000649	0.000676
8	0.003833	0.003354	0.002972	0.002201	0.001757	0.001477	0.001289	0.001158	0.000924	0.000777	0.000745	0.000747	0.000761
9	0.006184	0.005382	0.004740	0.003436	0.002674	0.002192	0.001870	0.001644	0.001236	0.000962	0.000881	0.000856	0.000854
10	0.009252	0.008039	0.007061	0.005054	0.003869	0.003117	0.002613	0.002259	0.001617	0.001176	0.001033	0.000976	0.000955
11	0.013042	0.011340	0.009955	0.007084	0.005367	0.004272	0.003535	0.003017	0.002074	0.001421	0.001204	0.001108	0.001064
12	0.017533	0.015275	0.013423	0.009540	0.007187	0.005673	0.004649	0.003928	0.002615	0.001706	0.001394	0.001253	0.001181
13	0.022683	0.019815	0.017448	0.012423	0.009335	0.007331	0.005967	0.005003	0.003244	0.002025	0.001604	0.001410	0.001308
14	0.028436	0.024921	0.021998	0.015725	0.011815	0.009251	0.007496	0.006249	0.003967	0.002383	0.001835	0.001581	0.001444
15	0.034732	0.030543	0.027037	0.019430	0.014621	0.011435	0.009239	0.007672	0.004787	0.002783	0.002089	0.001766	0.001589
16	0.041510	0.036630	0.032521	0.023514	0.017743	0.013881	0.011198	0.009273	0.005710	0.003226	0.002367	0.001966	0.001745
17	0.048705	0.043129	0.038406	0.027955	0.021170	0.016582	0.013371	0.011053	0.006737	0.003713	0.002668	0.002180	0.001911
18	0.056261	0.049988	0.044648	0.032722	0.024884	0.019531	0.015754	0.013013	0.007870	0.004247	0.002994	0.002411	0.002088
19	0.064121	0.057160	0.051204	0.037789	0.028868	0.022716	0.018343	0.015149	0.009111	0.004828	0.003347	0.002657	0.002276
20	0.072235	0.064597	0.058031	0.043125	0.033102	0.026126	0.021129	0.017457	0.010460	0.005458	0.003725	0.002919	0.002475
21	0.080556	0.072257	0.065093	0.048704	0.037568	0.029748	0.024104	0.019933	0.011918	0.006137	0.004131	0.003199	0.002685
22	0.089042	0.080101	0.072351	0.054488	0.042245	0.033568	0.027260	0.022569	0.013482	0.006867	0.004565	0.003496	0.002907
23	0.097657	0.088094	0.079775	0.060481	0.047114	0.037571	0.030586	0.025361	0.015153	0.007648	0.005027	0.003811	0.003141
24	0.106365	0.096205	0.087334	0.066628	0.052157	0.041745	0.034072	0.028300	0.016928	0.008480	0.005518	0.004143	0.003387
25	0.115139	0.104405	0.095000	0.072919	0.057355	0.046075	0.037708	0.031379	0.018805	0.009364	0.006038	0.004494	0.003647
26	0.123952	0.112668	0.102750	0.079330	0.062691	0.050547	0.041483	0.034590	0.020781	0.010300	0.006587	0.004863	0.003918
27	0.132781	0.120971	0.110560	0.085844	0.068150	0.055148	0.045388	0.037925	0.022855	0.011288	0.007166	0.005252	0.004202
28	0.141606	0.129296	0.118412	0.092442	0.073715	0.059867	0.049411	0.041377	0.025022	0.012328	0.007776	0.005659	0.004499
29	0.150409	0.137623	0.126288	0.099108	0.079373	0.064691	0.053544	0.044937	0.027280	0.013419	0.008416	0.006086	0.004810
30	0.159175	0.145938	0.134172	0.105827	0.085111	0.069607	0.057777	0.048598	0.029624	0.014562	0.009086	0.006533	0.005134
40	0.242696	0.226130	0.211096	0.173514	0.144569	0.121868	0.103795	0.089223	0.057055	0.028647	0.017457	0.012094	0.009137
60	0.378272	0.359289	0.341637	0.295496	0.257636	0.226191	0.199806	0.177475	0.123700	0.068014	0.042401	0.029052	0.021379
80	0.476788	0.457876	0.440044	0.392205	0.351460	0.316453	0.286099	0.259651	0.192380	0.115013	0.075031	0.052435	0.038740
100	0.549692	0.531670	0.514521	0.467724	0.426875	0.390945	0.359148	0.330860	0.256121	0.163561	0.111482	0.080033	0.060002
120	0.605307	0.588394	0.572199	0.527469	0.487735	0.452209	0.420274	0.391446	0.313105	0.210557	0.149024	0.109865	0.083839
140	0.648946	0.633150	0.617953	0.575599	0.537482	0.502978	0.471597	0.442948	0.363394	0.254657	0.186033	0.140487	0.109120
170	0.699095	0.684833	0.671043	0.632228	0.596790	0.564269	0.534303	0.506601	0.427763	0.314520	0.238754	0.185923	0.147949
200	0.736825	0.723889	0.711333	0.675743	0.642910	0.612477	0.584164	0.557749	0.481186	0.367006	0.287138	0.229286	0.186289
240	0.774600	0.763133	0.751962	0.720079	0.690368	0.662559	0.636443	0.611856	0.539283	0.426889	0.344628	0.282663	0.234984
320	0.824943	0.815652	0.806561	0.780364	0.755626	0.732179	0.709889	0.688622	0.624439	0.519812	0.438557	0.373572	0.321238
440	0.868933	0.861725	0.854644	0.834102	0.814487	0.795690	0.777632	0.760252	0.706588	0.615136	0.539871	0.476944	0.423743
600	0.901853	0.896316	0.890862	0.874954	0.859647	0.844866	0.830551	0.816669	0.773133	0.696377	0.630457	0.573141	0.522892
800	0.925725	0.921026	0.916795	0.904405	0.892411	0.880776	0.869448	0.858400	0.823361	0.760060	0.703985	0.653797	0.608582
1000	0.939725	0.936229	0.932774	0.922635	0.912790	0.903199	0.893834	0.884674	0.855420	0.801763	0.753305	0.709136	0.668647
∞	1.000000	1.000000	1.000000	1.000000	1.000000	1.000000	1.000000	1.000000	1.000000	1.000000	1.000000	1.000000	1.000000

表 1(续)　$\Lambda_\alpha(m, n_1, n_2)$

$m = 4$　　　　　　　　　　　　　　　　　　　　　　　　　　　n_2　　　　　　　　　　　　　　　　　　　　　　　$\alpha = 0.05$

n_1	1	2	3	4	5	6	7	8	9	10	11	12
1	0.000000	0.000000	0.000000	0.000000	0.000000	0.000000	0.000000	0.000000	0.000000	0.000000	0.000000	0.000000
2	0.000000	0.000000	0.000000	0.000000	0.000000	0.000000	0.000000	0.000000	0.000000	0.000000	0.000000	0.000000
3	0.000000	0.000000	0.000000	0.000000	0.000000	0.000001	0.000001	0.000001	0.000002	0.000002	0.000002	0.000003
4	0.001378	0.000292	0.000127	0.000075	0.000052	0.000040	0.000033	0.000029	0.000026	0.000025	0.000023	0.000022
5	0.025529	0.006091	0.002314	0.001128	0.000647	0.000416	0.000292	0.000218	0.000172	0.000141	0.000120	0.000105
6	0.076071	0.023604	0.010010	0.005073	0.002903	0.001818	0.001223	0.000872	0.000652	0.000508	0.000409	0.000338
7	0.135374	0.050839	0.024047	0.013014	0.007737	0.004938	0.003338	0.002365	0.001745	0.001333	0.001050	0.000848
8	0.194043	0.083695	0.043226	0.024857	0.015415	0.010129	0.006975	0.004994	0.003698	0.002819	0.002206	0.001766
9	0.248619	0.118995	0.065947	0.039919	0.025729	0.017408	0.012249	0.008907	0.006664	0.005112	0.004009	0.003208
10	0.298130	0.154758	0.090794	0.057378	0.038260	0.026586	0.019107	0.014130	0.010706	0.008288	0.006542	0.005254
11	0.342593	0.189778	0.116701	0.076502	0.052524	0.037385	0.027402	0.020589	0.015806	0.012365	0.009839	0.007949
12	0.382448	0.223411	0.142927	0.096664	0.068077	0.049495	0.036933	0.028170	0.021899	0.017314	0.013895	0.011302
13	0.418181	0.255376	0.168939	0.117377	0.084546	0.062632	0.047493	0.036731	0.028895	0.023075	0.018675	0.015303
14	0.450335	0.285511	0.194414	0.138286	0.101586	0.076537	0.058886	0.046115	0.036676	0.029552	0.024133	0.019917
15	0.479286	0.313829	0.219113	0.159131	0.118954	0.090983	0.070925	0.056188	0.045140	0.036722	0.030208	0.025101
16	0.505512	0.340400	0.242944	0.179688	0.136434	0.105779	0.083443	0.066806	0.054181	0.044440	0.036830	0.030804
17	0.529312	0.365253	0.265812	0.199832	0.153891	0.120780	0.096316	0.077856	0.063688	0.052663	0.043936	0.036980
18	0.551035	0.388530	0.287689	0.219490	0.171171	0.135856	0.109411	0.089236	0.073577	0.061263	0.051456	0.043568
19	0.570858	0.410325	0.308599	0.238570	0.188209	0.150905	0.122643	0.100843	0.083764	0.070213	0.059338	0.050514
20	0.589077	0.430766	0.328552	0.257052	0.204926	0.165853	0.135926	0.112607	0.094180	0.079441	0.067513	0.057782
21	0.605832	0.449947	0.347546	0.274909	0.221288	0.180626	0.149180	0.124462	0.104757	0.088877	0.075938	0.065315
22	0.621318	0.467988	0.365676	0.292142	0.237242	0.195197	0.162364	0.136342	0.115440	0.098474	0.084565	0.073068
23	0.635634	0.484922	0.382934	0.308765	0.252783	0.209511	0.175434	0.148204	0.126185	0.108191	0.093352	0.081008
24	0.648934	0.500883	0.399402	0.324767	0.267896	0.223535	0.188341	0.160009	0.136950	0.117977	0.102254	0.089100
25	0.661320	0.515918	0.415077	0.340175	0.282568	0.237277	0.201067	0.171726	0.147695	0.127808	0.111240	0.097305
26	0.672864	0.530124	0.430041	0.355004	0.296810	0.250710	0.213597	0.183333	0.158399	0.137656	0.120274	0.105608
27	0.683663	0.543561	0.444332	0.369254	0.310608	0.263809	0.225900	0.194794	0.169017	0.147483	0.129346	0.113968
28	0.693769	0.556262	0.457946	0.382979	0.323980	0.276602	0.237971	0.206105	0.179569	0.157274	0.138418	0.122368
29	0.703259	0.568303	0.470981	0.396197	0.336947	0.289051	0.249798	0.217241	0.189991	0.167006	0.147478	0.130785
30	0.712188	0.579734	0.483431	0.408914	0.349488	0.301188	0.261373	0.228198	0.200311	0.176673	0.156516	0.139205
40	0.778877	0.668158	0.582817	0.513297	0.455181	0.405867	0.363565	0.326959	0.295085	0.267163	0.242600	0.220888
60	0.849044	0.767047	0.700066	0.642556	0.592126	0.547349	0.507256	0.471148	0.438462	0.408771	0.381699	0.356960
80	0.885442	0.820705	0.766251	0.718260	0.675124	0.635912	0.600023	0.566986	0.536460	0.508176	0.481887	0.457414
100	0.907714	0.854312	0.808614	0.767700	0.730354	0.695928	0.663968	0.634166	0.606280	0.580112	0.555487	0.532298
120	0.922736	0.877325	0.838018	0.802443	0.769650	0.739118	0.710513	0.683395	0.658055	0.634132	0.611324	0.589657
140	0.933554	0.894066	0.859605	0.828176	0.798994	0.771635	0.745829	0.721386	0.698162	0.676045	0.654943	0.634778
170	0.945088	0.912072	0.883006	0.856283	0.831279	0.807662	0.785224	0.763821	0.743347	0.723717	0.704865	0.686733
200	0.953211	0.924848	0.899727	0.876499	0.854647	0.833900	0.814087	0.795095	0.776838	0.759051	0.742281	0.725885
240	0.960919	0.937047	0.915781	0.896012	0.877319	0.859482	0.842366	0.825881	0.809961	0.794554	0.779622	0.765130
320	0.970605	0.952477	0.936212	0.920920	0.906503	0.892593	0.879164	0.866153	0.853513	0.841211	0.829220	0.817517
440	0.978571	0.965253	0.953233	0.941922	0.931100	0.920655	0.910522	0.900654	0.891022	0.881602	0.872376	0.863331
600	0.984259	0.974422	0.965507	0.957084	0.948995	0.941160	0.933530	0.926075	0.918772	0.911606	0.904563	0.897634
800	0.988181	0.980767	0.974028	0.967644	0.961498	0.955529	0.949702	0.943994	0.938390	0.932877	0.927446	0.922092
1000	0.990538	0.984589	0.979173	0.974034	0.969078	0.964257	0.959545	0.954922	0.950376	0.945898	0.941481	0.937120
∞	1.000000	1.000000	1.000000	1.000000	1.000000	1.000000	1.000000	1.000000	1.000000	1.000000	1.000000	1.000000

表 1(续)　Λ_α(m, n₁, n₂)

m = 4　　α = 0.01

n_2

n_1	1	2	3	4	5	6	7	8	9	10	11	12
1	0.000000	0.000000	0.000000	0.000000	0.000000	0.000000	0.000000	0.000000	0.000000	0.000000	0.000000	0.000000
2	0.000000	0.000000	0.000000	0.000000	0.000000	0.000000	0.000000	0.000000	0.000000	0.000000	0.000000	0.000000
3	0.000000	0.000000	0.000015	0.000000	0.000000	0.000000	0.000000	0.000000	0.000000	0.000000	0.000000	0.000000
4	0.000090	0.000026	0.000484	0.000011	0.000000	0.000000	0.000079	0.000000	0.000007	0.000007	0.000007	0.000007
5	0.005218	0.001224	0.003037	0.000250	0.000153	0.000106	0.000398	0.000063	0.000052	0.000040	0.000040	0.000037
6	0.025586	0.007345	0.009229	0.001538	0.000893	0.000574	0.001259	0.000293	0.000227	0.000183	0.000152	0.000130
7	0.058962	0.020352	0.019423	0.004891	0.002885	0.001846	0.002966	0.000906	0.000681	0.000531	0.000427	0.000353
8	0.098904	0.039549	0.033146	0.010860	0.006623	0.004315	0.005732	0.002131	0.001590	0.001225	0.000971	0.000789
9	0.140881	0.062551	0.049627	0.019474	0.012300	0.008211	0.009662	0.004155	0.003111	0.002396	0.001891	0.001527
10	0.182362	0.088300	0.068087	0.030445	0.019865	0.013591	0.014763	0.007095	0.005357	0.004145	0.003278	0.002644
11	0.222076	0.115330	0.087852	0.043357	0.029128	0.020392	0.020973	0.010993	0.008388	0.006539	0.005197	0.004202
12	0.259456	0.142746	0.108380	0.057777	0.039832	0.028478	0.028192	0.015836	0.012218	0.009607	0.007685	0.006242
13	0.294315	0.169948	0.129256	0.073308	0.051709	0.037679	0.036393	0.021570	0.016825	0.013349	0.010755	0.008785
14	0.326670	0.196547	0.150167	0.089607	0.064505	0.047814	0.045168	0.028118	0.022164	0.017742	0.014400	0.011834
15	0.356636	0.222301	0.171257	0.106392	0.077992	0.058712	0.054675	0.035392	0.028175	0.022747	0.018597	0.015378
16	0.384374	0.247074	0.191257	0.123435	0.091973	0.070212	0.064703	0.043297	0.034790	0.028315	0.023313	0.019396
17	0.410058	0.270796	0.211160	0.140556	0.106281	0.082172	0.075148	0.051742	0.041937	0.034394	0.028510	0.023860
18	0.433867	0.293442	0.230524	0.157615	0.120777	0.094469	0.085915	0.060641	0.049546	0.040928	0.034143	0.028739
19	0.455967	0.315021	0.249300	0.174505	0.135348	0.106995	0.096921	0.069912	0.057551	0.047861	0.040170	0.033996
20	0.476513	0.335555	0.267462	0.191144	0.149903	0.119660	0.108094	0.079482	0.065888	0.055142	0.046546	0.039596
21	0.495648	0.355086	0.284099	0.207474	0.164368	0.132389	0.119371	0.089287	0.074500	0.062720	0.053228	0.045503
22	0.513499	0.373655	0.301910	0.223450	0.178686	0.145118	0.130700	0.099266	0.083333	0.070548	0.060177	0.051683
23	0.530184	0.391312	0.318203	0.239044	0.192810	0.157797	0.142036	0.109371	0.092342	0.078585	0.067354	0.058103
24	0.545805	0.408104	0.333888	0.254237	0.206707	0.170381	0.153340	0.119555	0.101484	0.086790	0.074725	0.064730
25	0.560457	0.424083	0.348987	0.269015	0.220349	0.182837	0.164581	0.129781	0.110720	0.095129	0.082255	0.071537
26	0.574221	0.439293	0.363513	0.283374	0.233718	0.195137	0.175732	0.140015	0.120018	0.103570	0.089917	0.078495
27	0.587173	0.453781	0.377492	0.297314	0.246799	0.207259	0.186772	0.150228	0.129349	0.112085	0.097684	0.085579
28	0.599381	0.467592	0.390942	0.310838	0.259584	0.219187	0.197681	0.160396	0.138688	0.120648	0.105530	0.092768
29	0.610904	0.480765	0.403887	0.323953	0.272068	0.230906	0.208447	0.170499	0.148013	0.129238	0.113435	0.100038
30	0.621798	0.493340	0.416443	0.336665	0.284247	0.242408	0.219507	0.180518	0.157304	0.137834	0.121378	0.107372
40	0.704846	0.593044	0.510028	0.444079	0.390022	0.344862	0.306628	0.273929	0.245739	0.221270	0.199908	0.181164
60	0.795314	0.709205	0.641042	0.583746	0.534292	0.490946	0.452558	0.418305	0.387562	0.359837	0.334734	0.311927
80	0.843446	0.774138	0.717496	0.668503	0.625080	0.586056	0.550669	0.518371	0.488748	0.461472	0.436276	0.412939
100	0.873280	0.815461	0.767296	0.724909	0.686729	0.651890	0.619831	0.590158	0.562571	0.536836	0.512760	0.490184
120	0.893573	0.844036	0.802240	0.765030	0.731147	0.699908	0.670876	0.643745	0.618288	0.594325	0.571711	0.550325
140	0.908268	0.864962	0.828089	0.794989	0.764613	0.736396	0.709985	0.685132	0.661655	0.639410	0.618283	0.598178
170	0.924010	0.887597	0.856293	0.827944	0.801710	0.777147	0.753978	0.731988	0.711113	0.691172	0.672101	0.653829
200	0.935142	0.903739	0.876559	0.851792	0.828739	0.807033	0.786448	0.766791	0.748045	0.730070	0.712780	0.696132
240	0.945741	0.919212	0.896104	0.874924	0.855100	0.836335	0.818447	0.801269	0.784813	0.768957	0.753648	0.738836
320	0.959108	0.938870	0.921100	0.904692	0.889230	0.874495	0.860356	0.846684	0.833511	0.820740	0.808335	0.796267
440	0.970142	0.955217	0.942028	0.929777	0.918164	0.907036	0.896302	0.885863	0.875757	0.865908	0.856294	0.846895
600	0.978043	0.966989	0.957176	0.948021	0.939309	0.930927	0.922811	0.914887	0.907187	0.899657	0.892279	0.885041
800	0.983500	0.975154	0.967720	0.960765	0.954127	0.947724	0.941507	0.935422	0.929993	0.923681	0.917972	0.912357
1000	0.986785	0.980081	0.974098	0.968491	0.963130	0.957951	0.952914	0.947976	0.943158	0.938427	0.933773	0.929189
∞	1.000000	1.000000	1.000000	1.000000	1.000000	1.000000	1.000000	1.000000	1.000000	1.000000	1.000000	1.000000

表 1(续) $\Lambda_{\alpha}(m, n_1, n_2)$

$m = 4$, $\alpha = 0.05$

$n_1 \backslash n_2$	13	14	15	18	21	24	27	30	40	60	80	100	120
1	0.000000	0.000000	0.000000	0.000000	0.000000	0.000000	0.000000	0.000000	0.000000	0.000000	0.000000	0.000000	0.000000
2	0.000000	0.000000	0.000000	0.000000	0.000000	0.000000	0.000000	0.000000	0.000000	0.000000	0.000000	0.000000	0.000000
3	0.000003	0.000004	0.000004	0.000005	0.000007	0.000008	0.000010	0.000011	0.000017	0.000026	0.000035	0.000043	0.000050
4	0.000022	0.000022	0.000021	0.000021	0.000022	0.000023	0.000024	0.000025	0.000029	0.000038	0.000046	0.000053	0.000060
5	0.000093	0.000093	0.000219	0.000162	0.000131	0.000113	0.000101	0.000093	0.000050	0.000059	0.000076	0.000065	0.000071
6	0.000287	0.000248	0.000508	0.000349	0.000265	0.000215	0.000182	0.000161	0.000080	0.000074	0.000096	0.000079	0.000083
7	0.000701	0.000591	0.001017	0.000669	0.000485	0.000377	0.000308	0.000262	0.000123	0.000101	0.000119	0.000095	0.000097
8	0.001444	0.001202	0.001820	0.001167	0.000821	0.000619	0.000492	0.000408	0.000183	0.000175	0.000147	0.000136	0.000113
9	0.002614	0.002165	0.002978	0.001886	0.001303	0.000962	0.000749	0.000608	0.000265	0.000226	0.000181	0.000189	0.000131
10	0.004287	0.003549	0.004539	0.002864	0.001957	0.001426	0.001093	0.000873	0.000372	0.000362	0.000219	0.000221	0.000151
11	0.006512	0.005404	0.006532	0.004129	0.002809	0.002029	0.001539	0.001215	0.000509	0.000450	0.000264	0.000296	0.000173
12	0.009309	0.007756	0.008971	0.005704	0.003878	0.002788	0.002100	0.001644	0.000681	0.000553	0.000315	0.000341	0.000198
13	0.012679	0.010614	0.011857	0.007599	0.005178	0.003716	0.002799	0.002169	0.000893	0.000672	0.000374	0.000391	0.000225
14	0.016601	0.013970	0.015181	0.009820	0.006720	0.004825	0.003610	0.002799	0.001149	0.000810	0.000441	0.000446	0.000255
15	0.021050	0.017805	0.018921	0.012363	0.008508	0.006122	0.004578	0.003540	0.001454	0.000967	0.000601	0.000507	0.000289
16	0.025985	0.022093	0.023059	0.015222	0.010543	0.007611	0.005697	0.004401	0.001813	0.001146	0.000696	0.000573	0.000325
17	0.031371	0.026805	0.027563	0.018386	0.012823	0.009295	0.006969	0.005384	0.002230	0.001347	0.000801	0.000646	0.000365
18	0.037155	0.031902	0.032405	0.021840	0.015342	0.011173	0.008398	0.006493	0.002708	0.001572	0.000918	0.000726	0.000409
19	0.043304	0.037352	0.037557	0.025567	0.018092	0.013242	0.009985	0.007732	0.003251	0.001822	0.001046	0.000813	0.000456
20	0.049764	0.043114	0.042988	0.029547	0.021065	0.015499	0.011728	0.009101	0.003861	0.002099	0.001341	0.000907	0.000507
21	0.056506	0.049160	0.048670	0.033761	0.024248	0.017938	0.013626	0.010598	0.004542	0.002403	0.001508	0.001008	0.000563
22	0.063489	0.055455	0.054569	0.038208	0.027631	0.020552	0.015673	0.012224	0.005295	0.002737	0.001690	0.001118	0.000623
23	0.070678	0.061962	0.060666	0.042846	0.031202	0.023336	0.017870	0.013978	0.006122	0.003100	0.001887	0.001236	0.000688
24	0.078032	0.068654	0.066938	0.047665	0.034947	0.026277	0.020207	0.015856	0.007024	0.003494	0.002099	0.001363	0.000757
25	0.085529	0.075510	0.073350	0.052652	0.038856	0.029373	0.022681	0.017854	0.008002	0.003920	0.002328	0.001498	0.000831
26	0.093145	0.082494	0.079888	0.057787	0.042918	0.032610	0.025286	0.019971	0.009056	0.004379	0.002572	0.001643	0.000911
27	0.100843	0.089592	0.086533	0.063050	0.047114	0.035983	0.028017	0.022202	0.010187	0.004870	0.002833	0.001797	0.000996
28	0.108619	0.096779	0.093266	0.068437	0.051441	0.039481	0.030870	0.024542	0.011394	0.005396			0.001086
29	0.116436	0.104032	0.100064	0.073921	0.055884	0.043097	0.033831	0.026986	0.012676	0.006122			0.001183
30	0.124279	0.111336							0.014032	0.012585	0.006462		0.001285
40	0.201607	0.184450	0.169118	0.131916	0.104542	0.084000	0.068327	0.056193	0.031375	0.036886	0.019733	0.011905	0.002676
60	0.334285	0.313468	0.294307	0.245203	0.206160	0.174731	0.149156	0.128162	0.080505	0.070586	0.040321	0.025089	0.007882
80	0.434576	0.413240	0.393266	0.340456	0.296513	0.259620	0.228418	0.201851	0.137432	0.108880	0.066064	0.042728	0.016764
100	0.510415	0.489723	0.470157	0.417334	0.372048	0.332968	0.299025	0.269408	0.194209	0.148493	0.094784	0.063600	0.029180
120	0.569046	0.549415	0.530697	0.479453	0.434588	0.395082	0.360128	0.329073	0.247486	0.187523	0.124835	0.086543	0.044539
140	0.615483	0.596999	0.579277	0.530236	0.486620	0.447637	0.412653	0.381146	0.296172	0.242932	0.170096	0.122861	0.062113
170	0.669273	0.652445	0.636210	0.590753	0.549624	0.512254	0.478182	0.447039	0.360473	0.293507	0.213784	0.159629	0.091136
200	0.710024	0.694669	0.679790	0.637777	0.599288	0.563895	0.531252	0.501070	0.415341	0.353195	0.267985	0.207264	0.121753
240	0.751052	0.737363	0.724044	0.686122	0.650961	0.618249	0.587735	0.559211	0.476396	0.449483	0.360908	0.293445	0.162968
320	0.806085	0.794908	0.783973	0.752514	0.722888	0.694906	0.668419	0.643304	0.568236	0.552289	0.466957	0.397864	0.241214
440	0.854453	0.845735	0.837167	0.812296	0.783557	0.765866	0.744108	0.723223	0.659206	0.642740	0.565658	0.500182	0.341299
600	0.890812	0.884090	0.877462	0.858099	0.839447	0.821437	0.804016	0.787142	0.734440	0.715289	0.648271	0.589294	
800	0.916807	0.911588	0.906430	0.891294	0.876617	0.862351	0.848463	0.834925	0.792076	0.763530	0.704835	0.652022	0.537102
1000	0.932809	0.928545	0.924326	0.911912	0.899825	0.888030	0.876502	0.865221	0.829223				0.604282
∞	1.000000	1.000000	1.000000	1.000000	1.000000	1.000000	1.000000	1.000000	1.000000	1.000000	1.000000	1.000000	1.000000

表 1(续) $\Lambda_\alpha(m,n_1,n_2)$

$\alpha = 0.01$, $m = 4$

n_1	120	100	80	60	40	30	27	24	21	18	15	14	13
1	0.000026	0.000020	0.000014	0.000007	0.000002	0.000000	0.000000	0.000000	0.000000	0.000000	0.000000	0.000000	0.000000
2	0.000031	0.000025	0.000018	0.000011	0.000005	0.000002	0.000002	0.000001	0.000000	0.000000	0.000000	0.000000	0.000000
3	0.000038	0.000032	0.000025	0.000017	0.000009	0.000006	0.000005	0.000004	0.000003	0.000002	0.000001	0.000001	0.000007
4	0.000045	0.000048	0.000042	0.000025	0.000017	0.000013	0.000012	0.000010	0.000010	0.000028	0.000031	0.000032	0.000034
5	0.000054	0.000059	0.000054	0.000035	0.000029	0.000027	0.000026	0.000026	0.000027	0.000073	0.000092	0.000101	0.000114
6	0.000064	0.000085	0.000068	0.000049	0.000048	0.000051	0.000053	0.000057	0.000063	0.000165	0.000226	0.000257	0.000299
7	0.000074	0.000102	0.000086	0.000068	0.000075	0.000089	0.000098	0.000111	0.000131	0.000329	0.000477	0.000554	0.000655
8	0.000087	0.000121	0.000106	0.000091	0.000113	0.000149	0.000170	0.000201	0.000249	0.000596	0.000895	0.001052	0.001256
9	0.000101	0.000143	0.000131	0.000120	0.000165	0.000236	0.000278	0.000339	0.000434	0.000977	0.001531	0.001809	0.002170
10	0.000117	0.000167	0.000160	0.000155	0.000234	0.000358	0.000431	0.000539	0.000709	0.001564	0.002428	0.002876	0.003452
11	0.000134	0.000195	0.000193	0.000199	0.000324	0.000524	0.000641	0.000817	0.001094	0.002324	0.003625	0.004292	0.005143
12	0.000154	0.000226	0.000232	0.000252	0.000439	0.000740	0.000919	0.001187	0.001611	0.003301	0.005147	0.006083	0.007268
13	0.000175	0.000261	0.000276	0.000315	0.000581	0.001016	0.001275	0.001664	0.002276	0.004514	0.007013	0.008265	0.009838
14	0.000200	0.000300	0.000327	0.000389	0.000755	0.001360	0.001721	0.002260	0.003107	0.005975	0.009230	0.010842	0.012850
15	0.000226	0.000343	0.000384	0.000476	0.000965	0.001778	0.002264	0.002988	0.004117	0.007694	0.011798	0.013807	0.016293
16	0.000255	0.000391	0.000449	0.000577	0.001214	0.002279	0.002914	0.003856	0.005316	0.009672	0.014711	0.017150	0.020147
17	0.000287	0.000443	0.000521	0.000693	0.001506	0.002868	0.003677	0.004871	0.006710	0.011910	0.017957	0.020854	0.024388
18	0.000322	0.000501	0.000602	0.000825	0.001844	0.003551	0.004559	0.006041	0.008303	0.014402	0.021521	0.024897	0.028990
19	0.000360	0.000564	0.000692	0.000974	0.002231	0.004333	0.005565	0.007367	0.010097	0.017141	0.025386	0.029256	0.033924
20	0.000402	0.000633	0.000791	0.001142	0.002671	0.005216	0.006699	0.008853	0.012090	0.020119	0.029531	0.033909	0.039160
21	0.000447	0.000708	0.000901	0.001330	0.003166	0.006204	0.007962	0.010498	0.014279	0.023325	0.033936	0.038829	0.044668
22	0.000495	0.000790	0.001021	0.001539	0.003718	0.007299	0.009354	0.012302	0.016660	0.026746	0.038580	0.043992	0.050420
23	0.000548	0.000877	0.001152	0.001770	0.004329	0.008502	0.010877	0.014262	0.019226	0.030370	0.043443	0.049375	0.056388
24	0.000604	0.000972	0.001295	0.002025	0.005001	0.009813	0.012528	0.016374	0.021962	0.034183	0.048504	0.054954	0.062546
25	0.000665	0.001074	0.001450	0.002303	0.005736	0.011232	0.014307	0.018635	0.024885	0.038172	0.053743	0.060707	0.068869
26	0.000730	0.001184	0.001617	0.002606	0.006533	0.012759	0.016210	0.021039	0.027962	0.042325	0.059142	0.066612	0.075335
27	0.000800	0.001301	0.001798	0.002935	0.007396	0.014390	0.018235	0.023581	0.031192	0.046628	0.064682	0.072650	0.081921
28	0.000874	0.001426	0.001992	0.003291	0.008322	0.016126	0.020378	0.026256	0.034567	0.051068	0.070347	0.078804	0.088609
29	0.000953	0.001560	0.002201	0.003674	0.009314	0.017963	0.022635	0.029057	0.038077	0.055633	0.076120	0.085055	0.095380
30	0.001037	0.001700	0.002420	0.004086	0.010371	0.019899	0.025002	0.031977	0.041713	0.060300	0.082000	0.091500	0.102300
40	0.002192	0.003171	0.005138	0.009844	0.024372	0.043978	0.053706	0.066392	0.083189	0.105837	0.137036	0.150023	0.164643
60	0.006614	0.009900	0.016279	0.030332	0.066806	0.107595	0.125801	0.148142	0.175838	0.210577	0.254761	0.272154	0.291144
80	0.014332	0.021346	0.034227	0.060147	0.118648	0.176198	0.200205	0.228588	0.262398	0.303018	0.352322	0.371112	0.391270
100	0.025336	0.037036	0.057356	0.095172	0.172040	0.241053	0.268515	0.300175	0.336885	0.379741	0.430186	0.449007	0.468972
120	0.039189	0.055994	0.083760	0.132247	0.223230	0.299500	0.328812	0.361987	0.399718	0.442871	0.492570	0.510838	0.530063
140	0.055284	0.077187	0.111877	0.169395	0.270734	0.351257	0.381384	0.415010	0.452696	0.495142	0.543239	0.560721	0.579014
170	0.082290	0.111307	0.154920	0.222942	0.334350	0.417590	0.447801	0.480998	0.517603	0.558135	0.603253	0.619453	0.636297
200	0.111223	0.146376	0.197072	0.272481	0.389301	0.472625	0.502188	0.534304	0.569298	0.607569	0.649622	0.664590	0.680082
240	0.150697	0.192401	0.250000	0.331611	0.451077	0.532394	0.560604	0.590905	0.623539	0.658801	0.697065	0.710570	0.724484
320	0.226831	0.276925	0.342046	0.428243	0.545079	0.619759	0.644906	0.671521	0.699754	0.729786	0.761856	0.773050	0.784512
440	0.325812	0.380924	0.448617	0.532806	0.639298	0.703687	0.724814	0.746894	0.770016	0.794287	0.819844	0.828682	0.837696
600	0.428850	0.484100	0.548962	0.625788	0.719759	0.771383	0.788579	0.806384	0.824853	0.844046	0.864065	0.870942	0.877932
800	0.522893	0.574782	0.633667	0.700946	0.778609	0.822294	0.836162	0.850426	0.865119	0.880291	0.896006	0.901380	0.906829
1000	0.591297	0.639008	0.691995	0.751178	0.817878	0.854703	0.866293	0.878166	0.890350	0.902879	0.915802	0.920208	0.924669
∞	1.000000	1.000000	1.000000	1.000000	1.000000	1.000000	1.000000	1.000000	1.000000	1.000000	1.000000	1.000000	1.000000

n_2

$m = 4$

表 1(续)　$\Lambda_\alpha(m, n_1, n_2)$

$m = 5$　　$\alpha = 0.05$

$n_1 \backslash n_2$	1	2	3	4	5	6	7	8	9	10	11	12
1	0.000000	0.000000	0.000000	0.000000	0.000000	0.000000	0.000000	0.000000	0.000000	0.000000	0.000000	0.000000
2	0.000000	0.000000	0.000000	0.000000	0.000000	0.000000	0.000000	0.000000	0.000000	0.000000	0.000000	0.000000
3	0.000000	0.000000	0.000000	0.000000	0.000000	0.000000	0.000000	0.000000	0.000000	0.000000	0.000000	0.000000
4	0.000000	0.000000	0.000000	0.000000	0.000000	0.000000	0.000000	0.000000	0.000000	0.000000	0.000000	0.000000
5	0.001598	0.000291	0.000105	0.000052	0.000031	0.000021	0.000015	0.000012	0.000010	0.000008	0.000001	0.000001
6	0.021145	0.004391	0.001479	0.000647	0.000335	0.000197	0.000126	0.000087	0.000064	0.000049	0.000039	0.000007
7	0.062771	0.016898	0.006357	0.002903	0.001514	0.000872	0.000544	0.000361	0.000253	0.000185	0.000141	0.000032
8	0.113526	0.037390	0.015792	0.007737	0.004208	0.002479	0.001557	0.001032	0.000716	0.000516	0.000385	0.000110
9	0.165351	0.063279	0.029433	0.015415	0.008787	0.005348	0.003433	0.002304	0.001607	0.001159	0.000861	0.000296
10	0.214794	0.092191	0.046378	0.025729	0.015321	0.009639	0.006343	0.004335	0.003062	0.002225	0.001660	0.000657
11	0.260635	0.122403	0.065660	0.038260	0.023674	0.015360	0.010358	0.007216	0.005173	0.003802	0.002858	0.001267
12	0.302608	0.152793	0.086448	0.052564	0.033618	0.022418	0.015467	0.010980	0.007991	0.005946	0.004512	0.002192
13	0.340813	0.182662	0.108110	0.068077	0.044878	0.030680	0.021607	0.015611	0.011530	0.008685	0.006659	0.003486
14	0.375528	0.211602	0.130131	0.084546	0.057198	0.039965	0.028683	0.021061	0.015774	0.012024	0.009313	0.005187
15	0.407128	0.239373	0.152160	0.101586	0.070324	0.050117	0.036584	0.027266	0.020687	0.015949	0.012475	0.007317
16	0.435899	0.265851	0.173959	0.118954	0.084048	0.060965	0.045199	0.034145	0.026219	0.020428	0.016129	0.009885
17	0.462173	0.291015	0.195322	0.136434	0.098187	0.072367	0.054409	0.041618	0.032312	0.025427	0.020252	0.012885
18	0.486266	0.314859	0.216138	0.153891	0.112582	0.084178	0.064111	0.049602	0.038909	0.030904	0.024819	0.016307
19	0.508362	0.337418	0.236338	0.171171	0.127108	0.096308	0.074209	0.058024	0.045951	0.036810	0.029790	0.020133
20	0.528716	0.358776	0.255858	0.188203	0.141662	0.108634	0.084619	0.066805	0.053373	0.043100	0.035137	0.024339
21	0.547510	0.378956	0.274710	0.204926	0.156176	0.121083	0.095254	0.075885	0.061122	0.049724	0.040817	0.028896
22	0.564905	0.398038	0.292843	0.221288	0.170563	0.133590	0.106063	0.085203	0.069149	0.056652	0.046803	0.033782
23	0.581036	0.416105	0.310304	0.237242	0.184782	0.146095	0.116974	0.094699	0.077408	0.063832	0.053052	0.038962
24	0.596032	0.433216	0.327083	0.252783	0.198795	0.158544	0.127948	0.104337	0.085849	0.071231	0.059537	0.044411
25	0.610030	0.449429	0.343191	0.267896	0.212568	0.170898	0.138945	0.114058	0.094444	0.078809	0.066222	0.050103
26	0.623126	0.464800	0.358665	0.282568	0.226071	0.183129	0.149900	0.123843	0.103144	0.086536	0.073084	0.056005
27	0.635368	0.479382	0.373523	0.296810	0.239294	0.195207	0.160826	0.133657	0.111931	0.094385	0.080093	0.062103
28	0.646832	0.493247	0.387790	0.310608	0.252224	0.207116	0.171667	0.143454	0.120766	0.102328	0.087220	0.068358
29	0.657645	0.506421	0.401488	0.323980	0.264873	0.218828	0.182408	0.153240	0.129630	0.110336	0.094455	0.074761
30	0.667803	0.518945	0.414658	0.336947	0.277200	0.230347	0.193043	0.162971	0.138499	0.118393	0.101767	0.081283
40	0.744010	0.617178	0.521747	0.446045	0.384424	0.333492	0.290896	0.254963	0.224433	0.198322	0.175874	0.156480
60	0.824764	0.729155	0.652037	0.586878	0.530670	0.481578	0.438367	0.400085	0.365997	0.335520	0.308193	0.283593
80	0.866847	0.790730	0.727186	0.671775	0.622536	0.578316	0.538319	0.501966	0.468774	0.438392	0.410497	0.384827
100	0.892643	0.829563	0.775817	0.728040	0.684827	0.645343	0.609037	0.575509	0.544420	0.515540	0.488629	0.463515
120	0.910071	0.856268	0.809790	0.767705	0.729656	0.694256	0.661341	0.630608	0.601822	0.574420	0.549362	0.525395
140	0.922634	0.875748	0.834850	0.797705	0.763400	0.731431	0.701466	0.673268	0.646653	0.621477	0.597616	0.574968
170	0.936039	0.896748	0.862122	0.830370	0.800777	0.772953	0.746649	0.721687	0.697934	0.675284	0.653648	0.632953
200	0.945486	0.911680	0.881674	0.853973	0.827989	0.803406	0.780024	0.757705	0.736343	0.715856	0.696177	0.677251
240	0.954455	0.925960	0.900496	0.876838	0.854512	0.833264	0.812938	0.793426	0.774647	0.756540	0.739054	0.722148
320	0.965732	0.944055	0.924519	0.906224	0.888827	0.872146	0.856074	0.840535	0.825476	0.810855	0.796641	0.782805
440	0.975013	0.959064	0.944550	0.930949	0.917894	0.905302	0.893096	0.881226	0.869655	0.858357	0.847311	0.836500
600	0.981642	0.969850	0.959064	0.948913	0.939124	0.929642	0.920411	0.911396	0.902572	0.893921	0.885429	0.877084
800	0.986214	0.977320	0.969681	0.961450	0.953996	0.946753	0.939982	0.932756	0.925957	0.919274	0.912693	0.906209
1000	0.988963	0.981823	0.975277	0.969047	0.963029	0.957171	0.951441	0.945820	0.940292	0.934848	0.929480	0.924182
∞	1.000000	1.000000	1.000000	1.000000	1.000000	1.000000	1.000000	1.000000	1.000000	1.000000	1.000000	1.000000

表 1(续)　$\Lambda_\alpha(m,n_1,n_2)$

$m=5$　　　　　　　　　　　　　　　　　　　　　　　　　　　　　　　　　$\alpha=0.01$

n_1	$n_2=1$	2	3	4	5	6	7	8	9	10	11	12
1	0.000000	0.000000	0.000000	0.000000	0.000000	0.000000	0.000000	0.000000	0.000000	0.000000	0.000000	0.000000
2	0.000000	0.000000	0.000000	0.000000	0.000000	0.000000	0.000000	0.000000	0.000000	0.000000	0.000000	0.000000
3	0.000000	0.000000	0.000000	0.000000	0.000000	0.000000	0.000000	0.000000	0.000000	0.000000	0.000000	0.000000
4	0.000164	0.000036	0.000015	0.000009	0.000006	0.000004	0.000003	0.000003	0.000003	0.000002	0.000000	0.000000
5	0.004668	0.000962	0.000335	0.000153	0.000084	0.000052	0.000035	0.000025	0.000020	0.000016	0.000002	0.000002
6	0.021333	0.005332	0.001959	0.000893	0.000472	0.000277	0.000177	0.000121	0.000088	0.000066	0.000013	0.000011
7	0.049302	0.014479	0.006018	0.002885	0.001557	0.000918	0.000582	0.000390	0.000275	0.000202	0.000052	0.000042
8	0.083710	0.029395	0.013027	0.006623	0.003709	0.002237	0.001432	0.000964	0.000677	0.000493	0.000154	0.000121
9	0.120729	0.047777	0.022897	0.012300	0.007165	0.004443	0.002899	0.001974	0.001394	0.001017	0.000371	0.000287
10	0.158044	0.068815	0.035223	0.019865	0.012007	0.007658	0.005103	0.003528	0.002519	0.001850	0.000763	0.000587
11	0.194389	0.091490	0.049501	0.029128	0.018203	0.011922	0.008113	0.005702	0.004122	0.003055	0.001392	0.001072
12	0.229107	0.115016	0.065237	0.039832	0.025645	0.017209	0.011946	0.008535	0.006252	0.004681	0.002315	0.001790
13	0.261911	0.138822	0.081998	0.051709	0.034186	0.023452	0.016584	0.012034	0.008929	0.006758	0.003576	0.002781
14	0.292711	0.162507	0.099424	0.064505	0.043665	0.030560	0.021981	0.016183	0.012158	0.009299	0.005207	0.004077
15	0.321529	0.185794	0.117224	0.077992	0.053925	0.038428	0.028076	0.020951	0.015926	0.012305	0.007228	0.005702
16	0.348449	0.208501	0.135171	0.091973	0.064813	0.046952	0.034797	0.026294	0.020207	0.015764	0.009648	0.007667
17	0.373583	0.230510	0.153091	0.106281	0.076195	0.056028	0.042071	0.032161	0.024971	0.019658	0.012465	0.009978
18	0.397053	0.251754	0.170844	0.120777	0.087948	0.065559	0.049825	0.038499	0.030179	0.023963	0.015670	0.012633
19	0.418988	0.272198	0.188345	0.135348	0.099970	0.075458	0.057989	0.045254	0.035793	0.028649	0.019247	0.015623
20	0.439505	0.291832	0.205509	0.149903	0.112170	0.085645	0.066497	0.052374	0.041771	0.033687	0.023178	0.018937
21	0.458721	0.310659	0.222288	0.164368	0.124471	0.096050	0.075288	0.059809	0.048073	0.039045	0.027441	0.022558
22	0.476739	0.328696	0.238647	0.178686	0.136809	0.106612	0.084307	0.067511	0.054660	0.044692	0.032012	0.026471
23	0.493662	0.345966	0.254564	0.192810	0.149131	0.117275	0.093504	0.075438	0.061497	0.050597	0.036865	0.030655
24	0.509575	0.362498	0.270024	0.206707	0.161392	0.127995	0.102837	0.083549	0.068546	0.056730	0.041977	0.035091
25	0.524560	0.378321	0.285024	0.220349	0.173556	0.138732	0.112264	0.091808	0.075777	0.063064	0.047322	0.039758
26	0.538691	0.393468	0.299564	0.233718	0.185593	0.149451	0.121752	0.100183	0.083160	0.069572	0.052876	0.044637
27	0.552034	0.407970	0.313646	0.246799	0.197480	0.160123	0.131271	0.108643	0.090666	0.076229	0.058617	0.049707
28	0.564655	0.421860	0.327281	0.259584	0.209196	0.170725	0.140795	0.117163	0.098272	0.083013	0.064523	0.054951
29	0.576601	0.435177	0.340476	0.272068	0.220728	0.181235	0.150300	0.125719	0.105955	0.089902	0.070573	0.060349
30	0.588337	0.448494	0.353671	0.284552	0.232060	0.191745	0.159805	0.134275	0.113638	0.096791	0.076748	0.065885
40	0.668249	0.542255	0.451107	0.380670	0.324502	0.278831	0.241173	0.209788	0.183401	0.161054	0.142005	0.125677
60	0.769057	0.669979	0.592611	0.528633	0.474345	0.427572	0.386853	0.351131	0.319602	0.291636	0.266723	0.244448
80	0.823038	0.742525	0.677232	0.621368	0.572440	0.529007	0.490107	0.455043	0.423278	0.394390	0.368029	0.343906
100	0.856606	0.789069	0.733048	0.684125	0.640446	0.600959	0.564959	0.531981	0.501610	0.473552	0.447557	0.423417
120	0.879484	0.821412	0.772515	0.729225	0.690073	0.654241	0.621196	0.590558	0.562038	0.535406	0.510473	0.487083
140	0.896071	0.845177	0.801862	0.763137	0.727789	0.695150	0.664792	0.636413	0.609782	0.584719	0.561076	0.538731
170	0.913861	0.870955	0.834024	0.800662	0.769907	0.741242	0.714313	0.688960	0.664941	0.642146	0.620465	0.599867
200	0.926453	0.889383	0.857222	0.827957	0.800792	0.775304	0.751191	0.728357	0.706614	0.685839	0.665962	0.646914
240	0.938451	0.907082	0.879663	0.854540	0.831068	0.808906	0.787800	0.767701	0.748450	0.729967	0.712175	0.695028
320	0.953594	0.929613	0.908456	0.888903	0.870485	0.852956	0.836125	0.819982	0.804406	0.789342	0.774746	0.760584
440	0.966104	0.948390	0.932642	0.917985	0.904086	0.890771	0.877902	0.865484	0.853429	0.841699	0.830267	0.819109
600	0.975047	0.961932	0.950192	0.939210	0.928747	0.918676	0.908897	0.899419	0.890178	0.881148	0.872309	0.863646
800	0.981261	0.971335	0.962430	0.954071	0.946080	0.938365	0.930849	0.923543	0.916398	0.909395	0.902519	0.895761
1000	0.984990	0.977013	0.969840	0.963094	0.956632	0.950381	0.944279	0.938337	0.932515	0.926799	0.921177	0.915641
∞	1.000000	1.000000	1.000000	1.000000	1.000000	1.000000	1.000000	1.000000	1.000000	1.000000	1.000000	1.000000

表1(续)　$\Lambda_\alpha(m, n_1, n_2)$　　$\alpha = 0.05$　　$m = 5$

n_1	\multicolumn{13}{c}{n_2}												
	13	14	15	18	21	24	27	30	40	60	80	100	120
1	0.000000	0.000000	0.000000	0.000000	0.000000	0.000000	0.000000	0.000000	0.000000	0.000000	0.000000	0.000000	0.000000
2	0.000000	0.000000	0.000000	0.000000	0.000000	0.000000	0.000000	0.000000	0.000000	0.000000	0.000000	0.000000	0.000000
3	0.000000	0.000000	0.000000	0.000000	0.000000	0.000000	0.000000	0.000000	0.000000	0.000000	0.000000	0.000000	0.000000
4	0.000001	0.000001	0.000001	0.000001	0.000001	0.000001	0.000002	0.000001	0.000000	0.000000	0.000000	0.000000	0.000000
5	0.000006	0.000006	0.000005	0.000005	0.000004	0.000004	0.000004	0.000003	0.000002	0.000000	0.000006	0.000005	0.000007
6	0.000027	0.000023	0.000020	0.000015	0.000012	0.000011	0.000010	0.000009	0.000008	0.000003	0.000008	0.000006	0.000009
7	0.000089	0.000074	0.000062	0.000041	0.000030	0.000024	0.000020	0.000018	0.000014	0.000005	0.000011	0.000008	0.000011
8	0.000233	0.000188	0.000155	0.000096	0.000066	0.000050	0.000040	0.000033	0.000022	0.000011	0.000014	0.000011	0.000013
9	0.000513	0.000409	0.000333	0.000197	0.000130	0.000094	0.000072	0.000058	0.000035	0.000022	0.000018	0.000014	0.000016
10	0.000987	0.000784	0.000634	0.000366	0.000235	0.000164	0.000122	0.000096	0.000054	0.000030	0.000023	0.000020	0.000019
11	0.001713	0.001361	0.001099	0.000627	0.000396	0.000273	0.000198	0.000151	0.000080	0.000054	0.000030	0.000023	0.000022
12	0.002738	0.002183	0.001765	0.001005	0.000629	0.000424	0.000304	0.000229	0.000115	0.000071	0.000037	0.000030	0.000026
13	0.004100	0.003285	0.002666	0.001524	0.000950	0.000636	0.000451	0.000336	0.000161	0.000117	0.000046	0.000037	0.000031
14	0.005825	0.004694	0.003827	0.002203	0.001374	0.000915	0.000645	0.000476	0.000221	0.000147	0.000057	0.000046	0.000036
15	0.007926	0.006426	0.005266	0.003062	0.001915	0.001275	0.000894	0.000656	0.000297	0.000174	0.000070	0.000051	0.000042
16	0.010408	0.008491	0.006994	0.004113	0.002587	0.001724	0.001207	0.000881	0.000391	0.000226	0.000085	0.000061	0.000049
17	0.013263	0.010889	0.009018	0.005368	0.003400	0.002272	0.001590	0.001159	0.000509	0.000277	0.000103	0.000072	0.000056
18	0.016484	0.013615	0.011335	0.006832	0.004361	0.002926	0.002051	0.001493	0.000644	0.000335	0.000123	0.000085	0.000064
19	0.020056	0.016661	0.013943	0.008509	0.005478	0.003694	0.002595	0.001890	0.000809	0.000402	0.000147	0.000098	0.000074
20	0.023958	0.020011	0.016832	0.010400	0.006754	0.004581	0.003228	0.002359	0.001003	0.000479	0.000174	0.000113	0.000084
21	0.028168	0.023653	0.019990	0.012501	0.008191	0.005589	0.003954	0.002889	0.001229	0.000567	0.000204	0.000131	0.000096
22	0.032665	0.027566	0.023407	0.014810	0.009790	0.006723	0.004777	0.003499	0.001488	0.000666	0.000239	0.000150	0.000108
23	0.037428	0.031737	0.027066	0.017320	0.011550	0.007984	0.005699	0.004187	0.001784	0.000777	0.000278	0.000172	0.000122
24	0.042429	0.036140	0.030953	0.020025	0.013469	0.009372	0.006722	0.004955	0.002117	0.000902	0.000321	0.000196	0.000138
25	0.047648	0.040764	0.035051	0.022915	0.015542	0.010887	0.007847	0.005805	0.002491	0.001040	0.000370	0.000223	0.000155
26	0.053064	0.045582	0.039344	0.025981	0.017767	0.012527	0.009075	0.006739	0.002908	0.001193	0.000424	0.000252	0.000173
27	0.058656	0.050579	0.043820	0.029216	0.020139	0.014291	0.010406	0.007756	0.003368	0.001361	0.000483	0.000284	0.000193
28	0.064402	0.055743	0.048458	0.032611	0.022652	0.016174	0.011837	0.008859	0.003873	0.001545	0.000549	0.000320	0.000215
29	0.070283	0.061047	0.053249	0.036153	0.025300	0.018177	0.013369	0.010046	0.004424	0.001745	0.000621	0.000358	0.000239
30	0.076280	0.066480	0.058171	0.039834	0.028076	0.020294	0.015001	0.011317	0.005023	0.001965	0.000700	0.000400	0.000265
40	0.139655	0.124987	0.112171	0.082271	0.061543	0.046832	0.036187	0.028354	0.013714	0.004417	0.001940	0.001050	0.000655
60	0.261398	0.241318	0.223118	0.177808	0.143281	0.116603	0.095736	0.079241	0.044377	0.016790	0.007725	0.004136	0.002485
80	0.361157	0.339305	0.319076	0.266766	0.224675	0.190458	0.162409	0.139243	0.086263	0.037606	0.018737	0.010401	0.006314
100	0.440041	0.418059	0.397456	0.342846	0.297298	0.259010	0.226615	0.199050	0.132448	0.064417	0.034575	0.020110	0.012528
120	0.502775	0.481400	0.461117	0.406654	0.360003	0.319840	0.285080	0.254860	0.178816	0.094664	0.054113	0.032928	0.021152
140	0.553442	0.532961	0.513455	0.460182	0.413736	0.373026	0.337187	0.305516	0.223286	0.126421	0.076154	0.048253	0.031936
170	0.613135	0.594138	0.575912	0.525431	0.480502	0.440337	0.404302	0.371871	0.284633	0.174214	0.111771	0.074528	0.051378
200	0.659028	0.641467	0.624530	0.577145	0.534336	0.495515	0.460198	0.427988	0.339029	0.220150	0.148384	0.103127	0.073593
240	0.705785	0.689936	0.674573	0.631168	0.591386	0.554802	0.521069	0.489895	0.401520	0.276806	0.196318	0.147561	0.105662
320	0.769325	0.756183	0.743362	0.706681	0.672432	0.640364	0.610271	0.581981	0.498956	0.372884	0.283803	0.219357	0.171845
440	0.825909	0.815527	0.805544	0.775901	0.747978	0.721430	0.696144	0.672021	0.599068	0.480889	0.390326	0.319815	0.264235
600	0.868876	0.860799	0.852845	0.829672	0.807444	0.786074	0.765494	0.745650	0.684278	0.579879	0.494751	0.424557	0.366192
800	0.899814	0.893504	0.887273	0.869023	0.851377	0.834280	0.817688	0.801567	0.750910	0.661658	0.585530	0.520043	0.463373
1000	0.918948	0.913774	0.908657	0.893632	0.879012	0.864791	0.850924	0.837389	0.794442	0.717113	0.649282	0.589358	0.536168
∞	1.000000	1.000000	1.000000	1.000000	1.000000	1.000000	1.000000	1.000000	1.000000	1.000000	1.000000	1.000000	1.000000

表 1(续)　$\Lambda_\alpha(m, n_1, n_2)$

$m = 5$　　　　　$\alpha = 0.01$

n_1	13	14	15	18	21	24	27	30	40	60	80	100	120
1	0.000000	0.000000	0.000000	0.000000	0.000000	0.000000	0.000000	0.000000	0.000000	0.000000	0.000000	0.000002	0.000002
2	0.000000	0.000000	0.000000	0.000000	0.000000	0.000000	0.000000	0.000000	0.000000	0.000000	0.000001	0.000003	0.000002
3	0.000000	0.000000	0.000000	0.000000	0.000000	0.000000	0.000000	0.000000	0.000000	0.000001	0.000002	0.000003	0.000003
4	0.000002	0.000002	0.000002	0.000002	0.000002	0.000002	0.000002	0.000002	0.000001	0.000002	0.000003	0.000005	0.000004
5	0.000010	0.000009	0.000008	0.000006	0.000006	0.000005	0.000005	0.000005	0.000002	0.000003	0.000004	0.000005	0.000004
6	0.000035	0.000029	0.000024	0.000018	0.000014	0.000012	0.000011	0.000010	0.000004	0.000005	0.000005	0.000006	0.000005
7	0.000097	0.000080	0.000067	0.000044	0.000032	0.000025	0.000021	0.000018	0.000008	0.000007	0.000007	0.000008	0.000007
8	0.000227	0.000184	0.000152	0.000094	0.000065	0.000049	0.000039	0.000032	0.000013	0.000010	0.000010	0.000010	0.000008
9	0.000462	0.000371	0.000303	0.000181	0.000121	0.000087	0.000067	0.000054	0.000021	0.000015	0.000013	0.000012	0.000010
10	0.000843	0.000674	0.000549	0.000322	0.000210	0.000148	0.000110	0.000087	0.000033	0.000020	0.000016	0.000015	0.000012
11	0.001409	0.001128	0.000917	0.000533	0.000341	0.000236	0.000173	0.000134	0.000049	0.000027	0.000021	0.000018	0.000014
12	0.002198	0.001764	0.001436	0.000832	0.000529	0.000361	0.000262	0.000199	0.000071	0.000037	0.000026	0.000022	0.000017
13	0.003240	0.002611	0.002130	0.001237	0.000783	0.000531	0.000381	0.000286	0.000101	0.000048	0.000033	0.000027	0.000020
14	0.004558	0.003690	0.003021	0.001765	0.001116	0.000753	0.000536	0.000400	0.000140	0.000063	0.000041	0.000032	0.000024
15	0.006168	0.005019	0.004127	0.002429	0.001539	0.001037	0.000735	0.000545	0.000190	0.000080	0.000051	0.000038	0.000028
16	0.008078	0.006608	0.005459	0.003242	0.002063	0.001390	0.000984	0.000725	0.000252	0.000102	0.000062	0.000046	0.000032
17	0.010291	0.008464	0.007024	0.004215	0.002696	0.001820	0.001287	0.000947	0.000330	0.000128	0.000075	0.000054	0.000037
18	0.012804	0.010588	0.008828	0.005354	0.003446	0.002333	0.001651	0.001213	0.000424	0.000158	0.000090	0.000063	0.000043
19	0.015611	0.012976	0.010870	0.006665	0.004319	0.002936	0.002081	0.001529	0.000537	0.000195	0.000108	0.000074	0.000050
20	0.018701	0.015624	0.013148	0.008150	0.005321	0.003634	0.002581	0.001897	0.000672	0.000237	0.000128	0.000086	0.000057
21	0.022062	0.018522	0.015656	0.009810	0.006454	0.004430	0.003155	0.002322	0.000829	0.000286	0.000151	0.000099	0.000065
22	0.025680	0.021661	0.018388	0.011645	0.007721	0.005328	0.003808	0.002808	0.001012	0.000342	0.000177	0.000115	0.000074
23	0.029540	0.025028	0.021334	0.013652	0.009123	0.006330	0.004542	0.003357	0.001222	0.000407	0.000207	0.000131	0.000084
24	0.033624	0.028611	0.024485	0.015827	0.010658	0.007439	0.005358	0.003971	0.001461	0.000480	0.000240	0.000150	0.000096
25	0.037917	0.032397	0.027830	0.018166	0.012328	0.008654	0.006260	0.004652	0.001731	0.000563	0.000277	0.000171	0.000108
26	0.042403	0.036371	0.031358	0.020664	0.014128	0.009975	0.007247	0.005403	0.002034	0.000656	0.000318	0.000194	0.000121
27	0.047064	0.040521	0.035058	0.023314	0.016057	0.011403	0.008322	0.006224	0.002372	0.000759	0.000364	0.000220	0.000136
28	0.051885	0.044831	0.038918	0.026109	0.018112	0.012937	0.009483	0.007117	0.002745	0.000874	0.000415	0.000248	0.000152
29	0.056851	0.049291	0.042926	0.029044	0.020289	0.014573	0.010731	0.008082	0.003156	0.001002	0.000471	0.000278	0.000170
30	0.062504	0.055881	0.048953	0.033140	0.023156	0.016636	0.012252	0.009231	0.003605	0.001142	0.000532	0.000311	0.000189
40	0.111611	0.099438	0.088858	0.064448	0.047766	0.036077	0.027710	0.021611	0.010380	0.003378	0.001512	0.000833	0.000528
60	0.224469	0.206496	0.190284	0.150280	0.120164	0.097134	0.079283	0.065284	0.036099	0.013539	0.006261	0.003384	0.002054
80	0.321777	0.301433	0.282690	0.234610	0.196315	0.165467	0.140379	0.119801	0.073307	0.031510	0.015649	0.008715	0.005321
100	0.400952	0.380010	0.360454	0.308993	0.266464	0.231002	0.201211	0.176021	0.115821	0.055501	0.029582	0.017188	0.010736
120	0.465099	0.444405	0.424898	0.372638	0.328306	0.290419	0.257842	0.229682	0.159530	0.083262	0.047197	0.028619	0.013380
140	0.517574	0.497518	0.478479	0.426792	0.382085	0.343167	0.309110	0.279174	0.202176	0.112955	0.067452	0.042527	0.028094
170	0.560095	0.561262	0.543248	0.493627	0.449781	0.410828	0.376070	0.344941	0.261919	0.158607	0.135584	0.066812	0.045899
200	0.628636	0.611075	0.594187	0.547176	0.504991	0.466954	0.432526	0.401267	0.315620	0.202761	0.181777	0.093682	0.065583
240	0.678484	0.662504	0.647056	0.603615	0.564046	0.527850	0.494628	0.464055	0.378012	0.258141	0.267416	0.131272	0.096882
320	0.746821	0.733434	0.720404	0.683283	0.648815	0.616691	0.586669	0.558550	0.476551	0.353436	0.373379	0.205705	0.160515
440	0.808208	0.797546	0.787111	0.757043	0.728666	0.701798	0.676298	0.652050	0.579131	0.462158	0.478602	0.304752	0.250964
600	0.855146	0.846800	0.838597	0.814783	0.792037	0.770248	0.749334	0.729225	0.667345	0.562988	0.570941	0.409451	0.352233
800	0.889112	0.882563	0.876109	0.857267	0.839125	0.821506	0.804653	0.788225	0.736838	0.647002	0.636199	0.505867	0.449794
1000	0.910185	0.904801	0.899487	0.883920	0.868856	0.854240	0.840028	0.826188	0.782461	0.704298	0.689000	0.576335	0.523404
∞	1.000000	1.000000	1.000000	1.000000	1.000000	1.000000	1.000000	1.000000	1.000000	1.000000	1.000000	1.000000	1.000000

$\alpha = 0.05$

表 1(续) $\Lambda_\alpha(m, n_1, n_2)$

$m = 6$

$n_1 \backslash n_2$	1	2	3	4	5	6	7	8	9	10	11	12
1	0.000000	0.000000	0.000000	0.000000	0.000000	0.000000	0.000000	0.000000	0.000000	0.000000	0.000000	0.000000
2	0.000000	0.000000	0.000000	0.000000	0.000000	0.000000	0.000000	0.000000	0.000000	0.000000	0.000000	0.000000
3	0.000000	0.000000	0.000000	0.000000	0.000000	0.000000	0.000000	0.000000	0.000000	0.000000	0.000000	0.000000
4	0.000007	0.000002	0.000001	0.000001	0.000001	0.000000	0.000000	0.000000	0.000000	0.000000	0.000000	0.000000
5	0.002045	0.000315	0.000095	0.000040	0.000021	0.000012	0.000008	0.000006	0.000004	0.000003	0.000003	0.000002
6	0.018804	0.003479	0.001052	0.000416	0.000197	0.000106	0.000063	0.000040	0.000027	0.000020	0.000015	0.000011
7	0.053911	0.012883	0.004369	0.001818	0.000872	0.000465	0.000270	0.000168	0.000111	0.000076	0.000055	0.000041
8	0.098038	0.028824	0.011018	0.004938	0.002479	0.001358	0.000798	0.000497	0.000325	0.000222	0.000157	0.000115
9	0.144274	0.049685	0.021043	0.010129	0.005348	0.003035	0.001826	0.001155	0.000762	0.000521	0.000369	0.000269
10	0.189355	0.073697	0.033966	0.017408	0.009639	0.005672	0.003507	0.002263	0.001514	0.001046	0.000744	0.000543
11	0.231866	0.099450	0.049161	0.026586	0.015360	0.009348	0.005940	0.003915	0.002664	0.001855	0.001338	0.000983
12	0.271356	0.125933	0.066012	0.037385	0.022418	0.014071	0.009172	0.006173	0.004273	0.003033	0.002200	0.001630
13	0.307797	0.152453	0.083979	0.049495	0.030680	0.019795	0.013205	0.009066	0.006381	0.004592	0.003370	0.002520
14	0.341265	0.178581	0.102644	0.062632	0.039965	0.026433	0.018012	0.012593	0.009005	0.006558	0.004877	0.003682
15	0.372033	0.204010	0.121656	0.076537	0.050117	0.033893	0.023544	0.016741	0.012147	0.008974	0.006740	0.005137
16	0.400304	0.228568	0.140775	0.090983	0.060965	0.042061	0.029737	0.021472	0.015794	0.011811	0.008966	0.006898
17	0.426364	0.252176	0.159796	0.105779	0.072367	0.050834	0.036522	0.026746	0.019924	0.015070	0.011554	0.008971
18	0.450349	0.274785	0.178574	0.120780	0.084178	0.060119	0.043825	0.032520	0.024510	0.018734	0.014503	0.011356
19	0.472562	0.296393	0.197017	0.135856	0.096308	0.069818	0.051576	0.038739	0.029518	0.022735	0.017796	0.014049
20	0.493091	0.316990	0.215044	0.150905	0.108634	0.079840	0.059715	0.045350	0.034906	0.027133	0.021418	0.017040
21	0.512182	0.336628	0.232604	0.165853	0.121083	0.090122	0.068178	0.052311	0.040646	0.031936	0.025354	0.020317
22	0.529913	0.355328	0.249666	0.180626	0.133590	0.100596	0.076899	0.059574	0.046695	0.036998	0.029582	0.023864
23	0.546452	0.373143	0.266216	0.195197	0.146095	0.111189	0.085836	0.067090	0.053016	0.042316	0.034078	0.027670
24	0.561889	0.390109	0.282253	0.209511	0.158544	0.121873	0.094944	0.074824	0.059586	0.047695	0.038825	0.031716
25	0.576348	0.406285	0.297740	0.223535	0.170898	0.132587	0.104168	0.082735	0.066362	0.053696	0.043795	0.035986
26	0.589899	0.421688	0.312738	0.237277	0.183129	0.143309	0.113485	0.090793	0.073318	0.059697	0.048977	0.040460
27	0.602633	0.436379	0.327222	0.250710	0.195207	0.153998	0.122849	0.098970	0.080420	0.065857	0.054339	0.045123
28	0.614602	0.450416	0.341199	0.263809	0.207116	0.164629	0.132250	0.107224	0.087654	0.072196	0.059866	0.049957
29	0.625896	0.463794	0.354711	0.276602	0.218828	0.175171	0.141648	0.115539	0.094994	0.078649	0.065542	0.054951
30	0.710937	0.569976	0.466792	0.387183	0.324162	0.273470	0.232192	0.198251	0.170132	0.146678	0.126985	0.110367
40	0.801604	0.693451	0.607528	0.536153	0.475641	0.423707	0.378774	0.339636	0.305361	0.275238	0.248638	0.225098
60	0.849063	0.762264	0.690479	0.628610	0.574313	0.526153	0.483144	0.444543	0.409736	0.378259	0.349725	0.323787
80	0.878218	0.805945	0.744748	0.690824	0.642495	0.598763	0.558956	0.522538	0.489125	0.458377	0.430004	0.403784
100	0.897944	0.836112	0.782910	0.735354	0.692128	0.652489	0.615927	0.582063	0.550602	0.521330	0.493955	0.468392
120	0.912172	0.858176	0.811198	0.768751	0.729786	0.693709	0.660119	0.628724	0.599296	0.571649	0.545628	0.521100
140	0.927365	0.882016	0.842092	0.805615	0.771776	0.740119	0.710350	0.682254	0.655667	0.630455	0.606507	0.583233
170	0.938078	0.899001	0.864314	0.832375	0.802523	0.774395	0.747758	0.722444	0.698328	0.675338	0.653300	0.632233
200	0.948255	0.915270	0.885761	0.858391	0.832628	0.808187	0.784886	0.762599	0.741229	0.720771	0.700953	0.681935
240	0.961056	0.935919	0.913212	0.891956	0.871772	0.852459	0.833892	0.815985	0.798676	0.781916	0.765666	0.749894
320	0.971597	0.953076	0.936212	0.920308	0.905097	0.890438	0.876249	0.862471	0.849063	0.835995	0.823242	0.810784
440	0.979129	0.965422	0.952870	0.940969	0.929529	0.918448	0.907669	0.897152	0.886868	0.876798	0.866924	0.857233
600	0.984325	0.973979	0.964469	0.955420	0.946689	0.938203	0.929921	0.921812	0.913858	0.906042	0.898354	0.890785
800	0.987450	0.979142	0.971087	0.964187	0.957129	0.950256	0.943532	0.936937	0.930455	0.924073	0.917783	0.911578
1000	0.987450	0.979142	0.971087	0.964187	0.957129	0.950256	0.943532	0.936937	0.930455	0.924073	0.917783	0.911578
∞	1.000000	1.000000	1.000000	1.000000	1.000000	1.000000	1.000000	1.000000	1.000000	1.000000	1.000000	1.000000

表 1(续) $\Lambda_\alpha(m, n_1, n_2)$

$m = 6$ $\alpha = 0.01$

n_1	\(n_2\)=1	2	3	4	5	6	7	8	9	10	11	12
1	0.000000	0.000000	0.000000	0.000000	0.000000	0.000000	0.000000	0.000000	0.000000	0.000000	0.000000	0.000000
2	0.000000	0.000000	0.000000	0.000000	0.000000	0.000000	0.000000	0.000000	0.000000	0.000000	0.000000	0.000000
3	0.000000	0.000000	0.000000	0.000000	0.000000	0.000000	0.000000	0.000000	0.000000	0.000000	0.000000	0.000000
4	0.000000	0.000050	0.000000	0.000000	0.000000	0.000000	0.000000	0.000000	0.000000	0.000000	0.000000	0.000000
5	0.000295	0.000258	0.000017	0.000008	0.000004	0.000003	0.000002	0.000001	0.000000	0.000000	0.000000	0.000000
6	0.004608	0.000839	0.000258	0.000106	0.000052	0.000029	0.000018	0.000012	0.000006	0.000004	0.000003	0.000004
7	0.018808	0.004182	0.001383	0.000574	0.000277	0.000150	0.000089	0.000057	0.000038	0.000027	0.000020	0.000015
8	0.042762	0.011508	0.004211	0.001846	0.000918	0.000503	0.000297	0.000187	0.000124	0.000086	0.000062	0.000046
9	0.072861	0.022948	0.009244	0.004315	0.002237	0.001257	0.000754	0.000477	0.000317	0.000219	0.000156	0.000115
10	0.105882	0.037842	0.016575	0.008211	0.004443	0.002575	0.001578	0.001014	0.000678	0.000470	0.000336	0.000247
11	0.139723	0.055318	0.026018	0.013591	0.007658	0.004578	0.002873	0.001878	0.001272	0.000889	0.000639	0.000471
12	0.173151	0.074563	0.037260	0.020392	0.011922	0.007339	0.004715	0.003140	0.002158	0.001525	0.001105	0.000818
13	0.205478	0.094910	0.049951	0.028478	0.017209	0.010886	0.007151	0.004851	0.003384	0.002420	0.001769	0.001320
14	0.236354	0.115841	0.063758	0.037679	0.023452	0.015207	0.010199	0.007041	0.004984	0.003608	0.002664	0.002004
15	0.265622	0.136971	0.078384	0.047814	0.030560	0.020265	0.013856	0.009723	0.006980	0.005114	0.003815	0.002894
16	0.293243	0.158016	0.093576	0.058712	0.038428	0.026009	0.018099	0.012897	0.009383	0.006954	0.005240	0.004009
17	0.319245	0.178778	0.109125	0.070212	0.046952	0.032373	0.022896	0.016549	0.012192	0.009135	0.006950	0.005362
18	0.343692	0.199115	0.124859	0.082172	0.056028	0.039291	0.028206	0.020658	0.015398	0.011658	0.008952	0.006963
19	0.366666	0.218933	0.140644	0.094469	0.065559	0.046693	0.033983	0.025196	0.018987	0.014517	0.011245	0.008816
20	0.388260	0.238169	0.156371	0.106995	0.075458	0.054514	0.040181	0.030131	0.022939	0.017701	0.013827	0.010921
21	0.408567	0.256789	0.171955	0.119660	0.085645	0.062689	0.046751	0.035431	0.027233	0.021197	0.016688	0.013275
22	0.427679	0.274775	0.187334	0.132389	0.096050	0.071160	0.053649	0.041060	0.031843	0.024988	0.019819	0.015873
23	0.445681	0.292121	0.202457	0.145118	0.106612	0.079874	0.060830	0.046985	0.036744	0.029056	0.023208	0.018708
24	0.462657	0.308833	0.217287	0.157797	0.117275	0.088781	0.068253	0.053173	0.041911	0.033382	0.026841	0.021769
25	0.478684	0.324922	0.231801	0.170381	0.127995	0.097838	0.075880	0.059592	0.047319	0.037946	0.030703	0.025046
26	0.493829	0.340404	0.245977	0.182837	0.138732	0.107004	0.083676	0.066212	0.052941	0.042728	0.034778	0.028527
27	0.508160	0.355297	0.259807	0.195137	0.149451	0.116251	0.091609	0.073004	0.058756	0.047709	0.039052	0.032201
28	0.521737	0.369623	0.273282	0.207259	0.160123	0.125542	0.099650	0.079944	0.064740	0.052871	0.043508	0.036054
29	0.534611	0.383404	0.286402	0.219187	0.170725	0.134852	0.107773	0.087007	0.070872	0.058193	0.048132	0.040075
30	0.546871	0.397185	0.299522	0.231115	0.181327	0.144162	0.115896	0.094070	0.077004	0.063515	0.052756	0.044096
40	0.633971	0.495984	0.398581	0.326182	0.269778	0.225181	0.189401	0.160362	0.136572	0.116924	0.100582	0.086906
60	0.744292	0.633481	0.548313	0.479114	0.421438	0.372626	0.330877	0.294885	0.263658	0.236658	0.212564	0.191578
80	0.803733	0.712825	0.639827	0.578119	0.524751	0.477984	0.436634	0.399837	0.366925	0.337368	0.310733	0.286658
100	0.840806	0.764135	0.700945	0.646245	0.597871	0.554570	0.515501	0.480046	0.447731	0.418175	0.391064	0.366135
120	0.866117	0.799962	0.744489	0.695702	0.651910	0.612148	0.575775	0.542326	0.511446	0.482846	0.456292	0.431584
140	0.884492	0.826371	0.777033	0.733148	0.693333	0.656808	0.623066	0.591738	0.562544	0.535260	0.509701	0.485712
170	0.904218	0.855095	0.812851	0.774824	0.739929	0.707546	0.677354	0.649014	0.622338	0.597164	0.573355	0.550798
200	0.918192	0.875677	0.838782	0.805291	0.774313	0.745329	0.718117	0.692405	0.668017	0.644841	0.622774	0.601727
240	0.931516	0.895480	0.863940	0.835082	0.808188	0.782831	0.758862	0.736059	0.714299	0.693473	0.673511	0.654352
320	0.948345	0.920741	0.896322	0.873758	0.852531	0.832324	0.813059	0.794571	0.776777	0.759613	0.743028	0.726975
440	0.962259	0.941834	0.923609	0.906632	0.890537	0.875064	0.860269	0.845937	0.832046	0.818554	0.805427	0.792640
600	0.972232	0.957070	0.943458	0.930704	0.918546	0.906828	0.895499	0.884501	0.873788	0.863330	0.853106	0.843097
800	0.979127	0.967660	0.957322	0.947597	0.938291	0.929281	0.920553	0.912044	0.903725	0.895577	0.887583	0.879732
1000	0.983279	0.974060	0.965726	0.957869	0.950332	0.943020	0.935921	0.928985	0.922190	0.915520	0.908964	0.902511
∞	1.000000	1.000000	1.000000	1.000000	1.000000	1.000000	1.000000	1.000000	1.000000	1.000000	1.000000	1.000000

表1(续)　$\Lambda_\alpha(m, n_1, n_2)$

$m = 6$　　　　$\alpha = 0.05$

n_1 \ n_2	13	14	15	18	21	24	27	30	40	60	80	100	120
1	0.000000	0.000000	0.000000	0.000000	0.000000	0.000000	0.000000	0.000000	0.000000	0.000000	0.000000	0.000000	0.000000
2	0.000000	0.000000	0.000000	0.000000	0.000000	0.000000	0.000000	0.000000	0.000000	0.000000	0.000000	0.000000	0.000000
3	0.000000	0.000000	0.000000	0.000000	0.000000	0.000000	0.000000	0.000000	0.000000	0.000000	0.000000	0.000000	0.000000
4	0.000000	0.000000	0.000000	0.000000	0.000000	0.000000	0.000000	0.000000	0.000000	0.000000	0.000000	0.000000	0.000000
5	0.000002	0.000002	0.000002	0.000001	0.000001	0.000001	0.000001	0.000001	0.000000	0.000000	0.000000	0.000000	0.000001
6	0.000009	0.000007	0.000006	0.000004	0.000003	0.000002	0.000002	0.000002	0.000001	0.000001	0.000000	0.000001	0.000001
7	0.000032	0.000020	0.000020	0.000012	0.000009	0.000006	0.000004	0.000008	0.000001	0.000001	0.000001	0.000001	0.000001
8	0.000087	0.000067	0.000053	0.000029	0.000019	0.000013	0.000010	0.000014	0.000004	0.000002	0.000002	0.000002	0.000002
9	0.000201	0.000154	0.000120	0.000064	0.000039	0.000026	0.000019	0.000041	0.000008	0.000003	0.000003	0.000003	0.000002
10	0.000406	0.000310	0.000241	0.000126	0.000074	0.000048	0.000033	0.000065	0.000012	0.000005	0.000004	0.000003	0.000003
11	0.000737	0.000563	0.000438	0.000226	0.000131	0.000083	0.000057	0.000099	0.000019	0.000008	0.000009	0.000004	0.000003
12	0.001229	0.000944	0.000736	0.000380	0.000218	0.000136	0.000091	0.000147	0.000028	0.000015	0.000011	0.000005	0.000003
13	0.001915	0.001479	0.001158	0.000600	0.000344	0.000213	0.000142	0.000211	0.000041	0.000020	0.000017	0.000007	0.000004
14	0.002822	0.002193	0.001726	0.000903	0.000518	0.000320	0.000211	0.000294	0.000058	0.000026	0.000022	0.000009	0.000005
15	0.003970	0.003107	0.002460	0.001303	0.000750	0.000464	0.000305	0.000400	0.000081	0.000044	0.000032	0.000011	0.000006
16	0.005375	0.004236	0.003376	0.001811	0.001050	0.000651	0.000427	0.000533	0.000111	0.000056	0.000044	0.000014	0.000007
17	0.007046	0.005593	0.004485	0.002440	0.001427	0.000887	0.000582	0.000695	0.000149	0.000070	0.000057	0.000017	0.000009
18	0.008989	0.007185	0.005796	0.003200	0.001888	0.001180	0.000775	0.000892	0.000196	0.000087	0.000068	0.000021	0.000010
19	0.011201	0.009013	0.007315	0.004097	0.002441	0.001534	0.001012	0.001125	0.000254	0.000108	0.000080	0.000026	0.000012
20	0.013680	0.011079	0.009044	0.005138	0.003092	0.001957	0.001295	0.001399	0.000324	0.000132	0.000094	0.000031	0.000014
21	0.016421	0.013378	0.010982	0.006327	0.003847	0.002452	0.001630	0.001717	0.000409	0.000160	0.000110	0.000037	0.000016
22	0.019411	0.015906	0.013128	0.007666	0.004710	0.003025	0.002021	0.002080	0.000508	0.000192	0.000128	0.000044	0.000019
23	0.022641	0.018656	0.015476	0.009156	0.005682	0.003678	0.002471	0.002493	0.000625	0.000229	0.000149	0.000051	0.000022
24	0.026098	0.021620	0.018021	0.010797	0.006769	0.004415	0.002982	0.002956	0.000761	0.000272	0.000172	0.000059	0.000025
25	0.029769	0.024784	0.020755	0.012589	0.007969	0.005237	0.003559	0.003473	0.000916	0.000321	0.000196	0.000068	0.000029
26	0.033641	0.028140	0.023671	0.014527	0.009283	0.006147	0.004202	0.004044	0.001094	0.000376	0.000229	0.000078	0.000033
27	0.037700	0.031679	0.026761	0.016608	0.010712	0.007146	0.004915	0.004672	0.001294	0.000437	0.000272	0.000089	0.000037
28	0.041932	0.035388	0.030015	0.018830	0.012254	0.008236	0.005697	0.005360	0.001520	0.000508	0.000321	0.000101	0.000042
29	0.046324	0.039254	0.033424	0.021186	0.013908	0.009415	0.006550	0.006110	0.001771	0.000579	0.000376	0.000114	0.000048
30	0.050862	0.043268	0.037997	0.023824	0.015660	0.010700	0.007490	0.006920	0.002080	0.000651	0.000437	0.000128	0.000054
40	0.096273	0.084268	0.073997	0.050990	0.035974	0.025909	0.019010	0.014183	0.007611	0.001538	0.000634	0.000280	0.000160
60	0.204183	0.185557	0.168929	0.128714	0.099372	0.077624	0.061279	0.048846	0.024372	0.007611	0.003014	0.001433	0.000782
80	0.300152	0.278572	0.258843	0.208964	0.170157	0.139625	0.115377	0.095954	0.054063	0.019993	0.008687	0.004304	0.002376
100	0.379515	0.357007	0.336105	0.281723	0.237593	0.201482	0.171721	0.147038	0.090287	0.038074	0.018074	0.009457	0.005376
120	0.444459	0.422023	0.400966	0.345065	0.298338	0.259015	0.225735	0.197426	0.129202	0.060328	0.030878	0.017042	0.010042
140	0.497948	0.476069	0.455375	0.399607	0.351955	0.311006	0.275650	0.244997	0.168388	0.085232	0.046452	0.026902	0.016420
170	0.562041	0.541367	0.521643	0.467616	0.420327	0.378743	0.342036	0.309524	0.224863	0.124979	0.073463	0.045220	0.028972
200	0.612046	0.592685	0.574100	0.522592	0.476716	0.435695	0.398895	0.365791	0.276904	0.165227	0.103036	0.066648	0.044501
240	0.663600	0.645910	0.628829	0.580949	0.537582	0.498168	0.462249	0.429439	0.338625	0.217072	0.143901	0.098110	0.068544
320	0.734572	0.719676	0.705186	0.663971	0.625825	0.590422	0.557490	0.526805	0.438387	0.309538	0.223317	0.164081	0.122503
440	0.798604	0.786688	0.775023	0.741435	0.709781	0.679875	0.651571	0.624744	0.544702	0.418963	0.326469	0.257243	0.204704
600	0.847715	0.838361	0.829163	0.802441	0.776922	0.752499	0.729088	0.706619	0.637816	0.523422	0.432962	0.360569	0.302103
800	0.883327	0.875974	0.868721	0.847519	0.827084	0.807349	0.788261	0.769778	0.712129	0.612293	0.529096	0.459149	0.399965
1000	0.905452	0.899401	0.893421	0.875875	0.858869	0.842354	0.826293	0.810659	0.761338	0.673746	0.598332	0.532935	0.475938
∞	1.000000	1.000000	1.000000	1.000000	1.000000	1.000000	1.000000	1.000000	1.000000	1.000000	1.000000	1.000000	1.000000

表 1（续）　$\Lambda_\alpha(m, n_1, n_2)$

$m = 6$　　　　　　　　　　　　　　　　　　　　　　　　　$\alpha = 0.01$

n_2

n_1	13	14	15	18	21	24	27	30	40	60	80	100	120
1	0.000000	0.000000	0.000000	0.000000	0.000000	0.000000	0.000000	0.000000	0.000000	0.000000	0.000000	0.000000	0.000000
2	0.000000	0.000000	0.000000	0.000000	0.000000	0.000000	0.000000	0.000000	0.000000	0.000000	0.000000	0.000000	0.000000
3	0.000000	0.000000	0.000000	0.000000	0.000000	0.000000	0.000000	0.000000	0.000000	0.000000	0.000000	0.000000	0.000000
4	0.000000	0.000000	0.000000	0.000000	0.000000	0.000000	0.000000	0.000000	0.000000	0.000000	0.000000	0.000000	0.000000
5	0.000003	0.000003	0.000002	0.000000	0.000000	0.000000	0.000000	0.000000	0.000000	0.000000	0.000000	0.000000	0.000000
6	0.000012	0.000010	0.000010	0.000000	0.000000	0.000000	0.000000	0.000000	0.000000	0.000000	0.000001	0.000000	0.000000
7	0.000036	0.000028	0.000028	0.000002	0.000000	0.000000	0.000000	0.000001	0.000000	0.000000	0.000001	0.000001	0.000000
8	0.000087	0.000068	0.000054	0.000005	0.000004	0.000002	0.000000	0.000002	0.000000	0.000000	0.000001	0.000001	0.000001
9	0.000186	0.000144	0.000113	0.000013	0.000009	0.000006	0.000002	0.000004	0.000000	0.000000	0.000002	0.000001	0.000001
10	0.000355	0.000273	0.000214	0.000030	0.000019	0.000013	0.000010	0.000014	0.000000	0.000001	0.000003	0.000002	0.000002
11	0.000619	0.000477	0.000374	0.000061	0.000037	0.000025	0.000018	0.000021	0.000001	0.000001	0.000003	0.000002	0.000002
12	0.001003	0.000776	0.000609	0.000113	0.000068	0.000044	0.000031	0.000029	0.000003	0.000002	0.000004	0.000003	0.000003
13	0.001533	0.001191	0.000938	0.000197	0.000116	0.000074	0.000051	0.000040	0.000007	0.000003	0.000006	0.000003	0.000003
14	0.002229	0.001741	0.001378	0.000320	0.000187	0.000118	0.000080	0.000057	0.000017	0.000004	0.000006	0.000005	0.000004
15	0.003110	0.002444	0.001944	0.000495	0.000288	0.000181	0.000122	0.000086	0.000025	0.000007	0.000008	0.000005	0.000005
16	0.004190	0.003314	0.002650	0.000733	0.000427	0.000268	0.000179	0.000122	0.000051	0.000011	0.000010	0.000007	0.000005
17	0.005481	0.004362	0.003507	0.001044	0.000610	0.000382	0.000254	0.000179	0.000070	0.000017	0.000012	0.000008	0.000006
18	0.006988	0.005595	0.004523	0.001439	0.000845	0.000530	0.000352	0.000254	0.000095	0.000025	0.000015	0.000010	0.000008
19	0.008715	0.007020	0.005706	0.001927	0.001139	0.000716	0.000475	0.000338	0.000126	0.000036	0.000019	0.000012	0.000009
20	0.010662	0.008640	0.007059	0.002517	0.001499	0.000947	0.000629	0.000436	0.000165	0.000048	0.000023	0.000015	0.000011
21	0.012828	0.010454	0.008585	0.003215	0.001931	0.001225	0.000816	0.000566	0.000212	0.000060	0.000028	0.000017	0.000012
22	0.015208	0.012461	0.010284	0.004029	0.002441	0.001557	0.001040	0.000722	0.000270	0.000075	0.000034	0.000021	0.000014
23	0.017797	0.014657	0.012155	0.004962	0.003033	0.001947	0.001305	0.000908	0.000338	0.000092	0.000041	0.000024	0.000017
24	0.020586	0.017039	0.014196	0.006017	0.003712	0.002398	0.001614	0.001126	0.000419	0.000112	0.000049	0.000028	0.000019
25	0.023568	0.019600	0.016401	0.007199	0.004482	0.002914	0.001970	0.001378	0.000514	0.000136	0.000059	0.000033	0.000022
26	0.026733	0.022333	0.018768	0.008506	0.005344	0.003498	0.002376	0.001668	0.000624	0.000163	0.000069	0.000039	0.000025
27	0.030071	0.025231	0.021290	0.009940	0.006300	0.004153	0.002835	0.001997	0.000750	0.000194	0.000081	0.000045	0.000029
28	0.033573	0.028287	0.023961	0.011500	0.007353	0.004880	0.003348	0.002367	0.000893	0.000230	0.000095	0.000051	0.000033
29	0.037228	0.031500	0.026500	0.013185	0.008503	0.005682	0.003919	0.002781	0.001055	0.000270	0.000110	0.000059	0.000037
30	0.041027	0.034900	0.029200	0.014992	0.009750	0.006559	0.004548	0.003240	0.001238	0.000316	0.000128	0.000068	0.000042
40	0.075396	0.065659	0.057384	0.039057	0.027278	0.019488	0.014207	0.010550	0.004390	0.001152	0.000443	0.000218	0.000127
60	0.173054	0.156653	0.142088	0.107188	0.082048	0.063617	0.049897	0.039549	0.019465	0.006030	0.002404	0.001156	0.000638
80	0.264842	0.245026	0.226988	0.181756	0.146946	0.119819	0.098453	0.081464	0.045282	0.016499	0.007153	0.003559	0.001977
100	0.343162	0.321953	0.302340	0.251678	0.210964	0.177928	0.150903	0.128634	0.078018	0.032377	0.015263	0.007983	0.004553
120	0.408550	0.387043	0.366934	0.313896	0.269953	0.233257	0.202408	0.176324	0.114115	0.052461	0.026615	0.014640	0.008630
140	0.463160	0.441926	0.421910	0.368298	0.322860	0.284090	0.250823	0.222141	0.151148	0.075397	0.040708	0.023456	0.014296
170	0.529397	0.509066	0.489577	0.437055	0.391289	0.351301	0.316205	0.285269	0.205428	0.112687	0.065631	0.040153	0.025636
200	0.581627	0.562408	0.544014	0.493293	0.448426	0.408543	0.372948	0.341076	0.256192	0.151069	0.093396	0.060035	0.039915
240	0.635938	0.618223	0.601164	0.553568	0.510727	0.472001	0.436875	0.404924	0.317146	0.201195	0.132334	0.089680	0.062368
320	0.711420	0.696337	0.681699	0.640237	0.602075	0.566823	0.534167	0.503849	0.417058	0.292021	0.209516	0.152989	0.113733
440	0.780170	0.767998	0.756103	0.721982	0.689980	0.659871	0.631476	0.604648	0.525056	0.401252	0.311074	0.244075	0.193528
600	0.833289	0.823670	0.814231	0.786898	0.760904	0.736119	0.712436	0.689770	0.620709	0.506873	0.417609	0.346622	0.289578
800	0.872013	0.864417	0.856938	0.835145	0.814226	0.794087	0.774666	0.755908	0.697664	0.597502	0.514770	0.445540	0.387215
1000	0.896154	0.889886	0.883703	0.865613	0.848149	0.831244	0.814845	0.798921	0.748921	0.660673	0.585230	0.520128	0.463612
∞	1.000000	1.000000	1.000000	1.000000	1.000000	1.000000	1.000000	1.000000	1.000000	1.000000	1.000000	1.000000	1.000000

表1(续)　$\Lambda_\alpha(m, n_1, n_2)$

$m = 7$ ， $\alpha = 0.05$

中间各列为 n_2。

n_1	1	2	3	4	5	6	7	8	9	10	11	12	n_1
1	0.000000	0.000000	0.000000	0.000000	0.000000	0.000000	0.000000	0.000000	0.000000	0.000000	0.000000	0.000000	1
2	0.000000	0.000000	0.000000	0.000000	0.000000	0.000000	0.000000	0.000000	0.000000	0.000000	0.000000	0.000000	2
3	0.000000	0.000000	0.000000	0.000000	0.000000	0.000000	0.000000	0.000000	0.000000	0.000000	0.000000	0.000000	3
4	0.000000	0.000000	0.000000	0.000000	0.000000	0.000000	0.000000	0.000000	0.000000	0.000000	0.000000	0.000000	4
5	0.000043	0.000006	0.000002	0.000001	0.000000	0.000000	0.000000	0.000000	0.000000	0.000000	0.000000	0.000000	5
6	0.002625	0.000350	0.000091	0.000033	0.000015	0.000008	0.000005	0.000003	0.000002	0.000000	0.000000	0.000000	6
7	0.017612	0.002953	0.000809	0.000292	0.000126	0.000063	0.000034	0.000013	0.000013	0.000002	0.000000	0.000000	7
8	0.047835	0.010329	0.003195	0.001223	0.000543	0.000270	0.000147	0.000086	0.000053	0.000035	0.000024	0.000017	8
9	0.086645	0.023060	0.008067	0.003338	0.001558	0.000798	0.000440	0.000259	0.000160	0.000104	0.000070	0.000049	9
10	0.128234	0.040186	0.015642	0.006974	0.003433	0.001826	0.001035	0.000619	0.000387	0.000252	0.000170	0.000119	10
11	0.169506	0.060396	0.025707	0.012249	0.006343	0.003508	0.002048	0.001252	0.000796	0.000525	0.000357	0.000249	11
12	0.209026	0.082538	0.037857	0.019109	0.010357	0.005940	0.003571	0.002234	0.001448	0.000967	0.000665	0.000468	12
13	0.246203	0.105734	0.051646	0.027402	0.015466	0.009172	0.005668	0.003628	0.002395	0.001625	0.001131	0.000804	13
14	0.280861	0.129346	0.066659	0.036933	0.021607	0.013206	0.008371	0.005476	0.003682	0.002537	0.001787	0.001285	14
15	0.313032	0.152929	0.082533	0.047494	0.028684	0.018013	0.011688	0.007801	0.005337	0.003733	0.002664	0.001936	15
16	0.342842	0.176179	0.098973	0.058884	0.036586	0.023544	0.015606	0.010611	0.007379	0.005235	0.003782	0.002778	16
17	0.370455	0.198894	0.115731	0.070921	0.045199	0.029736	0.020096	0.013900	0.009814	0.007057	0.005159	0.003829	17
18	0.396050	0.220944	0.132623	0.083445	0.054409	0.036520	0.025122	0.017653	0.012640	0.009204	0.006805	0.005102	18
19	0.419802	0.242252	0.149498	0.096315	0.064111	0.043824	0.030640	0.021845	0.015847	0.011676	0.008725	0.006605	19
20	0.441876	0.262777	0.166240	0.109415	0.074209	0.051579	0.036603	0.026450	0.019422	0.014469	0.010921	0.008342	20
21	0.462425	0.282503	0.182765	0.122645	0.084616	0.059717	0.042965	0.031435	0.023345	0.017571	0.013387	0.010314	21
22	0.481587	0.301432	0.199007	0.135923	0.095257	0.068177	0.049678	0.036769	0.027595	0.020971	0.016120	0.012521	22
23	0.499486	0.319577	0.214919	0.149181	0.106063	0.076901	0.056697	0.042416	0.032148	0.024653	0.019108	0.014956	23
24	0.516238	0.336959	0.230467	0.162364	0.116978	0.085838	0.063980	0.048346	0.036980	0.028599	0.022341	0.017614	24
25	0.531942	0.353606	0.245631	0.175429	0.127951	0.094941	0.071488	0.054525	0.042067	0.032794	0.025807	0.020487	25
26	0.546689	0.369546	0.260395	0.188340	0.138940	0.104168	0.079183	0.060924	0.047385	0.037217	0.029493	0.023565	26
27	0.560561	0.384810	0.274752	0.201068	0.149909	0.113482	0.087032	0.067514	0.052911	0.041851	0.033384	0.026838	27
28	0.573629	0.399430	0.288701	0.213591	0.160826	0.122851	0.095005	0.074268	0.058622	0.046678	0.037467	0.030296	28
29	0.585961	0.413438	0.302243	0.225894	0.171667	0.132247	0.103073	0.081161	0.064496	0.051680	0.041727	0.033928	29
30	0.597592	0.426061	0.315963	0.237534	0.182447	0.143147	0.113876	0.090618	0.073218	0.058471	0.047561	0.039284	30
40	0.679228	0.525996	0.417050	0.335433	0.272668	0.223571	0.184671	0.153533	0.128393	0.107941	0.091192	0.077392	40
60	0.779306	0.659576	0.566032	0.489695	0.426135	0.372561	0.327012	0.288026	0.254476	0.225471	0.200293	0.178361	60
80	0.831906	0.735024	0.655779	0.588321	0.529875	0.478709	0.433602	0.393626	0.358051	0.326284	0.297833	0.272287	80
100	0.864288	0.783251	0.715144	0.655689	0.602930	0.555673	0.513081	0.474521	0.439488	0.407570	0.378421	0.351744	100
120	0.886219	0.816680	0.757179	0.704361	0.656738	0.613420	0.573796	0.537400	0.503866	0.472893	0.444226	0.417647	120
140	0.902052	0.841199	0.788462	0.741086	0.697881	0.658148	0.621410	0.587314	0.555578	0.525974	0.498306	0.472408	140
170	0.918970	0.867751	0.822764	0.781839	0.744063	0.708913	0.676042	0.645194	0.616167	0.588800	0.562955	0.538514	170
200	0.930906	0.886705	0.847518	0.811553	0.778074	0.746666	0.717058	0.689053	0.662499	0.637274	0.613274	0.590412	200
240	0.942249	0.904887	0.871471	0.840546	0.811527	0.784091	0.758031	0.733198	0.709478	0.686784	0.665038	0.644178	240
320	0.956525	0.928004	0.902213	0.878097	0.855239	0.833417	0.812491	0.792362	0.772959	0.754224	0.736112	0.718583	320
440	0.968286	0.947243	0.928043	0.909937	0.892635	0.875985	0.859892	0.844294	0.829142	0.814403	0.800046	0.786051	440
600	0.976693	0.961103	0.946788	0.933208	0.920155	0.907522	0.895244	0.883276	0.871588	0.860157	0.848964	0.837994	600
800	0.982494	0.970720	0.959861	0.949517	0.939535	0.929836	0.920373	0.911114	0.902038	0.893128	0.884371	0.875758	800
1000	0.985583	0.976524	0.967778	0.959426	0.951346	0.943478	0.935782	0.928236	0.920822	0.913527	0.906342	0.899259	1000
∞	1.000000	1.000000	1.000000	1.000000	1.000000	1.000000	1.000000	1.000000	1.000000	1.000000	1.000000	1.000000	∞

表 1(续)　　$\Lambda_{\alpha}(m, n_1, n_2)$

$m=7$　　　　$\alpha=0.01$

$n_1 \backslash n_2$	1	2	3	4	5	6	7	8	9	10	11	12
1	0.000000	0.000000	0.000000	0.000000	0.000000	0.000000	0.000000	0.000000	0.000000	0.000000	0.000000	0.000000
2	0.000000	0.000000	0.000000	0.000000	0.000000	0.000000	0.000000	0.000000	0.000000	0.000000	0.000000	0.000000
3	0.000000	0.000000	0.000000	0.000000	0.000000	0.000000	0.000000	0.000000	0.000000	0.000000	0.000000	0.000000
4	0.000000	0.000000	0.000000	0.000000	0.000000	0.000000	0.000000	0.000000	0.000000	0.000000	0.000000	0.000000
5	0.000005	0.000000	0.000000	0.000000	0.000000	0.000000	0.000000	0.000000	0.000000	0.000000	0.000000	0.000000
6	0.000486	0.000001	0.000000	0.000000	0.000003	0.000000	0.000000	0.000000	0.000000	0.000000	0.000000	0.000000
7	0.004798	0.000068	0.000019	0.000007	0.000035	0.000018	0.000010	0.000006	0.000001	0.000000	0.000000	0.000000
8	0.017314	0.000782	0.000215	0.000079	0.000177	0.000089	0.000049	0.000029	0.000019	0.000012	0.000002	0.000002
9	0.038208	0.003481	0.001047	0.000398	0.000582	0.000297	0.000165	0.000098	0.000061	0.000040	0.000009	0.000006
10	0.064845	0.009312	0.003116	0.001259	0.001432	0.000754	0.000426	0.000255	0.000160	0.000105	0.000072	0.000020
11	0.094551	0.018560	0.006864	0.002966	0.002899	0.001578	0.000912	0.000555	0.000353	0.000233	0.000159	0.000051
12	0.125434	0.030855	0.012459	0.005732	0.005103	0.002873	0.001704	0.001057	0.000682	0.000455	0.000313	0.000112
13	0.156314	0.045575	0.019845	0.009662	0.008113	0.004715	0.002870	0.001817	0.001191	0.000804	0.000558	0.000221
14	0.186495	0.062081	0.028840	0.014763	0.011946	0.007151	0.004460	0.002881	0.001919	0.001314	0.000922	0.000397
15	0.215591	0.079813	0.039203	0.020973	0.016584	0.010199	0.006508	0.004286	0.002902	0.002013	0.001428	0.000661
16	0.243398	0.098313	0.050682	0.028192	0.021981	0.013856	0.009030	0.006056	0.004164	0.002928	0.002101	0.001034
17	0.269838	0.117225	0.063039	0.036299	0.028076	0.018099	0.012027	0.008203	0.005725	0.004077	0.002958	0.001535
18	0.294893	0.136276	0.076063	0.045168	0.034797	0.022896	0.015490	0.010733	0.007595	0.005476	0.004016	0.002182
19	0.318593	0.155259	0.089567	0.054675	0.042071	0.028206	0.019400	0.013641	0.009779	0.007133	0.005285	0.002991
20	0.340992	0.174026	0.103395	0.064703	0.049825	0.033983	0.023733	0.016917	0.012276	0.009053	0.006773	0.003972
21	0.362149	0.192467	0.117419	0.075148	0.057989	0.040181	0.028460	0.020544	0.015079	0.011235	0.008484	0.005135
22	0.382138	0.210506	0.131529	0.085915	0.066497	0.046751	0.033549	0.024505	0.018179	0.013677	0.010420	0.006487
23	0.401034	0.228088	0.145640	0.096921	0.075288	0.053649	0.038968	0.028778	0.021564	0.016372	0.012577	0.008031
24	0.418901	0.245182	0.159680	0.108094	0.084307	0.060830	0.044686	0.033340	0.025219	0.019311	0.014953	0.009768
25	0.435815	0.261767	0.173594	0.119371	0.093504	0.068253	0.050669	0.038170	0.029127	0.022486	0.017542	0.011698
26	0.451836	0.277834	0.187337	0.130700	0.102837	0.075880	0.056888	0.043242	0.033272	0.025883	0.020335	0.013817
27	0.467026	0.293382	0.200875	0.142036	0.112264	0.083676	0.063314	0.048535	0.037637	0.029490	0.023325	0.016123
28	0.481442	0.308414	0.214182	0.153341	0.121752	0.091609	0.069918	0.054026	0.042205	0.033296	0.026502	0.018609
29	0.495137	0.322941	0.227238	0.164581	0.131271	0.099650	0.076676	0.059694	0.046958	0.037285	0.029857	0.021269
30	0.508832	0.336973	0.240029	0.175732	0.140790	0.107691	0.083434	0.065362	0.051711	0.041274	0.033212	0.024096
40	0.601481	0.453452	0.352532	0.279077	0.223835	0.181405	0.148306	0.122167	0.101312	0.084528	0.070914	0.059797
60	0.720662	0.599212	0.507477	0.434307	0.374443	0.324703	0.282924	0.247545	0.217383	0.191527	0.169255	0.149991
80	0.785257	0.684670	0.604805	0.538151	0.481262	0.432066	0.389140	0.351441	0.318157	0.288649	0.262392	0.238958
100	0.825659	0.740370	0.670619	0.610810	0.558448	0.512056	0.470627	0.433418	0.399849	0.369460	0.341864	0.316744
120	0.853292	0.779445	0.717860	0.664096	0.616219	0.573107	0.533999	0.498338	0.465691	0.435710	0.408105	0.382634
140	0.873373	0.808339	0.753345	0.704715	0.660882	0.620947	0.584311	0.550538	0.519289	0.490293	0.463324	0.438191
170	0.894951	0.839849	0.792566	0.750184	0.711466	0.675794	0.642653	0.611744	0.582816	0.555676	0.530155	0.506117
200	0.910250	0.862477	0.821063	0.783589	0.749029	0.716923	0.686859	0.658572	0.631886	0.606648	0.582733	0.560038
240	0.924846	0.884289	0.848791	0.816382	0.786225	0.757986	0.731332	0.706070	0.682043	0.659149	0.637294	0.616401
320	0.943294	0.912166	0.884592	0.859136	0.835186	0.812531	0.790932	0.770258	0.750414	0.731325	0.712926	0.695173
440	0.958556	0.935488	0.914854	0.895630	0.877381	0.859974	0.843239	0.827091	0.811467	0.796510	0.781611	0.767310
600	0.969501	0.952359	0.936918	0.922439	0.908607	0.895334	0.882498	0.870040	0.857917	0.846097	0.834556	0.823272
800	0.977071	0.964096	0.952354	0.941294	0.930682	0.920458	0.910529	0.900862	0.891402	0.882150	0.873065	0.864181
1000	0.981630	0.971194	0.961722	0.952766	0.944171	0.935859	0.927767	0.919864	0.912124	0.904530	0.897070	0.889731
∞	1.000000	1.000000	1.000000	1.000000	1.000000	1.000000	1.000000	1.000000	1.000000	1.000000	1.000000	1.000000

表1（续） $\Lambda_\alpha(m, n_1, n_2)$

$\alpha = 0.05$，$m = 7$

下表列出 $\Lambda_{0.05}(7, n_1, n_2)$，行标为 n_1，列标为 n_2。

n_1	13	14	15	18	21	24	27	30	40	60	80	100	120
1	0.000000	0.000000	0.000000	0.000000	0.000000	0.000000	0.000000	0.000000	0.000000	0.000000	0.000000	0.000000	0.000000
2	0.000000	0.000000	0.000000	0.000000	0.000000	0.000000	0.000000	0.000000	0.000000	0.000000	0.000000	0.000000	0.000000
3	0.000000	0.000000	0.000000	0.000000	0.000000	0.000000	0.000000	0.000000	0.000000	0.000000	0.000000	0.000000	0.000000
4	0.000000	0.000000	0.000000	0.000000	0.000000	0.000000	0.000000	0.000000	0.000000	0.000000	0.000000	0.000000	0.000000
5	0.000001	0.000000	0.000001	0.000001	0.000000	0.000000	0.000000	0.000000	0.000000	0.000000	0.000000	0.000000	0.000000
6	0.000003	0.000003	0.000007	0.000004	0.000002	0.000001	0.000000	0.000000	0.000000	0.000000	0.000000	0.000000	0.000000
7	0.000012	0.000009	0.000020	0.000010	0.000006	0.000002	0.000001	0.000001	0.000000	0.000000	0.000000	0.000000	0.000000
8	0.000035	0.000026	0.000099	0.000023	0.000013	0.000004	0.000003	0.000002	0.000001	0.000000	0.000000	0.000000	0.000000
9	0.000085	0.000063	0.000187	0.000046	0.000025	0.000008	0.000010	0.000007	0.000002	0.000001	0.000000	0.000000	0.000000
10	0.000179	0.000131	0.000530	0.000087	0.000046	0.000015	0.000017	0.000012	0.000003	0.000001	0.000000	0.000000	0.000000
11	0.000338	0.000249	0.000817	0.000152	0.000132	0.000027	0.000047	0.000031	0.000007	0.000002	0.000001	0.000000	0.000000
12	0.000584	0.000432	0.001201	0.000250	0.000206	0.000047	0.000073	0.000048	0.000011	0.000003	0.000001	0.000001	0.000001
13	0.000941	0.000701	0.001696	0.000390	0.000309	0.000076	0.000109	0.000109	0.000016	0.000005	0.000002	0.000001	0.000001
14	0.001430	0.001073	0.002315	0.000581	0.000446	0.000119	0.000158	0.000145	0.000024	0.000008	0.000003	0.000001	0.000001
15	0.002072	0.001567	0.003067	0.000833	0.000625	0.000178	0.000223	0.000198	0.000033	0.000011	0.000005	0.000002	0.000001
16	0.002882	0.002198	0.003961	0.001155	0.000850	0.000257	0.000306	0.000267	0.000046	0.000014	0.000006	0.000003	0.000002
17	0.003875	0.002978	0.005005	0.001555	0.001128	0.000362	0.000410	0.000351	0.000062	0.000018	0.000008	0.000004	0.000002
18	0.005055	0.003919	0.006201	0.002042	0.001465	0.000496	0.000540	0.000455	0.000083	0.000024	0.000011	0.000005	0.000003
19	0.006443	0.005028	0.007554	0.002621	0.001866	0.000663	0.000697	0.000579	0.000109	0.000030	0.000014	0.000007	0.000003
20	0.008029	0.006311	0.009065	0.003299	0.002335	0.000867	0.000884	0.000727	0.000141	0.000038	0.000017	0.000009	0.000004
21	0.009820	0.007771	0.010733	0.004081	0.002877	0.001113	0.001106	0.000901	0.000180	0.000047	0.000021	0.000014	0.000005
22	0.011813	0.009409	0.012557	0.004971	0.003495	0.001405	0.001363	0.001103	0.000227	0.000057	0.000025	0.000017	0.000006
23	0.014006	0.011226	0.014534	0.005970	0.004191	0.001746	0.001660	0.001334	0.000283	0.000070	0.000030	0.000025	0.000007
24	0.016394	0.013219	0.016661	0.007081	0.004969	0.002139	0.001999	0.001597	0.000348	0.000085	0.000035	0.000030	0.000008
25	0.018972	0.015383	0.018934	0.008305	0.005830	0.002588	0.002381	0.001894	0.000424	0.000102	0.000041	0.000035	0.000010
26	0.021732	0.017716	0.021098	0.009643	0.006775	0.003095	0.002809	0.002381	0.000513	0.000122	0.000102	0.000041	0.000014
27	0.024666	0.020212	0.023456	0.011093	0.020844	0.003662	0.009886	0.007021	0.000614	0.000530	0.000171	0.000074	0.000039
28	0.027767	0.022864	0.025979	0.031352	0.068706	0.004292	0.039074	0.029984	0.002543	0.003431	0.001171	0.000494	0.000245
29	0.031028	0.025666	0.048475	0.092926	0.128706	0.014199	0.081826	0.065998	0.013317	0.010596	0.004017	0.001776	0.000891
30	0.065960	0.056440	0.127620	0.163522	0.189792	0.051496	0.130031	0.108521	0.033799	0.022462	0.009429	0.004438	0.002303
40	0.159192	0.142390	0.209825	0.231422	0.247216	0.102208	0.178700	0.152885	0.061468	0.038405	0.017595	0.008808	0.004762
60	0.249296	0.228561	0.284174	0.292800	0.299436	0.156640	0.225348	0.196457	0.093298	0.057431	0.028311	0.014983	0.008437
80	0.327287	0.304828	0.348651	0.347068	0.367787	0.209725	0.289420	0.257678	0.126958	0.089646	0.048268	0.027424	0.016328
100	0.392966	0.370016	0.403958	0.416287	0.425449	0.259316	0.345862	0.312721	0.177657	0.124011	0.071544	0.043067	0.026902
120	0.448134	0.425355	0.472638	0.473356	0.488846	0.325843	0.410212	0.376572	0.226213	0.170269	0.105494	0.067526	0.044468
140	0.515373	0.493442	0.527925	0.534914	0.582647	0.383218	0.509456	0.477030	0.285673	0.257045	0.175779	0.122769	0.087353
170	0.568611	0.547802	0.586391	0.624048	0.673732	0.447473	0.610046	0.580981	0.385313	0.365145	0.273164	0.206989	0.158644
200	0.624149	0.604901	0.669184	0.708700	0.747733	0.544565	0.694596	0.669812	0.495439	0.472618	0.379024	0.306337	0.249322
240	0.701604	0.685146	0.746041	0.776279	0.803638	0.640910	0.760054	0.739413	0.594683	0.566102	0.478245	0.405517	0.345351
320	0.772395	0.759064	0.806308	0.826696	0.839320	0.720540	0.802518	0.784927	0.675554	0.633153	0.551529	0.482052	0.422602
440	0.827235	0.816676	0.850700	0.858610	—	0.781445	—	—	0.729765	—	—	—	—
600	0.867279	0.858928	0.878563	—	—	0.820637	—	—	—	—	—	—	—
800	0.892271	0.885374	—	—	—	—	—	—	—	—	—	—	—
1000	—	—	—	—	—	—	—	—	—	—	—	—	—
∞	1.000000	1.000000	1.000000	1.000000	1.000000	1.000000	1.000000	1.000000	1.000000	1.000000	1.000000	1.000000	1.000000

$m=7$ 表 1(续) $\Lambda_\alpha(m, n_1, n_2)$ $\alpha=0.01$

n_2

n_1	13	14	15	18	21	24	27	30	40	60	80	100	120	n_1
1	0.000000	0.000000	0.000000	0.000000	0.000000	0.000000	0.000000	0.000000	0.000000	0.000000	0.000000	0.000000	0.000000	1
2	0.000000	0.000000	0.000000	0.000000	0.000000	0.000000	0.000000	0.000000	0.000000	0.000000	0.000000	0.000000	0.000000	2
3	0.000000	0.000000	0.000000	0.000000	0.000000	0.000000	0.000000	0.000000	0.000000	0.000000	0.000000	0.000000	0.000000	3
4	0.000000	0.000000	0.000000	0.000000	0.000000	0.000000	0.000000	0.000000	0.000000	0.000000	0.000000	0.000000	0.000000	4
5	0.000000	0.000000	0.000000	0.000000	0.000000	0.000000	0.000000	0.000000	0.000000	0.000000	0.000000	0.000000	0.000000	5
6	0.000000	0.000000	0.000000	0.000000	0.000000	0.000000	0.000000	0.000000	0.000000	0.000000	0.000000	0.000000	0.000000	6
7	0.000000	0.000000	0.000000	0.000000	0.000000	0.000000	0.000000	0.000000	0.000000	0.000000	0.000000	0.000000	0.000000	7
8	0.000001	0.000001	0.000001	0.000001	0.000000	0.000000	0.000000	0.000000	0.000000	0.000000	0.000000	0.000000	0.000000	8
9	0.000005	0.000004	0.000003	0.000002	0.000000	0.000000	0.000000	0.000000	0.000000	0.000000	0.000000	0.000000	0.000000	9
10	0.000014	0.000011	0.000008	0.000004	0.000003	0.000001	0.000000	0.000000	0.000000	0.000000	0.000000	0.000000	0.000000	10
11	0.000037	0.000027	0.000021	0.000010	0.000006	0.000004	0.000001	0.000001	0.000000	0.000000	0.000000	0.000000	0.000000	11
12	0.000081	0.000060	0.000046	0.000022	0.000012	0.000008	0.000003	0.000002	0.000001	0.000000	0.000000	0.000000	0.000000	12
13	0.000160	0.000119	0.000090	0.000043	0.000024	0.000014	0.000009	0.000004	0.000003	0.000000	0.000000	0.000000	0.000000	13
14	0.000289	0.000215	0.000162	0.000078	0.000042	0.000025	0.000016	0.000011	0.000004	0.000001	0.000001	0.000001	0.000001	14
15	0.000484	0.000361	0.000274	0.000131	0.000070	0.000041	0.000026	0.000018	0.000007	0.000002	0.000001	0.000001	0.000001	15
16	0.000762	0.000572	0.000436	0.000210	0.000112	0.000066	0.000041	0.000028	0.000010	0.000003	0.000002	0.000001	0.000001	16
17	0.001141	0.000861	0.000660	0.000321	0.000172	0.000100	0.000063	0.000042	0.000014	0.000004	0.000003	0.000002	0.000001	17
18	0.001635	0.001243	0.000958	0.000471	0.000254	0.000148	0.000092	0.000061	0.000021	0.000007	0.000004	0.000002	0.000001	18
19	0.002259	0.001730	0.001341	0.000667	0.000362	0.000219	0.000132	0.000087	0.000029	0.000010	0.000005	0.000003	0.000001	19
20	0.003025	0.002332	0.001819	0.000918	0.000503	0.000295	0.000184	0.000121	0.000039	0.000013	0.000007	0.000003	0.000002	20
21	0.003942	0.003060	0.002401	0.001229	0.000679	0.000401	0.000250	0.000164	0.000053	0.000016	0.000009	0.000004	0.000002	21
22	0.005017	0.003922	0.003096	0.001608	0.000897	0.000532	0.000333	0.000219	0.000070	0.000021	0.000012	0.000005	0.000002	22
23	0.006256	0.004923	0.003909	0.002060	0.001160	0.000693	0.000436	0.000286	0.000092	0.000026	0.000015	0.000005	0.000003	23
24	0.007663	0.006068	0.004846	0.002590	0.001474	0.000887	0.000560	0.000369	0.000118	0.000032	0.000018	0.000008	0.000003	24
25	0.009238	0.007359	0.005911	0.003203	0.001843	0.001116	0.000708	0.000468	0.000150	0.000040	0.000021	0.000011	0.000004	25
26	0.010981	0.008799	0.007106	0.003904	0.002269	0.001385	0.000883	0.000586	0.000188	0.000049	0.000026	0.000012	0.000005	26
27	0.012891	0.010388	0.008433	0.004695	0.002756	0.001696	0.001087	0.000724	0.000233	0.000060	0.000030	0.000015	0.000005	27
28	0.014965	0.012124	0.009891	0.005578	0.003308	0.002051	0.001323	0.000884	0.000286	0.000072	0.000040	0.000021	0.000006	28
29	0.017198	0.014005	0.011481	0.006555	0.003927	0.002454	0.001592	0.001068	0.000347	0.000086	0.000057	0.000026	0.000007	29
30	0.019587	0.016029	0.013200	0.007628	0.006615	0.002906	0.001896	0.001279	0.000419	0.000129	0.000086	0.000030	0.000008	30
40	0.050661	0.043110	0.036837	0.023507	0.015460	0.010441	0.007221	0.005104	0.001840	0.000390	0.000286	0.000057	0.000030	40
60	0.133263	0.118688	0.105949	0.076312	0.055899	0.041560	0.031315	0.023884	0.010457	0.002675	0.000920	0.000393	0.000197	60
80	0.219825	0.199164	0.182241	0.140766	0.109937	0.086704	0.068989	0.055339	0.027930	0.008623	0.003263	0.001451	0.000733	80
100	0.293825	0.272874	0.253688	0.205048	0.167052	0.137058	0.113169	0.093992	0.052531	0.018871	0.007867	0.003705	0.001930	100
120	0.359085	0.337278	0.317054	0.264549	0.222074	0.187422	0.158947	0.135402	0.081637	0.033048	0.015004	0.007487	0.004052	120
140	0.414729	0.392796	0.372264	0.318016	0.272978	0.235318	0.203636	0.176848	0.113043	0.050336	0.024569	0.012938	0.007275	140
170	0.483441	0.462024	0.441772	0.387223	0.340630	0.300598	0.266036	0.236072	0.161215	0.080201	0.042759	0.024140	0.014325	170
200	0.538467	0.517944	0.498396	0.445009	0.398466	0.357683	0.321797	0.290112	0.208094	0.112625	0.064372	0.038491	0.023938	200
240	0.596402	0.577239	0.558859	0.507987	0.462748	0.422342	0.386125	0.353570	0.266267	0.156602	0.096404	0.061307	0.040179	240
320	0.678024	0.661444	0.645401	0.600225	0.559017	0.521291	0.486656	0.454787	0.365234	0.241449	0.163958	0.113866	0.080645	320
440	0.753392	0.739830	0.726609	0.688842	0.653647	0.620747	0.589920	0.560982	0.476300	0.348593	0.259342	0.195617	0.149346	440
600	0.812231	0.801418	0.790820	0.760223	0.731260	0.703771	0.677626	0.652721	0.577599	0.456592	0.364600	0.293063	0.238223	600
800	0.855439	0.846846	0.838392	0.813811	0.790288	0.767721	0.746032	0.725156	0.660818	0.552153	0.464349	0.392610	0.333526	800
1000	0.882506	0.875387	0.868369	0.847871	0.828129	0.809065	0.790625	0.772764	0.716985	0.619977	0.538564	0.469612	0.410844	1000
∞	1.000000	1.000000	1.000000	1.000000	1.000000	1.000000	1.000000	1.000000	1.000000	1.000000	1.000000	1.000000	1.000000	∞

$m = 8$ 　　　　　表 1(续)　$\Lambda_{\alpha}(m, n_1, n_2)$　　　　　$\alpha = 0.05$

（行标 n_1，列标 $n_2 = 1 \sim 12$）

n_1	1	2	3	4	5	6	7	8	9	10	11	12
1	0.000000	0.000000	0.000000	0.000000	0.000000	0.000000	0.000000	0.000000	0.000000	0.000000	0.000000	0.000000
2	0.000000	0.000000	0.000000	0.000000	0.000000	0.000000	0.000000	0.000000	0.000000	0.000000	0.000000	0.000000
3	0.000000	0.000000	0.000000	0.000000	0.000000	0.000000	0.000000	0.000000	0.000000	0.000000	0.000000	0.000000
4	0.000000	0.000000	0.000000	0.000000	0.000000	0.000000	0.000000	0.000000	0.000000	0.000000	0.000000	0.000000
5	0.000000	0.000000	0.000000	0.000000	0.000000	0.000000	0.000000	0.000000	0.000000	0.000000	0.000000	0.000000
6	0.000138	0.000015	0.000000	0.000000	0.000000	0.000000	0.000000	0.000000	0.000000	0.000000	0.000000	0.000000
7	0.003295	0.000393	0.000090	0.000001	0.000000	0.000000	0.000000	0.000000	0.000000	0.000000	0.000000	0.000000
8	0.017079	0.002632	0.000659	0.000218	0.000001	0.000006	0.000003	0.000002	0.000001	0.000001	0.000001	0.000000
9	0.043574	0.008626	0.002458	0.000872	0.000087	0.000040	0.000020	0.000011	0.000007	0.000004	0.000003	0.000002
10	0.078039	0.019031	0.006148	0.002365	0.000361	0.000168	0.000086	0.000047	0.000028	0.000017	0.000011	0.000008
11	0.115676	0.033314	0.012011	0.004993	0.001032	0.000497	0.000259	0.000144	0.000085	0.000052	0.000034	0.000023
12	0.153630	0.050518	0.019990	0.008908	0.002304	0.001155	0.000619	0.000351	0.000209	0.000130	0.000084	0.000056
13	0.190453	0.069716	0.029839	0.014129	0.004335	0.002263	0.001252	0.000727	0.000441	0.000278	0.000181	0.000122
14	0.225477	0.090151	0.041241	0.020590	0.007216	0.003915	0.002234	0.001331	0.000824	0.000527	0.000347	0.000235
15	0.258443	0.111245	0.053875	0.028171	0.010980	0.006173	0.003628	0.002215	0.001399	0.000910	0.000608	0.000416
16	0.289300	0.132575	0.067447	0.036729	0.015610	0.009065	0.005476	0.003422	0.002203	0.001457	0.000987	0.000683
17	0.318105	0.153836	0.081699	0.046115	0.021061	0.012594	0.007801	0.004982	0.003269	0.002203	0.001509	0.001057
18	0.344966	0.174814	0.096415	0.056185	0.027265	0.016740	0.010611	0.006915	0.004617	0.003151	0.002194	0.001555
19	0.370015	0.195359	0.111416	0.066805	0.034144	0.021472	0.013900	0.009228	0.006265	0.004339	0.003060	0.002194
20	0.393387	0.215374	0.126559	0.077857	0.041616	0.026747	0.017653	0.011923	0.008219	0.005771	0.004120	0.002987
21	0.415217	0.234796	0.141726	0.089233	0.049601	0.032519	0.021845	0.014991	0.010483	0.007456	0.005386	0.003946
22	0.435632	0.253588	0.156826	0.100843	0.058021	0.038737	0.026450	0.018419	0.013053	0.009397	0.006863	0.005078
23	0.454749	0.271732	0.171785	0.112606	0.066804	0.045350	0.031435	0.022192	0.015923	0.011593	0.008555	0.006390
24	0.472677	0.289225	0.186549	0.124457	0.075884	0.052311	0.036769	0.026287	0.019081	0.014041	0.010462	0.007885
25	0.489514	0.306072	0.201075	0.136338	0.085199	0.059573	0.042416	0.030685	0.022515	0.016733	0.012583	0.009565
26	0.505352	0.322285	0.215331	0.148203	0.094698	0.067091	0.048346	0.035361	0.026210	0.019663	0.014914	0.011428
27	0.520271	0.337880	0.229293	0.160010	0.104332	0.074826	0.054525	0.040293	0.030150	0.022818	0.017449	0.013472
28	0.534345	0.352879	0.242945	0.171728	0.114060	0.082739	0.060924	0.045457	0.034319	0.026189	0.020182	0.015694
29	0.547639	0.367302	0.256277	0.183330	0.123844	0.090796	0.067514	0.050831	0.038700	0.029764	0.023104	0.018089
30	0.560093	0.381204	0.266729	0.193225	0.133653	0.098967	0.074268	0.056394	0.043276	0.033529	0.026207	0.020651
40	0.648630	0.484826	0.371902	0.289857	0.228618	0.182082	0.146235	0.118316	0.096365	0.078964	0.065068	0.053897
60	0.757690	0.627279	0.527185	0.447009	0.381482	0.327255	0.281978	0.243910	0.211718	0.184362	0.161015	0.141011
80	0.815243	0.708843	0.622840	0.550577	0.488795	0.435425	0.388992	0.348380	0.312704	0.281253	0.253441	0.228779
100	0.850742	0.761330	0.686819	0.622411	0.565838	0.515687	0.470954	0.430871	0.394827	0.362322	0.332935	0.306310
120	0.874811	0.797857	0.732425	0.674791	0.623251	0.576764	0.534599	0.496197	0.461114	0.428982	0.399491	0.372376
140	0.892201	0.824719	0.766516	0.714559	0.667497	0.624521	0.585067	0.548712	0.515117	0.484002	0.455129	0.428296
170	0.910793	0.853874	0.804039	0.758920	0.717494	0.679163	0.643522	0.610267	0.579158	0.549999	0.522621	0.496881
200	0.923918	0.874725	0.831204	0.791410	0.754525	0.720081	0.687764	0.657345	0.628642	0.601508	0.575820	0.551470
240	0.936396	0.894758	0.857556	0.823223	0.791114	0.760862	0.732246	0.705079	0.679234	0.654605	0.631100	0.608645
320	0.952108	0.920269	0.891472	0.864586	0.839159	0.814944	0.791784	0.769570	0.748216	0.727659	0.707843	0.688723
440	0.965057	0.941534	0.920045	0.899793	0.880463	0.861889	0.843968	0.826629	0.809821	0.793502	0.777641	0.762209
600	0.974316	0.956873	0.940825	0.925599	0.910972	0.896826	0.883093	0.869724	0.856684	0.843948	0.831494	0.819306
800	0.980707	0.967524	0.955338	0.943721	0.932512	0.921624	0.911008	0.900630	0.890464	0.880494	0.870704	0.861085
1000	0.984551	0.973956	0.964134	0.954746	0.945661	0.936815	0.928167	0.919691	0.911367	0.903183	0.895128	0.887192
∞	1.000000	1.000000	1.000000	1.000000	1.000000	1.000000	1.000000	1.000000	1.000000	1.000000	1.000000	1.000000

表 1(续)　$\Lambda_\alpha(m, n_1, n_2)$

$m = 8$ 　　　　　　　　　　　　　　　　　　　　　　　　　　　　　　　　　　　$\alpha = 0.01$

n_2

n_1	1	2	3	4	5	6	7	8	9	10	11	12
1	0.000000	0.000000	0.000000	0.000000	0.000000	0.000000	0.000000	0.000000	0.000000	0.000000	0.000000	0.000000
2	0.000000	0.000000	0.000000	0.000000	0.000000	0.000000	0.000000	0.000000	0.000000	0.000000	0.000000	0.000000
3	0.000000	0.000000	0.000000	0.000000	0.000000	0.000000	0.000000	0.000000	0.000000	0.000000	0.000000	0.000000
4	0.000000	0.000000	0.000000	0.000000	0.000000	0.000000	0.000000	0.000000	0.000000	0.000000	0.000000	0.000000
5	0.000000	0.000000	0.000000	0.000000	0.000000	0.000000	0.000000	0.000000	0.000000	0.000000	0.000000	0.000000
6	0.000021	0.000000	0.000000	0.000000	0.000000	0.000000	0.000000	0.000000	0.000000	0.000000	0.000000	0.000000
7	0.000738	0.000088	0.000001	0.000000	0.000000	0.000000	0.000000	0.000000	0.000000	0.000000	0.000000	0.000000
8	0.005130	0.000759	0.000021	0.000007	0.000003	0.000001	0.000001	0.000004	0.000002	0.000001	0.000001	0.000001
9	0.016457	0.003031	0.000188	0.000063	0.000025	0.000012	0.000006	0.000016	0.000010	0.000006	0.000004	0.000003
10	0.034984	0.007819	0.000837	0.000293	0.000121	0.000057	0.000029	0.000055	0.000033	0.000020	0.000013	0.000009
11	0.058795	0.015460	0.002414	0.000906	0.000390	0.000187	0.000098	0.000144	0.000086	0.000054	0.000035	0.000024
12	0.085701	0.025773	0.005293	0.002131	0.000964	0.000477	0.000255	0.000321	0.000194	0.000123	0.000080	0.000054
13	0.114026	0.038323	0.009664	0.004155	0.001974	0.001014	0.000555	0.000624	0.000384	0.000245	0.000162	0.000110
14	0.142659	0.052612	0.015549	0.007095	0.003528	0.001878	0.001057	0.001097	0.000687	0.000445	0.000296	0.000203
15	0.170909	0.068175	0.022851	0.010993	0.005702	0.003140	0.001817	0.001778	0.001134	0.000744	0.000502	0.000347
16	0.198367	0.084613	0.031408	0.015836	0.008535	0.004851	0.002881	0.002700	0.001752	0.001168	0.000797	0.000556
17	0.224804	0.101603	0.041037	0.021570	0.012034	0.007041	0.004286	0.003890	0.002567	0.001736	0.001200	0.000846
18	0.250102	0.118888	0.051550	0.028118	0.016183	0.009723	0.006056	0.005367	0.003600	0.002468	0.001727	0.001231
19	0.274219	0.136267	0.062771	0.035392	0.020951	0.012897	0.008203	0.007144	0.004864	0.003380	0.002393	0.001723
20	0.297154	0.153589	0.074542	0.043297	0.026294	0.016549	0.010733	0.009225	0.006371	0.004484	0.003210	0.002335
21	0.318934	0.170736	0.086724	0.051742	0.032161	0.020658	0.013641	0.011612	0.008127	0.005789	0.004189	0.003076
22	0.339603	0.187624	0.099197	0.060641	0.038494	0.025196	0.016912	0.014298	0.010133	0.007299	0.005337	0.003955
23	0.359212	0.204189	0.111859	0.069912	0.045254	0.030131	0.020544	0.017276	0.012388	0.009019	0.006658	0.004978
24	0.377817	0.220388	0.124624	0.079482	0.052374	0.035431	0.024505	0.020535	0.014887	0.010948	0.008156	0.006149
25	0.395477	0.236190	0.137421	0.089287	0.059809	0.041060	0.028778	0.024060	0.017624	0.013004	0.009833	0.007472
26	0.412247	0.251575	0.150193	0.099266	0.067511	0.046985	0.033340	0.027838	0.020590	0.015423	0.011686	0.008948
27	0.428183	0.266532	0.162890	0.109371	0.075438	0.053173	0.038170	0.031852	0.023775	0.017959	0.013714	0.010578
28	0.443336	0.281057	0.175473	0.119555	0.083549	0.059592	0.043242	0.036085	0.027167	0.020686	0.015914	0.012359
29	0.457755	0.295150	0.187912	0.129781	0.091808	0.066212	0.048535	0.040521	0.030756	0.023596	0.018280	0.014290
30	0.471494	0.310972	0.200181	0.140015	0.100183	0.073004	0.054026	0.045210	0.034286	0.026532	0.020686	0.016267
40	0.570452	0.414141	0.310972	0.238227	0.185181	0.145635	0.115665	0.092650	0.074781	0.060775	0.049703	0.040884
60	0.677943	0.566845	0.469642	0.393584	0.332536	0.282759	0.241720	0.207592	0.179013	0.154941	0.134560	0.117227
80	0.767444	0.657921	0.571844	0.501042	0.441431	0.390577	0.346803	0.308868	0.275817	0.246896	0.221493	0.199107
100	0.811035	0.717584	0.641821	0.577506	0.521783	0.472932	0.429764	0.391400	0.357150	0.326462	0.298881	0.274029
120	0.840895	0.759705	0.692428	0.634154	0.582694	0.536747	0.495425	0.458070	0.424165	0.393293	0.365111	0.339324
140	0.862619	0.790948	0.730631	0.677631	0.630186	0.587267	0.548177	0.512402	0.479541	0.449270	0.421319	0.395458
170	0.885982	0.825107	0.773033	0.726535	0.684388	0.645690	0.609966	0.576841	0.546007	0.517277	0.490407	0.465247
200	0.902559	0.849693	0.803953	0.762678	0.724868	0.689844	0.657190	0.626631	0.597943	0.570945	0.545489	0.521449
240	0.921494	0.873433	0.834124	0.798284	0.765147	0.734170	0.705043	0.677532	0.651483	0.626761	0.603257	0.580879
320	0.938384	0.903831	0.873198	0.844911	0.818449	0.793424	0.769628	0.746913	0.725172	0.704312	0.684271	0.664991
440	0.954965	0.929310	0.906326	0.884882	0.864628	0.845292	0.826734	0.808858	0.791594	0.774890	0.758703	0.742995
600	0.966853	0.947766	0.930536	0.914342	0.898941	0.884139	0.869838	0.855973	0.842497	0.829376	0.816581	0.804090
800	0.975077	0.960620	0.947501	0.935108	0.923267	0.911833	0.900736	0.889929	0.879380	0.869062	0.858958	0.849052
1000	0.980031	0.968398	0.957807	0.947773	0.938158	0.928847	0.919787	0.910939	0.902280	0.893768	0.885451	0.877255
∞	1.000000	1.000000	1.000000	1.000000	1.000000	1.000000	1.000000	1.000000	1.000000	1.000000	1.000000	1.000000

表 1（续）　$\Lambda_\alpha(m, n_1, n_2)$

$m = 8$　　$\alpha = 0.05$

n_2

n_1	13	14	15	18	21	24	27	30	40	60	80	100	120
1	0.000000	0.000000	0.000000	0.000000	0.000000	0.000000	0.000000	0.000000	0.000000	0.000000	0.000000	0.000000	0.000000
2	0.000000	0.000000	0.000000	0.000000	0.000000	0.000000	0.000000	0.000000	0.000000	0.000000	0.000000	0.000000	0.000000
3	0.000000	0.000000	0.000000	0.000000	0.000000	0.000000	0.000000	0.000000	0.000000	0.000000	0.000000	0.000000	0.000000
4	0.000000	0.000000	0.000000	0.000000	0.000000	0.000000	0.000000	0.000000	0.000000	0.000000	0.000000	0.000000	0.000000
5	0.000000	0.000000	0.000000	0.000000	0.000000	0.000000	0.000000	0.000000	0.000000	0.000000	0.000000	0.000000	0.000000
6	0.000001	0.000000	0.000000	0.000000	0.000000	0.000000	0.000000	0.000000	0.000000	0.000000	0.000000	0.000000	0.000000
7	0.000005	0.000001	0.000000	0.000000	0.000000	0.000000	0.000000	0.000000	0.000000	0.000000	0.000000	0.000000	0.000000
8	0.000016	0.000004	0.000001	0.000000	0.000000	0.000000	0.000000	0.000000	0.000000	0.000000	0.000000	0.000000	0.000000
9	0.000039	0.000011	0.000003	0.000001	0.000000	0.000000	0.000000	0.000000	0.000000	0.000000	0.000000	0.000000	0.000000
10	0.000084	0.000027	0.000008	0.000002	0.000001	0.000000	0.000000	0.000001	0.000000	0.000000	0.000000	0.000000	0.000000
11	0.000163	0.000059	0.000020	0.000004	0.000002	0.000001	0.000001	0.000002	0.000000	0.000000	0.000000	0.000000	0.000000
12	0.000291	0.000116	0.000043	0.000009	0.000004	0.000003	0.000002	0.000003	0.000000	0.000000	0.000000	0.000000	0.000000
13	0.000483	0.000208	0.000084	0.000018	0.000009	0.000006	0.000004	0.000005	0.000000	0.000000	0.000000	0.000000	0.000000
14	0.000754	0.000348	0.000151	0.000036	0.000017	0.000010	0.000007	0.000007	0.000001	0.000000	0.000000	0.000000	0.000000
15	0.001121	0.000547	0.000255	0.000065	0.000031	0.000017	0.000010	0.000010	0.000002	0.000000	0.000000	0.000000	0.000000
16	0.001598	0.000821	0.000404	0.000110	0.000053	0.000029	0.000017	0.000015	0.000003	0.000000	0.000000	0.000000	0.000000
17	0.002196	0.001180	0.000610	0.000176	0.000086	0.000046	0.000027	0.000021	0.000005	0.000000	0.000000	0.000000	0.000000
18	0.002929	0.001636	0.000883	0.000270	0.000133	0.000071	0.000041	0.000028	0.000007	0.000000	0.000000	0.000000	0.000000
19	0.003804	0.002201	0.001234	0.000398	0.000198	0.000106	0.000061	0.000038	0.000010	0.000000	0.000000	0.000000	0.000000
20	0.004828	0.002882	0.001673	0.000566	0.000284	0.000154	0.000089	0.000055	0.000015	0.000001	0.000000	0.000000	0.000000
21	0.006007	0.003686	0.002206	0.000781	0.000396	0.000216	0.000125	0.000077	0.000021	0.000001	0.000000	0.000000	0.000000
22	0.007343	0.004621	0.002843	0.001049	0.000539	0.000296	0.000173	0.000106	0.000028	0.000002	0.000000	0.000000	0.000000
23	0.008839	0.005690	0.003589	0.001376	0.000716	0.000397	0.000233	0.000143	0.000038	0.000003	0.000001	0.000000	0.000000
24	0.010494	0.006897	0.004448	0.001768	0.000932	0.000521	0.000307	0.000190	0.000051	0.000005	0.000001	0.000000	0.000000
25	0.012307	0.008242	0.005426	0.002228	0.001190	0.000672	0.000399	0.000248	0.000066	0.000007	0.000002	0.000000	0.000000
26	0.014275	0.009726	0.006524	0.002763	0.001494	0.000852	0.000509	0.000318	0.000085	0.000011	0.000003	0.000001	0.000000
27	0.016396	0.011350	0.007744	0.003375	0.001848	0.001064	0.000640	0.000401	0.000108	0.000015	0.000004	0.000001	0.000000
28	0.012307	0.013110	0.009087	0.004068	0.002255	0.001311	0.000795	0.000501	0.000136	0.000021	0.000006	0.000002	0.000000
29	0.044861	0.037511	0.010553	0.004845	0.002718	0.001595	0.000974	0.000618	0.000169	0.000033	0.000008	0.000003	0.000001
30	0.123813	0.108977	0.031500	0.005706	0.003239	0.001919	0.001181	0.000753	0.000180	0.000050	0.000019	0.000007	0.000002
40	0.206857	0.187326	0.096142	0.019102	0.011957	0.007698	0.005083	0.003434	0.001076	0.000180	0.000050	0.000019	0.000077
60	0.282141	0.260164	0.169891	0.066867	0.047324	0.034018	0.024800	0.018315	0.007235	0.001537	0.000452	0.000170	0.000333
80	0.347404	0.324375	0.240149	0.127776	0.097187	0.074671	0.057903	0.045283	0.021065	0.005594	0.001850	0.000731	0.000984
100	0.403323	0.380053	0.303109	0.189975	0.151482	0.121657	0.098349	0.079992	0.041775	0.013220	0.004906	0.002077	0.002253
120	0.472653	0.449823	0.358346	0.248396	0.204777	0.169730	0.141382	0.118311	0.067303	0.024412	0.010009	0.004543	0.004330
140	0.528363	0.506416	0.428292	0.301415	0.254718	0.216170	0.184171	0.157480	0.095665	0.038660	0.017234	0.008334	0.009194
170	0.587171	0.566619	0.485554	0.370625	0.321831	0.280335	0.244890	0.214500	0.140330	0.064270	0.031693	0.016618	0.016253
200	0.670257	0.652413	0.546936	0.428831	0.379751	0.337103	0.299900	0.267370	0.184797	0.093057	0.049659	0.027815	0.028837
240	0.747184	0.732548	0.635157	0.492630	0.444617	0.402012	0.364097	0.330267	0.241027	0.133557	0.077331	0.046465	0.062290
320	0.807371	0.795675	0.718280	0.586655	0.542569	0.502382	0.465665	0.432056	0.338734	0.213488	0.138378	0.091866	0.122969
440	0.851625	0.842319	0.784208	0.677545	0.639648	0.604307	0.571292	0.540405	0.450737	0.318315	0.228612	0.166585	0.205812
600	0.879370	0.871655	0.833158	0.751096	0.719768	0.690065	0.661861	0.635046	0.554586	0.426844	0.331883	0.260324	0.298265
800	1.000000	1.000000	0.864043	0.806495	0.780900	0.756487	0.732973	0.710364	0.640903	0.524735	0.432379	0.358229	0.375323
1000			1.000000	0.841781	0.820317	0.799584	0.779531	0.760119	0.699610	0.595113	0.508485	0.436115	0.436115
∞				1.000000	1.000000	1.000000	1.000000	1.000000	1.000000	1.000000	1.000000	1.000000	1.000000

表 1(续)　$\Lambda_\alpha(m, n_1, n_2)$

$m = 8$　　　　　　　　　　　　　　　　　　　　　　　　　　　　　　　　　　　　　　　$\alpha = 0.01$

n_2

n_1	120	100	80	60	40	30	27	24	21	18	15	14	13
1	0.000000	0.000000	0.000000	0.000000	0.000000	0.000000	0.000000	0.000000	0.000000	0.000000	0.000000	0.000000	0.000000
2	0.000000	0.000000	0.000000	0.000000	0.000000	0.000000	0.000000	0.000000	0.000000	0.000000	0.000000	0.000000	0.000000
3	0.000000	0.000000	0.000000	0.000000	0.000000	0.000000	0.000000	0.000000	0.000000	0.000000	0.000000	0.000000	0.000000
4	0.000000	0.000000	0.000000	0.000000	0.000000	0.000000	0.000000	0.000000	0.000000	0.000000	0.000000	0.000000	0.000000
5	0.000000	0.000000	0.000000	0.000000	0.000000	0.000000	0.000000	0.000000	0.000000	0.000000	0.000000	0.000000	0.000000
6	0.000000	0.000000	0.000000	0.000000	0.000000	0.000000	0.000000	0.000000	0.000000	0.000000	0.000000	0.000000	0.000000
7	0.000000	0.000000	0.000000	0.000000	0.000000	0.000000	0.000000	0.000000	0.000000	0.000000	0.000000	0.000000	0.000000
8	0.000000	0.000000	0.000000	0.000000	0.000000	0.000000	0.000000	0.000000	0.000000	0.000000	0.000000	0.000000	0.000000
9	0.000000	0.000000	0.000000	0.000000	0.000000	0.000000	0.000000	0.000000	0.000000	0.000000	0.000000	0.000000	0.000001
10	0.000000	0.000000	0.000000	0.000000	0.000000	0.000000	0.000000	0.000000	0.000000	0.000001	0.000000	0.000002	0.000002
11	0.000000	0.000000	0.000000	0.000000	0.000000	0.000000	0.000000	0.000000	0.000000	0.000002	0.000001	0.000005	0.000006
12	0.000000	0.000000	0.000000	0.000000	0.000000	0.000000	0.000000	0.000000	0.000000	0.000004	0.000003	0.000012	0.000017
13	0.000000	0.000000	0.000000	0.000000	0.000000	0.000001	0.000000	0.000000	0.000000	0.000009	0.000020	0.000027	0.000038
14	0.000000	0.000000	0.000000	0.000000	0.000000	0.000002	0.000001	0.000001	0.000001	0.000017	0.000040	0.000055	0.000077
15	0.000000	0.000000	0.000000	0.000000	0.000000	0.000003	0.000002	0.000003	0.000002	0.000032	0.000075	0.000102	0.000142
16	0.000000	0.000000	0.000000	0.000000	0.000001	0.000006	0.000003	0.000005	0.000009	0.000057	0.000130	0.000176	0.000245
17	0.000000	0.000000	0.000000	0.000000	0.000002	0.000009	0.000009	0.000015	0.000016	0.000093	0.000212	0.000287	0.000396
18	0.000000	0.000000	0.000000	0.000000	0.000003	0.000015	0.000015	0.000025	0.000028	0.000147	0.000330	0.000444	0.000608
19	0.000000	0.000000	0.000000	0.000000	0.000006	0.000032	0.000035	0.000040	0.000046	0.000221	0.000491	0.000657	0.000892
20	0.000000	0.000000	0.000000	0.000001	0.000009	0.000046	0.000052	0.000089	0.000111	0.000322	0.000703	0.000935	0.001260
21	0.000000	0.000000	0.000000	0.000001	0.000015	0.000088	0.000074	0.000126	0.000230	0.000453	0.000975	0.001288	0.001722
22	0.000000	0.000000	0.000001	0.000002	0.000018	0.000118	0.000103	0.000176	0.000319	0.000621	0.001315	0.001725	0.002289
23	0.000000	0.000001	0.000001	0.000002	0.000024	0.000155	0.000141	0.000239	0.000431	0.000830	0.001729	0.002253	0.002968
24	0.000001	0.000001	0.000002	0.000003	0.000032	0.000201	0.000189	0.000319	0.000570	0.001085	0.002225	0.002879	0.003765
25	0.000001	0.000001	0.000003	0.000006	0.000042	0.000257	0.000248	0.000417	0.000738	0.001390	0.002807	0.003610	0.004687
26	0.000001	0.000002	0.000008	0.000009	0.000055	0.000323	0.000321	0.000535	0.000941	0.001751	0.003480	0.004449	0.005738
27	0.000001	0.000003	0.000012	0.000018	0.000071	0.000403	0.000408	0.000677	0.001180	0.002171	0.004250	0.005400	0.006920
28	0.000002	0.000005	0.000019	0.000023	0.000090	0.000495	0.000512	0.000844	0.001458	0.002653	0.005118	0.006466	0.008234
29	0.000003	0.000009	0.000042	0.000067	0.000112	0.000763	0.000634	0.001039	0.001780	0.003201	0.006087	0.007648	0.009682
30	0.000007	0.000018	0.000071	0.000131	0.000139	0.002443	0.000777	0.001264	0.002146	0.003817	0.007160	0.008948	0.011264
40	0.000013	0.000037	0.000131	0.000763	0.000763	0.003633	0.003633	0.005539	0.008682	0.014029	0.023471	0.028104	0.033812
60	0.000061	0.000133	0.000350	0.001181	0.005590	0.014364	0.019577	0.027055	0.037965	0.054184	0.078823	0.089736	0.102425
80	0.000272	0.000590	0.001485	0.004493	0.017187	0.037525	0.048267	0.062655	0.082153	0.108918	0.146213	0.161787	0.179321
100	0.000817	0.001717	0.004049	0.010982	0.035331	0.068628	0.084819	0.105525	0.132233	0.167022	0.212845	0.231266	0.251582
120	0.001900	0.003825	0.008449	0.020801	0.058376	0.103955	0.124801	0.150585	0.182692	0.222984	0.274004	0.293973	0.315683
140	0.003701	0.007130	0.014819	0.033591	0.084536	0.140800	0.165348	0.194952	0.230854	0.274674	0.328564	0.349242	0.371490
170	0.008003	0.014510	0.027853	0.057060	0.126543	0.195415	0.223090	0.257300	0.296693	0.343204	0.398569	0.419496	0.441652
200	0.014359	0.024680	0.044372	0.083982	0.169082	0.246858	0.277771	0.313280	0.354218	0.401619	0.456793	0.477192	0.498716
240	0.025886	0.041920	0.070251	0.122434	0.223644	0.308860	0.341418	0.378070	0.419455	0.466355	0.519744	0.539189	0.559547
320	0.057205	0.084784	0.128486	0.199724	0.319992	0.410679	0.443558	0.479615	0.519246	0.562930	0.611259	0.628525	0.646423
440	0.115304	0.156852	0.216312	0.302980	0.432247	0.520668	0.551300	0.584149	0.619437	0.657435	0.698476	0.712904	0.727736
600	0.196063	0.248824	0.318452	0.411459	0.537667	0.617854	0.644710	0.673036	0.702963	0.734641	0.768266	0.779948	0.791884
800	0.287396	0.346099	0.419016	0.510353	0.626094	0.695830	0.718629	0.742401	0.767221	0.793183	0.820403	0.829784	0.839330
1000	0.364209	0.424141	0.495772	0.581948	0.686600	0.747621	0.767278	0.787629	0.808726	0.830632	0.853435	0.861255	0.869192
∞	1.000000	1.000000	1.000000	1.000000	1.000000	1.000000	1.000000	1.000000	1.000000	1.000000	1.000000	1.000000	1.000000

表 2　$\theta_{\max}(\alpha = 0.05)$ 表

q \ p	0	1	2	3	4	5	7	10	15
				$S = 2$					
5	0.5646	0.6507	0.7063	0.7459	0.7758	0.7992	0.8337	0.8676	0.9011
10	0.3737	0.4550	0.5143	0.5605	0.5981	0.6293	0.6786	0.7316	0.7889
15	0.2780	0.3477	0.4015	0.4455	0.4826	0.5145	0.5670	0.6266	0.6955
20	0.2211	0.2809	0.3287	0.3688	0.4034	0.4339	0.4855	0.5462	0.6198
25	0.1835	0.2355	0.2780	0.3143	0.3463	0.3748	0.4239	0.4835	0.5580
30	0.1568	0.2027	0.2408	0.2738	0.3031	0.3296	0.3760	0.4333	0.5071
35	0.1369	0.1780	0.2124	0.2425	0.2696	0.2942	0.3377	0.3924	0.4644
40	0.1214	0.1585	0.1898	0.2175	0.2425	0.2655	0.3064	0.3585	0.4282
45	0.1093	0.1431	0.1718	0.1974	0.2206	0.2420	0.2805	0.3300	0.3973
50	0.0993	0.1304	0.1569	0.1807	0.2023	0.2224	0.2586	0.3057	0.3704
48	0.1031	0.1352	0.1626	0.1870	0.2093	0.2299	0.2670	0.3150	0.3807
60	0.0836	0.1103	0.1333	0.1540	0.1731	0.1909	0.2233	0.2661	0.3260
80	0.0638	0.0846	0.1027	0.1192	0.1346	0.1490	0.1756	0.2114	0.2630
120	0.0433	0.0577	0.0704	0.0821	0.0931	0.1035	0.1230	0.1498	0.1896
240	0.0220	0.0295	0.0362	0.0424	0.0483	0.0540	0.0647	0.0798	0.1030
∞	0.0000	0.0000	0.0000	0.0000	0.0000	0.0000	0.0000	0.0000	0.0000
				$S = 3$					
5	0.6689	0.7292	0.7698	0.7994	0.8221	0.8400	0.8668	0.8933	0.9199
10	0.4718	0.5373	0.5862	0.6249	0.6564	0.6828	0.7246	0.7696	0.8185
15	0.3620	0.4219	0.4690	0.5079	0.5407	0.5691	0.6157	0.6687	0.7298
20	0.2931	0.3465	0.3898	0.4265	0.4582	0.4861	0.5334	0.5889	0.6559
25	0.2461	0.2937	0.3332	0.3671	0.3970	0.4237	0.4697	0.5252	0.5944
30	0.2120	0.2548	0.2907	0.3221	0.3500	0.3752	0.4192	0.4734	0.5429
35	0.1863	0.2250	0.2579	0.2869	0.3129	0.3366	0.3784	0.4308	0.4993
40	0.1660	0.2013	0.2316	0.2584	0.2828	0.3050	0.3447	0.3950	0.4620
45	0.1499	0.1823	0.2103	0.2353	0.2581	0.2790	0.3165	0.3647	0.4298
50	0.1367	0.1666	0.1926	0.2160	0.2373	0.2570	0.2926	0.3387	0.4017
48	0.1417	0.1726	0.1994	0.2234	0.2452	0.2654	0.3018	0.3486	0.4125
60	0.1157	0.1417	0.1644	0.1850	0.2040	0.2217	0.2538	0.2961	0.3550
80	0.0888	0.1093	0.1274	0.1441	0.1595	0.1740	0.2008	0.2366	0.2880
120	0.0606	0.0750	0.0879	0.0999	0.1111	0.1217	0.1415	0.1687	0.2089
240	0.0310	0.0386	0.0455	0.0519	0.0580	0.0639	0.0750	0.0905	0.1143
∞	0.0000	0.0000	0.0000	0.0000	0.0000	0.0000	0.0000	0.0000	0.0000
				$S = 4$					
5	0.7387	0.7825	0.8131	0.8360	0.8537	0.8679	0.8892	0.9108	0.9326
10	0.5472	0.6004	0.6412	0.6737	0.7004	0.7229	0.7588	0.7976	0.8401
15	0.4307	0.4822	0.5235	0.5578	0.5869	0.6121	0.6538	0.7012	0.7561
20	0.3543	0.4017	0.4409	0.4742	0.5031	0.5286	0.5719	0.6228	0.6843
25	0.3006	0.3439	0.3802	0.4117	0.4395	0.4644	0.5072	0.5590	0.6235
30	0.2609	0.3004	0.3341	0.3636	0.3899	0.4137	0.4552	0.5064	0.5720
35	0.2306	0.2667	0.2978	0.3254	0.3502	0.3728	0.4127	0.4626	0.5279
40	0.2063	0.2396	0.2685	0.2943	0.3177	0.3391	0.3773	0.4256	0.4899
45	0.1870	0.2178	0.2447	0.2688	0.2908	0.3111	0.3475	0.3941	0.4569
50	0.1709	0.1995	0.2247	0.2473	0.2681	0.2873	0.3220	0.3668	0.4279
48	0.1770	0.2065	0.2323	0.2555	0.2768	0.2964	0.3317	0.3772	0.4391
60	0.1454	0.1704	0.1927	0.2129	0.2315	0.2488	0.2805	0.3219	0.3796
80	0.1122	0.1322	0.1501	0.1666	0.1820	0.1964	0.2230	0.2586	0.3094
120	0.0770	0.0913	0.1042	0.1162	0.1274	0.1381	0.1581	0.1854	0.2257
240	0.0397	0.0473	0.0542	0.0608	0.0670	0.0730	0.0843	0.1002	0.1243
∞	0.0000	0.0000	0.0000	0.0000	0.0000	0.0000	0.0000	0.0000	0.0000

表 2(续)　$\theta_{\max}(\alpha = 0.01)$

q \\ p	0	1	2	3	4	5	7	10	15
					$S = 2$				
5	0.6770	0.7446	0.7872	0.8171	0.8394	0.8568	0.8820	0.9066	0.9306
10	0.4701	0.5443	0.5971	0.6377	0.6703	0.6971	0.7391	0.7834	0.8309
15	0.3573	0.4247	0.4757	0.5168	0.5511	0.5803	0.6279	0.6812	0.7418
20	0.2875	0.3473	0.3941	0.4329	0.4661	0.4951	0.5435	0.5998	0.6670
25	0.2404	0.2935	0.3360	0.3719	0.4032	0.4309	0.4782	0.5347	0.6045
30	0.2065	0.2540	0.2926	0.3258	0.3550	0.3812	0.4265	0.4819	0.5521
35	0.1811	0.2239	0.2592	0.2898	0.3171	0.3417	0.3847	0.4383	0.5077
40	0.1610	0.2000	0.2325	0.2608	0.2863	0.3094	0.3503	0.4017	0.4697
45	0.1452	0.1810	0.2110	0.2373	0.2611	0.2828	0.3215	0.3708	0.4369
50	0.1322	0.1652	0.1931	0.2177	0.2399	0.2604	0.2971	0.3443	0.4083
48	0.1372	0.1712	0.1999	0.2251	0.2480	0.2689	0.3064	0.3544	0.4193
60	0.1117	0.1403	0.1646	0.1863	0.2061	0.2244	0.2576	0.3008	0.3607
80	0.0855	0.1080	0.1273	0.1448	0.1609	0.1759	0.2035	0.2402	0.2925
120	0.0582	0.0740	0.0877	0.1002	0.1118	0.1228	0.1433	0.1711	0.2120
240	0.0297	0.0380	0.0453	0.0520	0.0583	0.0644	0.0758	0.0917	0.1160
∞	0.0000	0.0000	0.0000	0.0000	0.0000	0.0000	0.0000	0.0000	0.0000
					$S = 3$				
5	0.7582	0.8040	0.8344	0.8564	0.8730	0.8862	0.9056	0.9247	0.9437
10	0.5586	0.6164	0.6590	0.6923	0.7192	0.7416	0.7767	0.8141	0.8544
15	0.4375	0.4937	0.5374	0.5730	0.6029	0.6285	0.6703	0.7172	0.7708
20	0.3586	0.4104	0.4519	0.4867	0.5166	0.5428	0.5866	0.6376	0.6985
25	0.3034	0.3506	0.3893	0.4223	0.4511	0.4767	0.5203	0.5726	0.6370
30	0.2629	0.3058	0.3416	0.3726	0.3999	0.4245	0.4670	0.5189	0.5846
35	0.2319	0.2712	0.3043	0.3332	0.3591	0.3824	0.4233	0.4741	0.5397
40	0.2073	0.2434	0.2742	0.3012	0.3256	0.3477	0.3869	0.4361	0.5010
45	0.1876	0.2211	0.2497	0.2750	0.2979	0.3189	0.3563	0.4038	0.4673
50	0.1714	0.2024	0.2291	0.2529	0.2746	0.2944	0.3301	0.3758	0.4378
48	0.1776	0.2095	0.2369	0.2613	0.2835	0.3038	0.3401	0.3865	0.4491
60	0.1456	0.1727	0.1963	0.2175	0.2369	0.2549	0.2874	0.3298	0.3883
80	0.1121	0.1338	0.1528	0.1701	0.1861	0.2010	0.2284	0.2648	0.3166
120	0.0769	0.0922	0.1059	0.1185	0.1302	0.1413	0.1619	0.1899	0.2309
240	0.0395	0.0477	0.0551	0.0619	0.0684	0.0746	0.0863	0.1025	0.1272
∞	0.0000	0.0000	0.0000	0.0000	0.0000	0.0000	0.0000	0.0000	0.0000
					$S = 4$				
5	0.8110	0.8436	0.8662	0.8830	0.8959	0.9062	0.9216	0.9370	0.9526
10	0.6247	0.6708	0.7057	0.7334	0.7560	0.7748	0.8047	0.8369	0.8717
15	0.5016	0.5490	0.5867	0.6177	0.6439	0.6664	0.7034	0.7452	0.7930
20	0.4175	0.4627	0.4997	0.5309	0.5579	0.5815	0.6213	0.6678	0.7233
25	0.3570	0.3992	0.4343	0.4645	0.4910	0.5146	0.5550	0.6033	0.6631
30	0.3117	0.3507	0.3837	0.4125	0.4380	0.4609	0.5007	0.5494	0.6111
35	0.2765	0.3126	0.3435	0.3707	0.3951	0.4171	0.4558	0.5039	0.5661
40	0.2483	0.2819	0.3108	0.3365	0.3596	0.3807	0.4181	0.4651	0.5270
45	0.2255	0.2568	0.2839	0.3081	0.3301	0.3502	0.3861	0.4318	0.4928
50	0.2066	0.2358	0.2612	0.2841	0.3049	0.3241	0.3586	0.4028	0.4626
48	0.2138	0.2438	0.2699	0.2933	0.3145	0.3341	0.3691	0.4139	0.4742
60	0.1763	0.2021	0.2249	0.2454	0.2643	0.2818	0.3135	0.3548	0.4118
80	0.1367	0.1575	0.1760	0.1930	0.2087	0.2234	0.2505	0.2864	0.3373
120	0.0943	0.1092	0.1227	0.1352	0.1469	0.1579	0.1785	0.2065	0.2474
240	0.0488	0.0568	0.0642	0.0711	0.0777	0.0839	0.0957	0.1122	0.1371
∞	0.0000	0.0000	0.0000	0.0000	0.0000	0.0000	0.0000	0.0000	0.0000

表 2(续) $\theta_{max}(\alpha = 0.05)$

p q	0	1	2	3	4	5	7	10	15
					$S = 5$				
5	0.7882	0.8210	0.8447	0.8627	0.8768	0.8883	0.9058	0.9236	0.9419
10	0.6069	0.6507	0.6849	0.7125	0.7354	0.7547	0.7858	0.8197	0.8570
15	0.4883	0.5328	0.5690	0.5993	0.6252	0.6477	0.6850	0.7277	0.7773
20	0.4072	0.4495	0.4847	0.5150	0.5414	0.5647	0.6043	0.6511	0.7077
25	0.3488	0.3881	0.4215	0.4507	0.4764	0.4995	0.5394	0.5877	0.6480
30	0.3049	0.3413	0.3726	0.4003	0.4250	0.4474	0.4865	0.5349	0.5967
35	0.2708	0.3045	0.3338	0.3599	0.3834	0.4049	0.4428	0.4904	0.5525
40	0.2434	0.2746	0.3021	0.3207	0.3490	0.3696	0.4061	0.4525	0.5141
45	0.2212	0.2503	0.2761	0.2992	0.3204	0.3400	0.3750	0.4200	0.4806
50	0.2027	0.2299	0.2541	0.2760	0.2961	0.3147	0.3483	0.3918	0.4510
48	0.2097	0.2377	0.2625	0.2849	0.3054	0.3244	0.3585	0.4026	0.4624
60	0.1732	0.1973	0.2188	0.2385	0.2567	0.2736	0.3045	0.3450	0.4013
80	0.1344	0.1539	0.1714	0.1877	0.2028	0.2171	0.2433	0.2785	0.3286
120	0.0928	0.1068	0.1196	0.1316	0.1428	0.1535	0.1735	0.2008	0.2409
240	0.0481	0.0557	0.0627	0.0693	0.0755	0.0816	0.0931	0.1091	0.1335
∞	0.0000	0.0000	0.0000	0.0000	0.0000	0.0000	0.0000	0.0000	0.0000
					$S = 6$				
5	0.8247	0.8499	0.8686	0.8830	0.8945	0.9039	0.9185	0.9335	0.9491
10	0.6552	0.6917	0.7206	0.7442	0.7640	0.7808	0.8079	0.8377	0.8708
15	0.5372	0.5759	0.6077	0.6346	0.6577	0.6779	0.7115	0.7500	0.7951
20	0.4535	0.4913	0.5231	0.5506	0.5747	0.5960	0.6324	0.6754	0.7278
25	0.3919	0.4276	0.4583	0.4852	0.5091	0.5306	0.5677	0.6128	0.6692
30	0.3447	0.3782	0.4074	0.4333	0.4565	0.4775	0.5144	0.5600	0.6184
35	0.3076	0.3390	0.3665	0.3912	0.4135	0.4338	0.4699	0.5151	0.5743
40	0.2775	0.3069	0.3329	0.3563	0.3777	0.3973	0.4322	0.4767	0.5357
45	0.2530	0.2806	0.3051	0.3273	0.3476	0.3664	0.4001	0.4434	0.5017
50	0.2324	0.2583	0.2815	0.3025	0.3219	0.3399	0.3724	0.4144	0.4717
48	0.2403	0.2668	0.2905	0.3120	0.3317	0.3500	0.3830	0.4256	0.4833
60	0.1995	0.2226	0.2434	0.2624	0.2801	0.2966	0.3267	0.3662	0.4210
80	0.1556	0.1745	0.1916	0.2075	0.2224	0.2364	0.2623	0.2969	0.3462
120	0.1081	0.1218	0.1344	0.1463	0.1574	0.1681	0.1880	0.2151	0.2551
240	0.0563	0.0638	0.0708	0.0775	0.0838	0.0899	0.1014	0.1176	0.1422
∞	0.0000	0.0000	0.0000	0.0000	0.0000	0.0000	0.0000	0.0000	0.0000
					$S = 7$				
5	0.8523	0.8722	0.8872	0.8990	0.9085	0.9163	0.9286	0.9413	0.9548
10	0.6950	0.7257	0.7503	0.7707	0.7878	0.8025	0.8263	0.8527	0.8823
15	0.5792	0.6130	0.6412	0.6651	0.6858	0.7039	0.7342	0.7692	0.8104
20	0.4944	0.5282	0.5570	0.5820	0.6040	0.6236	0.6570	0.6968	0.7453
25	0.4305	0.4631	0.4915	0.5162	0.5384	0.5583	0.5930	0.6351	0.6879
30	0.3809	0.4119	0.4390	0.4632	0.4850	0.5048	0.5395	0.5825	0.6378
35	0.3415	0.3707	0.3965	0.4198	0.4409	0.4603	0.4944	0.5374	0.5939
40	0.3093	0.3369	0.3615	0.3837	0.4040	0.4227	0.4561	0.4986	0.5552
45	0.2828	0.3088	0.3322	0.3533	0.3728	0.3908	0.4232	0.4648	0.5210
50	0.2604	0.2850	0.3072	0.3273	0.3459	0.3632	0.3946	0.4352	0.4907
48	0.2690	0.2941	0.3167	0.3373	0.3562	0.3738	0.4056	0.4466	0.5024
60	0.2244	0.2465	0.2665	0.2850	0.3021	0.3181	0.3474	0.3858	0.4392
80	0.1759	0.1942	0.2109	0.2264	0.2410	0.2547	0.2801	0.3141	0.3626
120	0.1229	0.1363	0.1487	0.1605	0.1715	0.1820	0.2018	0.2287	0.2684
240	0.0644	0.0718	0.0788	0.0854	0.0918	0.0979	0.1095	0.1257	0.1504
∞	0.0000	0.0000	0.0000	0.0000	0.0000	0.0000	0.0000	0.0000	0.0000

表 2(续)　　$\theta_{\max}(\alpha = 0.01)$

q \ p	0	1	2	3	4	5	7	10	15
					$S = 5$				
5	0.8477	0.8719	0.8892	0.9023	0.9125	0.9208	0.9334	0.9461	0.9591
10	0.6762	0.7136	0.7425	0.7658	0.7850	0.8011	0.8268	0.8548	0.8853
15	0.5544	0.5948	0.6274	0.6546	0.6777	0.6977	0.7306	0.7680	0.8111
20	0.4677	0.5074	0.5404	0.5684	0.5928	0.6143	0.6505	0.6930	0.7440
25	0.4038	0.4415	0.4735	0.5011	0.5255	0.5473	0.5846	0.6295	0.6851
30	0.3549	0.3904	0.4208	0.4475	0.4713	0.4927	0.5301	0.5757	0.6337
35	0.3165	0.3498	0.3786	0.4041	0.4270	0.4478	0.4844	0.5299	0.5889
40	0.2854	0.3166	0.3438	0.3681	0.3900	0.4101	0.4457	0.4906	0.5497
45	0.2601	0.2893	0.3150	0.3380	0.3590	0.3783	0.4127	0.4565	0.5151
50	0.2388	0.2663	0.2906	0.3124	0.3324	0.3509	0.3841	0.4267	0.4844
48	0.2469	0.2751	0.2999	0.3222	0.3426	0.3614	0.3950	0.4382	0.4962
60	0.2048	0.2293	0.2512	0.2710	0.2893	0.3063	0.3371	0.3772	0.4326
80	0.1596	0.1796	0.1977	0.2142	0.2296	0.2441	0.2706	0.3059	0.3559
120	0.1108	0.1253	0.1386	0.1509	0.1625	0.1735	0.1940	0.2217	0.2624
240	0.0577	0.0656	0.0730	0.0799	0.0865	0.0927	0.1047	0.1212	0.1464
∞	0.0000	0.0000	0.0000	0.0000	0.0000	0.0000	0.0000	0.0000	0.0000
					$S = 6$				
5	0.8745	0.8929	0.9065	0.9169	0.9252	0.9320	0.9424	0.9531	0.9642
10	0.7173	0.7482	0.7724	0.7922	0.8086	0.8225	0.8449	0.8694	0.8964
15	0.5986	0.6334	0.6619	0.6858	0.7063	0.7240	0.7535	0.7872	0.8262
20	0.5111	0.5462	0.5757	0.6010	0.6231	0.6426	0.6757	0.7147	0.7616
25	0.4450	0.4790	0.5081	0.5335	0.5559	0.5760	0.6106	0.6524	0.7042
30	0.3936	0.4261	0.4542	0.4789	0.5011	0.5211	0.5561	0.5990	0.6536
35	0.3527	0.3835	0.4103	0.4342	0.4557	0.4754	0.5100	0.5531	0.6090
40	0.3194	0.3484	0.3740	0.3969	0.4177	0.4367	0.4706	0.5134	0.5698
45	0.2919	0.3193	0.3436	0.3655	0.3854	0.4038	0.4368	0.4788	0.5350
50	0.2687	0.2946	0.3177	0.3386	0.3577	0.3755	0.4074	0.4485	0.5041
48	0.2775	0.3040	0.3276	0.3488	0.3683	0.3863	0.4187	0.4602	0.5160
60	0.2315	0.2548	0.2757	0.2948	0.3125	0.3289	0.3588	0.3977	0.4515
80	0.1814	0.2006	0.2181	0.2342	0.2493	0.2634	0.2894	0.3240	0.3730
120	0.1266	0.1407	0.1538	0.1659	0.1774	0.1882	0.2085	0.2360	0.2763
240	0.0663	0.0741	0.0814	0.0883	0.0949	0.1012	0.1132	0.1298	0.1550
∞	0.0000	0.0000	0.0000	0.0000	0.0000	0.0000	0.0000	0.0000	0.0000
					$S = 7$				
5	0.8947	0.9091	0.9199	0.9284	0.9352	0.9408	0.9496	0.9587	0.9682
10	0.7508	0.7766	0.7971	0.8140	0.8282	0.8403	0.8599	0.8815	0.9056
15	0.6363	0.6665	0.6914	0.7126	0.7308	0.7467	0.7732	0.8037	0.8392
20	0.5490	0.5803	0.6068	0.6297	0.6497	0.6675	0.6978	0.7336	0.7770
25	0.4817	0.5125	0.5391	0.5624	0.5831	0.6016	0.6338	0.6726	0.7210
30	0.4286	0.4583	0.4843	0.5073	0.5280	0.5467	0.5795	0.6198	0.6713
35	0.3858	0.4142	0.4393	0.4617	0.4820	0.5005	0.5332	0.5740	0.6272
40	0.3506	0.3777	0.4017	0.4233	0.4431	0.4612	0.4934	0.5342	0.5881
45	0.3213	0.3471	0.3700	0.3908	0.4099	0.4275	0.4590	0.4993	0.5532
50	0.2965	0.3210	0.3429	0.3629	0.3812	0.3982	0.4289	0.4685	0.5221
48	0.3060	0.3309	0.3533	0.3736	0.3922	0.4094	0.4405	0.4803	0.5341
60	0.2565	0.2787	0.2987	0.3171	0.3341	0.3500	0.3789	0.4167	0.4689
80	0.2020	0.2205	0.2375	0.2532	0.2678	0.2816	0.3070	0.3409	0.3889
120	0.1418	0.1556	0.1683	0.1803	0.1916	0.2023	0.2223	0.2496	0.2894
240	0.0747	0.0824	0.0897	0.0966	0.1031	0.1094	0.1214	0.1380	0.1633
∞	0.0000	0.0000	0.0000	0.0000	0.0000	0.0000	0.0000	0.0000	0.0000

表 2(续)　$\theta_{\max}(\alpha = 0.05)$

q\p	0	1	2	3	4	5	7	10	15
				$S = 8$					
5	0.8739	0.8898	0.9020	0.9118	0.9197	0.9263	0.9367	0.9478	0.9595
10	0.7281	0.7542	0.7754	0.7931	0.8080	0.8209	0.8419	0.8655	0.8921
15	0.6156	0.6453	0.6703	0.6917	0.7103	0.7266	0.7541	0.7859	0.8236
20	0.5307	0.5611	0.5872	0.6100	0.6302	0.6481	0.6789	0.7157	0.7607
25	0.4655	0.4953	0.5213	0.5443	0.5648	0.5834	0.6157	0.6551	0.7047
30	0.4141	0.4428	0.4680	0.4906	0.5110	0.5296	0.5623	0.6029	0.6552
35	0.3728	0.4001	0.4243	0.4462	0.4662	0.4845	0.5170	0.5578	0.6115
40	0.3388	0.3648	0.3880	0.4091	0.4284	0.4463	0.4782	0.5188	0.5730
45	0.3106	0.3352	0.3574	0.3776	0.3962	0.4136	0.4447	0.4846	0.5387
50	0.2867	0.3101	0.3312	0.3506	0.3685	0.3852	0.4154	0.4546	0.5081
48	0.2958	0.3197	0.3412	0.3609	0.3791	0.3961	0.4267	0.4662	0.5200
60	0.2480	0.2692	0.2885	0.3063	0.3229	0.3384	0.3668	0.4041	0.4560
80	0.1954	0.2131	0.2293	0.2445	0.2587	0.2722	0.2971	0.3304	0.3779
120	0.1372	0.1503	0.1626	0.1741	0.1850	0.1954	0.2149	0.2417	0.2810
240	0.0723	0.0797	0.0866	0.0932	0.0996	0.1057	0.1173	0.1335	0.1583
∞	0.0000	0.0000	0.0000	0.0000	0.0000	0.0000	0.0000	0.0000	0.0000
				$S = 9$					
5	0.8910	0.9039	0.9141	0.9222	0.9289	0.9346	0.9435	0.9531	0.9635
10	0.7560	0.7784	0.7968	0.8122	0.8253	0.8367	0.8554	0.8765	0.9006
15	0.6473	0.6736	0.6959	0.7151	0.7318	0.7466	0.7716	0.8007	0.8353
20	0.5631	0.5906	0.6143	0.6351	0.6536	0.6701	0.6985	0.7326	0.7745
25	0.4972	0.5245	0.5485	0.5697	0.5888	0.6061	0.6363	0.6732	0.7198
30	0.4446	0.4712	0.4947	0.5158	0.5350	0.5524	0.5832	0.6216	0.6711
35	0.4018	0.4274	0.4502	0.4709	0.4897	0.5070	0.5378	0.5767	0.6278
40	0.3664	0.3908	0.4128	0.4329	0.4512	0.4682	0.4987	0.5376	0.5894
45	0.3367	0.3600	0.3811	0.4005	0.4182	0.4348	0.4647	0.5032	0.5551
50	0.3115	0.3336	0.3539	0.3725	0.3896	0.4057	0.4349	0.4727	0.5244
48	0.3211	0.3437	0.3643	0.3833	0.4006	0.4169	0.4464	0.4845	0.5362
60	0.2704	0.2907	0.3093	0.3265	0.3426	0.3576	0.3852	0.4214	0.4718
80	0.2141	0.2312	0.2470	0.2618	0.2757	0.2888	0.3132	0.3458	0.3924
120	0.1511	0.1639	0.1760	0.1873	0.1981	0.2083	0.2277	0.2542	0.2931
240	0.0801	0.0874	0.0943	0.1009	0.1072	0.1133	0.1249	0.1412	0.1660
∞	0.0000	0.0000	0.0000	0.0000	0.0000	0.0000	0.0000	0.0000	0.0000
				$S = 10$					
5	0.9049	0.9155	0.9240	0.9309	0.9366	0.9414	0.9492	0.9576	0.9672
10	0.7798	0.7991	0.8151	0.8287	0.8403	0.8504	0.8671	0.8861	0.9079
15	0.6752	0.6986	0.7185	0.7358	0.7510	0.7644	0.7871	0.8138	0.8457
20	0.5922	0.6171	0.6387	0.6578	0.6747	0.6900	0.7162	0.7479	0.7870
25	0.5261	0.5512	0.5733	0.5930	0.6108	0.6269	0.6551	0.6897	0.7336
30	0.4726	0.4973	0.5193	0.5391	0.5570	0.5734	0.6025	0.6388	0.6857
35	0.4287	0.4527	0.4742	0.4937	0.5114	0.5278	0.5571	0.5942	0.6429
40	0.3922	0.4152	0.4360	0.4550	0.4725	0.4887	0.5178	0.5550	0.6047
45	0.3614	0.3834	0.4035	0.4218	0.4389	0.4548	0.4834	0.5204	0.5704
50	0.3350	0.3561	0.3753	0.3931	0.4097	0.4252	0.4532	0.4897	0.5396
48	0.3451	0.3665	0.3861	0.4041	0.4209	0.4366	0.4648	0.5015	0.5516
60	0.2918	0.3113	0.3292	0.3458	0.3613	0.3758	0.4025	0.4377	0.4867
80	0.2321	0.2487	0.2640	0.2784	0.2920	0.3048	0.3286	0.3605	0.4062
120	0.1646	0.1779	0.1890	0.2002	0.2108	0.2209	0.2400	0.2662	0.3045
240	0.0878	0.0950	0.1019	0.1084	0.1147	0.1208	0.1323	0.1486	0.1734
∞	0.0000	0.0000	0.0000	0.0000	0.0000	0.0000	0.0000	0.0000	0.0000

表 2(续) $\theta_{\max}(\alpha = 0.01)$

q \ p	0	1	2	3	4	5	7	10	15
					$S = 8$				
5	0.9103	0.9218	0.9305	0.9375	0.9432	0.9480	0.9554	0.9632	0.9715
10	0.7785	0.8003	0.8179	0.8325	0.8448	0.8554	0.8727	0.8919	0.9135
15	0.6687	0.6950	0.7171	0.7359	0.7522	0.7665	0.7904	0.8180	0.8505
20	0.5825	0.6104	0.6343	0.6550	0.6733	0.6896	0.7174	0.7504	0.7907
25	0.5147	0.5427	0.5670	0.5884	0.6075	0.6247	0.6546	0.6908	0.7361
30	0.4604	0.4877	0.5118	0.5332	0.5524	0.5700	0.6007	0.6387	0.6873
35	0.4162	0.4425	0.4659	0.4870	0.5060	0.5235	0.5544	0.5932	0.6436
40	0.3795	0.4048	0.4274	0.4479	0.4665	0.4837	0.5144	0.5533	0.6047
45	0.3488	0.3730	0.3947	0.4145	0.4326	0.4494	0.4795	0.5181	0.5699
50	0.3226	0.3457	0.3665	0.3856	0.4032	0.4195	0.4489	0.4870	0.5387
48	0.3326	0.3561	0.3773	0.3967	0.4145	0.4310	0.4607	0.4990	0.5508
60	0.2801	0.3012	0.3205	0.3381	0.3546	0.3699	0.3979	0.4345	0.4851
80	0.2217	0.2396	0.2560	0.2712	0.2855	0.2989	0.3237	0.3569	0.4039
120	0.1564	0.1699	0.1824	0.1941	0.2052	0.2158	0.2355	0.2625	0.3019
240	0.0829	0.0906	0.0977	0.1046	0.1111	0.1174	0.1293	0.1459	0.1712
∞	0.0000	0.0000	0.0000	0.0000	0.0000	0.0000	0.0000	0.0000	0.0000
					$S = 9$				
5	0.9226	0.9319	0.9392	0.9450	0.9498	0.9538	0.9602	0.9670	0.9743
10	0.8018	0.8203	0.8355	0.8482	0.8590	0.8683	0.8836	0.9008	0.9203
15	0.6968	0.7199	0.7395	0.7563	0.7709	0.7838	0.8055	0.8307	0.8605
20	0.6122	0.6373	0.6589	0.6777	0.6944	0.7094	0.7349	0.7655	0.8028
25	0.5444	0.5699	0.5922	0.6120	0.6296	0.6456	0.6734	0.7072	0.7498
30	0.4894	0.5146	0.5369	0.5568	0.5749	0.5913	0.6201	0.6559	0.7018
35	0.4441	0.4687	0.4906	0.5103	0.5283	0.5447	0.5740	0.6107	0.6587
40	0.4063	0.4300	0.4513	0.4706	0.4883	0.5046	0.5338	0.5709	0.6201
45	0.3744	0.3972	0.4178	0.4365	0.4538	0.4698	0.4987	0.5357	0.5854
50	0.3471	0.3689	0.3887	0.4069	0.4237	0.4394	0.4677	0.5043	0.5541
48	0.3575	0.3797	0.3999	0.4183	0.4353	0.4511	0.4796	0.5164	0.5662
60	0.3025	0.3226	0.3410	0.3580	0.3739	0.3887	0.4157	0.4511	0.5002
80	0.2406	0.2578	0.2736	0.2884	0.3023	0.3154	0.3396	0.3720	0.4180
120	0.1706	0.1837	0.1959	0.2075	0.2184	0.2288	0.2482	0.2748	0.3138
240	0.0910	0.0985	0.1056	0.1124	0.1189	0.1251	0.1370	0.1536	0.1789
∞	0.0000	0.0000	0.0000	0.0000	0.0000	0.0000	0.0000	0.0000	0.0000
					$S = 10$				
5	0.9326	0.9402	0.9462	0.9512	0.9552	0.9587	0.9642	0.9702	0.9768
10	0.8215	0.8374	0.8506	0.8617	0.8712	0.8795	0.8931	0.9085	0.9262
15	0.7213	0.7418	0.7593	0.7743	0.7875	0.7992	0.8189	0.8419	0.8693
20	0.6387	0.6613	0.6809	0.6981	0.7134	0.7271	0.7507	0.7790	0.8138
25	0.5714	0.5947	0.6152	0.6334	0.6498	0.6646	0.6905	0.7222	0.7622
30	0.5160	0.5393	0.5600	0.5786	0.5955	0.6108	0.6380	0.6717	0.7152
35	0.4700	0.4929	0.5134	0.5319	0.5489	0.5644	0.5921	0.6270	0.6727
40	0.4313	0.4536	0.4736	0.4919	0.5087	0.5242	0.5519	0.5873	0.6344
45	0.3984	0.4199	0.4394	0.4573	0.4737	0.4890	0.5166	0.5520	0.5998
50	0.3701	0.3908	0.4097	0.4270	0.4431	0.4581	0.4853	0.5205	0.5685
48	0.3809	0.4020	0.4211	0.4387	0.4549	0.4700	0.4974	0.5327	0.5807
60	0.3237	0.3429	0.3606	0.3769	0.3922	0.4064	0.4326	0.4669	0.5144
80	0.2587	0.2752	0.2906	0.3049	0.3184	0.3312	0.3548	0.3864	0.4313
120	0.1844	0.1971	0.2091	0.2204	0.2311	0.2413	0.2605	0.2867	0.3251
240	0.0989	0.1063	0.1133	0.1200	0.1265	0.1327	0.1446	0.1611	0.1863
∞	0.0000	0.0000	0.0000	0.0000	0.0000	0.0000	0.0000	0.0000	0.0000

表3 $T^2(m,n)$表

$$\alpha = 0.05$$

n \ m	1	2	3	4	5
2	18.513				
3	10.128	57.000			
4	7.709	25.472	114.986		
5	6.608	17.361	46.383	192.468	
6	5.987	13.887	29.661	72.937	289.446
7	5.591	12.001	22.720	44.718	105.157
8	5.318	10.828	19.028	33.230	62.561
9	5.117	10.033	16.766	27.202	45.453
10	4.965	9.459	15.248	23.545	36.561
11	4.844	9.026	14.163	21.108	31.205
12	4.747	8.689	13.350	19.376	27.656
13	4.667	8.418	12.719	18.086	25.145
14	4.600	8.197	12.216	17.089	23.281
15	4.543	8.012	11.806	16.296	21.845
16	4.494	7.856	11.465	15.651	20.706
17	4.451	7.722	11.177	15.117	19.782
18	4.414	7.606	10.931	14.667	19.017
19	4.381	7.504	10.719	14.283	18.375
20	4.351	7.415	10.533	13.952	17.828
21	4.325	7.335	10.370	13.663	17.356
22	4.301	7.264	10.225	13.409	16.945
23	4.279	7.200	10.095	13.184	16.585
24	4.260	7.142	9.979	12.983	16.265
25	4.242	7.089	9.874	12.803	15.981
26	4.225	7.041	9.779	12.641	15.726
27	4.210	6.997	9.692	12.493	15.496
28	4.196	6.957	9.612	12.359	15.287
29	4.183	6.919	9.539	12.236	15.097
30	4.171	6.885	9.471	12.123	14.924
35	4.121	6.744	9.200	11.674	14.240
40	4.085	6.642	9.005	11.356	13.762
45	4.057	6.564	8.859	11.118	13.409
50	4.034	6.503	8.744	10.934	13.138
55	4.016	6.454	8.652	10.787	12.923
60	4.001	6.413	8.577	10.668	12.748
70	3.978	6.350	8.460	10.484	12.482
80	3.960	6.303	8.375	10.350	12.289
90	3.947	6.267	8.309	10.248	12.142
100	3.936	6.239	8.257	10.167	12.027
110	3.927	6.216	8.215	10.102	11.934
120	3.920	6.196	8.181	10.048	11.858
150	3.904	6.155	8.105	9.931	11.693
200	3.888	6.113	8.031	9.817	11.531
400	3.865	6.052	7.922	9.650	11.297
1000	3.851	6.015	7.857	9.552	11.160
∞	3.841	5.991	7.815	9.488	11.070

表 3(续)　　$T^2(m,n)$

$\alpha = 0.05$

m \ n	6	7	8	9	10
7	405.920				
8	143.050	541.890			
9	83.202	186.622	697.356		
10	59.403	106.649	235.873	872.317	
11	47.123	75.088	132.903	290.806	1066.774
12	39.764	58.893	92.512	161.967	351.421
13	34.911	49.232	71.878	111.676	193.842
14	31.488	42.881	59.612	86.079	132.582
15	28.955	38.415	51.572	70.907	101.499
16	27.008	35.117	45.932	60.986	83.121
17	25.467	32.588	41.775	54.041	71.127
18	24.219	30.590	38.592	48.930	62.746
19	23.189	28.975	36.082	45.023	56.587
20	22.324	27.642	34.054	41.946	51.884
21	21.588	26.525	32.384	39.463	48.184
22	20.954	25.576	30.985	37.419	45.202
23	20.403	24.759	29.798	35.709	42.750
24	19.920	24.049	28.777	34.258	40.699
25	19.492	23.427	27.891	33.013	38.961
26	19.112	22.878	27.114	31.932	37.469
27	18.770	22.388	26.428	30.985	36.176
28	18.463	21.950	25.818	30.149	35.043
29	18.184	21.555	25.272	29.407	34.044
30	17.931	21.198	24.781	28.742	33.156
35	16.944	19.823	22.913	26.252	29.881
40	16.264	18.890	21.668	24.624	27.783
45	15.767	18.217	20.781	23.477	26.326
50	15.388	17.709	20.117	22.627	25.256
55	15.090	17.311	19.600	21.972	24.437
60	14.850	16.992	19.188	21.451	23.790
70	14.485	16.510	18.571	20.676	22.834
80	14.222	16.165	18.130	20.127	22.162
90	14.022	15.905	17.801	19.718	21.663
100	13.867	15.702	17.544	19.401	21.279
110	13.741	15.540	17.340	19.149	20.973
120	13.639	15.407	17.172	18.943	20.725
150	13.417	15.121	16.814	18.504	20.196
200	13.202	14.845	16.469	18.083	19.692
400	12.890	14.447	15.975	17.484	18.976
1000	12.710	14.217	15.692	17.141	18.570
∞	12.592	14.067	15.507	16.919	18.307

表 3(续)　　$T^2(m,n)$

$\alpha = 0.05$

$\dfrac{m}{n}$	11	12	13	14	15
12	1280.727				
13	417.719	1514.176			
14	228.529	489.700	1767.120		
15	155.231	266.028	567.364	2039.560	
16	118.138	179.624	306.339	650.712	2331.496
17	96.253	135.998	205.761	349.464	739.744
18	81.996	110.304	155.078	233.643	395.402
19	72.047	93.592	125.276	175.380	263.269
20	64.745	81.945	105.918	141.169	196.903
21	59.177	73.407	92.442	118.974	157.983
22	54.800	66.902	82.573	103.538	132.759
23	51.274	61.793	75.060	92.244	115.234
24	48.378	57.681	69.165	83.653	102.421
25	45.958	54.305	64.423	76.916	92.681
26	43.908	51.487	60.533	71.501	85.048
27	42.149	49.099	57.286	67.061	78.916
28	40.624	47.053	54.538	63.357	73.890
29	39.291	45.280	52.183	60.223	69.700
30	38.115	43.730	50.143	57.539	66.156
35	33.848	38.209	43.030	48.392	54.392
40	31.175	34.833	38.794	43.102	47.807
45	29.346	32.559	35.990	39.665	43.614
50	28.017	30.926	34.000	37.256	40.715
55	27.008	29.696	32.514	35.475	38.593
60	26.216	28.737	31.364	34.106	36.973
70	25.053	27.339	29.699	32.139	34.666
80	24.241	26.370	28.553	30.796	33.103
90	23.642	25.658	27.716	29.820	31.974
100	23.182	25.114	27.079	29.080	31.120
110	22.817	24.683	26.577	28.499	30.453
120	22.521	24.335	26.171	28.030	29.916
150	21.894	23.600	25.317	27.049	28.795
200	21.297	22.904	24.514	26.128	27.749
400	20.457	21.928	23.392	24.851	26.306
1000	19.981	21.379	22.764	24.139	25.505
∞	19.675	21.026	22.362	23.685	24.996

表 3(续)　$T^2(m,n)$

$\alpha = 0.05$

n \ m	16	17	18	19	20
17	2642.928				
18	834.459	2973.855			
19	444.153	934.859	3324.278		
20	294.641	495.717	1040.942	3694.197	
21	219.648	327.758	550.095	1152.710	4083.611
22	175.719	243.615	362.620	607.287	1270.161
23	147.275	194.376	268.804	399.227	667.292
24	127.529	162.522	213.955	295.215	437.581
25	113.103	140.425	178.499	234.456	322.849
26	102.144	124.291	153.920	195.207	255.879
27	93.560	112.042	135.985	168.016	212.647
28	86.668	102.453	122.376	148.186	182.713
29	81.021	94.757	111.727	133.146	160.893
30	76.316	88.455	103.184	121.382	144.352
35	61.152	68.824	77.602	87.737	99.556
40	52.969	58.658	64.961	71.982	79.849
45	47.871	52.476	57.475	62.921	68.879
50	44.398	48.330	52.540	57.058	61.921
55	41.882	45.361	49.047	52.961	57.126
60	39.978	43.131	46.447	49.939	53.624
70	37.287	40.009	42.840	45.787	48.859
80	35.479	37.929	40.457	43.069	45.771
90	34.180	36.444	38.767	41.155	43.610
100	33.203	35.331	37.507	39.733	42.013
110	32.441	34.466	36.530	38.636	40.784
120	31.830	33.775	35.752	37.764	39.811
150	30.559	32.342	34.144	35.968	37.815
200	29.378	31.017	32.665	34.325	35.997
400	27.758	29.209	30.658	32.108	33.558
1000	26.862	28.215	29.561	30.902	32.238
∞	26.296	27.587	28.869	30.144	31.410

表 3(续)　　$T^2(m,n)$

$$\alpha = 0.05$$

n \ m	22	24	26	28	30
23	4920.928				
24	1522.116				
25	795.744	5836.227			
26	519.524	1796.808			
27	381.784	935.451	6829.509		
28	301.492	608.449	2094.237		
29	249.719	445.609	1086.413	7900.773	
30	213.908	350.794	704.358	2414.402	
35	130.166	175.384	247.780	378.491	666.429
40	98.797	123.657	157.540	206.067	280.417
45	82.644	99.572	120.860	148.362	185.105
50	72.859	85.775	101.254	120.123	143.589
55	66.316	76.873	89.125	103.514	120.641
60	61.642	70.667	80.905	92.623	106.162
70	55.417	62.599	70.504	79.253	88.990
80	51.467	57.594	64.210	71.381	79.185
90	48.739	54.190	59.997	66.204	72.857
100	46.744	51.725	56.983	62.544	68.440
110	45.221	49.860	54.719	59.820	65.184
120	44.022	48.399	52.958	57.715	62.685
150	41.581	45.451	49.435	53.540	57.777
200	39.381	42.822	46.327	49.900	53.545
400	36.462	39.375	42.300	45.239	48.195
1000	34.899	37.547	40.186	42.819	45.446
∞	33.924	36.415	38.885	41.337	43.773

表 3(续)　$T^2(m,n)$

$\alpha = 0.05$

$\frac{m}{n}$	35	40	45	50	55
40	884.072				
45	364.829	1132.286			
50	237.278	460.165	1411.072		
55	181.901	295.723	566.426	1720.431	
60	151.364	224.516	360.442	683.615	2060.363
70	118.950	160.681	222.529	322.666	508.710
80	102.098	131.558	170.803	225.527	306.670
90	91.809	114.992	144.016	181.386	231.214
100	84.886	104.330	127.705	156.347	192.247
110	79.914	96.905	116.753	140.267	168.570
120	76.172	91.440	108.900	129.084	152.697
150	69.003	81.259	94.723	109.604	126.158
200	63.009	73.029	83.680	95.040	107.198
400	55.671	63.291	71.074	79.039	87.204
1000	52.002	58.556	65.121	71.707	78.323
∞	49.802	55.758	61.656	67.505	73.311

表 3(续) $T^2(m,n)$

$$\alpha = 0.01$$

n \ m	1	2	3	4	5
2	98.503				
3	34.116	297.000			
4	21.198	82.177	594.997		
5	16.258	45.000	147.283	992.494	
6	13.745	31.857	75.125	229.679	1489.489
7	12.246	25.491	50.652	111.839	329.433
8	11.259	21.821	39.118	72.908	155.219
9	10.561	19.460	32.598	54.890	98.703
10	10.044	17.826	28.466	44.838	72.882
11	9.646	16.631	25.637	38.533	58.618
12	9.330	15.722	23.588	34.251	49.739
13	9.074	15.008	22.041	31.171	43.745
14	8.862	14.433	20.834	28.857	39.454
15	8.683	13.960	19.867	27.060	36.246
16	8.531	13.566	19.076	25.626	33.762
17	8.400	13.231	18.418	24.458	31.788
18	8.285	12.943	17.861	23.487	30.182
19	8.185	12.694	17.385	22.670	28.852
20	8.096	12.476	16.973	21.972	27.734
21	8.017	12.283	16.613	21.369	26.781
22	7.945	12.111	16.296	20.843	25.959
23	7.881	11.958	16.015	20.381	25.244
24	7.823	11.820	15.763	19.972	24.616
25	7.770	11.695	15.538	19.606	24.060
26	7.721	11.581	15.334	19.279	23.565
27	7.677	11.478	15.149	18.983	23.121
28	7.636	11.383	14.980	18.715	22.721
29	7.598	11.295	14.825	18.471	22.359
30	7.562	11.215	14.683	18.247	22.029
35	7.419	10.890	14.117	17.366	20.743
40	7.314	10.655	13.715	16.750	19.858
45	7.234	10.478	13.414	16.295	19.211
50	7.171	10.340	13.181	15.945	18.718
55	7.119	10.228	12.995	15.667	18.331
60	7.077	10.137	12.843	15.442	18.018
70	7.011	9.996	12.611	15.098	17.543
80	6.963	9.892	12.440	14.849	17.201
90	6.925	9.813	12.310	14.660	16.942
100	6.895	9.750	12.208	14.511	16.740
110	6.871	9.699	12.125	14.391	16.577
120	6.851	9.657	12.057	14.292	16.444
150	6.807	9.565	11.909	14.079	16.156
200	6.763	9.474	11.764	13.871	15.877
400	6.699	9.341	11.551	13.569	15.473
1000	6.660	9.262	11.426	13.392	15.239
∞	6.635	9.210	11.345	13.277	15.086

表 3(续) $T^2(m,n)$

$\alpha = 0.01$

$\frac{m}{n}$	6	7	8	9	10
7	2085.984				
8	446.571	2781.978			
9	205.293	581.106	3577.472		
10	128.067	262.076	733.045	4472.464	
11	93.127	161.015	325.576	902.392	5466.956
12	73.969	115.640	197.555	395.797	1089.149
13	62.114	90.907	140.429	237.692	472.742
14	54.150	75.676	109.441	167.499	281.428
15	48.472	65.483	90.433	129.576	196.853
16	44.240	58.241	77.755	106.391	151.316
17	40.975	52.858	68.771	90.969	123.554
18	38.385	48.715	62.109	80.067	105.131
19	36.283	45.435	56.992	71.999	92.134
20	34.546	42.779	52.948	65.813	82.532
21	33.088	40.587	49.679	60.932	75.181
22	31.847	38.750	46.986	56.991	69.389
23	30.779	37.188	44.730	53.748	64.719
24	29.850	35.846	42.816	51.036	60.879
25	29.036	34.680	41.171	48.736	57.671
26	28.316	33.659	39.745	46.762	54.953
27	27.675	32.756	38.496	45.051	52.622
28	27.101	31.954	37.393	43.554	50.604
29	26.584	31.236	36.414	42.234	48.839
30	26.116	30.589	35.538	41.062	47.283
35	24.314	28.135	32.259	36.743	41.651
40	23.094	26.502	30.120	33.984	38.135
45	22.214	25.340	28.617	32.073	35.737
50	21.550	24.470	27.504	30.673	33.998
55	21.030	23.795	26.647	29.603	32.682
60	20.613	23.257	25.967	28.760	31.650
70	19.986	22.451	24.957	27.515	30.139
80	19.536	21.877	24.242	26.642	29.085
90	19.197	21.448	23.710	25.995	28.310
100	18.934	21.115	23.299	25.496	27.714
110	18.722	20.849	22.972	25.101	27.243
120	18.549	20.632	22.705	24.779	26.862
150	18.178	20.167	22.137	24.096	26.054
200	17.819	19.720	21.592	23.446	25.287
400	17.303	19.080	20.818	22.525	24.209
1000	17.006	18.713	20.376	22.003	23.600
∞	16.812	18.475	20.090	21.666	23.209

表 3(续)　$T^2(m,n)$

$$\alpha = 0.01$$

n \\ m	11	12	13	14	15
12	6560.947				
13	1293.319	7754.436			
14	556.413	1514.902	9047.426		
15	328.767	646.811	1753.899	10439.91	
16	228.494	379.710	743.938	2010.310	11931.90
17	174.662	262.423	434.257	847.794	2284.137
18	141.923	199.618	298.642	492.409	958.379
19	120.242	161.501	226.183	337.150	554.167
20	104.973	136.305	182.290	254.358	377.950
21	93.711	118.588	153.320	204.288	284.145
22	85.100	105.538	132.979	171.289	227.499
23	78.323	95.571	118.013	148.147	190.213
24	72.865	87.736	106.596	131.139	164.093
25	68.382	81.432	97.630	118.176	144.916
26	64.639	76.258	90.421	108.005	130.313
27	61.470	71.942	84.509	99.834	118.863
28	58.756	68.291	79.582	93.138	109.671
29	56.406	65.165	75.416	87.560	102.144
30	54.353	62.461	71.851	82.847	95.877
35	47.059	53.053	59.741	67.252	75.749
40	42.617	47.478	52.776	58.578	64.961
45	39.636	43.803	48.272	53.083	58.281
50	37.501	41.203	45.128	49.301	53.752
55	35.898	39.268	42.811	46.543	50.484
60	34.650	37.774	41.034	44.444	48.019
70	32.836	35.617	38.490	41.465	44.549
80	31.581	34.137	36.759	39.453	42.226
90	30.662	33.059	35.504	38.004	40.564
100	29.960	32.238	34.554	36.912	39.316
110	29.406	31.593	33.810	36.059	38.344
120	28.958	31.073	33.210	35.374	37.567
150	28.013	29.980	31.957	33.947	35.952
200	27.122	28.953	30.784	32.619	34.457
400	25.874	27.525	29.163	30.792	32.414
1000	25.174	26.727	28.262	29.782	31.289
∞	24.725	26.217	27.688	29.141	30.578

表 3(续)　　$T^2(m,n)$

$$\alpha = 0.01$$

n \ m	16	17	18	19	20
17	13523.39				
18	2575.378	15214.37			
19	1075.693	2884.036	17004.86		
20	619.531	1199.738	3210.109	18894.84	
21	421.040	688.501	1330.513	3553.598	20884.33
22	315.543	466.422	761.078	1468.019	3914.503
23	251.921	348.554	514.096	837.263	1612.255
24	210.092	277.556	383.177	564.061	917.054
25	180.818	230.926	304.404	419.413	616.319
26	159.344	198.322	252.716	332.465	457.261
27	143.005	174.425	216.606	275.462	361.739
28	130.204	156.255	190.159	235.669	299.164
29	119.933	142.029	170.063	206.545	255.513
30	111.528	130.622	154.339	184.429	223.584
35	85.434	96.566	109.480	124.618	142.570
40	72.020	79.868	88.644	98.516	109.697
45	63.917	70.051	76.754	84.109	92.215
50	58.511	63.617	69.109	75.035	81.450
55	54.657	59.085	63.795	68.816	74.183
60	51.774	55.726	59.894	64.297	68.958
70	47.753	51.085	54.557	58.179	61.964
80	45.085	48.035	51.084	54.238	57.504
90	43.187	45.880	48.645	51.489	54.417
100	41.769	44.276	46.840	49.465	52.154
110	40.669	43.037	45.451	47.913	50.426
120	39.792	42.051	44.348	46.685	49.063
150	37.976	40.019	42.085	44.173	46.287
200	36.303	38.157	40.021	41.896	43.783
400	34.030	35.641	37.249	38.854	40.459
1000	32.785	34.271	35.749	37.216	38.677
∞	32.000	33.409	34.805	36.191	37.566

表 3(续)　$T^2(m,n)$

$$\alpha = 0.01$$

$\dfrac{m}{n}$	22	24	26	28	30
23	25161.79				
24	4688.561				
25	1920.920	29837.25			
26	1087.459	5532.285			
27	727.712	2256.508	34910.71		
28	537.797	1272.294	6445.674		
29	423.928	848.275	2619.021	40382.16	
30	349.439	624.787	1471.559	7428.729	
35	190.465	264.634	390.968	639.627	264.993
40	137.128	174.127	226.272	304.124	429.942
45	111.180	134.941	165.471	205.923	261.624
50	96.008	113.433	134.633	160.926	194.282
55	86.107	99.943	116.184	135.500	158.820
60	79.158	90.728	103.970	119.272	137.145
70	70.070	78.992	88.868	99.865	112.188
80	64.405	71.854	79.929	88.717	98.325
90	60.542	67.065	73.034	81.504	89.536
100	57.741	63.632	69.860	76.462	83.478
110	55.619	61.052	66.751	72.742	79.054
120	53.955	59.044	64.347	69.887	75.682
150	50.596	55.023	59.579	64.275	69.123
200	47.599	51.475	55.419	59.438	63.536
400	43.667	46.877	50.085	53.325	56.569
1000	41.581	44.465	47.333	50.187	53.031
∞	40.289	42.980	45.642	48.278	50.892

表 3(续)　　$T^2(m,n)$

$$\alpha = 0.01$$

n \ m	35	40	45	50	55
40	1675.315				
45	557.658	2142.966			
50	334.022	701.741	2667.947		
55	244.962	415.009	862.192	3250.258	
60	198.221	301.245	504.591	1039.014	3889.902
70	150.639	205.476	289.266	430.641	709.544
80	126.801	163.979	214.454	286.516	396.666
90	112.571	141.052	177.176	224.418	288.611
100	103.142	126.575	155.011	190.243	234.985
110	96.445	116.626	140.367	168.727	203.193
120	91.448	109.376	129.991	153.973	182.237
150	81.978	96.041	111.529	128.702	147.875
200	74.171	85.434	97.404	110.188	123.887
400	64.756	73.081	81.572	90.249	99.132
1000	60.109	67.161	74.207	81.261	88.332
∞	57.342	63.691	69.957	76.154	82.292

表 4 $L(m,v)$ 表

v	5%	1%	v	5%	1%	v	5%	1%	v	5%	1%
	$m=2$			$m=3$			$m=5$			$m=6$	
2	13.50	19.95	4	18.8	25.6	9	32.5	40.0	12	40.9	49.0
3	10.64	15.56	5	16.82	22.68	10	31.4	38.6	13	40.0	47.8
4	9.69	14.13							14	39.3	47.0
5	9.22	13.42	6	15.81	21.23	11	30.55	37.51	15	38.7	46.2
			7	15.19	20.36	12	29.92	36.72			
6	8.94	13.00	8	14.77	19.78	13	29.42	36.09	16	38.22	45.65
7	8.75	12.73	9	14.47	19.36	14	29.02	35.57	17	37.81	45.13
8	8.62	12.53	10	14.24	19.04	15	28.68	35.15	18	37.45	44.70
9	8.52	12.38							19	37.14	44.32
10	8.44	12.26	11	14.06	18.80	16	28.40	34.79	20	36.87	43.99
			12	13.92	18.61	17	28.15	34.49	21	36.63	43.69
	$m=4$		13	13.80	18.45	18	27.94	34.23			
7	25.8	30.8	14	13.70	18.31	19	27.76	34.00	22	36.41	43.43
8	24.06	29.33	15	13.62	18.20	20	27.60	33.79	24	36.05	42.99
9	23.00	28.36							26	35.75	42.63
10	22.28	27.66							28	35.49	42.32
									30	35.28	42.07
11	21.75	27.13									
12	21.35	26.71									
13	21.03	26.38									
14	20.77	26.10									
15	20.56	25.87					$m=9$			$m=10$	
	$m=7$			$m=8$		28	70.1	79.6	34	(82.3)	(92.4)
18	48.6	56.9	24	58.4	67.1	30	69.4	78.8	36	81.7	91.8
19	48.2	56.3	26	57.7	66.3				38	81.2	91.2
20	47.7	55.8	28	57.09	65.68	32	68.8	78.17	40	80.7	90.7
21	47.34	55.36	30	56.61	65.12	34	68.34	77.60			
22	47.00	54.96				36	(67.91)	(77.08)	45	79.83	89.63
			32	56.20	64.64	38	(67.53)	(76.65)	50	79.13	88.83
24	46.43	54.28	34	55.84	64.23	40	67.21	76.29	55	78.57	88.20
26	45.97	53.73	36	55.54	63.87				60	78.13	87.68
28	45.58	53.27	38	55.26	63.55	45	66.54	75.51	65	77.75	87.26
30	45.25	52.88	40	55.03	63.28	50	66.02	74.92			
32	44.97	52.55				55	65.61	74.44	70	77.44	86.89
34	44.73	52.27				60	65.28	74.06	75	77.18	86.59

表5　$W(m,n)$表

$$m=2$$

n \ α	0.005	0.01	0.025	0.05	0.1	0.25
3	$0.0^4 25000$	$0.0^3 10000$	$0.0^3 62500$	$0.0^2 25000$	0.010000	0.062500
4	$0.0^2 50000$	0.010000	0.025000	0.050000	0.10000	0.25000
5	0.029240	0.046416	0.08550	0.13572	0.21544	0.39685
6	0.070711	0.10000	0.15811	0.22361	0.31623	0.50000
7	0.12011	0.15849	0.22865	0.30171	0.39811	0.57435
8	0.17100	0.21544	0.29240	0.36840	0.46416	0.62996
9	0.22007	0.26827	0.34855	0.42489	0.51795	0.67295
10	0.26591	0.31623	0.39764	0.47287	0.56234	0.70711
11	0.30808	0.35938	0.44054	0.51390	0.59948	0.73487
12	0.34657	0.39811	0.47818	0.54928	0.63096	0.75786
13	0.38162	0.43288	0.51135	0.58003	0.65793	0.77720
14	0.41352	0.46416	0.54074	0.60696	0.68129	0.79370
15	0.44258	0.49239	0.56693	0.63073	0.70170	0.80793
16	0.46912	0.51795	0.59038	0.65184	0.71969	0.82034
17	0.49340	0.54117	0.61149	0.67070	0.73564	0.83124
18	0.51567	0.56234	0.63058	0.68766	0.74989	0.84090
19	0.53616	0.58171	0.64792	0.70297	0.76270	0.84951
20	0.55505	0.59945	0.66373	0.71687	0.77426	0.85724
22	0.58870	0.63096	0.69150	0.74113	0.79433	0.87055
24	0.61775	0.65793	0.71509	0.76160	0.81113	0.88159
26	0.64305	0.68129	0.73535	0.77908	0.82540	0.89090
28	0.66527	0.70170	0.75295	0.79418	0.83768	0.89885
30	0.68492	0.71969	0.76836	0.80736	0.84834	0.90572
34	0.71810	0.74989	0.79409	0.82925	0.86596	0.91700
38	0.74501	0.77426	0.81470	0.84668	0.87992	0.92587
42	0.76727	0.79433	0.83157	0.86089	0.89125	0.93303
46	0.78597	0.81113	0.84563	0.87269	0.90063	0.93893
50	0.80191	0.82540	0.85753	0.88265	0.90852	0.94387
60	0.83302	0.85317	0.88056	0.90186	0.92367	0.95332
70	0.85570	0.87333	0.89718	0.91566	0.93452	0.96005
80	0.87297	0.88862	0.90975	0.92606	0.94267	0.96508
90	0.88655	0.90063	0.91958	0.93418	0.94901	0.96898
100	0.89751	0.91030	0.92748	0.94069	0.95410	0.97210
120	0.91411	0.92491	0.93939	0.95049	0.96172	0.97678
140	0.92609	0.93544	0.94794	0.95751	0.96718	0.98011
160	0.93513	0.94337	0.95438	0.96279	0.97127	0.98261
180	0.94221	0.94957	0.95940	0.96690	0.97446	0.98454
200	0.94789	0.95455	0.96342	0.97019	0.97701	0.98609
250	0.95817	0.96354	0.97069	0.97613	0.98160	0.98888
300	0.96507	0.96957	0.97555	0.98010	0.98467	0.99074

表 5(续)　　$W(m,n)$

$$m = 3$$

α \ n	0.005	0.01	0.025	0.05	0.1	0.25
4	0.0^539305	0.0^415228	0.0^499478	0.0^340104	0.0^216700	0.011603
5	0.0^211700	0.0^223667	0.0^261070	0.012679	0.026853	0.076732
6	0.0^288748	0.014398	0.027585	0.045683	0.076928	0.16044
7	0.025882	0.037466	0.061687	0.090921	0.13590	0.24004
8	0.050467	0.068151	0.10225	0.14026	0.19471	0.31002
9	0.079827	0.10285	0.14486	0.18921	0.24970	0.37019
10	0.11161	0.13898	0.18696	0.23564	0.29971	0.42176
11	0.14418	0.17494	0.22726	0.27876	0.34471	0.46613
12	0.17647	0.20981	0.26516	0.31836	0.38503	0.50453
13	0.20786	0.24391	0.30048	0.35457	0.42118	0.53800
14	0.23799	0.27457	0.33321	0.38762	0.45365	0.56738
15	0.26666	0.30417	0.36350	0.41779	0.48290	0.59335
16	0.29383	0.33192	0.39149	0.44538	0.50934	0.61645
17	0.31948	0.35789	0.41737	0.47065	0.53332	0.63712
18	0.34366	0.38219	0.44133	0.49386	0.55516	0.65571
19	0.36644	0.40492	0.46355	0.51522	0.57511	0.67251
20	0.38789	0.42619	0.48417	0.53493	0.59340	0.68778
22	0.42713	0.46482	0.52124	0.57006	0.62573	0.71444
24	0.46203	0.49889	0.55354	0.60040	0.65338	0.73694
26	0.49319	0.52908	0.58190	0.62684	0.67729	0.75618
28	0.52111	0.55598	0.60696	0.65006	0.69816	0.77281
30	0.54624	0.58007	0.62926	0.67060	0.71651	0.78732
34	0.58958	0.62136	0.66715	0.70529	0.74730	0.81144
38	0.62556	0.65540	0.69811	0.73343	0.77210	0.83066
42	0.65584	0.68391	0.72386	0.75670	0.79248	0.84634
46	0.68166	0.70811	0.74559	0.77626	0.80953	0.85736
50	0.70393	0.72891	0.76417	0.79293	0.82400	0.87035
60	0.74809	0.76997	0.80064	0.82546	0.85211	0.89155
70	0.78086	0.80028	0.82737	0.84918	0.87249	0.90679
80	0.80612	0.82356	0.84779	0.86723	0.88794	0.91828
90	0.82617	0.84199	0.86390	0.88143	0.90006	0.92725
100	0.84247	0.85694	0.87693	0.89289	0.90981	0.93444
120	0.86737	0.87972	0.89672	0.91024	0.92454	0.94527
140	0.88548	0.89624	0.91103	0.92276	0.93513	0.95303
160	0.89925	0.90878	0.92186	0.93221	0.94312	0.95886
180	0.91006	0.91861	0.93034	0.93961	0.94936	0.96340
200	0.91877	0.92654	0.93716	0.94555	0.95436	0.96704
250	0.93462	0.94092	0.94952	0.95629	0.96340	0.97361
300	0.94529	0.95059	0.95781	0.96350	0.96945	0.97799

表 5（续）　$W(m,n)$

$$m = 4$$

n \ α	0.005	0.01	0.025	0.05	0.1	0.25
5	0.0^691162	0.0^536645	0.0^423265	0.0^495283	0.0^340030	0.0^229305
6	0.0^333678	0.0^369040	0.0^218194	0.0^238662	0.0^284730	0.026147
7	0.0^230556	0.0^250312	0.0^299040	0.016868	0.029512	0.066529
8	0.010209	0.015033	0.025485	0.038664	0.060019	0.11410
9	0.022162	0.030463	0.047058	0.066398	0.095554	0.16287
10	0.038208	0.050095	0.072584	0.097393	0.1396	0.20994
11	0.057311	0.072583	0.10033	0.12972	0.17030	0.25404
12	0.078477	0.096785	0.12902	0.16211	0.20651	0.29477
13	0.10089	0.12183	0.15780	0.19381	0.24102	0.33213
14	0.12391	0.14708	0.18610	0.22435	0.27358	0.36631
15	0.14708	0.17211	0.21356	0.25352	0.30412	0.39756
16	0.17006	0.19663	0.23999	0.28119	0.33269	0.42615
17	0.19263	0.22044	0.26528	0.30736	0.35936	0.45236
18	0.21462	0.24343	0.28938	0.33205	0.38425	0.47643
19	0.23595	0.26553	0.31230	0.35332	0.40749	0.49860
20	0.25655	0.28673	0.33406	0.37723	0.42920	0.51905
22	0.29546	0.32641	0.37429	0.41734	0.46850	0.55550
24	0.33132	0.36261	0.41046	0.45301	0.50304	0.58698
26	0.36428	0.39559	0.44305	0.48484	0.53356	0.61440
28	0.39455	0.42567	0.47247	0.51337	0.56068	0.63847
30	0.42235	0.45313	0.49912	0.53903	0.58492	0.65977
34	0.47149	0.50132	0.54542	0.58326	0.62635	0.69571
38	0.51337	0.54207	0.58415	0.61995	0.66039	0.72486
42	0.54938	0.57689	0.61695	0.65082	0.68883	0.74894
46	0.58059	0.60692	0.64506	0.67712	0.71293	0.76918
50	0.60788	0.63307	0.66939	0.69978	0.73359	0.78641
60	0.66298	0.68558	0.71790	0.74471	0.77429	0.82004
70	0.70468	0.72509	0.75409	0.77801	0.80425	0.84454
80	0.73729	0.75584	0.78211	0.80366	0.82721	0.86318
90	0.76346	0.78045	0.80441	0.82401	0.84536	0.87784
100	0.78491	0.80057	0.82259	0.84055	0.86007	0.88966
120	0.81798	0.83149	0.85042	0.86580	0.88244	0.90756
140	0.84225	0.85413	0.87072	0.88415	0.89865	0.92046
160	0.86083	0.87141	0.88617	0.89809	0.91094	0.93021
180	0.87550	0.88504	0.89832	0.90904	0.92057	0.93782
200	0.88737	0.89606	0.90814	0.91787	0.92832	0.94394
250	0.90906	0.91615	0.92599	0.93390	0.94238	0.95501
300	0.92375	0.92974	0.93804	0.94470	0.95183	0.96243

表 5(续)　　$W(m,n)$

$m = 5$

n＼α	0.005	0.01	0.025	0.05	0.1	0.25
6	$0.0^{6}24579$	$0.0^{6}98368$	$0.0^{5}72524$	$0.0^{4}25776$	$0.0^{3}10959$	$0.0^{3}83762$
7	$0.0^{3}10563$	$0.0^{3}21839$	$0.0^{3}58374$	$0.0^{2}12621$	$0.0^{2}28373$	$0.0^{2}92522$
8	$0.0^{2}10968$	$0.0^{2}18281$	$0.0^{2}36768$	$0.0^{2}64001$	0.011530	0.027554
9	$0.0^{2}40994$	$0.0^{2}61227$	0.010628	0.016501	0.026388	0.053105
10	$0.0^{2}97579$	0.013613	0.021543	0.031104	0.046080	0.082916
11	0.018156	0.024161	0.035852	0.049192	0.069047	0.11473
12	0.0290262	0.037303	0.052770	0.069704	0.093963	0.14705
13	0.041953	0.052479	0.071536	0.091741	0.11983	0.17893
14	0.056485	0.069151	0.091503	0.11460	0.14594	0.20983
15	0.072206	0.086848	0.11215	0.13775	0.17180	0.23944
16	0.088751	0.10518	0.13309	0.16082	0.19710	0.26760
17	0.10582	0.12385	0.15402	0.18354	0.22163	0.29428
18	0.12317	0.14261	0.17473	0.20575	0.24527	0.31947
19	0.14061	0.16129	0.19507	0.22731	0.26797	0.34324
20	0.15799	0.17974	0.21492	0.24817	0.28969	0.36563
22	0.19215	0.21560	0.25292	0.28761	0.33025	0.40663
24	0.22503	0.24971	0.28847	0.32400	0.36713	0.44311
26	0.25634	0.28186	0.32151	0.35746	0.40063	0.47566
28	0.28593	0.31200	0.35214	0.38818	0.43110	0.50482
30	0.31379	0.34018	0.38049	0.41641	0.45885	0.53106
34	0.36449	0.39103	0.43108	0.46628	0.50740	0.57625
38	0.40909	0.43536	0.47461	0.50878	0.54831	0.61370
42	0.44838	0.47413	0.51231	0.54529	0.58315	0.64520
46	0.48312	0.50821	0.54519	0.57692	0.61314	0.67203
50	0.51397	0.53834	0.57407	0.60456	0.63919	0.69513
60	0.57761	0.60010	0.63275	0.66033	0.69137	0.74089
70	0.62690	0.64760	0.67745	0.70250	0.73049	0.77478
80	0.66607	0.68517	0.71257	0.73544	0.76088	0.80086
90	0.69790	0.71558	0.74086	0.76186	0.78514	0.82155
100	0.72425	0.74069	0.76411	0.78351	0.80495	0.83836
120	0.76529	0.77966	0.80005	0.81686	0.83535	0.86399
140	0.79575	0.80850	0.82652	0.84133	0.85757	0.88262
160	0.81924	0.83068	0.84682	0.86004	0.87451	0.89676
180	0.83790	0.84827	0.86287	0.87481	0.88786	0.90787
200	0.85307	0.86255	0.87588	0.88677	0.89864	0.91682
250	0.88095	0.8875	0.89969	0.90860	0.91828	0.93307
300	0.89995	0.90656	0.91584	0.92337	0.93155	0.94401

表 5(续)　　$W(m,n)$

$$m = 6$$

n \ α	0.005	0.01	0.025	0.05	0.1	0.25
7	$0.0^7 70557$	$0.0^6 29697$	$0.0^5 18030$	$0.0^5 74790$	$0.0^4 31547$	$0.0^3 24844$
8	$0.0^4 34541$	$0.0^4 71870$	$0.0^3 19456$	$0.0^3 42669$	$0.0^3 97879$	$0.0^2 33335$
9	$0.0^3 40126$	$0.0^3 67578$	$0.0^2 13837$	$0.0^2 25527$	$0.0^2 45255$	0.011336
10	$0.0^2 16522$	$0.0^2 24979$	$0.0^2 44243$	$0.0^2 70038$	0.011482	0.024216
11	$0.0^2 42686$	$0.0^2 60326$	$0.0^2 97479$	0.014353	0.021791	0.041033
12	$0.0^2 85127$	0.011478	0.017390	0.024325	0.034966	0.060679
13	0.014444	0.018800	0.027141	0.036529	0.050383	0.082172
14	0.021960	0.027821	0.038682	0.050510	0.067439	0.10473
15	0.030903	0.038302	0.051661	0.065830	0.085610	0.12776
16	0.041061	0.049980	0.065743	0.082100	0.104468	0.15085
17	0.052219	0.062606	0.080634	0.098998	0.12368	0.17368
18	0.064174	0.075950	0.096078	0.11626	0.14298	0.19605
19	0.076743	0.089816	0.11187	0.13367	0.16217	0.21782
20	0.089763	0.10403	0.12783	0.15107	0.18112	0.23890
22	0.11662	0.13299	0.15975	0.18538	0.21788	0.27885
24	0.14388	0.16196	0.19107	0.21850	0.25277	0.31577
26	0.17096	0.19041	0.22132	0.25008	0.28556	0.34973
28	0.19745	0.21798	0.25027	0.27997	0.31624	0.38093
30	0.22313	0.24449	0.27778	0.30812	0.34485	0.40960
34	0.27153	0.29397	0.32844	0.35939	0.39633	0.46025
38	0.31571	0.33866	0.37355	0.40450	0.44105	0.50339
42	0.35576	0.37885	0.41364	0.44424	0.48005	0.54044
46	0.39199	0.41497	0.44935	0.47936	0.51425	0.57254
50	0.42477	0.44748	0.48125	0.51055	0.54441	0.60056
60	0.49406	0.51571	0.54754	0.57485	0.60606	0.65708
70	0.54917	0.56955	0.59930	0.62460	0.65331	0.69978
80	0.59381	0.61292	0.64067	0.66413	0.69059	0.73311
90	0.63060	0.64852	0.67442	0.69622	0.72071	0.75983
100	0.66139	0.67822	0.70246	0.72278	0.74553	0.78171
120	0.70994	0.72488	0.74628	0.76412	0.78400	0.81540
140	0.74642	0.75981	0.77891	0.79479	0.81241	0.84011
160	0.77480	0.78691	0.80415	0.81843	0.83423	0.85899
180	0.79750	0.80854	0.82423	0.83720	0.85152	0.87389
200	0.81605	0.82620	0.84058	0.85246	0.86555	0.88595
250	0.85037	0.85879	0.87069	0.88048	0.89124	0.90796
300	0.87391	0.88110	0.89124	0.89957	0.90870	0.92285

表 5(续)　　W(m,n)

$$m = 7$$

n \ α	0.005	0.01	0.025	0.05	0.1	0.25
8	$0.0^7 21289$	$0.0^7 86044$	$0.0^6 55120$	$0.0^5 22835$	$0.0^5 95942$	$0.0^4 72580$
9	$0.0^4 115809$	$0.0^4 24239$	$0.0^4 66388$	$0.0^3 14730$	$0.0^3 34311$	$0.0^2 12149$
10	$0.0^3 14825$	$0.0^3 25197$	$0.0^3 52402$	$0.0^3 94336$	$0.0^2 17761$	$0.0^2 46290$
11	$0.0^3 66517$	$0.0^2 10165$	$0.0^2 18324$	$0.0^2 29501$	$0.0^2 49404$	0.010845
12	$0.0^2 18510$	$0.0^2 26462$	$0.0^2 43552$	$0.0^2 65237$	0.010119	0.019815
13	$0.0^2 39356$	$0.0^2 53692$	$0.0^2 82864$	0.011790	0.017307	0.031195
14	$0.0^2 70567$	$0.0^2 92955$	0.013667	0.018704	0.026327	0.044531
15	0.011263	0.014435	0.020431	0.027115	0.036919	0.059370
16	0.016537	0.020729	0.028448	0.036821	0.048798	0.075298
17	0.022812	0.028074	0.037553	0.047610	0.061690	0.091967
18	0.029994	0.036345	0.047578	0.059270	0.075347	0.10909
19	0.037977	0.045412	0.058355	0.071609	0.089554	0.12644
20	0.046648	0.055143	0.069730	0.084457	0.10413	0.14384
22	0.065631	0.076124	0.093740	0.11111	0.13380	0.17825
24	0.086164	0.098448	0.11870	0.13831	0.16346	0.21158
26	0.10761	0.12146	0.14396	0.16541	0.19254	0.24343
28	0.12949	0.14467	0.16905	0.19200	0.22067	0.27360
30	0.15142	0.16774	0.19367	0.21781	0.24767	0.30205
34	0.19449	0.21253	0.24073	0.26653	0.29794	0.35389
38	0.23555	0.25472	0.28433	0.31106	0.34320	0.39952
42	0.27402	0.29390	0.32429	0.35146	0.38380	0.43972
46	0.30974	0.33002	0.36076	0.38801	0.42019	0.47524
50	0.34277	0.36321	0.39399	0.42108	0.45287	0.50678
60	0.41458	0.43479	0.46486	0.49099	0.52126	0.57177
70	0.47344	0.49296	0.52177	0.54656	0.57505	0.62203
80	0.52215	0.54082	0.56817	0.59156	0.61826	0.66192
90	0.56296	0.58071	0.60661	0.62863	0.65366	0.69431
100	0.59755	0.61441	0.63890	0.65965	0.68314	0.72109
120	0.65283	0.66805	0.69003	0.70854	0.72937	0.76277
140	0.69496	0.70876	0.72861	0.74526	0.76391	0.79366
160	0.72806	0.74066	0.75872	0.77381	0.79067	0.81747
180	0.75474	0.76630	0.78284	0.79664	0.81201	0.83636
200	0.77668	0.78735	0.80260	0.81529	0.82941	0.85172
250	0.81754	0.82649	0.83923	0.84979	0.86149	0.87991
300	0.84580	0.85349	0.86441	0.87344	0.88343	0.89910

表 5(续)　　$W(m,n)$

$$m = 8$$

n \ α	0.005	0.01	0.025	0.05	0.1	0.25
9	0.0^871788	0.0^727598	0.0^617155	0.0^672189	0.0^531412	0.0^420202
10	0.0^539473	0.0^583064	0.0^422961	0.0^451489	0.0^312180	0.0^344134
11	0.0^355082	0.0^494377	0.0^319900	0.0^336314	0.0^369598	0.0^218771
12	0.0^326703	0.0^341204	0.0^375447	0.0^212329	0.0^221036	0.0^247822
13	0.0^379550	0.0^211491	0.0^219226	0.0^229243	0.0^246224	0.0^293706
14	0.0^217954	0.0^224756	0.0^238847	0.0^256126	0.0^283944	0.015649
15	0.0^233920	0.0^245162	0.0^267510	0.0^293791	0.013445	0.023497
16	0.0^256696	0.0^273433	0.010564	0.014227	0.019719	0.032724
17	0.0^286711	0.010982	0.015313	0.020106	0.027108	0.043115
18	0.012404	0.015421	0.020950	0.026931	0.035479	0.054455
19	0.016850	0.020620	0.027401	0.034597	0.044691	0.066544
20	0.021969	0.026523	0.034584	0.042993	0.054605	0.079202
22	0.034018	0.040171	0.050778	0.061544	0.076025	0.10563
24	0.048080	0.055801	0.068835	0.081781	0.098838	0.13274
26	0.063675	0.072873	0.088141	0.10304	0.12235	0.15986
28	0.080369	0.090921	0.10820	0.12482	0.14605	0.18654
30	0.097792	0.10956	0.12861	0.14671	0.16957	0.21248
34	0.13368	0.14749	0.16941	0.18984	0.21517	0.26153
38	0.16963	0.18497	0.20900	0.23105	0.25801	0.30642
42	0.20463	0.22109	0.24659	0.26972	0.29769	0.34717
46	0.23812	0.25537	0.28186	0.30567	0.33419	0.38404
50	0.26985	0.28764	0.31474	0.33892	0.36766	0.41741
60	0.34107	0.35942	0.38699	0.41123	0.43966	0.48794
70	0.40149	0.41973	0.44689	0.47052	0.49797	0.54398
80	0.45272	0.47053	0.49686	0.51959	0.54581	0.58935
90	0.49642	0.51364	0.53895	0.56068	0.58561	0.62671
100	0.53399	0.55054	0.57479	0.59551	0.61917	0.65795
120	0.59497	0.61020	0.63235	0.65116	0.67250	0.70718
140	0.64217	0.65616	0.67642	0.69354	0.71289	0.74412
160	0.67967	0.79256	0.71117	0.72684	0.74448	0.77285
180	0.71015	0.72207	0.73925	0.75367	0.76986	0.79580
200	0.73538	0.74646	0.76238	0.77572	0.79067	0.81456
250	0.78277	0.79216	0.80559	0.81680	0.82932	0.84922
300	0.81582	0.82394	0.83554	0.84520	0.85595	0.87299

表5(续)　　$W(m,n)$

$$m = 9$$

n \ α	0.005	0.01	0.025	0.05	0.1	0.25
10	$0.0^8$25350	$0.0^8$92163	$0.0^7$56095	$0.0^6$23259	$0.0^5$10164	$0.0^5$61014
11	$0.0^5$13612	$0.0^5$28789	$0.0^5$80284	$0.0^4$18169	$0.0^4$42570	$0.0^3$16718
12	$0.0^4$20532	$0.0^4$35438	$0.0^4$75647	$0.0^3$13971	$0.0^3$27192	$0.0^3$75487
13	$0.0^3$10683	$0.0^3$16629	$0.0^3$30880	$0.0^3$51137	$0.0^3$88727	$0.0^2$20826
14	$0.0^3$33897	$0.0^3$49428	$0.0^3$83940	$0.0^2$12945	$0.0^2$20813	$0.0^2$43517
15	$0.0^3$80903	$0.0^2$11264	$0.0^2$17946	$0.0^2$26291	$0.0^2$399930	$0.0^2$76857
16	$0.0^2$16061	$0.0^2$21595	$0.0^2$32774	$0.0^2$46163	$0.0^2$67287	0.012112
17	$0.0^2$28055	$0.0^2$36693	$0.0^2$53582	$0.0^2$73143	0.010304	0.017596
18	$0.0^2$44630	$0.0^2$57070	$0.0^2$80753	0.010744	0.014715	0.024063
19	$0.0^2$66139	$0.0^2$8300	0.011439	0.014894	0.019925	0.031413
20	$0.0^2$92748	0.011455	0.015437	0.019734	0.025874	0.039535
22	0.016116	0.019398	0.025210	0.031285	0.039702	0.057658
24	0.024859	0.029330	0.037060	0.044940	0.055599	0.077608
26	0.035265	0.040948	0.050587	0.060218	0.072995	0.098694
28	0.047052	0.053924	0.065397	0.076672	0.091395	0.12038
30	0.059939	0.067945	0.081137	0.093923	0.11040	0.14225
34	0.088001	0.098046	0.11426	0.12963	0.14902	0.18545
38	0.11775	0.12949	0.14914	0.16553	0.18713	0.22683
42	0.14799	0.16109	0.18165	0.20057	0.22377	0.26572
46	0.17794	0.19211	0.21411	0.23416	0.25850	0.30189
50	0.20710	0.22208	0.24517	0.26601	0.29111	0.33536
60	0.27498	0.29117	0.31575	0.33759	0.36349	0.40820
70	0.33480	0.35143	0.37641	0.39836	0.42410	0.46791
80	0.38693	0.40335	0.42832	0.44991	0.47503	0.51732
90	0.43229	0.44866	0.47289	0.49388	0.51815	0.55869
100	0.47190	0.48787	0.51140	0.53167	0.55501	0.59374
120	0.53733	0.55232	0.57426	0.59302	0.61448	0.64973
140	0.58885	0.60282	0.62318	0.64050	0.66020	0.69235
160	0.63029	0.64331	0.66220	0.67821	0.69636	0.72583
180	0.66429	0.67643	0.69401	0.70886	0.72564	0.75279
200	0.69264	0.70400	0.72040	0.73422	0.74981	0.77495
250	0.74638	0.75611	0.77011	0.78186	0.79505	0.81621
300	0.78422	0.79271	0.80488	0.81507	0.82648	0.84472

表 5(续)　　W(m,n)

$$m = 10$$

n＼α	0.005	0.010	0.025	0.05	0.1	0.25
11	$0.0^8 11246$	$0.0^8 35733$	$0.0^7 19324$	$0.0^7 77218$	$0.0^6 33526$	$0.0^5 21386$
12	$0.0^6 47154$	$0.0^5 10036$	$0.0^5 28256$	$0.0^5 64552$	$0.0^4 15891$	$0.0^4 60952$
13	$0.0^5 76669$	$0.0^4 13324$	$0.0^4 28760$	$0.0^4 53699$	$0.0^3 10610$	$0.0^3 30376$
14	$0.0^4 42583$	$0.0^4 66814$	$0.0^3 12568$	$0.0^3 21066$	$0.0^3 37102$	$0.0^3 89399$
15	$0.0^3 14331$	$0.0^3 21078$	$0.0^3 36286$	$0.0^3 56666$	$0.0^3 92523$	$0.0^2 19892$
16	$0.0^3 36052$	$0.0^3 50647$	$0.0^3 81824$	$0.0^2 12140$	$0.0^2 18755$	$0.0^2 37055$
17	$0.0^3 75024$	$0.0^2 10179$	$0.0^2 15665$	$0.0^2 22346$	$0.0^2 33072$	$0.0^2 61162$
18	$0.0^2 13670$	$0.0^2 18040$	$0.0^2 26712$	$0.0^2 36920$	$0.0^2 52683$	$0.0^2 92661$
19	$0.0^2 22587$	$0.0^2 29142$	$0.0^2 41802$	$0.0^2 56300$	$0.0^2 78244$	0.013126
20	$0.0^2 34640$	$0.0^2 43855$	$0.0^2 61253$	$0.0^2 80714$	0.010952	0.017701
22	$0.0^2 69174$	$0.0^2 84980$	0.011376	0.014478	0.018907	0.028781
24	0.011834	0.014208	0.018414	0.022817	0.028932	0.042056
26	0.018193	0.021449	0.027092	0.032865	0.040709	0.057042
28	0.025886	0.030071	0.037194	0.044348	0.053894	0.073283
30	0.034761	0.039886	0.048484	0.056983	0.068156	0.090387
34	0.055364	0.062312	0.073700	0.084683	0.098783	0.12595
38	0.078662	0.087261	0.10111	0.11422	0.13076	0.16184
42	0.10353	0.11356	0.12949	0.14436	0.16285	0.19695
46	0.12913	0.14036	0.15800	0.17428	0.19429	0.23066
50	0.15483	0.16705	0.18607	0.20346	0.22464	0.26265
60	0.21714	0.23106	0.25238	0.27151	0.29443	0.33462
70	0.27444	0.28925	0.31169	0.33157	0.35512	0.39574
80	0.32589	0.34109	0.36390	0.38395	0.40748	0.44759
90	0.37168	0.38694	0.40970	0.42955	0.45270	0.49182
100	0.41235	0.42747	0.44991	0.46937	0.49195	0.52983
120	0.48083	0.49536	0.51674	0.53515	0.55634	0.59151
140	0.53578	0.54954	0.56969	0.58695	0.60669	0.63923
160	0.58059	0.59356	0.61249	0.62861	0.64700	0.67713
180	0.61773	0.62994	0.64770	0.66279	0.67994	0.70791
200	0.64895	0.66046	0.67715	0.69129	0.70732	0.73339
250	0.70872	0.71871	0.73313	0.74529	0.75903	0.78122
300	0.75125	0.76003	0.77268	0.78332	0.79529	0.81455

表 6　$M(m, v_0, k)$ 表

$$(\alpha = 5\%)$$

v_0 \\ k	2	3	4	5	6	7	8	9	10
					$m=2$				
3	12.18	18.70	24.55	30.09	35.45	40.68	45.81	50.87	55.87
4	10.70	16.65	22.00	27.07	31.97	36.76	41.45	46.07	50.64
5	9.97	15.63	20.73	25.56	30.23	34.79	39.26	43.67	48.02
6	9.53	15.02	19.97	24.66	29.19	33.61	37.95	42.22	46.45
7	9.24	14.62	19.46	24.05	28.49	32.82	37.07	41.26	45.40
8	9.04	14.33	19.10	23.62	27.99	32.26	36.45	40.57	44.65
9	8.88	14.11	18.83	23.30	27.62	31.84	35.98	40.06	44.08
10	8.76	13.94	18.61	23.05	27.33	31.51	35.61	36.65	43.64
					$m=3$				
5	19.2	30.5	41.0	51.0	60.7	70.3	79.7	89.0	98.3
6	17.57	28.24	38.06	47.49	56.68	66.69	74.58	83.37	92.09
7	16.59	26.84	36.29	45.37	54.21	62.89	71.45	79.91	88.29
8	15.93	25.90	35.10	43.93	52.54	60.99	69.33	77.56	85.72
9	15.46	25.22	34.24	42.90	51.34	59.62	67.79	75.86	83.86
10	15.11	24.71	33.59	42.11	50.42	58.58	66.62	74.57	82.45
11	14.83	24.31	33.08	41.50	49.71	57.76	65.71	73.56	81.35
12	14.61	23.99	32.67	41.01	49.13	57.11	64.97	72.75	80.46
13	14.43	23.73	32.33	40.60	48.66	56.57	64.37	72.08	79.72
					$m=4$				
6	30.07	48.63	65.91	82.6	98.9	115.0	131.0	—	—
7	27.31	44.69	60.90	76.56	91.89	107.0	121.9	137.0	152.0
8	25.61	42.24	57.77	72.78	87.46	101.9	116.2	130.4	144.6
9	24.46	40.56	55.62	70.17	84.42	98.45	112.3	126.1	139.8
10	23.62	39.34	54.05	68.27	82.19	95.91	109.5	122.9	136.3
11	22.98	38.41	52.85	66.81	80.49	93.95	107.3	120.5	133.6
12	22.48	37.67	51.90	65.66	79.14	92.41	105.5	118.5	131.5
13	22.08	37.08	51.13	64.73	78.04	91.16	104.1	117.0	129.7
14	21.75	36.59	50.50	63.96	77.14	90.12	103.0	115.7	128.3
15	21.47	36.17	49.97	63.31	76.38	89.25	102.0	114.6	127.1

v_0 \\ k	2	3	4	5	6	7
			$m=5$			
8	39.29	85.15	89.46	113.0		
9	36.70	61.40	84.63	107.2	129.3	151.5
10	34.92	58.79	81.25	103.1	124.5	145.7
11	33.62	56.86	78.76	100.0	120.9	141.6
12	32.62	55.37	76.83	97.68	118.2	138.4
13	31.83	54.19	75.30	95.81	116.0	135.9
14	31.19	53.24	74.06	94.29	114.2	133.8
15	30.66	52.44	73.02	93.03	112.7	132.1
16	30.21	51.77	72.14	91.95	111.4	130.6

v_0 \\ k	2	3	4	5
		$m=6$		
10	49.95	84.43	117.0	—
11	47.43	80.69	112.2	142.9
12	45.56	77.90	108.6	138.4
13	44.11	75.74	105.7	135.0
14	42.96	74.01	103.5	132.2
15	42.03	72.59	101.6	129.9
16	41.25	71.41	100.1	128.0
17	40.59	70.41	98.75	126.4
18	40.02	69.55	97.63	125.0
19	39.53	68.80	96.64	123.8
20	39.11	68.14	95.78	122.7

《现代数学基础丛书》已出版书目